上海市律师协会
SHANGHAI BAR ASSOCIATION

上海市律师协会文库

劳动仲裁实务研究

胡燕来◎著

法律出版社
LAW PRESS·CHINA
北京

图书在版编目(CIP)数据

劳动仲裁实务研究 / 胡燕来著. -- 北京 ：法律出版社, 2023
(上海市律师协会文库)
ISBN 978-7-5197-7681-7

Ⅰ. ①劳… Ⅱ. ①胡… Ⅲ. ①劳动争议-仲裁-研究-中国 Ⅳ. ①D922.591.4

中国国家版本馆 CIP 数据核字(2023)第 044208 号

劳动仲裁实务研究
LAODONG ZHONGCAI SHIWU YANJIU

胡燕来 著

策划编辑 彭 雨
责任编辑 彭 雨
装帧设计 李 瞻

出版发行 法律出版社
编辑统筹 法律考试·职业教育出版分社
责任校对 王晓萍 王语童
责任印制 胡晓雅
经　　销 新华书店

开本 710 毫米×1000 毫米 1/16
印张 36　　字数 623 千
版本 2023 年 6 月第 1 版
印次 2023 年 6 月第 1 次印刷
印刷 唐山玺诚印务有限公司

地址:北京市丰台区莲花池西里 7 号(100073)
网址:www.lawpress.com.cn
投稿邮箱:info@lawpress.com.cn
举报盗版邮箱:jbwq@lawpress.com.cn

销售电话:010-83938349
客服电话:010-83938350
咨询电话:010-63939796

书号:ISBN 978-7-5197-7681-7
定价:119.00 元

凡购买本社图书,如有印装错误,我社负责退换。电话:010-83938349

上海市律师协会文库
第十一届编委会、第十一届评审委名单

第十一届编委会名单

编 委 会 主 任：季　诺

编委会执行副主任：徐培龙

编 委 会 副 主 任：朱林海　陈　峰　邹甫文　潘书鸿
林东品　杨　波　曹志龙　徐培龙

编 委 会 委 员：倪正茂　陈乃蔚　黄　绮　鲍培伦
杨忠孝　程金华　孙志祥　潘　瑜

第十一届评审委名单

评审委主任：徐培龙

评审委委员：陈乃蔚　黄　绮　鲍培伦　杨忠孝
程金华　孙志祥　潘　瑜

学 术 顾 问：倪正茂

总　　序

上海市律师协会自诞生之日起，已历经四十个春秋，见证律师行业逐步成为上海现代服务业的重要组成部分，并迎来一个又一个蓬勃发展的年头。随着中国经济体制的全面深化改革，国内外经济社会舞台上都活跃着律师的身影，他们不仅为中国推进市场经济发展提供专业的法律意见，更是为推进社会主义法治建设保驾护航。

特别是党的十八大以来，以习近平同志为核心的党中央高度重视思想文化建设工作，提出了文化强国战略，强调了文化建设与国家文化软实力提升的重要性。为此，上海市律师协会顺应国家文化建设治国理念，贯彻落实上海市委、市政府作出全力打响“四大品牌”的决策部署，不断提高服务质量和专业水平，努力把律师行业打造成亮眼的上海服务品牌，营造上海律师行业特有的文化氛围，形成上海律师队伍的人才高地，提升上海律师的学术理论素养和法律实践能力，引导律师著书立说，鼓励百家争鸣。2006年年初，“上海市律师协会文库”出版工作启动，至今已步入第十四个年头。已经问世的作品，汇聚了作者的智慧结晶，展示了上海律师的精神财富，也印证了上海律师在高速发展的转型期中始终立于时代脉络的前沿。

搭建律师思想碰撞之平台、畅通律师信息传播之渠道、铺设律师学问切磋之道路、营造律师形象展示之舞台、创建律师文化交流之大厦，始终是上海市律师协会推动律师发展的出发点和追求目标，也是广大上海律师共同憧憬的理想之境。

上海市律师协会

2019年4月

缩 略 语 表

主要法律法规	缩略语
中华人民共和国劳动法(2018 年 12 月 29 日修正)	劳动法
中华人民共和国劳动合同法(2012 年 12 月 28 日修正)	劳动合同法
中华人民共和国劳动合同法实施条例(2008 年 9 月 18 日施行)	劳动合同法实施条例
中华人民共和国劳动争议调解仲裁法(2008 年 5 月 1 日施行)	劳动争议调解仲裁法
劳动人事争议仲裁办案规则(2017 年 7 月 1 日施行)	劳动仲裁规则
中华人民共和国工伤保险条例(2010 年 12 月 20 日修订)	工伤保险条例
中华人民共和国民事诉讼法(2021 年 12 月 24 日修正)	民事诉讼法
中华人民共和国公司法(2018 年 10 月 26 日修正)	公司法
中华人民共和国仲裁法(2017 年 9 月 1 日修正)	仲裁法
中华人民共和国人民调解法(2011 年 1 月 1 日施行)	调解法
中华人民共和国公务员法(2018 年 12 月 29 日修正)	公务员法
主要司法解释	**缩略语**
最高人民法院关于适用《中华人民共和国民事诉讼法》的解释(2022 年修改)	民诉法解释
最高人民法院关于民事诉讼证据的若干规定(2019 年修正)	民事证据规定
最高人民法院关于印发修改后的《民事案件案由规定》的通知(2020 年修正)	民事案件案由规定
最高人民法院关于审理民事案件适用诉讼时效制度若干问题的规定(2020 年修改)	诉讼时效司法解释
最高人民法院关于审理劳动争议案件适用法律问题的解释(一)(法释〔2020〕26 号)	劳动争议司法解释(一)
中共中央组织部、人力资源和社会保障部、总政治部关于修改人事争议处理规定的通知(人社部发〔2011〕88 号)	人事争议处理规定

续表

主要司法解释	缩略语
最高人民法院关于加强和规范裁判文书释法说理的指导意见	释法说理指导意见
人力资源和社会保障部、最高人民法院关于加强劳动人事争议仲裁与诉讼衔接机制建设的意见(人社部发〔2017〕70号)	裁审衔接机制意见
人力资源和社会保障部、最高人民法院关于劳动人事争议仲裁与诉讼衔接有关问题的意见(一)(人社部发〔2022〕9号)	裁审衔接意见(一)

目　录

第一编　劳动仲裁基础

第二编　一般规定

第三编 仲裁程序

第四编　调解与裁审衔接

第一编　劳动仲裁基础

第一章 劳动仲裁概述

新形势下，党中央从加强和创新社会治理、推进国家治理体系和治理能力现代化的高度，对加强劳动争议处理效能建设提出了新要求。劳动争议仲裁制度是我国处理劳动争议的一项基本法律制度，是中国特色劳动争议处理制度的重要内容。然而，我国学者对劳动仲裁程序问题却缺乏系统研究，有必要予以集中探讨。

一、劳动争议解决机制及其定位

众所周知矛盾具有两个基本属性：一是同一性；二是斗争性。和谐劳动关系的建立需要有适度的斗争和必要的冲突，因为和谐是从必要的斗争中产生的，但我们不能将和谐同斗争对立起来。劳动仲裁是劳资矛盾的斗争方式之一，没有劳动仲裁就不可能建立和谐劳动关系。

（一）劳动仲裁定义

所谓劳动争议，是指用人单位与劳动者之间发生的以劳动权利义务为内容的争议。所谓劳动争议仲裁，是指劳动争议仲裁机构对当事人请求解决的劳动争议，依法居中公断的执法行为，包括对劳动争议依法审理并进行调解、裁决的一系列活动。[1] 故上述劳动争议和劳动争议仲裁概念中并不包含人事争议及劳动人事仲裁之内容。为研究方便，我们在本书中统一将劳动争议仲裁简称为“劳动仲裁”。仲裁始于民间，其传统的特点在于不偏不倚的中立地位，强调争议当事人共同将争议事项提交第三者，由其作出居中裁决或公断。现代意义上的仲裁根据其性质的不同，可以分为民间仲裁和国家仲裁两种。我国对劳动争议的仲裁属于国家仲裁，即由国家授权的专门仲裁机关行使国家仲裁权，对当事人之间的争议依法进行仲裁、这个“国家授权的专门仲裁机关”即劳动争议仲裁委员会。尽管具有强烈的公权力色彩，但劳动争议仲裁委员会仍然必须以第三者的身份，对劳动争议居中作出裁决。[2]

劳动仲裁中的劳动争议，又称劳动纠纷，许多国家和地区则称劳资争议和劳资纠纷。其广义与狭义的界定，有两种理解：（1）以对应的社会关系为标准

---

① 王全兴：《劳动法》，法律出版社 2017 年版，第 482 页。

② 杨茂：《劳动争议仲裁时效性质研究》，载《西南政法大学学报》2006 年第 6 期。

的界定。与劳动法域中社会关系的全部对应的劳动争议为广义劳动争议。有学者将其定义为以劳动关系为中心所发生的一切争议。[①] 其中包括劳动法域中各种主体相互间的争议,如劳动合同争议、劳动保险争议、劳动行政争议、集体合同争议等。与劳动关系对应的劳动争议为狭义劳动争议,即劳动关系双方当事人之间关于劳动权利和劳动义务的争议。(2)以对应的劳动关系为标准的界定。劳动关系有单个劳动关系与集体(团体)劳动关系之区分。与单个劳动关系对应的劳动争议为狭义劳动争议,即劳动者与用人单位之间关于劳动权利义务的争议。与集体(团体)劳动关系和单个劳动关系对应的劳动争议为广义劳动争议,即劳动关系双方当事人或其团体之间关于劳动权利和劳动义务的争议,其中,包括狭义劳动争议与集体(团体)劳动争议。在劳动立法和劳动法学中,一般取其狭义。[②]

(二)劳动仲裁的特征

1.劳动仲裁具有半官方性,劳动仲裁机构不是司法机关,不是行政机关,也不是民间组织。劳动仲裁与经济纠纷仲裁不同,因为经济纠纷仲裁之仲裁委员会独立于行政机关,与行政机关没有隶属关系。仲裁委员会之间也没有隶属关系。中国仲裁协会是社会团体法人。仲裁委员会是中国仲裁协会的会员。中国仲裁协会的章程由全国会员大会制定。中国仲裁协会是仲裁委员会的自律性组织。

2.劳动仲裁具有强制性。其强制性主要体现在以下六个方面:一是劳动仲裁是劳动诉讼的前置程序,是必经程序;二是管辖强制,双方当事人不得约定管辖;三是审理形式强制,实行仲裁庭制,实行一案一庭制;四是无权选择仲裁员,仲裁员由劳动仲裁委员会指定;五是无权选择仲裁时间、仲裁规则和仲裁地点;六是申请劳动仲裁无须劳资双方合意。而经济纠纷仲裁中的当事人采用仲裁方式解决纠纷的,应当双方自愿,达成仲裁协议。没有仲裁协议,一方申请仲裁的,仲裁委员会不予受理。而劳动仲裁则无须双方合意,即使无仲裁协议,任何一方均可以自行单方决定是否申请劳动仲裁。

3.除终局裁决外,劳动仲裁裁决不具有最终解决争议之效力。因为对劳动裁决不服的,还可以向人民法院提起诉讼。而经济纠纷仲裁则不同,其裁决书自作出之日起发生法律效力。但是,劳动仲裁机构作出的生效裁决,同样具有强制执行力。

---

① 史尚宽:《劳动法原论》,台北,正大印书馆1978年版,第241页。

② 王全兴:《劳动法》,法律出版社2017年版,第462页。

4. 劳动仲裁程序简便、处理案件效率高。劳动仲裁在处理程序上，没有经济纠纷仲裁和民事诉讼之处理程序那么复杂，也不够严密，但处理案件的效率却明显高于上述二者。目前我国大部分劳动争议案件是在劳动仲裁阶段处理完成的。所以，我们没必要抱怨劳动仲裁规则不严密之缺陷，因为这是劳动争议处理制度本身的性质、目的和任务所决定的。为提高效率倾斜保护特殊劳动者，我国还在实践中形成了绿色通道制度。所谓劳动仲裁绿色通道，是指劳动人事争议仲裁委员会为特殊群体设立的案件快捷处理方式。特殊群体主要包括农民工，孕期、产期和哺乳期女职工，工伤职工等弱势群体或有特殊需求的群体。

5. 参加劳动仲裁的主体之间存在不平等现象。劳动仲裁之不平等性是劳动争议案件的特殊性决定的。但是，参加经济纠纷仲裁和民事诉讼之主体之间却是平等的。由于实质上不平等现象的客观存在，在劳动仲裁规则安排中，需要对劳动者作出倾斜保护之特殊安排，如举证证明责任分配等方面的安排。

6. 劳动仲裁是劳动诉讼的法定前置程序。当事人就劳动争议案件向人民法院直接起诉的，人民法院将不予受理，所以，劳动争议案件必须先申请劳动仲裁，对劳动仲裁裁决不服的，才可以向人民法院起诉。劳动仲裁前置的主要原因是我国现阶段劳动争议案件多，且没有设立专门的劳动法院处理此类争议，为达到快速处理争议、及时修复劳动关系、减少社会对抗，从而促进和保障和谐劳动关系之目的，解决“人少案多”之现实问题，设立了这样一个简便高效的特殊争议处理程序。

（三）劳动仲裁的性质

我们认为劳动仲裁兼具行政仲裁和准司法之属性，具体理由如下。

1. 行政仲裁属性

《劳动争议调解仲裁法》第 18、19 条规定：“……省、自治区、直辖市人民政府劳动行政部门对本行政区域的劳动争议仲裁工作进行指导。”“劳动争议仲裁委员会由劳动行政部门代表、工会代表和企业方面代表组成……”《劳动人事争议仲裁组织规则》第 2、3、9 条规定：“劳动人事争议仲裁委员会（以下简称仲裁委员会）由人民政府依法设立，专门处理争议案件。”“人力资源社会保障行政部门负责指导本行政区域的争议调解仲裁工作，组织协调处理跨地区、有影响的重大争议，负责仲裁员的管理、培训等工作。”“仲裁委员会下设实体化的办事机构，具体承担争议调解仲裁等日常工作。办事机构称为劳动人事争议仲裁院（以下简称仲裁院），设在人力资源社会保障行政部门……”所以，从以上规定可以看出，劳动行政部门的代表，在劳动仲裁机构组成中居首席地位，即组织管理、指导培训,劳动仲裁委员会的办事机构也设在劳动行政部门。所以,劳动仲裁行为具有行政仲裁的某些属性,但又不完全是行政仲裁。

2. 准司法属性

《劳动争议调解仲裁法》第3条规定:"解决劳动争议,应当根据事实,遵循合法、公正、及时、着重调解的原则,依法保护当事人的合法权益。"所以,我们认为劳动仲裁是劳动仲裁委员会居中裁判,对劳资双方的劳动权利义务进行处理,具有准司法属性。因为劳动仲裁机构的设立、职责、权限、组织、处理程序、裁决活动,与司法机关有极大的相通和相似之处,如当事人可以申请劳动仲裁、可对双方之间的劳动争议进行裁决,且生效的裁决具有强制执行力;在处理案件过程中实行仲裁庭、管辖、回避、证据、保全、送达和时效等制度,还可以依法参照《民事诉讼法》相关规定。另外,劳动仲裁是劳动诉讼的前置处理程序,对劳动仲裁不服的,还可以向人民法院提起诉讼。

(四)劳动仲裁的定位

劳动仲裁的定位是劳动仲裁机制的基本问题。我们认为主要体现在如何厘清以下几个方面的关系。

1. 劳动仲裁与ADR的关系

ADR即Alternative Dispute Resolution的缩写,这一概念的字面表述为"代替性(替代性、选择性)纠纷解决方式",亦可以根据其实质意义翻译为"审判外(诉讼外或判决外)纠纷解决方式"或"非诉讼纠纷解决程序""法院外纠纷解决方式"等。ADR的概念源于美国,原来是指20世纪逐步发展起来的各种诉讼外纠纷解决方式,现在已经引申为对世界各国普遍存在的、民事诉讼制度以外的非诉讼纠纷解决程序或机制的总称。① 尽管在设计劳动争议解决机制之初,ADR还没有被学者全面、系统地介绍到我国,但从理念上看,二者似乎是不谋而合的。虽然法律规定了"调解—仲裁—诉讼"三步走的处理机制,但是立法者绝对不希望任何一起劳动争议都完整经历这三个步骤。相反,将调解与仲裁前置,就是希望通过多元化的纠纷解决方式经济、快速地处理劳动争议,诉讼只是穷尽其他救济方式后的最终手段。由此可见,我国的劳动争议处理机制已经初步具备了ADR的属性。② 所以,从实质角度来看我国的劳动仲裁制度是一种典型的ADR。

---

① 范愉:《非诉讼程序(ADR)教程》,中国人民大学出版社2002年版,第17页。

② 杨冰:《ADR视域下的劳动争议解决机制研究》,载《前沿》2012年第20期。

2. 劳动仲裁与民商事仲裁的关系

按我国现行制度安排,我国的仲裁制度只有三个:一是民商事仲裁制度;二是劳动人事争议仲裁制度;三是土地承包经营仲裁制度。分别适用《仲裁法》、《劳动争议调解仲裁法》和《农村土地承包经营纠纷调解仲裁法》(2010 年 1 月 1 日起施行)。所以,劳动仲裁制度是我国仲裁制度的类型之一,劳动仲裁与民商事仲裁之间为并列关系,并且不存在交叉关系,既不能通过劳动仲裁处理民商事争议,也不能通过民商事仲裁处理劳动争议。

3. 劳动仲裁与劳动监察的关系

《劳动争议调解仲裁法》第 9 条规定:"用人单位违反国家规定,拖欠或者未足额支付劳动报酬,或者拖欠工伤医疗费、经济补偿或者赔偿金的,劳动者可以向劳动行政部门投诉,劳动行政部门应当依法处理。"以上是关于劳动仲裁与劳动监察两者之间关系的规定,说明两者之间为选择关系,即劳动仲裁和劳动监察都可以处理劳动争议,且都是劳动者的维权途径,至于劳动者通过何种途径维权,则由劳动者自己选择。所以,劳动仲裁与劳动监察都是处理劳动争议的方式之一,只是两者在性质、程序和手段等方面存在不同而已。但是,劳动监察除了处理劳动争议之外,还有其他劳动行政管理职能。

4. 劳动仲裁与司法诉讼的关系

《劳动争议调解仲裁法》对劳动争议仲裁与司法诉讼之间的关系仅在个别条款上作了衔接性的表述,二者关系需要结合其他法律和司法解释的规定才能给以准确定位和理解。在劳动争议处理过程中,仲裁与诉讼的关系主要为"横向性"的,即仲裁是诉讼前的法定必经处理方式,诉讼是仲裁后的重新处理方式,二者既相互联系又彼此独立;但是这并不是二者关系的全貌,实际上,司法还对劳动争议仲裁进行着某些必要的保障和监督。所以,相互衔接(联系)、相互独立、司法保障和司法监督这四个方面配合在一起,确定了我国劳动处理中的仲裁与司法诉讼之间的基本关系。① 所谓司法监督,是指人民法院对劳动人事争议仲裁委员会审理结案案件的依法纠正和反馈。

5. 劳动仲裁与人事仲裁的关系

最高人民法院《关于事业单位人事争议案件适用法律等问题的答复》(法函〔2004〕30 号)规定:"审理事业单位人事争议案件的程序运用《中华人民共和国劳动法》的相关规定。人民法院对事业单位人事争议案件的实体处理应当适用人事方面的法律规定,但涉及事业单位工作人员劳动权利的内容在人事

① 谢文哲:《劳动争议仲裁与司法诉讼的关系探析》,载《河南社会科学》2011 年第 5 期。

法律中没有规定的,适用《中华人民共和国劳动法》的有关规定。"结合《劳动仲裁规则》第2条第2～5项关于人事争议仲裁受案范围的相关规定,我们认为劳动仲裁与人事仲裁既有区别也有联系。(1)联系:劳动仲裁和人事仲裁过程中适用的程序法基本相同,即适用《劳动仲裁规则》规定程序进行处理。(2)区别:劳动仲裁对应的是劳动争议,处理劳动争议适用的实体法为《劳动法》;而人事仲裁对应的是人事争议,处理人事争议适用的实体法一般为人事方面的法律规定,且一般不能适用《劳动法》。但是,由于立法缺陷,目前我国尚未制定人事争议方面专门的法律层级规范,相关依据分散在不同层次的规范性文件中,查找不易。对于当事人诉争的权利内容,有哪些是人事法律已作规定的,有哪些可以适用《劳动法》的规定,裁审实践中存在争议。需要说明的是本书的探讨范围并未涉及人事仲裁。

(五)劳动仲裁案件的类型

1. 根据《民事案件案由规定》的分类

我们认为对劳动仲裁案件类型的划分,可以参照《民事案件案由规定》的相关规定。因为《劳动仲裁规则》允许在某些程序问题处理上,可以参照适用其相关规定。

最高人民法院《民事案件案由规定》(法〔2020〕347号)将劳动争议、人事争议案件的类型分为劳动合同纠纷、社会保险纠纷、福利待遇纠纷和人事争议四大类。其中,根据第186条的规定,劳动合同纠纷细分为以下类型:(1)确认劳动关系纠纷;(2)集体合同纠纷;(3)劳务派遣合同纠纷;(4)非全日制用工纠纷;(5)追索劳动报酬纠纷;(6)经济补偿金纠纷;(7)竞业限制纠纷。根据第187条的规定,将社会保险纠纷细分为以下类型:(1)养老保险待遇纠纷;(2)工伤保险待遇纠纷;(3)医疗保险待遇纠纷;(4)生育保险待遇纠纷;(5)失业保险待遇纠纷。根据第189条、190条、191条和192条的规定,将人事争议细分为以下类型:(1)聘用合同纠纷;(2)聘任合同纠纷;(3)辞职纠纷;(4)辞退纠纷。

从以上分类可知,人民法院并未将平等就业权纠纷、性骚扰损害责任纠纷定性为劳动争议或人事争议,而是将其分别定性为"人格权纠纷"和"侵权责任纠纷"。所以,如果劳动者因平等就业权、性骚扰损害与用人单位发生争议的,则只能向人民法院起诉解决,而无法通过申请劳动仲裁处理,因为其性质不是劳动争议或人事争议。

2. 权利争议与利益争议

权利争议,又称实现既定权利的争议,还可称为履约争议,是指因实现劳动法、集体合同和劳动合同所规定的权利和义务所发生的争议。在当事人权利和义务既定的情况下,只要当事人双方都按照法规和合同的规定行使权利和履行义务,一般不会发生争议;如果当事人一方不按规定行使权利和履行义务,侵犯另一方既定合法权益,或者当事人双方对如何行使权利和履行义务在理解上存在分歧,争议就会发生。因而,权利争议也就是应遵守劳动法,履行集体合同或劳动合同发生的争议。其中,作为争议标的的权利和义务,如果适用劳动法中强行性规范所规定,该权利争议就只属于遵守劳动法的争议;如果是由集体合同、劳动合同依据劳动法中任意性规范具体规定,该权利争议就属于履行集体合同或劳动合同的争议。

利益争议,又称确定权利的争议,还可称为缔约争议,是指因主张有待确定的权利和义务所发生的争议,即争议的标的是尚未确定为权利和义务的利益。缔约双方对权利和义务确定有不同的主张,就会发生争议。争议的目的是,要求在合同中依法确定当事人的某种利益,使之上升为权利。在订立劳动合同时如果存在争议,就不可能成立劳动合同,签约双方可能还未成为劳动关系当事人,这种争议,虽然属于利益争议,但在劳动争议处理制度中不作为劳动争议对待。而在集体合同订立或变更中,集体劳动合同当事人双方是既定的,其对尚未确定为权利和义务的利益发生争议,甚至集体谈判陷入僵局或者失败,就需要通过一定的协商程序予以化解,故被作为劳动争议对待。利益一般不是通过调解、仲裁、诉讼程序解决的,是在政府干预下由双方协商解决,且作为集体合同订立程序的一个重要环节。①

(六)劳动仲裁的模式

在民事诉讼法学领域,存在一种关于模式的说法,这就是民事诉讼的当事人主义与职权主义,其被称为当今世界上主要的民事诉讼模式。所谓当事人主义,是指在民事纠纷解决中,诉讼请求的确定,诉讼资料、证据的收集和证明主要由当事人负责。在当事人主义支配下,当事人甚至对法律的适用都有选择的权利。由于证据及诉讼资料的收集及提出由当事人负责,发现真实的主要责任也是由当事人承担,法官则处于顺应性的地位。这种顺应性,其实指的就是法官对当事人之间的争执和主张不作干预,而是尊重当事人的意志。所谓职权主义,是指法院在诉讼程序中拥有主导权。该主义可分为职权进行主义和职权探知主义两个方面的内容。职权主义和当事人主义相对立,具体是指在民事诉讼

① 王全兴:《劳动法》,法律出版社2017年版,第463页。

中，程序的进行以及诉讼资料、证据收集等权能由法院担当。[①] 事实上模式的区分是相对的，没有绝对的当事人主义，也没有绝对的职权主义，只是占主导作用不同而已。我们认为，在我国劳动争议仲裁中，当事人主义占主导作用。

二、劳动仲裁制度产生条件及历史沿革

（一）劳动法的生效实施是基础条件

1. 西方国家劳动法由来

西方国家劳动法产生前提有二个：一是用人单位出现；二是劳动力成为商品。劳动力成为商品的前提是农民成为无产者，即丧失土地。只有上述二个条件成就后，才可能产生雇佣关系，并催生劳动法，进而形成劳动关系。所以，西方国家劳动法，是在私法公法化的过程中产生的。

雇佣关系与反劳工法。反劳工立法的产生有其历史必然性。在资本主义原始积累阶段，国家为促使劳动力与生产资料结合，开始从土地上驱赶农民，使其变为无产者。无产者为了生存，就必须将劳动力出卖给资本家，以换取生活资料。这样劳动力与生产资料结合，雇佣关系之劳动过程即完成。但是，农民均不情愿离开土地，此时国家就采取立法措施，强制剥夺他们的土地，同时也对劳动过程加强管理，如规定最低工作时间、最高工资等，以保障用人单位和国家的利益。

随着资本家对雇佣剥削的加剧，特别是对劳动力掠夺性、破坏性的使用，造成了劳动力减少、劳动能力降低等严重社会后果。这不仅损害了劳动者权益，还危及劳动力的再生产，进而损害了社会利益和国家利益。此情形下，国家开始出面干预，即立法保护劳动力商品买卖中的劳动者，这样就催生了倾斜保护劳动者权益的劳动法。目前公认最早的劳动立法是 1802 年英国议会通过的《学徒健康与道德法》。按照马克思观点，劳动法是工人阶级长期斗争的结果，是生产力发展的必然要求。

2. 我国劳动法由来

我国劳动立法与西方国家劳动法的形成路径并不相同。西方国家劳动法是在“私法公法化”过程中形成的，而我国劳动法则是在“公法私法化”过程中形成的。两者的形成路径相反，主要是由不同的历史条件决定的。中华人民共和国成立以来到党的十一届三中全会期间，以计划经济为主，私有经济发展缓慢，所以，劳动立法中个人意思自治方面的规定相当有限，主要以公法调整为主。党的十一届三中全会以后，开始实行改革开放政策，计划经济逐步向有中

---

① 江伟、肖建国主编：《民事诉讼法》，中国人民大学出版社 2018 年版，第 12～13 页。

国特色社会主义市场经济过渡，劳动立法的公法性质开始私法化，意思自治原则在劳动用工制度中得到释放，劳动立法开始遵循合法、公平、平等自愿、协商一致、诚实信用的原则。目前公法私法化的趋势还在继续深化之中。所以，我国劳动立法是"公法私法化"过程中逐步形成的。

3. 劳动实体法的适用离不开劳动争议处理制度的保障

《劳动法》产生之后就是适用。劳动基准的适用、劳动保障的实施和劳动关系的协调，这些均离不开劳动争议处理制度，即《劳动争议调解仲裁法》的保障。因为劳动实体法和《劳动争议调解仲裁法》就像是车之双轮、鸟之双翼，二者密切配合，密不可分。第一，《劳动争议调解仲裁法》能够保障当事人的劳动实体权利得到最终实现；第二，《劳动争议调解仲裁法》可以通过解决劳动争议，来保障社会秩序的正常运行；第三，《劳动争议调解仲裁法》可以保障当事人充分行使辩护权，起到辨明是非、定分止争之功效；第四，《劳动争议调解仲裁法》能够快速、公正、安全和经济地解决劳动争议，避免争议当事人实施自力救济而产生二次社会伤害。所以，只有制定并适用《劳动争议调解仲裁法》，才能保障劳动实体法的全面准确实施，真正起到倾斜保护劳动者权益之立法目的。

（二）劳动争议仲裁制度的建立及完善

1. 中华人民共和国成立之前制度

1928 年 6 月 9 日国民政府制定并颁布了《劳动争议处理法》，后于 1930 年进行了修正，该法建立了劳动调解和仲裁制度。1931 年 11 月在江西瑞金召开的中华苏维埃工农兵第一次全国代表大会制定了《中华苏维埃共和国劳动法》，其中对劳动争议仲裁制度进行了规定。1933 年 10 月 15 日中华苏维埃共和国中央执行委员会制定了《中华苏维埃共和国劳动合同法》，该法对劳动争议处理制度也作了进一步的安排。1942 年制定了《陕甘宁边区劳动保护条例（草案）》，该法对劳动争议的调解、仲裁作了规定。1948 年 8 月在哈尔滨举行的第六次全国劳动大会通过了《关于中国职工运动当前任务的决议》，该决议提出劳动争议处理程序为调解、仲裁和法院审理之建议。

2. 制度初建（1949 年至 1956 年）

1949 年 11 月，全国总工会公布了《关于劳动争议解决程序的暂行规定》，提出劳动争议应采用协商、仲裁、法院审理的处理程序，这是中华人民共和国成立后建立的第一个劳动争议处理制度。1950 年 11 月 26 日，原劳动部颁布了《关于劳动争议解决程序的规定》。1950 年，原劳动部还颁布了《市劳动争议仲裁委员会组织及工作规则》。上述文件规定原劳动部设立劳动争议司，各地劳动局设立调解处(科),同时在城市设立劳动争议仲裁委员会,由劳动部门负责,聘请总工会、工商行政部门、工商联的代表组成。

3. 制度停止执行(1956年至1986年)

1955年7月,由于情况发生变化,处理劳动争议的仲裁方式已不能发挥作用,原劳动部便发出了撤销劳动争议仲裁委员会的通知(《关于撤销劳动争议仲裁委员会的通知》)。1956年2月原劳动部在办公厅设立了"人民来信来访办公室",配备了专职干部集中处理劳动调配、工资、争议等方面的人民来信来访。1957年11月国务院《关于加强处理人民来信和接待人民来访工作的指示》明确了"归口交办"的原则,《国务院秘书厅对中央机关人民来信、来访归口办理的几点补充意见》进一步明确了"劳动争议、劳动调配归劳动部"办理。以上情况说明,1950年的《关于劳动争议解决程序的规定》虽然没有明令废止,但早已不具备执行的条件;劳动争议也早已不再按仲裁方式处理,而是按"归口交办"的原则通过信访渠道来解决。[①]

4. 制度重建(1986年至1992年)

1986年10月1日至1987年8月14日,个别地区受理了国营企业少量劳动争议案件,这是依据1986年7月12日国务院发布的《国营企业实行劳动合同制暂行规定》(国发〔1986〕77,已失效)第31条的内容试行办理的。根据1987年7月31日国务院发布的《国营企业劳动争议处理暂行规定》(已失效)建立的劳动仲裁委员会,只被授权处理国营企业中因履行劳动合同和开除、除名、辞退违纪职工发生的劳动争议。按照法学原理的"从新原则",现在的劳动仲裁机构只能执行国务院颁发的《国营企业劳动争议处理暂行规定》。经原政务院批准、原劳动部颁发的《国营企业实行劳动合同制暂行规定》及原劳动部起草、国务院颁发的《国营企业劳动争议处理暂行规定》中都授权原劳动部负责解释。据此,1987年10月15日原劳动人事部在《关于〈国营企业劳动争议处理暂行规定〉若干问题的解答意见》中曾明确,集体企业中发生的劳动争议是否按照《国营企业劳动争议处理暂行规定》处理,由省、自治区、直辖市确定。这一解释应具有法规依据效用。[②] 其中,1980年7月国务院《中外合资经营企业劳动管理规定》(已失效)和1989年9月原劳动部颁布的《关于私营企业劳动管理暂行规定》,均对劳动争议处理制度进行了规定。

---

① 原劳动部办公厅《关于劳动仲裁受理范围的复函》(劳办力字〔1990〕57号,已失效)第1条。

② 原劳动部办公厅《关于劳动仲裁受理范围的复函》(劳办力字〔1990〕57号,已失效)第2、3、4条。

5. 探索与立法(1992 年至 2007 年)

1993 年国务院发布《企业劳动争议处理条例》(已失效),将劳动争议处理的范围,从国营企业扩大到各类企业,建立了新的"一裁两审"处理机制。原劳动部也制定了相应的配套规定《劳动争议仲裁委员会组织规则》(劳部发〔1993〕300 号,已失效)、《劳动争议仲裁委员会办案规则》(已失效)和《企业劳动争议调解委员会组织及工作规则》(已失效)。1995 年 1 月 1 日施行的《劳动法》,对劳动争议处理制度作了专章规定,这是我国第一次以法律形式确立"一调一裁两审"劳动争议处理制度,标志着我国劳动争议处理制度法律体系的建立。2007 年 12 月 29 日制定了我国劳动争议处理第一部专门性法律《劳动争议调解仲裁法》,该法进行了较多制度创新,如一裁终局、劳动仲裁免费、延长仲裁申请时效、缩短审理时限等。同时最高人民法院也于 2001 年 4 月 16 日出台了《关于审理劳动争议案件适用法律若干问题的解释》(被法释〔2020〕16 号废止)、2006 年 8 月 14 日出台了《关于审理劳动争议案件适用法律若干问题的解释(二)》(被法释〔2020〕16 号废止),这二个司法文件进一步完善了劳动争议处理制度。至此,我国劳动争议仲裁法律及其配套制度全面确立。

6. 整合与完善(2007 年至今)

2009 年我国实施大部制改革,人社部成立了调解仲裁管理司,统一指导和管理全国劳动人事争议工作,初步整合了劳动争议和人事争议处理体制。人社部会同相关部门制定了《劳动仲裁规则》(2009 年出台,2017 年重新制定)、《劳动人事争议仲裁组织规则》(2009 年出台,2017 年重新制定)、《企业劳动争议协商调解规定》以及《人事争议处理规定》(国人部发〔2007〕109 号,2011 年修订)。最高人民法院也于 2010 年 9 月 13 日和 2013 年 1 月 18 日分别出台了最高人民法院《关于审理劳动争议案件适用法律若干问题的解释(三)》(被法释〔2020〕16 号废止)和最高人民法院《关于审理劳动争议案件适用法律若干问题的解释(四)》(被法释〔2020〕16 号废止),这二个司法文件再次完善了我国的劳动争议处理制度。最高人民法院《劳动争议司法解释(一)》将之前的 4 个劳动争议司法解释进行合并梳理,并同时废止了这 4 份文件。

三、劳动仲裁请求权

(一)当事人享有劳动仲裁请求权

所谓劳动仲裁请求权,是指用人单位与劳动者等当事人基于劳动争议的事实所享有的,要求国家保护其合法权益的权利。《劳动争议调解仲裁法》第 5 条规定:"发生劳动争议,当事人不愿协商、协商不成或者达成和解协议后不履行的,可以向调解组织申请调解;不愿调解、调解不成或者达成调解协议后不履行的，可以向劳动争议仲裁委员会申请仲裁；对仲裁裁决不服的，除本法另有规定的外，可以向人民法院提起诉讼。”所以，从以上规定可知，我国劳动者享有劳动仲裁请求权。

我们认为劳动仲裁请求权是法定的权利，属于广义的仲裁权。劳动仲裁请求权也与诉权一样具有两重性，即程序意义上的请求权和实体意义上的请求权。劳动仲裁请求权与诉权不同，虽然两种请求权均是寻求国家公权力救济的请求权，但诉权是当事人基于民事争议的事实，要求人民法院进行裁判的权利，两者在性质上是截然不同的。

（二）劳动仲裁请求权的特点

劳动仲裁申请权作为广义诉权的一种，其既有诉权的一般特性，又有自己的特殊之处，具体反映在以下几个方面：

1. 请求权主体的特殊性。劳动仲裁请求权的主体主要指劳动者与用人单位，但还包括其他主体如劳动派遣之用工单位、业务外包单位等特殊主体。所以，相比诉权而言，其主体范围较为狭窄，且比较固定。简单地讲，就是劳动者与用人单位或用工单位。

2. 请求权行权对象的特定性。劳动仲裁请求权只能向劳动仲裁机构提出，而不能直接向人民法院提出。诉权对应的争议处理机构是人民法院，而劳动仲裁请求权对应的是劳动人事争议仲裁委员会。人民法院是法定审判机关，全面行使司法审判权；而劳动人事争议仲裁委员会既不是司法机关、行政执法机关，也不是民间组织，而是具有行政仲裁属性和准司法机关性质的组织，其裁决权限有限，且没有强制执行之权力。

3. 请求权适用程序的特定性。劳动仲裁请求权仅限在劳动仲裁前置程序即劳动仲裁程序中行使，不能在民事诉讼程序中行使。因为劳动仲裁程序结束后，作为该争议事项的劳动仲裁请求权就已消灭。

4. 请求权时效的特殊性。《民法典》第 188 条规定，向人民法院请求保护民事权利的诉讼时效期间为三年，而劳动仲裁请求权对应的保护时效则为一年，即《劳动争议调解仲裁法》第 27 条第 1 款规定：“劳动争议申请仲裁的时效期间为一年。仲裁时效期间从当事人知道或者应当知道其权利被侵害之日起计算。”超过以上一年劳动仲裁时效的，即使劳动仲裁请求权，也会因其丧失胜诉权，而得不到法律保护。

四、劳动仲裁的办事机构

（一）劳动争议处理之“三方机制”

依据《劳动争议调解仲裁法》第 5 条规定可知，一般情况下，我国劳动争议处理体制为"一调一裁二审"体制。由于终局裁决的存在,劳动者不服终局裁决的,可向基层人民法院起诉,而用人单位不服终局裁决的,只能向中级人民法院申请撤销裁决。故我们将后一种特殊处理体制概括为"一调一裁分流"体制。所以,我国劳动争议处理体制为"一调一裁二审"与"一调一裁分流"体制。

对于"一裁",我国建立起了劳动争议处理的"三方机制":县级以上人民政府劳动行政部门会同工会和企业方面代表建立协调劳动关系三方机制,共同研究解决劳动争议的重大问题。劳动争议仲裁委员会由劳动行政部门代表、工会代表和企业方面代表组成。劳动争议仲裁委员会下设办事机构,负责办理劳动争议仲裁委员会的日常工作。[①] 仲裁委员会下设实体化的办事机构,称为劳动人事争议仲裁院。[②] 劳动人事争议仲裁委员会由人民政府依法设立,专门处理争议案件。仲裁委员会主任由政府负责人或者人力资源社会保障行政部门主要负责人担任。办事机构称为劳动人事争议仲裁院,设在人力资源社会保障行政部门。仲裁委员会的决定实行少数服从多数原则。仲裁院对仲裁委员会负责并报告工作。仲裁委员会的经费依法由财政予以保障。仲裁委员会组成单位可以派兼职仲裁员常驻仲裁院,参与争议调解仲裁活动。[③] 所以,所谓劳动人事争议仲裁委员会,是指由省、自治区、直辖市人民政府依法决定设立的从事劳动人事争议仲裁相关活动的专门机构。所谓劳动人事争议仲裁委员会主任,是指由政府负责人或者人力资源社会保障行政部门主要负责人担任、主持劳动人事争议仲裁委员会全面工作的劳动人事争议仲裁委员会组成人员。

(二)劳动仲裁院

所谓劳动人事争议仲裁院,是指劳动人事争议仲裁委员会下设的具体承担日常工作的实体化办事机构。所以,劳动人事争议仲裁院是劳动人事争议仲裁委员会的办事机构,设在人力资源社会保障行政部门。仲裁院对仲裁委员会负责并报告工作。仲裁院可以通过政府购买服务等方式聘用记录人员、安保人员等办案辅助人员。仲裁委员会组成单位可以派兼职仲裁员常驻仲裁院,参与争议调解仲裁活动。

从性质上看,劳动仲裁院具有二重身份:一是行政管理身份,即作为劳动行政主管部门的职能机构,行使劳动行政管理职能,如根据新情况进行政策研究、宣传劳动法律法规政策、监督用人单位用工管理行为等;二是仲裁职能身份,即

---

① 《劳动争议调解仲裁法》第8、19条。

② 《劳动仲裁规则》第4条。

③ 《劳动人事争议仲裁组织规则》(2017年7月1日起施行)第2、5、8、9、10、11条。

在劳动人事争议仲裁委员会的领导下，处理劳动争议案件的日常工作，如组织仲裁庭、审理案件、处理争议和裁决等。

（三）劳动争议仲裁庭

仲裁庭是劳动争议仲裁委员会处理劳动争议案件的基本组织形式。劳动人事争议仲裁委员会处理争议案件实行仲裁庭制度，实行一案一庭制。仲裁委员会可以根据案件处理实际需要设立派驻仲裁庭、巡回仲裁庭、流动仲裁庭，就近就地处理争议案件。处理下列争议案件应当由3名仲裁员组成仲裁庭，设首席仲裁员：(1)10人以上并有共同请求的争议案件；(2)履行集体合同发生的争议案件；(3)有重大影响或者疑难复杂的争议案件；(4)仲裁委员会认为应当由3名仲裁员组庭处理的其他争议案件。简单争议案件可以由一名仲裁员独任仲裁。记录人员负责案件庭审记录等相关工作。记录人员不得由本庭仲裁员兼任。仲裁庭组成不符合规定的，仲裁委员会应当予以撤销并重新组庭。仲裁委员会应当有专门的仲裁场所。仲裁场所应当悬挂仲裁徽章，张贴仲裁庭纪律及注意事项等，并配备仲裁庭专业设备、档案储存设备、安全监控设备和安检设施等。仲裁工作人员在仲裁活动中应当统一着装，佩戴仲裁徽章。①

劳动人事争议仲裁委员会可以设立派驻仲裁庭。所谓派驻仲裁庭，是指劳动人事争议仲裁委员会根据案件处理实际需要设立的具备必要办案条件的常设派出组织。

（四）劳动争议仲裁员

1. 仲裁员概述

所谓仲裁员，是指由仲裁委员会聘任、依法调解和仲裁争议案件的专业工作人员。仲裁员分为专职仲裁员和兼职仲裁员。专职仲裁员和兼职仲裁员在调解仲裁活动中享有同等权利，履行同等义务。兼职仲裁员进行仲裁活动，所在单位应当予以支持。仲裁委员会应当依法聘任一定数量的专职仲裁员，也可以根据办案工作需要，依法从干部主管部门、人力资源社会保障行政部门、军队文职人员工作管理部门、工会、企业组织等相关机构的人员以及专家学者、律师中聘任兼职仲裁员。② 所谓专职仲裁员，是指劳动人事争议仲裁委员会从符合任职条件的人员中聘任的专门从事劳动人事争议仲裁工作的仲裁员。所谓兼职仲裁员，是指劳动人事争议仲裁委员会从符合任职条件的人员中聘任的非专门从事劳动人事争议仲裁工作的仲裁员。

---

① 《劳动人事争议仲裁组织规则》第12～17条。

② 《劳动人事争议仲裁组织规则》第18、19条。

2. 仲裁员的权利义务

仲裁员享有以下权利:(1)履行职责应当具有的职权和工作条件;(2)处理争议案件不受干涉;(3)人身、财产安全受到保护;(4)参加聘前培训和在职培训;(5)法律、法规规定的其他权利。

仲裁员应当履行以下义务:(1)依法处理争议案件;(2)维护国家利益和公共利益,保护当事人合法权益;(3)严格执行廉政规定,恪守职业道德;(4)自觉接受监督;(5)法律、法规规定的其他义务。仲裁委员会聘任仲裁员时,应当从符合《劳动争议调解仲裁法》第20条规定的仲裁员条件的人员中选聘。仲裁委员会应当根据工作需要,合理配备专职仲裁员和办案辅助人员。专职仲裁员数量不得少于三名,办案辅助人员不得少于一名。仲裁委员会应当设仲裁员名册,并予以公告。省、自治区、直辖市人力资源社会保障行政部门应当将本行政区域内仲裁委员会聘任的仲裁员名单报送人力资源社会保障部备案。①

3. 仲裁员的聘任、解聘与培训

仲裁员聘期一般为5年。仲裁委员会负责仲裁员考核,考核结果作为解聘和续聘仲裁员的依据。仲裁委员会应当制定仲裁员工作绩效考核标准,重点考核办案质量和效率、工作作风、遵纪守法情况等。考核结果分为优秀、合格、不合格。仲裁员有下列情形之一的,仲裁委员会应当予以解聘:(1)聘期届满不再续聘的;(2)在聘期内因工作岗位变动或者其他原因不再履行仲裁员职责的;(3)年度考核不合格的;(4)因违纪、违法犯罪不能继续履行仲裁员职责的;(5)其他应当解聘的情形。

人力资源社会保障行政部门负责对拟聘任的仲裁员进行聘前培训。拟聘为省、自治区、直辖市仲裁委员会仲裁员及副省级市仲裁委员会仲裁员的,参加人力资源社会保障部组织的聘前培训;拟聘为地(市)、县(区)仲裁委员会仲裁员的,参加省、自治区、直辖市人力资源社会保障行政部门组织的仲裁员聘前培训。人力资源社会保障行政部门负责每年对本行政区域内的仲裁员进行政治思想、职业道德、业务能力和作风建设培训。仲裁员每年脱产培训的时间累计不少于40学时。仲裁委员会应当加强仲裁员作风建设,培育和弘扬具有行业特色的仲裁文化。人力资源社会保障部负责组织制定仲裁员培训大纲,开发培训教材,建立师资库和考试题库。建立仲裁员职业保障机制,拓展仲裁员职业发展空间。②

---

① 《劳动人事争议仲裁组织规则》第20~23条。

② 《劳动人事争议仲裁组织规则》第24~31条。

4. 仲裁员业外活动的行为准则

（1）业外活动的基本要求：遵守社会公德，遵纪守法；加强修养，严格自律；约束业外言行，杜绝与仲裁员形象不相称的、可能影响公正履行职责的不良嗜好和行为，自觉维护仲裁员形象。

（2）受邀请参加座谈、研讨活动的要求：对与案件有利害关系的机关、企事业单位、律师事务所、中介机构等的邀请应当谢绝；对与案件无利害关系的党、政、军机关、学术团体、群众组织的邀请，经向单位请示获准后方可参加。

（3）受邀请参加各类社团组织或者联谊活动：确需参加在各级民政部门登记注册的社团组织的，及时报告并由所在劳动仲裁委员会按照仲裁员管理权限审批；不参加营利性社团组织；不接受有违清正廉洁要求的吃请、礼品和礼金。

（4）从事写作、授课等活动：在不影响办案工作的前提下，可以利用业余时间从事写作、授课等活动；在写作、授课过程中，应当避免对具体案件和有关当事人进行评论，不披露或者使用在工作中获得的国家秘密、商业秘密、个人隐私及其他非公开信息；对于参加职务外活动获得的合法报酬，应当依法纳税。

（5）接受新闻媒体与劳动仲裁委员会工作有关的采访：接受新闻媒体采访必须经组织安排或者批准；在接受采访时，不发表有损公正的言论，不对正在审理中的案件和有关当事人进行评论，不披露在工作中获得的国家秘密、商业秘密、个人隐私及其他非公开信息。

（6）本人或者亲友与他人发生矛盾：保持冷静、克制，通过正当、合法途径解决；不得利用仲裁员身份寻求特殊照顾，不得妨碍有关部门对问题的解决。

（7）本人及家庭成员遇到纠纷需通过仲裁方式解决：对本人的案件或者以直系亲属代理人身份参加的案件，应当依照有关法律规定，平等地参与仲裁；在仲裁过程中不以仲裁员身份获取特殊照顾，不利用职权收集所需证据；对非直系亲属的其他家庭成员的仲裁案件，一般应当让其自行委托仲裁代理人，仲裁员本人不宜作为仲裁代理人参与仲裁。

（8）出入社交场所注意事项：参加社交活动要自觉维护仲裁员形象；严禁穿制服出入营业性娱乐场所。

五、劳动仲裁的基本原则

（一）概况

1. 定义

所谓劳动仲裁的基本原则，是贯穿于整个劳动争议仲裁案件处理过程中的根本性和指导性的规则。基本原则与一般原则不同，一般原则不能贯穿劳动争议仲裁案件处理的始终，如“一事不再理”原则仅适用于案件受理环节，就属于一般原则。《劳动争议调解仲裁法》第 3 条规定:“解决劳动争议,应当根据事实,遵循合法、公正、及时、着重调解的原则,依法保护当事人的合法权益。”同时,《劳动仲裁规则》第 3 条规定:“仲裁委员会处理争议案件,应当遵循合法、公正的原则,先行调解,及时裁决。”所以,根据现行规定,我国劳动争议仲裁的原则为合法原则、公正原则、调解原则和及时原则。

2. 对合法、公正原则的评价

我国《劳动争议调解仲裁法》将“合法、公正”规定为基本原则值得商榷。之所以提出质疑,不是因为“合法、公正”未贯穿劳动争议仲裁之始终,也不是其不具有根本性和指导性,而是“合法、公正”本身定位不适合作为基本原则,因为其是基本原则的上位概念,相对基本原则而言更加抽象模糊,指导性弱。我们认为“合法、公正”是仲裁活动应当追求的价值和目标,“合法、公正”是仲裁活动最基本、最抽象的价值要求,其本身就需要用基本原则来具体化。所以,劳动争议仲裁的基本原则应当更加具体和明确,这是基本原则的指导性所决定的。事实上合法性原则作为行政执法的基本原则是合适的,所以,从这一角度来看,合法性原则这一规定,间接反映出了劳动争议仲裁活动具有行政执法活动的特点。

3. 建议确立倾斜保护劳动者原则

我们建议将倾斜保护劳动者原则作为劳动争议仲裁的基本原则,以排除形式上的平等保护原则,体现出劳动争议仲裁活动的本质特点。倾斜保护劳动者原则是作为《劳动仲裁规则》区别于民事诉讼规则最重要的具体体现,因为其综合体现了《劳动法》的立法宗旨。《劳动争议调解仲裁法》中有很多制度安排,均遵循了此原则。例如,一裁终局制度是我国《劳动争议调解仲裁法》中的亮点,而这个具有中国特色的创新制度,就是通过剥夺用人单位起诉权,从程序上体现倾斜保护劳动者原则的。这在民事诉讼中就有所争议,因为民事诉讼倡导的是诉讼权利平等原则,《民事诉讼法》第 8 条第 1 句规定:“民事诉讼当事人有平等的诉讼权利。”然而,这个最应该被法定的独具特色的劳动仲裁原则,却没有得到《劳动争议调解仲裁法》的认可,这是立法的缺失。又如,仲裁机构可依法向用人单位发出劳动仲裁建议书,这也是倾斜保护劳动者的体现。所谓劳动仲裁建议书,是指劳动人事争议仲裁委员会在案件审理过程中,发现用人单位普遍存在的法律政策不落实、劳动规章制度缺失或不健全等重要风险隐患时,向有关单位或上级主管部门、有关行业组织等提出加强和改进工作的书面建议。

（二）法定的基本原则

1. 合法原则

所谓合法原则，是指劳动争议仲裁委员会在处理劳动争议案件时，始终坚持以事实为根据，以法律为准绳，并遵守法定程序的劳动争议案件处理原则。合法性原则是劳动争议仲裁活动应当遵守的基本要求，它要求劳动仲裁机构必须在法律规定的范围内进行仲裁活动。具体内容包括：（1）劳动仲裁机构必须在法律规定的范围内行使职权。（2）劳动仲裁活动中，其仲裁裁决的内容必须根据法律规定作出，不得在法律规定之外为当事人设定权利义务。对没有法律规定的，不得作出有损劳动者或用人单位等当事人的合法权益，或者增加其义务的裁决。（3）劳动争议仲裁活动的程序必须合法。劳动仲裁机构要严格遵循法定程序，依法处理当事人之间的劳动争议。并且应当根据不同内容适用不同的程序，不得简化、改变、调换或省略相关程序。

2. 公正原则

所谓公正原则，是指劳动争议仲裁委员会在处理劳动争议案件的过程和结果中，要坚持和体现公平正义的原则。公正是劳动仲裁活动的生命和灵魂，是仲裁活动的本质要求和终极目标。“公正是法治的生命线。司法公正对社会公正具有重要引领作用，司法不公对社会公正具有致命破坏作用。”①

劳动争议仲裁之公正原则体现在两个方面：一是实体公正；二是程序公正。实体公正主要是指劳动仲裁裁决的结果公正，劳动争议各方当事人在权益得到了充分保障，违法行为受到了惩罚和制裁。程序公正主要是指劳动争议仲裁活动的过程公正，仲裁程序具有正当性，各方当事人在仲裁活动中得到了公平对待。实体公正是程序公正的目的和结果，程序公正是实体公正的前提和保证。

3. 着重调解原则

所谓着重调解原则，是指劳动争议仲裁委员会在处理劳动争议案件过程中，应当注重运用调解方式解决劳动争议，仲裁机构在立案之前或裁决之前，对适于调解的案件，应当先行调解，调解不成的，才进入下一处理程序。仲裁委员会处理争议案件，应当坚持调解优先，引导当事人通过协商、调解方式解决争议，给予必要的法律释明以及风险提示。

先行调解在劳动仲裁活动中的主要体现：（1）对未经调解、当事人直接申请仲裁的争议，仲裁委员会可以向当事人发出调解建议书，引导其到调解组织

① 《中共中央关于全面推进依法治国若干重大问题的决定》，载中共中央文献研究室编：《十八大以来重要文献选编》（中），中央文献出版社2016年版，第168页。

进行调解。当事人同意先行调解的,应当暂缓受理;当事人不同意先行调解的,应当依法受理。(2)仲裁庭处理集体劳动争议,开庭前应当引导当事人自行协商,或者先行调解。仲裁庭处理集体劳动人事争议案件,可以邀请法律工作者、律师、专家学者等第三方共同参与调解。(3)开庭之前,经双方当事人同意,仲裁庭可以委托调解组织或者其他具有调解能力的组织、个人进行调解。(4)经调解组织调解达成调解协议的,双方当事人可以自调解协议生效之日起 15 日内,共同向有管辖权的仲裁委员会提出仲裁审查申请。(5)开庭审理中,仲裁员应当听取申请人的陈述和被申请人的答辩,主持庭审调查、质证和辩论、征询当事人最后意见,并进行调解。①

关于调解中的处分原则,劳动仲裁与民事诉讼不同。民事诉讼中的民事权益可以自由处分,但是在劳动仲裁调解活动中,劳动者的合法权益不能完全由双方自由处分,因为劳动争议的工资及其他待遇,涉及劳动者的生存权,有必要对其自由处分权进行限制,以保障劳动者合法权益。

4. 及时原则

所谓及时原则,是指劳动仲裁委员会在处理劳动争议案件时,应在法定的时限内,尽快查明事实,分清是非,并在此基础上进行及时调解,调解不成的及时裁决。及时处理、及时调解、及时裁决,是劳动仲裁委员会处理劳动争议案件的基本要求。及时原则要求劳动仲裁机构不能久拖不决。为方便和及时处理劳动争议,劳动仲裁引入了“互联网 + 仲裁”的工作方式。所谓“互联网 + 仲裁”,是指劳动人事争议仲裁委员会运用互联网等资源使得仲裁参加人能够在非现场参加预约立案、受理审查、庭审、送达、结案等仲裁活动和规范内部管理的工作方式。

劳动争议的特点本身也要求必须及时处理。因为劳动争议与其他争议的一个重要区别,就是劳动争议与劳动者生活、用人单位生产密切相关,一旦发生争议,不仅影响生产、工作的正常进行,而且直接影响劳动者及其家人的生活,甚至影响社会的稳定。该原则一方面要求参与劳动争议处理的各方积极配合,反对拖延、耽误;另一方面,要求保障当事人充分行使其程序权利,保证争议案件的处理质量,反对草率、一味求快。②

(三)实践中的仲裁原则

以下仲裁原则,虽然来源于民事诉讼理论,但在劳动仲裁过程中却客观存

---

① 《劳动仲裁规则》第 41、66、69、71、74 条。

② 人力资源和社会保障部调解仲裁管理司编:《劳动人事争议仲裁办案实务》,中国劳动社会保障出版社 2010 年版,第 10 页。

在并得到了实际适用。

1. 直接言辞原则

直接言辞原则，是指直接原则和言辞原则的合称。所谓直接原则，是指劳动仲裁裁决只能由直接参加过仲裁庭调查、听取过庭审辩论的仲裁人员亲自作出。所以，直接原则有三层含义：一是作出裁决之仲裁人员必须亲自参加了庭审活动，直接接触了证据资料，并亲自听取了双方当事人的举证、质证和辩论意见。二是用人单位、劳动者或其他仲裁参与人应当亲自或委托他人到庭参加庭审活动。三是裁决必须以庭审过程中接触的证据来认定案件事实。所谓言辞原则，是指劳动仲裁审理过程中，用人单位或劳动者及其他仲裁参与人的质证、辩论、作证等仲裁行为，以及仲裁人员证据调查、收集等仲裁行为，都必须以口头语言表述的方式进行。所以，言辞原则有二层含义：一是对未经过质证、辩论的案件，不得作出裁决；二是只有在言辞辩论中得到了陈述和显现的内容，才能作为认定案件事实的依据。所以，我们认为直接原则和言辞原则两者之间相互配合，又互为补充，缺一不可。

直接言辞原则的适用，是为了使正义以"看得见"的方式实现。季卫东教授认为："人们只会对自己有权参与和有权发表意见，以及其意见被倾听、接受或认可的这样一种决策机制的公正性表示出信任，并在心理上准备服从和接受。"[①]裁审实践中，直接言辞原则在劳动仲裁过程中主要表现为以下三个方面：一是要求证人必须出庭作证；二是对仲裁员调查、收集证据予以规制，即非法定情形不得擅自收集证据；三是仲裁庭审活动中主要体现在质证、认证、庭审调查和辩论等仲裁行为上。

2. 处分原则

所谓劳动仲裁处分原则，是指劳动争议处理过程中，用人单位或劳动者是否申请劳动仲裁或终结仲裁，或提出何种内容的仲裁请求，原则上由其自由决定，且国家不得干预。劳动仲裁委员会对此应当处于被动消极的状态。该原则在劳动仲裁程序中主要表现为以下几个方面：一是用人单位或劳动者享有申请或不申请劳动仲裁的权利。二是用人单位或劳动者在裁决作出之前享有撤回仲裁的权利，且不受时间限制。仲裁撤回后，仲裁程序即告结束。三是自由决定仲裁请求范围、内容的权利。劳动仲裁委员会只能在仲裁请求的范围内审理和裁决，不能超范围裁决。四是有变更、撤回和增加仲裁请求的权利。

关于劳动者对自己实体权利的处分问题。我们认为应当分二种情形分别

① 季卫东：《法治秩序的建构》，中国政法大学出版社 1999 年版，第 73 页。

处理:(1)如果劳动争议处理时,双方仍处于劳动关系之中,则劳动者对自己的劳动实体权利的处分,会自动受到劳动法强制规定的限制,即在劳动基准之内不得自由处分,如调解协议中支付工资不得低于最低工资标准等。(2)如果劳动争议处理时,双方劳动关系已经解除或终止,则劳动者可以自由处分自己的实体权利,因为此时劳动者与用人单位之间是平等关系,其弱势地位之状态已经消失,且完全具有了表示真实意思的环境和条件,国家此时应当退出且不宜再作干预。

3. 辩论原则

《民事诉讼法》第12条规定:"人民法院审理民事案件时,当事人有权进行辩论。"以上为民事诉讼辩论原则的原则性规定。我国《劳动争议调解仲裁法》对此未作规定,但在仲裁程序中却严格遵守了这一原则。所谓辩论原则,是指民事诉讼的当事人就有争议的事实问题和法律问题,在法院的主持下陈述各自的主张和意见,互相进行反驳和答辩,以维护自己合法权益的原则。[①] 辩论原则贯穿于劳动仲裁的全过程,它的范围包括实体和程序两个方面的内容,可以采取口头或书面的形式进行,并且劳动仲裁委员会应当保障用人单位或劳动者充分行使辩论权。

我们认为劳动仲裁程序中,辩论原则具有以下几个方面的基本含义:(1)用人单位或劳动者在庭审辩论主张中没有出现的事实,劳动仲裁委员会不得作为裁决的依据,即决定法律效果发生或消灭的事实,必须在庭审辩论主张中出现。(2)对对方当事人主张的事实表示认可的,劳动仲裁委员会应当将其作为认定案件事实的依据。(3)劳动仲裁委员会对案件证据的调查,仅限于当事人辩论中所主张的范围。除此之外,劳动仲裁委员会不得主动调查收集。

4. 诚信原则

所谓诚信原则,又称诚实信用原则,是指劳动仲裁委员会、当事人以及其他仲裁参与人在审理劳动争议案件和进行劳动仲裁时必须公正、诚实和善意。《民事诉讼法》第13条第1款规定,"民事诉讼应当遵循诚信原则",此为民事诉讼诚信原则之规定。我国《劳动争议调解仲裁法》对此未作规定,但仲裁参与人在仲裁程序中却是应当严格遵守的,这是仲裁参与人的真实义务。诚信原则的适用对象既包括劳动仲裁委员会和仲裁员,也包括当事人和其他参与人。前者在遵守诚信原则上主要表现在二个方面:一是禁止滥用自由裁量权;二是禁止裁判突袭,如应当适时、适当地公开心证,以保障当事人享有充分的攻防

---

① 江伟、肖建国主编:《民事诉讼法》,中国人民大学出版社2018年版,第53~54页。

机会。

诚信原则对于当事人在裁审实践中适用时,主要体现在如下几个方面:

(1)真实陈述义务。

这是当事人应当遵守诚信原则的主要内容。《民事证据规定》第63条第1款规定:"当事人应当就案件事实作真实、完整的陈述。"在外国法理上,一般认为,当事人的真实义务仅为主观性义务(正直义务或真诚义务)或主观真实义务,即只要当事人根据本意为真实陈述时,就属于履行了义务。也就是说,即使事后发现和认定当事人的陈述与案件事实不符,也不属于违反真实义务。[①] 所以,真实陈述义务不是客观真实义务,裁审实践中要求当事人客观真实地陈述也是不可能做到的。

(2)禁止反言。

所谓禁止反言,又称禁止反言原则、禁止矛盾行为,是指劳动仲裁过程中,一方当事人的行为使其他当事人产生信赖并依此行事时,作为该行为的当事人不得随意反悔。禁止反言包括直接禁止反言、间接禁止反言二个类型。所谓直接禁止反言,是指在同一案件处理程序中,当事人不得随意反悔。所谓间接禁止反言,是指在前后不同案件处理程序中,当事人不得随意反悔。

裁审实践中常见反言行为有如下几类:一是行为矛盾。当事人在劳动仲裁过程中实施了与之前其他仲裁或诉讼行为相矛盾的行为,或者在本案中作出前后矛盾的陈述、承诺和保证。二是契约反言。当事人实施了推翻已签订劳动合同或其他协议上约定的内容或事项的行为。三是笔录反言。当事人实施了推翻已签字确认的劳动仲裁庭笔录、人民法院庭审笔录或其他笔录的行为,但当事人在笔录上已记载笔录有误或不予认可的除外。禁止反言在劳动仲裁证据规则上的要求表现为:提出事实主张的当事人,不得依据相关证据否认该事实,并且应当确认该事实的存在并免除信赖方的举证证明责任。

(3)促进劳动仲裁并禁止滥用诉权。

当事人配合劳动仲裁委员会开展仲裁活动是诚信原则的基本要求之一,如不得实施迟延或拖延劳动仲裁的行为,也不得干扰劳动仲裁的进行,并应当协助劳动仲裁委员会实施高效仲裁行为。以拖延为目的申请回避或管辖异议是典型拖延行为。

---

① [韩]孙汉琦:《韩国民事诉讼法导论》,陶建国、朴明姬主译,中国法制出版社2010年版,第41页。

(4)禁止恶意制造劳动仲裁状态。

主要表现为当事人实施不正当手段或欺骗方法,以便形成对己有利的劳动仲裁状态,损害相对方的利益。如以不正当手段争夺并改变案件管辖地,以欺骗方法获得财产保全、先予执行或获取与本案无关的资料如财务资料等。

六、处理劳动争议案件的法源

劳动人事争议仲裁委员会的受案范围分二种:一是劳动争议案件;二是人事争议案件。不同类型的争议案件,其适用的法源不同。由于人事争议仲裁不在本书的探讨范围,故仅针对处理劳动争议案件的法源(包括实体法与程序法)归纳如下。

(一)可适用法律规范范围的确定

我国《劳动争议调解仲裁法》《劳动仲裁规则》,对劳动争议仲裁委员会处理劳动争议案件适用法律的范围没有明确(程序法有部分规定),但是根据合法性原则来推理,我们认为只要《劳动争议调解仲裁法》《劳动仲裁规则》未作规定的,在坚持合法性原则前提之下,具有劳动法性质的所有法律法规、规章条例、司法解释和其他规范性文件及相关条款,在处理劳动争议案件时均可以适用。

从法律渊源角度来看,除了法的正式渊源之外,法的非正式渊源也可以作为处理劳动争议的依据。如劳动习惯、劳动政策、最高人民法院公布的劳动法性质的指导性案例、道德规范(如职业道德)、法理。例如,在处理年终奖争议时,判断年终奖是否发放、支付标准如何确定,往往依据的就是该用人单位年终金的支付习惯。关于国际条约与协定的适用问题,我们认为从性质上看是法的正式渊源。根据 1990 年 12 月 28 日第七届全国人大常委会通过的《缔结条约程序法》和有关法律规定,凡我国缔结或参加的国际条约与协定,在我国均具有法律效力,属于当代中国法的渊源,可以在处理劳动争议案件时适用。但实践经验告诉我们应尽量不要适用,只在无法回避时才予以适用,如与各国签订的社会保险协定等。

(二)宪法及其他法律、法规、规章

从许多国家现有劳动法的成文法来看,包括规范性文件和准规范性文件两大类。规范性文件通常称为"法规"或"法律法规",其要件一般包括:一是制定主体是依法有权制定规范性文件的国家机关;二是制定过程符合法定立法程序;三是内容构成具有规范化结构形式,即具备法律规范的各项构成要素并表现为条文形式;四是空间效力表现为在一定范围内具有普遍适用性;五是时间效力表现为在一定期间内具有反复适用性。准规范性文件的特征在于:不完全具备规范性文件的要件。也就是说,缺少规范性文件的某项或某几项要件;在实践中具有相当于规范性文件的效力,亦即被当作规范性文件在社会生活中具体适用。

1. 宪法

从中华人民共和国成立初期起临时宪法作用的《中国人民政治协商会议共同纲领》到1954年、1975年、1978年、1982年的《宪法》,都包括有关劳动问题的规定。其中,1982年《宪法》的规定尤为详尽,在关于国家经济制度和政治制度,特别是关于公民基本权利和义务的规定中,与《劳动法》有直接联系的条文达26条之多。2004年《宪法修正案》增加了"国家建立健全同经济发展水平相适应的社会保障制度","国家尊重和保障人权"的规定。这些规定,既是劳动立法的最高法律依据,也是劳动法律规范的一种表现形式。①

2. 法律

在我国,法律是指全国人大及其常委会制定的规范性文件;另外,我国香港和澳门特别行政区立法机关制定的规范性文件,在本行政区也属于法律。作为劳动法形式的法律,一般有三种:(1)劳动基本法。它综合规定劳动法的基本问题,是统率整个劳动法体系的基本法。已有七十多个国家制定了劳动基本法。大致有两种模式:一种是法典式,即劳动法典,其内容详尽。另一种是纲要式(或称通则式),其内容较为概括和原则,只就劳动关系各个方面的基本原则作纲要式的规定,如我国的《劳动法》接近于纲要式。(2)单项劳动法律。它是就劳动法的某部分内容或某项制度作出规定的法律。我国目前已有《工会法》《就业促进法》《劳动合同法》《安全生产法》《职业病防治法》《矿山安全法》《劳动争议调解仲裁法》。(3)相关法律,即其他法律中的劳动法律规范。如我国《全民所有制工业企业法》《乡镇企业法》《妇女权益保障法》《残疾人保障法》《未成年人保护法》《职业教育法》等法律中,都有关于劳动问题的规定。

3. 行政法规

在我国,行政法规是指国务院制定的规范性文件;另外,我国香港和澳门特别行政区行政长官制定的规范性文件,在本行政区也属于行政法规。作为劳动法形式的行政法规,一般有两种:(1)劳动行政法规。它是专门就劳动法的某部分内容作出规定的行政法规,如《劳动合同法实施条例》《女职工劳动保护规定》《工伤保险条例》等。(2)相关行政法规,即其他行政法规中的劳动法律规范。如《标准化法实施条例》中有关劳动安全卫生标准属于强制性标准的规定。

---

① 宪法规定只是原则性的规定,在处理劳动争议案件时不得直接适用。

4. 地方性法规和经济特区法规

在我国，地方性法规是省、自治区、直辖市人大及其常委会制定的规范性文件；经济特区法规是经全国人大常委会特别授予立法权的经济特区人大及其常委会在授权范围内制定的规范性文件。其中，有许多是关于劳动方面的专项文件或者含有劳动法律规范。

5. 部门规章

在我国，部门规章是指国务院所属部门制定的规范性文件。其中，由劳动行政部门单独制定或会同有关部门制定的专项劳动规章，是劳动法的各种形式中为数最多的一种。此外，其他部门规章中也有一些关于劳动方面的规定。

6. 地方规章

在我国，地方规章是指省、自治区、直辖市人民政府，省会、自治区首府所在地的市和经国务院批准的较大的市的人民政府制定的规范性文件。其中，有许多是关于劳动方面的专项文件，或者含有劳动方面的规定。

（三）其他

1. 国际法律文件

这是由国际组织统一制定或由两个以上国家协议制定的规范性文件，经成员方或缔约方批准或签署后即具有法律约束力。作为劳动法形式的国际法律文件包括：（1）国际劳工公约。它是由国际劳工组织制定的为劳动立法规定国际标准的公约。凡经我国政府批准的国际劳工公约，除其中被我国声明保留的条款外，其内容我国有义务实施。截至目前，我国已批准19个国际劳工公约。（2）其他国际公约或条约。例如，联合国通过的某些公约和宣言中也有涉及劳动问题的条款；欧洲共同体等国家集团也有包括劳动问题在内的协议；有些国家之间还就社会保障、外籍工人等问题签订了双边或多边协议。

2. 劳动政策

劳动政策同劳动法规的联系十分密切，劳动法规的内容往往来源于劳动政策，劳动政策在一定意义上是对劳动法规内容的一种重要补充，尤其在劳动立法不完备的阶段，劳动政策对劳动关系的调整显得更重要。因而，劳动政策也被视为劳动法的一种形式。我国实践中，通常将劳动政策和法规一同汇编成册。

3. 劳动领域技术标准

这里仅指标准制定机关依据劳动法规和标准化法规制定的劳动领域的技术标准，劳动法规中直接规定的标准未包括在内。它将劳动法规的要求定型化、具体化、数量化，具有同法律规范一样的普遍适用性和反复适用性，因而被视为劳动法的一种形式。如《工业企业设计卫生标准》(2002 年,部分失效)、《职工工伤与职业病致残程度鉴定标准(试行)》(1992 年,已失效)、《农业行业工人技术等级标准》(1993 年)等。劳动标准按其法律效力不同可分为强制性标准和推荐性标准。前者是必须执行的标准,后者是供选择执行的标准。劳动基准属于强制性标准;劳动管理标准则有的属于强制性标准,有的属于推荐性标准。

4. 抽象劳动行政行为

这里仅指行政机关为实施劳动法规而制定的具有普遍约束力的决定、命令,而不包括行政机关制定的劳动法规。它作为劳动法规的延伸而起规范作用,因而在我国有的劳动法著作中,也将其列为劳动法的一种形式。其中,有的是一次性适用的抽象劳动行政行为,有的是可反复适用的抽象性劳动行政行为,如北京市劳动和社会保障局 2003 年发布的《北京市工伤职工停工留薪期管理办法》。

5. 工会规章

工会组织虽不是国家机关,但它作为一种社会政治团体,在法定范围内制定的各项规章,不仅对工会组织内部的活动,而且对于工会组织与国家机关、用人单位等交往中的活动,都起到规范作用,有的法规还明确要求国家机关和用人单位遵循其中的有关规定。因而,在我国劳动法学界,一般都认为,中华全国总工会制定的规章,如《工会参与劳动争议处理试行办法》(1995 年)、《中国工会章程》(1993 年)等,也是劳动法的一种形式。

6. 规范性劳动法规解释

它是法定对劳动法规有解释权的国家机关就劳动法规在执行中的问题所作出的具有普遍约束力的解释。实践中较多见的是最高人民法院的司法解释和国务院劳动行政部门的行政解释,前者如 2001 年最高人民法院《关于审理劳动争议案件适用法律若干问题的解释》(被法释〔2020〕16 号废止),后者如《关于〈劳动法〉若干条文的说明》(1994 年)。

7. 集体合同[①]

在许多国家,工会的全国性、地方性、行业性和职业性组织,可以分别同相对应的用人单位团体,通过谈判依法签订集体合同,这种集体合同对全国、地方、行业或职业范围内的劳动关系具有法律效力,因而被视为是劳动法的一种

---

① 此处的"集体合同"我们认为应当理解为"集体自治性规范",即依法定程序通过的"集体合同",对一定范围内的用人单位和劳动者均有约束力。

形式。在我国，目前尚不存在这种全国性、地方性、行业性或职业性集体合同，而只有企业工会与企业行政签订的集体合同。实践中尽管已有签订区域性、行业性集体合同的少量实例，但其覆盖面多限于未建立工会组织的中小微型企业，实际上相当于企业层次的集体合同。由于企业集体合同只在企业内有效，故不被视为劳动法的形式。

七、民事诉讼法的参照适用

（一）"参照"如何理解

1."参照"是准用的意思

刘风景教授指出："'比照'或'参照'是准用性法条的关键词或'律眼'，是准用性法条的外观识别标志。"①"准"这种法律表述来源于拉丁语"quasi"，《元照英美法词典》解释道："quasi〈拉〉仿佛；类似；准；半。此词用作法律术语，表明一物虽然在某些特征方面类似另一物，但它们之间有内在和实质的不同。"②所以，"参照"是准用的意思。但是，相应地"参照适用"就成了"准用适用"的意思。此时这个表达就出现了前后矛盾。从严格意义上来讲，应当使用"参照"一词更加严谨。由于口头表达习惯的原因，本书中仍使用"参照适用"一词。所以，本书中凡使用"参照适用"一词的，即指"参照"，特此说明。

实践中如何参照？由于"准"有两层含义："类似"，又有"内在和实质的不同"。所以"准用"与"适用"是不同的，在此问题上郑玉波指出："准用须加以变通而为适用，性质上可用之部分则用，不可用之部分则不用；而适用则径行适用，不必有所变通也。"③所以，参照适用是能用则用，不能用则不用。

2.参照（准用）为"授权式类推适用"

能用则用，不能用则不用，这与类推的思维模式吻合。拉伦茨认为类推在思维上须分三步："必须先澄清：在法定规则中表现出来的评价之决定性观点何在。接着是积极地确定：在所有这些观点上，待判的案件事实与法律上已规定者均相一致；然后是消极地确定：两者间的不同之处不足以排斥此等法定评价。"④而准用也是在类似性上积极确定，在不同方面消极确定。在准用与类推的关系问题上，史尚宽亦认为："准用乃为法律简洁，避免复杂的规定，以明文使类推适用于类似事项之规定。准用于类似事项，适用某规定之点，与类推适

---

① 刘风景：《准用性法条设置的理据与方法》，载《法商研究》2015年第5期。

② 薛波主编：《元照英美法词典》，法律出版社2003年版，第1130页。

③ 郑玉波：《法谚》（一），法律出版社2007年版，第238页。

④ ［德］拉伦茨：《法学方法论》，陈爱娥译，商务印书馆2003年版，第258页。

用相同。准用非全部照样适用,如其事件有差异时,于性质许可之限度,应基于其差异,加以取舍变更,以变通适用,此点与适用应完全适用者不同。"[①]在准用与类推关系上,王泽鉴教授认为:"准用是法律明定之类推适用,而类推适用则是判例学说所创设之'准用'。"[②]所以,参照(准用)不但是"类推适用",而且是"授权式类推适用"。所谓类推适用,是指在法律上未有规定时,法官将类似的法律规则适用于手头待决案件的纠纷解决方法。所以,经过法律授权的类推适用,就是"授权式类推适用"。

(二)参照范围的确定

1. 法定参照范围

《劳动争议调解仲裁法》对劳动争议程序中,能否参照适用民事诉讼相关规定问题未作规定,但是《劳动仲裁规则》第16、18、19、20条对此作出了相关规定。所以,在劳动争议处理程序中,只有以下三个方面可以参照适用民事诉讼相关规定:

(1)关于证据规则。当事人因客观原因不能自行收集的证据,仲裁委员会可以根据当事人的申请,参照民事诉讼有关规定予以收集;仲裁委员会认为有必要的,也可以决定参照民事诉讼有关规定予以收集。争议处理中涉及证据形式、证据提交、证据交换、证据质证、证据认定等事项,《劳动仲裁规则》未规定的,可以参照民事诉讼证据规则的有关规定执行。[③]

(2)仲裁期间的计算。《劳动仲裁规则》第19条第2款规定:"仲裁期间的计算,本规则未规定的,仲裁委员会可以参照民事诉讼关于期间计算的有关规定执行。"

(3)仲裁文书的送达方式。《劳动仲裁规则》第20条第3款规定:"仲裁文书的送达方式,本规则未规定的,仲裁委员会可以参照民事诉讼关于送达方式的有关规定执行。"

2. 授权之外的参照适用问题

至于在《劳动仲裁规则》第16、18、19、20条授权参照适用范围之外,劳动仲裁委员会在处理劳动争议过程中,能否参照民事诉讼相关规定这个问题,存在争议。我们认为劳动仲裁程序与民事诉讼程序是两个性质完全不同的争议处理程序,完全参照适用是不行的。虽然两个程序有差异,但也有相似和共通

---

① 史尚宽:《民法总论》,中国政法大学出版社2000年版,第52页。

② 王泽鉴:《民法学说与判例研究》,中国政法大学出版社1998年版,第170页。

③ 《劳动仲裁规则》第16、18条。

之处。所以，在法定授权参照范围之外能否参照适用民诉规定，这应当根据具体案情进行具体分析，但总的参照适用的原则（应全部符合）如下：

（1）须存在劳动法漏洞或劳动法规则漏洞，否则不得参照。

所谓劳动法漏洞，是指在劳动法律体系之内，从立法者的评价计划来看，存在应规定而未规定之缺少必要规则的漏洞。上述"缺少"，既不是指在某个法律规则中"不包含"，也不是指在某个劳动法律中"不包含"，而是指在整个劳动法体系中，应当规定而未规定。所谓劳动法规则漏洞，是指在劳动法律体系之内，在某个劳动法律规则之中，存在规则不完整或不清楚，且缺少必要组成部分的漏洞。在劳动法规则漏洞中，虽然存在某个劳动法律规则，但在对应待决案件事实的特殊情况上，存在该规则上考虑不周全和未予以包含的情况。这种包含，既包括应当包含而没有包含，也包括应当排除而没有排除的情形。[①] 所以，只有在《劳动争议调解仲裁法》中存在劳动法漏洞或劳动法规则漏洞的情形下，才可以参照适用《民事诉讼法》的类似规定，即《劳动争议调解仲裁法》没有规定，如果已有规定如仲裁时效的中断、中止等，就不得参照民诉规定。

（2）参照适用民事诉讼相关规定时应当遵守的基本规则。

一是参照适用不违反劳动法的基本原则，即"劳动权平等原则、劳动自由原则、倾斜保护原则"[②]。二是参照适用不损害劳动者权益。如果在参照适用民事诉讼相关规定时，会损害劳动者合法权益或者违反劳动法的基本原则，应当不予参照适用。三是要能产生公正的法律效果。四是要能产生良好的社会效果。五是要能做到法律效果与社会效果的有机统一。[③]

八、关于自由裁量权的规范行使

（一）行使条件

劳动仲裁委员会在审理案件过程中，在下列情形下可以依法行使自由裁量权：

1. 法律规定由劳动仲裁委员会根据案件具体情况进行裁量的；

2. 法律规定由劳动仲裁委员会从几种法定情形中选择其一进行裁量，或者在法定的范围、幅度内进行裁量的；

3. 根据案件具体情况需要对法律精神、规则或者条文进行阐释的；

4. 根据案件具体情况需要对证据规则进行阐释或者对案件涉及的争议事

---

① 胡燕来：《劳动法之完善研究》，法律出版社2020年版，第9页。

② 林嘉：《劳动法的原理体系与问题》，法律出版社2016年版，第48～53页。

③ 胡燕来：《劳动法之完善研究》，法律出版社2020年版，第32～33页。

实进行裁量认定的；

5. 根据案件具体情况需要行使自由裁量权的其他情形。

（二）行使原则

1. 合法原则

要严格依据法律规定，遵循法定程序和正确裁判方法，符合法律、法规和司法解释的精神以及基本法理的要求，行使自由裁量权。不能违反法律明确、具体的规定。

2. 合理原则

要从维护社会公平正义的价值观出发，充分考虑公共政策、社会主流价值观念、社会发展的阶段性、社会公众的认同度等因素，坚持正确的裁判理念，努力增强行使自由裁量权的确定性和可预测性，确保裁判结果符合社会发展方向。

3. 公正原则

要秉持司法良知，恪守职业道德，坚持实体公正与程序公正并重。坚持法律面前人人平等，排除干扰，保持中立，避免偏颇。注重裁量结果与社会公众对公平正义普遍理解的契合性，确保裁判结果符合司法公平正义的要求。

4. 审慎原则

要严把案件事实关、程序关和法律适用关，在充分理解法律精神、依法认定案件事实的基础上，审慎衡量、仔细求证，同时注意司法行为的适当性和必要性，努力实现办案的法律效果和社会效果的有机统一。

（三）具体运用规则

1. 正确运用证据规则

行使自由裁量权，要正确运用证据规则，从保护当事人合法权益、有利查明事实和程序正当的角度，合理分配举证责任，全面、客观、准确认定证据的证明力，严格依证据认定案件事实，努力实现法律事实与客观事实的统一。

2. 正确运用法律适用方法

行使自由裁量权，要处理好上位法与下位法、新法与旧法、特别法与一般法的关系，正确选择所应适用的法律；难以确定如何适用法律的，应按照相关规定之程序报告请示，以维护社会主义法治的统一。对同一事项同一法律存在一般规定和特别规定的，应优先适用特别规定。要正确把握法律、法规和司法解释中除明确列举之外的概括性条款规定，确保适用结果符合立法原意。

3. 正确运用法律解释方法

行使自由裁量权，要结合立法宗旨和立法原意、法律原则、国家政策、司法政策等因素，综合运用各种解释方法，对法律条文作出最能实现社会公平正义、最具现实合理性的解释。

4. 正确运用利益衡量方法

行使自由裁量权，要综合考量案件所涉各种利益关系，对相互冲突的权利或利益进行权衡与取舍，正确处理好公共利益与个人利益、人身利益与财产利益、生存利益与商业利益的关系，保护合法利益，抑制非法利益，努力实现利益最大化、损害最小化。

（四）强化仲裁程序规范

行使自由裁量权，要严格依照程序法的规定，充分保障各方当事人的诉讼权利。要充分尊重当事人的处分权，依法保障当事人的辩论权，对可能影响当事人实体性权利或程序性权利的自由裁量事项，应将其作为案件争议焦点，充分听取当事人的意见。要充分保障当事人的知情权，并根据当事人的要求，向当事人释明行使自由裁量权的依据、考量因素等事项。

九、劳动争议处理机制顶层设计完善及建议

（一）劳动争议处理模式之顶层设计完善

《劳动法》第 79 条规定："劳动争议发生后，当事人可以向本单位劳动争议调解委员会申请调解；调解不成，当事人一方要求仲裁的，可以向劳动争议仲裁委员会申请仲裁。当事人一方也可以直接向劳动争议仲裁委员会申请仲裁。对仲裁裁决不服的，可以向人民法院提起诉讼。"所以，劳动争议可以申请调解，也可以不申请调解而直接申请劳动仲裁，对裁决不服才可以去法院起诉（一裁终局除外），故劳动仲裁是民事诉讼的前提程序，未经劳动仲裁的，人民法院将不予受理。这是劳动争议仲裁制度的顶层设计。我们认为此设计应当革新完善。

（二）劳动争议处理模式之立法建议

1. 建议将劳动仲裁性质修改为咨询建议

我们建议改变目前劳动仲裁的准司法属性和行政仲裁属性，将现有劳动仲裁机构修改为咨询建议机构。将"仲裁员居中裁决"之准司法模式修改为"组织咨询调解"之咨询建议（意见）模式。所谓劳动争议咨询，是指劳动争议咨询机构对当事人请求咨询的劳动争议，依法进行谈话、调查、调解和提出咨询报告的一系列争议处理活动。咨询机构在处理劳动争议过程中，应当以第三人的身份进行，并在谈话、调查、交换证据、交换意见和澄清事实之后提出正式咨询报告（建议），如果双方当事人均接受这个咨询报告且在收到咨询报告后 15 日之内没有提起诉讼，则这份咨询报告生效，对各方当事人均有法律约束力。一方当事人不履行生效的咨询报告的,其他当事人无须进行司法确认即可申请人民法院强制执行。当然,咨询机构也不得将自己的处理建议或意见强加给各方当事人。如果有一方当事人对咨询报告有异议且在收到咨询报告后15日内起诉到人民法院,则该咨询报告失效,对各方当事人不产生任何法律效力。

咨询机构在处理劳动争议过程中,应当以保密的和非正式的方式进行,并且处理过程中形成的资料如谈话笔录、认可信息、证明资料等,咨询机构均不得向外提供,且不得将咨询机构提供的资料作为后续人民法院处理案件的依据。人民法院也不得对咨询机构出具的咨询报告进行评价。无论咨询报告是否生效,均不得作为免除当事人举证证明责任和人民法院认定案件事实的论据。咨询报告应当以调查、谈话、交换证据和交换意见为基础,针对当事人的争议焦点、重点写明认定事实,并按照时间顺序,客观地、全面地、真实地反映案情,简述主要情节和因果关系,并针对当事人的咨询请求和争议焦点摆事实、讲法律、谈道理,分清是非责任,最后在此基础之上提出咨询机构的正式咨询建议(或意见)。咨询建议(或意见)以咨询报告的形式作出。

以咨询机构取代劳动仲裁机构的优势:(1)可增强劳动争议处理的灵活性,提高争议处理效率,解决"人少案多"问题。(2)符合我国人民处理争议的习惯。我国民间存在和为贵的传统思想,只要差不多、大体妥当,大家也均能接受,并不要求争议处理结果一定要体现出公平正义。(3)避免出现将前置程序演变成诉讼前戏之现象,增加当事人负担,能真正体现出前置程序简便轻松之特点,可节约时间将大量劳动争议处理在前置程序阶段。(4)可以减轻咨询专家的压力,仲裁员应该就是个咨询专家,不能将咨询专家定位为法官,造成不必要的资源浪费和重复处理。(5)可以达到和超越劳动仲裁机构的作用和功效。(6)与现行法律相协调且不悖,能避免出现行政仲裁、准司法机构之形象,符合现代法治精神。

2. 建议采用单一司法机构模式

为解决劳动争议案件处理模式的顶层设计问题,我们建议采用单一司法机构模式,即借鉴德国、芬兰、瑞典等国家的劳动法庭或劳动法院。就我国目前实际情况而言,劳动法院模式的建立存在相当大的困难。首先,它是对我国传统的司法模式提出的挑战,如要被公众和官方接受还需观念的更新;其次,建立劳动法院要求大量的立法活动,如修改现有的《人民法院组织法》,制定《劳动法院法》,修改《劳动法》等;最后,劳动仲裁机构改造为劳动法院是一个极为复杂的过程，它需要许多细致的工作和充分的准备。[①] 所以，我们建议采用劳动法庭单一司法机构模式，即撤销劳动争议仲裁制度，在法院内部增设劳动法庭，专门处理劳动争议案件。因为劳动诉讼与民事诉讼不同，劳动诉讼与社会法相对应的程序制度属于社会诉讼，是不平等诉讼，意思自治受到限制；而民事诉讼是与民商法相对应的程序制度，属于民商事诉讼，是平等诉讼，实行意思自治原则。劳动法庭单一司法机构这一模式，能够解决当前劳动争议仲裁制度行政干预强、独立性弱、缺乏权威性、缺少监督、争议处理效果不佳和质量不高之问题，同时也给劳动者行使诉权畅通了渠道，提高了争议处理效率。

① 王全兴、侯玲玲：《我国劳动争议处理体制模式的选择》，载《中国劳动》2002 年第 8 期。

第二章 “三定”办案思维

仲裁员审案的“三定”法律思维是以三段论演绎推理为基础，在总结仲裁办案实务操作经验基础上构建起来的，目的是简化仲裁办案思维，提高办案效率，确保公正、及时处理劳动争议。希望通过对“三定”审案思维的探讨，能形成一个比较接地气和裁审衔接顺畅的仲裁审案法律思维。

一、审案的逻辑支撑——三段论

关于方法论的著作在这里常常引用亚里士多德（公元前383～前322年）关于演绎推理的论述：“演绎推理”被认为是法律适用的基本原则，也就是从两个前提中得出结论的推理过程。① 劳动仲裁与民事诉讼的演绎推理是一样的。我国属于大陆法系国家，司法裁判主要从成文法出发，以演绎推理为主，审判均严格遵循三段论的论证方式。法学方法论中把这一方法称为涵摄或归入。法院审查诉讼中所确认的事实是否满足法条事实构成所有的特征，这一审查过程被称为涵摄。② 所以，涵摄是将法律事实涵摄于法律规范，来检验法律事实是否满足法律规范的全部事实构成要件。如果检验结果为全部满足，则可以支持申请人的仲裁请求，并会产生法律规范所规定的法律后果；如果有一个要件事实不能满足，则不能支持申请人的仲裁请求。

完整的法律规范一般采取“行为模式＋法律后果”的逻辑结构，即“如果T，那么R”。审理案件时，我们须将生活事实与构成要件T进行比对，如果二者产生交集，则法律效果R就会发生。此推理过程就是典型的三段论。三段论是眼光往返于法律与事实之间的内在逻辑。法律三段论常被表示为：

T→R（具备T的要件时，即适用R的法律效果）

S＝T（特定的案件事实该当于T的要件）

S→R（关于认为特定案件事实，适用R的法律效果）③

三段论是法官、仲裁员在进行办案思维时，能够得到正确结论的科学性思维方法之一，是演绎推理中的一种正确思维的形式。人民法院或劳动仲裁委员会作出裁决，必须依赖三段论之逻辑推理的适用。以上对“三段论”推理的描

① ［德］伯恩·魏德士：《法理学》，丁晓春、吴越译，法律出版社2013年版，第294页。

② ［德］奥特马·尧厄尼希：《民事诉讼法》，周翠译，法律出版社2003年版，第122～123页。

③ 王泽鉴：《民法思维——请求权基础理论体系》，北京大学出版社2009年版，第158页。

述不好理解,我们举如下两个例子来帮助理解。

案例1:

所有的鸟T都是有羽毛的R,

燕子S是鸟T,

所以,燕子S是有羽毛的R。

案例2:

《劳动法》规定,如果劳动者加班T,那么用人单位应当支付加班工资R,

本案中,劳动者工作S是加班T,

所以,劳动者工作S,用人单位应当支付加班工资R。

从以上分析可知,在劳动法律规定中找出“请求权基础规范”即“大前提”,是基于进行“三段论”之逻辑推理的客观需要,是解决劳动争议的条件和基础。只有劳动法律规范(大前提)和案件事实能够涵摄于法律规范要件(小前提)这二个命题同时具备,仲裁员才能进行逻辑推理并作出支持仲裁请求之裁决。所以,作为请求权基础规范的劳动法律规范(大前提)与案件事实能够涵摄于法律规范要件(小前提)一样,均是解决劳动争议的基础和条件,并且两者应当同时具备,缺一不可。

从宏观角度来看,在适用三段论推理过程中,如果大前提(法律规范)没有规定,或者虽有规定但不完整或不清楚的,则确定大前提的问题需要通过法律解释的方式来解决,广义的法律解释方法有三种,即狭义的法律解释、价值补充和漏洞填补。如果小前提(法律事实或案件事实)要确定,则需要通过劳动仲裁证明(举证、质证和认证等)的方式来实现。

二、法律规则逻辑结构与要件分析法

(一)法律规则的逻辑结构

法的要素指法的基本成分,即构成法律的基本元素。综合各家关于法的要素的学说,法律概念、法律规则、法律原则三要素说有较强的说服力,且对认识法律有重要的工具价值。所谓法律规则,是指规定法律上的权利、义务、责任的准则,或是赋予某种事实状态以法律意义的指示、规定。[①] 自中华人民共和国成立以来,学界围绕法律规则逻辑结构理论形成了四种最具代表性的学说:三要素说、二要素说、新三要素说、新二要素说。三要素说:假定、处理和制裁;二要素说:行为模式和法律后果;新三要素说:假定条件、行为模式和法律后果;新二要素说:构成要件和法律后果。其中,三要素说最重要的贡献不仅在于其为

① 张文显主编:《法理学》,高等教育出版社2018年版,第112、113、116页。

我国的法律规则逻辑结构理论开创了先河，还在于其为后来学说的提出和引进树立了一个鲜明的“靶子”。[①] 二要素说大致提出于 1983 年前后，它力图改善三要素说的缺陷，更全面地概括法律规则的逻辑构成，以便人们更好地认识和掌握法律规则。[②] 1987 年出版的《法学基础理论教程》提出了新三要素说：“法律规范在逻辑结构上是由条件、模式和法后果三个部分构成的。”[③]

新二要素说完全不同于以上三种学说，其认为，法律规则的逻辑结构主要包括以下两个部分：一是构成要件（Tatbestand），这是指特定的事实类型，它在逻辑上是引起法律后果的前提，而能够引起法律后果的事实都属于构成要件；二是法律后果（Rechtsfolge），这是指构成要件被附加的在法律上的反映，无论这种反映是什么样的。[④] 在我国法理学界，新二要素说大致被提出于 21 世纪初，主要是随着德国法学方法论的相关著作的影响而逐渐兴起的。[⑤] 而“构成要件 + 法律后果”的逻辑结构也同样传承自欧陆传统法理学。据日本学者小野清一郎考证，“Tatbestand”一词实际上源自中世纪意大利的纠问程序所使用的概念，直到 19 世纪，它才变成带有实体法意义的概念。[⑥] 凯尔森把实在法归结为“法律要件与法律效果的联结”，并把二者之间的关系确立为“归责”（Zurechnung）。[⑦] 事实上，在过去的几十年中，新二要素说一直是德国法理学界的主流观点。[⑧] 考夫曼认为，“一个完整或独立的法律规范，由构成要件、法律效果，以及把法律效果归入构成要件（效力规定）所组成。……简单地说就是 T（构成要件）包含 R（法律后果）”。[⑨] 卡尔·恩吉施同样认为，法律规范由构成要件和法律后果构成。[⑩] 可以说，新二要素说最大的贡献在于，其从逻辑层面解决了新三要素说的缺陷。这具体表现为，它解决了“假定”要素的必要性问题，以及新三要素说中法律规则内部逻辑结构不吻合的问题。构成要件不仅囊括了“假定”，而且比后者更为广泛和精准。相较于新三要素说，新二要素

---

① 赵树坤、张晗：《法律规则逻辑结构理论的变迁及反思》，载《法制与社会发展》2020 年第 1 期。

② 罗玉中：《法律规范的逻辑结构》，载《法学研究》1989 年第 5 期。

③ 王天柱编：《法学基础理论教程》，法律出版社 1987 年版，第 222 页。

④ 赵树坤、张晗：《法律规则逻辑结构理论的变迁及反思》，载《法制与社会发展》2020 年第 1 期。

⑤ 陈金钊主编：《法理学》，北京大学出版社 2002 年版，第 79 ~ 81 页。

⑥ ［日］小野清一郎：《犯罪构成要件理论》，王泰译，中国人民公安大学出版社 2004 年版，第 4 ~ 6 页。

⑦ ［奥］凯尔森：《纯粹法理论》，张书友译，中国法制出版社 2008 年版，第 53 页。

⑧ ［德］卡尔·拉伦茨：《法学方法论》，陈爱娥译，商务印书馆 2003 年版，第 133 ~ 134 页。

⑨ ［德］阿图尔·考夫曼：《法律哲学》，刘幸义等译，法律出版社 2004 年版，第 153 ~ 154 页。

⑩ ［德］卡尔·恩吉施：《法律思维导论》，郑永流译，法律出版社 2013 年版，第 8 ~ 43 页。

说似乎在实践层面和逻辑层面具有不可比拟的优势。[①]

（二）要件分析法

我国现代社会常见有7种民事审判方法，即法律关系分析审判方法、请求权基础检索审判方法、杨立新教授的五步审判方法、邹碧华法官的要件审判九步法、马锡五法官的审判方法、宋鱼水法官的审判方法、陈燕萍法官的审判方法。横向比较以上7种审判方法，其都在我国民商事审判实践中发挥了重要作用，也均有其合理性，但笔者倾向于邹碧华法官的要件审判九步法，即要件分析方法。因为要件分析法有利于确立符合裁审司法审判规律的法官或仲裁员法律思维，也有利于法官或仲裁员建立具有普适性的审判思路，并且，还有利于建立和加强裁审机构内部的标准化管理，如帮助劳动仲裁机构建立和加强统一审理和裁决案件的内部管理模式。所谓要件分析方法，也称基础规范分析方法，是指以构成诉讼基础的基础规范作为出发点，通过分析并涵摄规范要件对案件作出裁判的方法。[②] 在民事领域中，所谓请求权分析方法，系指以请求权基础为出发点，分析支持原告诉请主张的法律规范作出裁判的方法。请求权基础，是指据以支持一方当事人的另一方当事人提出主张的法律规范。[③]

本质上，要件分析方法与请求权分析方法是一致的。请求权有狭义和广义之分。狭义请求权，是与所有权、形成权、抗辩权等概念相对应的一个概念，主要是实体法上的请求权，主要产生给付之诉的权利。广义请求权，则主要在诉讼法意义上使用，在这种意义上使用请求权概念时，可以包括确认之诉、形成之诉和给付之诉等范畴。“基础”这两个字表示“规范基础”，其实就是指法律条文，或者说是基础性法律条文。大陆法系是实证法学、分析法学。分析法学是以法律条文的分析为核心的一种法学方法。按照这种方法，法律适用首先确定应当依据的法律条文，即确定三段论中的大前提，然后看案件事实是否符合法律的构成要件，即确定三段论中的小前提，最后作出裁判，即得出三段论中的结论。[④] 所以，请求权分析方法的首要任务是找到三段论之法律推理中的基本出发点，即找到大前提之法律条文，以便通过该法律条文找出该条文中所包含的构成要件，然后再通过法律条文中的要件裁剪生活事实，得到符合法律规范要件的生活事实即要件事实。要件事实就是本案中的证明对象。要件事实被证

---

① 赵树坤、张晗：《法律规则逻辑结构理论的变迁及反思》，载《法制与社会发展》2020年第1期。

② 邹碧华：《要件审判九步法》，法律出版社2010年版，第23页。

③ 王泽鉴：《法律思维与民法实例：请求权基础理论体系》，中国政法大学出版社2001年版，第56页。

④ 邹碧华：《要件审判九步法》，法律出版社2010年版，第23～24页。

明且被劳动仲裁委员会确认的，则这个被确认的事实就是本案的法律事实（案件事实）。如果这个法律事实能够涵摄于法律规范中的构成要件，则该法律事实可以作为裁决之依据。此时，三段论中的小提前即行成立，仲裁员可依此推理并作出裁决。

三、法律事实确认原理

党的十八届四中全会审议通过的中共中央《关于全面推进依法治国若干重大问题的决定》，对司法审判工作提出“坚持以事实为根据，以法律为准绳，健全事实认定符合客观真相、办案结果符合实体公正、办案过程符合程序公正”的目标。《民事诉讼法》第7条也规定：“人民法院审理民事案件，必须以事实为根据，以法律为准绳。”以上规定中的“事实”即指法律事实。所谓法律事实，又称法律上的事实①，是指在劳动仲裁过程中，通过庭审调查、庭审辩论等法定程序被劳动仲裁委员会确认的案件事实。法律事实是法律上的事实，不是客观事实，也不是历史。所以，只有严格按照程序法的要求查明的事实，才是法律上的事实，即法律事实。从三段论角度来看，法律事实就是三段论中的小前提。例如，前文“案例1”中的“燕子是鸟”和“案例2”中的“劳动者工作是加班”就是法律事实。所以，法律事实来源于被证明了的要件事实，最终涵摄于法律，是作出裁判的直接依据。

所谓法律事实，是指可归入法律规范要件且被证明了的生活事实。所以，要件事实与法律事实之间是包含和被包含的关系，要件事实中包含法律事实，法律事实的范围小于要件事实。要件事实是待证事实，只有被证明了的要件事实才能成为法律事实。因为还有部分生活事实虽然可归入法律规范的要件但并未被证明。同时，也要注意“真伪不明”这一种特殊状况，即法律事实与要件事实之间的中间状态为“真伪不明”，因为该事实虽为要件事实，但又未被证明“是”或者“不是”案件事实。

所谓要件事实，是指被法律规范中的要件裁剪后，可归入法律规范要件的生活事实。所以，生活事实与要件事实之间是包含和被包含的关系。要件事实的范围小于生活事实。只有被法律规范的要件裁剪后，可归入法律规范要件的生活事实，才是要件事实。因为还有部分生活事实在被法律规范中的要件裁剪后，并不可以归入法律规范的要件。

所谓生活事实，是指既存的已发生的事实，它是已经发生的历史。②

---

① 江必新主编：《新民事诉讼法理解适用与实务指南》，法律出版社2012年版，第21页。

② 郑永流：《法律方法阶梯》，北京大学出版社2008年版，第41页。

从生活事实到要件事实是“评价”的结果，评价的标准为相关法律规范。生活事实与法律规范之间的评价关系，是“如果—那么”的关系，不同于自然现象中事实与事实之间的因果关系。并且，这个评价过程中并不存在证明。从要件事实到法律事实的过程才是求真的过程，才涉及劳动仲裁之“证明”。求真与评价相辅相成，共同完成小前提的建构。所以，求真是建立在评价的基础之上的，错误的评价将会浪费司法资源、降低庭审效率，因为依据错误评价而进行的证明没有法律意义。同时，评价也为求真提供了方向指引，因为并非所有被证明为真实的事实，都对法律适用有意义，有些事实在法律适用上并不重要。所以，评价是为劳动仲裁证明，裁剪掉那些与法律适用无关的生活事实。在“生活事实→要件事实→法律事实”的演变过程中，要件事实起到重要的桥梁中介作用，它向前联系着生活事实，向后联系着法律事实。也就是说并不是直接对生活事实进行证明，而是对生活事实进行法律评价得出要件事实之后，再对要件事实进行证明。可见，要件事实是劳动仲裁证明的主要证明对象。

总之，生活事实在被法律规范的要件裁剪后，可归入法律规范要件的即是要件事实；要件事实被证明且被劳动仲裁委员会确认后，就是三段论中小前提之法律事实，即案件事实。法律事实将最终涵摄于法律规范，并作为裁判的依据。生活事实、要件事实及法律事实这三者之间的关系，如图 2 – 1 所示。

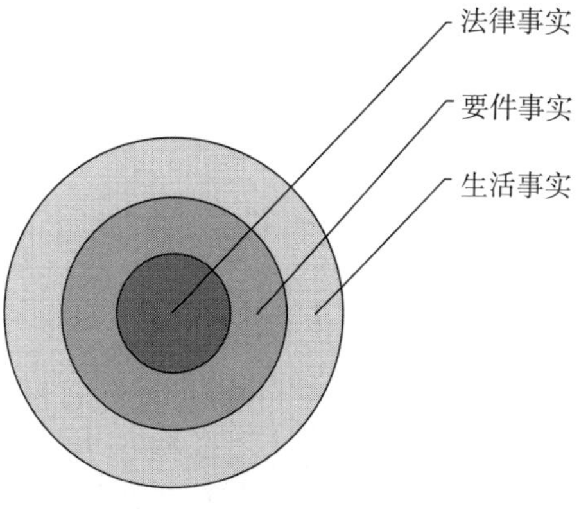

图 2 – 1 生活事实、要件事实、法律事实关系

四、“三定”法律思维简介

三段论之审理与裁决一体化法律思维，是要件事实论、证明责任理论和法律逻辑学这三者融合的结果。在劳动仲裁处理案件实践中，上述三个理论的融合已呈现了明显的“三定”法律思绪之特征，即定要件、定事实和定裁决。其中，定要件、定事实就是定论据。①

（一）定要件

所谓定要件，又称确定法律规范中的构成要件，是指在劳动仲裁过程中通过寻找法律规范（请求权基础规范），固定三段论中的大前提，进而确定本案法律规范构成要件的过程。从以上定义可知，定要件的主要任务是固定权利请求、识别请求权基础规范、识别抗辩权基础和分析基础规范构成要件。但是，由于劳动仲裁的简便、及时之特殊性，在劳动仲裁定要件过程中，仲裁员无须严格遵守上述步骤，可以灵活机动掌握，只要能够达到快速锁定“要件”的目标即可。

定要件工作一般完成于劳动仲裁庭审中听取申请人及被申请人意见这个阶段，对比裁决书内容，相当于“申请人称”和“被申请人辩称”部分。定要件过程中，通过听取双方当事人的意见，包括听取申请人的仲裁请求及事实和理由，听取被申请人的答辩意见及理由和事实，进而确定双方意见的法律规范（请求权基础规范和抗辩权基础规范），最终达到确定本案法律规范中的构成要件之目的，为之后进行的各项审理及裁决工作理清了思路，指明了方向。如果办法用尽，仍然无法完成定要件之任务，则该案件不属于劳动仲裁的管辖范围，此时则要视不同情况依法处理。

定要件的过程就是固定三段论中的大前提的过程。因为通过双方当事人自述的小前提（陈述事实）及各自期待的结论（支持和驳回），我们就可以寻找到各自相关的法律条文（请求权基础规范、抗辩权基础规范），并确定相应的构成要件。

庭审过程中，一旦构成要件被锁定，则定要件阶段任务完成，然后便进入下一阶段的审理工作。如果定要件时锁定要件错误，未抓住庭审之要害和重点，庭审工作就会跑偏，浪费时间，即庭审效果差。

（二）定事实

法律规范的构成要件确定之后，接下来就是运用已确定的规范要件来裁剪生活事实，将裁剪后的可归入要件事实的生活事实确定为待证对象，然后再根据证明责任分配规则由各方当事人提供证据来予以证明。这就进入了定事实之环节。所谓定事实，又称确定法律事实或确定案件事实，是指劳动仲裁委员会根据请求权基础规范和抗辩权基础规范要件圈定的待证事实，经过双方当事

---

① 论据对应于三段论中的大前提和小前提，其中大前提是理论性论据，小前提是事实性论据；论点对应于三段论中的结论。

人举证、质证和劳动仲裁委员会认证,最终确定为三段论之小前提(法律事实)的过程。从以上定义可知,定事实的主要任务是进行劳动仲裁主张的检索、争点整理、要件事实证明和事实认定。

定事实的工作量客观地讲要明显大于定要件,定事实是庭审工作中的主要内容。定事实过程对应庭审中的法庭调查阶段,也对应裁决书内容之“经审理查明”部分。定事实阶段的任务是根据法律规范要件圈定待证要件事实,按历史方法梳理并引导双方当事人提供证据,完成证明任务。定事实阶段要达到的目标为查明事实,确定三段论之小前提(法律事实)。所以,定事实过程反映了可归入法律规范要件且被证明了的生活事实,被劳动仲裁委员会确认为法律事实之思维过程。同时也说明,对于可归入法律规范要件但未被证明的生活事实,不得认定为本案的法律事实。

定事实的过程就是要件事实向法律事实演变的过程。定事实过程中,仲裁员需要运用历史方法、证明责任和经验法则等庭审工具来确认法律事实。所谓历史方法,是指依案件事实发生的过程的顺序检索法律关系的方法。最为常见的就是合同案件的审理:我们拿到一个合同案件后,首先判断合同是不是成立,然后判断合同是不是有效,再接下来判断原告是不是按约履行,被告是不是按约履行,哪一方违约,最后作出判决。这种方法的特点就是依照事件发生的性质来逐步推进。① 所谓经验法则,是指人类以经验归纳所获得的,有关事物因果关系或性质状态的法则或知识。② 在运用经验法则庭审工具时,要注意经验法则实际上就是三段论中的大前提,实际起到了法律规范的作用。至于如何提供证据、如何分配证明责任、如何认定法律事实等问题,笔者会在本书中其他相应章节予以探讨。

如果办法用尽,仍然无法完成定事实之任务,则仲裁员只要根据举证证明责任来对案件进行处理,即在作出判决前,当事人未能提供证据或者证据不足以证明其事实主张的,由负有举证证明责任的当事人承担不利的后果。

(三)定裁决

所谓定裁决,又称确定裁决主文的内容,是指将经过法律程序确认的法律事实,归入相对应的法律规范要件中,通过三段论推理推出本案的裁决结果的过程。其基本流程为:比对构成要件与案件事实→推导责任裁量心证→形成裁判结论。定裁决过程对应劳动仲裁庭审中的法庭辩论和最后陈述阶段。对应

① 邹碧华:《要件审判九步法》,法律出版社 2010 年版,第 21 页。

② 江伟、肖建国主编:《民事诉讼法》,中国人民大学出版社 2018 年版,第 204 页。

裁决书中的"本院认为"和"裁决主文"部分。使用的工具为涵摄法和三段论推理。所以,定裁决就是将要件归入并作出裁判。

将查明的法律事实与相对应的法律条文的各项构成要件进行归入比较,从而得出裁判结论。只有法律事实都与所有构成要件相符后才能作出支持性裁判。在此需注意,审判实践中,只要有一个要件事实被证明为不成立,即可作出对该要件事实负有举证责任一方当事人不利的裁决,而无须对所有要件事实一一归入。需要注意的是,法官基于诉辩主张所对应的法律规范构成要件,比对已查明的案件事实,通过逻辑三段论的归入过程以形成裁判结论。法官还要注意在得出裁量心证后,运用恰当的检测和评估方法,对该结论的公正性和妥当性予以验证。这些方法包括:反面推导(假设与判决结果相反的结论是正确的,然后用充分条件假言推理来看,能否推翻这个相反的结论)、类案比对(比对类似案件生效判决)、常情验证(法律的逻辑来源于生活逻辑,判决结果不应严重背离生活逻辑或社会一般评价标准)、利益衡平(考察裁量结论的利益分配状况,各法律责任间是否宽严一致,避免出现畸轻畸重的局面)等。[①]

五、法感与"三定"法律思维的关系

(一)法感的概念

吴从周教授认为法感也称法律观(Rechtsanschauung)、法意识(Rechtsbewusstsein)、法感受(Rechtsempfinden)、法知(Rechtsgewissen)或法确信(Rechtsiiberzeugung)等,并将其界定为"一种无可比拟的情绪,是针对某一案件事实而接触到法律的构成要件时,被激发的一种感觉"。[②] 耶林曾以权利被侵害的一刹那为例说明法感,认为在此时"法律的真义、真正的不知便由直接的感觉、感情的形式而现形"。"正义感是一切法律之心理渊源,法律的力量完全和爱情的力量一样,都基于感觉,理解与见识不能够补足感觉的残缺。"[③]尽管各家表述不一,但均强调一个要点:法感并非基于理性权衡和考量而产生,而是基于不加思考的直觉。因此,所谓法感,是指个体基于其社会化历程与个人经历所形成的、在面临特定的情景或特定的案例时所产生的关于是非曲直的朴素正义感。[④] 通俗地讲,法感就是对具体法律现象的是非曲直的直觉,这种直觉是个体在社会化进程中所习得的。并且,法感并非法律人所独享,社会公众

① 邹碧华:《"要件审判九步法"解析》,载《中国审判》2010年2月刊。

② 吴从周:《初探法感(Rechtsgefühl)——以民事案例出发思考其在法官判决中之地位》,载《法学方法论论丛》2014年卷。

③ [德]耶林:《权利斗争论》,潘汉典译,商务印书馆2019年版,第61页。

④ 徐雨衡:《"法感"在法律推理中的价值及其适用》,载《法制与社会发展》2020年第2期。

即非法律人也同样可以产生法感。

法感是法律规则和实践之间的一个连接点。一个从未看过法律条文的人，无须理性的权衡和规划，也完全可能按照其在社会化过程中习得的感觉，正常从事社会活动。而法律认可的恰好是主流的、常规的行为规则，故法感通常和基于法律规则的推理是一致的。但法律人和普通人在运用法感时存在差异，这一差异恰好是沟通法感和法律人思维的桥梁。[①] 同时，法感自身也是有其合理性的标准的，这个标准对仲裁员和法官而言主要是司法美德，对律师而言主要是律师职业道德，对普通人而言主要标准就是社会主义核心价值观，即努力实现富强、民主、文明、和谐的价值目标，努力追求自由、平等、公正、法治的价值取向，努力践行爱国、敬业、诚信、友善的价值准则。当然，社会主义核心价值观也是司法美德、律师职业道德的必备内容之一。在实务操作中，我们需要运用这个标准对获得的直觉之初步结论进行检测，不符合的应当否定并弃用。

（二）法感与法律思维的关系

法律思维可分为二种：一是感性思维；二是理性思维。法感是感性的法律思维，而法律推理是理性的法律思维。感性的法律思维发生在前，是直觉型思维，不需要工作记忆，是自动化的、快速的、大容量的、平行的、无意识的、偏见性回应的、情境化的、联想的、基于经验判断的、与认知能力无关的法律思维；理性的法律思维发生在后，是反思型的思维，是需要工作记忆的、非自动化即受控的、缓慢的、小容量的、连续的、有意识的、规范性的、抽象的、基于规则的、间接判断的、与认知能力相关的法律思维。由于感性思维发生在前，而理性思维产生在后，所以仲裁员或法官之司法决策也分二个阶段：首先凭借法感得出一个判断结论，即预判；然后进入反思、推理，并且对之前的预判（初步）结论进行检验和论证。故法感是“指南针”，是暗箱中闪现的微弱亮光。如果没有法感就不会形成初步结论，就不能进行法律推理（检测），更不能进行正当化论证，也就无法形成裁决结果。所以，法感是进行法律推理并得出结论的前提和基础，没有法感指引的审判活动是不可思议的。司法实践中，为了提高司法决策的效率和正确率，我们就需要从二个方面同时着手，即既要提高法感之直觉的准确性，又要强化理性思维的检验和纠正作用，这二者必须兼备且缺一不可。

（三）法感对“三定”法律思维的影响

法律推理的大小前提都是法律判断和法外判断的复合体，法感是法外判断的重要因素，其运用必须接受法律判断的批判检查和理性评价。在有效法律规

① 徐雨衡：《“法感”在法律推理中的价值及其适用》，载《法制与社会发展》2020 年第 2 期。

范的框架内，在顾及先例及教义学的情况下，能被证立为正确或理性的法律裁判才被认为是正当的，法律判断和法外判断在推理中都服务于共同的总体目标，即确保司法活动中价值专断的最小化与实践理性的最大化。[①] 所以，法感对“三定”法律思维而言作用重大，具体表现如下。

1. 法感在定要件中的指引、选择作用

（1）法感的指引作用

劳动争议处理过程中，只有获得了法感，才能从浩如烟海的法律文件中完成定要件之任务，这是法感的指引作用。因为法感之直觉可以指引审判者顺利、高效地找寻到大前提，从而通过大前提来确定构成要件，进而完成定要件之任务。法官在定要件过程中所获得的法感属于专业型直觉。专业型直觉与定事实过程中获得的启发性直觉不同，专业型直觉的准确率要明显高于启发性直觉。因为专业型直觉的获得是基于较好的主观条件：一是基于丰富的裁审实践经验或口径；二是基于大量的同类案例的储备；三是基于专业识别技术的发挥。

（2）法感的选择作用

在确定构成要件时，裁判者一般会根据法感来选择将来需要适用的相关规定，然后再对该规定进行检测。一般来说，法感的选择作用主要体现在以下二个方面：一是当存在劳动法之漏洞[②]而进行漏洞填补时的选择作用。例如，在进行漏洞填补时，裁判者一般会根据法感来找寻最相类似的法律规定，如无最相类似的法律规定，裁判者一般会根据法感来找寻立法精神、立法目的和法律原则等将来需要适用的依据。二是涉及两个以上价值取向时的选择作用。例如，涉及两个以上价值取向时，裁判者一般会根据法感来进行判断、权衡和选择，确定将来需要适用于个案的价值取向。

2. 法感对定事实即案件事实的认定发挥着重要作用

（1）对无证明力和证明力大小的判断中自由裁量权的行使有促进作用。因为法感之直觉的获得原因之一是基于经验的判断，根据《民诉法解释》第 105 条的规定，人民法院可以根据“日常生活经验法则”对证据有无证明力和证明力大小进行判断，所以在进行上述判断时必须依据法感。（2）对推定事实的认定中自由裁量权的行使有促进作用。《民诉法解释》第 93 条规定，人民法院可

① 雷磊：《法律推理基本形式的结构分析》，载《法学研究》2009 年第 4 期。

② 所谓劳动法之漏洞，是指法官在审理劳动争议案件过程中，在查明案件事实后适用法律时，发现整个现行劳动法体系中对此权利义务的处理，存在应规定而未规定，或者虽有规定但不完整或不清楚的漏洞。参见胡燕来：《劳动法之完善研究》，法律出版社 2020 年版，第 5 页。

以根据“日常生活经验法则”“推定出另一事实”，而“日常生活经验法则”之判定标准就体现在法感之中。案件事实的认定一般不得“冒犯”社会公众的法感，否则就会被法感否定。德国通说认为，法感具有四大功能：批判实证法、确保法的安定性、为法官判决提供正当性和作为法源。[①] （3）对证据方法的选择中自由裁量权的行使有促进作用。例如，事实劳动关系争议案件中，对事实劳动关系是否建立，其在选择证据方法上是自由的，既可以使用书证、证人证言和电子数据等证据方法，也可以使用视听资料、物证等证据方法来予以证明。上述证据方法的选择就必须依据法感。（4）对证明标准的选择中自由裁量权的行使有促进作用。我国《民事诉讼法》规定了高度可能性的证明标准、排除合理怀疑的证明标准和其他证明标准三种类型，裁判者在进行上述选择时也必须依据法感。（5）对其他行使自由裁量权来确认案件事实的行为有促进作用。

3. 法感在定裁决中有检验结论、保障公正裁决的作用

法感可谓克服法律形式主义和与之相对应的三段论涵摄的缺陷最有力的工具，这是因为，三段论涵摄简单借用了形式逻辑推理，它以数学推理为原型，无视个案的特殊性。法感则是源自大众视角的对案件是非曲直的感觉，它所针对的并非抽象的、法律上的形式正义，而是具体的、个案中的实质正义。依循法感，可以为满足个案的实质妥当结果而部分牺牲法的安定性提供正当性依据。[②] 例如，人力资源总监要求用人单位支付未签订书面劳动合同的双倍工资差额，在排除用人单位故意不签订（如申请后被拒绝或不理睬）之情形外，裁判者就应对其劳动仲裁请求不予支持。因为通过法感检验，三段论涵摄得出的“支付双倍工资差额”之结论不符合社会大众的法感，即人力资源总监严重违反了诚信原则，应当予以排除和否定。

总之，处理劳动争议的首先任务是获得法感，但良好的法感却是个奢侈品，需要经过持久的学习和积累才能获得。事实证明，法感就是法律人的智慧，在法律推理中无处不在。“法感在法律推理中具有重要意义，可提供可废止推理的依据，提升司法民主水平，确保个案公正，最终服务于法治的整体目标。但法感与法律人思维存在一定的冲突，这体现为，它并不是以现行法为基础而产生的，更不是形式逻辑推理，而是一种实质性的结果判断。但是，它可以为法律推理提供更多的可能结论，同时，在运用法律形式推理对其内容进行检查和评价

① 吴从周：《初探法感（Rechtsgefühl）——以民事案例出发思考其在法官判决中之地位》，载《法学方法论论丛》2014年卷。

② 徐雨衡：《“法感”在法律推理中的价值及其适用》，载《法制与社会发展》2020年第2期。

后,可以消减法感的负面影响。”①

六、“要件审判九步法”分解表②

“要件审判九步法”分解如表2-1所示:

表2-1　“要件审判九步法”分解

要求	步骤
	第一步　固定权利请求
审查原告的诉讼请求是否明确、具体、便于实际履行	1. 通过询问、告知、必要的释明等方式,弄清原告诉请的真实意思,剔除、更正不正确的诉请,明确诉请中包含的权利请求基础
	2. 原告请求确认民事行为效力的,应明确是有效、无效还是未生效、撤销
	3. 原告请求确定权利归属的,应明确权力主体、性质、内容
	4. 原告请求给付钱款或实物的,应明确给付的责任主体、种类、金额、数额
	5. 原告请求履行一定行为的,应明确行为的履行主体、履行内容、履行方式
	第二步　确定权利请求基础规范
审查原告诉请所依据的事实和理由,确定原告主张的法律关系,并在该法律关系基础上进行审理[1]	6. 从诉讼请求及诉讼理由中寻找原告主张的法律关系
	7. 原告主张的法律关系性质明确的,根据该法律关系进行审理
	8. 原告主张的法律关系性质不明确、理由含混不清、诉请与理由出现矛盾时,应当予以释明,让原告明确表态
	9. 释明后原告仍不明确的,可以据诉请及事实理由,由法院认定法律关系,并询问原告意见,原告确认的,按该法律关系进行审理
	10. 原告拒绝确认法院认定的法律关系,又不予明确的,裁定驳回原告起诉
	11. 原告主张的法律关系性质与法院认定不一致的,应予以释明,并告知不予变更可能导致的后果。原告变更的,按变更后的法律关系进行审理,原告拒绝变更的,判决驳回原告的诉请

① 徐雨衡:《“法感”在法律推理中的价值及其适用》,载《法制与社会发展》2020年第2期。

② 邹碧华:《要件审判九步法》,法律出版社2010年版,第251~253页。

续表

要求	步骤
第三步 确定抗辩权基础规范	
审查实行的答辩主张和理由是否明确	12. 要求被告对原告提出的诉讼请求、事实主张、法律关系性质等作出有针对性的答辩
	13. 如果被告的答辩包含实体法上的抗辩权,应找到相对应的具体法条
	14. 如果被告提出的答辩属于反诉,对于反诉部分应予以释明,让其明确是否提起反诉
第四步 基础规范构成要件分析	
根据认定的法律关系,寻找实体法律规范	15. 在原告主张的法律关系得到明确后,法院寻找对应的实体法上的法律规范
	16. 对应的法律条文应当首先是含有实体权利处理的完全性法条,而不是倡导性的法条
	17. 完全性法条是具有构成要件及法律效果的规定[2]
第五步 诉讼主张的检索	
审查诉讼主张的完备性	18. 比较当事人的诉讼主张是否与基础法律规范相对应
	19. 诉讼主张与请求权相矛盾的,诉讼主张与请求权构成要件不匹配的,遗漏诉讼主张的,法院应当释明,要求其补充或明确
第六步 争点整理	
根据诉辩主张及其请求权基础规范归纳案件争点	20. 在审理中,注意归纳案件的事实争点和法律争点
	21. 事实争点包括:法律关系发生、变更、消灭的事实,民事主体、行为等事实
	22. 法律争点包括:实体法律适用争点(如对法条的不同理解、法律关系性质是合同之债还是侵权之债等)和程序法律适用争点(如案件管辖、当事人主体等)
第七步 要件事实证明	
以案件事实争点为核心,组织当事人进行举证质证	23. 指导并要求当事人围绕事实争点,厘清举证、质证的基本任务和要求
	24. 根据《民事证据规定》的有关规定,分配举证责任
	25. 心证公开,促使当事人围绕心证结论收集和补充证据
	26. 审查当事人是否已用尽证明资源及证明方法,是否已经就其主张的所有要件事实完成了证明

续表

要求	步骤
第八步　事实认定	
审查认定各方当事人所提供证据的证明力,并据此认定案件事实	27. 如果原告主张的事实证据充分,则支持原告
	28. 如果被告主张的事实证据充分,则支持被告
	29. 如果证据穷尽后,案件事实仍处于真伪不明状态,则根据举证责任分配规则,作出认定
第九步　要件归入并作出裁判	
将查明的案件事实归入相应法律条文的各项构成要件	30. 如果认定的事实与原告主张所依据的法律规范要件完全符合,则支持原告的诉求
	31. 如果认定的事实与被告的抗辩权基础规范构成要件完全符合,则认定被告抗辩成立,判决驳回原告的诉请

[1] 2019 年《民事证据规定》第 53 条对此情形下的释明方式进行了修改:"诉讼过程中,当事人主张的法律关系性质或者民事行为效力与人民法院根据案件事实作出的认定不一致的,人民法院应当将法律关系性质或者民事行为效力作为焦点问题进行审理……"

[2] 例如,违反诚信原则解除、违反公序良俗解除案件中的抗辩基础规范中是没有法律后果的,是仲裁员参照(类推)适用相关类似解除规范的结果。

七、劳动争议案件请求权、抗辩权基础例举

劳动争议案件请求权、抗辩权基础汇总见表 2-2。

表 2-2　劳动争议案件请求权、抗辩权基础汇总

序号	案由	仲裁请求	请求权基础规范	抗辩主张	抗辩权基础规范
1	确认劳动关系纠纷	确认劳动关系	《劳动争议调解仲裁法》第 2 条第 1 项		
2	追求劳动报酬纠纷	支付每月基本工资、津贴等	《劳动法》第 50 条	已支付;对金额有异议	《劳动法》第 50 条
		支付加班工资	《劳动法》第 44、50 条	未加班;对金额有异议;加班工资包含在每月工资总额中	《劳动法》第 44、50 条

续表

序号	案由	仲裁请求	请求权基础规范	抗辩主张	抗辩权基础规范
2	追求劳动报酬纠纷	支付奖金、绩效工资、提成	《劳动法》第50条	已支付;对金额有异议;无相关规定;有规定但不应享有	《劳动法》第50条
		支付未休年休假工资	《职工带薪年休假条例》第3、5条	已安排;已支付;对金额、年限有异议	《职工带薪年休假条例》第3、5条
3	劳务派遣	用工单位解除但用人单位未解除,要求支付工资	《劳动法》第50条	报酬按用人单位所在地最低工资标准支付	《劳动合同法》第58条第2款
		用工单位解除后又被用人单位解除,要求与用人单位恢复劳动关系	《劳动法》第50条;《劳动合同法》第48条		
4	经济补偿纠纷	支付终结劳动关系的经济补偿	《劳动合同法》第46条(第36、38、40、41、44、47条相关)		
5	劳动合同纠纷	支付代通知金	《劳动合同法》第40条		
		支付违法解除或终止劳动合同的赔偿金	《劳动合同法》第47、48、87条	合法解除;没有解除	
		恢复劳动关系	《劳动合同法》第48条		
		支付延误退工损失	《劳动合同法》第50条		
		支付未签订书面劳动合同的双倍工资差额	《劳动合同法》第10、82条		

续表

序号	案由	仲裁请求	请求权基础规范	抗辩主张	抗辩权基础规范
6	集体合同纠纷	履行集体合同	《劳动合同法》第54、55、56条	已履行;对支付金额有异议	
7	非全日制用工纠纷	支付劳动报酬	《劳动合同法》第72条	已支付;对金额有异议	
8	竞业限制纠纷	支付经济补偿	《劳动合同法》第23条	无效;已支付;对金额有异议	《劳动合同法》第26条
		履行竞业限制义务	《劳动合同法》第24条	无效;已履行	《劳动合同法》第26条
		支付违约金	《劳动合同法》第23条	无效;已履行;对金额有异议	《劳动合同法》第26条
		赔偿损失	《劳动合同法》第90条		
9	养老保险待遇纠纷	支付养老保险待遇	《劳动法》第72、73条		
10	工伤保险待遇纠纷	支付工伤保险待遇	《劳动法》第72、73条;《工伤保险条例》第30、33、34条		
11	医疗保险待遇纠纷	支付医疗保险待遇	《劳动法》第72、73条		
12	生育保险待遇纠纷	支付生育保险待遇	《劳动法》第72、73条		
13	失业保险待遇纠纷	支付失业保险待遇	《劳动法》第72、73条		
14	福利待遇纠纷	支付或提供福利待遇	《劳动法》第3、76条;《劳动合同法》第62条第3项		

续表

序号	案由	仲裁请求	请求权基础规范	抗辩主张	抗辩权基础规范
15	人事争议	辞职争议	《聘任制公务员管理规定（试行）》第20条等		
		辞退争议	《聘任制公务员管理规定（试行）》第18、21条等		
		聘用合同争议	《公务员法》第105条等		

八、“确认劳动关系”案件之要件事实

裁审实践中寻找请求权基础之法律规范，分析构成要件，裁剪要件事实并举证证明，要完成这一系列的审案工作并非易事。我们现以“确认劳动关系”案件应举证证明的要件事实为例，简要分析和例举如下。

（一）主张存在劳动关系的要件事实

劳动者主张其与用人单位之间存在劳动关系，一般应当举证证明双方存在以下要件事实：

1. 用人单位和劳动者符合法律、法规规定的主体资格，双方签订书面劳动合同；

2. 劳动者接受用人单位的管理和指挥，从事用人单位安排的劳动，其提供的劳动是用人单位业务的组成部分；

3. 用人单位依照法律规定和合同约定向劳动者给付劳动报酬。

（二）认定用人单位的要件事实

劳动者主张用工主体一方性质系劳动法意义上的用人单位，应当举证证明如下要件事实：

1. 用工主体系在中国境内依法取得营业执照或经依法登记、备案的单位；

2. 属于《劳动法》《劳动合同法》规定的用人单位范围。

（三）认定劳动者的要件事实

劳动者是指依法与用人单位建立劳动关系的自然人。付出劳动一方当事人主张其系《劳动法》《劳动合同法》规定的劳动者，还应当同时举证证明如下要件事实：

1. 已年满16周岁；

2. 未满法定退休年龄，或虽满法定退休年龄但未与用人单位解除劳动关系。

(四)虽未签订书面劳动合同但主张已建立事实劳动关系的要件事实

劳动者虽未与用人单位签订书面劳动合同，但其主张双方存在劳动关系的，一般应举证证明双方存在如下要件事实：

1. 劳动者与用人单位间存在建立劳动关系的合意；

2. 劳动者与用人单位已实际发生用工事实（劳动者给付劳动，用人单位给付报酬）；

3. 劳动者与用人单位之间的法律关系符合劳动关系的本质特征。

(五)主张与发包单位等存在劳动关系的要件事实

用人单位内部工作人员或内部承包人对外招用劳动者，劳动者主张其与用人单位存在劳动关系的，应举证证明如下要件事实：

1. 受聘的劳动者有充分理由相信该工作人员或承包人有权代表用人单位对外招聘；

2. 劳动者已与用人单位实际发生用工事实。

(六)停薪留职、内退、下岗待岗、停产放长假、协保等人员主张其与新的用人单位存在劳动关系的要件事实

劳动者主张其与新的用人单位存在劳动关系，应举证证明同时存在如下要件事实：

1. 劳动者系企业停薪留职人员、未达到法定退休年龄的内退人员、下岗待岗人员、企业经营性停产放长假人员以及协议保留社会保险关系人员；

2. 劳动者与原用人单位之间中止履行部分劳动权利义务；

3. 劳动者与新用人单位间有形成劳动关系的合意；

4. 劳动者与新用人单位之间已实际履行劳动权利义务；

5. 上海地区还需要证明劳动者与新用人单位间的劳动关系形成于 2010 年 9 月 14 日之后（最高人民法院《关于审理劳动争议案件适用法律若干问题的解释（三）》第 8 条，已被法释〔2020〕16 号文废止）。

(七)用人单位主张其与退休人员不存在劳动关系的要件事实

用人单位主张其与招用的退休人员之间不存在劳动关系的，应举证证明该退休人员已达到法定退休年龄且已与原用人单位解除劳动关系并按规定办理了退休手续。

(八)主张存在非全日制用工关系的要件事实

用人单位主张其与劳动者之间系非全日制用工关系的，应当举证证明存在

如下要件事实：

1. 用人单位与劳动者间存在非全日制用工合意及劳动事实；

2. 劳动者在同一用人单位一般平均每日工作时间不超过 4 小时，每周工作时间累计不超过 24 小时；

3. 劳动报酬以小时计酬为主；

4. 劳动报酬结算支付周期最长不超过 15 日。

（九）外国人、定居国外华侨主张存在合法劳动关系的要件事实

外国人、定居国外华侨主张其与境内的实际用工主体存在合法劳动关系的，应举证证明同时存在如下要件事实：

1. 上述人员与实际用工单位存在劳动关系；

2. 上述人员持有职业签证或相应就业证及居留证，且在有效期内；

3. 上述人员实际就业的用人单位必须与其就业证所注明的单位一致。

（十）外国人、定居国外华侨主张适用相关劳动标准的要件事实（仅限上海市）

外国人、定居国外华侨主张按照《劳动法》《劳动合同法》适用相关劳动标准，应举证证明如下要件事实：

1. 主张的劳动权利涉及最低工资、工作时间、休息休假、劳动安全卫生等方面；

2. 劳动合同未对上述劳动权利进行约定或约定的标准低于劳动法律相关法定标准。

第三章　劳动法解释方法及运用规则

法律解释方法也是法。法谚云:“法无解释,不得适用。”所以处理劳动争议适用劳动法律,首先就是要对劳动法律进行解释。但法律解释是一门复杂的艺术,是法官或仲裁员对法律的有思想的服从,裁审实践中运用起来并不容易,有必要进行集中系统探讨。同时,我国劳动法解释时代的姗姗来迟,进一步妨碍了劳动法律解释方法的推广,希望通过本章探讨,对此有所促进。

一、劳动法解释概述

(一)法律解释概念

所谓法律解释,是指对法律规范的含义及其使用的概念、术语等所作的说明。[①] 广义的法律解释包括狭义的法律解释、价值补充及法律漏洞填补三种类型。所谓狭义的法律解释,是指法律规定不明确时,运用各种解释方法来确定其含义的行为。所谓价值补充,是指针对法律规定中不确定的法律概念或概括条款(一般条款),进行价值判断并使其含义具体化的解释方法。其中,不确定的法律概念,是指法律未明确其内容,而由裁判者根据具体案情使其含义具体化的概念;概括条款(一般条款),是指法律仅作原则性的规定,授权裁判者根据具体案情使其含义具体化的条款。所谓漏洞填补,是指裁判者在处理案件适用法律时,发现法律存在漏洞,为满足处理案件之客观需要,而对漏洞进行填补的行为。[②] 魏德士认为:“法律(之)漏洞是以整个现行法律秩序为标准的法律秩序的‘违背计划的非完整性’。”法律之漏洞属于“违背计划的法律非完整性”,“是计划安排的缺陷”。[③] 所以,我们认为所谓劳动法之漏洞,是指法官在审理劳动争议案件过程中,在查明案件事实后适用法律时,发现整个现行劳动法体系中对此权利义务的处理,存在应规定而未规定,或者虽有规定但不完整或不清楚的漏洞。[④] 事实上,法律解释反映的是立法机关的意志,从本质上讲是人民的意志,而个案中的漏洞填补反映的是居中裁判者的意志,但这个意志(价值判断)必须接近或类似于立法机关的意志亦即人民的意志。

---

① 《中国大百科全书:法学》,中国大百科全书出版社1984年版,第296页。

② 胡燕来:《劳动法之完善研究》,法律出版社2020年版,第19页。

③ [德]伯恩·魏德士:《法理学》,丁晓春、吴越译,法律出版社2013年版,第347~348页。

④ 胡燕来:《劳动法之完善研究》,法律出版社2020年版,第48页。

法律解释是法律适用的前提,劳动法也不例外。所谓劳动法解释,是指对劳动法律规范的含义及其使用的概念、术语等所作的说明。萨维尼认为:“解释法律,系法律学之开始,并为其基础,系一项科学之工作,但又为一种艺术。”①一般来说,法律是概括的、抽象的,只有经过解释,才能成为行为的规范标准。并且,法律虽然具有稳定性,但新情况、新问题的不断涌现,就要求法律必须通过解释,来解决自身的不足、发展和完善的问题。所以,法律解释对法律适用而言,具有重要意义。

(二)释法说理类型

《释法说理指导意见》第7条规定:“诉讼各方对案件法律适用无争议且法律含义不需要阐明的,裁判文书应当集中围绕裁判内容和尺度进行释法说理。诉讼各方对案件法律适用存有争议或者法律含义需要阐明的,法官应当逐项回应法律争议焦点并说明理由。法律适用存在法律规范竞合或者冲突的,裁判文书应当说明选择的理由。民事案件没有明确的法律规定作为裁判直接依据的,法官应当首先寻找最相类似的法律规定作出裁判;如果没有最相类似的法律规定,法官可以依据习惯、法律原则、立法目的等作出裁判,并合理运用法律方法对裁判依据进行充分论证和说理……”从以上规定可知,释法说理分二个法定类型:一是对法律有规定的释法说理;二是对法律没有规定的释法说理。由于后者涉及劳动法之漏洞填补,且该主题笔者在另一本图书《劳动法之完善研究》第一章“劳动法之漏洞的识别与填补”中已进行了探讨,故在本书中不再重复。本书将着重探讨前者即对法律有规定的释法说理。上述最高人民法院规定将“法律有规定的释法说理”又划分为以下三种法定类型:

1. 对法律适用无争议且法律含义不需要阐明的释法说理(以下简称无争议类型);

2. 对法律适用有争议或者法律含义需要阐明的释法说理(以下简称有争议类型);

3. 法律适用存在法律规范竞合或者冲突的释法说理(以下简称法规冲突类型)。

本书将重点讨论第二种有争议类型和第三种法规冲突类型的释法说理类型。因为第一种无争议类型中,各方当事人对法律适用无争议且对法律含义不需要阐明。并且,此情形下司法三段论推理之大前提即“找法”任务已经完成,

---

① Savigny, System des romischen Rechts, I, 1841, S. 206. 转引自王泽鉴:《法律思维与民法实例:请求权基础理论体系》,中国政法大学出版社2001年版,第212页。

法官或仲裁员的后续工作是直接援引该法律规范作出裁判。所以,此情形下,已无进行法律解释之必要。

(三)法律解释规则概念

所谓法律解释规则,是指各种法律解释方法如何运用,以及不同解释方法之间冲突协调的标准。[①] 在司法实践中,存在法律解释规则与法律解释方法混用之现象,这是不对的。我们认为,法律解释规则、法律解释方法这两者之间既有联系,也有区别。二者的关系主要表现在以下几个方面:

1. 法律解释规则与法律解释方法之间是种属关系。解释规则是解释方法的构成要素之一。解释规则是解释方法的下位概念。解释方法是基础和前提,没有解释方法,解除规则就是无本之木。

2. 法律解释规则是法律解释方法运用及协调的操作规范。解释规则是为各种解释方法的运用,以及各种解释方法之间的冲突提供协调的操作准则。

3. 法律解释规则为法律解释方法的运用、协调提供思维引导。"法律解释规则是法律解释学的最重要内容。与法律规则不一样,法律解释规则不属于制度性规则,而只是职业法律人的思维规则,即法律人在开展法律思维时可以遵守的准则,不带有必须遵守的属性。"[②]

4. 法律解释规则不但协调各种解释方法之间冲突关系,还可能是单个解释方法内部的运用操作规范,如文义解释规则、体系解释规则和历史解释规则等。

5. 解释规则是解释方法得以正确运用的保障。"法律解释规则是为了保证法律解释能够符合立法者的立法意图,在进行法律解释时,必须遵守的基本准则。"[③]没有解释规则,就如同没有交通规则,社会交通秩序就会混乱,车辆无法运行。

6. 法律解释方法复杂,且是动态变化的,而法律解释规则相对简单且是静态稳定的。所以,解释规则的简单、静态化,满足了司法实践的客观需要,因而被法官和仲裁员广为接受。

二、裁审者享有法律解释权

我国法官或仲裁员对法律法规是否享有解释权?答案是肯定的。因为我国是大陆法系国家,法律都是成文法典,由法律条文构成。法官或仲裁员要将法律具体化,并适用于案件事实,就必须享有法律解释权。事实上,法律解释权

① 宋保振:《法律解释规则运用研究》,华东政法大学 2017 年博士学位论文,摘要部分第 1 页。

② 陈金钊:《法律解释规则及其运用研究》(上),载《政法论丛》2013 年第 3 期。

③ 杨临宏:《立法法:原理与制度》,云南大学出版社 2011 年版,第 143 页。

是衡量我国法治水平高低的检验器，是司法制度现代化的重要标志。

2018年《释法说理指导意见》第13条规定："除依据法律法规、司法解释的规定外，法官可以运用下列论据论证裁判理由，以提高裁判结论的正当性和可接受性：最高人民法院发布的指导性案例；最高人民法院发布的非司法解释类审判业务规范性文件；公理、情理、经验法则、交易惯例、民间规约、职业伦理；立法说明等立法材料；采取历史、体系、比较等法律解释方法时使用的材料；法理及通行学术观点；与法律、司法解释等规范性法律文件不相冲突的其他论据。"以上可用于论证裁判理由的论据之规定，是我国首次赋予法官享有法律解释权。上述规定无疑具有进步意义，值得肯定。[①] 在此之前，我国虽然没有明确授权法官具有法律解释权，但法官行使解释法律之权力的事实每天都在发生，所以，不能说之前我国的法官没有法律解释权。2018年通过《释法说理指导意见》正式确立了法官法律解释权，这对劳动法解释时代的到来，具有里程碑式的意义。相应地依此类推，仲裁员在裁决劳动争议过程中，也可以参照适用上述规定而对劳动法律享有解释权。

三、法律解释方法及其类型

(一)典型的法律解释方法

释法说理需要运用法律解释方法。目前，在我国法学界的探讨中，比较典型的法律解释方法大致有如下几种。

1. 文义解释

所谓文义解释，又称为语法解释、文法解释、文理解释，是指根据语法规则对法律条文的含义进行分析，以说明其内容的解释方法。法律解释通常都从文义解释开始。文义解释是根据制定法的字面含义进行的一种具体化的解释。一方面，文义解释是针对法律文本的字面含义，按照语法结构和语言规则、通常理解等方法所进行的解释。例如，按照法律条文的词组联系、句子结构、文字结构、文字排列及标点符号等解释法律文本的字面含义。另一方面，文义解释原则上就是要使文本的字面含义具体化，阐释其字面含义，确定文本的准确意思。[②]

2. 体系解释

所谓体系解释，又称逻辑解释、系统解释，是指根据法条在法规中所处的前后位置，及其与其他相关法条的关系，来阐明其规范意旨的解释方法。法律规

---

① 胡燕来：《劳动法之完善研究》，法律出版社2020年版，第20页。

② 王利明：《法律解释学》，中国人民大学出版社2016年版，第131~132页。

范本身都是一个整体，各条文之间应当相互协调，因此，通过分析特定条文与其他条文之间的关系，应当也可以一定程度地确定该法条的含义。“法律解释必须要努力在语言和逻辑的可能框架之内，找到对问题的合乎正义的解决办法。”[①]由于这种解释仅仅是通过形式的考察来解释法条的方法，有时难免陷于机械，所以，这种解释与法律规范的实质，即规范的目的不符时，仍然要依规范的目的来解释之。

3. 历史解释

所谓历史解释，又称法意解释、沿革解释，是指通过研究立法时的历史背景资料、立法机关审议情况、草案说明报告及档案资料，来说明当时立法者准备赋予法律的内容和含义的解释方法。事实上，历史解释就是主观目的解释，两者之间是等同关系。“历史因素考虑的是某个法律规范的产生历史，即起源或法的发生。在此询问的是：何种理由或事件给法律提供了诱因。”[②]历史解释是以立法过程中参考的资料来作为解释依据的，并在此基础上得出法律规范的含义。

4. 目的解释

所谓目的解释，是指从法律的目的出发，对法律所作的说明。目的解释相对于历史解释（主观目的解释）而言，又被称为客观目的解释。富勒认为：“法律解释所关注的核心是法律的目的和结构，而非法律的词语。”[③]事实上每个法条都有其立法时的规范目的，但基于不同的表述方式，法条的目的会有不同的表现方式。如有的是通过字面含义就可以判断出来的，有的则是需要根据法律的基本价值判断“逆向推理”才能够推理出来的。由于目的解释都要追溯到法的基本价值判断，因此，这种方法对于维护法律的体系性有重要意义。通过这种解释方法，可以消除各个法条之间的“不完全性”或“不完整性”，使其完整顺畅而无冲突。

5. 当然解释

所谓当然解释，是指在法律没有明文规定的情况下，根据已有的法律规定，某一行为合乎逻辑地应该被纳入该规定的适用范围内，从而对适用该规定所作

---

① ［德］齐佩利乌斯：《法学方法论》，金振豹译，法律出版社2009年版。

② ［瑞士］贝蒂娜·许莉蔓-高朴、［瑞士］耶尔格·施密特：《瑞士民法：基本原则与人法》，纪海龙译，中国政法大学出版社2015年版，第53页。

③ ［美］朗·富勒：《实证主义与忠于法律：答哈特教授》，何作译，载强世功：《法律的现代性剧场：哈特与富勒论战》，法律出版社2006年版，第195页。

的解释,也就是我们常说有“举重明轻”或“举轻明重”。[①] 或者称为以小推大和以大推小:如果立法者指向情节比较轻微的情形,那么当然也涵摄了情节更严重的情形;如果立法者都不追究情节很严重的行为,那么情节轻微的当然也不受追究。[②]

6. 比较法解释

所谓比较法解释,是指通过对其他法域立法以及判例学说的研究,寻找其在处理相同或类似问题时的做法,以为处理案件的参考依据的解释方法。《释法说理指导意见》第 13 条规定,除依据法律法规、司法解释的规定外,法官可以运用采取历史、体系、比较等法律解释方法时使用的材料等论据论证裁判理由,以提高裁判结论的正当性和可接受性。不过比较法解释,应当仅在法律含义不明确时适用,当法律存在漏洞时不得适用。之所以得出上述结论,依据为最高人民法院对此作出的权威解读,即“在法律含义不明确时,适用历史、体系、比较等解释来确定法律的含义。如比较法解释,就是参考外国的立法例来解释本国法律的解释方法”[③]。

7. 反对解释

所谓反对解释,是指在解释法律时,对与特定法条要求的构成要件不符合的情形,作与该法条规定效果不同的处理。杨仁寿认为,反对解释系指依照法律规定之文字,推论其反对之结果,借以阐明法律之真意者而言,亦即自相异之构成要件,以推论其相异之法律效果而言。作反对解释时,应将其所以为反对之理由,载诸裁判书类,方足以使人信服。反对解释之法理,为“相异之事件,应为相异之处理”。故应尽可能将相异之处表明。[④]

8. 扩张解释

所谓扩张解释,是指当法条的文义范围过于狭隘,难以体现立法的真实意思时,可以扩张条文的含义。但需要注意的是,扩张解释不能超出该条文可能的文义范围,即射程应当在可能的文义范围之内。

9. 限缩解释

所谓限缩解释,是指法条规定的文义涵盖范围过于广泛,应限缩其文义,使其局限于核心的解释方法。需要注意的是,以上“限缩”或“扩张”均是指未超

---

① 张文显主编:《法理学》,高等教育出版社 2018 年版,第 296 ~ 297 页。

② 周升乾:《法学方法论中的体系思维》,中国政法大学出版社 2008 年版,第 12 页。

③ 最高人民法院司法改革领导小组办公室编:《关于加强和规范裁判文书释法说理的指导意见理解与适用》,中国法制出版社 2018 年版,第 213 页。

④ 杨仁寿:《法学方法论》(第 2 版),中国政法大学出版社 2013 年版,第 153 ~ 154 页。

出字义射程的情形,超出字义射程的,其适用的就不是狭义的法律解释方法,而是漏洞填补之法律解释方法了,即目的性限缩或目的性扩张之解释方法。

10. 社会学解释

所谓社会学解释,是指在对法条有多种解释可能的情况下,如何进一步使其内容明确的解释方法。其与体系解释的不同之处在于,体系解释要考虑不同法条之间的关联关系,要使法条体系完整,不至于相互冲突或者产生矛盾,而社会学解释则偏重于社会效果的预测及其目的的考虑。也就是说,社会学解释方法的运用,多数存在于各种可能的解释单纯从法律上看都没有什么不合适的地方。但是,不同的解释又可能产生不同的社会效果,会对人们的行为起到不同的引导作用。在这种情况下,法官就必须根据公平、正义的基本理念,作出有利于促进社会发展、有利于促进文明进步的价值判断和选择。

(二)法律解释方法的分类

由于解释方法类型较多,且每个法律解释方法之间还存在交叉或隶属关系,所以,我们需要对上述罗列的众多法律解释方法进行整理归类,以方便司法实践。关于法律解释方法的分类,我们建议将法律解释方法划分为形式解释、实质解释二个类型。

1. 形式解释

形式解释可以划分为文义解释、体系解释二个类型。其中,体系解释方法又包括当然解释、反对解释、扩张解释、限缩解释等类型。

2. 实质解释

实质解释就是目的解释。目的解释可以划分为主观目的解释方法和客观目的解释方法。其中:主观目的解释方法包括历史解释方法、比较法解释等类型;客观目的解释方法包括社会学解释方法。

四、法律解释规则概述

(　)法律解释规则的分类

由于法律解释规则是法律解释方法的下位概念,是隶属于法律解释方法的,所以,我们建议参照法律解释方法分类标准,来对法律解释规则进行分类,即划分为以下二个类型。

1. 形式解释规则

形式解释规则包括文义解释规则、体系解释规则二个类型。从解释要素上看,无论是文义解释还是体系解释,实质都是为了解决文本含义。文义解释方法及体系解释方法所遵守的解释规则,相较于主观目的及客观目的解释方法所遵守的规则较为简单、明确,都侧重文本含义探讨。因此,文义解释方法及体系解释方法,组成了我们通常意义上所讲的形式性解释方法,形式性解释方法所涵盖的解释规则就是语言学解释规则。[①] 也就是本书所述的形式解释规则。

2. 实质解释规则

实质解释规则包括主观目的解释规则、客观目的解释规则二个类型。主观目的及客观目的解释方法所需遵守的规则多是考察目的性要素,属实质性解释方法。其所涵盖的解释规则在相对意义上讲,较语言学解释规则更难获得相对确定的解释结果,并因目的性要素维度多样性、法律所涉价值的多元性,解释结论要想获得可接受性,需更强理由加以论证,其实质性解释特征决定了它的规则,更多属于原则性规定或推定。实质性解释方法所涵盖的解释规则就是实质性解释规则。[②]

(二)形式解释优先运用

1. 形式解释优先于实质(目的)解释的原因

形式解释又称为语言学解释。"在解释者与解释对象的关系方面,传统解释学认为解释者应摒弃自己的价值判断,将自己完全客观化,深入到立法者的立场或者法典的结构中去理解法律的客观意义,寻找客观的、确定的解释结果,因此,法律解释的语言学规则也被认为是一种价值中立的解释工具。"[③]所以,语言学解释规则将目光集中在法律文本上,是"根据法律"进行解释,以一种教义学进路指引文本阅读,维护法律文本权威,展现法律的形式性意义。语言学解释特征契合了传统法律解释学理论。而实质性解释规则探寻的立法者之意图或法律规范之目的,是"围绕法律"进行解释,是在文本基础或文本基础之外寻找规范含义的解释规则,展现的是法律的实质性意义。同时,法律解释要求始于文义,意味着法律解释应首先适用那些针对文本含义的语言学解释规则。[④] "语言性的解释者,欲根据已发表之言语而解释其思想(例如法律)者也,不过就前人已有之思想,复从其后而追想之耳。"[⑤]所以,形式解释一般在个案处理中优先于实质(目的)解释而得到运用。

2. 文义解释优先于体系解释运用的原因

文义解释与体系解释虽然同属于形式解释方法,但二者之间在适用上也存

---

① 杨铜铜:《论法律解释规则》,载《法律科学(西北政法大学学报)》2019 年第 3 期。

② 杨铜铜:《论法律解释规则》,载《法律科学(西北政法大学学报)》2019 年第 3 期。

③ 李亚东:《论法律解释的语言学规则》,载陈金钊等主编:《法律方法》(第 17 卷),山东人民出版社 2015 年版,第 113 页。

④ 杨铜铜:《论法律解释规则》,载《法律科学(西北政法大学学报)》2019 年第 3 期。

⑤ [德]拉德布鲁赫:《法律哲学概论》,徐苏中译,中国政法大学出版社 2007 年版,第 163 页。

在位序关系。只有穷尽文义解释而无法揭示条文的真实含义时，才能适用体系解释，即文义解释一般优先于体系解释适用。王利明教授认为："在文义解释之后，应当采用体系解释的方法。"①由于体系解释主要强调逻辑要素的运用，因此它就和文义解释具有一种天然的联系。在大多数简单案件中，由于某个法律语词只具有一种含义，因此只要澄清了该语词的通常含义或专业含义就能得出裁判的结果。但是，从语义学来看，法律语词除了具有核心内涵外，还具有概念的外延，此时，我们也就无法通过语言使用规则，来明确相关事项是否属于该特定概念的范围，而只能诉诸逻辑性的体系推理。② 正如在英美法系的法律解释规则理解上，法律解释的语言规则就包含文义性规则和体系性规则两个方面。而在我国，陈金钊教授、葛洪义教授等一批法律方法研究者同样持此观点。也就是说，相对于文义解释方法或文义解释要素，体系解释处于一种帮助性地位。当法律语词存在多种理解或界定模糊时，解释者就可以诉诸体系解释来实现法律解释的可操作性目的。③ 正如阿尔尼奥在理解法律解释方法时认为，一旦语义学和句法结构学解释失效，并且无法发现立法者的明确意图，体系解释便出场了。它的任务是锁定规范体系内某一规范的位置，捕捉规范之网的网眼中的某一规范，将法律决定立足于法律体系或者其中的一些基本原则。④ 且体系解释是文义解释结果的检验方法，违反体系解释的文义解释结果不成立。所以，文义解释应当优先于体系解释运用，是形式解释规则的基本内容。

3. 形式解释优先规则在司法实践中能够得到印证

最高人民法院《关于审理行政案件适用法律规范问题的座谈会纪要》（法〔2004〕96 号）规定："在裁判案件中解释法律规范，是人民法院适用法律的重要组成部分。人民法院对于所适用的法律规范，一般按照其通常语义进行解释；有专业上的特殊涵义的，该涵义优先；语义不清楚或者有歧义的，可以根据上下文和立法宗旨、目的和原则等确定其涵义。"所以，最高人民法院认为在进行法律解释时，"一般"优先运用文义解释。例如，《上海法院民事办案要件指南》（沪高法民一〔2003〕10 号）中规定："法律规定需经过解释才能明确其含义以便适用时，法官应首先对其进行文意解释；依文意解释将得出有分歧的复数解

① 王利明：《法律解释学》，中国人民大学出版社 2016 年版，第 456 页。

② ［德］英格博格·普珀：《法学思维小学堂：法律人的 6 堂思维训练课》，蔡圣伟译，北京大学出版社 2011 年版，第 53～55 页。

③ 宋保振：《法律解释规则运用研究》，华东政法大学 2017 年博士学位论文，摘要部分第 97 页。

④ D. Neil MacCORMICK, Robert S. Summer, *Interpreting Statutes: A Comparative Study*, Aldershot: Dartmouth, 1991, p. 137.

释结论时，须进一步为论理解释[1]；依论理解释将得出复数的不同结论时，须依社会学解释方法确定最终的解释结论。”从上述规定可知，上海市高级人民法院认为在进行法律解释时，应当首先运用文义解释。由于文义解释隶属于形式解释，所以，法官在个案处理法律解释时，应当优先运用形式解释，且优先运用形式解释应当从优先运用文义解释开始。

（三）主观目的解释与客观目的解释的位序关系

虽然主观目的解释与客观目的解释均是实质解释（目的解释）的构成部分，但两者之间既有联系，也有区别。主观目的解释方法主要指历史解释方法，客观目的解释方法就是社会学解释方法。伯恩·魏德士认为，主观说赋予立法者的调整意志以决定性作用。根据该理论，法律解释的正确方法就是对历史的要求和规范目的进行研究。相反，客观说的出发点是，法律在立法者颁布之后就脱离出来并从此独立，这样立法者的意志便无关紧要。该学说认为，法律常常比那些创造它的人更聪明。客观说不是要查明立法者的历史的真实意志，其目的在于探求“法律的意志”。[2] 所以，主观解释是客观的，客观解释也是主观的。[3] 因为历史解释探究的是最初的立法目的之客观事实，而社会学解释则偏重于社会效果的预测。个案处理中，法官必须根据公平、正义的基本理念，作出有利于促进社会发展、有利于促进文明进步的价值判断和选择。所以，社会学解释考虑背离了最初的立法目的，让裁判者通过自己的主观评价，替代了最初的立法目的，从而具有了主观性。

鉴于两者之间存在上述关系，所以，客观目的解释对主观目的解释具有限制作用。当主观目的解释得出的裁决结果违反了客观目的时，如社会效果差或违反公平、正义的基本理念等，则应当受到限制，即该解释方法不得在处理案件中运用，而应当另行找寻其他解释方法或漏洞填补方法来处理案件。所以，主观目的解释相对于客观目的解释而言，应当优先适用，且客观目的解释应当作为主观目的解释之裁判结论的检验手段。我国司法实践中，最高人民法院无数次下文要求各级法院在处理个案时，要始终坚持法律效果与社会效果有机统一，就是这个道理。所以，在个案的处理中，不但要取得公平、正义的法律效果，同时也要取得良好的社会效果，要做到法律效果与社会效果有机统一。

---

① 王利明教授认为论理解释包括体系解释、目的解释、历史解释、合宪性解释等。参见王利明：《法律解释学》，中国人民大学出版社 2016 年版，第 455 页。

② ［德］伯恩·魏德士：《法理学》，丁晓春、吴越译，法律出版社 2013 年版，第 332 ~ 333 页。

③ K. F. Röhl, Allgemeine Rechtslehre, Köln 1995, S. 649.

（四）形式解释之裁判结果需要通过实质解释来检验

目的解释的目标有二个：一是检验通过形式解释取得的裁判结果是否可接受或正确；二是特殊情况下，可以直接或单独运用目的解释来探求法律规定的真实含义，但在无法通过形式解释取得裁判结果的情况下，一般不能直接或单独运用目的解释来处理劳动争议案件。

1. 主观目的解释之裁判结果的检验

主观目的解释的目标之一，是检验形式解释得出的裁判结果，即裁判结果是否达到应有的法律效果或立法目的。如果达到了目标，则该结果是可以接受的、正确的；否则，就是不可接受的、错误的，并需要重新进行法律解释，另外寻求其他含义，以得出最终的符合规则要求的裁判结果。

2. 客观目的解释之裁判结果的检验

客观目的解释的目标之一，是检验主观目的解释得出的裁判结果，即裁判结果是否具有良好的社会效果或符合公平正义之要求。如果达到了目标，则该裁判结果是可以接受的、正确的；否则，就属于社会效果差或违反公平、正义要求，是不可接受的、错误的，并需要重新解释，另外寻求其他含义或进行漏洞填补，以得出最终的符合规则要求的裁判结果。

（五）小结

从以上法律解释规则的分析可知，法官或仲裁员在处理劳动争议解释法律时，在法律解释方法的选择上并没有自由，而应当遵守法律解释规则。裁判劳动争议案件，应当优先运用形式解释方法，即文义解释优先于体系解释运用，体系解释是文义解释结果的检验方法，违反体系解释的文义解释结果不成立。同时，实质解释的目标之一，是检验形式解释得出之裁判结果的正确性。未通过实质解释检验的，该形式解释不得作为处理劳动争议的法律解释方法。另外，主观目的解释与客观目的解释均是研究法律解释和法律适用的必要步骤。实质解释规则表明，前者应当优先适用，后者是前者的补充和检验手段。在无法通过形式解释取得裁判结果的情况下，一般不能通过直接或单独进行目的解释来处理个案，但特殊情况除外。

同时，我们还需要注意在形式解释之裁判结论得出后，其法律解释进程还尚未结束，还需要运用目的解释方法（先“主观”后“客观”）来对其裁判结果进行检验。只有符合规范目的要求的，才能运用该形式解释方法来处理劳动争议案件；否则，不得运用且应当推翻。不符合规范目的要求的，要重新进行法律解释或漏洞填补，直到得出符合规范目的要求的裁判结果。所以，实质解释不但是形式解释得出之裁判结果的检验手段，也是对形式解释的补充、完善、保障和限制。

五、文义解释规则

(一)概述

任何解释都要从规范条文出发。文义是所有解释的首要的出发点。因此,对法律文义谨慎地认识和分析是适当解释的首要前提。[①] 文义解释的根据就是法律规则是由文字语句写成的,立法者的立法目的蕴含在法律规则的文字之中,不对其文字进行理解、解释并加以适用,立法目的就无法实现。

1. 文义解释的对象

文义解释的对象有二类:一是法律规则;二是确定的法律概念。所谓法律规则,是指规定法律上的权利、义务、责任的准则,或是赋予某种事实状态以法律意义的指示、规定。[②] 通俗地讲,就是法律条文。郑玉波先生将法律条文分为以下 12 种:基本型、括弧型、折配型、定义型、列举排斥型、例示概括型、注解型、但书型、除外型、准用适用型、视为型、推定型。所以,法律规则可以成为文义解释的对象。

需要注意的是:法律概念和法律原则不是文义解释的对象。所谓法律概念,是指有法律意义的概念,是认识法律与表达法律的认识之网上的纽结,即对各种有关法律的事物、状态、行为进行概括而形成的法律术语,是“法律规范和法律制度的建筑材料”[③],是“解决法律问题所必要的和必不可少的工具。没有限定严格的专门概念,我们便不能清楚地和理性地思考法律问题”[④]。法律概念有两个来源:一是脱胎于日常生活中的概念,经法律人对它的吸纳而成为法律概念;二是法律人(立法者、司法者、法学家)的创设。由于法律人的创设活动不可能离开日常生活,所以,法律实际上都直接或间接地来自日常生活。在这个意义上,法律概念也是法律与日常生活的纽带。[⑤]

法的要素指法的基本成分,即构成法律的基本元素。我们认为法律由法律概念、法律原则和法律规则三个基本要素构成。并且,这三个基本构成要素均需要进行解释。我们认为法律概念和法律原则均不是文义解释的对象。因为文义解释属于狭义的法律解释方法之一,而广义的法律解释方法包括狭义的法

---

① [德]伯恩·魏德士:《法理学》,丁晓春、吴越译,法律出版社 2013 年版,第 315 页。

② 张文显主编:《法理学》,高等教育出版社 2018 年版,第 116 页。

③ [德]伯恩·魏德士:《法理学》,丁晓春、吴越译,法律出版社 2005 年版,第 91 页。

④ [美]E. 博登海默:《法理学:法律哲学与法律方法》,邓正来译,中国政法大学出版社 2004 年版,第 504 页。

⑤ 张文显主编:《法理学》,高等教育出版社 2018 年版,第 113 页。

律解释方法、价值补充和漏洞填补三个类型。对法律概念或法律原则的解释，只能运用价值补充方法进行解释。所谓价值补充，是指针对法律规定中不确定的法律概念或概括条款（一般条款），进行价值判断并使其含义具体化的解释方法。[①] 这些规定有法律规定之名而无其实，其含义需要经由法官根据案件具体情况和价值判断而具体化，始能发挥功能作用。这种通过法官的价值判断予以具体化的解释方法，被称为价值补充。就其实质性内容是由法官赋予的特性而言，此种情形更接近于法律漏洞填补。[②] 所以，一般情况下，文义解释的对象只能是法律规则，而不能是法律原则或法律概念。

2. 文义解释的特征[③]

法律以法律文本为其载体，或者说，它是以书面语言的形式出现的。因此，文义解释就是对书面语言即法律文本的字面含义的解释，它是法律解释中最常用、最基础的解释方法。从法律解释学上来说，文义解释不同于其他社会科学上的解释，它解释的对象是法律文本，而且，其解释活动是在适用法律过程中进行的。在法律解释学上，文义解释是一种特殊的解释方法，较之于其他解释方法，其具有自己的特点。

（1）它是对法律文本的字面含义所进行的具体化的解释

解释概念等是为了准确把握整个法条的含义。从对文本解释的实际过程来看，往往是解释者结合自身的经验、按照一般的理解，来阐释特定文本的可能含义。一方面，解释者应当是就法条论法条，就文字论文字来阐释文本的含义。另一方面，解释者要依循法律文本所表述出来的客观含义进行解释，不可对规则的含义随意扩张或缩小，使解释的含义与文本的字面含义发生严重偏离。虽然在许多情况下，单纯从文义出发进行解释，并不能准确地解释法条的真正含义，需要目的解释、体系解释等配合适用，但文义解释本身并不需要探究立法目的或作过多的价值判断，否则就脱离文义解释而进入目的解释等其他解释方法领域了。

（2）它原则上不考虑法条字面含义以外的因素

文义解释存在的假设前提是，法律文本非常确切地表达了立法者的意图，并且立法者也使用了充分地表达其意图的措辞。[④] 文义解释作为一种独立的

---

① 胡燕来：《劳动法之完善研究》，法律出版社 2020 年版，第 18 页。

② 孔祥俊：《法律解释与适用方法》，中国法制出版社 2017 年版，第 190 ~ 191 页。

③ 王利明：《法律解释学》，中国人民大学出版社 2016 年版，第 132 ~ 133 页。

④ Jean - Louis Bergel, Methode juridique, PUF, Themis, Droit prive, 2001, p. 246 - 248.

法律解释方法,它与其他法律解释方法的区别就在于其仅仅考虑法条的字面含义,而不考虑其他因素。它只需要将文本的含义表示出来,对字面含义进行具体化的阐释,既不需要对其进行扩张,也不需要对其进行限缩。一方面,文义解释一般不需要法官进行价值判断。文义解释是依据法律文本的通常含义、依据文义解释的一般规则,从而确定法律解释的结论。[①] 在文义解释的情况下,不需要作过多的价值判断,当然,在解释过程中,在对文本的字面含义进行具体化的过程中,并非不考虑任何的法律的价值判断,但是文义解释要限于文义本身。另一方面,文义解释所依据的解释材料是法律规范本身所包含的。[②] 这就是说,文义解释仅仅是针对文本本身来解释法条,通过对文本所使用语言的含义来进行解释。这是文义解释与其他狭义法律解释方法的区别所在,其他的狭义的法律解释方法,依据的解释材料是待解释法条以外的因素,如立法史、立法目的、社会学效果、比较法等。从这个意义上来说,文义解释的方法相对简单。

(3)它是所有法律解释方法中最独立的方式

一方面,所有的法律解释方法都要以文义解释为前提,且所有的解释方法最终都要厘清概念、术语、法条的含义,但是,并非所有的方法都是文义解释的方法。如果在文义的阐释中借助其他因素,就是其他法律解释方法的运用。例如,借助法律的外在体系来解释,就是在文义解释的基础上再运用体系解释的方法。文义解释的重要特点在于,其不需要借助于立法目的考量和立法资料的考评,来确定立法者的立法目的,而直接可以从法律文本的字面含义出发对其进行阐释。如果文义解释中的标准包含了其他狭义法律解释方法中的标准,就会导致文义解释方法架空其他法律解释方法,也会使得文义解释变成内涵宽泛、无所不包的解释方法,完全替代其他的解释方法。另一方面,如果根据文义解释可直接确定文本的含义,也就不需要借助于其他方式来解释。

(4)它原则上要求按照通常的理解进行解释

一方面,文义解释要按照语义学上的方法进行解释。这就是说,文义解释要借助词典、习惯的理解等方式确定法律条文的含义。例如,物权法上的"占有",在语义学上的含义就是控制和支配。另一方面,文义解释要按照法律的通常含义来进行理解。这就是说,许多法律用语和日常生活用语是有区别的,其往往指称某一法律现象或法律过程。例如,侵权责任法中的"补偿"与生活

---

① See Miranda Oshige Mcgowan, *What is Lnterpretations? Against Interpretation*, 42 San Diego L. Rev. 711, 2005.

② Franz Bydlinski, Juristische Methodenlehre und Rechtsbegriff, S. 437.

中的“补偿”含义不同,生活中的“补偿”与赔偿的含义相同,而该法中的“补偿”是按照公平原则进行的赔偿。

探求法律文本的文义是法律解释的首要目的。法律解释的目的并非探究法律的一般规律,而主要是寻求人们对现在有效的法律文本的字面理解,因此,阐释法律文本的含义是法律解释的重要目的,而文义解释在很多情况下,就能够解决法律适用中的主要问题。[①] 所以,文义解释是法律解释方法中最为基础的方法。

3. 文义解释的依据

(1)依法理解释

所谓法理,是指形成某一国家全部法律或某一部门法律的基本精神和学理,在一定意义上是法的渊源。法理作为法的渊源,目的在于弥补法律规范的空隙。在社会主义法中,法理一般不作为法的渊源。在进行文义解释时,一般借助法理来进行,这是法学界之共识。

(2)运用文法解释

所谓文法,是指用词造句的规则系统,它是词的构成规则、变化规则、组合规则的总和。运用文法进行解释,主要是对法律条文的词组联系、句子结构、文字结构、文字排列及标点符号等进行语法结构的分析,从而阐明法律条文的含义和内容。[②]

(3)使用字典、词典解释

司法实践中,法官或仲裁员可以借助字典、词典来解释法律规则的字面含义,如《辞源》《辞海》《新华字典》《现代汉语词典》《中文大辞典》《现代汉语逆序词典》《现代汉语双序大辞典》《同义词词典》《反义词词典》《汉语大字典》《现代汉语方言大词典》《汉语方言大词典》《中药大辞典》《牛津法律大辞典》等。

(4)依语境解释

所谓语境,是指写作所处的环境。[③] 也就是说,在使用某个词时,通常是在某种场合使用特定的用语。语境包括言内语境、言伴语境、言外语境,解释学上所谓“情景化”,即结合具体的情事来进行解释,也是指语境。语言的意义是在特定语境当中反复使用而形成的。如果所使用的语境没有发生变化,语义也不

---

① 谢晖:《中国古典法律解释的哲学向度》,中国政法大学出版社 2005 年版,第 19 页。

② 任彦君:《刑法解释方法的选择与运用》,载《平顶山工学院学报》2007 年第 4 期。

③ 谢晖:《法律的意义模糊及其救济方法》,载《法制与社会发展》2009 年第 1 期。

会发生变化。如果大家对某个词语有通常的理解,表明该词语在当前使用的语境也应当是统一的。①

(5)依生活经验解释

法律是社会生活的产物,它是人类生活经验的反映。所以,在解释法律时,也要基于生活经验对其进行解释。对日常用语的理解是进行法律解释的重要依据,日常生活用语须与法律用语相互拉近,才能使日常世界与法律规范的世界不会发生割裂。② 也就是说一般情况下,文义解释应当依据社会之一般人日常的理解来进行解释。

4. 文义解释与扩张解释、限缩解释的关系

这两者既有联系也有区别。联系为两者均是法律解释方法,且都是对法律规范的字面含义进行解释。区别表现在以下两点:

(1)隶属关系不同。虽然文义解释与扩张解释、限缩解释同属于形式解释的范畴,但两者之间是并列关系。因为扩张解释、限缩解释从性质分类上隶属于形式解释之体系解释,而体系解释与文义解释均隶属于形式解释,故两者之间是并列关系。

(2)字义射程不同。以法律规范的字面含义的射程为标准,来比较两者。文义解释的字义射程介于扩张解释字义射程、限缩解释字义射程两者之间,即扩张解释的字义射程大于文义解释的字义射程,因为扩张解释是指当法条的文义范围过于狭隘,难以体现立法的真实意思时,可以扩张条文的含义。而限缩解释的字义射程小于文义解释的字义射程,因为限缩解释是指法条规定的文义涵盖范围过于广泛,应限缩其文义,使其局限于核心的解释方法。

5. 文义解释与目的性扩张、目的性限缩的区别

目的性扩张方法系卡纳里斯对照目的性限缩而提出的概念。所谓目的性扩张,是指为了贯彻立法目的,对法律条文作出超出文义的解释,使其包括原本没有的案型。③ 所谓目的性限缩,是指法律规则有规定但字义太宽,未将不应该适用的情形排除在外,为实现立法目的或规范意义,而将其排除在法律适用范围外的漏洞填补方法。目的性限缩方法的提出,是为了解决在适用法律时,按字义理解,会导致出现违反立法目的之结果的问题。法律规则的字义过宽问

① 王利明:《法律解释学》,中国人民大学出版社 2016 年版,第 143 页。

② [德]阿图尔·考夫曼:《法律哲学》,刘幸义等译,法律出版社 2004 年版,第 175 页。

③ 黄茂荣:《法学方法与现代民法》,法律出版社 2007 年版,第 499 页。

题,是立法者的疏忽和例外。[①] 所以,目的性扩张、目的性限缩与文义解释存在明确区别,具体如下:

(1)性质类型不同。文义解释与目的性扩张、目的性限缩均属于广义的法律解释方法,但狭义的法律解释方法并不包括目的性扩张、目的性限缩。目的性扩张、目的性限缩从性质上看,属于法律之漏洞填补方法。并且,在司法实践中能够运用文义解释方法处理劳动争议的,绝不能适用法律之漏洞填补方法处理;适用漏洞填补方法处理的劳动争议,一定无法进行文义解释。

(2)射程范围不同。目的性扩张、目的性限缩的裁判结果均超出了法律规范字义可能的射程范围,是对法律条文作出的超出其可能文义范围的解释,因为目的性扩张、目的性限缩是为了解决法律虽有规定但不完整或不清楚的问题。而文义解释、扩张解释、限缩解释均在字面含义的可能射程范围之内,只是远近不同而已。

(二)确定文义是法律解释的第一步

确定文义可能包括的范围,也就是我们通常所说的“射程”。确定文义的可能含义要求确定解释对象的核心文义与文义的最大边缘。例如,机动车概念,其核心的文义是指轿车、卡车等以非人力作为动力来源,专门从事公共道路客运、货运运输;其边缘范围包括新能源机动车等。为什么确定文义可能包括的范围应当作为法律解释的第一步?这主要是因为:

1. 确定法律可能的文义范围是成文法国家适用法律的前提,是必须首先解决的问题。确定可能的文义范围更容易为法院的判决的准确性提供依据,从而维护法律适用的权威性、安定性。从解释的客观性出发,解释应当依据文本来进行,不能脱离文本任意解释立法目的,毕竟目的具有一定程度的主观性,在脱离可能文义的情况下,随意解释立法目的,可能导致司法对立法的僭越,可能以法官的意志来代替立法者的意志。

2. 确定文义可能包括的范围,需要研究可能的文义,(确定的)概念或语词的核心含义往往是明确的,能够被一般人所领悟,但是,(确定的)概念或语词的边缘含义往往比较模糊,容易发生歧义,这就决定了法律解释学的一个重要任务就是探讨法律用语可能的文义范围。还要看到,文义可能包含的范围,实际上是狭义的法律解释的最大范围。确定文义可能包括的范围也是区别狭义的法律解释与漏洞填补的依据。所以首先确定文义可能包括的范围,就可以确

---

① 胡燕来:《劳动法之完善研究》,法律出版社2020年版,第28页。

定究竟是继续进行狭义的法律解释,还是进行漏洞填补。①

(三)依通常含义解释

1.通常含义规则

文义解释规则中最首要的解释规则,就是应当依据文义的通常含义进行解释。所谓通常含义规则,是指制定法语词的含义应当根据一个使用该语言的普通人所理解的含义来确定,除非存在更强的理由表明应当采取其他解释。② 所以,通常含义规则就是要告诉解释者,文义的具体内容的确定,应以制定法语词的通常含义为标准。

在英美法系,通常含义规则一般是以平义规则的形式出现。通常认为,平义规则是19世纪美国法院制定法解释实践中寻求立法原意的方法。在这种实践中,最根本的是要追求立法者的最初的意图,而文本的语义就是立法者原意的最好表达。所以,寻找立法者的最初意图只能通过平义解释的方法,从文本中寻找。严格的平义规则支持者认为,法官只能遵从法律语词的通常含义展开审判,不可寻求其他解释的方法。由此,立法史等资料便不被认为对探究立法者原意有益。他们认为,语言的含义存在某种程度上的稳定性,解释法律应当依据法律规范的固定语义进行,只有这样才能维护法律的尊严、公平和稳定。③

2.通常含义的判断标准

按照语词的通常含义进行解释,其关键在于明确通常含义的判断标准。也就是,在语词的众多含义中找出该语词的通常含义,并以此为标准认定法律的含义,进而得出解释结论。那么,如何判断法律文本语词的通常含义呢?针对此问题,有学者总结出了六条判断语词通常含义的标准:第一,所谓的通常含义必须具有普遍性,不能以个人主观理解的含义代替;第二,判断是否为通常含义,必须经过审慎的思考,不能想当然;第三,在通常含义中也包括了专业技术领域使用的通常含义;第四,从时间上讲,所谓的通常含义应该是立法当时的通常含义,应该注意语词含义的流变;第五,通常含义的判断需对相关的法学知识进行充分的考察;第六,通常含义有时受制于所处的语境,因此也需要依据语境的不同来确定。④

由上文这些标准,我们可以提炼出判断语词通常含义的几个关键点:

---

① 王利明:《法律解释学》,中国人民大学出版社2016年版,第455～456页。

② D. Neil MacCORMICK, Robert S. Summers, *Interpreting Statutes: A Comparative Study*, Aldershot: Dartmouth, 1991, p. 512－513.

③ 胡基:《审判解释方法与我国审判实践》,载《中外法学》1996年第1期。

④ 致远:《文义解释法的具体应用规则》,载《法律适用(国家法官学院学报)》2001年第9期。

(1)通常含义是那些具有一般性的含义。顾名思义,所谓"通常"之含义即为一般意义上的、普通的含义。对于通常含义的理解,拉伦茨强调其一般性,即"一般的语言"、语词的"一般能够理解的方式"。他认为,语词的通常含义之所以被赋予优先的地位,是因为人们在交流和表达的过程之中,为了对方能够理解,便于交流和沟通的顺利进行,都是从一般意义上来使用语词。① (2)通常含义必须是普通人所理解的含义。在《制定法解释》一书中,麦考密克和萨默斯强调,通常含义论点的关键在于,如果法律规范在通常的语境中的含义是明确的,那么就应该依据普通的语言使用者所使用的含义进行解释。② 可见,对于通常含义的理解必须符合普通人的理解,不可以依据某一特殊群体的理解来界定。(3)通常含义必须是那些符合语言习惯的含义,应当具有共识性。对此,齐佩利乌斯认为,所谓通常含义是没有被立法者所预先界定的那些出现在法律文本中的语词。他认为,这些语词的含义应该从"法律共同体的语言习惯中获得"。③ 按照语言学的观点,语词的含义是约定俗成的。这说明所谓的通常含义理当是达到最大程度社会共识的含义。正如考夫曼所指出的,语言交往的可能性源于一定的社会渊源,这种社会渊源确保人们对语言的指涉对象产生共同的经验。④ 所以,应该从社会环境中去理解语词的通常含义,在明确语词于社会中的共识性含义之后,才有可能准确地明白该语词表达的内容。因此,所谓语词的通常含义应该是,在日常交流中为大多数人所理解的那种含义,是日常生活中最平实、最流行的含义。(4)通常含义必须处于语词之概念核心范围之内。换言之,所谓的通常含义必须是清楚明了的含义。一方面,这个通常含义应该在一般人的使用中指涉清晰;另一方面,这个通常含义还必须没有被其他解释要素排除其效力。⑤ 按照普珀的观点,语词的概念并不是精确的,存在概念核心与概念外围。由此,就存在可以被清楚地界定为概念核心的肯定(积

---

① [德]卡尔·拉伦茨:《法学方法论》,陈爱娥译,商务印书馆2003年版,第200页。

② Neil MacCORMICK, Robert S. Summers, *Interpreting Statutes: A Comparative Study*, Dartmouth, 1991, p. 513.

③ [德]齐佩利乌斯:《法学方法论》,金振豹译,法律出版社2009年版,第65页。

④ [德]阿图尔·考夫曼:《法律哲学》,刘幸义等译,法律出版社2011年版,第138页。

⑤ 张志铭认为:"如果法律规定所用的是普通语词或词组,而且在普通语言中是明白的,那么除非有充分理由做出其他不同解释,就应当以普通说话者的理解作出解释;如果可供选择的普通含义不止一个,那么在解释中应该优先考虑和采用相对比较明显的普通含义——最常见的是……运用上下文和谐论点,指明哪一种含义最为适当。"参见张志铭:《法律解释操作分析》,中国政法大学出版社1998年版,第108页。

极）选项以及明显不属于概念核心的否定（消极）选项。[①] 以此观之，通常含义应该是那些明确清晰的属于语词概念核心的肯定（积极）选项。如果某一含义属于肯定（积极）选项与否定（消极）选项的中间地带，那么这个含义就不是语词的通常含义。[②]

（四）依特殊含义解释

1. 特殊含义规则

所谓特殊含义规则，是指法律文本中具有特殊含义的语词应该按照其特殊含义进行解释。在法律论证理论中，特殊含义规则又被理解为“专业含义论点”。[③] 所以，司法实践中语词的特殊含义应当优先于通常含义而得到适用，因为相关领域的专业语词的含义具有特殊性，应当按照其领域中约定俗成的含义来进行解释，否则就探明不了其真实含义。黄茂荣认为，如果某一个语词在法学上或者在其他专业领域中已经具有了区别于日常含义的那种特殊含义，而且，这种特殊含义已经成为该领域的共识的话，就必须依据这种特殊含义进行解释。[④] 我们认为，特殊含义规则符合法律规范的专业性要求，也表达了对立法的尊重，如果偏离特殊含义而运用通常含义进行解释，则是对立法者意图的背叛，也不符合立法目的，是对文义解释方法的错误运用。

一般认为，法律中的特殊含义既包括法学含义，也指相关行业的专业含义。因此，依据特殊含义进行解释实际上包括两条更加具体的解释规则，即法学术语的解释规则和专业术语的解释规则这两种。

2. 法学术语解释规则

应该依据法学含义进行解释。法律规范社会生活，通过人们所能理解的语言来表达自身的意思。但是，日常生活是复杂的，日常语言也往往不能精确地表达立法者的想法。所以，法律文本中不可能都使用日常语言，还必须使用一些专业性的语词，也就是法学的专业术语。凭借这些法学专业术语来概括复杂的日常生活事实。诚如拉伦茨所言，除了运用日常用语外，立法者还广泛地应用法学术语，借助这些专业术语不仅可以精确地表达自己的想法，还可以节省

---

① ［德］英格博格·普珀：《法学思维小学堂：法律人的6堂思维训练课》，蔡圣伟译，北京大学出版社2011年版，第53页

② 李亚东：《法律规则解释分类研究》，山东大学2016年博士学位论文，第72～73页。

③ D. Neil MacCORMICK, Robert S. Summers, *Interpreting Statutes: A Comparative Study*, Dartmouth, 1991, p. 513.

④ 黄茂荣：《法学方法与现代民法》，法律出版社2007年版，第335页。

交流的成本。[①] 法学也借助于这种专业性的语言来实现自身的科学化追求。因此,关于法学术语的解释就必须遵从其在法学理论中的特殊含义。[②]

3. 专业术语解释规则

应该依据专业含义进行解释。从比较宽泛的意义上来讲,出现在法律文本中的语词都属于法律语词。但是从法律所调整的领域层面分析,法律还往往使用一些专业技术领域所特有的语词。因为,法律规范日常生活,而日常生活涉及的领域诸多,既可以是日常的社会关系,也可以包括经济、政治、科学、艺术等诸多专业领域。因此,要对相应领域实现有效的规范就必须采用此领域的专业语言。相应地,既然立法中采用了这种专业语言的特殊含义,那么在司法过程中就必须按照这种特殊含义来进行法律解释。[③]

(五)文义解释规则小结

1. 外部优先规则

我们认为司法实践中,确定文义是法律解释的第一步,且文义解释方法应当优先于体系解释、实质解释方法(实质解释就是目的解释,包括主观目的解释和客观目的解释)而得到运用。

2. 内部优先规则

在文义解释内部,文义的具体内容的确定,应以制定法语词的通常含义为标准,但文义既有通常含义又有特殊含义的,特殊含义应当优先于通常含义而得到适用。不过,特殊含义的优先并不是绝对的。正如拉伦茨所言,一般来说特殊含义优先,但是当出现立法者明确表示不采用特殊含义之时,就应该依据通常含义进行解释。[④]

六、体系解释规则

体系解释主要强调逻辑要素的运用,所以它与文义解释具有天然联系。体系解释与文义解释一样,均属于形式解释,因为它们均是以语言学规则为前提的。

(一)体系解释的基础与前提

1. 法律体系的存在是基础

魏德士认为:“没有一个法律规范是独立存在的。它们必须作为整个法律

---

① [德]卡尔·拉伦茨:《法学方法论》,陈爱娥译,商务印书馆2003年版,第200页。

② 李亚东:《法律规则解释分类研究》,山东大学2016年博士学位论文,第77页。

③ 李亚东:《法律规则解释分类研究》,山东大学2016年博士学位论文,第77页。

④ [德]卡尔·拉伦茨:《法学方法论》,陈爱娥译,商务印书馆2003年版,第202页。

秩序的部分要素来理解。""对任何法律规范，只能按照它们在整个法律秩序的'内外体系'中的地位和功能切合实际地解释与适用。"[①]而整个法律秩序是由大量有效的法律规范组成的一个统一体，这个统一体就是法律体系。所以，体系解释运用的基础是法律体系的存在，没有法律体系，就不可能进行体系解释。并且，只有了解了某个法律规范在规范群、法律、部门法或整个法律体系中的地位，才能对其内容或含义作切合实际的理解。体系解释是法律体系应当统一、协调之思想导出的结论，也符合客观规律。

2. 文义解释已穷尽为前提条件

拉伦茨指出："当一种表达方式依其语言用法有多种意义可能性时，通常可由其使用脉络推知，具体情况下究竟应考虑何种可能性，虽然这种推论未必是终局而精确的。由上下文脉络可以确定某段文字应作何解，同样地，法律的意义脉络也有助于个别字句的理解。"[②]所以，文义解释已穷尽是运用体系解释的前提条件。因为文义解释具有局限性，"使用脉络推知"引起体系解释的原因是文义解释导致出现了多种意义，依据通常含义规则、特殊含义规则以及特殊含义优先规则仍无法确定法律语词的真实含义，也无法得出唯一的结论，此时文义解释功能已用尽且没有解决问题，只能通过"法律的意义脉络"之体系解释来推知。这样，文义解释与体系解释之间就形成一个渐次适用的顺序关系。

（二）依上下文解释规则

"欲寻词句意，应观上下文"，是体系解释中的基本规则。所以，上下文解释是体系解释中的首选解释方法。上下文解释规则有时又被称为"文理规则"或被重述为"上下文和谐的论点"。对此，麦考密克认为上下文和谐论点指的是，将某一条法律规则放置在整个制定法或者是相关法律制度的视角下来考察其含义，将两者视为整体与部分的关系，依据上下文之间的关联性解释该法律规则。[③] 从麦考密克的总结看，依据上下文解释规则强调的是将法律条文放置在文本整体语境中进行理解。与这种较为概括的理解相比，我国学者致远的论述则更加注重该规则在细节问题上的应用。他认为，文理规则涉及的是，法律规则中几个具体列举事项之间的相互关系。按照该规则的指示，应该将这些列

---

① ［德］伯恩·魏德士：《法理学》，丁晓春、吴越译，法律出版社 2013 年版，第 317、326 页。

② ［德］卡尔·拉伦茨：《法学方法论》，陈爱娥译，商务印书馆 2003 年版，第 204 页。

③ D. Neil MacCORMICK, Robert S. Summers, *Interpreting Statutes: A Comparative Study*, Dartmouth, 1991, p. 513.

举事项视为一个整体,探究它们之间的所具有的共同属性,以此来确定其中某一个事项是否能够涵盖具体案件中的事实。① 比较学者的不同阐述,我们可以总结出文理规则所包含的三个不同层面:首先,在宏观层面上,依据上下文解释规则是以法律条文与法律文本整体语境之间的关联为依据来解释法律语词的具体含义;其次,从相对中观的层面上理解,依据上下文解释规则是以不同法律条文之间的关联为依据,解释法律条文的具体内容;最后,还可以在较为微观的层面上,将依据上下文解释的规则理解为,以某一法律条文的内部关系为依据解释某个法律语词具体含义。② 所以,上下文解释规则要求将法律文本视为一个整体,对文本的理解要建立在这个整体基础之上。当体系解释得出多个解释结果时,对法律文本的解释必须前后融贯且要避免冲突,这就要求解释结果必须与整个法律甚至法秩序保持方向上的一致。

(三)同一解释规则

同一解释规则是一项基本法律解释规则,通常又被表述为“同一语词、同一含义”。法谚云,“同词同义,异词异义”,即是此义。萨赖西认为,该规则是指法律文本中的同一语词具有相同含义。③ 按照该规则的指示,针对某一语词的解释,应该与同一法律文本(甚至不同法律)中其他位置的该语词具有相同含义。同一解释规则是体系要素无矛盾要求的具体体现,不仅指引法律语词含义的确认,而且也有助于维护法律概念之间的和谐统一,避免对同一语词解释出两种含义。作为一条基本的法律解释规则,同一解释规则建立在多方面的学理基础之上。首先,该规则满足了逻辑同一律的要求。梁根林认为,遵循同一规则是形式逻辑中的同一律对法律解释活动的要求。按照形式逻辑的基本要求,法律思维必须保持同一性,不能在法律解释的过程中偷换、混淆相关的概念。换言之,法律解释中使用的任何概念都必须具有同一性。④ 其次,同一规则遵从了立法者的语言使用习惯,表达了对立法者的尊重。最后,法律概念的体系化也是同一解释规则成立的前提。因为在每一个法律概念之间存在一定的逻辑秩序。⑤

但是,“同词同义”并不排除“同词异义”,因为该同一解释规则也并非一条绝对标准。在有些情况下,仍会允许“同词异义”的存在,甚至还可能是裁判者

---

① 致远:《系统解释法的理论与应用》(下),载《法律适用》2002 年第 3 期。

② 李亚东:《法律规则解释分类研究》,山东大学 2016 年博士学位论文,第 82 页。

③ Vepa P. Sarathi, *The Interpretation of Statutes*, Eastern Book Company, 1981, p. 135.

④ 梁根林:《刑法适用解释规则论》,载《法学》2003 年第 12 期。

⑤ 李亚东:《法律规则解释分类研究》,山东大学 2016 年博士学位论文,第 86 ~ 88 页。

的刻意为之。这种“同词异义”主要存在于以下两种情形中：(1)尽管是同一法律语词，但是在不同部门法中的含义可能不一样。比如，“占有”在民法上是一个极为重要的概念，并可以根据不同的标准进行分类，主要强调实际的控制性。而在刑法中，“占有”只是通常理解上的一般行为，在表现形式上除了实际占有之外，还包括主观上明显占有的故意。(2)在考虑特定利益诉求或裁判语境的案件中，常常存在目的对文义的突破，此时也会出现“同词异义”的现象。比如，在指导案例23号中，裁判者出于严格监控食品安全的目的，对《食品安全法》中的“消费者”就采取了目的性扩张的解释，将“知假买假”也认定为是消费者的范畴并适用“十倍赔偿”标准，因此也就同《消费者权益保护法》中的“消费者”认定稍有不同。[①]

(四)同类解释规则

所谓同类解释规则，是指如果法律上列举了具体的人或物，然后将其归属于“一般性的类型”，那么，凡是与法律规则具体列举的事项性质相似的事务，即可纳入该规则的调整范围，反之，则不应当适用该规则。[②] 依法谚，该规则表述为“举例之后概念所言，不离前例所示之类”。其标志词为“等”“其他”，例如，《劳动合同法》第33条规定：“用人单位变更名称、法定代表人、主要负责人或者投资人等事项，不影响劳动合同的履行。”所以，运用同类规则来解释法律规则时，其往往仅仅局限在一个法条之内。

同类解释规则罗马法时期已经使用，常常用于法律文件当中。作为一项立法的或者是制定法律文件的技巧，首先规定特殊事项，其后附随一般性的概括语词。在理解、解释这类规定的过程中，将特殊事项和一般性的概括语词关联起来，互相参考。[③] 既可以依据特殊事项解释概括用语的基本内容，也可以反过来，在明确一般概括用语含义的基础上，对特殊事项的内涵进一步明确。由此可见，同类解释规则的关键点在于：(1)同类规则针对的是概括性语词(一般性语词、不确定概念等)的解释；(2)并不是所有概括性语词的解释都适用同类规则，只有那些与特别列举事项同时被书写在法律条文中的概括性语词方才适用；(3)这些概括性语词应该被解释为与特别列举事项同类，换言之，概括性语词所在的条文只能适用于那些与特别列举事项同类的、具有相同本质的事

① 宋保振：《法律解释规则运用研究》，华东政法大学2017年博士学位论文，第104页。

② 王利明：《法律解释学》(第2版)，中国人民大学出版社2016年版，第176页。

③ 致远：《文义解释法的具体应用规则》，载《法律适用(国家法官学院学报)》2001年第9期。

项上。[①]

（五）不赘言解释规则

不赘言解释规则源于体系解释的不赘言要求。普珀认为，所谓不赘言要求，是指法律中的每一个规范都有自己独立的适用范围，各种法律规范之间相互协调，互不冲突，由此构成一个和谐的整体。[②] 简言之，就是法律不会说多余的话，每个词语都有其效力，且在进行法律解释时不得对其意义随意添加或减少。同时，法律解释所得出的结果，也不得违反任何一个法律规则，且应当让每一个法律规则都是有效的。如果解释的结论使某一个条文失效了，则其违反了不赘言解释规则。但是，应当注意不赘言解释规则也不是绝对的，如果法律将一个本不该规范的事项给不合理地规整到法律之中了，则该法律“说了多余的话”，应当排除其效力，即不得适用。

（六）体系解释与法律适用规则的关系

这二者之间既有联系也有区别。法律适用规则是法官或仲裁员寻找法的规则，是解决三段论中的大前提问题的规则。而体系解释则是在找到法律后，如何运用体系方法解释该法律规定，并寻求法条之词语的真实含义的过程。所以，这两者是不同的。但是，两者之间也有联系。当可用法律规定有二个以上，或者数个可用法律规定之间存在矛盾时，就需要运用法律解释或法律适用规则来进行处理。在运用体系解释方法进行处理时，就会涉及法律适用规则，因为体系解释要求解决好整体与部分以及法秩序统一和谐之问题，这个要求与法律适用规则的要求是一致的。司法实践中常用的法律适用规则有：(1)上位法优先于下位法适用的规则；(2)新法优先于旧法适用的规则；(3)特别法优先于普通法适用的规则；(4)强行性规范优先于任意性规范适用的规则；(5)法律条文优先于法律解释规则。

（七）体系解释优先于实质解释的本质原因

体系要素背后所蕴含的重要价值也使其优先于实质解释，成为文义解释穷尽之后应当优先适用的解释要素。通常认为，体系要素最重要的价值在于促进法秩序的统一。法律是一种体系性存在，法秩序的各个部分之间存在一定的关联，这是体系要素发挥方法论作用的前提。但立法者的理性是有限的，不可能像概念法学所认为的那样制定出结构有序、毫无冲突的完美法典，所以，法律规

---

① 李亚东：《法律规则解释分类研究》，山东大学2016年博士学位论文，第90页。

② ［德］英格博格·普珀：《法学思维小学堂：法律人的6堂思维训练课》，蔡圣伟译，北京大学出版社2011年版，第61页。

则之间、法律概念之间不可避免会存在各种各样的冲突。此时，依据体系要素的各种规范性要求来解释法律，就可以对法律中的冲突起到一定的缓解作用。体系要素的这种功能也得到了国内外学者的一致认可。例如，拉伦茨认为，体系要素不仅有助于理解法律文本的语词含义，而且对于促进法律规范之间的和谐统一具有特殊意义。所以，“当一种表达方式依其语言用法有多种意义可能性时，通常可由其使用脉络推知”[①]。杨仁寿也承认，法秩序的价值是法律解释追求的目标，每一个法律语词、每一条法律规范都是制定法甚至是法体系的一部分，不仅法律规范之间存在内容上的关联，就连法律语词之间也是依据体系秩序的要求使用的。[②] 所以，体系要素在维护法秩序的统一性方面发挥独一无二的功效。综上可知，体系要素一方面对法律语词含义的确定起到辅助作用；另一方面，也促进了法律的统一，维护了法律文本的权威。也正是在此意义上，体系要素满足了形式法治的基本要求。这便使得体系要素在同法意、目的等实质性要素权衡比较之际，获得了适用顺序上的优先性。所以，语义穷尽之时，应当在体系要素的规范指引之下得出解释结论。[③] 同时，根据逻辑要素优先于价值要素之考量，实质解释（主观目的解释和客观目的解释）在运用位序上应当排在体系解释之后。

（八）体系解释规则小结

1. 外部优先规则

由于逻辑要素优先于价值要素，所以，形式解释优先于实质解释运用，进而体系解释优先于主观目的解释和客观目的解释运用，因为体系解释隶属于形式解释。但文义解释方法优先于体系解释运用。

2. 内部优先规则

最高人民法院《关于审理行政案件适用法律规范问题的座谈会纪要》（法〔2004〕96 号）规定：“人民法院对于所适用的法律规范，一般按照其通常语义进行解释；有专业上的特殊涵义的，该涵义优先；语义不清楚或者有歧义的，可以根据上下文和立法宗旨、目的和原则等确定其涵义。”以上规定说明，文义解释无法得到语词的真实含义时，应当首先运用上下文解释方法来进行解释。

我们认为在体系解释内部，除上下文解释必须优先于其他解释方法运用之外，其他解释方法之间，在适用上并没有绝对的先后顺序安排。如果非要作出

---

① ［德］卡尔·拉伦茨：《法学方法论》，陈爱娥译，商务印书馆 2003 年版，第 204 页。

② 杨仁寿：《法学方法论》，中国政法大学出版社 2013 年版，第 143 页。

③ 李亚东：《法律规则解释分类研究》，山东大学 2016 年博士学位论文，第 81 ~ 82 页。

排序，我们认为可以以法官或仲裁员自由裁量权的大小为标准，按由小到大的顺序来确定运用位序比较妥当。建议具体的先后顺序如下：上下文解释、同一解释、同类解释、不赘言解释、当然解释、反对解释、扩张解释与限缩解释等。

3. 检验文义解释结果规则

体系解释相对于文义解释而言，处于帮助性地位。所以，我们认为体系解释规则是文义解释结论的检验标准。文义解释得出的结论，应当经过体系解释和实质解释的检验，才能最终运用到劳动争议案件处理之中。如果文义解释之结论违反逻辑，如前后矛盾、同词不同义等，则检验未获通过，应当重新进行解释。

七、主观目的解释规则

主观目的解释就是历史解释，两者之间是等同关系。历史解释又称法意解释、沿革解释。历史解释是通过探究制定法律时的历史情况，以探求立法者的真实意图，从而对法律文本的真实含义作出解释。但是，法官或仲裁员在司法实践中，很少采用历史解释的方法处理劳动争议。

（一）主观目的解释概述[①]

1. 主观目的解释特点

（1）它是借助历史资料所进行的解释。历史解释与其他解释方法的不同在于，它已经脱离了法律文本自身，而转向借助立法过程中的历史资料而对文本进行解释，因此其解释对象是文本，但参考的是文本以外的因素，即立法过程中的各种历史资料。解释中所依据的资料包括：法律分布前后法律状况和事实状况、法律颁布的原因、法律建议稿、法律起草人的私人学术著作等。历史解释属于历史考察的范畴，借助历史资料可以理解法条的来龙去脉、变化过程，从而可以探明立法者的真实意思，最终服务于法律文本的阐释。

（2）它旨在探求立法者在立法时的意思。历史解释就是要探究立法者的真意，但这种意思不是现在的立法者的意思，而是历史上立法者的意思。对此种意思的探究，不是通过法律文本来探究的，而是通过历史资料的分析来确定的。

（3）它是通过探明立法者的真意来阐明文本的含义。在历史解释中，解释者要探寻立法者的真意，但这并非解释者的最终目的，也不是历史解释的最终功能。作为一种狭义的法律解释方法，它存在的价值就在于为个案中确定法律裁判依据服务，而不是作为考据学对象。

---

① 王利明：《法律解释学》，中国人民大学出版社2016年版，第450～455页。

2. 主观目的解释与客观目的解释的差异

（1）解释依据不同。历史解释不是直接从文本出发进行解释，而是依据制定法律的资料来对立法者的真意进行解释，它要探求立法者的内心真意。但是，客观目的解释则主要是凭借文本所载明的立法目的来决定解释条文的意思。此时，必须要区分历史解释中的立法者的原意和规范目的，否则，历史解释和客观目的解释就难以区分。

（2）作为决定法律文本意思的考量因素不同。历史解释是要通过历史还原的方式，来探求历史上的立法者的真意。而客观目的解释是通过探究客观的立法目的来进行的解释。

（3）解释者是否考虑社会发展变化不同。历史解释不考虑社会发展变化，只追求还原立法者的原意，所以通过历史解释得出的规范意思就不再适应新的社会背景；而客观目的解释则需要考虑社会发展变化之情况，因为其主要是考察立法者的规范目的及价值选择，并推断在现今情况下，按当时立法者的考量将如何处理。

3. 主观目的解释与体系解释的差异

（1）体系解释是从法律文本之内进行的解释，而历史解释是从法律文本之外进行的解释。体系解释并不需要检索立法史，并不需要借助历史解释的方法，而是从法律目前的体系中来发现解释的依据。而历史解释是对立法史的考察，它需要对立法资料进行考察，所以，解释的依据从现行法的条文转向了法律的制定的背景。

（2）体系解释着重于客观的外在体系，其要将具体的条文嵌入体系之中来理解条文的含义，并不涉及立法者原意；而历史解释是要通过对立法者原意的考察，来确定法条的含义。历史解释注重于立法者的主观意思。

（3）体系解释要优先于历史解释而适用，因为体系解释是从法律文本自身进行的解释，其更能体现依法裁判的要求，也比较容易操作，是成本较低的解释方法。

（二）穷尽形式解释，则适用主观目的解释

所谓穷尽形式解释，是指经过了文义解释和体系解释的运用之后，仍存在多种合理的解释结论或无法得到最终的解释结论。穷尽形式解释之后，仍无法得到文本语词的真实含义时，则应当适用主观目的解释方法进行解释。这是主观目的解释的运用顺序安排。为什么穷尽形式解释后就应当适用主观目的解释，而不是客观目的解释？主要理由如下：

1. 法官在主观目的解释上的自由裁量权比客观目的解释要小，这样相对地

可以最大限度地保障法官或仲裁员依法裁判。因为主观目的解释既不是对法律文本的盲目服从,也不是不受法律文字的约束,而是对现行“制定法”的“有思考的服从”。

2. 符合合法性原则。合法性是法律解释的基本要求。比较这两者,主观目的解释受到法律文本的约束力更强。因为主观目的解释仍是从文本出发去寻找立法者的原意或价值判断,而客观目的解释是面对现实处理案件,其更多考虑的是价值、伦理和正义等,且并一定受法律文字的拘束。

3. 有利于提高司法效率。因为通过法律文本对立法者的原意或价值判断的探究相比要简单一些,而客观目的解释往往需要对抽象的价值、法律原则和社会效果进行判断解释,所以更复杂一些。

(三)形式解释的结果荒谬,则适用主观目的解释

所谓形式解释结果荒谬,是指经过了文义解释和体系解释的运用之后,虽然得到了唯一的结论,但这个结论却是荒谬的,不能运用于处理案件。此种排除荒谬解释结果的做法,通常叫作黄金规则。所谓黄金规则,是指运用文义解释或体系解释之后出现荒谬结果时,法官应当寻求语词的其他含义,以避免荒谬结论的形式性规则。黄金规则与字义规则、除弊规则并称英国法律界的三大法律解释规则。所以,在形式解释结果唯一但出现荒谬时,则应当适用主观目的解释。

黄金规则在法律解释中起到了承上启下的积极作用。因为其一方面明确排除了文义解释和体系解释的结果,另一方面又明确了应当运用主观目的解释来寻求其真意。至于何为荒谬?我们认为,所谓荒谬,是指在法律解释方法上,通过文义解释和体系解释得到的结论,违背了立法者的意图。产生荒谬结论的原因有二个:一是社会是复杂的,立法者无法设想每一种事实状态;二是受语言能力限制,即使设想到了,因“词不达意”而出现缺陷。

八、客观目的解释规则

(一)概述

所谓客观目的解释,是指从法律的目的出发,对法律所作的说明。客观目的解释方法是狭义法律解释的最后使用的解释方法。客观目的解释具有如下特征:

1. 它是通过探究立法目的来说明法律规则的含义。因为通过文义解释、体系解释和历史解释,无法得出唯一的结论,或者虽然能够得到唯一的结论但存在荒谬,只能通过考量其立法目的,才能确定其真实含义。

2. 它是通过文本来探讨立法目的。从文本出发来探究立法目的,是客观目

的解释特有的立法目的探究方法。如果使用其他方式来探究立法目的,就是其他的解释方法,如历史解释方法。所以,客观目的解释中的目的,是法律文本上体现出来的目的。客观目的解释认为在司法实践中,只有从法律文本中体现出来的目的,才是立法者的真实意思,才是立法的目的。

3. 它是通过探究客观的立法目的来找寻文本的含义的。立法目的是法律文本中所确定的目的或意旨。例如,《劳动法》第1条规定:"为了保护劳动者的合法权益,调整劳动关系,建立和维护适应社会主义市场经济的劳动制度,促进经济发展和社会进步,根据宪法,制定本法。"上述规定就是该部法律的立法目的,特别是"保护劳动者的合法权益"是其核心目的。当然立法目的可以是宏观的,也可以是特定的。但这个立法目的是客观的,即探究的是文本中所体现的规范目的,而不是历史上立法者的主观目的。探究客观目的是客观目的解释最本质的特征。

4. 它在探究立法目的时并不拘泥于法律文本。这是与其他解释方法不同之处。有时客观目的解释得出的结论,可能与文本的字面含义有所偏差,这是正常现象,如字义限缩了或者字义扩张了等。但不管偏差有多大,都应该在文本的可能含义之内,即射程之内。如果走出射程,则不能再适用狭义的法律解释方法,而应当适用漏洞填补方法了。

(二)解释方法用尽规则

所谓解释方法用尽规则,就是法官或仲裁员在运用法律解释方法处理劳动争议案件时,只有在文义解释、体系解释和主观目的解释方法用尽,仍不能得出唯一结论或唯一结论出现荒谬的情况下,才能适用客观目的解释方法来处理案件。以上客观目的解释规则,类似于法律原则的适用规则,即只有在法律规则应当规定而没有规定的情况下,才能适用法律原则处理劳动争议案件,即"禁止向一般条款逃逸"。上述"应当规定而没有规定"的限制条件,在客观目的解释规则中也是适用的,如果属于"不应当规定"之情形,则属于"法外空间",如思想、心灵、好恶等。所以,在运用客观目的解释规则时,要注意并非解释方法用尽后的所有争议均可以适用客观目的解释方法来处理,因为存在"法外空间"除外的情形。另外,属于应当适用价值补充、漏洞填补方法处理的争议,也不得适用客观目的解释规则处理。

为什么要穷尽所有解释方法后才能运用客观目的解释?我们认为理由如下:(1)客观目的解释运用过程中,法官或仲裁员的自由裁量权比其他解释方法要大。自由裁量权越大,说明受到法律规则的拘束越弱。为保障依法裁判,限制自由裁量权过度使用,有必要优先适用其他自由裁量权较小的解释方法。

(2)有利于提高司法效率,降低解决劳动争议的成本。客观目的解释往往需要对抽象的价值、法律原则和社会效果进行判断解释,所以,相比文义解释、体系解释和主观目的解释方法更不具体、更不明确、更复杂一些,相应地其解决争议的效率就会更低一些,成本也会更高一些。

(三)正义不得违背规则

1. 正义的含义[①]

"正义"是一个古老而又常新的概念。在中文里,"正义"即公正、公平、公道。对于"公正",朱熹曾一言以蔽之:"公者,心之平也;正者,理之得也。"[②]但是,就像我们天天在时间中生活却难以给时间下定义一样,我们虽能在经验上说出正义与不正义、公道与不公道,却难以给正义(公道、公正)下一个大家都能接受的定义。可以说,"正义有着一张普洛透斯似的脸"。[③] 从各种不同的正义论出发,学者们提出了不同的正义定义,主要有以下几种:

(1)正义意味着各得其所。正义就在于根据每个人的品质、才能、地位、身份、贡献分配机会、财富和权利(权力),使人们各得其所。乌尔比安认为:"正义是给每个人属于他自己所应得的永恒不变的意志。"[④]西塞罗也持有类似的观点,认为正义就是"使每个人获得其应得的东西的人类精神意向"。[⑤]

(2)正义意味着一种对等的回报。中国古代的格言,"以其人之道还治其人之身"、"己所不欲,勿施于人"和西方人所说的公理,"以血还血,以牙还牙"以及"一个以某一方式对待别人的人,不能认为别人在同样情况下以同一方式对待他自己是不公正的"都表达了这种正义观。

(3)正义指一种形式上的平等。

(4)正义指某种"自然的"从而也是"理想的"关系。不过,人们对"自然的""理想的"有不同理解。马克思主义者认为,正义意味着消灭阶级和阶级差别,首先就要消灭阶级剥削和阶级压迫。

(5)正义指法治或合法性。正义的历史大部分是反对法的迟误、反对任意

---

① 张文显主编:《法理学》,高等教育出版社 2018 年版,第 336 ~ 338 页。

② (宋)朱熹:《里仁篇上》,载(宋)黎靖德编:《朱子语类》(第 2 册),中华书局 1986 年版,第 645 页。

③ [美]E. 博登海默:《法理学:法律哲学与法律方法》,邓正来译,中国政法大学出版社 1999 年版,第 261 页。

④ 《学说汇纂》(第 1 卷:正义与法 · 人的身份与物的划分 · 执法官),罗智敏译,中国政法大学出版社 2008 年版,第 13 页。

⑤ [美]E. 博登海默:《法理学:法律哲学与法律方法》,邓正来译,中国政法大学出版社 1999 年版,第 277 页。

适用法律规范、反对法律本身的不法的运动,这种意义上的正义通常被法学家称为“法律正义”。①

(6)正义指一种公正的体制。罗斯科·庞德指出,从法律的角度,正义并不是指个人的德行,也不是指人们之间的理想关系。它意味着一种体制,意味着对关系的调整和对行为的安排,以使人们生活得更好,使人类享有某些东西或实现各种主张,使大家尽可能地在最少阻碍和浪费的条件下得到满足。

正义在不同的时空会改变其内容。但是正义也有其不变的内容,即正义有一个底线,这个底线是文明的人类社会所共同具有的价值标准。不遵守这一底线的社会不是文明的社会。现代社会是而且应当是建立在共同的价值(正义)底线之上的共同体。我们认为,现代社会正义的基本底线应当建立在尊重人的尊严之上,它的基本内容是人权。

2. 个案正义不得违背

(1)司法需要追求个案正义

司法既要追求普遍正义,又要追求个案正义。普遍正义所要求的是“相同情况相同处理”,“类似情况类似处理”,而个案正义所要求的是“不同情况不同处理”。前者当中实际上已经蕴含着后者。只讲个案正义与普遍正义的对立,不讲二者统一的做法,是不符合辩证法的。在司法活动中,实现普遍正义就是要求对案件的处理要遵循法律的一般规定或先例。没有普遍正义这样的一般观念作为参照,我们如何判断某一个案件的处理是否是正义的呢?而如果没有一个一个的个案正义,又何来普遍的正义呢?② 其实,司法也是要追求个案正义的。所以,司法既要追求法律效果,又要追求社会效果,要“实现法律效果与社会效果的有机统一”③。

(2)个案正义不得违背规则

如何追求个案正义,这就需要通过个案正义不得违背规则来实现。所谓个案正义不得违背规则,是指在个案处理中,只有在文义解释、体系解释和主观目的解释中得到的结论违背了个案正义时,才允许依据客观目的解释方法进行解释,并对之前的解释结论进行排除和修正的标准。正如郑永流所言,有时按照法律语词的含义可以将案件事实涵摄到法律规范之下,但是,如果由此推理得出的结论与法律的客观目的相悖,那么,语义要素在适用效力上的优先性就被

---

① [英]金斯堡:《公正的概念》,耀辉译,载《现代外国哲学社会科学文摘》1964年第4期。

② 季秀平:《关于现代司法理念的一些误区》,载《南京社会科学》2006年第7期。

③ 《释法说理指导意见》(法发〔2018〕10号)第1条。

排除了。而且,在这种情况下,体系要素和法意要素的效力也同时被排除,目的要素在适用效力上具有更强的理由。[①]

(3)法律解释结论违背个案正义的可能性

为什么法律解释结论可能违背个案正义?我们认为理由如下:①个案的特殊情况导致。因为法律规则都是抽象的,是针对一般情形作出的规定,其关注的是一般的正义;而案件事实是具体的,千变万化的,具有特殊性。所以,二者之间不可避免地会出现裂痕。在计划的正当期待落空后,法官就应当质疑依法律文本得到的解释结论,并审查其妥当性,直到被排除。②新情况出现也会导致出现违背正义之现象。任何法律均具有滞后性。当新的事实或行为出现后,法律文本解释的结论就可能与个案之间形成裂痕而违背正义。客观目的解释着眼于当下,正好可以解决这一问题。③客观目的解释有能力评价其他解释的结论。因为客观目的解释的评价依据的是正义、伦理和理性,所以,其有能力评价立法者的意图是否符合事物的本质,是否违背正义的要求。

九、劳动法解释之检验标准

逻辑思维方法主要有归纳与演绎、分析与综合、抽象与概括等。所有的法律规则,包括法律解释之结论,均是简单借用形式逻辑方法(如归纳、分析和抽象等)得到的结果。而形式逻辑是以数学推理为原型的,没有考虑到个案的特殊性,加之价值判断的缺失,造成极少数规定(包括法律解释之结论)本身就具有不妥当性。举例:亚洲、欧洲、非洲和美洲的天鹅均为白色,通过逻辑思维之归纳法,可以得出凡天鹅都是白色之结论(规定)。然后适用这个大提前,进行三段论之演绎推理:凡天鹅均是白色的,澳大利亚州有天鹅,则澳大利亚州的天鹅是白色的。显然这个结论不妥当,因为澳大利亚州有黑天鹅(原产地),造成错误结论的原因是大前提出了问题。实事求是地讲,作为判案条件之大前提,不可能做到100%妥当,因为人类认识有局限性和差异性。所以,这个情况下,只有反思和排除理性逻辑的不当干扰(还可能有私欲干扰),才能获得正义之结果,即只有对劳动法解释之结论进行检验,并纠正不妥当之结论,才能真正地实现个案的公平正义。从实践情况来看,主要检验标准有以下三个。

(一)倾斜保护规则

保护劳动者,历来是各国劳动法所奉行的主旨。在我国宪法中,对公民作为劳动者所应享有的基本权利作了许多原则性规定,内容相当广泛,包括劳动权、劳动报酬权、劳动保护权、休息权、职业培训权、物质帮助权、企业民主管理

---

① 郑永流:《法律方法论阶梯》,北京大学出版社2012年版,第151页。

权等。劳动法应当具体落实宪法的这些规定，使劳动者的合法权益受到全面、平等、优先和最基本的保护。所谓全面保护，即劳动者的合法权益，无论财产权益或人身权益，无论法定权益或约定权益，无论其内容涉及经济、政治、文化等哪个方面，无论它存在于劳动关系缔结前后或终止以后，都置于劳动法的保护范围之内。所谓平等保护，即全体劳动者的合法权益都平等地受到劳动法的保护。包括两方面含义：一是各种劳动者的平等保护；二是特殊劳动者群体的特殊保护。所谓优先保护，即在特定条件下，当对劳动者利益的保护与对用人单位利益的保护发生冲突时，劳动法应优先保护劳动者利益。所谓基本保护，即对劳动者基本利益的保护，如对人身安全健康、基本生活需要等的保护。① 所以，倾斜保护劳动者权益是劳动法的基本原则，应当在劳动法解释中得到彻底贯彻和体现，凡违背之则不得适用。

《民法典》第 544 条规定："当事人对合同变更的内容约定不明确的，推定为未变更。"而《劳动争议司法解释（一）》第 43 条却规定："用人单位与劳动者协商一致变更劳动合同，虽未采用书面形式，但已经实际履行了口头变更的劳动合同超过一个月，变更后的劳动合同内容不违反法律、行政法规且不违背公序良俗，当事人以未采用书面形式为由主张劳动合同变更无效的，人民法院不予支持。"我们认为上述规定不但没有体现倾斜（优先）保护劳动者合法权益原则，而且在一定程度上还存在违背。所以，上述第 43 条规定应当谨慎适用，且建议在合同变更而内容不明确的情况下，应参照（类推）适用"推定为未变更"之规定，但更有利于劳动者的情形除外。

（二）社会主义核心价值观

《关于深入推进社会主义核心价值观融入裁判文书释法说理的指导意见》（法〔2021〕21 号）规定："充分发挥司法裁判在国家治理、社会治理中的规则引领和价值导向作用，进一步增强司法裁判的公信力和权威性，努力实现富强、民主、文明、和谐的价值目标，努力追求自由、平等、公正、法治的价值取向，努力践行爱国、敬业、诚信、友善的价值准则。"同时，规定社会主义核心价值观是"检验自由裁量权是否合理行使的重要标准"，所以，社会主义核心价值观也是"劳动法解释"结论的重要检验标准，并且主要是检验"在解释劳动法过程中行使自由裁量权是否合理"，司法实践中主要体现在以下几个方面。

1. 定要件中的检验

（1）有二个（包括二个）以上规定或价值取向时的检验：应当依据立法精

① 王全兴：《劳动法》，法律出版社 2017 年版，第 57～58 页。

神、法律原则、法律规定以及社会主义核心价值观进行检验、判断、权衡和选择，以排除不符合社会主义核心价值观的价值取向，并从中选择一个最妥当的规则来确定构成要件，且在裁判文书中详细阐明依据及其理由。

(2)存在劳动法之漏洞时的检验：当存在劳动法之漏洞时，应当进行漏洞填补，如类推适用(参照)最相类似规定的选择，且在填补并完成定要件之任务即得出初步结论后，再依据社会主义核心价值观对初步结论进行检验，结论妥当的予以通过，否则，予以否定。同时，在裁判文书中充分运用社会主义核心价值观阐述其裁判依据和裁判理由。

2. 定事实中的检验

定事实就是确定案件事实，在实务操作中，可以运用社会主义核心价值观来检验在确定案件事实过程中行使自由裁量权解释劳动法是否合理妥当。具体可检验的行为如下：(1)对有无证明力和证明力大小判断过程中的劳动法解释之自由裁量行为；(2)对推定事实认定过程中的劳动法解释之自由裁量行为；(3)对证据方法选择过程中的劳动法解释之自由裁量行为；(4)对证明标准选择过程中的劳动法解释之自由裁量行为；(5)其他确定案件事实过程中的劳动法解释之自由裁量行为。

3. 定裁决中的检验

在经过劳动法解释及三段论涵摄推理之后，得出了初步的拟用之裁决结论，然后裁判者应运用社会主义核心价值观对拟用结论进行综合性检验。如果符合且能实现具体的、个案中的实质正义，即能够实现“在每一个司法案件中都能感受到公平正义”之目标，则是合理妥当的，应当坚持；反之则应当否决。在否决情形下要反过来找寻到劳动法解释过程中违反社会主义核心价值观问题的出处，并重新进行解释，以得出相符之结论。例如，职工严重违反规章制度导致自己工伤，劳动合同被用人单位单方解除。在仲裁程序，如果适用《劳动合同法》第39条得出的结论无疑是解除合法。但经检验，这个结论并不符合社会主义核心价值观，则应当否决，因为没有保障劳动者的工伤待遇权。然后，仲裁员在进行价值判断的基础上，结合裁决经验，得出了应当优先保障劳动者的劳动权之结论，最终认定用人单位是违法解除。因为单方解除权是用工管理权，是财产权，而工伤待遇权是劳动权，是生存权。在两种权利基于同一事实、同时产生且并存的情况下，价值顺位和权利位阶原则在先的权利应当优先保障，故劳动权应当优先于解除权而得到保障和实现。所以，用人单位只有在劳动者停工留薪期满或工伤鉴定完成之后，才能行使单方解除权，否则，就是违法解除。

（三）政治效果、社会效果与法律效果有机统一规则

《关于深入推进社会主义核心价值观融入裁判文书释法说理的指导意见》（法〔2021〕21 号）规定：深入推进社会主义核心价值观融入裁判文书释法说理，应当坚持政治效果、法律效果和社会效果的有机统一的基本原则，立足时代、国情、文化，综合考量法、理、情等因素，加强社会主义核心价值观的导向作用，不断提升司法裁判的法律认同、社会认同和情理认同。法律之内，应有天理人情在。所以，劳动法的解释也应当做到以上三个效果的有机统一。

1.“三个效果”的含义及关系

所谓法律效果，在“三个效果”的语境下狭义的理解指的是严格适用和执行法律规定达到的作用和效果。所谓社会效果，更多侧重于实现法律价值和目的，强调在法律适用中把社会利益、社会价值作为重要因素进行必要的判断和衡量。在某些情况下，法律会明显滞后于社会条件的变化，法律适用的结果将导致明显的不公正，这时需要考虑社会利益，以实现更好的效果。所谓政治效果，是指法律适用对于保障政治秩序、政治安全所要达到的效果。任何国家在统治治理中都有基本的政治底线，执法司法都需要维护政治秩序与政治安全，维护国家治理中所追求的基本政治标准与政治价值理念，而不可能越过底线。所以，“三个效果”之间的关系如下：(1)法律效果是前提和基础。(2)社会效果是内在要求。法律效果是实现社会效果的途径和方式，与形式正义关系更紧密。社会效果则是法律效果的内在要求，意味着要达到实质正义。裁判结果不仅承载个案的正义价值，而且承载着社会的道义性诉求、应当积极回应社会关切、与社会的主流价值观相吻合，这些都是隐藏在法律规则之后的要素。(3)政治效果是底线。①

2.“三个效果”有机统一是建立和谐劳动关系的必然要求

劳动关系是生产关系的重要组成部分，是最基本、最重要的社会关系之一。劳动关系是否和谐，事关广大职工和企业的切身利益，事关经济发展与社会和谐。党和国家历来高度重视构建和谐劳动关系，制定了一系列法律法规和政策措施，并作出了相应的工作部署。在新的历史条件下，努力构建中国特色和谐劳动关系，是加强和创新社会管理、保障和改善民生的重要内容，是建设社会主义和谐社会的重要基础，是经济持续健康发展的重要保证，是增强党的执政基础、巩固党的执政地位的必然要求。所以，和谐劳动关系也是劳动法解释的一

① 邱水平：《论执法实践中坚持法律效果、社会效果与政治效果的统一》，载《法学杂志》2016 年第 10 期。

项重要特殊规则，即劳动法解释的结果，必须符合和谐劳动关系的要求，否则不得适用。具体到劳动争议司法实践中，就是要做到法律效果与社会效果的有机统一。

3.“三个效果”有机统一是司法实践的现实需要

关于法律解释中法律效果与社会效果的有机统一，最高人民法院要求：人民法院在解释和适用法律时，应当妥善处理法律效果与社会效果的关系，既要严格适用法律规定和维护法律规定的严肃性，确保法律适用的确定性、统一性和连续性，又要注意与时俱进，注意办案的社会效果，避免刻板僵化地理解和适用法律条文，在法律适用中维护国家利益和社会公共利益。[①] 法官行使自由裁量权处理案件时，应当坚持合法、合理、公正和审慎的原则，充分论证运用自由裁量权的依据，并阐明自由裁量所考虑的相关因素。[②] 我国西周时候确立的“三刺”制度即“一曰刺群臣，二曰刺群吏，三曰刺万民”，就体现了法律效果与社会效果的有机统一。“三刺”审判方法的实质就是广泛听取不同意见，适度考虑民意，是我国古代司法民主的最早雏形，即在充分征求群臣、群吏和万民的三方意见的基础上裁决纠纷案件。[③]

司法是上层建筑的重要组成部分，承载着重要的政治功能，这是底线要求。执法司法活动中要坚决抵制“司法去政治化”“司法超阶级”“司法独立”等错误观念，必须站稳政治立场，从有利于巩固党的执政基础和地位、有利于加强党对司法工作的领导、有利于维护人民群众根本利益的高度依法履行职责。“要善于在法律的框架内实现政治意图和发挥司法的政治功能，即通过准确把握法律的精神实质、正确解释法律的意旨、合理填补法律漏洞、正确运用自由裁量权、合理进行价值判断和利益衡量等方法实现司法的政治功能。”[④]例如，在适用举证证明责任分配相关规定时，“如不能很好地兼顾个案公平等，则可以通过实体法律和司法解释的特别规定予以矫正”[⑤]。这个矫正司法行为就体现了“三个效果”有机统一。

十、狭义的法律解释与价值补充、漏洞填补的关系

价值补充是介于狭义解释与漏洞填补之间的一种广义解释方法。所谓价

---

① 最高人民法院《关于审理行政案件适用法律规范问题的座谈会纪要》(法〔2004〕96 号)第 4 条。

② 《释法说理指导意见》第 7 条。

③ 杨凯：《寻找从现实生活出发的民商事审判方法》，载《法律适用》2012 年第 5 期。

④ 江必新：《正确认识司法与政治的关系》，载《求是》2009 年第 24 期。

⑤ 最高人民法院修改后民事诉讼法贯彻实施工作领导小组编著：《最高人民法院民事诉讼法司法解释理解与适用》(上)，人民法院出版社 2015 年版，第 316 页。

值补充，是指针对法律规定中不确定的法律概念或概括条款（一般条款），进行价值判断并使其含义具体化的解释方法。其中，不确定的法律概念，是指法律未明确其内容，而由裁判者根据具体案情使其含义具体化的概念。如重大损失、严重失职、严重违纪、重大误解等概念就属于不确定的概念。概括条款（一般条款），是指法律仅作原则性的规定，授权裁判者根据具体案情使其含义具体化的条款。如倾斜保护劳动者权益、公序良俗、诚实信用原则等。[①] 所以，我们认为狭义的法律解释和价值补充、漏洞填补这三者为并列关系，并且，这三者共同构成了广义的法律解释方法。

关于价值补充与狭义的法律解释、漏洞填补的关系。价值补充对象为不确定的法律概念或概括条款（一般条款）。这些规定有法律规定之名而无其实，其含义需要经由法官根据案件具体情况和价值判断而具体化，始能发挥功能作用。这种通过法官的价值判断予以具体化的解释方法，被称为价值补充。就其实质性内容是由法官赋予的特性而言，此种情形更接近于法律漏洞填补。[②] 所以，价值补充是法官或仲裁员针对法律存在“违背计划的非完整性”之状态，独自进行价值判断并完成“补充”相关内容的过程。故从内容上来看，价值补充本质上也属于法律的漏洞填补。

---

① 胡燕来：《劳动法之完善研究》，法律出版社2020年版，第18页。

② 孔祥俊：《法律解释与适用方法》，中国法制出版社2017年版，第190～191页。

第二编　一 般 规 定

第四章　劳动仲裁的受案范围

劳动人事争议仲裁委员会,顾名思义,就是处理劳动争议的机构,其受理并裁决案件有范围限制。虽然法律对其受案范围有具体规定,但在实践中仍有部分案件,在是否受理上存在较大争议,甚至不同省市存在截然相反的规定,即有的省市受理,而有的省市不受理,故有必要集中梳理。由于人事争议仲裁不在本书的探讨范围,故本章仅对劳动争议案件受案范围进行探讨。

一、劳动争议的法定受案范围

我国《劳动争议调解仲裁法》第 2 条规定:“中华人民共和国境内的用人单位与劳动者发生的下列劳动争议,适用本法:(一)因确认劳动关系发生的争议;(二)因订立、履行、变更、解除和终止劳动合同发生的争议;(三)因除名、辞退和辞职、离职发生的争议;(四)因工作时间、休息休假、社会保险、福利、培训以及劳动保护发生的争议;(五)因劳动报酬、工伤医疗费、经济补偿或者赔偿金等发生的争议;(六)法律、法规规定的其他劳动争议。”另外,《裁审衔接意见(一)》第 3 条规定:“用人单位依据《中华人民共和国劳动合同法》第九十条规定,要求劳动者承担赔偿责任的,劳动人事争议仲裁委员会应当依法受理。”以上是我国劳动仲裁受案范围规定,未涉及人事仲裁的受案范围,因为劳动仲裁与人事仲裁这两者既有联系也有区别。(1)联系:劳动仲裁和人事仲裁过程中适用的程序法基本相同,即适用《劳动仲裁规则》规定程序进行处理。(2)区别:劳动仲裁对应的是劳动争议,处理劳动争议适用的实体法为劳动法;而人事仲裁对应的是人事争议,处理人事争议适用的实体法一般为人事方面的法律规定,且一般不能适用劳动法。

另外,《劳动仲裁规则》第 2 条规定:“本规则适用下列争议的仲裁:(一)企业、个体经济组织、民办非企业单位等组织与劳动者之间,以及机关、事业单位、社会团体与其建立劳动关系的劳动者之间,因确认劳动关系,订立、履行、变更、解除和终止劳动合同,工作时间、休息休假、社会保险、福利、培训以及劳动保护,劳动报酬、工伤医疗费、经济补偿或者赔偿金等发生的争议;(二)实施公务员法的机关与聘任制公务员之间、参照公务员法管理的机关(单位)与聘任工作人员之间因履行聘任合同发生的争议;(三)事业单位与其建立人事关系的工作人员之间因终止人事关系以及履行聘用合同发生的争议;(四)社会团体与其建立人事关系的工作人员之间因终止人事关系以及履行聘用合同发生的争议;(五)军队文职人员用人单位与聘用制文职人员之间因履行聘用合同发生的争议;(六)法律、法规规定由劳动人事争议仲裁委员会(以下简称仲裁委员会)处理的其他争议。"以上规定中第1项为劳动争议的受理范围,第2~5项为人事争议的受理范围,第6项为兜底条款。

二、因确认劳动关系发生的争议

凡当事人之间因确认劳动关系发生的争议应当受理。所谓因确认劳动关系发生的争议,是指劳动力所有者与劳动力使用者之间,对是否存在劳动关系而发生的争议。要准确理解上述概念,还需要进一步明确何为劳动关系,其判断标准如何。

笔者认为劳动关系的定义,应当以劳动要素为基础。劳动以劳动力和生产资料为要素,劳动过程即劳动力与生产资料的动态结合过程。在劳动力和生产资料归属于同一主体的条件下,这两种要素的结合不可能形成社会关系,而在劳动力和生产资料分别归属于不同主体的社会条件下,只有这两种主体之间形成劳动力与生产资料相结合的社会关系,劳动过程才能够实现。在此意义上,劳动关系可定义为:劳动力所有者(劳动者)与劳动力使用者(雇主或用人单位)之间,为实现劳动过程而发生的一方有偿提供劳动力由另一方用于同其生产资料相结合的社会关系。劳动关系的概念有广义和狭义之分,且有两种视角的理解。就法律调整范围的视角而言,狭义劳动关系,仅限于劳动法调整的劳动关系;广义劳动关系,除狭义劳动关系外,还包括民法、公务员法等调整的劳动关系。就劳动关系主体形态的视角而言,狭义劳动关系即学界所称"个别劳动关系"或"单个劳动关系";广义劳动关系,除个别劳动关系外,还包括学界所称"集体劳动关系"或"团体劳动关系"。单个劳动关系的当事人双方仅限于单个劳动者与单个雇主,其合同为劳动合同。我国劳动立法中所称"劳动关系",即单个劳动关系。与单个劳动关系相对应的是集体(团体)劳动关系,其当事人一方为劳动者团体(工会)及其代表的全体劳动者,另一方为雇主或雇主团体,其合同为集体合同。劳动关系、雇佣关系和人事关系是三个常被混用的概念。其中,劳动关系和雇佣关系在我国都被使用,且都是理论概念,也是法律概念,而人事关系仅在我国大陆被作为法律概念使用。[①] 本书中所称劳动关系,一般指狭义之劳动关系,即劳动法上的劳动关系。

关于劳动关系的认定标准,我们可以从二个方面来进行判断:一是理论标

① 王全兴:《劳动法》,法律出版社2017年版,第31~33页。

准,即劳动关系从属性理论。人格从属性之核心在于“服从”,我国台湾地区学者强调该“服从”为“惩戒下的服从”,如黄越钦教授认为:“人格上之从属性除指示服从关系外,尚包括秩序上的惩戒权问题,由于惩戒权之存在,雇主对于劳工内心活动过程均能达成某程度的干涉与强制,故此为人格上从属性效果最强之处,亦最根本之所在。”基于此种“服从”,我妻荣先生认为劳雇双方“形成了一定程度上的人格性结合关系”,使此劳务共同体带有大量的人格法色彩。而在委任、承揽等其他劳务供给契约中,劳务与人格之间的不可分离也不会构成对债务人人格的不当拘束。因此,雇主对劳动者的指挥监督之所以能够形成人格从属,本质在于劳动者给付劳动的“不自由”,可通过过程控制、指示频率、拘束强度予以判断。而经济从属性以人格从属性为基础,在于补充劳动关系判断的因素,我国台湾地区司法认为“经济上从属性是受雇人非为自己之营业劳动而是从属于他人,且是为该他人之目的而劳动”。该“劳动为他人目的”包括:劳动者在积极意义上使用雇主提供的劳动条件,给付劳动并获得工资;在消极意义上不承担雇主的生产经营风险。实际上,经济从属性只是将德国人格从属性之部分要素予以提炼并单独命名,以便在缺乏德国式抽象学理背景下能够消化理解。因此,人格从属性是劳动关系的根本性判断标准,经济从属性是辅助性判断标准。[①] 二是实务标准。原劳动和社会保障部《关于确立劳动关系有关事项的通知》(劳社部发〔2005〕12 号)第 1 条规定:“用人单位招用劳动者未订立书面劳动合同,但同时具备下列情形的,劳动关系成立。(一)用人单位和劳动者符合法律、法规规定的主体资格;(二)用人单位依法制定的各项劳动规章制度适用于劳动者,劳动者受用人单位的劳动管理,从事用人单位安排的有报酬的劳动;(三)劳动者提供的劳动是用人单位业务的组成部分。”以上为我国现阶段劳动关系认定的法定标准。从以上规定可知,司法实践中适用的劳动关系法定标准,也是依据传统的劳动关系从属性理论作出的,并同样可以概括为:人格从属性是劳动关系的根本性判断标准,经济从属性是辅助性判断标准。[②]

实践中,并非凡当事人之间因确认劳动关系发生了争议,劳动仲裁委员会均会受理,也不是必须有证据证明双方之间存在劳动关系才受理。一般情况下,劳动仲裁委员会立案庭的接待人员,会引导劳动者提供初步的证据即形式证据,如入职登记表、厂牌、工卡、工资银行流水、工作证件、劳动合同及其他聘用协议、考勤记录、证人证言、工作服、工作场所照片、押金收据、处罚凭证、社保

---

① 王天玉:《网络劳务是对劳动法的挑战吗》,载《中国法律评论》2018 年第 6 期。

② 胡燕来:《创新适用劳动合同法研究》,法律出版社 2020 年版,第 290 页。

单、解除或终止劳动关系通知或证明等资料，但不作实质性审查。劳动者掌握和提供的证明资料少属于正常现象，但如果任何资料均没有，也讲不清可能的用工主体身份的，有可能不会受理。例如："如果保险代理人申请劳动仲裁，要求确认劳动关系，由于双方之间是民事代理关系，不属于劳动争议，故不应当受理。"①

三、因订立、履行、变更、解除和终止劳动合同发生的争议

（一）订立劳动合同争议

所谓劳动合同的订立，是指劳动者与用人单位双方为意思表示并达成合意的状态。它反映的是当事人之间通过接触、洽谈，直到达到合意的过程。劳动合同的订立是动态和静态的统一，其中接触、洽谈是动态行为，而达成合意则表现为静态协议。所以，所谓订立劳动合同争议，是指劳动者与用人单位因订立劳动合同而发生的争议。其内容包括劳动关系存续期间未订立劳动合同的争议、订立劳动合同无效的争议、订立劳动合同过程中发生的争议和用工前解除劳动合同的争议。

关于用工前用人单位解除劳动合同的争议问题，实践中存在争议。我们认为用人单位与劳动者在用工前订立劳动合同，尚未用工，用人单位违法解除劳动合同，劳动者要求履行劳动合同的，用人单位应当履行；劳动者不要求履行劳动合同或者劳动合同无法履行的，用人单位应当支付劳动者为准备履行劳动合同，而造成的损失和所支出的必要费用。但是，在用工之前出现了《劳动合同法》第 41 条第 1 款中规定的 4 种情形的，应当允许用人单位可以提前通知劳动者解除劳动合同，且不需支付经济补偿，但应当支付劳动者为订立和准备履行劳动合同而支出的必要费用。这 4 种情形为："（一）依照企业破产法规定进行重整的；（二）生产经营发生严重困难的；（三）企业转产、重大技术革新或者经营方式调整，经变更劳动合同后，仍需裁减人员的；（四）其他因劳动合同订立时所依据的客观经济情况发生重大变化，致使劳动合同无法履行的。"裁审实践持有上述观点的地区有深圳市、合肥市②等。

---

① 依据为《保险法》第 117 条第 1 款和《关于个人所得税法修改后有关优惠政策衔接问题的通知》第 3 条。"保险代理人与保险公司的关系属于平等主体之间的民事代理关系，而不是劳动关系。因此，保险代理人与用人单位之间发生的纠纷不属于劳动争议。"引自最高人民法院民事审判第一庭编：《民事审判实务问答》，法律出版社 2021 年版，第 206 页。

② 《深圳经济特区和谐劳动关系促进条例》（2019 年 4 月 24 日修正）第 17 条；《合肥市劳动用工条例》（2018 年 6 月 1 日修正）第 24、25 条。

（二）履行劳动合同争议

所谓劳动合同的履行，是指依据劳动合同约定，劳动者给付劳动力而用人单位支付对价的行为。履行劳动合同是为了实现订立劳动合同的目的。《劳动合同法》第29条规定："用人单位与劳动者应当按照劳动合同的约定，全面履行各自的义务。"所以，所谓履行劳动合同争议，是指劳动者给付劳动力或用人单位支付对价过程中发生的争议。

我们认为"解除劳动合同争议""因除名、辞退和辞职、离职发生的争议""因工作时间、休息休假、社会保险、福利、培训以及劳动保护发生的争议""因劳动报酬、工伤医疗费、经济补偿或者赔偿金等发生的争议"均属于履行劳动合同争议。但是，《劳动争议调解仲裁法》第2条却将上述情形另行单列出来，并与"履行劳动合同争议"并列。据此，我们认为此处的"履行劳动合同争议"并不包括以上内容，而只能理解为上述内容之外的其他的履行劳动合同争议。这一违反法理及逻辑之规定，在实务中应当注意。另外，在受理范围规定中，《劳动争议调解仲裁法》第2条第3项"因除名、辞退和辞职、离职发生的争议"之规定，也同样存在不合逻辑之现象。所以，为避免内容重复，笔者在本章中对"因除名、辞退和辞职、离职发生的争议"不再作单独探讨，特此说明。

（三）变更劳动合同争议

所谓劳动合同变更，是指用工之后，劳动合同尚未完全履行以前，劳动者和用人单位单方或协商一致，改变劳动合同内容的行为。我们认为，在《劳动合同法》范围之内，劳动合同变更存在广义和狭义之分。狭义的劳动合同变更仅指劳动合同内容的改变，而广义的劳动合同变更，既包括劳动合同内容的改变，还包括用人单位主体的变更。《劳动合同法》第34条规定："用人单位发生合并或者分立等情况，原劳动合同继续有效，劳动合同由承继其权利和义务的用人单位继续履行。"以上就是劳动合同主体变更的相关规定。同时，从上述规定可知，劳动法意义上的劳动合同主体变更及其法律效果由法律规定，具有法定性。所谓劳动合同主体变更，是指劳动合同法律关系保持不变，仅改变用人单位的情形。从性质上来看，劳动合同主体的变更，实质上是劳动合同权利义务的概括转让。

所谓变更劳动合同争议，是指劳动者和用人单位在单方、协商一致或依法法律规定，变更劳动合同内容或用人单位过程中产生的争议。按照《劳动合同法》规定，变更劳动合同争议可以分为二类，即协商变更争议和法定变更争议。法定变更争议的情况主要有调岗高薪争议、用人单位主体变更争议等。法定变更争议不反映双方当事人合意，具有单方性和强制性。其单方变更权来源于法律规定，如用人单位的法定调岗权等。所谓法定调岗权，是指因法律法规规定，用人单位享有单方调整劳动者工作岗位、工作内容的权利。我国法定调岗权按其来源性质可划分为二类：第一类是因经营需要引起的调岗权；第二类为保护劳动合法权益而引起的调岗权。以下列举的前三种为第一类，后三种为第二类：(1)医疗期满解雇之前的调岗权。依据为《劳动合同法》第40条第1项规定，即劳动者患病或者非因工负伤，在规定的医疗期满后不能从事原工作，也不能从事由用人单位另行安排的工作的。(2)不能胜任工作解雇之前的调岗权。依据为《劳动合同法》第40条第2项规定，即劳动者不能胜任工作，经过培训或者调整工作岗位，仍不能胜任工作的。(3)客观经济情况发生重大变化的调岗权。依据为《劳动合同法》第41条规定，即企业转产、重大技术革新或者经营方式调整，经变更劳动合同后，仍需裁减人员的。这"先行变更劳动合同"规定中就赋予了用人单位单方调整劳动者工作岗位、工作内容的权利。(4)女职工特殊保护的调岗权。依据为《女职工劳动保护特别规定》第4条规定，即"三期"内女职工从事禁忌工作的，用人单位可以单方变更劳动合同，调整其劳动岗位。(5)职业病保护的调岗权。依据为《职业病防治法》第35条规定，即对在职业健康检查中发现有与所从事的职业相关的健康损害的劳动者，应当调离原工作岗位，并妥善安置。(6)工伤保护的调岗权。依据为《工伤保险条例》第36条规定，即职工因工致残被鉴定为五级、六级伤残的，保留与用人单位的劳动关系，由用人单位安排适当工作。[①] 实践中出现的变更劳动合同争议中，主要是法定变更争议这一类型，如岗位、劳动报酬、工作内容、工作地点变更等。

(四)解除劳动合同争议

所谓劳动合同解除，是指用工之后，尚未完全履行完毕以前，劳动者或用人单位单方或协商一致，解除劳动合同的行为。所以，所谓解除劳动合同争议，是指劳动合同解除过程中产生的争议。通说认为劳动合同解除的条件只能法定，不能约定。我国《劳动合同法》第36—41、43条对劳动合同解除的法定条件作出了相应的规定。

以劳动合同解除的方式为标准，可以将劳动合同的解除划分为协商一致解除(第36条)和单方解除这二个类型。单方解除中按主体不同，又可划分为劳动者单方解除和用人单位单方解除这两种类型。劳动者单方解除可划分为以下四种类型：一般预告辞职解除(第37条)、试用期内预告辞职解除(第37条)、有许可条件的随时通知解除(第38条)、有许可条件的无须通知解除(第

---

① 胡燕来：《解雇：人力资源法律实务指引》，法律出版社2016年版，第260~261页。

38 条)。用人单位单方解除也可划分为以下三种类型:有许可条件的即时解除(第 39 条)、有许可条件之一般预告解除(第 40 条)、有许可条件的经济性裁员(第41 条)。第39 条规定的解除类型有:试用期解除、严重违反规章制度解除、严重失职解除、双重劳动关系解除、劳动合同无效解除和被追究刑事责任解除;第 40 条规定的解除类型有:医疗期满解除、不能胜任工作解除和客观情况发生重大变化解除;第 41 条规定的解除类型有:破产重整裁员解除,生产经营严重困难裁员解除,企业转产、重大技术革新或者经营方式调整裁员解除和其他客观经济情况发生重大变化裁员解除。

司法实践中处理的劳动争议案件中,解除劳动合同争议案件占比最大。并且,解除争议主要集中在用人单位单方解除上,其常见类型有严重违反用人单位规章制度解除、试用期内不符合录用条件解除、双重劳动关系解除、不能胜任解除、客观情况发生重大变化解除、医疗期满解除和经济性裁员等。从产生争议的原因来看,案件主要集中在用人单位违反限制解除条件上,如违反《劳动合同法》第 42 条规定:"劳动者有下列情形之一的,用人单位不得依照本法第四十条、第四十一条的规定解除劳动合同:(一)从事接触职业病危害作业的劳动者未进行离岗前职业健康检查,或者疑似职业病病人在诊断或者医学观察期间的;(二)在本单位患职业病或者因工负伤并被确认丧失或者部分丧失劳动能力的;(三)患病或者非因工负伤,在规定的医疗期内的;(四)女职工在孕期、产期、哺乳期的;(五)在本单位连续工作满十五年,且距法定退休年龄不足五年的;(六)法律、行政法规规定的其他情形。"

(五)终止劳动合同争议

所谓劳动合同终止,是指劳动合同所确立的劳动关系因劳动合同解除以外的法律事实而消灭。[①] 虽然劳动合同终止和解除均会产生消灭劳动合同效力之效果,但劳动合同终止有明显不同于劳动合同解除的本质特征。(1)终止之日具有客观性。解除劳动合同有二种形式:一是协商解除;二是依法行使解除权解除。但这二种解除的劳动合同效力消灭之日,均受当事人主观意志的影响,即当事人的主观意志可决定劳动合同效力的消灭日期。而终止劳动合同的合同效力消灭之日,则不受当事人主观意志影响,所以,终止消灭之日具有客观性。(2)终止是自然结束劳动合同。解除一般是在劳动合同尚未届满前提前结束劳动合同,而终止不是提前结束,终止是劳动合同的自然结束,结束原因是劳动合同期满、合同目的实现或当事人丧失主体资格等法律事实出现。(3)终

① 王全兴:《劳动法》,法律出版社 2008 年版,第 171 页。

止一般可预见。终止与解除的可预见性强弱程度是不同的。解除有随意性,一般不容易预测,而终止则预见性较强,一般容易预见,尤其是劳动合同期满和达到退休年龄等终止情形。

劳动合同终止的类型,按法定终止时间为标准,可分为一般终止和延期终止。一般终止是指《劳动合同法》第44条规定的法定情形出现时终止;延期终止是指《劳动合同法》第45条规定的法定延长情形消失时终止。以法定情形为标准,又可以划分为三类:一是劳动合同期满终止。二是劳动者丧失主体资格终止(劳动者开始依法享受基本养老保险待遇的;达到法定退休年龄的;劳动者死亡,或者被人民法院宣告死亡或者宣告失踪的)。三是用人单位丧失主体资格时终止(用人单位被依法宣告破产的;用人单位被吊销营业执照、责令关闭、撤销或者用人单位决定提前解散的)。[①]

所谓终止劳动合同争议,是指劳动者或用人单位在终止劳动合同过程中产生的争议。在终止劳动合同发生争议类型中,除经济补偿、违法解除劳动合同赔偿金、劳动报酬、工伤待遇、医疗费等争议类型外,还有请求继续履行劳动合同、办理档案及社会保险关系转移、出具终止劳动关系证明、赔偿损失等类型。司法实践中最常见的终止劳动合同争议为违反延期终止条件而产生的劳动争议,如终止患病或者非因工负伤在规定的医疗期内劳动者的劳动合同,终止在孕期、产期、哺乳期女职工的劳动合同等。

四、工作时间、休息休假、福利、培训及劳动保护争议

《劳动争议调解仲裁法》第2条第4项受案范围中包含了社会保险争议,但由于社会保险争议在实践中比较复杂,所以,我们在本章中另行安排了一个专题进行集中讨论,本节中不再涉及。

(一)工作时间争议

所谓工作时间,是指劳动关系中,劳动者从事职业从属劳动的时间,包括作业时间、准备与结束时间、各类宽放时间和非劳动者个人原因造成的且劳动者在工作场所内处于随时准备给付劳动之状态的非生产工作时间、停工时间。其中,作业时间是指直接用于产品加工、完成生产或者工作任务所消耗的时间;准备与结束时间是指为加工产品、执行特定工作任务事前准备和事后结束工作所消耗的时间;宽放时间包括现场组织管理需要(交接班,安全检查,布置工作,整理现场、设备、资料等)所发生的组织性宽放时间、工艺技术装备需要(设备调整、检查等)所发生的技术性宽放时间、劳动者个人生理需要以及为消除过

① 胡燕来:《解雇:人力资源法律实务指引》,法律出版社2016年版,第306~307页。

分紧张疲劳安排的间歇等个人需要与休息宽放时间。工作间歇时间是不是工作时间？笔者认为工作间歇，是指用人单位在保障正常生产运营的情况下，根据规章制度、工作习惯、工作规律和身体需要，在工作一定时间后，应当保证劳动者享受的工间休息时间。工间休息时间应当计入工作时间。如用人单位规章制度规定，公交机动车驾驶员，每驾驶 2 小时应当保证不少于 10 分钟的休息时间等。①

劳动者与用人单位因工作时间产生的争议，为工作时间争议。由于工作时间是最主要的劳动条件之一，所以，双方之间很容易就工作时间问题产生争议，提出异议的一般是劳动者。然而，在司法实践中，要求执行"每日工作时间不超过 8 小时、平均每周工作时间不超过 44 小时的工时制度"之请求非常罕见。一般劳动者会将对工作时间的异议，转化为经济上的请求，如要求用人单位支付加班费，以达到保护劳动者休息权之目的。所以，客观地讲司法实践中的工作时间争议，一般均转化成了劳动报酬争议。

（二）休息休假争议

所谓休息休假争议，是指劳动者因用人单位不执行法定的休息休假规定而产生的争议。休息休假对应的是劳动者的休假权，如果劳动者不享有休假权，则休息休假就无法实现。所谓休假权，是指劳动关系中，劳动者因病或其他正当事由，能够相对自由地决定，在未来一定时间内停止工作或学习而休息的权利。与休假权相关"假"的种类繁多。按是否需要申请为标准，可以分为二类，即不请之假和应请之假。所谓不请之假，是指劳动关系中，法律规定有固定日期且劳动者无须通知即可休息的假。不请之假无须用人单位同意或安排，到期劳动者就自然休息，如法定节日、休息日等。应请之假，是指不请之假之外的可休息之假。应请之假由于日期并不固定，所以劳动者应当事先通知用人单位或者与用人单位事先做好统一安排，在同意或安排的日期到来时，劳动者方能休假。常见的应请之假有事假、病假、年休假、婚丧假、产假等。需要特别提出的是，不请之假不存在休假权研判问题，因为其本来就无须请假。不请之假属于劳动法上广义休假权的范畴。劳动法上狭义的休假权主要是指应请之假，凡应请之假都存在研判请假生效要件是否成立、是否享有休假权的必要性。②

同时要注意，休息休假争议具有单向性，其提出者只能是劳动者，而不可能是用人单位，且提出理由只能是用人单位不执行法定休息休假规定。劳动者不

---

① 胡燕来：《工资实务研究》，法律出版社 2018 年版，第 63 ~ 64 页。

② 胡燕来：《工资实务研究》，法律出版社 2018 年版，第 112 ~ 113 页。

服从用人单位的工作时间安排的，用人单位无须申请劳动仲裁或诉讼，而可以直接行使用工管理权，对劳动者予以惩戒，直至解除劳动合同。同时，休息休假争议与工作时间争议一样，均属于劳动保障权利争议。在司法实践中，一般也很少见到要求休假几天之仲裁请求，也是转化为经济诉求，如直接要求用人单位支付工资或加班费，以弥补休假权受到的损害。如果劳动者非要申请劳动仲裁委员会裁决，责令用人单位在一定期限内安排劳动者休年休假 5 天，则劳动仲裁委员会也应当支持，只是此裁决生效后，用人单位拒不执行时，该裁决难以强制执行而已。

（三）福利争议

所谓福利争议，是指用人单位与劳动者因职工福利待遇享受与支付而产生的争议。所谓职工福利，又称职业福利或劳动福利，是指用人单位和有关社会服务机构为满足劳动者生活的共同需要和特殊需要，在工资和社会保险之外向职工及其亲属提供一定货币、实物、服务等形式的物质帮助。其中包括：为减少劳动者生活费用开支和解决劳动者生活困难而提供的各种补贴；为方便劳动者生活和减轻职工家务负担而提供的各种生活设施和服务；为活跃劳动者文化生活而提供的各种文化设施和服务。需要注意以下几点：一是职工福利不是工资，它仅仅是按劳分配的补充；二是职工福利一般划分为职工集体福利和职工个人福利二种，但职工个人福利不是福利的主要部分；三是职工福利不是公共福利，社会福利由职工福利和公共福利构成；四是社会保险不是职工福利，但也是对劳动者提供劳动的补偿。①

用人单位以货币形式支付的常见职工个人福利项目如下：丧葬费、抚恤费、救济费、生活困难补助费、计划生育补贴、工作服费用、解毒剂费用、清凉饮料费用、因公外地就医费用、未实行医疗统筹企业职工医疗费用、职工供养直系亲属医疗补贴、供暖费补贴、职工防暑降温费、职工困难补贴、职工食堂经费补贴、职工异地安家费、探亲假路费。② 以上整理并列举的常见职工个人福利项目，均是用人单位以货币形式支付给劳动者的费用，并不包含实物等其他形式支付的福利，也不包括职工集体福利。虽然是以货币形式支付，但其仍不属于职工的工资。笔者在整理上述常见职工个人福利项目规定时，优先采用了劳动法和统

---

① 胡燕来：《工资实务研究》，法律出版社 2018 年版，第 142 页。

② 以上整理之依据参见原劳动部《关于贯彻执行〈中华人民共和国劳动法〉若干问题的意见》（劳部发〔1995〕309 号）第 53 条；国家统计局《〈关于工资总额组成的规定〉若干具体范围的解释》（1990 年 1 月 1 日起施行）第 4 条；财政部《关于企业加强职工福利费财务管理的通知》（财企〔2009〕242 号）第 1、2 条；国家税务总局《关于企业工资薪金及职工福利费扣除问题的通知》（国税函〔2009〕3 号）第 3 条。

计部门相关规定，因为财政部和税务部门的相关规定系其结合财税系统工作特点和职能需要而作出，弱化了工资支付管理职能，但也可供工资支付管理部门参考。

司法实践中，劳动者向劳动仲裁委员会提出上述福利或者之外的其他福利待遇享受的仲裁请求的，一般应当有法律规定或者规章制度，集体合同、劳动合同规定，以及劳动习惯等作为依据，否则劳动仲裁委员会将会不予支持。

（四）培训争议

所谓培训争议，是指劳动者与用人单位因执行法律或规章制度，或者集体合同、劳动合同、培训协议、服务期协议中的职业培训规定，而产生的争议。所谓职业培训，又称职业技能培训和技术培训，是指根据社会职业的需求和劳动者从业的意愿及条件，按照一定标准，对劳动者进行的旨在培养和提高其职业技能的教育训练活动。[①]《劳动法》第3条规定，劳动者有“接受职业技能培训的权利”，同时第68条还规定：“用人单位应当建立职业培训制度，按照国家规定提取和使用职业培训经费，根据本单位实际，有计划地对劳动者进行职业培训。从事技术工种的劳动者，上岗前必须经过培训。”《劳动合同法》第22条规定：“用人单位为劳动者提供专项培训费用，对其进行专业技术培训的，可以与该劳动者订立协议，约定服务期。劳动者违反服务期约定的，应当按照约定向用人单位支付违约金。……”从以上规定可知，职业培训可分为二个类型：一是专项培训；二是非专项职业培训。专项培训可以约定服务期和违约金，而非专项培训不可以约定服务期和违约金，因为非专项培训是用人单位的法定义务。

司法实践中最常见的培训争议为专项培训争议，因为其涉及劳动者的服务期和违反服务期约定的违约金，这二项均涉及双方的重大切身利益，所以，双方在履行专项培训协议过程中容易产生争议。

（五）劳动保护争议

所谓劳动保护争议，是指在劳动过程中，劳动者与用人单位因执行法律或规章制度，或者集体合同、劳动合同中的劳动安全卫生或职业安全卫生规定而产生的争议。所谓劳动保护，其广义是指对劳动者各个方面合法权益的保护，即通常所称的劳动者保护；其狭义仅指对劳动者在劳动过程中的安全和健康的保护，又称劳动安全卫生或职业安全卫生。本章阐述狭义的劳动保护。其特征表现为：(1)受保护者是劳动者，保护者是用人单位。当劳动者将其劳动力的

---

① 王全兴：《劳动法》，法律出版社2017年版，第406页。

使用权有期限地让渡给用人单位后,仍拥有对劳动力的所有权,用人单位在使用劳动者的劳动力时,就应当对劳动者的劳动力实施保护。因而,劳动保护是劳动者的权利和用人单位的义务。(2)保护的对象是劳动者的安全和健康。因为劳动力以劳动者人身为载体,劳动者只有在其人身处于安全和健康的状况下,其劳动力才能正常存续和发挥,所以,保护劳动者的安全和健康,也即保护劳动者的劳动力。(3)保护的范围只限于劳动过程。所以,保护是基于劳动关系产生的,因而,用人单位只对劳动者在劳动过程中的安全和健康负有保护义务,对劳动者在劳动过程之外的劳动安全和健康则无此义务。[①]

司法实践中直接要求用人单位提供劳动安全卫生或职业安全卫生条件的仲裁请求非常罕见。一般均是转化为经济诉求,如未提供劳动条件辞职而要求支付经济补偿、未提供劳动条件给劳动者造成损害的要求赔偿损失等。

五、劳动报酬、工伤医疗费、经济补偿或赔偿金等争议

(一)劳动报酬争议

《关于〈劳动法〉若干条文的说明》(劳办发〔1994〕289 号)第 3 条规定,本条中的"劳动报酬"是指劳动者从用人单位得到的全部工资收入。所谓工资,是指用人单位依据国家有关规定、劳动合同约定、规章制度规定或习惯做法支付的,劳动者以货币形式获得的补偿性和分配性收入。其中补偿性工资包括劳动性工资和保障性工资两种类型。劳动性工资又可划分为两个类型,即正常工作时间工资和非正常工作时间工资。正常工作时间工资包括基础工资、岗位(职务)工资、津贴、个人绩效工资(不超一个工资支付周期)和其他补偿工资。分配性收入系指分配性工资,分配性工资包括组织绩效工资、激励性分红、福利性工资、提成工资和其他分配性工资,但法律法规另有规定的除外。[②]

所谓劳动报酬争议,是指在劳动过程中,劳动者与用人单位因执行法律或规章制度,或者集体合同、劳动合同中的劳动报酬规定而产生的争议。《劳动合同法》生效实施以来,劳动争议案件剧增,其中劳动报酬争议案件占比较大,常见劳动报酬争议如克扣工资争议、拖欠工资争议、加班费争议、津贴补贴争议、计件工资争议、医疗期待遇争议等。关于股权激励所得是不是劳动报酬,其争议是不是劳动仲裁的受案范围,在实践中存在争议。我们认为不能"一刀切",因为股权激励方案和类型众多,造成性质差异较大。如果给予员工的股权是实股,如股权、限制性股票等,并必须遵守《公司法》《证券法》规定,则属于

---

① 王全兴:《劳动法》,法律出版社 2017 年版,第 363 页。

② 胡燕来:《工资实务研究》,法律出版社 2018 年版,第 12 页。

股权争议，不是劳动争议，劳动仲裁应不予受理；如果给予员工的“股权”是虚股，如股票增值权、分红权等，且不需要遵守《公司法》《证券法》规定，则不属于股权争议，而是劳动争议，劳动仲裁应予以受理。

（二）工伤医疗费争议

所谓工伤医疗费，是指职工因工作遭受事故伤害或者患职业病进行治疗时，应当享受的工伤医疗待遇。根据《工伤保险条例》规定：“治疗工伤所需费用符合工伤保险诊疗项目目录、工伤保险药品目录、工伤保险住院服务标准的，从工伤保险基金支付。”用人单位未依法为劳动者缴纳工伤保险的，劳动者在工伤期间支出的各项工伤医疗费用，在工伤保险基金承担范围内由用人单位支付。常见工伤医疗费用包括挂号费、检查费、治疗费、药费、住院费、住院伙食补助费、就医交通费、统筹地区外交通食宿费等。

（三）经济补偿争议

所谓经济补偿，是指全日制用工中，在试用期满后，非因劳动者过错且被动失业情况下，用人单位依法支付给劳动者失业后需要帮助期间一次性经济补助的倾斜保护制度。经济补偿在各国和地区的称谓不尽相同。俄罗斯《劳动法》称为“解职金”，法国《劳动法典》称为“辞退补偿金”，我国台湾地区“劳动基准法”称为“资遣费”，香港《雇佣条例》将其称为“遣散费”。我国将“经济补偿”与“经济补偿金”混用，笔者认为两个都正确，含义都一样，故本书中也两者混用。不过，笔者认为“经济补偿”显得更规范一些，因为在《劳动合同法》实施前，所有文件都称“经济补偿金”，但这些文件都是《劳动法》的配套规定，“经济补偿金”称谓也来自《劳动法》。之后《劳动合同法》颁布施行，该法将“经济补偿金”改称“经济补偿”，既然新的法律改了称呼，我们认为就应按新称呼来执行，但是，在司法实践中两者仍然经常混用，不仅适用法律时混用，就连规范性文件也是一样，如 2011 年最高人民法院《民事案件案由规定》第 169 条第 6 项就将此类纠纷称为“经济补偿金纠纷”。[①]

所谓经济补偿争议，是指劳动者与用人单位因经济补偿支付而产生的争议。用人单位支付经济补偿义务来自《劳动合同法》第 46 条之规定：“有下列情形之一的，用人单位应当向劳动者支付经济补偿：（一）劳动者依照本法第三十八条规定解除劳动合同的；（二）用人单位依照本法第三十六条规定向劳动者提出解除劳动合同并与劳动者协商一致解除劳动合同的；（三）用人单位依照本法第四十条规定解除劳动合同的；（四）用人单位依照本法第四十一条第

① 胡燕来：《解雇：人力资源法律实务指引》，法律出版社 2016 年版，第 348 页。

一款规定解除劳动合同的;(五)除用人单位维持或者提高劳动合同约定条件续订劳动合同,劳动者不同意续订的情形外,依照本法第四十四条第一项规定终止固定期限劳动合同的;(六)依照本法第四十四条第四项、第五项规定终止劳动合同的;(七)法律、行政法规规定的其他情形。”另外,《劳动合同法实施条例》第22条规定:“以完成一定工作任务为期限的劳动合同因任务完成而终止的,用人单位应当依照劳动合同法第四十七条的规定向劳动者支付经济补偿。”

(四)赔偿金争议

所谓赔偿金争议,是指因劳动者或用人单位的违约或违规或违法行为,给对方造成了损害,双方因支付赔偿费用而产生的争议。所以赔偿金既可能是用人单位向劳动者支付,也可能是劳动者向用人单位支付。赔偿金争议既包括用人单位违法行为引起赔偿的争议,如违法解除劳动合同赔偿金争议、违约约定试用期的赔偿金争议、未签订书面劳动合同的赔偿金争议、不出具解除终止书面证明的赔偿金争议、加付赔偿金争议等,也包括劳动者违法行为引起赔偿的争议,如劳动者违法解除劳动合同,违反劳动合同中约定的保密义务或竞业限制,给用人单位造成损失引起赔偿的争议。

司法实践中最常见的赔偿金争议为用人单位违法解除劳动合同的赔偿金争议。

六、法律、法规规定的其他劳动争议

《劳动争议调解仲裁法》第2条第6项受案范围中规定,劳动仲裁委员会可以受理“法律、法规规定的其他劳动争议”。这是一个兜底性规定。同时,以上“法规”既包括行政法规,也包括地方性法规。实践中的“其他劳动争议”主要有如下几种。

(一)集体合同争议

所谓集体合同争议,是指在履行、变更、解除或终止集体合同过程中产生的争议。所谓集体合同,是指用人单位与本单位职工根据法律、法规、规章的规定,就劳动报酬、工作时间、休息休假、劳动安全卫生、职业培训、保险福利等事项,通过集体协商签订的书面协议。所称专项集体合同,是指用人单位与本单位职工根据法律、法规、规章的规定,就集体协商的某项内容签订的专项书面协议。①

集体合同争议属于其他法律规定的劳动仲裁委员会受案范围。《劳动合

① 《集体合同规定》(2004年5月1日起施行)第3条。

同法》第56条规定:“用人单位违反集体合同,侵犯职工劳动权益的,工会可以依法要求用人单位承担责任;因履行集体合同发生争议,经协商解决不成的,工会可以依法申请仲裁、提起诉讼。”但是,因签订集体合同(如工资集体协商等)发生的争议,劳动仲裁委员会应当不予受理,理由有二:一是上述规定中未规定签订集体合同可以申请劳动仲裁,只规定了用人单位违反集体合同或者履行集体合同发生的争议;二是《劳动法》第84条第1款规定,“因签订集体合同发生争议,当事人协商解决不成的,当地人民政府劳动行政部门可以组织有关各方协调处理”。

关于集体合同争议中申请劳动仲裁的主体资格问题,笔者认为有权申请劳动仲裁的主体有两个:一是工会。这是《劳动合同法》第56条明确规定了的。上级工会或各级总工会能否申请劳动仲裁?这个问题在实践中存在分歧。笔者认为其不符合申请劳动仲裁主体资格,因为上级工会或各级总工会并非集体合同的签约主体,且不符合合同的相对性原理。二是劳动者推举的代表。这是合同的相对性原理决定的。依据为《劳动合同法》第51条第2款规定:“集体合同由工会代表企业职工一方与用人单位订立;尚未建立工会的用人单位,由上级工会指导劳动者推举的代表与用人单位订立。”由于劳动者就业具有流动性的特点,之前签订集体合同的职工代表可能离职,所以,应当允许劳动者重新推举新的代表来申请劳动仲裁。

(二)职业病争议

所谓职业病争议,是指劳动者与用人单位在职业病的检查、诊断、治疗、鉴定、待遇享受处理过程中产生的争议。所谓职业病,是指企业、事业单位和个体经济组织等用人单位的劳动者在职业活动中,因接触粉尘、放射性物质和其他有毒、有害因素而引起的疾病。①

职业病争议属于其他法律规定的劳动仲裁委员会受案范围。依据为《职业病防治法》第49条第1款规定:“职业病诊断、鉴定过程中,在确认劳动者职业史、职业病危害接触史时,当事人对劳动关系、工种、工作岗位或者在岗时间有争议的,可以向当地的劳动人事争议仲裁委员会申请仲裁……”

需要注意以下两个特殊情况。(1)劳动者对劳动能力鉴定委员会的伤残等级鉴定结论或者对职业病诊断鉴定委员会的职业病诊断鉴定结论的异议纠纷,劳动仲裁委员会将会不予以受理,因为这属于行政争议。(2)《工伤保险条例》施行前即2004年1月1日之前,未参加工伤保险的劳动者在劳动中遭受伤

① 《职业病防治法》(2018年12月29日修正)第2条。

害或患职业病，没有取得工伤认定证、伤残等级证，但已按当时相关规定处理完毕的，根据法不溯及既往原则，在《工伤保险条例》施行后，劳动者再次依据《工伤保险条例》起诉请求用人单位给予工伤赔偿的，劳动仲裁委员会也将会不予受理。

（三）使用童工争议

所谓使用童工争议，是指用人单位违法使用童工过程中产生的争议。我国法律规定，国家机关、社会团体、企业事业单位、民办非企业单位或者个体工商户均不得招用不满16周岁的未成年人。禁止任何单位或者个人为不满16周岁的未成年人介绍就业。禁止不满16周岁的未成年人开业从事个体经营活动。但是，文艺、体育单位经未成年人的父母或者其他监护人同意，可以招用不满16周岁的专业文艺工作者、运动员。其他教育机构以及职业培训机构按照国家有关规定组织不满16周岁的未成年人进行不影响其人身安全和身心健康的教育实践劳动、职业技能培训劳动，不属于使用童工。①

用人单位招用童工属于违法行为。使用童工争议属于其他行政法规规定的劳动仲裁委员会受案范围，依据为《工伤保险条例》第66条第2款规定："……童工或者童工的近亲属就赔偿数额与单位发生争议的，按照处理劳动争议的有关规定处理。"

（四）无主体资格用工伤害争议

所谓无主体资格用工伤害争议，是指无主体用工资格的用工单位，在处理劳动者受到事故伤害或者患职业病后如何享受相关待遇过程中产生的争议。《工伤保险条例》第66条规定："无营业执照或者未经依法登记、备案的单位以及被依法吊销营业执照或者撤销登记、备案的单位的职工受到事故伤害或者患职业病的，由该单位向伤残职工或者死亡职工的近亲属给予一次性赔偿，赔偿标准不得低于本条例规定的工伤保险待遇……"所以，无用工主体资格用工，造成劳动者事故伤害或者患职业病的，应当承担赔偿责任。对于此类符合《工伤保险条例》第66条规定的争议，劳动仲裁委员会应当受理。

但是，在上述"受到事故伤害或者患职业病"情形之外的，无主体资格用工产生的其他非伤害争议，如劳动报酬、经济补偿、加班费等争议，劳动仲裁委员会是否应当受理？此问题在裁审实践中存在争议。笔者认为此问题涉及情形比较复杂，应当根据具体情况分别处理。

---

① 《禁止使用童工规定》（2002年12月1日起施行）第2、13条。

七、社会保险争议

（一）社会保险争议的定义

所谓社会保险争议，是指因社会保险缴费、补办、垫付返还、待遇享受、关系转移、赔偿损失等事项产生的争议。社会保险争议可分为三个类型，即缴费争议、待遇争议和管理争议。缴费争议和待遇争议发生在劳动者与用人单位之间，而管理争议发生在劳动者或用人单位与社会保险经办机构之间。各类型具体构成如下：

1. 实践中常见的缴费争议包括以下几个类型：（1）是否应当缴费争议；（2）补办补缴争议；（3）缴费基数争议；（4）缴费险种争议；（5）垫付返还争议；（6）拒不办理社保转移手续争议；（7）免缴协议争议。

2. 实践中常见的待遇争议包括以下几种类型：（1）养老保险待遇争议；（2）工伤保险待遇争议；（3）生育保障待遇争议；（4）医疗保险待遇争议；（5）失业保险待遇争议；（6）其他社会保险待遇争议，如丧葬费、抚恤金待遇等。

3. 实践中常见的管理争议包括以下两种类型：（1）劳动者与社会保险经办机构之间的争议；（2）用人单位与社会保险经办机构之间的争议。

根据以上分类情况，我们认为社会保险争议有广义和狭义之分。广义的社会保险争议包括社保缴费争议、社保待遇争议和社保管理争议这三个类型；狭义的社会保险争议只有社保待遇争议这一个类型。在劳动仲裁程序中处理的社会保险争议主要指劳动者与用人单位之间产生的狭义的社会保险争议，即社保待遇争议。

（二）应当受理的社会保险争议类型

1. 相关规定

（1）政府社会保险行政部门对社保争议有管辖权的规定

具体条文如下：《劳动法》第 100 条；《劳动合同法》第 74 条第 6 项；《社会保险法》第 61、62、63、84、89 条；《劳动保障监察条例》第 11 条第 7 项、第 27 条；《实施〈中华人民共和国社会保险法〉若干规定》第 20 条。

（2）劳动仲裁委员会对社保争议有管辖权的规定

具体条文如下：《劳动争议调解仲裁法》第 2 条第 4 项[①]；《劳动仲裁规则》第 2 条第 1 项。以上条文仅仅规定劳动仲裁委员会对“社会保险争议”应当受

---

① 《劳动争议调解仲裁法》第 2 条规定：“中华人民共和国境内的用人单位与劳动者发生的下列劳动争议，适用本法：……（四）因工作时间、休息休假、社会保险、福利、培训以及劳动保护发生的争议；……”

理,但对“社会保险争议”的范围和类型未作进一步规定。

(3)人民法院对社会保险争议有管辖权的规定

《劳动争议司法解释(一)》第1条规定,劳动者退休后,与尚未参加社会保险统筹的原用人单位因追索养老金、医疗费、工伤保险待遇和其他社会保险待遇而发生的纠纷,以及劳动者以用人单位未为其办理社会保险手续,且社会保险经办机构不能补办导致其无法享受社会保险待遇为由,要求用人单位赔偿损失发生的纠纷,人民法院应当受理。

最高人民法院《民事案件案由规定》(法〔2020〕347号)第187条规定:“社会保险纠纷:(1)养老保险待遇纠纷;(2)工伤保险待遇纠纷;(3)医疗保险待遇纠纷;(4)生育保险待遇纠纷;(5)失业保险待遇纠纷。”以上是最高人民法院对“社会保险纠纷”这个三级案由设置的5个四级案由,但均指向社会保险待遇。

(4)北京市的司法政策

北京市高级人民法院、北京市劳动争议仲裁委员会《关于劳动争议案件法律适用问题研讨会会议纪要》第1条,对劳动争议案件的受理范围问题作了三款规定:

①根据《劳动争议调解仲裁法》、《社会保险费征缴暂行条例》、《社会保险稽核办法》、《劳动保障监察条例》及北京市的仲裁和审判实践,对于社会保险争议的受理应遵循以下原则:第一,用人单位未为劳动者建立社会保险关系、欠缴社会保险费或未按规定的工资基数足额缴纳社会保险费的,劳动者主张予以补缴的,一般不予受理,告知劳动者通过劳动行政部门解决;第二,由于用人单位未按规定为劳动者缴纳社会保险费,导致劳动者不能享受工伤、失业、生育、医疗保险待遇,劳动者要求用人单位赔偿损失或按规定给付相关费用的,应予受理;第三,用人单位未为农民工缴纳养老保险费,农民工在与用人单位终止或解除劳动合同后要求用人单位赔偿损失的,应予受理。

②因用人单位迟延转档或将档案丢失,劳动者要求用人单位赔偿损失的纠纷,属于劳动争议案件受理范围,公安机关在特定历史时期接收部分社会人员的档案引发的纠纷除外。

③劳动者与用人单位因住房公积金的缴纳、办理退休手续发生的争议,不属于劳动争议案件受理范围。

(5)上海市的司法政策

《上海市高级人民法院民事法律适用问答》(2011年第3期)第1条规定,劳动者向法院提起诉讼时有数项诉讼请求,其中有一项为判决用人单位为其缴纳社会保险费的,法院如何处理的问题。我们认为,根据最高人民法院《关于审理劳动争议案件适用法律若干问题的解释(三)》第1条规定及最高人民法院民一庭负责人的相关讲话精神,法院仅受理因不能补办社会保险手续致劳动者无法享受社会保险待遇的劳动争议案件。故对于用人单位和劳动者就社会保险费欠缴、拒缴或因缴费年限、缴费基数等发生的争议,由社会保险管理部门解决处理,法院不予受理。如当事人诉请中包含"缴纳社会保险费",则对"缴纳社会保险费"这一诉请可以"不属于法院受理范围"为由,不作处理,但对除此之外的其他诉请应当按照法律规定进行实体审理。

(6)广东省的司法政策

广东省高级人民法院、广东省劳动人事争议仲裁委员会《关于审理劳动人事争议案件若干问题的座谈会纪要》第1、2条规定,劳动者请求用人单位为其建立社会保险关系或缴纳社会保险费的,不作为劳动争议处理,劳动人事仲裁机构或人民法院应告知劳动者向社会保险行政部门或社会保险费征收机构寻求解决,劳动者以基本养老保险费的缴纳年限、缴纳数额不足为由,请求用人单位赔偿基本养老保险待遇损失的,不作为劳动争议处理。

2. 法规分析及总结

(1)最高人民法院的限缩解释及其理由

从以上三类规定可以看出,对于社会保险争议,政府社会保险行政部门和劳动仲裁委员会,均规定可以受理并进行处理。但是,最高人民法院的二个司法解释,却将"社会保险争议"范围作了限缩解释,仅仅规定是指狭义的社会保险争议,即社会保险待遇争议。

最高人民法院对此限缩解释作了说明。《人民法院报》2010年9月15日第2版登载的《最高人民法院民一庭庭长杜万华就〈关于审理劳动争议案件适用法律若干问题的解释(三)〉答记者问》,文中杜庭长解释说:"《调解仲裁法》确定了社会保险争议属于劳动争议,但是否应把所有的社会保险争议不加区别的纳入人民法院受案范围,确是一个在实践中争议广泛的问题,需要司法解释进一步明确。我们研究认为,用人单位、劳动者和社保机构就欠费等发生争议,是征收与缴纳之间的纠纷,属于行政管理的范畴,带有社会管理的性质,不是单一的劳动者与用人单位之间的社保争议。因此,对于那些已经由用人单位办理了社保手续,但因用人单位欠缴、拒缴社会保险费或者因缴费年限、缴费基数等发生的争议,应由社保管理部门解决处理,不应纳入人民法院受案范围。对于因用人单位没有为劳动者办理社会保险手续,且社会保险经办机构不能补办导致劳动者不能享受社会保险待遇,要求用人单位赔偿损失的,则属于典型的社保争议纠纷,人民法院应依法受理。"

同时,最高人民法院网站的“公众互动”“民意沟通信箱”“民意反馈专栏”审判工作栏目,2010 年 12 月 21 日《关于企业为职工补缴养老保险费引发纠纷问题的答复》重申了上述观点:2010 年 9 月最高人民法院发布的《关于审理劳动争议案件适用法律若干问题的解释(三)》[①]第 1 条规定了劳动者以用人单位未为其办理社会保险手续,且社会保险经办机构不能补办导致其无法享受社会保险待遇为由,要求用人单位赔偿损失而发生争议的,人民法院应予受理。而对用人单位欠缴社会保险费或者因缴费年限、缴费数额(如未足额缴纳)等发生争议的,未规定由法院受理。因社保机构对用人单位欠缴费用负有征缴的义务,如果劳动者、用人单位与社保机构就欠费等发生争议,是征收与缴纳之间的纠纷,属于行政管理的范畴,带有社会管理性质,不是单一的劳动者与用人单位之间的社保争议。因此,此类争议不宜纳入民事审判的范围,劳动者对用人单位欠缴社会保险费或者因缴费年限、缴费数额等发生争议的,应向相关部门申请解决。

(2)笔者赞同最高人民法院的处理意见

除同意最高人民法院的上述理由之外,我们补充以下几个理由:

一是劳动者在社保缴费争议、社保管理争议中没有请求权。请求权乃要求他人为特定行为(作为或不作为)的权利。[②] 在社保缴费争议和社保管理争议中,无论是用人单位还是劳动者,彼此之间均不享有权利,而只承担义务,即劳动者和用人单位均有缴纳社保的义务。这与缴税之义务性质一样,劳动者也不享有请求用人单位为其代扣代缴个税的权利。所以,对劳动者来说,其在社保缴费争议、社保管理争议中,对用人单位而言并不享有相关的请求权。如果用人单位未办理或缴纳社保,只能通过举报或投诉渠道,由政府社会保险行政部门强制其缴纳,以实现各缴费主体之法定义务。

二是劳动者在社保待遇争议中才享有请求权。只有劳动者在养老、生育、失业、工伤和医疗等法定情形下,才享有支付相关待遇的请求权。因为劳动者是法定的社会保险的受益人,如果劳动者在出险且应享受待遇时,却不能享受相应的社保待遇,如其原因是用人单位造成的,则用人单位就应承担相应的赔偿义务,此时劳动者就享有了社保待遇赔偿请求权和相应的诉权。例如,如果双方存在劳动关系,用人单位没有为劳动者缴纳社保,劳动者在达到法定退休

---

① 该文件虽然被法释〔2020〕16 号文废止,但其第 1 条规定的内容被《劳动争议司法解释(一)》(法释〔2020〕26 号)第 1 条全部吸收。

② 王利明:《民法总则研究》,中国人民大学出版社 2003 年版,第 214 ~ 215 页。

条件时,由于没有达到法定的最低的缴费年限等原因而不能享受养老待遇、医疗待遇,且需要缴足之后才能享受待遇。此时,如果劳动者自行趸缴全部养老保险费或医疗保险费,且社保征收机构的核定与征缴工作已经完成的,用人单位无须再补缴保险费,则用人单位与社保征缴机构之间不再存在社保征收行政管理关系。此情形下,劳动者就享有了赔偿请求权,劳动者就有权要求单位赔偿其补缴即趸缴的养老保险费或医疗保险费用,如果用人单位拒绝承担支付或者劳资双方就此产生争议,则此争议就属于劳动仲裁的受理范围。

三是裁审衔接的需要。目前最高人民法院已经通过两个司法解释把社保争议受案范围限缩在狭义范围之内,即仅受理社保待遇争议。由于司法解释是有权解释,具有法律效力,对人民法院处理社保争议案件也具有约束力。如果劳动仲裁委员会坚持按广义的社保争议范围来受理案件,则势必造成裁审之不相衔接,给劳动者维权和劳动争议处理造成困扰和阻碍,也会影响劳动仲裁委员会、人民政府和人民法院的权威。所以,从裁审之实践角度来看,劳动仲裁委员会为保障裁审衔接的需要,也只能按司法解释之限缩解释规定受理社保待遇争议。这是劳动仲裁委员会的性质和地位决定了的,其在此疑难问题上也只能作此务实处理。

(三)未到退休年龄之养老待遇争议的受理及处理

如果劳动者尚未达到法定退休年龄,因养老社保待遇产生了争议,向劳动仲裁委员会申请劳动仲裁,是否应当受理?此问题在司法实践中存在争议。我们认为这属于社保待遇争议性质,且符合《劳动争议司法解释(一)》第1条之规定,因为“无法享受社会保险待遇”之结论,通过“不能补办”就自然能够得出,所以,客观上一定会给劳动者造成养老保险损失,应属于用人单位赔偿损失的范围,故劳动仲裁委员会应当受理。

至于受理之后该损失如何计算,这属于案件处理问题。我们认为该条解释明确将用人单位未为劳动者办理社会保险手续且不能补办,导致劳动者无法享受社会保险待遇,而要求赔偿损失的请求纳入受理范围,故受理属于理所当然。但是,根据“谁主张,谁举证”原则,该赔偿损失的举证责任应该在劳动者一方,劳动者应举证证明不能补办社会保险,导致其无法享受社保待遇的损失情况。但在实际操作中可能会发生劳动者无法计算其所受损失的数额,因为养老保险待遇需等到退休之后才能享受。因此,如果劳动者无法证明,却仍坚持的,如果驳回其仲裁请求,我们认为有违公平合理原则,不利于倾斜保护劳动者权益,毕竟该损失系用人单位违法行为造成。所以,我们建议其所受损失可按以下步骤确定:

1. 劳动者无法享受社会保险待遇的具体损失数额不明确的，可由当事人向社会保险经办机构及相关单位申请核定；劳动争议仲裁委员会和人民法院如认为有需要，也可以委托社会保险经办机构及相关单位对有关费用进行核定。①

2. 如果社会保险经办机构不予核定或无法核定，则参照本地区退休职工社会月平均养老金标准的一定比例确定。例如，重庆市高级人民法院民一庭认为："如劳动者在同一用人单位工作年限满 15 年的，则参照劳动者达到法定退休年龄前一年的重庆市退休职工社会月平均养老金标准的 70% 确定劳动者的损失，由用人单位按月赔付；如劳动者在同一用人单位连续工作不满 15 年的，则以劳动者在用人单位的实际工作年限除以 15 年，再乘以其达到法定退休年龄前一年的重庆市退休职工社会月平均养老金标准的 70% 确定劳动者的损失，由用人单位按月赔付。"②

（四）社保待遇赔偿的时效起算日如何确定？

不能让当事人"躺在权利上睡大觉"，这是时效制度设立之初衷。但是，如果适用劳动仲裁时效制度，则可能绝大部分社保待遇争议都会超过仲裁时效，这就会让社保待遇损害赔偿制度名存实亡。因为社会待遇争议大多发生在退休前后，而办理退休手续时，劳动者往往在原用人单位离职很多年了，甚至二三十年。所以，我们认为社保待遇赔偿的时效起算日即劳动争议发生之日，应当确定为"达到法定退休年龄之日"或者"达到法定退休年龄前劳动者主张权利之日"比较合适。并自起算日起如果满一年（未出现中止中断情形）则仲裁时效届满。例如，河南省劳动和社会保障厅《〈关于社会养老保险争议是否有申诉时效的请示〉的复函》（豫劳社仲裁〔2002〕6 号）就规定，劳动者要求用人单位为其办理退工手续或转移档案、社会保险手续的，不受仲裁时效的约束。虽然上述社保争议不受仲裁时效的约束之规定，未涉及社保待遇赔偿争议，但具有类似性。因为养老保险待遇关系到劳动者基本生存权的实现，具有人身性和强制性，即使劳动者未能及时提出，也应得到法律的保护。

（五）企业年金争议是否受理

所谓企业年金，是指企业及其职工在依法参加基本养老保险的基础上，自

---

① 广州市劳动争议仲裁委员会、广州市中级人民法院《关于劳动争议案件研讨会会议纪要》（穗劳仲会纪〔2011〕2 号）第 36 条。

② 重庆市高级人民法院民一庭《关于用人单位未为劳动者办理社会保险手续且社会保险经办机构不能补办导致劳动者无法享受社会保险待遇的，用人单位应如何赔偿损失的通知》（2014 年 12 月 9 日）。

主建立的补充养老保险制度。[①] 建立企业年金的目的是“为建立多层次的养老保险制度,推动企业年金发展,更好地保障职工退休后的生活”。企业年金所需费用由企业和职工个人共同缴纳。企业年金基金实行完全积累,为每个参加企业年金的职工建立个人账户,按照国家有关规定投资运营。企业和职工建立企业年金,应当依法参加基本养老保险并履行缴费义务,企业具有相应的经济负担能力。没有缴纳社保的企业,不得建立企业年金制度。职工在达到国家规定的退休年龄或者完全丧失劳动能力时,可以从本人企业年金个人账户中按月、分次或者一次性领取企业年金。

关于企业年金争议劳动仲裁委员会是否受理,这首先要看企业年金的法律属性。我们认为企业年金既不是国家基本养老保险,也不是商业保险,而是企业给予劳动者的一项福利待遇。根据《企业年金办法》(2018 年 2 月 1 日起施行)第 7 条规定:“建立企业年金,企业应当与职工一方通过集体协商确定,并制定企业年金方案。企业年金方案应当提交职工代表大会或者全体职工讨论通过。”同时,第 30 条第 1 款还规定:“因订立或者履行企业年金方案发生争议的,按照国家有关集体合同的规定执行。”故我们认为企业年金属于集体福利,并且《企业年金办法》属于集体合同性质,所以,即使企业年金争议不是社保争议,也应当属于劳动仲裁委员会的受理范围,按集体合同争议受理和处理。深圳市中级人民法院《关于审理劳动争议案件的裁判指引》(2015 年 9 月 2 日)第 7 条对此作出了类似规定:“因订立或履行企业年金方案发生的争议,根据《企业年金试行办法》的规定,按国家有关集体合同争议处理规定执行。”

(六)免缴社保争议是否受理

劳动关系存续期间,因劳动者不愿缴纳社保或者用人单位为逃避缴保义务之原因,有时出现双方就免予缴纳社会保险达成协议,约定用人单位支付劳动者少量补偿,并免除用人单位缴纳社保的义务。双方在履行上述协议时有时会产生争议,如劳动者要求用人单位继续支付补偿、劳动者要求用人单位补缴社保、用人单位要求劳动者退回补偿等。

如果一方反悔且向劳动仲裁委员会申请劳动仲裁,是否应当受理?我们认为应当受理。因为这个协议的性质属于劳动合同,产生的争议属于劳动合同履行或解除争议,虽然不属于社保争议范围,但仍在劳动仲裁的受案范围。只是劳动仲裁委员会在受理之后的处理过程中,应当认定该协议无效,因为该协议违反法律、行政法规强制性规定,且损害了国家利益和社会公共利益。我国法

---

① 《企业年金办法》(2018 年 2 月 1 日起施行)第 2 条。

律规定社保是强制缴纳的,劳动者与用人单位之间不能“私了”。劳动者因协议获得的补偿,用人单位可以要求退回,用人单位尚未支付的,劳动者也无权要求其继续支付。

(七)垫付社保费返还争议是否受理

此问题在实践中存在争议。主要存在两种截然相反的观点:第一种观点认为属于劳动仲裁受案范围,理由是用人单位未尽缴纳社保之法定义务,劳动者垫付社保费后给劳动者造成了损害,用人单位应当予以返还,以维护劳动者合法权益。持此观点的省市有广东省①、安徽省②等。第二种观点认为不是劳动仲裁受案范围。持此观点的有温州市,他们认为:“用人单位为劳动者建立社会保险关系后,因用人单位未依法缴纳应由其缴纳的社会保险费用,劳动者代用人单位缴纳后,劳动者要求用人单位返还代为缴纳社会保险而支付的金钱的,不属于仲裁委受案范围,受害人向人民法院起诉的,人民法院应予以支持。用人单位未为劳动者建立社会保险关系,劳动者通过其他渠道自行缴纳保险费,或在其他用人单位缴纳社会保险费,劳动者据此要求用人单位支付代为缴纳社会保险而支付的金钱的,不予支持。”③

我们赞同第二种观点,即垫付社保费返还争议不属于劳动仲裁委员会的受案范围。主要理由是其不符合《劳动争议司法解释(一)》第1条规定。垫付社保费返还争议不是社保待遇争议。因为只有以不能补办导致无法享受社会保险待遇为由,要求用人单位赔偿损失而发生的争议,劳动仲裁委员会才予以受理。所以,垫付社保费返还争议不属于狭义的社保争议,而属于广义社保争议,即社保缴费争议和社保管理争议的范围。劳动者应当通过向劳动监察部门举报或投诉来进行处理。

(八)仲裁不予受理的社会保险争议

根据《社会保险行政争议处理办法》(2001年5月27日)第6条和《工伤认定办法》(2011年1月1日起施行)第23条之规定,有下列社保争议之一的,公

① 广东省高级人民法院、广东省劳动人事争议仲裁委员会《关于审理劳动人事争议案件若干问题的座谈会纪要》(已失效)第1条第1款规定:“用人单位为劳动者建立了社会保险关系,劳动者垫付用人单位未依法缴纳的社会保险费用后,请求用人单位返还的,作为劳动争议处理。”

② 安徽省高级人民法院《关于审理劳动争议案件若干问题的指导意见》(皖高法〔2015〕34号)第25条规定:“劳动者起诉主张用人单位返还由其垫付的社会保险费用的,人民法院应按劳动者已缴费情况、社会保险缴费通知书和社会保险经办机构出具的社保登记证明,判决用人单位将依法由用人单位负担、劳动者事前垫付的基本社会保险费用直接给付劳动者。”

③ 温州市中级人民法院、温州市劳动人事争议仲裁委员会《关于劳动人事争议案件处理若干问题的会议纪要》(2016年7月)第34条。

民、法人或者其他组织不能申请劳动仲裁，而只能通过行政复议或者诉讼途径处理：

1. 认为经办机构未依法为其办理社会保险登记、变更或者注销手续的（可申请行政复议）；

2. 认为经办机构未按规定审核社会保险缴费基数的（可申请行政复议，也可先申请复查，不服再申请行政复议）；

3. 认为经办机构未按规定记录社会保险费缴费情况或者拒绝其查询缴费记录的（可申请行政复议）；

4. 认为经办机构违法收取费用或者违法要求履行义务的（可申请行政复议）；

5. 对经办机构核定其社会保险待遇标准有异议的（可申请行政复议，也可先申请复查，不服再申请行政复议）；

6. 认为经办机构不依法支付其社会保险待遇或者对经办机构停止其享受社会保险待遇有异议的（可申请行政复议，也可先申请复查，不服再申请行政复议）；

7. 认为经办机构未依法为其调整社会保险待遇的（可申请行政复议，也可先申请复查，不服再申请行政复议）；

8. 认为经办机构未依法为其办理社会保险关系转移或者接续手续的（可申请行政复议）；

9. 认为经办机构的其他具体行政行为侵犯其合法权益的（可申请行政复议）；

10. 对不予受理决定不服或者对工伤认定决定不服的（可行政复议或行政诉讼）。

八、常见不予受理案件汇总

除以上社保争议中不予受理的案件之外，根据《劳动争议司法解释（一）》第 2 条规定及笔者从业实践，我们认为以下案件一般不属于受案范围，劳动仲裁委员会将会不予受理：

1. 劳动者请求社会保险经办机构发放社会保险金的纠纷；

2. 劳动者与用人单位因住房制度改革产生的公有住房转让纠纷；

3. 劳动者对劳动能力鉴定委员会的伤残等级鉴定结论或者对职业病诊断鉴定委员会的职业病诊断鉴定结论的异议纠纷；

4. 家庭或者个人与家政服务人员之间的纠纷；

5. 个体工匠与帮工、学徒之间的纠纷；

6. 农村承包经营户与受雇人之间的纠纷；

7. 劳动者要求用人单位为其补建档案的纠纷；

8. 劳动者主张用人单位丢失除档案之外的其他协议文件，要求用人单位赔偿的纠纷；

9. 劳动者要求确认退休证效力的纠纷；

10. 劳动者要求确认其属于特殊工种的纠纷；

11. 劳动者要求确认工资基数的纠纷；

12. 劳动者对劳动能力鉴定不服的纠纷；

13. 劳动者对职业病诊断鉴定结论不服的纠纷；

14. 劳动监察部门已受理的纠纷；

15. 劳动者仲裁请求涉及船舶优先权的纠纷（之外的其他劳动争议案件一般应作为普通劳动争议案件由劳动仲裁委员会受理）；

16. 外国人（不包括港澳台人员）擅自就业发生的纠纷；

17. 劳动者要求纠正用人单位规章制度产生的纠纷；

18. 因住房公积金引起的纠纷；

19. 用人单位对劳动者进行纪律处分引起的纠纷（指批评、警告等精神上的处分，且不包括解除争议）；

20. 劳动者要求用人单位办理退休手续的纠纷；

21. 劳动者要求按工资欠条支付的纠纷。[①]

九、是否受理存疑例举

（一）达到退休年龄后的争议

最高人民法院《劳动争议司法解释（一）》第 32 条第 1 款规定："用人单位与其招用的已经依法享受养老保险待遇或者领取退休金的人员发生用工争议而提起诉讼的，人民法院应当按劳务关系处理。"这一规定改变了上海市过去退休人员用工按特殊劳动关系处理的做法。但是对于已届退休年龄人员劳动合同关系何时终止的问题，相关规定还不尽一致，《劳动合同法》第 44 条规定，劳动者开始依法享受基本养老保险待遇的，劳动合同终止。而《劳动合同法实施条例》第 21 条却规定，劳动者达到法定退休年龄的，劳动合同终止。

我们认为对于已届退休年龄人员，双方法律关系性质应按以下三种情况分别定性：(1) 对于劳动者开始依法享受基本养老待遇的，严格按前述司法解释

---

① 《劳动争议司法解释（一）》第 15 条规定："劳动者以用人单位的工资欠条为证据直接提起诉讼，诉讼请求不涉及劳动关系其他争议的，视为拖欠劳动报酬争议，人民法院按照普通民事纠纷受理。"

的规定，劳动者与用工单位发生争议，按劳务关系处理。(2)对于达到法定退休年龄，用人单位又未与其解除劳动合同继续留用，未办理退休手续的，按劳动关系处理。因为《社会保险法》第16条规定："参加基本养老保险的个人，达到法定退休年龄时累计缴费满十五年的，按月领取基本养老金。参加基本养老保险的个人，达到法定退休年龄时累计缴费不足十五年的，可以缴费至满十五年，按月领取基本养老金；也可以转入新型农村社会养老保险或者城镇居民社会养老保险，按照国务院规定享受相应的养老保险待遇。"在达到法定退休年龄时，劳动者累计缴费未满15年，此时劳动者"可以缴费至满十五年"，如果用人单位继续留用，由于无法办理退休手续，也未办理解除手续，所以双方劳动法律关系性质并未改变，即双方之间仍为劳动关系。(3)对于达到法定退休年龄的，用人单位与其解除劳动合同，因缴费年限不够而未享受养老保险待遇，应根据《社会保险法》的规定，劳动者只要补缴社保费就可享受养老保险待遇，其与再就业用工单位发生争议的，按劳务关系处理。

所以，按照以上三类不同性质划分，第一种是享受基本养老待遇之劳务关系争议，劳动仲裁委员会可以不予受理；第二种是达到法定退休年龄的，但未享受基本养老待遇，用人单位未与其解除劳动合同，继续留用的劳动关系争议，劳动仲裁委员会应当受理；第三种是达到法定退休年龄的，但未享受基本养老待遇，用人单位与其解除劳动合同，重新就业后发生的劳务关系争议，劳动仲裁委员会可以不予受理。

（二）因劳动关系运行直接产生债权债务关系的争议

处理因为劳动关系运行直接产生的债权债务关系而产生的争议，劳动仲裁委员会是否应当受理，在实践中存在争议。我们认为应当受理，因为该债权债务关系是基于特殊法律关系即劳动关系才产生的。如果没有该劳动关系，则不必然产生该债权债务关系；如果没有该劳动关系，也能产生该债权债务关系，则不是上述所说的应当受理的债权债务关系之争议。

举例说明之。根据最高人民法院《关于职工执行公务在单位借款长期挂账发生纠纷法院是否受理问题的答复》(〔1999〕民他字第4号)之规定，劳动者因工作原因向用人单位预借支款项的行为系职务行为，其与单位之间不存在平等主体间的债权债务关系，人民法院不应作为民事案件受理。受托事项完成后，因未及时报销冲账与用人单位发生纠纷的，应由用人单位按其内部财会制度处理。但劳动合同解除后，用人单位要求劳动者返还应当返还部分的预借支款项的，人民法院应当按照劳动争议案件处理。所以，劳动合同解除后，用人单位要求劳动者返还劳动合同存续期间因劳动合同的履行而由劳动者占有、使用的财物的，劳动仲裁委员会应当按照劳动争议案件处理，因为这是不平等主体间的债权债务关系。如果用人单位要求劳动者返还劳动合同存续期间劳动者非因工作原因借用的财物，劳动仲裁委员会应当不予受理，因为这是平等主体间的债权债务关系。但用人单位起诉的，人民法院应当受理，且应当按照普通民事案件处理。

还有，如果出租车公司与驾驶员建立劳动关系后，又建立了内部承包关系，如果双方就内部承包关系之债权债务的履行产生了争议，如承包费用缴纳、交通事故赔偿、车辆返还、补贴支付、维修费支付、风险保证金的支付与返还等，则该争议就应当属于劳动仲裁的受理范围。

（三）企业改制产生的争议

此问题应否受理在司法实践中存在争议。我们认为应当从改制原因着手，分“政府主导”和“企业自主”这二个类型进行处理：（1）因政府主导的国有、集体企业改制、改革造成的职工下岗、经济补偿金和下岗生活费等引起的纠纷，劳动仲裁委员会不予受理，可告知劳动者向政府有关部门申请按照企业改制的政策规定解决；（2）企业自主改制或企业产权结构发生改变引发的争议，属劳动争议，应予受理。司法实践中持有以上意见的省市有广东省[①]、四川省[②]、福建省[③]、深圳市[④]、合肥市[⑤]等。

我国目前政府主导的企业改制主要是指企业产权制度改革和劳动用工制度改革。

（四）人事档案争议

对于人事档案争议劳动仲裁委员会是否受理，不能一概而论，要针对不同情况分别处理。从司法实践的情况来看，关于人事档案的争议，主要有如下几种类型：一是补办、补齐、初建人事档案争议；二是劳动合同解除或终止后，办理人事档案转移手续争议；三是因人事档案丢失而产生的赔偿争议。

1. 关于补办、补齐、初建人事档案争议，我们认为人事档案管理属行政管理

---

① 广东省高级人民法院《关于审理劳动争议案件若干问题的指导意见》（粤高法发〔2002〕21号，已失效）第1条。

② 四川省高级人民法院民一庭《关于审理劳动争议案件若干疑难问题的解答》（川高法民一〔2016〕1号）第6条。

③ 福建省高级人民法院《关于审理劳动争议案件若干问题的意见》第1条。

④ 深圳市中级人民法院《关于审理劳动争议案件的裁判指引》（2015年9月2日）第1条。

⑤ 合肥市中级人民法院、合肥市劳动人事争议仲裁委员会《关于印发〈审理劳动人事争议案件若干问题规范指引〉的通知》（合中法办〔2018〕81号）第11条。

的范畴，劳动仲裁委员会受理此类案件没有法律依据，且受理后无法作出明确的具有可执行内容的裁决，故仲裁委员会不应受理。如江苏省[①]等就对此作出了不予受理规定。

2. 关于办理人事档案转移手续争议，我们认为应当受理。因为劳动合同解除或者终止后，用人单位在法定时间为劳动者办理档案和社会保险关系转移手续，系用人单位的法定义务，如山东省[②]等就对此作出了应当受理之规定。同时，《劳动争议司法解释（一）》第 1 条第 4 项也规定应当受理，即"……办理劳动者的人事档案、社会保险关系等移转手续发生的纠纷"。如人民法院在支持飞行员辞职权的同时，也会在判决书上载明这样一段文字："自生效之日起十五日内为××办理退工手续（仅限劳动关系方面）。"为什么要特别声明"仅限劳动关系方面"，其实就是指仅仅办理职工人事档案和社会保险关系转移手续，其潜台词为其他档案转移手续与劳动关系无关，本案不予处理，如飞行执照、航空人员体检合格证、空勤登机证、驾驶员飞行记录簿、飞行经历记录本等。[③]

3. 关于人事档案丢失而产生的赔偿争议，我们认为劳动仲裁委员会应当受理。因为人事档案丢失系用人单位过错，且会严重影响劳动者再次就业，极易给劳动者带来经济损失，如果不予以赔偿，有失公平正义，也不利于倾斜保护劳动者合法权益。如北京市[④]、重庆市[⑤]、四川省[⑥]、黑龙江省[⑦]等均对此作出了应当受理之规定。

（五）商业秘密侵权争议

劳动者侵犯用人单位商业秘密的，用人单位申请劳动仲裁是否应当受理？我们认为应当分二种情况分别处理：（1）如果劳动者违反竞业限制义务的同

---

① 江苏省劳动争议仲裁委员会《关于印发〈江苏省劳动仲裁案件研讨会纪要〉的通知》（苏劳仲委〔2007〕1 号）第 3 条。

② 山东省高级人民法院、山东省人力资源和社会保障厅《关于审理劳动人事争议案件若干问题会议纪要》第 18 条。

③ 胡燕来：《解雇：人力资源法律实务指引》，法律出版社 2016 年版，第 57 页。

④ 北京市高级人民法院、北京市劳动争议仲裁委员会《关于劳动争议案件法律适用问题研讨会会议纪要》（2009 年 8 月 17 日）第 2 条。

⑤ 重庆市高级人民法院《关于当前民事审判若干法律问题的指导意见》（2007 年 11 月 22 日）第 2 条。

⑥ 四川省高级人民法院民一庭《关于审理劳动争议案件若干疑难问题的解答》（川高法民一〔2016〕1 号）第 7 条。

⑦ 黑龙江省人力资源和社会保障厅《关于审理劳动人事争议案件若干问题的处理意见（一）》（黑人社发〔2011〕132 号，已失效）第 4 条。

时，也侵犯了用人单位商业秘密，用人单位追究劳动者违约责任的，劳动仲裁委员会应作为劳动争议案件受理并处理。(2)用人单位以劳动者侵犯商业秘密为由请求承担侵权责任的，由于其适用的依据是侵权责任法或反不正当竞争法，所以不属于劳动争议案件受理范围，劳动仲裁委员会应当不予受理。

我们认为裁审实践中，涉及商业秘密被侵害时，权利人可以寻求民法、劳动法等多个法律途径救济，以充分保障权利人多元化的救济手段。劳动合同争议与保密合同争议所涉及的权利和义务不尽相同，如果用人单位直接依据保密合同请求法院追究劳动者的民事侵权责任，法院一般不宜以争议未经仲裁直接驳回当事人的请求。如安徽省高级人民法院《关于审理劳动争议案件若干问题的指导意见》(皖高法〔2015〕34 号)第 14 条就作出了类似规定："劳动者与用人单位之同没有签订竞业限制协议，解除或终止劳动合同关系后用人单位主张劳动者承担竞业限制义务的，人民法院不予支持。但劳动者侵犯用人单位商业秘密，用人单位依据《侵权责任法》等相关法律的规定追究劳动者的侵权责任的，人民法院应作为民事侵权案件受理。"

(六)内部承包、租赁合同争议

内部承包、租赁合同争议是否属于劳动争议，在司法实践中存在分歧。究其原因，我们认为是内部承包、租赁合同之权利义务属性造成的。因为这二个协议之权利义务，兼有劳动权利义务性质和民事权利义务性质。所以，内部承包、租赁合同可以说既具有劳动法律关系之劳动合同性质，也同时具有民事法律关系之民事协议性质。劳动仲裁委员会能否受理，主要看劳动者或用人单位申请劳动仲裁的请求项目的性质。

有鉴于此，我们认为，内部承包、租赁合同争议应当分二种情况分别处理：(1)用人单位与劳动者之间签订的内部承包、租赁合同的内容涉及应由劳动合同规定的权利义务，因此而产生的争议，应认为该争议属于劳动争议，劳动争议仲裁委员会应予受理。(2)劳动者与用人单位之间签订的内部承包、租赁合同的内容不属于劳动争议范围的纠纷(如承包条款、租赁基数等)，劳动争议仲裁委员会不予受理。司法实践中明确持有以上观点的省市有福建省和上海市。[①]

(七)差旅费争议

此问题能否受理在实践中存在争议。我们认为应当分二种情况分别进行处理：(1)与履行和承担劳动权利义务无关的差旅费争议，一般不予受理；

---

① 福建省高级人民法院《关于审理劳动争议案件若干问题的意见》(2001 年 12 月 19 日)第 12 条；上海市高级人民法院《关于审理劳动争议案件若干问题意见》(1996 年 10 月)第 7 条。

(2)与履行和承担劳动权利义务有关的差旅费争议,应当予以受理。一般情况下,如劳动者预支差旅费是基于职务上的需要,出差费用就应由单位负担,出差者仅需提供相关单据与单位结算。因此,这种关系与基于个人需要向单位借款的性质是不同的,不应按借款关系对待。实质上它是双方在履行劳动合同中发生的权利义务关系。劳动合同履行中劳动者有给付劳动的义务(出差也是劳动的组成部分),用人单位则有负担因劳动而发生的费用的义务(如供给出差费用等)。故只要查明劳动者确实是预支差旅费,双方的纠纷系为结算因公出差费用而发生,就应当作为劳动争议案件受理。

另外,与履行和承担劳动权利义务有关的其他差旅费争议,劳动仲裁委员会应当受理的情形还有一些。如将差旅费作为劳动报酬构成之一部分而生产争议的,按照集体合同、劳动合同的约定用人单位应当支付差旅费的,用人单位规章制度中规定其应当支付差旅费的等。

(八)公益性岗位用工争议

我国规范性文件对公益性岗位进行了定义。劳动和社会保障部办公厅《关于开展下岗失业人员统计的通知》(劳社厅发〔2003〕4 号)文件规定,公益性岗位,是指主要由政府出资扶持或是社会筹集资金开发的符合公共利益的管理、服务岗位。如社区保安岗位、保洁岗位、城管岗位、协管岗位等。所以公益性岗位具有特殊性,是解决特殊人员就业难的问题,由政府开发或社会筹集资金开发的岗位,主要集中在基层的社会公共服务领域。

如果在公益性岗位用工上产生了争议,劳动仲裁委员会是否应当受理?此问题在实践中存在争议,主要有二种观点:第一种观点认为公益性岗位本身具有特殊性,是政府为了社会公共利益而设置的,不是以营利为目的设立的,故不适用劳动法,劳动仲裁委员会不能受理。第二种观点认为应当受理,即公益性岗位虽然具有特殊性,但劳动者在公益性岗位上履行相关权利义务过程中,如果其合法权益受到损害,也应当依法予以保护,而不能将其定性为劳务关系由双方约定权利义务。

我们不赞同以上两种观点。我们认为应当分二种情况分别予以处理。一是法律有特别规定的,可以不适用劳动法,此范围内的争议,劳动仲裁委员会不予受理。二是在法律特别规定之外,应当适用劳动法规定,此范围内的争议,劳动仲裁委员会应当受理。关于公益性岗位是否适用劳动法的特殊规定,我们认为目前只有一种特殊情况,即《劳动合同法实施条例》第 12 条规定:“地方各级人民政府及县级以上地方人民政府有关部门为安置就业困难人员提供的给予岗位补贴和社会保险补贴的公益性岗位,其劳动合同不适用劳动合同法有关无固定期限劳动合同的规定以及支付经济补偿的规定。”从以上规定可知,除“无固定期限”“支付经济补偿”这二项排除适用《劳动合同法》之外,其他规定均应当适用公益性岗位。所以,在以上二个特殊规定范围之外,劳动者与用人单位产生其他的劳动争议的,如双倍工资、加班费、违法解除赔偿金、社保待遇争议等,劳动仲裁委员会均应当依法予以受理。

(九)船员劳务合同争议

船员的劳务合同争议到底由劳动仲裁委员会受理,还是由海事法院管辖,在司法实践中存在争议,且争议较大,直到最高人民法院《关于审理涉船员纠纷案件若干问题的规定》(法释〔2020〕11 号)文件出台才得以终结。

1. 船员劳务合同争议管辖

上述司法解释第 1 条规定:“船员与船舶所有人之间的劳动争议不涉及船员登船、在船工作、离船遣返,当事人直接向海事法院提起诉讼的,海事法院告知当事人依照《中华人民共和国劳动争议调解仲裁法》的规定处理。”同时,第 2 条接着规定:“船员与船舶所有人之间的劳务合同纠纷,当事人向原告住所地、合同签订地、船员登船港或者离船港所在地、被告住所地海事法院提起诉讼的,海事法院应予受理。”所以,从以上规定可知,对于船员劳动合同纠纷,如果与船员登船、在船工作、离船遣返无关,即争议不涉及船舶优先权问题的,告知当事人依照《劳动争议调解仲裁法》的规定,按“先裁后审”“一裁两审”的法定程序处理。而对于船员劳务合同纠纷,以及与船员登船、在船工作、离船遣返有关的劳动纠纷,由有管辖权的海事法院受理,且其中的劳动争议事项不再按“先裁后审”“一裁两审”的法定程序处理。所以,上述对一并起诉的劳动争议管辖的灵活处理,主要是为了保障劳动者快速、便捷和高效地维权,不人为增加维权成本和难度。

2. 船员享有的船舶优先权及其范围

船员劳务争议的特殊性在于涉及船舶优先权。我国《海商法》(1993 年 7 月 1 日起施行)第 21 条对船舶优先权作了定义:所谓船舶优先权,是指海事请求人依照本法第 22 条的规定,向船舶所有人、光船承租人、船舶经营人提出海事请求,对产生该海事请求的船舶具有优先受偿的权利。而该法第 22 条第 1 款规定:“下列各项海事请求具有船舶优先权:(一)船长、船员和在船上工作的其他在编人员根据劳动法律、行政法规或者劳动合同所产生的工资、其他劳动报酬、船员遣返费用和社会保险费用的给付请求;(二)在船舶营运中发生的人身伤亡的赔偿请求;(三)船舶吨税、引航费、港务费和其他港口规费的缴付请求;(四)海难救助的救助款项的给付请求;(五)船舶在营运中因侵权行为产生的财产赔偿请求。”所以，船员享有船舶优先权的范围仅指“工资、其他劳动报酬、船员遣返费用和社会保险费用”，之外的其他劳务争议请求不在船舶优先权范围之内。

（十）农民专业合作社与其雇员的报酬争议

近来，随着农民专业合作社不断发展，规模和专业化程度不断扩大、提高，农民专业合作社与其成员、雇员之间因劳务报酬的纠纷案件逐渐增多。此类案件是否属于劳动争议纠纷，农民专业合作社是否系《劳动法》《劳动合同法》规定的用人单位主体，对此法律没有明确规定，在审判实践中也没有统一的认识。

我们认为，根据《农民专业合作社法》的规定，农民专业合作社是在农村家庭承包经营基础上，农产品的生产经营者或农业生产经营服务的提供者、利用者，自愿联合、民主管理的互助性经济组织，即农民专业合作社系互助性经济组织，虽依法登记，但并非严格意义上的用人单位。且考虑到农民专业合作社目前尚处于起步阶段，相应的用工配套政策措施缺乏，需要一定的政策扶持，如严格依照《劳动法》《劳动合同法》的规定来要求农民专业合作社，不利于进一步促进农民专业合作社的发展。例如，《上海市实施〈中华人民共和国农民专业合作社法〉办法》（2020 年 5 月 1 日起施行）第 29 条就规定可以不为雇员缴纳社保，这说明专业合作社不是用人单位，与雇员不存在劳动关系，即“在农民专业合作社工作的农业科技人员和大中专毕业生可以按照本市规定，参加城镇职工社会保险。本市户籍的农民专业合作社成员可以按照本市规定，参加城镇职工社会保险。在农民专业合作社从事农业劳动的从业人员可以按照本市规定，办理灵活就业登记”。故我们认为，目前农民专业合作社与其雇员之间因劳务报酬等产生的纠纷，不宜定性为劳动争议案件。

另外，对于农民专业合作社与其内部成员之间在生产、劳动过程中产生的权利义务是否属于劳动法律关系的问题。我们认为，农村专业合作社系平等主体间按照自愿联合、民主管理、按盈余比例分配收入等原则设立的互助性经济组织，其与内部成员之间系平等主体之间的法律关系，不符合用人单位与劳动者管理与被管理、指挥与被指挥的劳动法律关系特征，故双方产生的纠纷应按相应的民事法律关系处理。

十、劳动监察与劳动仲裁受案范围交叉的处理

按目前我国劳动法对劳动者权利的救济途径的安排来看，劳动者至少可以获得二个方面的救济：一是通过劳动监察程序获得救济；二是通过劳动仲裁程序获得救济。但事实上这两个救济程序在受案范围上存在重合和交叉，劳动者

能否同时启动这二个程序维权？劳动仲裁与劳动监察的关系如何处理？这些问题需要明确。

（一）劳动监察与劳动争议处理程序的差异

劳动监察程序与劳动争议处理程序的区别主要表现在：（1）本质特征不同。劳动争议处理是由劳动契约争议的私法性决定的，而劳动监察是由行政执法的公法性决定的。由于劳动基准兼有公私法的特征，因此，其中的私法特征部分由劳动争议处理程序予以救济，而其中的公法特征部分则由劳动监察程序予以救济。（2）适用法律规范不同。劳动争议处理既适用强行性法律规范也适用任意性法律规范，而劳动监察只能适用强行性法律规范。（3）处理机构不同。劳动争议处理机构主要包括社会性调解组织、劳动争议仲裁委员会和人民法院，而劳动监察主要是由国家劳动行政部门执行。（4）启动程序不同。劳动争议处理依当事人的请求而实施，不告不理，而劳动监察一般应主动实施，也可以应劳动者请求而启动。（5）法律责任不同。劳动争议处理追究当事人的法律责任一般为民事责任，而劳动监察追究用人单位的法律责任一般为行政责任。因此，劳动者通过劳动争议处理获得的是民事救济，而通过劳动监察获得的是行政救济。①

（二）劳动仲裁与劳动监察受案范围冲突的处理

《劳动争议调解仲裁法》《劳动仲裁规则》对劳动监察与劳动仲裁受理案件范围重合交叉冲突如何处理未作规定。但《劳动合同法》第74条规定："县级以上地方人民政府劳动行政部门依法对下列实施劳动合同制度的情况进行监督检查：（一）用人单位制定直接涉及劳动者切身利益的规章制度及其执行的情况；（二）用人单位与劳动者订立和解除劳动合同的情况；（三）劳务派遣单位和用工单位遵守劳务派遣有关规定的情况；（四）用人单位遵守国家关于劳动者工作时间和休息休假规定的情况；（五）用人单位支付劳动合同约定的劳动报酬和执行最低工资标准的情况；（六）用人单位参加各项社会保险和缴纳社会保险费的情况；（七）法律、法规规定的其他劳动监察事项。"同时《劳动保障监察条例》第21条对此也作了部分规定："用人单位违反劳动保障法律、法规或者规章，对劳动者造成损害的，依法承担赔偿责任。劳动者与用人单位就赔偿发生争议的，依照国家有关劳动争议处理的规定处理。对应当通过劳动争议处理程序解决的事项或者已经按照劳动争议处理程序申请调解、仲裁或者已经提起诉讼的事项，劳动保障行政部门应当告知投诉人依照劳动争议处理或者诉

① 刘焱白：《劳动基准法权利救济程序的冲突及其协调》，载《法商研究》2010年第3期。

讼的程序办理。”虽然以上仅仅是针对“损害赔偿”项目，但结合上述《劳动合同法》第74条之规定，其他劳动争议的处理，也同样可以参照适用。所以，我们认为劳动仲裁委员会面对劳动监察程序，应当分以下三种情形予以分别处理。

1. 尊重劳动者的选择权，按“在先受理优先”原则处理

劳动仲裁委员会在审查劳动者的仲裁申请时，一般会询问是否已向劳动监察部门举报或投诉，劳动鉴定部门是否已经受理或正在处理。如果劳动鉴定部门已经受理，劳动仲裁委员会应当向劳动者解释和说明，希望其撤回申请，配合劳动监察部门进行处理。但此做法目前在法律规定上仍缺乏依据，需要在立法上进一步完善。劳动者以属于法定受案范围为由，仍坚持要求申请劳动仲裁的，劳动仲裁委员会只能作出不予受理决定，并说明不予受理原因。因为两个维权程序均有权对实体劳动权利义务进行处理，而劳动仲裁委员会受理并处理劳动监察部门正在处理的案件，会造成同一案件实体之权利义务的重复处理，甚至出现处理结果矛盾之有损公平公正的局面。同时，重复处理也不利于节省公共资源，并会损害行政机关和司法机关的权威。当然，如果劳动者首先选择申请劳动仲裁，则劳动仲裁委员会对属于受案范围的案件应当予以受理，而不得告知或建议其向劳动监察部门举报或投诉，以尊重劳动者对维权路径的选择权。

2. 劳动监察程序结束后申请劳动仲裁的处理

如果经过劳动监察程序处理后，劳动者又向劳动仲裁委员会申请劳动仲裁，此时我们要对劳动监察处理的结果进行分析，并针对不同情况分别处理。属于重复处理的，应当告诉不能再申请劳动仲裁，如劳动者仍坚持申请，则只能作出不予受理决定并说明理由；劳动者对劳动监察结果不服的，告知其走行政复议或行政诉讼程序处理，如劳动者仍坚持申请，也只能作出不予受理决定并说明理由；劳动监察部门没有处理的，不属于重复处理之争议的，劳动仲裁委员会应当受理并予以处理。

3. 面对劳动监察机构“推来”案件的处理

如果劳动者向劳动监察机关投诉，而其却将劳动争议案件“推向”劳动仲裁委员会，我们认为该机关之做法违法。此情形下，劳动仲裁委员会为了切实保护劳动者合法权益，不能因为劳动监察机关行为违法而再将该案“推出”，而是应当予以受理并进行处理。同时，劳动仲裁委员会可以针对劳动监察机关的违法行为，向相关劳动行政管理部门提交相关的书面建议，以杜绝类似违法情况再度发生。劳动监察机构向外“推案”行为违法，我国最高人民法院的裁决早已经给出了结论，例如，(2019)最高法行申5262号裁定书载明：

本院经审查认为……《劳动合同法》第74条第2项、第5项规定，县级以上地方人民政府劳动行政部门依法对用人单位与劳动者订立和解除劳动合同的情况、支付劳动合同约定的劳动报酬情况，有权进行监督检查。根据上述规定，劳动者与用人单位之间因解除劳动合同、支付经济补偿金、工资、赔偿金发生争议的，劳动者可以选择申请劳动仲裁的方式解决，也可以选择作为投诉人向有管辖权的人力资源社会保障行政部门投诉，请求对用人单位未依法支付工资、经济补偿金、赔偿金的违法行为进行查处予以解决。两条救济途径都是劳动者的法定救济途径。劳动者未选择申请仲裁，而是选择投诉，人力资源社会保障行政部门经调查查实的证据证明，用人单位确实存在未依法支付工资、经济补偿金、赔偿金违法行为的，应当依法责令用人单位改正或者作出相应的行政处理决定；只有在经充分调查核实，仍无法查实相关事实时，才可以告知投诉人申请劳动仲裁加以解决。享有管辖权的人力资源社会保障行政部门未经充分调查核实，便告知举报人申请劳动仲裁解决争议的，属于不履行法定职责的行政违法行为。①

十一、关于受案范围的立法建议

1. 将具有劳动关系性质的特殊劳动争议纳入受理范围，如运动员争议。

2. 需要进一步明确人事争议的受案规范，以及可以适用的法律。例如，能否适用劳动法，能适用哪些劳动法之实体法和程序法，聘用制的工作人员可以享受哪些劳动权利？

3. 应将社保缴费争议明确为仅由劳动行政部门管辖。首先劳动法学界要加强研究，正确区分社保争议各种类型的性质，并在此研究的基础上进一步明确，劳动行政管理部门是社保缴费争议和社保管理争议的唯一处理渠道，以区分在社保争议上司法机关与劳动行政管理部门各自的管理权限。事实上社保缴费和社保管理事务复杂且专业，并且涉及规范政策、文件繁多，甚至人民法院的法律法规库中都没有这些文件，这对法官处理案件而言非常困难。并且，生效裁决的最终的执行，仍需要劳动行政主管部门配合和进一步处理。所以，我们认为由劳动者通过举报或投诉之行政处理途径来处理社保缴费争议较妥当。

4. 应适当扩大社保待遇争议的范围。目前按最高人民法院《民事案件案由规定》第187条的规定，社会保险纠纷只有五个案由，即养老、工伤、医疗、生育、失业保险待遇纠纷。但在司法实践中这五个案由并不够用，如请求支付亲

---

① 曾某雄、广东省人力资源和社会保障厅劳动和社会保障行政管理（劳动、社会保障）再审审查与审判监督行政裁定书，（2019）最高法行申5262号。

属抚恤金、丧葬费等，从保障劳动者合法权益角度出发，还应当适当扩充，建议使用兜底条款立法技术处理，即增加“其他社会保险待遇纠纷”案由。

5. 要建立全国统一的社保争议受案范围规定。目前社保争议受案范围从全国范围来看还比较乱。以省市为单位，有的只受理社保待遇争议，如上海市、北京市、广东省等，而有的地方不受理社保待遇争议；有些地方不受理社保补缴争议，如上海市、北京市、广东省等，而有些地方受理社保补缴争议，如浙江省[①]等。所以，确有必要建立全国统一的社保争议受案范围规定，以保障劳动者合法权益，体现公平公正。

6. 应当明确劳动监察已经受理的劳动争议，劳动仲裁委员会应当不予受理，以避免重复处理，浪费社会公共资源。一旦出现差异处理结果，则有违反公平公正原则之嫌疑，且会贬损劳动仲裁委员会或劳动监察机构的公信力。

① 《浙江省劳动人事争议调解仲裁条例》第37条第1款规定：“仲裁庭对社会保险费补缴、工伤保险待遇赔付等争议作出的裁决为终局裁决。”

第五章　劳动仲裁的参与人

一、仲裁参与人概述

（一）定义

所谓劳动仲裁参与人，是指所有参加劳动争议仲裁活动的人。劳动仲裁参与人有广义和狭义之分。《劳动仲裁规则》第42条规定，仲裁员、记录人员、当事人和其他仲裁参与人应当在庭审笔录上签名或者盖章。所以，广义的劳动仲裁参与人包括仲裁员、记录人员、当事人和其他仲裁参与人。狭义的劳动仲裁参与人指当事人和其他仲裁参与人。其中，当事人包括申请人、被申请人、共同当事人和第三人；当事人之外的其他仲裁参与人，包括仲裁代理人、法定代理人、仲裁辅助人、证人、鉴定人、勘验人员和翻译人员。所谓办案辅助人员，是指在劳动人事争议仲裁中，从事记录、安保、咨询、引导、案卷管理、信息化等辅助工作的人员。所谓记录人员，是指在争议案件处理中，主要负责案件庭审记录，承担整理、装订、归档案卷材料及仲裁庭交办的其他事务性工作的人员。

（二）与劳动仲裁参加人的关系

所谓劳动仲裁参加人，是指参加劳动争议仲裁活动的当事人和仲裁代理人。此定义是参照《民事诉讼法》第五章“诉讼参加人”之规定作出的，因为《民事诉讼法》第五章规定，诉讼参加人包括当事人和诉讼代理人这两类。所以，劳动仲裁参与人与劳动仲裁参加人其概念和内涵是不同的，不能混用。我们认为《劳动争议调解仲裁法》第40条第2款“笔录由仲裁员、记录人员、当事人和其他仲裁参加人签名或者盖章”中的“其他仲裁参加人”之用词欠妥，如果正确，则证人、鉴定人、翻译人员等其他诉讼参与人就不用在笔录上签名或盖章了，显然结论错误。但《劳动仲裁规则》在此使用上是规范的。

从以上定义可知两者之间是包容和被包容的关系，即劳动仲裁参与人包含了劳动仲裁参加人（当事人、仲裁代理人）和其他劳动仲裁参与人（证人、鉴定人、勘验人员、翻译人员、仲裁辅助人）。

二、劳动仲裁当事人

（一）定义

所谓劳动仲裁当事人，是指因劳动权利义务发生争议，以自己的名义进行劳动仲裁，要求劳动仲裁委员会裁决、调解的人，以及相对人。劳动仲裁当事人也有广义和狭义之分，广义的劳动仲裁当事人指申请人、被申请人、共同当事人和第三人；而狭义的劳动仲裁当事人仅指申请人和被申请人，而不包括共同当事人和第三人。

我国劳动仲裁当事人的名称与民事诉讼的当事人的名称不同。民事诉讼一审当事人名称为原告、被告；民事诉讼二审当事人的名称为上诉人、被上诉人。劳动仲裁当事人名称为申请人、被申请人，与民事诉讼当事人名称原告、被告具有某种对应关系，但不一定完全对应，如被申请人不服而起诉的，被申请人就成了原告，而申请人就成了被告。

（二）仲裁当事人的类型

1. 申请人

所谓申请人，是指为维护自己或自己所代表的劳动者的权益，而以自己的名义向劳动仲裁委员会申请劳动仲裁，从而引起劳动仲裁程序发生的人。用人单位和劳动者均可以成为劳动仲裁申请人。"自己所代表的劳动者"中的"自己"专指工会。因为《劳动合同法》第 56 条规定："……因履行集体合同发生争议，经协商解决不成的，工会可以依法申请仲裁、提起诉讼。"所以，发生集体合同劳动争议时，我国工会具有申请劳动仲裁、诉讼的权利。

2. 被申请人

所谓被申请人，是指被劳动仲裁申请人诉称侵犯其权益，而与劳动仲裁申请人发生劳动争议，且被劳动仲裁委员会通知应诉的人。并非只有用人单位是被申请人，事实上用人单位和劳动者均可以成为劳动仲裁的被申请人。司法实践证明，用人单位作为被申请人参加劳动仲裁程序比例占绝大部分。

3. 共同当事人

所谓共同当事人，是指对同一仲裁标的或同类仲裁标的，通过同一仲裁程序解决劳动争议的两人以上的一方或双方当事人。与民事诉讼程序中对应的类似主体为共同诉讼人。但是，共同当事人这个名称是法定的，如《劳动争议调解仲裁法》第 22 条，《劳动仲裁规则》第 6、7 条之规定。所以，我们不能将其称之为"共同仲裁人"。所谓共同仲裁，是指申请人或被申请人有二个以上的劳动争议仲裁。申请人为二个人以上的共同仲裁，为积极的共同仲裁；被申请人为二个以上的共同仲裁，为消极的共同仲裁。

一般情况下，劳动仲裁的申请人和被申请人都只有一人。然而复杂的社会关系决定了权利义务关系的一方或双方并非单一主体。即使是同一权利义务关系，也往往会存在涉及一方或双方为多数的复合主体的情况。例如，从劳动者角度来看，劳动者死亡的，则一般会产生继承人之复合主体之问题；从用人

（工）单位角度来看，劳动者的用工管理涉及多家用人单位时也会产生复合主体之问题。[①] 当一方为多人时就形成了特殊的劳动仲裁形式，即共同劳动仲裁。共同仲裁是诉的主观合并，即主体合并。其目的在于简化劳动仲裁程序，快速处理争议，节省劳动争议处理时间，节约纠纷化解成本，符合劳动仲裁基本原则之及时裁决原则。

在劳动仲裁之共同仲裁中，也存在与民诉理论一样的分类，即必要共同仲裁和普通共同仲裁之分。所谓必要共同仲裁，是指当事人一方或者双方二人以上，其仲裁标的是同一的共同仲裁。必要的共同仲裁要求共同当事人必须一同起诉或应诉，未一同起诉或应诉的，应予以追加，劳动仲裁委员会还必须合并审理，且作出合一的裁决，故将此类仲裁称为必要的共同仲裁。劳动派遣之劳动者与用人单位或用工单位产生的劳动争议仲裁，就属于必要共同仲裁。所谓普通共同仲裁，是指当事人一方或双方为两人以上，仲裁标的是同一种类的劳动争议仲裁。普通共同仲裁之当事人，不具有劳动权利义务上的共同利害关系，可以合并审理，也可以不合并审理。为提高争议处理效率，避免重复裁决，劳动仲裁委员会通常会合并审查。所以，普通共同仲裁的目的与必要共同仲裁并不一样，其目的重在实现劳动仲裁的经济性。如多个劳动者联合索要加班工资时的合并审理，就属于普通共同仲裁，因为多个劳动者之间具有同一种类的仲裁标的即加班工资，但其仲裁标的又不是同一个，即每个劳动者要求支付加班工资的具体请求并不相同。

4.第三人

所谓劳动仲裁第三人，是指申请人与被申请人之外的，与劳动争议案件的处理结果有利害关系，申请参加或由劳动人事争议仲裁委员会通知参加仲裁活动的当事人。《劳动争议调解仲裁法》第 23 条规定："与劳动争议案件的处理结果有利害关系的第三人，可以申请参加仲裁活动或者由劳动争议仲裁委员会通知其参加仲裁活动。"所以，我国的劳动争议仲裁程序设立了第三人参加仲裁活动的制度。以是否享有独立的请求权为标准，可将第三人划分为有独立请求权的第三人和无独立请求权的第三人。

所谓有独立请求权第三人，是指对申请人或被申请人争议的劳动仲裁标的

① 《长三角区域"三省一市"劳动人事争议疑难问题审理意见研讨会纪要》（2019 年 11 月 26 日）第 2 条规定："劳动关系主体的认定一般应当以劳动合同订立的主体为准；未订立劳动合同或者订立劳动合同的主体与实际履行的主体不一致的，应当根据当事人之间签订的协议或者劳动者的实际用工情况，从劳动者的日常管理、工作地点、工资发放、社会保险缴纳、借用关系等方面综合审查，确定劳动关系主体。"

有独立的请求权，而参加到劳动仲裁活动中来的人。所谓独立请求权，是指第三人主张的请求权，不同于本诉申请人向被申请人主张的请求权，而是同时直接针对本诉申请人或被申请人的。从主张来看，第三人的主张同于申请人，也反对被申请人。这种独立的请求权包括全部的独立请求权和部分的独立请求权。全部的独立请求权，是指请求的内容，是全部否定申请人和被申请人的实体权利的；部分请求权，则是指部分否定申请人和被申请人的实体权利。通常表现为第三人对他人之间的争议的标的主张权利。

相反地，所谓无独立请求权第三人，是指对申请人或被申请人争议的劳动仲裁标的无独立的请求权，而参加到劳动仲裁活动中来的人。无独立请求权的第三人无权向申请人或被申请人主张权利，只是因为法律上的利害关系而参加到劳动仲裁活动中来。从司法实践情况来看，参加到劳动争议仲裁程序中来的第三人，一般为无独立请求权第三人。以是否需要承担法律责任为标准，可将无独立请求权第三人划分为二类：一是辅助型无独立请求权第三人；二是责任型无独立请求权第三人。前者无须承担法律责任，其参加劳动仲裁活动的目的是辅助其中一方，同时也是为了维护自己的合法权益，避免劳动仲裁委员会对他人作出的裁决对自己的权利义务发生消极影响。并且，辅助型无独立请求权第三人无权承认、放弃、变更劳动仲裁请求；而责任型无独立请求权第三人需要承担法律责任，且有权承认、放弃、变更劳动仲裁请求。设立责任型无独立请求权第三人的目的在于按照劳动仲裁之及时裁决原则，一次性处理案件，以提高解决纠纷的效率。

裁审实践中，在第三人没有参加到劳动仲裁程序中来的情况下，应当分二种情况进行分别处理：一是经过书面通知无理由拒不参加的，或者虽然参加但无故中途退庭的，仲裁庭可以缺席裁决；二是在仲裁调解过程中涉及第三人义务时，第三人必须参加调解，否则不能在调解书中确认第三人需要承担相关义务。

（三）仲裁当事人的权利能力和行为能力

1. 劳动仲裁权利能力

所谓劳动仲裁权利能力，是指成为劳动仲裁当事人，享有劳动仲裁权利和承担劳动仲裁义务所必需的《劳动争议调解仲裁法》上的资格。劳动仲裁权利能力是与民事权利能力密切相关的。一般情况下，只有具有民事权利能力的人，才具有劳动仲裁权利能力。《民法典》第 13 条规定："自然人从出生时起到死亡时止，具有民事权利能力，依法享有民事权利，承担民事义务。"所以，公民的劳动仲裁权利能力始于出生，终于死亡。《民法典》第 59 条规定："法人的民事权利能力和民事行为能力,从法人成立时产生,到法人终止时消灭。”所以,法人和其他组织的劳动仲裁权利能力,始于成立,终于终止。

2. 劳动仲裁行为能力

所谓劳动仲裁行为能力,是指劳动仲裁当事人可以亲自实施劳动仲裁行为,并通过自己的行为,行使劳动仲裁权利和承担劳动仲裁义务的《劳动争议调解仲裁法》上的资格。有劳动仲裁权利能力而没有劳动仲裁行为能力的人,虽然也可以成为劳动仲裁的当事人,但其不能亲自实施劳动仲裁行为,只能通过其法定代理人或者法定代理人委托的劳动仲裁代理人,代为实施劳动仲裁行为。用人单位的劳动仲裁权利能力和劳动仲裁行为能力是同时产生、同时消灭的,所以不存在以上情况。

没有劳动仲裁行为能力的劳动者,其实施的劳动仲裁行为一般无效,除非事后得到其法定代理人的追认。司法实践中这一点容易被忽视,如患有精神病的劳动者,其申请劳动仲裁,就应通知或指定其法定代理人参加劳动仲裁活动,否则仲裁活动无效,且裁决文书不具有法律约束力。如果在仲裁庭审活动中,发现个别当事人疑似精神病人,但该当事人本人及利害关系人,如该当事人的近亲属或者对方当事人,均不主张该当事人为限制行为能力人或无行为能力人,也不愿提起司法鉴定申请,此时为切实保障疑似精神病人的仲裁权利,劳动仲裁委员会应当坚持慎重对待、灵活处理的原则,可以通过交谈、问话、走访等各种形式,来确定该当事人的精神及智力状况。如果发现确实存在异常情况,利害关系人又确实不愿提出鉴定申请,可以依据《民诉法解释》第 83 条的规定,根据个案具体情况,直接指定当事人的近亲属或者所在单位、住所地的居民委员会、村民委员会等,为本次劳动仲裁的法定代理人,确保程序上的公平、公正,充分保护当事人的劳动仲裁权利。

(四)仲裁当事人的权利、义务和负担

根据《劳动争议调解仲裁法》《劳动仲裁规则》规定,参照民事诉讼相关规定,我们对劳动仲裁当事人的权利、义务和负担梳理如下。

1. 劳动仲裁当事人的权利

所谓劳动仲裁当事人权利,是指当事人在劳动争议仲裁程序中享有的仲裁权利的总和。我们认为劳动仲裁当事人享有的主要权利如下:(1)申请劳动仲裁的权利;(2)反驳的权利;(3)提出反申请的权利;(4)委托代理人参加仲裁活动的权利;(5)申请回避的权利;(6)收集和提供证据的权利;(7)陈述的权利;(8)质证的权利;(9)辩论的权利;(10)选择调解的权利;(11)自行和解的权利;(12)申请财产保全的权利;(13)申请先予执行的权利;(14)申请顺延仲裁期间的权利;(15)不服裁决向人民法院起诉的权利;(16)申请强制执行生效裁决的权利;(17)查阅、复制本案有关材料的权利;(18)要求保密隐私的权利;(19)举报、投诉仲裁员、书记员违法犯罪行为的权利。

2. 劳动仲裁当事人的义务

所谓劳动仲裁当事人义务,是指当事人在劳动争议仲裁程序中承担的仲裁义务的总和。我们认为劳动仲裁当事人承担的主要义务如下:(1)书证提出义务;(2)履行生效裁决书和调解书的义务;(3)依法诚信行使仲裁权利的义务;(4)遵守仲裁程序义务;(5)遵守仲裁纪律义务;(6)不妨碍仲裁活动义务。但是,当事人没有必须出庭之义务、没有必须答辩义务也没有仲裁实施义务。

我国法律未规定劳动仲裁当事人有如实陈述的义务,这是保障劳动仲裁程序顺利推进的重大立法缺陷。庭审实践中,当事人虚假陈述现象十分严重,给本身权利有限、庭审技术有限的仲裁员带来了阻力和困难。规定当事人如实陈述义务和相应法律责任,有助于劳动争议快速高效和及时裁决,是解除当前劳动仲裁困境的最佳路径。

3. 劳动仲裁当事人的负担

所谓劳动仲裁当事人负担,是指劳动仲裁当事人可以自主决定是否实施某种仲裁行为,并承担相应的法律后果的仲裁法律状态。例如,劳动仲裁中当事人有出庭负担、证据提出负担、事实主张负担。如果当事人不出庭、不提供证据或不主张事实,则不利于推动仲裁的进行,那么他也将会承担其不作为所造成的不利后果和风险,即劳动仲裁委员会可以因当事人不出庭而作出缺席判决、不提供证据而承担对其不利的后果、不主张事实而认定无事实依据。当事人的仲裁负担在劳动仲裁程序中大量存在。

当事人的劳动仲裁负担不是义务。两者的区别主要表现在以下二个方面:一是看劳动仲裁当事人是否可以自由选择。仲裁义务不能自由选择,而且必须履行;而仲裁负担则可以选择是否履行,只是不履行时要承担不利之后果。二是看仲裁后果是否与之挂钩。与《劳动争议调解仲裁法》规定的仲裁后果挂钩的是仲裁负担,与仲裁后果不挂钩的是仲裁义务。不履行其仲裁负担的当事人不会被强迫实施,也不会受到处罚,但这种不作为将会与《劳动争议调解仲裁法》规定的仲裁后果挂钩,即当事人对该不作为承担法律后果,如举证不能败诉、缺席裁决等。

(五)仲裁当事人的劳动仲裁行为

1. 定义

所谓当事人的劳动仲裁行为,是指当事人实施的,能够产生劳动仲裁法律效果的，且该行为要件和效果均是由《劳动争议调解仲裁法》所规定的行为。研究仲裁行为的目的在于区分仲裁行为与法律行为的适用根据。如果是仲裁行为，则适用《劳动争议调解仲裁法》（程序法），如申请劳动仲裁、撤回仲裁申请等；如果是法律行为，则适用劳动实体法，如劳动基准等。

劳动仲裁行为具有以下几个方面的特点：(1)劳动仲裁行为只能是具有民事权利能力和民事行为能力的当事人行使，否则无效。即使是限制行为能力人行使，也无效。(2)劳动仲裁行为不得附条件。因为先行的仲裁行为是后行其他仲裁行为的前提，如果附条件，则该仲裁行为就具有不确定性，这样整个劳动仲裁活动就因不确定性的出现而无法进行，只能等待。这显然是不允许出现的。(3)有瑕疵的劳动仲裁行为，一般均可以补救。这是与劳动实体法不同的地方。仲裁行为因违法而无效时，仲裁当事人仍可以采取补救措施进行补救，使之达到有效。如仲裁申请人疑似精神病人，则其可以进行补救，如法定代理人代为进行劳动仲裁等。

2. 种类

以劳动仲裁行为是否立即生效为标准，可以将劳动仲裁行为划分为自决劳动仲裁行为和申决劳动仲裁行为。所谓自决劳动仲裁行为，是指劳动仲裁当事人实施的、无须通过劳动仲裁委员会的行为便可产生《劳动争议调解仲裁法》上效果的劳动仲裁行为，如撤回仲裁申请、放弃仲裁请求、自认等。所谓申决劳动仲裁行为，是指劳动仲裁当事人实施的，需要通过劳动仲裁委员会的行为才能产生《劳动争议调解仲裁法》上效果的劳动仲裁行为，如申请劳动仲裁、提出案件事实、申请调取证据、申请进行鉴定等。

3. 法律评价

对劳动仲裁行为的法律，我们认为应当从四个阶段来进行评价：一是仲裁行为成立阶段，评价结果为“成立或不成立”。二是行为后的效力评价阶段，即“有效或无效”。三是仲裁行为有效后的内容审查阶段。因为仲裁行为有效后，其内容是否合乎《劳动争议调解仲裁法》的规定，这需要评价，评价结论为“合法与不合法”。四是合理性审查阶段。对成立、有效且合法的仲裁行为，劳动仲裁委员会还要审查其合理性，不合理的将会被驳回，评价结果为“合理或不合理”。以上四个阶段的法律评价，必须按先后次序逐步进行，不能颠倒。

4. 瑕疵劳动仲裁行为的处理

所谓瑕疵劳动仲裁行为，是指劳动仲裁当事人实施的行为，在法定形式或内容上存在瑕疵。如果瑕疵劳动仲裁行为是申决劳动仲裁行为，则劳动仲裁委员会将会以不合法为由予以驳回。如果瑕疵劳动仲裁行为是自决劳动仲裁行为,则仲裁当事人可以在有效期限内采取补救措施,补正、追认或替代之前的瑕疵劳动仲裁行为,直至行为瑕疵消失。一般情况下,瑕疵劳动仲裁行为当事人可以采取以下几种补救措施:补正或更正瑕疵、事后追认使无效仲裁行为变为有效、转换、追加实施、瑕疵忽略等。

5. 劳动仲裁申请行为

所谓劳动仲裁申请行为,是指劳动仲裁当事人向劳动仲裁委员会提出,要求其作出相应的审理、判断、决定等行为的劳动仲裁行为。劳动仲裁申请行为在性质上属于申决劳动仲裁行为,其中包括申请人的申请行为和被申请人的申请行为。我们在此提到的劳动仲裁申请行为具有广泛性,不但包括申请劳动仲裁,还包括其他的申请行为,如申请鉴定、申请证人出庭作证、申请追加当事人、申请延期开庭等。

6. 劳动仲裁主张行为

所谓主张,是指对于事物所持的见解。[①] 我们将劳动仲裁程序中的主张划分为二个类型:一是法律主张;二是事实主张。

(1)法律主张

所谓法律主张,是指劳动仲裁当事人对劳动争议案件所涉及的法律问题所持的见解。裁审实践中,一般专指劳动仲裁当事人对劳动争议案件适用法律、法规的后果所持的见解,包括权利义务关系是否发生、变更或消灭。当事人对法律适用问题只承担主张责任,而不承担证明责任,因为仲裁员和法官知法,无须举证证明。

(2)事实主张

所谓事实主张,是指劳动仲裁当事人对案件事实存在与否所持的见解。案件事实可以分为主要事实、间接事实和辅助事实。对主要事实的主张应当接受辩论原则的约束。我们认为对主要事实的主张即所持的见解,主要体现在以下三个方面,即自认、否认和抗辩。所谓自认,是指劳动仲裁当事人对对方所持的案件事实存在与否的见解予以承认。所谓否认,是指劳动仲裁当事人否定负有证明责任的当事人提出的事实,并使该当事人必须提出相关证据加以证明的行为。所以,否认的目的是迫使对方举证证明。否认与抗辩是不同性质的事实主张,属于劳动仲裁过程中当事人的最重要防御手段。否认与抗辩,两者存在差异。区分否认与抗辩在裁审实践中的意义在于,判断是否对主张的事实承担证明责任:否认一方不承担证明责任,而抗辩一方需承担证明责任。

---

① 辞海编辑委员会:《辞海》,上海辞书出版社 2010 年版,第 2518 页。

所谓抗辩，是指被申请人通过主张与申请人主张的事实不同的事实或法律关系，来排斥申请人的主张的行为。抗辩是被申请人针对申请人仲裁请求的一种防御方法。抗辩分三种类型，即权利未发生的抗辩、权利消灭的抗辩和权利阻碍的抗辩。其中，所谓权利未发生的抗辩，又称权利妨碍抗辩，是指被申请人否定申请人的请求权，基于特定的事由而自始不发生的行为。常见的法定抗辩事由有无行为能力、违反公共秩序与善良风俗、无权代理等。所谓权利消灭抗辩，是指被申请人主张申请人的权利曾经存在，但因清偿、免除、抵销等符合法律规定的方式嗣后消灭的行为。常见法定抗辩事由有债务已清偿、提存、抵销、免除、混同等。所谓权利阻碍的抗辩，是指被申请人能够持续性或暂时性阻碍申请人某一已经生成的权利被实现的行为。常见法定事由有主张留置权、同时履行抗辩权和保证人催告等。

否认并非证据法领域的专门概念。抗辩与否认的核心差异在于攻击请求原因事实的路径。抗辩以攻击请求原因事实的法律效果为路径，其中权利妨碍抗辩旨在消灭某一要件事实的法律效果，达到使原告主张的实体权利不发生的目的；权利消灭抗辩旨在使已经成立的实体请求权又归于消灭。因此，在实质上抗辩不否定请求原因事实的客观存在，只否定请求原因事实产生的法律效果。只有请求原因事实存在，抗辩才有必要性和现实性。而否认则从根本上否定请求原因事实本身，也就谈不上对于请求原因事实的法律效果有何争执态度了。[①]

（六）劳动仲裁当事人的变更

所谓劳动仲裁当事人的变更，是指在劳动仲裁过程中，根据法律规定或基于当事人的意思，原劳动仲裁的当事人被变更或变动为新的当事人的一种情况。以变更是否法定为标准，我们将劳动仲裁当事人的变更划分为法定变更和任意变更二种。

1. 法定变更

一是劳动仲裁过程中劳动者死亡的。此时劳动者在劳动仲裁中享有的权利义务，就需要转移给该劳动者的继承人，这样就发生了当事人变更。

二是劳动仲裁过程中用人单位合并或分立的。根据《劳动合同法》第 34 条的规定，原用人单位在劳动仲裁中享有的权利义务，就应当由合并或分立后的用人单位来承继，这样就发生了当事人变更。

三是劳动仲裁过程中用人单位解散或终止的。此时应当由该用人单位的

① 袁琳：《证明责任视角下的抗辩与否认界别》，载《现代法学》2016 年第 11 期。

清算组负责人，来接替法定代表人，继续进行未完成之劳动仲裁程序。

四是劳动仲裁过程中用人单位未清算就被注销的。此时应当由该用人单位的股东、发起人、实际控制人或者出资人接替原用人单位，参加到未完成的劳动仲裁程序中来。

2. 任意变更

所谓任意变更，是指劳动仲裁过程中，因当事人不适格发生的劳动仲裁当事人的变更。一般情况下，根据裁审实践情况，我们认为：申请人不适格的，通知变更申请人，原申请人不同意退出劳动仲裁的，驳回其仲裁请求；如果符合条件的申请人不同意参加劳动仲裁，则终结案件的审理，如劳动者死亡而继承人不同意参加劳动仲裁。被申请人不适格的，劳动仲裁委员会应当通知更换，申请人不同意更换的，驳回其仲裁请求；更换被申请人后，该被申请人在依法通知后拒不参加劳动仲裁活动的，可以缺席裁决。

三、用人单位与劳动者

用人单位与劳动者均是劳动仲裁的当事人，为方便理解其各自的类型和特点，特此提出集中梳理和介绍。

（一）用人单位

所谓用人单位，是指依法招用、管理、指挥和监督劳动者的单位。首次使用“用人单位”一词的是1994年《劳动法》。从这一词可以看出，我国劳动者的合法使用主体只能是单位即组织，而不能是个人。根据《劳动法》第2条、《劳动合同法》第2条和《劳动合同法实施条例》第3条的规定，用人单位包括以下类型：企业，个体经济组织，民办非企业单位，会计师事务所、律师事务所等合伙组织和基金会，其他组织。

1. 企业

所谓企业，是指依法设立的以营利为目的，实行自主经营、独立核算的经济组织。包括各种所有制形式的企业法人（公司、非公司制国有企业）和非法人企业（个人独资企业、合伙企业）。[①]

2. 个体经济组织

个体经济组织，是指一般雇工在7人以下的个体工商户。[②]《个体工商户条例》（2016年2月6日修订，已失效）第2条第1款规定：“有经营能力的公民，依照本条例规定经工商行政管理部门登记，从事工商业经营的，为个体工商

---

① 王全兴：《劳动法》，法律出版社2017年版，第114页。

② 《关于贯彻执行〈中华人民共和国劳动法〉若干问题的意见》（劳部发〔1995〕309号）第1条。

户。"所以,劳动仲裁实践中,一般个体工商户的判断标准,就是查看其是否具有个体工商户营业执照。

3. 民办非企业单位

《民办非企业单位登记管理暂行条例》(1998 年 10 月 25 日施行)第 2 条规定:"本条例所称民办非企业单位,是指企业事业单位、社会团体和其他社会力量以及公民个人利用非国有资产举办的,从事非营利性社会服务活动的社会组织。"准予登记的民办非企业单位,由登记管理机关登记民办非企业单位的名称、住所、宗旨和业务范围、法定代表人或者负责人、开办资金、业务主管单位,并根据其依法承担民事责任的不同方式,分别发给民办非企业单位(法人)登记证书、民办非企业单位(合伙)登记证书、民办非企业单位(个体)登记证书。常见的民办非企业单位有民办学校、民办医院、民办文艺团体、民办科研院所、民办体育场馆、民办职业培训中心、民办福利院等。

4. 会计师事务所、律师事务所等合伙组织和基金会

《注册会计师法》(2014 年 8 月 31 日修正)第 2、3 条规定,注册会计师是依法取得注册会计师证书并接受委托从事审计和会计咨询、会计服务业务的执业人员。会计师事务所是依法设立并承办注册会计师业务的机构。《律师法》(2017 年 9 月 1 日修正)第 4、14 条规定,律师事务所是律师的执业机构;司法行政部门依照本法对律师、律师事务所和律师协会进行监督、指导。所谓基金会,是指利用自然人、法人或者其他组织捐赠的财产,以从事公益事业为目的,按照《基金会管理条例》的规定成立的非营利性法人。基金会分为面向公众募捐的基金会和不得面向公众募捐的基金会。公募基金会按照募捐的地域范围,分为全国性公募基金会和地方性公募基金会。①

5. 其他组织

《劳动合同法》第 2 条规定:"……企业、个体经济组织、民办非企业单位等组织……"但我国法律或司法解释对"等组织"之其他组织未作补充规定。裁审实践中一般也倾向于慎重认定。《民法典》第 96 条规定:"本节规定的机关法人、农村集体经济组织法人、城镇农村的合作经济组织法人、基层群众性自治组织法人,为特别法人。"同时第 101 条第 1 款规定:"居民委员会、村民委员会具有基层群众性自治组织法人资格,可以从事为履行职能所需要的民事活动。"所以,我们认为上述所有的特别法人组织(包括居民委员会、村民委员会)均可以成为劳动法上的用人单位,但城镇农村的合作经济组织除外。

---

① 《基金会管理条例》(2004 年 6 月 1 日起施行)第 2、3 条。

(二)劳动者[1]

1. 定义

所谓劳动者,作为一个法律概念有广义、狭义之分,其广义指具有劳动权利能力和劳动行为能力,但并不一定已参与劳动关系的公民;其狭义仅指职工,即具有劳动权利能力和劳动行为能力并且已依法参与劳动关系的公民,既包括劳动法意义上的职工,也包括公务员法、事业单位人事管理法意义上的职工。[2] 我们在本书中讨论的是劳动法意义上的劳动者。

不同学科都对劳动者下有定义,如马克思政治经济学、企业管理学、劳动关系学和劳动经济学等,只是出发点和角度不同而已,不同视野对劳动者作出的定义就不相同。不光我国存在这样的情况,其他国家也类似。劳动法司法实践中,付出劳动一方当事人如果主张其是《劳动法》《劳动合同法》规定的劳动者,应当同时举证证明如下事实:一是已年满16周岁;二是未满法定退休年龄,或虽满法定退休年龄但未与用人单位解除劳动关系。

2. 劳动者分类

劳动者可分为劳动法意义上的劳动者和非劳动法意义上的劳动者两类。劳动法意义上的劳动者就是劳动法规定上的"职工"。非劳动法意义上的劳动者可分为公务员、事业单位工作人员、个体劳动者、自由职业者等。

劳动法意义上的劳动者,可分为标准劳动关系劳动者或非标准劳动关系劳动者。标准劳动关系劳动者有在职职工、停薪留职人员、内退人员、下岗待岗人员、停产放长假人员、协保人员等。非标准劳动关系劳动者有非全日制工、劳务派遣工、兼职工等。

3. 职工与员工

职工亦有广义、狭义之分,其广义指具有劳动权利能力和劳动行为能力并且已依法参与劳动关系(但不一定为劳动法律关系)的公民,此即一般法律意义上的职工;其狭义仅指具有劳动权利能力和劳动行为能力,并且已依法参与劳动法律关系的公民,此即劳动法意义上的职工。[3] 员工是职工的俗称,如员工手册、员工关系管理等。

4. 雇员

雇员是被雇主聘用的工作人员。雇员性质以及其与职工区别上争议很大:

---

① 胡燕来:《解雇:人力资源法律实务指引》,法律出版社2016年版,第38~40页。

② 王全兴:《劳动法》,法律出版社2017年版,第88~89页。

③ 王全兴:《劳动法》,法律出版社2008年版,第78页。

有人认为雇员就是职工;有人认为职工包含雇员;有人认为雇员包含职工;有人认为职工与雇员是相互独立的,职工是劳动法概念,而雇员受民法调整,是私法范畴。从劳动法研究角度来看,笔者同意最后一种观点,因为我国尚未将雇佣合同纳入劳动合同的调整范围,如保姆雇佣合同等。

5. 临时工

临时工是相对于正式工而言的,是计划经济时代的产物,是指安排在临时性、季节性岗位上劳动,且使用时间较短的职工。临时工与用人单位之间存在劳动关系。目前劳动法上已没有临时工这一说法。

6. 全日制工和非全日制工

这是以工时和计酬方式为标准的分类。全日制工是指在同一用人单位常规日或周工时达到一定标准且按日或周计酬的劳动者。非全日制工是指在同一用人单位常规日或周工时低于一定标准且按小时计酬的劳动者。根据《劳动合同法》的规定,界定全日制工和非全日制工的工时标准为一般平均工时是否超过 4 小时或周工时是否超过 24 小时。[①]

四、劳动仲裁代理人

《劳动争议调解仲裁法》第 24、25 条对法定代理人及委托代理人作出了规定,但均规定得比较原则,存在劳动法规则漏洞,需要填补。我们认为关于具体的实施细则如被委托人条件等,可以参照民事诉讼规定执行。

(一)概述

1. 定义

所谓劳动仲裁代理人,是指在法律规定或当事人授权范围内,为维护被代理的当事人的权益参加劳动争议仲裁活动的人。仲裁代理人代当事人实施的劳动仲裁行为,是劳动仲裁代理行为人。仲裁代理行为可以分为二类:一是代为劳动仲裁行为,如代为申请劳动仲裁、代为发表质证意见、代为陈述案件事实、代为提供证据和调查取证等;二是代受劳动仲裁行为,如代当事人接受调解、代当事人接受和解、代当事人接受证据和劳动仲裁文书等。

法定代理人的代理权限来源于法律规定,而委托代理人的代理权限源于当事人的授权。但二类代理人均应当在法定或委托授权的范围内进行代理活动,并且超过代理权限范围的代理行为无效,不产生劳动仲裁法上的法律效果。同时代理人均应当以被代理人的名义进行劳动仲裁活动,因为代理人不是案件当事人,与案件无直接的利害关系,其参加劳动仲裁活动的目的,在于维护被代理

① 王全兴:《劳动法》,法律出版社 2008 年版,第 79 页

人的合法权益。并且,代理行为的后果直接归属于被代理人。在同一案件中,代理人不得同时代理申请人和被申请人双方,因为存在利益冲突,可能会损害一方或双方权益。

2. 种类

根据《劳动争议调解仲裁法》第 24、25 条的规定,劳动仲裁的代理人分为二类:一是法定代理人;二是委托代理人。但《劳动争议调解仲裁法》没有规定指定仲裁代理人制度,存在劳动法规则漏洞,应当填补。我们认为如果案件需要,仍可以参照民事诉讼的相关规定,为当事人指定仲裁代理人。另外,劳动仲裁代理人不同于民事代理之代理人,因为其代理的目的、内容均不同。如前者代理的是劳动仲裁行为,其代理目的是实现劳动仲裁法上的权利和履行义务,而后者代理的是民事行为,其代理目的是实现民事权利和履行民事义务。

(二)律师代理

1. 律师作为代理人的优势和作用

律师作为劳动仲裁代理人,不但可以帮助被代理人补充和扩张仲裁行为能力之不足,以维护当事人合法权益,还可以辅助劳动仲裁委员会正确审理案件,维护法律正确实施,维护社会公平和正义。

律师作为代理人具有以下特点和优势:(1)理性化。代理人在考虑案件时,较少受到对抗情绪的影响,情感上相对中立,其更多是从法律的角度,合情合理地提出代理意见。因此代理人具有理性化的特点,代理人在诉讼中的立场要求其以自身的法律知识来弥补当事人的不足,为当事人考虑,以达到当事人利益最大化。(2)依附性。代理人的代理必须具有一定的权限,受到当事人意思的制约,代理人所提出的主张必须以当事人的意思为依据,因此代理人的心理上有认同感和被迫感,体现出一定的依附性。①

2. 律师应遵守诚信原则,非法定事由不得泄密

《民事诉讼法》第 13 条第 1 款规定:"民事诉讼应当遵循诚信原则。"律师代理劳动仲裁、诉讼,自然也要遵守诚信原则。但是,《律师法》(2017 年 9 月 1 日修正)第 38 条规定:"律师应当保守在执业活动中知悉的国家秘密、商业秘密,不得泄露当事人的隐私。律师对在执业活动中知悉的委托人和其他人不愿泄露的有关情况和信息,应当予以保密。但是,委托人或者其他人准备或者正在实施危害国家安全、公共安全以及严重危害他人人身安全的犯罪事实和信息除外。"所以,代理律师享有保密的特权和义务,只有在三种法定情形下才有必

① 沈志先主编:《诉讼调解》,法律出版社 2009 年版,第 81 ~ 82 页。

须信息披露的义务，即正在实施危害国家安全、公共安全以及严重危害他人人身安全的犯罪事实和信息。即使律师知晓了当事人新的犯罪事实，只要不在上述三种情形之内，律师均应保密，因为当事人请的是律师而不是“监督员”。根据举重以明轻之原理，民事诉讼中就更应当遵守非法定事由不得披露之保密规则。

3. 委托人利益与诚信义务发生冲突的实务处理

律师有诚信仲裁、诉讼的义务，但也有对委托人的忠诚义务，裁审实务中两者经常发生冲突。一般情况下委托人都会将案件事实如实向代理律师陈述，包括有利的和不利的事实。例如，劳动者在签订聘请律师协议之后，口头告诉代理律师虽然签了劳动合同，但自己并未收到，而其因听说用人单位劳动合同已丢失，故要求用人单位支付双倍工资差额。此情形下，律师没法要求劳动者提供劳动合同，因为劳动者自己也没收到，此时律师又不能解除代理协议。当仲裁员询问是否签订并收到了劳动合同时，代理律师应当如何回答？是自认、否认、抗辩、不知？当事人要求隐瞒，而法律要求代理律师诚信回答，此时律师将陷入进退两难的尴尬之中。

我们认为，律师属于特殊职业人员，代理律师从业行为应当符合职业道德的要求，既要尊重当事人的权利，也要履行法定义务。律师的代理权基于委托合同产生，所以律师就有不能违背委托人的意志、增进委托人利益且不能损害委托人利益的义务。所以，我们建议依法进行如下处理：一是原则上不能提交对委托人不利的证据，包括陈述；二是要向委托人释明，参加仲裁诉讼的当事人应当遵守诚信原则，如实陈述案情，如果违反将会承担相应的法律责任；三是委托人明确不得披露的信息，应当尊重当事人的自主决定权，除法律规定必须披露的三种情形之外，其他信息均应当保密。实务中，对委托人不利的事实，当事人要求不得披露的，一般不能披露，即使不披露会违反诚信原则，也应当保密。但律师不得唆使当事人虚假陈述或提供虚假证据。

当仲裁员询问对委托人不利的事实，而委托人不同意披露时，律师一般不宜直接否定事实本身，而应从举证证明责任角度来予以回答。以上述双倍工资代理案件为例回答如下：用人单位抗辩时主张签订了劳动合同，对此节事实应承担举证证明责任，如没有证据证明，劳动者又主张未签合同、双倍工资差额，则劳动者主张应当获得支持。本案中劳动者提出了双倍工资请求，且在“事实和理由”中陈述没有签订和收到劳动合同。至于客观上是否签订和收到了合同，应由仲裁庭根据本案中双方提供的证据来予以查明。如果仲裁员要求直接回答询问，则代理律师只能回答，根据当事人在“劳动仲裁申请书”中的陈述，其没有签订和收到。之所以如此回答，是因为代理律师也只是听当事人口头陈述的，在口头信息与书面信息不一致的情形下，只能以书面信息为准。如果回答签订了，而事实上并未签订，则会因错误自认而损害当事人权益，律师会因此而承担赔偿责任。所以，我们认为上述做法不违反诚信原则，因为诚信原则之真实义务指的是主观性义务，而并非客观真实义务，代理律师只要是根据本意为真实陈述的，就属于履行了义务，即使事后发现和认定代理律师的陈述与案件事实不符，也不属于违反诚信义务。

4. 接受委托注意事项

律师代理案件存在民事赔偿、受行政处罚、被追究刑事责任、人身受到伤害和名誉受损等风险，所以从实务操作角度来看，律师代理案件应当尽量做到不该接的案件不接。例如：当事人太计较的一般不能接、当事人自以为是的一般不能接、当事人预期过高的一般不能接、涉嫌虚假诉讼（包含非法目的）的一般不能接等。

（三）法定代理人

《劳动争议调解仲裁法》第 25 条规定："丧失或者部分丧失民事行为能力的劳动者，由其法定代理人代为参加仲裁活动；无法定代理人的，由劳动争议仲裁委员会为其指定代理人。劳动者死亡的，由其近亲属或者代理人参加仲裁活动。"这是我国《劳动争议调解仲裁法》对法定代理人所作的相关规定。

1. 定义

所谓法定代理人，是指根据法律规定，代理无民事行为能力或者限制民事行为能力的当事人进行劳动仲裁活动的人。法定代理人的代理权产生的法理基础为实体法上的监护权。所以，法定代理人的特征就是其代理权的取得不是源于委托，而是来源于法律的直接规定。并且，一般情况下法定代理人的代理权限是全权代理或特别代理，即法定代理人可以按照自己的意志来实施劳动仲裁代理行为，如代为承认、放弃、变更仲裁请求、提出反申请、进行和解、起诉或者上诉等。同时，法定代理人当然也应当承担全部《劳动争议调解仲裁法》上的义务。

虽然法定代理人的权限很大，但也应当适当注意保护被代理人的权益。如果仲裁审理人员发现法定代理人可能损害被代理人利益，该当给予必要的监督和提醒。法定代理人行使代理权过程中，给被代理人造成损害的，会依法承担相应的损害赔偿责任。

2. 法定代表人与法人代表不是劳动仲裁的代理人

司法实践中，有时会混淆法定代理人、法定代表人和法人代表这三个概念，在此我们作简要说明。事实上这三者是有区别的,并且还应当特别注意:法定代表人和法人代表均不是劳动仲裁代理人。

《民法典》第 61 条规定:"依照法律或者法人章程的规定,代表法人从事民事活动的负责人,为法人的法定代表人。法定代表人以法人名义从事的民事活动,其法律后果由法人承受。法人章程或者法人权力机构对法定代表人代表权的限制,不得对抗善意相对人。"所以,法定代表人是法人的机关,其参加劳动仲裁活动是以法人的名义实施劳动仲裁行为,其在劳动仲裁法上的法律后果全部由该法人承担。

法人代表不是一个独立的法律概念。从使用实践的情况来看,所谓法人代表,是指由法定代表人指派,代表法人依法行使民事权利、履行民事义务的人。所以,法人代表既不是法定代表人,也不是法定代理人。

(四)委托代理人

《劳动争议调解仲裁法》第 24 条规定:"当事人可以委托代理人参加仲裁活动。委托他人参加仲裁活动,应当向劳动争议仲裁委员会提交有委托人签名或者盖章的委托书,委托书应当载明委托事项和权限。"以上是我国法律对当事人可以委托代理人参加仲裁活动所作的规定。

1. 概念

所谓劳动仲裁委托代理人,是指根据劳动仲裁当事人、法定代表人或法定代理人的委托,代为进行劳动仲裁活动的人。委托代理是劳动仲裁中最为普遍的一种代理方式,但不是任何人均可以接受委托成为委托代理人。参照《民诉法解释》第 84 条规定:"无民事行为能力人、限制民事行为能力人以及其他依法不能作为诉讼代理人的,当事人不得委托其作为诉讼代理人。"

委托代理人与法定代理人相比,具有如下特点:一是委托代理权限范围和代理事项由被代理人(当事人、法定代理人或法定代表人)自行决定,而不是由法律直接规定。二是委托代理权来源于委托人的意思表示,而并非法律直接规定,并且还需要委托人作出书面的明确的委托表示,即出具书面凭证。三是委托代理人必须具有劳动仲裁行为能力。并且关于劳动仲裁行为能力人必备条件,参照民事诉讼相关法律予以确定。

2. 范围和条件

我国《劳动争议调解仲裁法》对劳动仲裁委托代理人的范围未作具体规定,存在劳动法规则漏洞,应当填补。我们认为可以参照民事诉讼的相关规定执行。我国民事诉讼法律对委托代理人的范围和条件是有明确规定的,具体为《民事诉讼法》第 61 条和《民诉法解释》第 85 ~ 88 条。按照民事诉讼相关规定，当事人、法定代理人可以委托一至二人作为诉讼代理人，并提交委托人出具的授权委托书。委托代理人的具体范围和条件如下：

(1)律师、基层法律服务工作者。律师应当提交律师执业证、律师事务所证明材料；基层法律服务工作者应当提交法律服务工作者执业证、基层法律服务所出具的介绍信以及当事人一方位于本辖区内的证明材料。

(2)当事人的近亲属或者工作人员。这里有二个类型的代理人：一是近亲属。与当事人有夫妻、直系血亲、三代以内旁系血亲、近姻亲关系以及其他有抚养、赡养关系的亲属，可以当事人近亲属的名义作为仲裁代理人。当事人的近亲属应当提交身份证件和与委托人有近亲属关系的证明材料。二是工作人员。与当事人有合法劳动人事关系的职工，可以当事人工作人员的名义作为劳动仲裁代理人。当事人的工作人员应当提交身份证件和与当事人有合法劳动人事关系的证明材料。

(3)当事人所在社区、单位以及有关社会团体推荐的公民。有关社会团体推荐公民担任劳动仲裁代理人的，应当符合下列条件：①社会团体属于依法登记设立或者依法免予登记设立的非营利性法人组织；②被代理人属于该社会团体的成员，或者当事人一方住所地位于该社会团体的活动地域；③代理事务属于该社会团体章程载明的业务范围；④被推荐的公民是该社会团体的负责人或者与该社会团体有合法劳动人事关系的工作人员。当事人所在社区、单位推荐的公民应当提交身份证件、推荐材料，以及当事人属于该社区、单位的证明材料。有关社会团体推荐的公民应当提交身份证件和符合法律规定条件的证明材料。

劳动仲裁实践中，对当事人本单位工作人员担任委托代理人的情况存在模糊认识。如与用人单位建立劳务关系的人员能否担任委托代理人？我们认为不行。《民事诉讼法》第 61 条规定，当事人的近亲属或者工作人员，可以被委托为诉讼代理人。但是，《民诉法解释》第 86 条却对上述“工作人员”范围作了限缩规定，即“……与当事人有合法劳动人事关系的职工，可以当事人工作人员的名义作为诉讼代理人”。同时第 88 条规定，当事人的工作人员应当提交身份证件和与当事人有合法劳动人事关系的证明材料。所以，依文义解释方法，担任委托代理人的工作人员，应当是与用人单位存在劳动关系的工作人员，无劳动关系之其他工作人员无权代理，如已享受退休待遇的人员等。我们猜想最高人民法院之所以作出这样的限缩解释，主要是因为劳务关系人员太过宽泛，如果不限缩工作人员(劳动关系)范围，则《民事诉讼法》第 61 条对代理人范围的限制性(对公民代理进行限制)规定就会失去规范意义，名存实亡了。

3. 权限的取得与消灭

(1)实体权利的代理需要特别授权

以实体与程序为标准,我们将劳动仲裁的代理权划分为实体性代理权和程序性代理权。实体性代理权与实体权利密切相关,如承认、放弃、变更仲裁请求,进行和解,提起反申请或者起诉、上诉等,而程序性代理权与实体性权利关系不密切,如回避申请、接受文书等。所以《民事诉讼法》第 62 条第 2 款规定,对实体性代理权的行使,以得到特别授权为前提条件,即“授权委托书必须记明委托事项和权限。诉讼代理人代为承认、放弃、变更诉讼请求,进行和解,提起反诉或者上诉,必须有委托人的特别授权”。但是,关于程序性代理权,则无须获得特别授权即可行使。

所谓特别授权,是指劳动仲裁被代理人针对涉及自己的实体权利的处分事项,专门、明确地授予劳动仲裁代理人的特定权限。根据《民诉法解释》第 89 条第 1 款规定:“当事人向人民法院提交的授权委托书,应当在开庭审理前送交人民法院。授权委托书仅写‘全权代理’而无具体授权的,诉讼代理人无权代为承认、放弃、变更诉讼请求,进行和解,提出反诉或者提起上诉。”但是,对于劳动仲裁代理人的自认,不考虑劳动仲裁代理人是否经过特别授权,除授权委托书明确排除的事项外,劳动仲裁代理人的自认视为当事人本人的自认,理由为应当参照《民事证据规定》第 5 条第 1 款之规定处理:“当事人委托诉讼代理人参加诉讼的,除授权委托书明确排除的事项外,诉讼代理人的自认视为当事人的自认。”

(2)转委托问题

《劳动争议调解仲裁法》与民事诉讼相关规定,均没有对委托代理人的转委托权作出规定,属于法律规则漏洞,应当填补。关于转委托权问题,我们认为可以参照适用《民法典》类似规定,即应当分二种情况处理:一是授权委托书已经明确委托代理人享有转委托权的,该委托代理人有权转委托,但接受委托之人应当符合相关的委托代理人范围或条件的规定。二是授权委托书上没有明确或明确不享有转委托权的,该委托代理人无权转委托。因为委托代理关系是建立在信任基础之上的,具有人身属性,其他人一般不得替代。

(3)陈述矛盾的处理

当事人有权参加劳动仲裁活动,即使委托了代理人情况下,也可以决定是否参加或不参加。如果当事人与仲裁代理人同时参加仲裁庭审活动,当当事人的陈述与委托代理人的陈述相矛盾时,我们认为应当分二种情况分别处理:一是关于事实主张,应当以当事人的陈述为准;二是关于法律主张,应当以委托代理人的陈述为准，特别是由律师作为代理人的情况下，更应该如此。

（4）代理权限的变更

劳动仲裁过程中，委托人有权更换代理人，也有权变更委托代理人的权限。但是，委托代理人的更换与变更，均应当以书面形式通知劳动仲裁委员会，否则不发生更换及变更之法律效力。委托代理权限的变更包括权限范围扩大、缩小，如何变更由委托人个人的意思决定，劳动仲裁委员会不得干涉。

（5）涉外委托代理问题

关于涉外委托代理问题，我国《劳动争议调解仲裁法》对此没有规定，属于劳动法规则漏洞，应当填补。我们建议参照适用民事诉讼类似规定。我国民事诉讼法律规定，在中华人民共和国领域内没有住所的外国人、无国籍人、外国企业和组织委托中华人民共和国律师或者其他人代理诉讼，从中华人民共和国领域外寄交或者托交的授权委托书，应当经所在国公证机关证明，并经中华人民共和国驻该国使领馆认证，或者履行中华人民共和国与该所在国订立的有关条约中规定的证明手续后，才具有效力。外国人、外国企业或者组织的代表人在人民法院法官的见证下签署授权委托书，委托代理人进行民事诉讼的，人民法院应予认可。外国人、外国企业或者组织的代表人在中华人民共和国境内签署授权委托书，委托代理人进行民事诉讼，经中华人民共和国公证机构公证的，人民法院应予认可。①

劳动仲裁委员会立案庭在办理立案手续时，一般会要求外国人、无国籍人、外国企业和组织的法定代表人或负责人，携带相关证件的原件如护照等，亲自到现场，当着立案庭承办人员的面，在授权委托书上签名或盖章。未亲自面签的不予立案。当然公证授权委托的，在办理立案手续时不亲自面签，劳动仲裁委员会也同样接受，但应当提供公证书正本核实。

（6）涉港澳台委托代理问题

此问题我国《劳动争议调解仲裁法》未作规定，属于劳动法规则漏洞，应当填补。建议参照适用《民事诉讼法》之类似规定。《民诉法解释》第 549 条规定："人民法院审理涉及香港、澳门特别行政区和台湾地区的民事诉讼案件，可以参照适用涉外民事诉讼程序的特别规定。"所以，涉我国港澳台地区委托代理手续也一样，需要经过"公证""认证"程序处理。

涉我国港澳台地区委托代理文件的公证、认证程序比较复杂。例如，在我国台湾地区寄交或者托交的授权委托书的公证认证程序为：首先，将需要公证

① 《民事诉讼法》第 271 条；《民诉法解释》第 523、524 条。

认证的文件如授权委托书等,交由台湾地区公证机关公证,并出具公证书。然后,将公证书正本交到使用该证据材料所在地的省级公证协会或中国公证协会,请求进行转递和认证。公证书副本由台湾财团法人海峡交流基金会转递到海峡两岸关系协会,再转递到上述收受公证书正本的公证协会,相互进行比对,确认真实性并进行认证,出具证明书。再由当事人或其委托代理人将证明书及授权委托书交给劳动仲裁委员会。

由于我国港澳台地区人员往返内地/大陆比较方便,所以建议当事人通过以下二种便捷方式进行委托:一是携带相关证件的原件如台湾居民来往大陆通行证、港澳居民来往内地通行证等,亲自到劳动仲裁委员会立案庭,在办事人员的见证下签署授权委托书。二是亲自到我国境内的任一合法设立的公证机关,出具授权委托书,由该公证机关对其授权委托行为进行公证,并出具公证书。然后将公证书交劳动仲裁委员会。如果当事人是法人或组织,则有权代表其参加劳动仲裁的"代表人",可以亲自到我国境内任一合法设立的公证机关,出具授权委托书,由该公证机关对其授权委托行为进行公证,并出具公证书。

(7)代理权限的消灭

《劳动争议调解仲裁法》及其相关文件,未对劳动仲裁代理权限的消灭作出规定,存在劳动法规则漏洞,应当参照适用《民事诉讼法》类似规定进行填补。根据民事诉讼相关规定,我们认为以下几种情形下代理权消灭:一是劳动争议仲裁程序终结的;二是劳动仲裁代理人辞去委托的;三是被代理人解除劳动仲裁委托的;四是劳动仲裁代理人死亡的;五是作为被代理人的法人解散的;六是作为代理人的律师或法律工作者丧失资格的。

(8)超越代理权限的仲裁行为无效

如果仲裁代理人超越代理权限实施劳动仲裁行为,我们认为此情形下,委托人只在授权范围内承担《劳动争议调解仲裁法》上的效果,即超越代理权限的仲裁行为无效。无调解权限而与对方和解的,该调解协议无效,包括劳动仲裁委员会据此作出的调解书,也应当认定无效,且对委托人没有约束力。所以,仲裁员在调解时,一定要认真查看授权委托书,确认该仲裁代理人是否属于特别授权,如有权进行和解、调解,否则后患无穷。例如,授权委托书仅写"全权代理"而无具体授权的,则该仲裁代理人无权代为承认、放弃、变更仲裁请求,进行和解,提出反申请,起诉或者提起上诉。如果该仲裁代理人作出以上几个方面的实体性处理,则该仲裁代理行为无效。所以,仲裁代理人的代理权限对劳动仲裁活动的影响非常大,仲裁员在处理劳动争议案件时,一定要慎重查明和对待。至于律师或法律工作者,在超越行使劳动仲裁代理权时存在过失,则应当承担相应的法律责任。

五、其他仲裁参与人

（一）证人

所谓劳动仲裁的证人，是指了解劳动争议案件情况，并向劳动仲裁委员会或当事人提供证言的人。所谓证言，是指证人将其了解的案件事实向劳动仲裁委员会所作的陈述。

（二）鉴定人

所谓劳动仲裁鉴定人，是指劳动仲裁过程中，对专门性问题出具鉴定意见的机构或自然人。

（三）勘验人员

所谓劳动仲裁勘验人员，是指劳动仲裁过程中，对案件有关的现场进行调查、勘验的人员。裁审实践中勘验人员参与劳动仲裁情况极少。

（四）翻译人员

所谓劳动仲裁翻译人员，是指劳动仲裁过程中，为仲裁当事人或其他参与人员提供语言翻译的人员。

（五）仲裁辅助人

所谓劳动仲裁辅助人，是指劳动仲裁过程中，利用专业知识或技能，辅助仲裁当事人进行劳动仲裁的人。关于辅助人问题可以参照适用《民事证据规定》第 83 条规定："当事人依照民事诉讼法第七十九条[①]和《最高人民法院关于适用〈中华人民共和国民事诉讼法〉的解释》第一百二十二条的规定，申请有专门知识的人出庭的，申请书中应当载明有专门知识的人的基本情况和申请的目的。人民法院准许当事人申请的，应当通知双方当事人。"同时，第 84 条规定："审判人员可以对有专门知识的人进行询问。经法庭准许，当事人可以对有专门知识的人进行询问，当事人各自申请的有专门知识的人可以就案件中的有关问题进行对质。有专门知识的人不得参与对鉴定意见质证或者就专业问题发表意见之外的法庭审理活动。"

六、特殊当事人主体资格的确定

（一）劳动者死亡的，部分近亲属申请劳动仲裁是否合法？[②]

劳动者死亡的，在劳动关系上其涉及的利益可分为二类：一是遗产，如劳动报酬等；二是非遗产，如丧葬补助金、抚恤费等。《劳动争议调解仲裁法》第 25

---

① 指 2021 年修正的《民事诉讼法》第 82 条。

② 胡燕来：《解雇：人力资源法律实务指引》，法律出版社 2016 年版，第 320～321 页。

条规定,劳动者死亡的,由其近亲属或者代理人参加仲裁活动。《民法典》第1045条第2款规定:“配偶、父母、子女、兄弟姐妹、祖父母、外祖父母、孙子女、外孙子女为近亲属。”

劳动者死亡后,与用人单位发生劳动争议,此时是由全部继承人、近亲属或者代理人共同参加处理,还是其中一人参加处理即可?一个继承人、近亲属或者代理人参加是否合法?对此实践中存在争议,主要有两种观点。第一种观点认为,对劳动报酬等遗产应由全体继承人共同参加仲裁,因为遗产应由继承权人继承,若有继承人不愿意参加仲裁,必须出具放弃继承有关财产的声明;对于非遗产,应由全体遗属或者代理人共同提出仲裁请求。第二种观点认为,申请劳动仲裁的近亲属或代理人,以及在仲裁过程中要求作为申请人参加劳动仲裁的其他近亲属或代理人,劳动仲裁机构均应当允许他们作为当事人参加仲裁活动,而不得以继承人身份作为申请人参加劳动仲裁活动,因为劳动仲裁机构无权处理遗产继承问题。

笔者倾向第二种观点。死亡并不意味着其在劳动法上所有权利义务的灭失,这在劳动争议处理过程中也是如此。虽然法律对近亲属有明确界定,然而要求所有的近亲属共同申请仲裁的做法,意味着在处理劳动争议之前必须先确定劳动者的近亲属关系。然而,确定劳动者的近亲属关系并不属于劳动争议仲裁机构的职权范围。因此我们认为,在仲裁程序中没有必要要求所有的近亲属参加仲裁活动。仲裁应当贯彻简便高效的做法,只要劳动者的某一个近亲属或数个近亲属,持能证明其系死亡劳动者近亲属的有效材料申请仲裁,仲裁机构就应当启动相应的处理程序,而无须审查是否还有其他近亲属。相应地,由于遗产分割不属于劳动争议仲裁机构的职权范围,仲裁机构不应当将死亡劳动者具有遗产性质的权利义务,直接裁决给申请仲裁的近亲属,而应当裁决由参加仲裁活动的近亲属或者代理人代为领取。也就是说,将近亲属关系的认定和遗产分割交由人民法院在民事诉讼中一并处理。属于非遗产权益的,由劳动仲裁机构裁决给各权利人享有。

(二)用工主体不能承担相关责任时当事人主体的确认

《劳动仲裁规则》第6条规定:“发生争议的用人单位未办理营业执照、被吊销营业执照、营业执照到期继续经营、被责令关闭、被撤销以及用人单位解散、歇业,不能承担相关责任的,应当将用人单位和其出资人、开办单位或者主管部门作为共同当事人。”以上是用工主体不能承担相关责任时,当事人主体的确认之规定。

以上规定在当事人主体确认上存在缺陷,应当加入清算组这个主体。因为在被吊销营业执照、营业执照到期继续经营、被责令关闭、被撤销以及用人单位解散、歇业的情形下，如果用人单位成立了清算组，应当列清算组为劳动仲裁当事人，因为此时的用人单位已经丧失了法人资格。

（三）劳动派遣情形下当事人主体的确认

《劳动争议调解仲裁法》第 22 条第 2 款规定："劳务派遣单位或者用工单位与劳动者发生劳动争议的，劳务派遣单位和用工单位为共同当事人。"劳动者申请劳动仲裁时，未将劳务派遣单位或用工单位列为被申请人的，劳动仲裁委员会应当主动追加其为共同当事人，并通知其参加到劳动仲裁程序中来。

（四）集体合同争议当事人主体的确认

《劳动合同法》第 56 条规定："……因履行集体合同发生争议，经协商解决不成的，工会可以依法申请仲裁、提起诉讼。"所以，集体合同争议的当事人，在用人单位有工会的情形下，仲裁当事人的主体不是劳动者，而应当是工会。但是，尚未建立工会的，由上级工会指导劳动者推举产生的代表依法申请仲裁。此时劳动者代表并不具有双重身份，仅是全体劳动者的法定代理人，而不是当事人，因为劳动者代表所维护的是全体劳动者的共同利益，并不是维护其个人利益。并且，在此情形下劳动者代表的个人利益应当服从集体利益。

（五）个人承包时当事人主体的确认

《劳动仲裁规则》第 7 条规定："劳动者与个人承包经营者发生争议，依法向仲裁委员会申请仲裁的，应当将发包的组织和个人承包经营者作为共同当事人。"所以，个人承包时，劳动仲裁当事人有二个：一是发包的组织；二是个人承包者。他们两者为共同当事人。

（六）建筑工程非法转包、分包中当事人主体的确认

《全国民事审判工作会议纪要》（法办〔2011〕442 号）第 59 条规定："建设单位将工程发包给承包人，承包人又非法转包或者违法分包给实际施工人，实际施工人招用的劳动者请求确认与具有用工主体资格的发包人之间存在劳动关系的，不予支持。"最高人民法院《关于对最高人民法院〈全国民事审判工作会议纪要〉第 59 条作出进一步释明的答复》中指出："实际施工人与其招用的劳动者之间应认定为雇佣关系，但实际施工人的前一手具有用工主体资格的承包人、分包人或转包人与劳动者之间既不存在雇佣关系，也不存在劳动关系。理由是：建筑施工企业与实际施工人之间只是分包、转包关系，劳动者是由实际施工人雇用的，其与建筑施工企业之间并无建立劳动关系或雇佣关系的合意。"

但是，人力资源社会保障部《关于执行〈工伤保险条例〉若干问题的意见》

（人社部发〔2013〕34 号）第 7 条规定："具备用工主体资格的承包单位违反法律、法规规定，将承包业务转包、分包给不具备用工主体资格的组织或者自然人，该组织或者自然人招用的劳动者从事承包业务时因工伤亡的，由该具备用工主体资格的承包单位承担用人单位依法应承担的工伤保险责任。"同时，最高人民法院《关于审理工伤保险行政案件若干问题的规定》（法释〔2014〕9 号）第 3 条第 1 款规定，用工单位违反法律、法规规定将承包业务转包给不具备用工主体资格的组织或者自然人，该组织或者自然人聘用的职工从事承包业务时因工伤亡的，用工单位为承担工伤保险责任的单位的，社会保险行政部门认定单位为承担工伤保险责任单位的，人民法院应予支持。

根据以上几个规定，我们认为，虽然劳动者与发包人、承包人、转包人或分包人之间均不存在劳动关系，但是，又规定了承包人承担用人单位依法应承担的工伤保险责任。所以，我们认为劳动者申请劳动仲裁时，应当将非法转包或者违法分包之承包人列为被申请人，不具备用工主体资格的组织或者自然人，应当列为共同当事人。并且要注意，发包人不是本劳动争议的仲裁当事人或第三人。

（七）车辆挂靠经营当事人主体的确认

最高人民法院《关于车辆实际所有人聘用的司机与挂靠单位之间是否形成事实劳动关系的答复》（〔2013〕民一他字第 16 号）规定："个人购买的车辆挂靠其他单位且以挂靠单位的名义对外经营的，根据 2008 年 1 月 1 日起实施的《劳动合同法》规定的精神，其聘用的司机与挂靠单位之间不具备劳动关系的基本特征，不宜认定其形成了事实劳动关系。"但是，最高人民法院《关于审理工伤保险行政案件若干问题的规定》（法释〔2014〕9 号）第 3 条第 1 款第 5 项规定："个人挂靠其他单位对外经营，其聘用的人员因工伤亡的，被挂靠单位为承担工伤保险责任的单位。"所以，根据以上二个规定，出现车辆挂靠经营劳动争议的，应当将挂靠个人聘用的劳动者、被挂靠单位和挂靠的个人作为劳动仲裁当事人。其中，因工伤亡之挂靠个人聘用的劳动者为申请人，被挂靠单位为被申请人，挂靠个人可以作为第三人。

（八）外包用工当事人主体的确认

外包用工中，承包人与劳动者存在劳动关系，而发包人与劳动者之间没有劳动关系。故发生劳动争议时，应当将承包人列为当事人，并可以将发包方列为第三人，以利于案件事实查明。

（九）合并或分立时当事人主体的确认

《劳动合同法》第 34 条规定："用人单位发生合并或者分立等情况，原劳动合同继续有效，劳动合同由承继其权利和义务的用人单位继续履行。”所以，应当分合并或者分立之前和之后这两种不同情况来确定当事人。具体如下：分立之前发生的劳动争议，应当列分立后承受其劳动权利义务的用人单位为当事人；分立之前发生的劳动争议，分立后劳动权利义务承担不明确的，应当将分立后的几个单位均列为共同当事人；合并之前发生的劳动争议，应当列合并后的单位为当事人；合并或分立之后发生的劳动争议，应当将合并或分立之后的用人单位列为当事人。

（十）个体户用工当事人主体的确认

《民诉法解释》第59条规定：“在诉讼中，个体工商户以营业执照上登记的经营者为当事人。有字号的，以营业执照上登记的字号为当事人，但应同时注明该字号经营者的基本信息。营业执照上登记的经营者与实际经营者不一致的，以登记的经营者和实际经营者为共同诉讼人。”根据以上规定，个体户用工劳动争议中，应当营业执照上登记的字号为当事人，同时注明该字号经营者的基本信息。如果个体户营业执照上登记的经营者与实际经营者不一致，应当列登记的经营者为当事人，实际经营者为第三人。

（十一）合伙企业用工当事人主体的确认

在合伙企业用工中，合伙企业与劳动者发生劳动争议的，列合伙企业为当事人。合伙企业解散或注销的，列全体合伙人为共同当事人。另外，未依法登记领取营业执照的个人合伙的，全体合伙人为共同当事人。全体合伙人可以推选代表人；被推选的代表人，应由全体合伙人出具推选书。

（十二）招用未解除劳动关系劳动者争议中当事人主体的确认

因招用未解除劳动关系劳动者发生劳动争议的，应当分以下几种情况分别处理：一是劳动者与原用人单位发生劳动争议的，应列原用人单位为当事人，并可以列新用人单位为第三人；二是原用人单位或新用人单位要求劳动者承担违约责任或赔偿损失的，应当列原用人单位或新用人单位与劳动者为共同当事人。

（十三）借用营业执照时当事人主体的确认

如果个人借用其他用人单位的营业执照，然后借用个人招用劳动者，应当列借出营业执照的单位为当事人，同时列借用的个人为第三人；如果用人单位借用其他用人单位的营业执照，应当列借用单位为当事人，可以列借出营业执照的单位为第三人。

（十四）无证照分支机构当事人主体的确认

如果分支机构尚未取得分支机构营业执照，该分支机构聘用的劳动者与该分支机构产生劳动争议，我们认为，应当将设立该分支机构之具有用工主体资格的法人列为当事人。

（十五）借调中当事人的确认

由于被借调劳动者仍与原用人单位存在劳动关系，所以，应当列原用人单位为当事人，如现在的单位存在给被借调劳动者造成损害等情况，也可以列现在的单位为第三人。

七、书记员职责及日常操作实务

书记员为劳动仲裁委员会仲裁工作中的事务性辅助工作人员，在仲裁员的指挥下开展工作。《劳动争议调解仲裁法》规定中的“记录人员”，就是我们所称的“书记员”。

（一）劳动仲裁之书记员的主要职责

1. 办理庭前准备过程中的事务性工作；

2. 检查开庭时劳动仲裁参与人的出庭情况，宣布仲裁庭纪律；

3. 担任案件审理过程中的记录工作；

4. 整理、装订、归档案卷材料；

5. 完成仲裁员交办的其他事务性工作。

（二）立案后的文书送达

案件立案且书记员收到案件后，应及时准备和送达材料。由于《劳动仲裁规则》缺乏具体统一之规定，根据实践情况汇总如下：

1. 申请人需准备和送达的材料主要有：受理案件通知书（应由立案庭送达，但书记员收到案件时应检查）；举证通知书（因涉及当事人举证权利，需存档）；开庭通知书；当事人权利义务须知；等等。

2. 被申请人需准备和送达的材料主要有：劳动仲裁申请书副本；应诉通知书；举证通知书；开庭通知书；当事人权利义务须知；填写送达地址确认书；等等。

3. 送达注意事项：建议每一个案件均应作送达记录。对何时何地通过何种方式与当事人（包括申请人、被申请人、第三人）联系以及联系的内容进行记录，以便事后能够对整个送达过程一目了然，也便于在送达不到需公告时向申请人解释说明。

书记员在收到公告的报纸（或张贴公告）后要做好如下工作：一是在内部管理系统中扣除审限（法定事由审批）；二是计算出举证期届满时间及开庭时间，并及时排期，向其余当事人送达，如果认为有必要，可向被申请人住所地邮寄开庭通知，以做到仁至义尽。

快递邮件被退回的需要从网上打印快递详单。因为邮件上有时无法显示退回的准确时间。《劳动仲裁规则》第20条第3款规定："仲裁文书的送达方式，本规则未规定的，仲裁委员会可以参照民事诉讼关于送达方式的有关规定执行。"而根据最高人民法院《关于以法院专递方式邮寄送达民事诉讼文书的若干规定》（法释〔2004〕13号）第11条第1款关于"因受送达人自己提供或者确认的送达地址不准确、拒不提供送达地址、送达地址变更未及时告知人民法院、受送达人本人或者受送达人指定的代收人拒绝签收，导致诉讼文书未能被受送达人实际接收的，文书退回之日视为送达之日"的规定，文书退回之日视为送达之日，而送达之日又关系到当事人的上诉权等非常重要的程序权利，必须准确到"天"。

（三）庭审准备工作

1. 书记员宣布仲裁庭纪律

仲裁庭内要保持肃静，开庭时不准随便走动，不准喧哗、鼓掌、吵闹和进行其他妨碍仲裁的活动；非经仲裁庭许可，不得发言、提问；非经仲裁庭许可不得拍照、录音或录像；仲裁庭内禁止吸烟；对违反仲裁庭纪律的人，由仲裁员劝告制止，不听劝告的，视其情节轻重，给予训诫，责令退出仲裁庭。对于违反仲裁庭纪律的当事人或代理人，情节严重的，申诉人按撤诉处理，被诉人责令其退出仲裁庭作缺席仲裁。构成犯罪的，建议司法机关追究其法律责任。

2. 书记员报告仲裁庭的准备工作情况

书记员：报告首席仲裁员、仲裁员，双方当事人已通知到庭。

如果必须到庭的当事人和其他仲裁活动参与人没有到庭，由书记员宣布延期审理。

（四）程序转换工作

劳动仲裁程序分为简易程序和一般程序。《劳动仲裁规则》第61条规定："仲裁庭在审理过程中，发现案件不宜简易处理的，应当在仲裁期限届满前决定转为按照一般程序处理，并告知当事人。案件转为按照一般程序处理的，仲裁期限自仲裁委员会受理仲裁申请之日起计算，双方当事人已经确认的事实，可以不再进行举证、质证。"这里主要介绍简易程序转为一般程序时书记员如何处理。

决定转一般程序后，应当制作决定书，并在内部管理系统中及时审批，同时在系统里做好程序转换审批工作，并将转一般程序的决定书通知当事人，不能邮件送达的应当公告送达。通知及公告送达完成后，应当及时排期，并开庭通知送达当事人。实践中也有在开庭时当庭将转为一般程序的决定和理由告知各方当事人,听取他们的意见,然后记录在笔录中。至于当庭告知是否合规,这个问题《劳动争议调解仲裁法》没有规定,主要看各省市的地方规定。

(五)庭审记录

1. 做好庭审记录是书记员最重要、最主要的工作

《劳动人事争议仲裁组织规则》(2017 年 7 月 1 日起施行)第 14 条第 1 款规定:“记录人员负责案件庭审记录等相关工作。”所以,庭审记录是书记员的法定职责。庭审记录工作非常重要,这是因为当事人的陈述是劳动仲裁的证据之一,而记录在卷的笔录是当事人陈述的重要表现形式,而且笔录要求及时、准确。如申请人当庭承认签订了书面劳动合同,但书记员没有及时记录,申请人就有可能矢口否认,若用人单位未能提供书面合同,而笔录又没有申请人自认的内容,如果庭审现场没有录音录像,则用人单位就有可能败诉。

2. 庭审笔录只能由书记员记录

《劳动人事争议仲裁组织规则》(2017 年 7 月 1 日起施行)第 14 条第 2 款规定:“记录人员不得由本庭仲裁员兼任。”之所以规定不能由仲裁员记录庭审笔录,即禁止自审自记,主要理由为:一是体现了公权力行使的基本要求。在劳动仲裁案件审理过程中,仲裁员只负责审理,而书记员则负责记录,且不得自审自记。二是书记员担负着为仲裁员查漏补缺的职责。对于仲裁员应为而未为的,如对部分证据未发现质证意见、最后陈述没有进行等,书记员应该提醒仲裁员。

3. 庭审记录注意事项及操作技巧

(1)及时确认并签字。庭审记录完毕后,建议当庭阅读并签字,以免发生矛盾。笔误处或修改补正处一定要签字或捺印,同时注明修改时间。

(2)可提前做好相应准备。书记员可以提前(一般是提前一天)在电脑中制作好笔录模版(包括当事人的身份信息、仲裁请求等),甚至可以将双方证据按证据名称、证据来源、证明对象和内容等事先输入电脑中保存,开庭时复制粘贴即可。

(3)质证意见记录技巧。在申请人举证之后,被申请人质证时,可以将申请人举证的内容直接复制为质证内容,再进行修改,这样做有几个好处:一是省时;二是可以促使被申请人按顺序发表质证意见,避免遗漏;三是可以让被申请人看到申请人举证的证明对象和内容,并有针对性地发表质证意见。

(4)书记员要做好与仲裁员的配合工作。如果当事人发言语速过快,应当暗示仲裁员提示当事人适当放慢语速。对仲裁员的发问书记员要重点记录,因为这是重点内容。对于当事人的自认内容,因为其直接影响当事人权利义务的

承担，应当准确及时记录。如书记员不能及时全面记录，且无法及时抓住重点，一般情况下审判员会提醒（反复提示）书记员，此时书记员应当厘清仲裁员的庭审思路，及时并着重补记。

（5）制作询问笔录的注意事项。所谓询问笔录，指劳动仲裁委员会因某些特定事项，需要向当事人或者了解情况的人，通过询问的方式调查清楚时所做的笔录。如果询问是在劳动仲裁委员会之外的其他地方进行的，那么首先就要出示证件，出示证件的过程需要在笔录中反映。询问笔录一般是通过一问一答的方式进行的。

（六）案卷整理

根据《劳动仲裁规则》的相关规定，仲裁案卷分正卷和副卷装订。正卷包括：仲裁申请书、受理（不予受理）通知书、答辩书、当事人及其他仲裁参加人的身份证明材料、授权委托书、调查证据、勘验笔录、当事人提供的证据材料、委托鉴定材料、开庭通知、庭审笔录、延期通知书、撤回仲裁申请书、调解书、裁决书、决定书、案件移送函、送达回证等。副卷包括：立案审批表、延期审理审批表、中止审理审批表、调查提纲、阅卷笔录、会议笔录、评议记录、结案审批表等。[①]

---

① 《劳动仲裁规则》第22条。

第六章　劳动仲裁时效制度

为了督促权利人及时行使权利，避免权利人“躺在权利上睡大觉”，为了及时地解决劳动争议，避免时间过长造成债务人举证困难，为了使债务人免于保存已经清偿的证据之便利，我国《劳动争议调解仲裁法》设立了劳动仲裁时效制度，内容包括劳动仲裁时效的分类、起算、中断、中止以及劳动报酬特殊时效等。

一、仲裁时效概述

（一）时效

所谓时效，是指一定的事实状态，继续一定期间，而产生一定法律上的效果的法律事实。所谓“一定事实”，指权利的行使或不实行等情形。所谓“继续一定期间”，指无所间断的若干岁月。所谓“发生一定法律效果”，指因而发生权利的取得或丧失。[①] 所以，时效具有如下法律特征：

1. 时效是一种法律事实，是一种能够引起权利变动的事实状态。权利不行使是一种事实状态，属于自然事实范畴。当然，这种权利不行使的状态，大都是由权利人的不作为引起的，但构成时效要件的是权利不行使继续一定时间的状态，而非当事人的行为。史尚宽认为：“时效之效果，为因一定事实状态在一定期间之继续而当然发生，不以当事人之精神作用为要素，故为事件。”[②]

2. 时效是以一定的事实状态的存在和持续为前提的。法律之所以赋予时效以一定的法律效果，是因为一定的事实状态持续不断，无论其与真实权利关系是否一致，民事主体都已经在这种社会状态下正常生活，并且具有一定的社会稳定性。因为，这就需要在法律上对这种事实状态予以一定的规制，从而产生了时效制度。[③] 在时效制度中，占有他人的财产的事实状态持续相当的时间，占有人可以被视为真实权利人，这就是取得时效所产生的法律后果；如果不行使权利的事实状态持续相当的时间，可以认为未予行使的某种权利已经消

---

① 王泽鉴：《民法总论》，中国政法大学出版社 2001 年版，第 516 页。

② 史尚宽：《民法总论》，中国政法大学出版社 2000 年版，第 623 页。

③ 洪逊欣：《中国民法总则》，台北，三民书局 1992 年版，第 554 页。

灭,这就是消灭时效产生的法律效果。①

3. 时效系以一定期间的经过为要素。时间是影响法律关系产生、消灭、变更的一个重要因素。任何法律关系都可能受到时间的影响,而时效是时间对法律关系产生影响的最直接的体现。在取得时效中,一定时间的经过,将使无权占有人取得一定的法律上的权利。在消灭时效中,一定时间的经过,将使权利人丧失一定的法律上的权利。②

4. 时效制度具有强制性。当事人不得以约定的方式进行更改或排除,当事人也不得事先抛弃其时效利益。

(二)劳动仲裁时效及其性质

劳动仲裁时效与民事诉讼时效一样,是时效的一个类型。关于劳动仲裁时效的定义和性质简要介绍如下。

1. 定义

所谓劳动仲裁时效,是指劳动争议当事人因劳动权利义务产生争议,在法定期限内不向劳动仲裁委员会申请劳动仲裁并要求保护其合法权益的,将丧失要求劳动仲裁委员会保护其权益的法律事实。从上述定义可知,劳动仲裁时效限制了劳动者或用人单位的权利的行使,且其所限制的权利的类型为请求权。虽然其以牺牲劳动者或用人单位的权利为代价,但却使劳动争议案件能够得到及时、准确的处理,不但提高了司法效率,节约了处理劳动争议的成本,还维护了社会秩序的稳定,所以,该制度是《劳动争议调解仲裁法》的重要制度。

2. 劳动仲裁时效的性质为消灭时效

按法律效果不同为标准,可将时效划分为两种类型:一是取得时效;二是消灭时效。所谓取得时效,又称为占有时效,是指占有他人之物的事实状态经过一定的期限以后,将取得该物的所有权和其他权利的法律事实。所谓消灭时效,是指权利人在一定期限内不行使请求权的,即丧失要求国家保护其权利的法律事实。无论是在民事诉讼时效制度、民间仲裁时效制度,还是劳动仲裁时效制度中,我国法律均未设立取得时效制度,而是均只设立了消灭时效制度。

关于消灭时效的法律效果,各国民法的规定概括起来主要有四种:(1)实体权消灭主义。时效期间一旦完成,将直接消灭权利人的实体权利。(2)诉权消灭主义。时效完成后,实体权利本身仍然存在,仅诉权归于消灭,实体权利因

---

① [日]四宫和夫:《日本民法总则》,唐晖等译,台北,五南图书出版股份有限公司1995年版,第299页。

② 王利明、杨立新、王轶、程啸:《民法学》,法律出版社2017年版,第249页。

而转为自然权利。[①] (3)抗辩权发生主义。时效完成后,只是发生抗辩权产生的效果,即义务人仅取得拒绝履行的抗辩权,权利人的实体权利与诉权均不消灭。[②] (4)胜诉权消灭主义。时效完成后,只是发生胜诉权消灭的效果。胜诉权概念源于苏联法学家顾尔维奇的二元诉权论,该理论将诉权分为程序意义的诉权即起诉权和实体意义上的诉权即胜诉权:胜诉权的消灭并不导致实体权利的消灭,只是使权利人请求人民法院保护的权利丧失。[③] 所以,时效是为了惩罚"躺在权利上睡觉的人",即劳动仲裁时效完成则胜裁权消灭。

依原《民法通则》的规定,时效届满后权利人的权利本身并不消灭,而只是丧失了胜诉权。[④] 我国原《民法总则》未采纳胜诉权消灭主义。虽然胜诉权概念解释了诉讼时效届满不能导致权利本身消灭的后果,也说明了诉讼时效届满不能导致诉权的消灭,但此种观点也存在一定的缺陷,主要表现在:第一,在逻辑上,胜诉权产生于诉讼行为之前,但胜诉权的有无必须在诉讼程序开始后,在审理过程中方能真正查明。[⑤] 将诉权区分为实体法上的诉权和程序法上的诉权,在实践中也很难把握。[⑥] 第二,胜诉权并不是一个严谨的法学概念。因为胜诉与否是审判活动的结果,很难形成一项民事上的权利。第三,在非诉和执行中都存在诉讼时效的问题,胜诉权的概念显然不能解释执行中以及非诉案件中也存在的诉讼时效的适用问题。第四,如果诉讼时效制度采胜诉权消灭理论,则胜诉权消灭意味着实体意义上的诉权消失,而在诉讼中法院对此情形应当依职权查明,这样一来,就与诉讼时效不得由法院主动援引的精神相背离。因此,我国原《民法总则》未采纳胜诉权消灭主义而采纳抗辩权发生主义,具有其合理性,也是借鉴比较法的有效经验,总结我国司法实践经验的结果。[⑦] 后来上述成果被《民法典》吸收。

然而,我国劳动仲裁时效为消灭时效,但是采纳了抗辩权主义。在 2017 年公布施行的《劳动仲裁规则》之前,采纳的是诉权消灭主义,因为之前 2009 年的《劳动仲裁规则》(已失效)第 30 条规定,超过劳动仲裁时效的劳动争议案

① 王利明、杨立新、王轶、程啸:《民法学》,法律出版社 2017 年版,第 265 页。

② 王泽鉴:《民法总则》,北京大学出版社 2009 年版,第 514 页。

③ [苏]诺维茨基:《法律行为、诉讼时效》,康宝田译,中国人民大学出版社 1956 年版,第 249 页。

④ 寇志新:《民法总论》,中国政法大学出版社 2000 年版,第 270 页。

⑤ 柴发邦主编、顾培东等撰:《中国民事诉讼法学》,中国人民公安大学出版社 1992 年版,第 280 页。

⑥ 顾培东:《法学与经济学的探索》,中国人民公安大学出版社 1994 年版,第 227 页。

⑦ 王利明、杨立新等:《民法学》,法律出版社 2017 年版,第 266 页。

件，劳动仲裁委员会不予受理。2017 年《劳动仲裁规则》施行以后，删除了以上超过时效不受理之规定，这样劳动仲裁时效与民事诉讼时效一样，在法律效果上保持了一致，即均采纳抗辩权主义，实体权利与诉权均不消灭，义务人仅取得了拒绝履行的抗辩权。

（三）劳动仲裁时效的类型

《劳动争议调解仲裁法》第 27 条对劳动仲裁时效作出了规定，同时《劳动仲裁规则》第 26、27、28 条规定对上述规定进行了细化。根据以上规定可以看出，我国的劳动仲裁时效分二种类型，即普通劳动仲裁时效和特殊劳动仲裁时效。

1. 普通劳动仲裁时效

《劳动仲裁规则》第 26 条规定："本规则第二条第（一）、（三）、（四）、（五）项规定的争议，申请仲裁的时效期间为一年。……本规则第二条第（二）项规定的争议，申请仲裁的时效期间适用公务员法有关规定。……"所以，根据时效期间不同，普通劳动仲裁时效又可分为二种类型，即一年的普通劳动仲裁时效和 60 日的普通劳动仲裁时效。

（1）一年的普通劳动仲裁时效

《劳动仲裁规则》第 2 条规定："本规则适用下列争议的仲裁：（一）企业、个体经济组织、民办非企业单位等组织与劳动者之间，以及机关、事业单位、社会团体与其建立劳动关系的劳动者之间，因确认劳动关系，订立、履行、变更、解除和终止劳动合同，工作时间、休息休假、社会保险、福利、培训以及劳动保护，劳动报酬、工伤医疗费、经济补偿或者赔偿金等发生的争议；（二）实施公务员法的机关与聘任制公务员之间、参照公务员法管理的机关（单位）与聘任工作人员之间因履行聘任合同发生的争议；（三）事业单位与其建立人事关系的工作人员之间因终止人事关系以及履行聘用合同发生的争议；（四）社会团体与其建立人事关系的工作人员之间因终止人事关系以及履行聘用合同发生的争议；（五）军队文职人员用人单位与聘用制文职人员之间因履行聘用合同发生的争议；（六）法律、法规规定由劳动人事争议仲裁委员会（以下简称仲裁委员会）处理的其他争议。"根据以上规定，并同时结合《劳动仲裁规则》第 26 条第 1 款规定，以下争议适用一年的普通劳动仲裁时效：一是用人单位与劳动者之间发生的劳动争议；二是事业单位与其建立人事关系的工作人员之间发生的争议；三是社会团体与其建立人事关系的工作人员发生的争议；四是军队文职人员用人单位与聘用制文职人员之间发生的争议。

（2）60 日的普通劳动仲裁时效

根据《劳动仲裁规则》第 2 条和《劳动仲裁规则》第 26 条的规定，实施公务员法的机关与聘任制公务员之间、参照公务员法管理的机关(单位)与聘任工作人员之间因履行聘任合同发生的争议适用60日的劳动仲裁时效。其依据为《公务员法》第105条第1款规定:“聘任制公务员与所在机关之间因履行聘任合同发生争议的,可以自争议发生之日起六十日内申请仲裁。”

另有一点需要说明。《劳动仲裁规则》第26条在细化劳动仲裁时效规定时,作了一些调整。其调整的理由为《公务员法》与《劳动争议调解仲裁法》同属于全国人大常委会的法律,其位阶相同。所以,《劳动仲裁规则》第26条第2款将实施《公务员法》的机关与聘任制公务员之间、参照《公务员法》管理的机关(单位)与聘任工作人员之间因履行聘任合同发生的争议,其仲裁时效调整为“适用六十日的劳动仲裁时效”。我们认为上述调整违背法理,且没有法律依据。有学者认为依据为《劳动争议调解仲裁法》第52条的规定,即“……法律、行政法规或者国务院另有规定的,依照其规定”。但按体系解释方法,根据第52条整条规定之逻辑,上述“另有规定”所指单位仅限于“事业单位”,而不包括“实施公务员法的机关”。所以,我们认为只要是在劳动争议仲裁委员会(包括人事争议仲裁委员会)处理的案件,在《劳动争议调解仲裁法》第27条没有作出修改之前,从倾斜保护劳动者权益原则出发,应当认定《劳动仲裁规则》第26条第2款规定因违反上位法而无效,其仍然适用《劳动争议调解仲裁法》第27条即一年的仲裁时效,而非适用60日的仲裁时效。

2. 特殊劳动仲裁时效

《劳动争议调解仲裁法》第27条第4款规定:“劳动关系存续期间因拖欠劳动报酬发生争议的,劳动者申请仲裁不受本条第一款规定的仲裁时效期间的限制;但是,劳动关系终止的,应当自劳动关系终止之日起一年内提出。”之后《劳动仲裁规则》第26条第3款对上述规定进行了补充,即“劳动人事关系存续期间因拖欠劳动报酬发生争议的,劳动者申请仲裁不受本条第一款规定的仲裁时效期间的限制;但是,劳动人事关系终止的,应当自劳动人事关系终止之日起一年内提出”。所以,从上述特殊劳动仲裁时效规定可以看出,拖欠劳动报酬的争议,不受“从当事人知道或者应当知道其权利被侵害之日起计算”规定的限制,但应当在劳动关系解除或终止后一年内提出。并且,该特殊规定对劳动关系解除或终止之前的时间不作限制,只要是在劳动关系存续期间发生拖欠劳动报酬的争议,在解除或终止后一年内申请劳动仲裁的,均未超过劳动仲裁时效,这一点要引起注意。

(四)仲裁时效与诉讼时效的关系

我们认为劳动仲裁时效与诉讼时效两者是不同性质的时效制度,两者之间既有差异,也有联系。

1. 两者的相同之处

我们认为两者之间主要存在如下相同之处:(1)法律事实的性质相同。两者均是指法律事件,是一种能够引起权利变动的事实状态,并非行为。(2)事实状态相同。两者均是以一定的事实状态的存在和持续为前提的。(3)法律效果相同。两者都不是取得时效,且都是消灭时效,均是产生抗辩权。(4)目的相同。两者都是督促权利人及时行使权利,解决争议。(5)强制性相同。两者均不是任意性的,都是必须强制实施的,并且不能通过协商改变、排除,如放弃、延长或缩短。(6)中断、中止相同。(7)时间经过要素相同。两者均是要以一定期间的经过为要素。时间是影响法律关系产生、消灭、变更的一个重要因素。(8)利益人相同。两者均体现了义务人的时效利益。

2. 两者的不同之处

我们认为两者之间主要存在如下不同之处:(1)性质不同。劳动仲裁时效是专门处理劳动争议时适用的时效制度,而诉讼时效适用于民事纠纷。(2)期间不同。劳动仲裁时效的普通时效为一年,而诉讼时效的普通时效为三年。(3)能否延长不同。劳动仲裁时效不能延长,而诉讼时效期间在特殊情况下可以延长。(4)最长时效不同。劳动仲裁时效没有规定最长时效期间,而诉讼时效有 20 年的最长时效期间。(5)时效期间的起算点不同。劳动仲裁时效从知道或者应当知道权利受到损害之日起计算,而诉讼时效还多一个起算条件,即知道义务人是谁,不知道义务人是谁的情形下,诉讼时效不起算。(6)适用范围不同。劳动仲裁时效适用形成之诉、确认之诉(按现行法规定是这样),而诉讼时效不适用形成之诉和确认之诉。

3. 两者之间的衔接关系

《民法典》第 188 条第 1 款规定:"向人民法院请求保护民事权利的诉讼时效期间为三年。法律另有规定的,依照其规定。"所以,在审理劳动争议案件时,可以根据以上"另有规定"之补充安排,不适用诉讼时效,而适用劳动仲裁时效来审理劳动争议案件。所以,在处理劳动争议案件时,应当统一使用"劳动仲裁时效"一词,而不能使用"诉讼时效"一词,以体现规范性,也符合法理。同时在时效法律适用过程中,劳动仲裁时效有规定的,人民法院应当直接适用其规定;劳动仲裁时效没有规定的,可以参照诉讼时效规定执行。总之我们应当明确,人民法院在处理劳动争议案件时,适用的时效制度不是诉讼时效,而是劳动仲裁时效。

司法实践中也有部分省市持此类似观点,如山东省高级人民法院认为,关于仲裁时效在劳动争议诉讼中的适用问题："仲裁时效作为一种特殊的时效制度，其与诉讼时效在性质上、法律后果上都是一致的，但劳动争议诉讼中是适用仲裁时效，还是适用《民法通则》规定的二年诉讼时效一直是实务中有争议的问题。对此，会议认为，劳动争议案件与其他民事案件相比，具有一定的特殊性。由于劳动关系的动态多变，需要劳动关系当事人在发生争议的情况下，尽快主张权利，因此，在劳动争议诉讼中适用《劳动争议调解仲裁法》规定的一年仲裁时效更有利于维护劳动者的合法权益。"①

二、仲裁时效制度的历史沿革

中华人民共和国成立初期，制定并实施了一些劳动争议处理制度，如中华全国总工会于 1949 年 11 月制定了《中华全国总工会关于劳资关系暂行处理办法》，原劳动部于 1950 年制定了《关于劳动争议解决程序的规定》（已失效）。② 但是，上述劳动争议处理程序规定中并未建立劳动仲裁时效制度。

（一）第一次关于劳动仲裁时效的规定

1987 年 7 月 31 日国务院发布的《国营企业劳动争议处理暂行规定》（已失效）第 16 条第 2、3 款规定："属于本规定第二条第一项的劳动争议，当事人应当从争议发生之日起六十日内，或者从调解不成之日起三十日内，向仲裁委员会提出。属于本规定第二条第二项的劳动争议，当事人应当自企业公布处理决定之日起十五日内向当地仲裁委员会提出。"虽然上述规定中没有"劳动仲裁时效"字样，但从其消灭时效性质和法律后果上考察，与劳动仲裁时效一致，所以其实质就是劳动仲裁时效制度。并且，其将劳动仲裁时效期间规定为 60 日。

（二）第一次使用"仲裁时效"

国务院发布并于 1993 年 8 月 1 日起施行的《企业劳动争议处理条例》（已失效）第 23 条规定："当事人应当从知道或者应当知道其权利被侵害之日起六个月内，以书面形式向仲裁委员会申请仲裁。当事人因不可抗力或者有其他正当理由超过前款规定的申请仲裁时效的，仲裁委员会应当受理。"以上规定，是我国在劳动争议处理程序中第一次使用"仲裁时效"一词，明确了劳动争议申请仲裁期间的性质为劳动仲裁时效，并将劳动仲裁时效期间规定为 6 个月，此规定具有重要意义。

（三）第一次在法律层面建立劳动仲裁时效制度

全国人大常委会于 1994 年 7 月 5 日通过的《劳动法》第 82 条第 1 句规定：

---

① 《山东省高级人民法院 2008 年民事审判工作会议纪要》（鲁高法〔2008〕243 号）第 3 条第 2 款。

② 王全兴：《劳动法》，法律出版社 2017 年版，第 467 页。

“提出仲裁要求的一方应当自劳动争议发生之日起六十日内向劳动争议仲裁委员会提出书面申请。”虽然上述规定中没有使用“仲裁时效”一词，但却是我国从法律层面第一次建立了劳动仲裁时效制度。并且，其将劳动仲裁时效期间规定为60日。

（四）在法律层面第一次使用“仲裁时效”

全国人大常委会于2007年12月29日通过的《劳动争议调解仲裁法》第27条第1款规定：“劳动争议申请仲裁的时效期间为一年。仲裁时效期间从当事人知道或者应当知道其权利被侵害之日起计算。”这是我国在法律层面正式使用“仲裁时效”一词。《劳动争议调解仲裁法》是我国劳动争议处理程序中全面建立劳动仲裁时效制度的开端，除首次建立了普通仲裁时效和特殊仲裁时效之外，还首次建立了仲裁时效中断、中止和劳动仲裁时效起算制度，具有划时代的意义。

三、劳动仲裁时效的适用范围

所谓劳动仲裁时效的适用范围，也称劳动仲裁时效的客体，即哪些权利适用劳动仲裁时效。在民法中，以民事权利的主要作用为标准。而民事权利可划分为支配权、请求权、形成权和抗辩权。在民法体系中，一般认为诉讼时效只适用于请求权，并不适用于支配权、形成权和抗辩权。但是，《劳动争议调解仲裁法》对此却未作规定，存在劳动法规则漏洞，应当参照民事诉讼相关规定进行填补。虽然劳动仲裁时效不是诉讼时效，但其具有类似性且法理是相通的。所以，在劳动争议处理过程中，也应参照适用以上诉讼时效适用范围的相关规则，即劳动仲裁时效也只能适用请求权即给付之诉，而不适用支配权、形成权和抗辩权。

（一）《民法典》之诉讼时效只适用于部分请求权

在德国，消灭时效的适用对象仅限于请求权，所以消灭时效又称为请求权的消灭时效。[①] 在我国，《民法典》第188条第1款规定：“向人民法院请求保护民事权利的诉讼时效期间为三年。法律另有规定的，依照其规定。”该条对诉讼时效作出了规定，但其只是使用了“民事权利”这一表述，而没有对诉讼时效的适用范围作出明确规定。但是，《民法典》第196条[②]关于不适用诉讼时效的

---

① 郑玉波：《民法总则论文选辑》（下），台北，五南图书出版股份有限公司1984年版，第786页。

② 《民法典》第196条规定：“下列请求权不适用诉讼时效的规定：（一）请求停止侵害、排除妨碍、消除危险；（二）不动产物权和登记的动产物权的权利人请求返还财产；（三）请求支付抚养费、赡养费或者扶养费；（四）依法不适用诉讼时效的其他请求权。”

请求权的情形，主要针对的是物权请求权，由此可见，诉讼时效主要适用于债权请求权。另外，《诉讼时效司法解释》第1条规定："当事人可以对债权请求权提出诉讼时效抗辩……"该条实际上明确了诉讼时效的适用范围原则上限于债权请求权。[①]

事实上，各国法律在对人身权请求权适用诉讼时效的问题上莫不区别对待。区别的标准主要为该种身份权上请求权是否以财产利益为内容，如果是则适用诉讼时效，否则不予适用。[②] 例如，因侵害人身权利而生的损害赔偿请求权属于债权请求权，自然适用诉讼时效。

（二）《民法典》之诉讼时效不适用于支配权、形成权和抗辩权

1. 支配权不适用诉讼时效原因

支配权者，权利人得直接使权利发生作用之权利也。所谓直接使权利发生作用者，即直接取得为权利内容之利益之谓。[③] 所以，支配权体现的是权利人对客体的直接管理和控制，一般情况下不会涉及第三人，即支配权对第三人来说，只负消极义务，因为支配权之利益能够直接实现，而无须第三人的积极行为。同时反过来看，支配权是绝对权，如果适用诉讼时效的话，则权利人需要向所有第三人及时主张权利或提起诉讼，否则会丧失要求国家保护的权利，这不现实、不经济，也是无法实现的，所以，诉讼时效不适用于支配权。

2. 形成权不适用诉讼时效原因

因为形成权的行使会使法律关系发生变动，从而使法律关系具有不确性。而法律为了维护法秩序的安定性，防止这种不稳定的法律关系长期存在，故专门建立了除斥期间来处理这一问题，即规定一个固定不变的时间，超过这个期间则失权，这样就可以有效地保障法秩序的安定性。如果适用诉讼时效，则无法保证法秩序的安定性，因为诉讼时效有中断、中止的情况存在，无法达到法秩序安定之目的，所以，形成权的时效由除斥期间来规制，而无须适用诉讼时效。

3. 抗辩权不适用诉讼时效原因

史尚宽先生认为，抗辩权（催告权、检索抗辩权及同时履行抗辩权）附随于请求权，于请求权存续之期间，不因时效而消灭。[④] 所以，只要请求权存在，抗辩权就不可能被消灭，因此抗辩权不可能也不会受到诉讼时效的规制。

---

① 王利明、杨立新等：《民法学》，法律出版社2017年版，第253页。

② 王泽鉴：《民法总则》，北京大学出版社2009年版，第416页。

③ "国立编译馆"大学用书编审委员会主编、王伯琦编著：《民法总则》，台北，"国立编译馆"1979年版，第26页。

④ 史尚宽：《民法总论》，中国政法大学出版社2000年版，第633页。

(三)劳动仲裁时效适用范围的确定

1. 劳动仲裁时效仅适用于部分请求权

我国《劳动争议调解仲裁法》和《劳动仲裁规则》对劳动仲裁时效的适用范围未作规定,存在劳动法规则漏洞,需要填补。关于涉及请求权的仲裁时效适用范围的确定,我们建议参照(类推)适用民法体系中的诉讼时效制度进行处理,即仲裁时效仅适用于请求权,而不适用于支配权、形成权和抗辩权。同时也要注意,并非所有的请求权均适用劳动仲裁时效,至于具体到请求权之劳动仲裁时效的适用范围,建议参照适用《民法典》第196条规定来予以确定:"下列请求权不适用诉讼时效的规定:(一)请求停止侵害、排除妨碍、消除危险;(二)不动产物权和登记的动产物权的权利人请求返还财产;(三)请求支付抚养费、赡养费或者扶养费;(四)依法不适用诉讼时效的其他请求权。"除上述规定之外的其他劳动争议之请求权均适用劳动仲裁时效制度。

2. 劳动仲裁时效制度的不完善性

我们可以通过考察《劳动争议调解仲裁法》第2条受案范围,来观察劳动仲裁时效的适用范围。该条规定:"中华人民共和国境内的用人单位与劳动者发生的下列劳动争议,适用本法:(一)因确认劳动关系发生的争议;(二)因订立、履行、变更、解除和终止劳动合同发生的争议;(三)因除名、辞退和辞职、离职发生的争议;(四)因工作时间、休息休假、社会保险、福利、培训以及劳动保护发生的争议;(五)因劳动报酬、工伤医疗费、经济补偿或者赔偿金等发生的争议;(六)法律、法规规定的其他劳动争议。"我们参照民事诉讼时效理论,上述规定中的第1项是确认之诉,对应的是实体法上的支配权;第2~3项既有形成之诉也有给付之诉,分别对应的是形成权和转化后的请求权;第4~5项是给付之诉,对应的是请求权或转化后的请求权。

(1)形成之诉应不适用劳动仲裁时效

从民法诉讼时效理论角度来看,给付之诉适用诉讼时效,这不是问题,并且在劳动仲裁中,对此也没有异议。但是第2~3项中的形成之诉却有不同,根据民事诉讼时效法理,形成权应不适用诉讼时效,但是在劳动仲裁中却正好相反,即应适用劳动仲裁时效。这一点我们认为劳动仲裁时效设计存在缺陷。如无固定期限劳动合同被违法解除时,如果劳动者依据《劳动合同法》第48条规定,选择继续履行原劳动合同,则法秩序的安定性就完全丧失。因为劳动仲裁时效可以中断,只要劳动者每隔一年,向用人单位主张权利或者向有关部门请求权利救济一次,仲裁时效就发生中断,且从中断时起,仲裁时效期间重新计算。这样一来,10年甚至20年之后,均有可能恢复劳动关系,这与劳动仲裁应当及时处理之基本原则严重违背。

笔者认为出现这个现象的原因,是劳动法律中没有建立除斥期间制度。在民法中对形成之诉的“时效”限制,是通过规定除斥期间来实现的。而在劳动法律中,由于没有除斥期间之规定,如果不安排仲裁时效制度来保障法秩序的安定性,则法秩序的安定性就更加没有任何保障了。所以,为了保障劳动法律之法秩序的安定性,在除斥期间缺位的情况下,就只能依靠劳动仲裁时效来实现及时处理之目的了。笔者认为此种制度安排应是权宜之计,关于恢复劳动关系等劳动争议形成之诉,最终仍需要通过建立除斥期间制度,来解决其“时效”限制问题。

(2)确认之诉不应适用劳动仲裁时效

关于确认之诉即确认劳动关系的仲裁时效问题,在实践中主要存在截然相反的两种观点。第一种观点认为应当适用劳动仲裁时效。例如,《天津市高级人民法院、天津市人力资源和社会保障局印发〈关于审理劳动人事争议案件的会议纪要〉的通知》(2019 年 11 月 25 日)第 4 条规定,确认劳动关系之诉的仲裁时效问题:“依据《调解仲裁法》第二条、第二十七条第一款的规定,劳动者申请仲裁确认劳动关系的时效期间为一年,从其知道或者应当知道权利被侵害之日起计算。”广州市中级人民法院《劳动人事争议纠纷案件审判参考》(2017 年 3 月 28 日)第 60 条规定:“劳动关系是劳动者与用人单位之间形成的权利义务关系,确认劳动关系案件应注意以下审查要点:……(五)双方的争议是否超过仲裁时效。”第二种观点认为不适用劳动仲裁时效。《苏州市中级人民法院民事审判第四庭法官会议讨论纪要》(苏中法民四〔2015〕1 号)第 6 条第 3 款规定“劳动关系确认之诉不适用一年仲裁时效”。

笔者赞同第二种观点,即不适用劳动仲裁时效。虽然苏州市中级人民法院做法存在有法不依之嫌疑,但符合法理。根据民事诉讼理论,依诉讼标的之性质和内容,诉可分为给付之诉、确认之诉和形成之诉,分别对应于实体法上的请求权、支配权和形成权,即给付之诉是基于实体法上的请求权、确认之诉是基于实体法上的支配权、形成之诉是基于实体法上的形成权。诉讼标的之性质和内容反映或决定了原告请求法院给予保护的具体形式,具体来说,原告提起给付之诉旨在获得给付判决,提起确认之诉旨在获得确认判决,提起形成之诉旨在获得形成判决。同时,诉讼时效制度的设立目的,旨在督促权利人积极、及时地向相关义务人主张权利,进而尽快稳定相关民事权利义务关系,尊重现存法律秩序,维护交易安全,保障生活的和谐和安定。确认之诉是基于实体法上的支配权,而支配权是绝对权,不是相对权,其义务主体是不特定的,不存在需要

“积极、及时地向相关义务人主张权利”之问题，所以，不是时效制度的适用范围，即不适用时效制度。例如，依据上海市高级人民法院《关于印发〈关于民事案件审理的几点具体意见〉的通知》（沪高法民〔2000〕44 号）第 30 条规定：确认之诉不属诉讼时效的适用范围。

确认劳动关系的劳动争议，从性质上讲属于确认之诉，也应当不适用时效之规定。因为确认之诉不涉及实体权利义务，仅仅是对业已存在的事实进行认定。确认劳动关系是为了行使请求权，或者为给付之诉做准备。实践中一般是为了追索工伤待遇、职业病待遇、社会保险待遇等利益。如果适用一年普通仲裁时效（特殊时效仅劳动报酬一项）规定，则劳动者的权益将因仲裁时效完成而无法得到救济，特别是职业病伤害，可能很多年之后才被发现。所以，确认劳动关系争议不能适用劳动仲裁时效制度。笔者认为，《劳动争议调解仲裁法》第 27 条中对确认之诉规定仲裁时效的规定，属于规定不妥或规定错误，建议立法机关予以修改，并规定确认之诉不适用一年仲裁时效。

四、仲裁时效的起算

（一）概念

所谓劳动仲裁时效的起算，是指劳动仲裁时效期间开始计算的时点，即从何时开始计算劳动仲裁时效期间。仲裁时效的起算实际上是一个如何确定仲裁时效开始时点的问题，由于劳动仲裁时效是一个持续的事实状态，因此其如何起算就基本决定了仲裁时效制度如何适用，故起算点的确定对双方当事人来说，可谓利益重大。所以起算问题对劳动仲裁时效来说特别重要。我国《劳动争议调解仲裁法》第 27 条对劳动仲裁时效的起算作出了规定，即“仲裁时效期间从当事人知道或者应当知道其权利被侵害之日起计算”。

（二）起算的一般规则

劳动仲裁时效的起算采用了主客观相统一的标准。具体内容如下：

1. 客观上权利受到了侵害。在确定起算点时，仲裁员首先应当确认权利人的权利是否受到了侵害的事实，因为权利受到了侵害是劳动仲裁时效适用的前提条件，否则，就不能适用劳动仲裁时效制度。

2. 主观上知道或者应当知道权利受到了侵害。这是主观因素的确定。所谓应当知道，是指按照一个合理的人的标准来判断，权利人作为一个合理的人，在当时的情况下应当知道其权利受到了侵害的事实。[①] 劳动仲裁实践中，义务人应当就权利人知道或者应当知道其权利受到侵害的时间点，这一事实承担举

---

① 李适时主编：《中华人民共和国民法总则释义》，法律出版社 2017 年版，第 593 页。

证证明责任。原劳动部办公厅《关于对〈中华人民共和国企业劳动争议处理条例〉第二十三条如何理解的复函》(劳办发〔1994〕257 号,已失效)的规定可以作为我们理解起算点之参考:“知道或应当知道其权利被侵害之日”,是指有证据表明权利人知道自己的权利被侵害的日期,或者根据一般规律推定权利人知道自己的权利被侵害的日期,即劳动争议发生之日。“知道或应当知道其权利被侵害之日”是劳动争议仲裁申诉时效的开始。因此,“知道或应当知道其权利被侵害之日”不应从侵权行为终结之日起计算。

我们注意到《民法典》对诉讼时效的起算还增加了一个法定条件,即知道义务人是谁。按其规定如果权利人知道权利受到了侵害,且知道权利的存在,但不知道谁是义务人时,诉讼时效并不能开始起算。这是《民法典》对《民法通则》时效制度的完善和创新。我们认为劳动仲裁时效起算也应参照上述规定增加知晓义务人是谁之条件,因为这是法理。只是一般情况下劳动争议义务人是比较明了的,不知道义务人是谁的情况比较少见。即使劳动者面对几个主体,无法辨识由谁来承担责任,劳动者将这几个主体同时列为共同当事人,即可解决这一问题。

(三)“劳动争议发生之日”能否作为起算点

“劳动争议发生之日”是《劳动法》第 82 条[①]作出的对劳动仲裁时效的起算规定,此规定与《劳动争议调解仲裁法》第 27 条规定的劳动仲裁时效的起算规定“知道或者应当知道其权利被侵害之日”不同,应当如何适用?笔者认为应当适用新法的规定,即《劳动争议调解仲裁法》第 27 条规定。这个法律适用处理方法与《劳动法》规定仲裁时效为 60 日,与《劳动争议调解仲裁法》一年时效规定的冲突处理方式相同,即适用新法之一年时效的规定。

但是,最高人民法院《关于审理劳动争议案件适用法律若干问题的解释(二)》(已被法释〔2020〕16 号文废止)第 1 条对《劳动法》第 82 条作出的解释,可以帮助我们理解《劳动争议调解仲裁法》第 27 条规定的“知道或者应当知道其权利被侵害之日”:“人民法院审理劳动争议案件,对下列情形,视为劳动法第八十二条规定的‘劳动争议发生之日’:(一)在劳动关系存续期间产生的支付工资争议,用人单位能够证明已经书面通知劳动者拒付工资的,书面通知送达之日为劳动争议发生之日。用人单位不能证明的,劳动者主张权利之日为劳动争议发生之日。(二)因解除或者终止劳动关系产生的争议,用人单位不能

---

① 《劳动法》第 82 条规定:“提出仲裁要求的一方应当自劳动争议发生之日起六十日内向劳动争议仲裁委员会提出书面申请。……”

证明劳动者收到解除或者终止劳动关系书面通知时间的，劳动者主张权利之日为劳动争议发生之日。（三）劳动关系解除或者终止后产生的支付工资、经济补偿金、福利待遇等争议，劳动者能够证明用人单位承诺支付的时间为解除或者终止劳动关系后的具体日期的，用人单位承诺支付之日为劳动争议发生之日。劳动者不能证明的，解除或者终止劳动关系之日为劳动争议发生之日。”

（四）解除或终止劳动关系仲裁时效的起算

在劳动争议中，用人单位解除或终止劳动关系的争议最为常见。关于解除或终止劳动关系的劳动仲裁时效起算，即“知道或者应当知道其权利被侵害之日”的确定问题，最高人民法院曾专门为此作了规定。最高人民法院《关于解除劳动合同的劳动争议仲裁申请期限应当如何起算问题的批复》（法释〔2004〕8号，已失效）规定：“用人单位依据《中华人民共和国劳动法》第二十五条第（四）项的规定解除劳动合同，与劳动者发生争议的，劳动者向劳动争议仲裁委员会申请仲裁的期限应当自收到解除劳动合同书面通知之日起计算。”

同时，针对这一问题，最高人民法院《关于审理劳动争议案件适用法律若干问题的解释（二）》（已被法释〔2020〕16号文废止）第1条第2项也作出了相同规定：“因解除或者终止劳动关系产生的争议，用人单位不能证明劳动者收到解除或者终止劳动关系书面通知时间的，劳动者主张权利之日为劳动争议发生之日。”所以，根据以上二个一致性的规定，劳动者收到解除或终止的书面通知之日，即为劳动仲裁时效起算之日。

（五）工伤待遇劳动仲裁时效的起算

1. 裁审实践中存在争议

主要有二种不同意见：第一种意见认为，劳动仲裁时效应当从伤害事故发生之日或者被诊断为职业病之日起开始计算。申请工伤认定或劳动能力鉴定的，劳动仲裁时效中断，并且劳动仲裁时效重新计算。第二种意见认为，劳动仲裁时效应当从有关部门作出生效的工伤认定决定或者劳动能力鉴定结论之日的次日起开始计算。其中，工亡的从工伤认定决定书生效之日起计算。

2. 我们认为应按不同的工伤待遇项目来进行确定

笔者是比较赞同第二种意见的，但是该意见没有考虑在解除或终止时，还会产生新的工伤待遇，所以统一这样处理有失妥当。故笔者的建议如下：

（1）一次性伤残补助金、伤残津贴、一次性工亡补助金、丧葬补助金、供养亲属抚恤金、医疗费、伙食补助费、交通食宿费、停工留薪待遇、生活护理费待遇，其劳动仲裁时效应当从有关部门作出生效的工伤认定决定或者劳动能力鉴定结论之日的次日起开始计算。其中，工亡待遇的仲裁时效应当从工伤认定决定书生效之日起计算。工伤认定决定和劳动能力鉴定结论这二个生效文件均已作出的,劳动仲裁委员会应当以劳动能力鉴定结论生效日的次日,作为劳动仲裁时效的起算日。因为劳动者负伤被认定为工伤或者劳动能力鉴定结论作出之前,其相关待遇是动态的、多次的,如医疗费用、护理费、伙食补助费、交通食宿费、停工留薪待遇等,故不宜以某一次费用的发生作为起算点。只有在治疗终结之日或者伤残等级评定之日劳动者才能够提出具体的赔偿请求,此时开始起算仲裁时效比较合理。持有以上类似观点的省市有广东省①、云南省②、湖南省③等。

(2)一次性医疗补助金、一次性就业补助金待遇,其劳动仲裁时效应当从劳动关系解除或终止之日的次日起开始计算。一次性医疗补助金、一次性就业补助金这二项工伤待遇是从劳动者解除或终止劳动关系时才能享受的,并且,在被认定为工伤或者劳动能力鉴定结论作出时,劳动者无权享受。

3. “老工伤”待遇仲裁时效最迟从 2005 年 1 月 1 日起算

“老工伤”人员的工伤待遇应按工伤事故发生时或当年办理工伤手续时相关国家和省规定的标准确定,且该实体性权利应当于工伤发生后,在当时法律规定的时效期间内及时主张,未及时主张应认定丧失要求获得国家保护之权利。即便“老工伤”员工以企业故意瞒报工伤导致当年未办理工伤手续,故其不知道权利被侵犯为由主张不适用时效,因《工伤保险条例》早在 2004 年 1 月 1 日即已施行,条例已明确赋予劳动者在一年内申报工伤的权利,各省也就“老工伤”员工的补充申报工伤期间作出规定,故“老工伤”员工最迟也应当在《工伤保险条例》施行一年内即 2005 年 1 月 1 日前及时补充申报工伤并申请工伤认定。未申请的应视为放弃主张工伤保险待遇的权利。虽人社部门在 2009 年

---

① 《广东省部分法院审理劳动争议案件工作座谈会综述》(粤高法发〔1999〕55 号,已失效)规定:“工伤事故的时效不应从工伤事故发生之日起算,应从其治疗终结之日或伤残等级评定之日起算。”

② 云南省高级人民法院、云南省人力资源和社会保障厅《关于审理劳动人事争议案件若干问题的座谈会纪要》(2015 年 1 月 19 日)第 15 条规定:“劳动者请求用人单位支付工伤保险待遇的,申请仲裁的时效期间为一年,仲裁时效期间从劳动能力鉴定结论书生效之日起计算(工亡的从工伤认定决定书生效之日起计算);劳动能力鉴定结论书生效后劳动关系终止的,仲裁时效期间从劳动关系终止之日起计算。”

③ 湖南省人力资源和社会保障厅《关于印发〈湖南省劳动人事争议仲裁办案若干标准〉(试行)的通知》(2016 年 8 月 19 日)第 32 条规定:“劳动者因工负伤,在工伤认定和劳动能力鉴定结论作出之前,用人单位与劳动者就工伤保险待遇达成的协议中,双方约定的给付标准明显低于法定标准,且已实际履行,劳动者主张该协议无效的,可以认定该协议无效;在工伤认定和劳动能力鉴定结论作出之后,劳动者在仲裁时效内要求用人单位按法定标准补足差额部分,可予支持。”

以后陆续为“老工伤”人员进行工伤认定和劳动能力评定，但这仅为落实“老工伤”纳入工伤保险统筹管理政策而做的管理性工作，并不发生恢复“老工伤”员工在此之前实体性权利的法律后果。故“老工伤”人员主张用人单位支付纳入工伤保险统筹管理之前发生的工伤待遇的诉讼请求因未在时效期间内提出，不应得到支持。持此观点的有江苏省[①]等省市。

（六）养老保险待遇劳动仲裁时效的起算

一般来说，劳动者诉请用人单位赔偿养老保险待遇引发的纠纷，应适用《劳动争议调解仲裁法》关于仲裁时效的规定，实践中要注意根据案件的不同情形确定“知道或者应当知道其权利被侵害之日”，即劳动仲裁时效的起算日。笔者认为应当按以下三种情形分别确定：

1. 劳动者达到法定退休年龄之前，与用人单位的用工关系已经解除或终止的，因其养老保险损失在劳动者达到法定退休年龄时才产生，故应以劳动者达到法定退休年龄之日作为仲裁时效起算之日。

2. 劳动者达到法定退休年龄后一段时间，与用人单位的用工关系才解除或终止的，应以用工关系解除或终止之日作为仲裁时效起算之日。

3. 劳动者达到法定退休年龄后，发生争议时，用人单位与劳动者之间的用工关系尚未解除或终止的，应以劳动者主张权利之日作为仲裁时间起算之日。

（七）离职手续办理劳动仲裁时效的起算

劳动者要求用人单位为其办理退工手续或转移档案、社会保险手续的，应当不受仲裁时效的约束。因为上述劳动争议案件属于形成之诉，而劳动仲裁时效仅仅适用于部分给付之诉（请求权）。劳动关系中，劳动者与用人单位之间除了存在财产性的权利义务，如一方给付劳务，另一方支付报酬的对待给付义务，还有很多人身性的权利义务，如在劳动关系存续期间，用人单位需及时为劳动者办理退工手续、转移档案、办理社会保险的移转手续，以便劳动者再就业及接续社会保险等。这些义务是用人单位的法定义务，其履行关系到劳动者基本生存权与就业权的实现，具有人身性和强制性，因此，即使劳动者未能在仲裁时效期间内提出，也应得到法律的保护。

当然需要注意的是，对这些人身性义务的违反同时可能产生财产性的请求权，如用人单位不为劳动者办理退工手续或档案、社会保险转移手续，劳动者以此主张用人单位赔偿损失的，则仍应在仲裁时效期间内提出，否则不能得到法律的保护。

---

① 《江苏省民事审判工作例会会议纪要》（2017 年 8 月 30 日）第 25 条。

五、劳动报酬的特殊时效

(一)特殊劳动仲裁时效

所谓特殊劳动仲裁时效,是指由《劳动争议调解仲裁法》针对因拖欠劳动报酬发生争议而规定的时效期间。按照特别法优先于普通法的一般规则,如果符合特殊劳动仲裁时效规定的情况,应当优先适用特殊劳动仲裁时效,而不能适用一年的普通劳动仲裁时效。我国《劳动争议调解仲裁法》第 27 条第 4 款规定:“劳动关系存续期间因拖欠劳动报酬发生争议的,劳动者申请仲裁不受本条第一款规定的仲裁时效期间的限制;但是,劳动关系终止的,应当自劳动关系终止之日起一年内提出。”以上为我国特殊劳动仲裁时效之相关规定。笔者认为要正确理解上述特殊规定,必须注意如下几个问题。

1. 不受普通劳动仲裁时效的规制

《劳动争议调解仲裁法》第 27 条第 1 款规定:“劳动争议申请仲裁的时效期间为一年。仲裁时效期间从当事人知道或者应当知道其权利被侵害之日起计算。”以上为普通劳动仲裁时效的相关规定,特殊劳动仲裁时效不受上述规定的约束。

2. 特殊劳动仲裁时效期间固定一年,不能中断、中止

普通的劳动仲裁时效受以下中断、中止规定的约束(《劳动争议调解仲裁法》第 27 条第 2、3 款):“因当事人一方向对方当事人主张权利,或者向有关部门请求权利救济,或者对方当事人同意履行义务而中断。从中断时起,仲裁时效期间重新计算。因不可抗力或者有其他正当理由,当事人不能在本条第一款规定的仲裁时效期间申请仲裁的,仲裁时效中止。从中止时效的原因消除之日起,仲裁时效期间继续计算。”特殊劳动仲裁时效是一个一年的固定期间,仲裁时效起算后不发生中断、中止,满一年即自然结束,也不受不可抗力影响,类似于除斥期间的法律效果。

3. 特殊时效规定中的“终止”一词须做扩大解释

我们认为“自劳动关系终止之日起一年内提出”中的“终止”一词,应进行目的性扩张解释,其含义既包括劳动合同和事实劳动关系的解除、终止,也包括聘用合同的解除、终止。所以在劳动关系解除后,关于拖欠劳动报酬的仲裁时效,将与终止劳动关系一样,会自动起算。裁审实践中也均是这样来理解的。但是,我们仍认为这是立法缺陷之不完整性,属于劳动法规则漏洞,应当适用目的性扩张方法予以填补,因为劳动关系的终止和解除,在劳动法上确实具有不同含义,而且区别很大。

4. 起算方法无主观性，不同于普通劳动仲裁时效

普通劳动仲裁时效从当事人知道或者应当知道其权利被侵害之日起计算，所以普通劳动仲裁时效的起算方法“应当知道”具有主观性，受主观意思的影响。而特殊劳动仲裁时效的起算则不同，其起算方法具有客观性，而不存在主观性，即从劳动关系解除或终止之日起自动起算，不受主观意思的影响。

（二）“拖欠劳动报酬”概念的厘定

特殊劳动仲裁时效的适用范围只有一个，即拖欠劳动报酬，除此之外，其他任何情形均不能适用，所以“拖欠劳动报酬”是适用特殊劳动仲裁时效的唯一条件。由于裁审实践中对此含义存在模糊认识，所以厘定“拖欠劳动报酬”一词的含义在法律适用上具有较大意义。

我们认为理解“拖欠劳动报酬”一词重心在于“拖欠”二字，并且与金额无关。“拖欠”不是减少报酬，而是延后支付。因为工资支付包括足额支付和非足额支付二种方式，非足额支付就是减薪。足额支付又分为及时支付和拖欠支付二种方式；减薪也可分为扣发和减发二种方式。以是否合法为标准可对扣发方式进行再划分，违法扣发分为克扣、预扣二种；合法扣发可分为罚款、抵销和代扣等情形。减发按事由性质不同可分为降薪、假期、停工停产等方式。综上所述，减薪方式之隶属关系如图 6－1 所示：

- 工资支付
  - 足额支付
    - 及时支付
    - 拖欠工资
  - 非足额支付（减少）
    - 扣发
      - 代扣
      - 克扣
      - 预扣
      - 罚款
      - 抵销
      - 其他，如事假、高温津贴等
    - 减发
      - 降薪
      - 假期
      - 停工停产
      - 其他，如值班之折算等
  - 超额支付

图 6－1　减薪方式之隶属关系

资料来源：胡燕来：《工资实务研究》，法律出版社 2018 年版，第 158～159 页。

从以上分析可知，拖欠劳动报酬并没有减少工资，而是支付时间的延迟，即延后支付。所以凡减少劳动报酬如代扣、克扣、预扣、罚款、抵销、降薪、病假、停工停产而产生劳动争议的，均不适用特殊劳动仲裁时效的规定。特别是注意辨清克扣工资的性质，其因为属于减少工资的类型，故不属于足额支付之拖欠工资。只有不减少工资而延迟支付工资而产生的劳动争议，才能适用特殊劳动仲裁时效。以上是从文义解释的角度进行的理解。

基于以上两者存在区别的理解，所以江苏省高级人民法院、江苏省劳动争议仲裁委员会《关于适用〈中华人民共和国劳动争议调解仲裁法〉若干问题的意见》（苏高法审委〔2008〕19 号）第 1 条规定："拖欠劳动报酬争议的仲裁时效，适用《调解仲裁法》第二十七条第四款的规定。但克扣工资争议的仲裁时效为自用人单位书面明示拒绝支付劳动者工资之日起计算一年。"但是，以上司法政策之不同仲裁时效规定值得商榷。我们认为，在具体个案处理中，如果经检验，上述文义解释得出的结论违反劳动法的基本原则，产生了不公正之结果，不具有社会效果，且与立法目的不相符合，则应当不得适用。而应当采用漏洞填补之目的性扩张方法来适用法律，在"拖欠"文义射程之外作出符合立法目的的解释，即确定个案仲裁时间应将"拖欠"劳动报酬含义扩大到包含"减少"劳动报酬之内容。

（三）加班工资的仲裁时效

加班工资劳动争议是否适用特殊劳动仲裁时效，在裁审实践中存在争议，主要有二种观点：第一种观点认为不适用特殊时效。因为即使劳动者有证据证明，加班工资也只能支持两年之内的，超过部分不能支持，因为用人单位只有保管二年相关档案资料的义务，超过二年以上的，因无资料而无法核实。第二种观点认为应适用特殊时效。因为加班工资的性质属于劳动报酬，用人单位拒不支付属于拖欠，也属于"拖欠劳动报酬"之范畴，应当适用特殊时效制度。

笔者赞同第二种观点，即应当适用特殊劳动仲裁时效。因为加班工资从性质上讲，其属于劳动报酬，同时加班工资争议中不存在劳动报酬的减少问题，而是拖欠即延后支付或拒不支付的问题，且存在持续状态，所以加班工资劳动争议属于"拖欠劳动报酬"，应当适用特殊劳动仲裁时效之规定。如果劳动者有证据证明用人单位需要支付加班工资，即使该加班工资发生在两年之前，甚至更长时间，只要劳动者在劳动关系解除或终止后一年内提出仲裁申请，劳动仲裁委员会均应当可以予以支持，而不应受二年的限制。而克扣劳动报酬的，由于其性质是减少工资，不是延后支付工资，所以一般情况下不适用特殊劳动仲裁时效，而应当适用普通劳动仲裁时效。

（四）双倍工资的仲裁时效

《劳动合同法》第82条规定："用人单位自用工之日起超过一个月不满一年未与劳动者订立书面劳动合同的，应当向劳动者每月支付二倍的工资。用人单位违反本法规定不与劳动者订立无固定期限劳动合同的，自应当订立无固定期限劳动合同之日起向劳动者每月支付二倍的工资。"以上规定是未签订书面劳动合同之双倍工资的由来。

1. 双倍工资争议应当适用普通劳动仲裁时效

用人单位向劳动者支付的二倍工资差额，是基于用人单位没有按照《劳动合同法》规定与劳动者签订书面劳动合同所产生的法律后果，并非劳动者提供劳动的对价给付，因此，二倍工资差额不属于劳动报酬的范畴，具有惩罚性赔偿金的性质。关于双倍工资差额的仲裁时效问题，由于二倍工资差额具有惩罚性赔偿金的性质，劳动者请求用人单位支付未签订书面劳动合同的双倍工资差额的，不适用《劳动争议调解仲裁法》第27条第4款关于劳动关系存续期间因拖欠劳动报酬发生争议仲裁时效的规定。

2. 双倍工资争议仲裁时效的起算

实践中争议最大的是仲裁时效起算点如何确定。劳动者主张二倍工资差额的仲裁时效从何时起算，关系到劳动者的主张能够得到多少支持，涉及劳动者的切身利益，本应慎重并统一法律适用，但在目前实践中对这个问题的处理却比较混乱，存在不同的起算方法：一是逐月分别计算仲裁时效法，从未签订书面劳动合同的第二个月起按月分别计算仲裁时效。该计算方法是严格按照仲裁时效期间，从当事人知道或者应当知道其权利被侵害之日起计算的法律规定得出。该种算法目前以上海地区法院为代表。二是从违法行为结束之次日开始计算或从一年届满之次日起计算，对二倍工资中属于用人单位法定赔偿金的部分，从用人单位不签订书面劳动合同的违法行为结束之次日开始计算一年；如劳动者在用人单位工作已经满一年的，劳动者申请仲裁的时效从一年届满之次日起计算一年。该计算方式以江苏地区法院为代表。三是自劳动关系终止之日起计算法，用人单位与劳动者未订立书面劳动合同，劳动者请求支付二倍工资的仲裁时效起算期间，应自劳动关系终止之日起计算。该计算方式以四川地区法院为代表。这种算法延长了仲裁时效，如果劳动者与用人单位劳动关系一直延续，则时效一直存在；如果是无固定期限劳动合同，到退休时主张权利也在时效内。四是二倍工资仲裁时效期间从最后履行期限届满之日起算。此计算方式以山东地区法院为代表。五是自劳动者主张权利之日起往前倒推一年，按月计算,该计算方式以广东地区法院为代表。[①]

笔者赞同第一种时效起算方法,即逐月分别计算仲裁时效法。因为从性质上看,双倍工资差额属于定期给付的债权。所谓定期给付的债权,是指相隔一定期间继续为给付的债权,如薪水、地租、保险费等。这种定期给付的债权,为数个独立的债权,其在一定期间内反复继续地发生而为给付。[②] 故双倍工资差额对劳动者而言,属于其享有的定期给付的债权,相应地对用人单位来说,则是其应当定期履行的债务。所以,每个月应当支付的双倍工资差额,均应当独立起算劳动仲裁时效。而分期给付的债权则不同,所谓分期给付的债权,是指一个独立的债权,分数期而为给付。如分期付款的债权、分批交付的债权等。《民法典》第189条规定:"当事人约定同一债务分期履行的,诉讼时效期间自最后一期履行期限届满之日起计算。"本条强调的"同一债务",是分期、分批履行债务中的概念,其与定期履行的债务不同。定期发行的债务,如定期支付租金、工资等,其本质上属于多个债务,而分期履行的债务本质上属于一个债务,只是在履行方式上分多次履行。[③] 所以,分期给付的债权,其诉讼时效期间自最后一期履行期限届满之日起计算;定期给付的债权,其诉讼时效期间自每一期履行期限届满之日起计算。由于各项劳动报酬以及双倍工资差额的给付,本质上属于义务人应当定期履行的债务,这对于用人单位来说属于多个债务,其劳动仲裁时效自然应当从每月的双倍工资差额履行期限届满之日起计算,即逐月分别计算其劳动仲裁时效。

(五)未休年休假工资的仲裁时效

1. 劳动争议裁审实践中存在较大争议

由于对未休年休假工资性质存在争议,司法实践中赞同"劳动报酬"性质和反对"劳动报酬"性质的判决均存在。

(1)第一种观点为反对"劳动报酬说"。裁审实践中,反对未休年休假工资不是"劳动报酬"性质且选用普通仲裁时效的司法理解明显偏多。如北京市高级人民法院、北京市劳动人事争议仲裁委员会《关于审理劳动争议案件法律适用问题的解答》(2017年4月24日,京高法发〔2017〕142号)第19条规定:"……劳动者要求用人单位支付其未休带薪年休假工资中法定补偿(200%福利部分)诉请的仲裁时效期间应适用《劳动争议调解仲裁法》第二十七条第一

---

① 孙付、崔兆军:《劳动争议仲裁时效的法律适用》,载《人民司法》2014年第11期。

② 王泽鉴:《民法总论》,中国政法大学出版社2001年版,第526页。

③ 李适时主编:《中华人民共和国民法总则释义》,法律出版社2017年版,第595页。

款规定，即劳动争议申请仲裁的时效期间为一年。仲裁时效期间从当事人知道或者应当知道其权利被侵害之日起计算。考虑年休假可以集中、分段和跨年度安排的特点，故劳动者每年未休带薪年休假应获得年休假工资报酬的时间从第二年的12月31日起算。”在司法政策中持上述普通仲裁时效观点的省市还有浙江省①、四川省②、辽宁省③、长三角地区④、深圳市⑤等。

（2）第二种观点为赞同“劳动报酬说”。赞同将未休年休假工资性质与加班工资一样，为劳动报酬性质且适用特殊仲裁时效的司法政策虽然较少，但也存在，如内蒙古高级人民法院《关于33个常见劳动争议纠纷的处理意见》第24条第1项规定：“因工作时间、休息休假发生的争议主要针对执行劳动制度如工作时间安排、休息休假天数等不涉及具体金额时，作为因执行国家劳动标准在工作时间、休息休假方面发生的争议处理；如涉及加班工资、未休年休假工资报酬等具体金额给付的，作为追索劳动报酬争议处理。”云南省高级人民法院、云南省人力资源和社会保障厅《关于审理劳动人事争议案件若干问题的座谈会纪要》（2015年1月19日）第20条也作出了同样的规定。同时在第6条规定：

---

① 浙江省高级人民法院民事审判第一庭、浙江省劳动人事争议仲裁院《关于审理劳动争议案件若干问题的解答（二）》（2014年4月14日，浙高法民一〔2014〕7号）第19条规定：“用人单位未安排劳动者年休假，侵害的是劳动者的休假权利，支付未休年休假工资报酬是因用人单位未安排年休假而应当承担的法律义务，故适用一般的时效规定。劳动者要求用人单位支付未休年休假工资报酬的仲裁时效从次年的1月1日起计算。经劳动者同意跨年度安排年休假的，顺延至下一年度的1月1日起计算；劳动关系解除或者终止的，从解除或者终止之日起计算。”

② 四川省高级人民法院民事审判第一庭《关于印发〈关于审理劳动争议案件若干疑难问题的解答〉的通知》（川高法民一〔2016〕1号）第37条规定：“劳动者要求用人单位支付未休年休假折算工资的仲裁时效适用一年的时效规定，从次年的1月1日起计算。经劳动者同意跨年度安排年休假的，顺延至下一年度的1月1日起计算；劳动关系解除或者终止的，该年度的未休年休假折算工资仲裁时效从解除或者终止之日起计算。”

③ 辽宁省高级人民法院民一庭《劳动人事争议及劳务纠纷案件审判问题解答》（2013年8月）问题11“参考意见”：“带薪年休假属福利待遇，其相关请求应受仲裁时效期间限制；加班费属劳动报酬，劳动者在劳动关系存续期间内提出相关请求，不受仲裁时效期间的限制。……”

④ 长三角区域“三省一市”《劳动人事争议疑难问题审理意见研讨会纪要》（2019年11月26日）第1条规定：“……劳动者要求用人单位支付未休年休假工资的请求，符合《中华人民共和国劳动争议调解仲裁法》第二条规定的受案范围，劳动人事争议仲裁委员会应当予以受理。该请求权时效应按照《中华人民共和国劳动争议调解仲裁法》第二十七条第一款之规定，从应休年休假年度次年的1月1日起计算；确因生产、工作需要，经劳动者同意，用人单位跨年度安排劳动者休年休假的，请求权时效顺延至下一年度的1月1日起计算；劳动关系已经解除或者终止的，从劳动关系解除或者终止之日起计算。”

⑤ 深圳市中级人民法院《关于审理劳动争议案件的裁判指引》（2015年9月2日）第111条规定：“未休年休假工资的申请劳动仲裁时效期间应从第三个年度的1月1日当天开始计算。但双方劳动合同解除或终止的，应从劳动合同解除或终止之日起计算。”

"用人单位未按照法律规定或劳动合同约定及时足额向劳动者发放津贴、未休年休假工资报酬,劳动者以此为由解除劳动合同并向用人单位主张经济补偿的,应予支持。"上述规定说明未休年休假工资报酬属于《劳动合同法》第38条"未及时足额支付劳动报酬"中的"劳动报酬",否则不会获得支持。所以,由于未休年休假工资报酬属于劳动报酬,故应适用劳动仲裁特殊时效,且不受一年普通仲裁时效期间的限制。

2. 笔者持第二种观点,即赞同"劳动报酬说"

之所以赞同"劳动报酬说",除同意上述第二种观点说明的理由之外,笔者在此再补充以下二点理由。

(1)从承担"加付赔偿金"之法律责任角度看

《企业职工带薪年休假实施办法》(2008年9月18日)第15条第2款规定:"用人单位不安排职工休年休假又不依照条例及本办法规定支付未休年休假工资报酬的,由县级以上地方人民政府劳动行政部门依据职权责令限期改正;对逾期不改正的,除责令该用人单位支付未休年休假工资报酬外,用人单位还应当按照未休年休假工资报酬的数额向职工加付赔偿金;对拒不执行支付未休年休假工资报酬、赔偿金行政处理决定的,由劳动行政部门申请人民法院强制执行。"从以上规定可知,用人单位未按规定支付未休年休假工资报酬的,应当承担按照未休年休假工资报酬的数额向职工加付赔偿金的法律责任。

《企业职工带薪年休假实施办法》是根据《职工带薪年休假条例》制定,而《职工带薪年休假条例》是根据《劳动法》《公务员法》制定。根据《劳动法》第91条的规定①,需要承担"赔偿金"之法律责任的法定情形只有二种:一是工资报酬;二是经济补偿。而《劳动法》第91条规定的经济补偿,是指"解除劳动合同后,未依照本法规定给予劳动者"的经济补偿,并非与未休年休假相关之"经济补偿"。所以,未休年休假之加付赔偿金之规定,源于《劳动法》第91条不依法支付工资报酬的法律责任,故从承担法律责任的角度来看,未休年休假工资的性质也是劳动报酬。

(2)从《工资支付暂行规定》的直接规定来看

上述结论的正确性也可以被其他法律的直接规定印证,如《工资支付暂行

① 《劳动法》第91条规定:"用人单位有下列侵害劳动者合法权益情形之一的,由劳动行政部门责令支付劳动者的工资报酬、经济补偿,并可以责令支付赔偿金:(一)克扣或者无故拖欠劳动者工资的;(二)拒不支付劳动者延长工作时间工资报酬的;(三)低于当地最低工资标准支付劳动者工资的;(四)解除劳动合同后,未依照本法规定给予劳动者经济补偿的。"

规定》(1995 年 1 月 1 日起施行)第 13 条规定:“用人单位在劳动者完成劳动定额或规定的工作任务后,根据实际需要安排劳动者在法定标准工作时间以外工作的,应按以下标准支付工资:……(三)用人单位依法安排劳动者在法定休假节日工作的,按照不低于劳动合同规定的劳动者本人日或小时工资标准的 300% 支付劳动者工资。……”上述规定中,安排劳动者在“法定休假节日”工作,应支付 300% 的工资,结合《关于〈劳动法〉若干条文的说明》(劳办发〔1994〕289 号)第 51 条之规定,即法定休假日,是指法律、法规规定的劳动者休假的时间,包括法定节日(元旦、春节、国际劳动节、国庆节及其他节假日)以及法定带薪休假。《劳动法》第 51 条中的“法定休假日”,既包括法定节日,也包括法定带薪休假,而年休假是法定带薪休假中的一种。所以,未休年休假工资是劳动报酬性质。

六、仲裁时效的中断

(一)中断的含义

所谓劳动仲裁时效的中断,是指劳动仲裁时效进行中因法定事由的发生,推翻了劳动仲裁时效存在的基础,并使已进行的期间全部归于无效,且劳动仲裁时效重新起算。从以上定义可知,时效的中断只会发生在劳动仲裁时效进行之中,在时效届满或尚未开始起算的情形下,不存在时效中断之问题。并且,产生时效中断的事由是法定的,不能约定,即使当事人同意也无效。同时,时效中断将会导致劳动仲裁时效从“0”开始重新计算。还有,时效中断不适用特殊劳动仲裁时效,只适用于普通劳动仲裁时效。

我国《劳动争议调解仲裁法》第 27 条第 2 款规定:“前款规定的仲裁时效,因当事人一方向对方当事人主张权利,或者向有关部门请求权利救济,或者对方当事人同意履行义务而中断……”另外,《劳动仲裁规则》第 27 条第 1 款对上述规定进一步细化:“在申请仲裁的时效期间内,有下列情形之一的,仲裁时效中断:(一)一方当事人通过协商、申请调解等方式向对方当事人主张权利的;(二)一方当事人通过向有关部门投诉,向仲裁委员会申请仲裁,向人民法院起诉或者申请支付令等方式请求权利救济的;(三)对方当事人同意履行义务的。”以上是我国劳动法对仲裁时效的相关规定。我们认为,分析以上劳动仲裁时效中断的三个法定事由间的内在逻辑关系,可以找出劳动仲裁时效中断的共同的内部因素,即“主张权利 + 到达义务人”。只要同时符合这二个条件,即可导致仲裁时效中断,缺少任何一个条件,时效中断则不成立。

关于裁审实践中,劳动仲裁委员会和人民法院能否参照民事诉讼关于诉讼时效中断的相关规定,法律未作规定,存在之劳动法规则漏洞,应当填补。我们认为可以参照诉讼时效中止相关规定，因为《劳动争议调解仲裁法》对此问题规定不完善，存在劳动法规则漏洞。但《劳动争议调解仲裁法》对仲裁时效已有规定，应当优先适用且不得参照。

（二）时效中断的条件

根据《劳动争议调解仲裁法》第27条第2款、《劳动仲裁规则》第27条这二个规定，结合裁审实践，我们将引起劳动仲裁时效中断的事由列举说明如下。

1. 向对方当事人主张权利

所谓向对方当事人主张权利，是指劳动争议案件中，权利人向义务人提出履行请求，要求其履行义务。权利人既可以向义务人本人提出履行要求，也可以向义务人的代理人提出履行要求。符合以下二方面要求的，即可认定为构成了时效中断之主张权利：一是向义务人及其代理人等提出，而不是向第三人提出；二是权利人提出的履行要求到达了义务人或其代理人，并且在到达时才产生时效中断的效果。

根据《劳动仲裁规则》第27条和《诉讼时效司法解释》第8条规定，结合裁审实践情况，我们认为常见主张权利的情形有：（1）双方协商沟通，要求义务人履行义务的。（2）申请调解的，调解的组织可以是用人单位内部劳动争议调解组织、乡镇街道或者行业性劳动争议调解组织、人民调解委员会等。（3）当事人一方直接向对方当事人送交主张权利文书，对方当事人在文书上签名、盖章按指印或者虽未签名、盖章按指印但能够以其他方式证明该文书到达对方当事人的。对方当事人为法人或者其他组织的，签收人可以是其法定代表人、主要负责人、负责收发信件的部门或者被授权主体；对方当事人为自然人的，签收人可以是自然人本人、同住的具有完全行为能力的亲属或者被授权主体。（4）当事人一方以发送信件或者数据电文方式主张权利，信件或者数据电文到达或者应当到达对方当事人的。（5）当事人一方下落不明，对方当事人在国家级或者下落不明的当事人一方住所地的省级有影响的媒体上刊登具有主张权利内容的公告的。

2. 向有关部门请求权利救济

根据《劳动仲裁规则》第27条和《诉讼时效司法解释》相关规定，结合裁审实践情况，我们认为常见向有关部门请求权利救济的情形有：（1）向有关部门投诉，要求保护其权益的；（2）向仲裁委员会或其他仲裁机构申请仲裁的；（3）向人民法院提交起诉状或者口头起诉的；（4）向人民法院申请支付令的；（5）申请破产、申报破产债权的；（6）为主张权利而申请宣告义务人失踪或死亡的；（7）申请诉前财产保全、诉前临时禁令等诉前措施的；（8）申请强制执行的；

(9)申请追加当事人或者被通知参加诉讼的;(10)在劳动仲裁和诉讼中主张抵销的;(11)向有权解决相关民事纠纷的国家机关、事业单位、社会团体等社会组织提出保护其权益的请求的;(12)向公安机关、人民检察院、人民法院报案或者控告,请求保护其权益的。

关于权利人向仲裁委员会或其他仲裁机构申请仲裁的,以及向人民法院提交起诉状或者口头起诉的,即使上述申请仲裁、提起诉讼的行为,不符合法定受理条件而未被受理,或者受理后被驳回或未获得支持,其申请仲裁、提起诉讼的行为均属于寻求权利救济的行为。因为权利人申请仲裁、提起诉讼的,表明其已经主张了权利,也表明权利人在积极行使权利。至于出现未予受理、主张错误被驳回之结果,只能说明权利人行使权利的方式不正确,不能否认其主张权利,所以应当构成时效中断之事由。但是对撤回仲裁或诉讼的,最高人民法院作出统一规定,即"当事人起诉后又撤诉或者人民法院依法裁定按撤诉处理,不引起诉讼时效的中断。但起诉后起诉状已送达相对人后又撤诉或被裁定按撤诉处理的,诉讼时效于起诉状送达相对人之日起中断"①。以上规定关注重点在于是否到达义务人。

关于权利人向公、检、法报案或者控告,请求保护其权利的,上述机关决定不立案、撤销案件、不起诉的,诉讼时效期间从权利人知道或者应当知道不立案、撤销案件或者不起诉之日起重新计算;刑事案件进入审理阶段,诉讼时效期间从刑事裁判文书生效之日起重新计算。

3. 对方当事人同意履行义务

所谓对方当事人同意履行义务,是指劳动争议案件中,义务人对权利人表示承认其权利的存在,并愿意履行义务。"同意履行义务"可以是明示的,也可以是默示的。义务人作出分期履行、部分履行、提供担保、请求延期履行、制定清偿债务计划等承诺或者行为的,应当认定为当事人一方属于"同意履行义务",应当认定为劳动仲裁时效中断。义务人再次作出上述行为的,应当认定劳动仲裁时效再次被中断。

参照《民法典》第 192 条②规定,如果劳动仲裁时效期间届满,当事人一方向对方当事人作出同意履行义务的意思表示或者自愿履行义务后,义务人丧失

① 《全国民事审判工作会议纪要》(法办〔2011〕442 号)第 64 条。

② 《民法典》第 192 条规定:"诉讼时效期间届满的,义务人可以提出不履行义务的抗辩。诉讼时效期间届满后,义务人同意履行的,不得以诉讼时效期间届满为由抗辩;义务人已经自愿履行的,不得请求返还。"

抗辩权,义务人又以仲裁时效期间届满为由进行抗辩的,劳动仲裁委员会应当不予支持。义务人已自愿履行的,不得请求返还。

(三)时效中断的法律效果

根据《劳动争议调解仲裁法》的规定,劳动仲裁时效中断的,"从中断时起,仲裁时效期间重新计算"。所以,仲裁时效中断具有如下效果:

1. 原来已经经过的劳动仲裁时效全部归于无效。之前已经计算的时效全部失去效力,有清零之效果。因主张权利而中断的,自主张权利之意思表示到达义务人后中断;因同意履行中断的,自同意履行的意思表示到达权利人时中断。

2. 在法定的中断事由消失之后,劳动仲裁时效期间从"0"开始重新计算。劳动仲裁时效中断后重新计算时,仍应适用原来的劳动仲裁时效期间,或者特殊时效,或者普通时效。

3. 劳动仲裁时效的中断不受次数限制,即可以再次或多次中断。民事法律已有类似规定,即最高人民法院《关于贯彻执行〈中华人民共和国民法通则〉若干问题的意见(试行)》(法[办]发〔1988〕6 号,已失效)第 173 条第 1 款规定:"诉讼时效因权利人主张权利或者义务人同意履行义务而中断后,权利人在新的诉讼时效期间内,再次主张权利或者义务人再次同意履行义务的,可以认定为诉讼时效再次中断。"

七、仲裁时效的中止

(一)中止的含义

所谓劳动仲裁时效的中止,是指在劳动仲裁时效期间进行中,因发生法定的事由,使权利人不能行使权利,导致暂时停止计算劳动仲裁时效,在法定事由消失后继续累计合并计算劳动仲裁时效期间的情形。《劳动争议调解仲裁法》第 27 条第 3 款对时效中止作出了规定,即"因不可抗力或者有其他正当理由,当事人不能在本条第一款规定的仲裁时效期间申请仲裁的,仲裁时效中止。从中止时效的原因消除之日起,仲裁时效期间继续计算"。所以,上述规定中"第一款"之限定用语说明,时效中断不适用特殊劳动仲裁时效,只适用于普通劳动仲裁时效。

《劳动争议调解仲裁法》之所以规定仲裁时效中止制度,主要是为了保证权利人有足够的时间来积极维护自己的合法权益。劳动仲裁时效的中止并不要求只能发生在仲裁时效的最后 6 个月,这个方面与诉讼时效之规定存在差别,应当注意。

(二)劳动仲裁时效的中断与中止不同

劳动仲裁时效中止不同于劳动仲裁时效的中断。二者主要区别如下:

1. 法定理由不同。虽然两者产生的事由都是法定的,但是仲裁时效中断的事由可以受主观意志影响,如决定是否主张权利等。而仲裁时效中止的事由不会受主观意志影响,均是客观事实,如不可抗力。

2. 法律后果不同。劳动仲裁时效中断时,已过去的时效期间全部归于无效,并重新起算,而劳动仲裁时效中止时,已过去的时效期间仍然有效,法定情形消失后,并不重新起算,而是继续累计合并计算。

3. 体现的时间状态不同。劳动仲裁时效中断体现为某个时间点,并非一个时段;而劳动仲裁时效的中止体现为一个时段之期间,从开始时间点起算,并持续到法定事由消失的某个时点结束。

(三)劳动仲裁时效中止的法定事由

根据《劳动争议调解仲裁法》第 27 条第 3 款的规定,仲裁时效中止的法定事由如下。

1. 不可抗力

所谓不可抗力,是指不能预见、不能避免且不能克服的客观情况。[①] 不可抗力是导致时效中止的主要事由,在发生不可抗力的情形下,权利人因为其意志以外的原因而无法主张权利,如果时效不中止,将导致不公平的后果。当然,不可抗力并不当然产生诉讼时效中止的效力,也就是说,即使有不可抗力事由的发生,如果并没有影响权利人行使权利,也不能产生时效中止的效果。[②]

2. 其他正当理由

我国《劳动仲裁规则》第 28 条列举了部分正当理由,如无民事行为能力或者限制民事行为能力劳动者的法定代理人未确定等。除上述几种情形外,在裁审实践中常见的导致权利人不能行使请求权的障碍情形有:法定代理人死亡、丧失民事行为能力、丧失代理权的;工伤待遇争议中继承开始后未确定继承人或者遗产管理人的;权利人被义务人或者其他人控制的;突发急病住院治疗的;遭遇交通事故或意外伤害的;被限制行为自由的;受到暴力威胁丧失自由的;义务人依法享有并行使抗辩权的;等等。

(四)劳动仲裁时效中止的法律后果

《劳动争议调解仲裁法》第 27 条第 3 款对仲裁时效中止的法律后果作了

---

① 《民法典》第 180 条第 2 款。

② 李适时主编:《中华人民共和国民法总则释义》,法律出版社 2017 年版,第 615 页。

规定，即“……从中止时效的原因消除之日起，仲裁时效期间继续计算”。根据以上规定，仲裁时效中止之法律后果如下：

1. 劳动仲裁时效期间停止计算。并且在时效中止法定事由没有消失前，不恢复计算劳动仲裁时效期间。

2. 中止前的累计劳动仲裁时效期间仍然有效。在时效中止法定事由消失后，再接着之前已经过的仲裁时效期间恢复累计合并计算仲裁时效。

八、仲裁时效完成的法律后果

我国《劳动争议调解仲裁法》对劳动仲裁时效完成后的法律后果未作规定，存在劳动法规则漏洞，应当参照适用《民法典》来进行填补。参照《民法典》第192、193条①的规定，我们认为法律后果如下。

（一）实体权利义务不受影响，权利人可申请劳动仲裁

从权利人角度来看，劳动仲裁时效完成后，基于劳动仲裁时效之法理，其实体权利并不消灭，即仲裁时效的完成对实体权利无影响。在仲裁时效届满后，权利人仍有权申请劳动仲裁，劳动仲裁委员会也应当受理，并对双方的劳动争议进行处理。

（二）义务人获得了抗辩权

从义务人角度来看，劳动仲裁时效的完成，使义务人获得了抗辩权，即享有了拒绝履行的权利，且这个抗辩权具有永久性。即使权利人提出要求义务人履行义务，义务人行使抗辩权后，劳动仲裁委员会也不得强制义务人履行。此情形下义务人义务就成了自然债务，从而对义务人来说就产生了时效利益，这个利益由义务人享有，且受法律保护。所以，时效利益义务人可以主张，也可以放弃。

（三）义务人自愿履行的不得要求权利人返还

劳动仲裁时效完成后，义务人不主张抗辩权并履行义务的，该履行行为合法有效。权利人因义务人放弃时效利益而获得的利益，不是不当得利，也没有产生新的义务，且应当依法保护。义务人要求权利人将获得的利益返回的，劳动仲裁委员会也不得强制权利人返还此利益，但权利人同意返还的除外。即使义务人因错误认识而不知道时效完成的，也不能以“重大误解”为由而主张撤销。

---

① 《民法典》第192条规定：“诉讼时效期间届满的，义务人可以提出不履行义务的抗辩。诉讼时效期间届满后，义务人同意履行的，不得以诉讼时效期间届满为由抗辩；义务人已经自愿履行的，不得请求返还。”第193条规定：“人民法院不得主动适用诉讼时效的规定。”

(四)劳动仲裁委员会不得主动适用仲裁时效规定

参照《民法典》第193条的规定,劳动仲裁委员会在处理劳动争议立案、审理和裁决过程中,不管仲裁时效是否届满,均不得主动适用劳动仲裁时效的规定。因为时效届满抗辩权是义务人享有的权利,其可以主张,也可以放弃,这些均应由义务人自主决定。义务人不主张的,其他非权利人无权援引,包括劳动仲裁委员会在内。如果劳动仲裁委员会主动援引,则意味着其丧失了中立第三人居中裁判地位,因为其在主动维护其中一方当事人的利益,且还不利于保护相对方当事人利益。

九、仲裁时效利益的抛弃

关于仲裁时效利益的抛弃及其法律后果,《劳动争议调解仲裁法》未作规定,属于劳动法规则漏洞,同样应当参照《民法典》相关规定进行填补。

(一)时效利益可以抛弃

义务人在时效届满之后,其有权以明示或默示的方式放弃其时效利益。因为虽然时效属于强制性规范,且不得通过约定方式变更或预先抛弃,但在仲裁时效届满后,义务人获得了抗辩权,抗辩权作为权利,在不违反法律法规强制性规定、不违反公序良俗的情形下,其既可行使,也可以放弃。并且,抛弃行为是一种事后处分行为,也是单方处分行为,应当适用意思表示之一般规定,即抛弃者在有劳动仲裁权利能力和行为能力的情况下,只要其作出单方的真实意思表示即可,无须对方当事人或其他第三人同意。

劳动仲裁时效利益抛弃的法律后果:视为仲裁时效期间不届满,并且仲裁时效期间应当重新起算。在实务操作中应当注意对仲裁时效利益抛弃的时点作出准确的判定。一旦抛弃时点确立,则原则上从抛弃之日起重新计算劳动仲裁时效。

(二)时效利益抛弃的方式

1. 义务人实际履行的方式

《诉讼时效司法解释》第19条第1款规定:“诉讼时效期间届满,当事人一方向对方当事人作出同意履行义务的意思表示或者自愿履行义务后,又以诉讼时效期间届满为由进行抗辩的,人民法院不予支持。”同时,参照最高人民法院《关于贯彻执行〈中华人民共和国民法通则〉若干问题的意见(试行)》(法[办]发〔1988〕6号,已失效)第171条规定,我们认为过了劳动仲裁时效期间,义务人履行义务后,又以超过劳动仲裁时效为由反悔的,劳动仲裁委员会应当不予支持。所以,义务人实际履行,是时效利益抛弃的一种方式。

2. 义务人同意履行的方式

《民法典》第192条第2款规定:“诉讼时效期间届满后,义务人同意履行的,不得以诉讼时效期间届满为由抗辩……”以上规定说明,一旦义务人同意履行债务,就不能再主张时效利益,即不得再援引时效届满抗辩权。裁审实践中,义务人同意履行主要有二种方式:一是签订协议的方式,即在劳动仲裁时效完成之后,双方通过协商而达成的义务人同意履行义务的协议。协议中义务人同意履行义务的意思表示,就是义务人对劳动仲裁时效利益的抛弃。二是单方承诺的方式,即在劳动仲裁时效完成之后,义务人一方向权利人作出同意履行之承诺,表示同意放弃全部或部分仲裁时效利益。这个承诺可以是书面的,也可以是口头的,只要意思表示真实,外在的承诺形式不影响其抛弃时效利益之效力。单方允许一旦到达权利人即发生法律效力,且对义务人有约束力。如果事后反悔,劳动仲裁委员会应当以违反诚信原则为由不予支持。

十、仲裁时效制度适用中的疑难问题

(一)未出具解除通知劳动仲裁时效的起算

《劳动合同法》第50条规定:“用人单位应当在解除或者终止劳动合同时出具解除或者终止劳动合同的证明……”所以用人单位在解除或终止劳动合同时,有义务书面通知劳动者解除或终止劳动合同的日期。此情形下,劳动仲裁时效起算点为解除或终止之日。如果用人单位在解除或终止时,没有通知劳动者解除或终止的时间,此时劳动仲裁时效起算点就存疑了。此情形下,我们认为应当分以下二种情况认定。

1. 一方能够证明或双方认可的

劳动者或用人单位能够证明解除或终止劳动关系时间的,或者双方对解除或终止时间没有异议的,应当以劳动者或用人单位证明的解除或终止时间,以及双方认可的解除或终止的时间为劳动仲裁时效的起算点。

2. 不能证明且不认可的

双方对解除或终止时间有分歧,且劳动者或用人单位无法证明的,此时应当以劳动者主张权利之日作为劳动仲裁时效的起算点。可以参考的依据为最高人民法院《关于审理劳动争议案件适用法律若干问题的解释(二)》(已被法释〔2020〕16号文废止)第1条第2项规定:“因解除或者终止劳动关系产生的争议,用人单位不能证明劳动者收到解除或者终止劳动关系书面通知时间的,劳动者主张权利之日为劳动争议发生之日。”

(二)仲裁程序中未提时效抗辩的,一审提出时能否支持?

《诉讼时效司法解释》第3条规定:“当事人在一审期间未提出诉讼时效抗

辩,在二审期间提出的,人民法院不予支持,但其基于新的证据能够证明对方当事人的请求权已过诉讼时效期间的情形除外。当事人未按照前款规定提出诉讼时效抗辩,以诉讼时效期间届满为由申请再审或者提出再审抗辩的,人民法院不予支持。”从以上规定可知,在一审中未援引时效抗辩权的,二审和再审期间再援引时,将不予支持。所以,及时提出时效抗辩非常重要。如果在劳动争议仲裁程序中没有提出仲裁时效抗辩,而当事人却在一审程序中提出来的,能否得到法院的支持?我们认为此情形应当分以下二种情况处理:

1. 劳动仲裁程序中以默示的方式“放弃”即未明确表示放弃的,如果一审期间提出时效抗辩,且基于新的证据能够证明对方当事人的请求权已过仲裁时效期间的,人民法院应当予以支持。

2. 劳动仲裁程序中以明示的方式放弃的,一审提出时人民法院应当不予支持。因为权利是可以放弃的,自放弃意思表示到达义务人之时生效,即使基于新的证据能够证明对方当事人的请求权已过仲裁时效期间,也不能除外。

(三)经济补偿劳动仲裁时效的起算

经济补偿只能在解除或终止后才需要支付,且必须符合法定条件,否则用人单位无支付义务。这个法定支付条件就是《劳动合同法》第 46 条和《劳动合同法实施条例》第 22 条之规定。

如果符合经济补偿的法定支付条件,且因经济补偿支付事项发生劳动争议,其劳动仲裁时效应从何时起算?有人认为应当从解除或终止之日起算,笔者认为这个观点值得商榷。《劳动合同法》第 50 条第 2 款规定:“……用人单位依照本法有关规定应当向劳动者支付经济补偿的,在办结工作交接时支付。”所以,在劳动合同解除或终止时,用人单位支付经济补偿的义务并未产生,双方之间的劳动争议尚未形成。只有在双方办结工作交接后,用人单位才开始产生经济补偿支付义务,才可能形成劳动争议。所以,笔者认为经济补偿劳动争议的仲裁时效起算点为劳动关系解除或终止后的“办结工作交接时”。

(四)高温津贴仲裁时效的起算

我国劳动法对高温津贴没有定义。所谓高温津贴,是指劳动关系中,用人单位为补偿在高温天气作业岗位上劳动者所付出的额外劳动消耗和生活费用而支付的工资。其中,高温天气作业,是指用人单位在高温天气期间安排劳动者在高温自然气象环境下进行的作业。[①]《防暑降温措施管理办法》(安监总安健〔2012〕89 号)第 17 条规定,劳动者从事高温作业的,依法享受岗位津贴。用

---

① 《防暑降温措施管理办法》(安监总安健〔2012〕89 号)第 3 条。

人单位安排劳动者在35℃以上高温天气从事室外露天作业以及不能采取有效措施将工作场所温度降低到33℃以下的,应当向劳动者发放高温津贴,并纳入工资总额。

如果因高温津贴待遇支付问题产生争议,其劳动仲裁时效起算点如何确定?这个问题在裁审实践中存在争议。例如,2010年深圳市中级人民法院认为,劳动者要求用人单位支付高温津贴产生的争议,不作劳动争议处理。[①] 后来虽然认为属于劳动争议应当受理,但在仲裁时效起算上却规定,高温津贴的申请劳动仲裁时效期间应从发放当月工资之日起按月计算。[②] 笔者认为这个做法值得商榷。高温津贴的性质属于工资,是劳动报酬的范畴,理由如下:首先,有法律规定。国家统计局《关于工资总额组成的规定》(1990年1月1日)第4条规定,津贴和补贴是工资总额六个组成部分之一。而高温津贴是《防暑降温措施管理办法》规定的,是法定津贴,自然属于工资。其次,从高温津贴定义来看,高温津贴本身就是用人单位支付给劳动者因额外付出的工资。最后,高温津贴是劳动关系存续期间劳动者给付劳动的对价之一。劳动者没有在高温天气岗位上出勤的,用人单位可以不支付高温津贴。[③]

由于高温津贴是劳动报酬的组成部分,所以我们认为因高温津贴产生的劳动争议,应当适用《劳动争议调解仲裁法》第27条第4款之特殊劳动仲裁时效的规定,即"劳动关系存续期间因拖欠劳动报酬发生争议的,劳动者申请仲裁不受本条第一款规定的仲裁时效期间的限制;但是,劳动关系终止的,应当自劳动关系终止之日起一年内提出"。其劳动仲裁时效的起算点为劳动关系解除或终止的次日起算,而不是发放当月工资之日起按月计算。

(五)离职后应付而未付工资的仲裁时效

《上海市企业工资支付办法》(沪人社综发〔2016〕29号)第7条规定:"企业与劳动者终止或依法解除劳动合同的,企业应当在与劳动者办妥手续时,一次性付清劳动者的工资。对特殊情况双方有约定且不违反法律、法规规定的,从其约定。"从以上规定可知,我国法律是允许用人单位与劳动者约定,在劳动者解除或终止劳动关系之后,来支付部分特殊的劳动报酬。实践中此种常见劳动报酬类型有应付业务提成工资、年终奖金或其他奖金等。此情形下,该应付但未付工资的劳动仲裁时效从何时起算?此问题在裁审实践中存在争议。

---

① 《深圳市劳动争议仲裁、诉讼实务座谈会纪要》(2010年3月9日,已失效)第4条。

② 深圳市中级人民法院《关于审理劳动争议案件的裁判指引》(2015年9月2日)第113条。

③ 胡燕来:《工资实务研究》,法律出版社2018年版,第363~364页。

此问题在劳动法上未作规定，属于劳动法规则漏洞，应当参照适用《民法典》来进行填补。参照民法之“未定期债权”理论，关于此问题的诉讼时效起算问题，传统民法理论认为，未定清偿期的债权，原则上从债权成立时起进行。[①]债权产生之后，债权人随时可以行使请求权，要求债务人履行债务，所以，基于该债权的诉讼时效期间，应当从债权成立之时起算。我国有学者认为，应从权利人主张权利而义务人拒绝履行义务时开始计算。[②]

笔者认为在劳动仲裁程序中，应当从劳动者通知用人单位支付后，在劳动者确定的催告期间届满之时起计算。因为《民法典》第511条第4项规定：“履行期限不明确的，债务人可以随时履行，债权人也可以随时请求履行，但是应当给对方必要的准备时间。”所以，在劳动者给了用人单位必要的准备时间之后，用人单位仍未支付的，此时劳动仲裁时效开始起算。由于该情形属于特殊情况，所以虽然其属于劳动报酬的性质，但不能适用特殊劳动仲裁时效，因为在劳动者解除或终止劳动关系一年之后才产生的债权，如果按完成仲裁时效期间处理，则会损害劳动者的合法权益。

（六）违反不作为义务的仲裁时效

用人单位与劳动者均有可能违反作为或不作为义务。以行为的外部表现形式为标准，法律行为可分为积极行为与消极行为。积极行为即行为主体以主动作出某种举动为表现方式的行为，又称为作为。如以口述或书写的方式表示意思、提供劳务、交付物品等。消极行为是以不作出举动为表现形式的行为，又称为不作为，如负有保密义务者不泄密、负有救助义务者不救助等，分别是合法的不作为和违法的不作为。[③]

用人单位与劳动者违反不作为义务时，其劳动仲裁时效应当如何起算？此问题在裁审实践中存在争议。第一种观点认为，应当从义务人违反不作为义务行为作出时起算；第二种观点认为，应当从知道或者应当知道义务人违反不作为义务之日起计算。我们赞同第二种观点。劳动者违反竞业限制义务的，由于劳动者并不在原用人单位的时刻监视下就业，从劳动者违反竞业限制义务之时起，到被原用人单位发现，之间必然存在一定的期间。如果劳动仲裁时效从违约行为作出之时起算，则不利于保护用人单位的合法权益，容易造成用人单位

---

① ［日］四宫和夫：《日本民法总则》，唐晖、钱孟珊译，台北，五南图书出版股份有限公司1995年版，第316页。

② 梁书文等主编：《民法通则及配套规定新释新解》，人民法院出版社1996年版，第1039页。

③ 《法理学》编写组编：《法理学》，人民出版社、高等教育出版社2010年版，第137～138页。

合法权益的损害,这不具有合理性。但是反过来,由于我国劳动法并未就违反竞业限制义务行为,作出相关的除斥期间之安排,导致用人单位长时间享有相关请求权,这也不利于法秩序之稳定,属于立法缺失,存在劳动法漏洞,应当通过立法或司法解释等规范性填补方式进行填补,或者在个案处理中参照适用《民法典》之类似规定进行填补。

第七章　劳动仲裁的管辖

劳动仲裁案件与民事诉讼案件一样,均有案件管辖规则。劳动仲裁管辖制度可以明确劳动争议的受理机构,方便当事人通过劳动仲裁方式解决争议,维护其合法权益。也可以避免因管辖不明而出现推诿或争夺案件的情况,保障了劳动仲裁秩序的稳定有序推进。

一、仲裁管辖概述

(一)定义

劳动仲裁管辖制度首先由1993年《企业劳动争议处理条例》(已失效)建立。[①] 所谓劳动仲裁管辖,是指地方各级劳动仲裁委员会及同级劳动仲裁委员会之间受理劳动争议案件的分工和权限。所以,劳动争议的管辖的确定要分二步走,首先是确定级别管辖,即由哪一级劳动仲裁委员会受理,我国劳动仲裁委员会分三级,即省市级、地市级和县市级。其次是确定地域管辖,即由同级的哪一个劳动仲裁委员会管辖。

有权管辖的即该劳动仲裁委员会享有管辖权,已受理而无权管辖的应当移交给有管辖权的劳动仲裁委员会,共同的上级劳动仲裁委员会也可以指定管辖。所谓管辖权,是指根据劳动合同履行地或用人单位所在地等条件来划分的各劳动人事争议仲裁委员会之间受理案件的权限。所谓移送管辖,是指劳动人事争议仲裁委员会将已受理的无管辖权的案件移交给有管辖权的其他劳动人事争议仲裁委员会的活动。所谓指定管辖,是指共同的上一级劳动人事争议仲裁委员会的主管部门将管辖权有争议的案件指派给某仲裁委员会管辖的活动。我国目前的劳动人事争议仲裁委员会由高到低一般包括省级、地市级和区县级。"共同的上一级"是指发生争议的两个仲裁委员会共同上一级主管部门。

(二)管辖分配原则

1. 方便劳动者申请劳动仲裁原则

方便劳动者申请劳动仲裁原则是劳动法之倾斜保护劳动者原则在《劳动争议调解仲裁法》上的体现。其立法与倾斜保护原则一致。所以,在管辖上有

---

① 《企业劳动争议处理条例》(1993年6月11日国务院第五次常务会议通过,已失效)第18条规定:"发生劳动争议的企业与职工不在同一个仲裁委员会管辖地区的,由职工当事人工资关系所在地的仲裁委员会处理。"

较多方便劳动者仲裁的规定，如可由劳动合同履行地管辖，在双方当事人分别向有管辖权的劳动仲裁委员会申请劳动仲裁时，劳动合同履行地优先等。之所以作出这样的安排，是因为劳动合同履行地一般是劳动者的生活居住地、就业地或常驻地，可方便其申请和参与劳动仲裁活动。如江苏省高级人民法院、江苏省劳动争议仲裁委员会《关于适用〈中华人民共和国劳动争议调解仲裁法〉若干问题的意见》（苏高法审委〔2008〕19号）第3条第2款规定："当事人分别向劳动合同履行地、劳务派遣单位所在地或者用工单位所在地的劳动争议仲裁委员会申请仲裁，由劳动合同履行地的仲裁委员会管辖。"

2. 方便审理原则

这主要体现在二个方面：一是方便劳动仲裁委员会依职权或依申请调查取证，提高劳动仲裁处理效率。二是可以提高办案质量，并有效教育和指引用人单位依法用工，督促劳动者遵纪守法。因为本地仲裁员对当地裁审口径较为熟悉，按本地规定处理当地案件，能够提升当事人对劳动仲裁委员会公平公正处理案件的感受度，与当事人的期望值较为接近，有利于当地劳动关系的和谐发展。

3. 管辖恒定原则

所谓劳动仲裁管辖恒定，也称管辖固定，是指劳动仲裁时，以申请劳动仲裁为标准时点，确定管辖后，即使劳动仲裁中的管辖根据发生变化，也不影响已经确定的管辖。《劳动仲裁规则》第8条第3款规定："案件受理后，劳动合同履行地或者用人单位所在地发生变化的，不改变争议仲裁的管辖。"管辖恒定的意义在于保持劳动仲裁安定，避免因管辖根据发生变化而变更管辖，从而出现仲裁不安定之因素。管辖安定也是避免造成浪费司法资源和增加讼累的重要措施。根据《劳动争议调解仲裁法》规定，引起管辖根据变化的因素只有二个：一是用人单位住所变更；二是劳动合同履行地变更。

（二）劳动仲裁管辖与劳动诉讼管辖之联系

劳动仲裁管辖与劳动诉讼管辖具有相似性，但不是一回事。两者之间既有联系，也有区别。

1. 两者之间存在联系。劳动仲裁管辖参照民事诉讼管辖建立，如级别管辖的设置，一般是按行政区划省、市、县三级设立劳动仲裁委员会；但也有区别，如三级劳动仲裁委员会之间不存在领导或业务指导关系。还有在指定管辖、移送管辖、管辖恒定和管辖权转移等方面也参照《民事诉讼法》的规定。

2. 两者之间又相互独立。劳动仲裁管辖源于《劳动争议调解仲裁法》规定，并且该法并未规定劳动诉讼管辖问题。同时，劳动诉讼管辖在《劳动法》

《劳动合同法》《劳动争议调解仲裁法》《民事诉讼法》《民诉法解释》中均未规定，甚至在《民事诉讼法》《民诉法解释》中，连“法律另外规定的除外”之技术条款也没有，可见劳动争议诉讼管辖在民事诉讼中无生存之地。最高人民法院《关于审理劳动争议案件适用法律若干问题的解释》（已被法释〔2020〕16 号文废止）首次建立了我国的劳动争议诉讼管辖制度，该司法解释第 8 条规定：“劳动争议案件由用人单位所在地或者劳动合同履行地的基层人民法院管辖。劳动合同履行地不明确的，由用人单位所在地的基层人民法院管辖。”上述规定与民事诉讼管辖规定不同，其性质是否属于民事诉讼管辖，也存在疑问。遗忘了劳动争议诉讼管辖，这属于立法缺失，属于劳动法漏洞，但已通过规范性填补方式弥补完毕。至于进一步完善问题，需要修改《民事诉讼法》，或者通过制定专门的“劳动人事争议诉讼法”来解决。

二、劳动仲裁管辖规则

（一）基本规则

我国劳动仲裁只能由“劳动合同履行地”或“用人单位所在地”这两地管辖，其他任何地方均无权管辖。《劳动争议调解仲裁法》第 21 条规定：“劳动争议仲裁委员会负责管辖本区域内发生的劳动争议。劳动争议由劳动合同履行地或者用人单位所在地的劳动争议仲裁委员会管辖。双方当事人分别向劳动合同履行地和用人单位所在地的劳动争议仲裁委员会申请仲裁的，由劳动合同履行地的劳动争议仲裁委员会管辖。”以上为我国劳动仲裁管辖的基本规则。

《劳动仲裁规则》第 8 条对此作出了进一步规定：“劳动合同履行地为劳动者实际工作场所地，用人单位所在地为用人单位注册、登记地或者主要办事机构所在地。用人单位未经注册、登记的，其出资人、开办单位或者主管部门所在地为用人单位所在地。双方当事人分别向劳动合同履行地和用人单位所在地的仲裁委员会申请仲裁的，由劳动合同履行地的仲裁委员会管辖。有多个劳动合同履行地的，由最先受理的仲裁委员会管辖。劳动合同履行地不明确的，由用人单位所在地的仲裁委员会管辖……”所以，从以上“由最先受理的仲裁委员会管辖”规定可知，如果劳动关系未发生变化，而在不同地区之间的关联企业轮流变动工作的，属于存在多个劳动合同履行地的情形，每个履行地均有管辖权。

（二）何为劳动合同履行地？

有多个劳动合同履行地时，就会出现何为劳动合同履行地的判断问题。按上述规定，劳动合同履行地是劳动者实际工作场所地。但上述规定仍较模糊，我们认为劳动合同是合同的一种，合同履行地指的是合同规定的履行义务的地点，主要指合同标的物交付地。劳动合同就其义务而言，劳动者的义务是提供劳务，用人单位的主要义务是支付工资并缴纳各项社会保险。因此，劳动合同义务的履行地对劳动者而言是劳动实施地，对用人单位而言是工资支付地。工资支付地应当理解为工资收到地。因为现在银行电子支付系统发达，用人单位的工资多通过银行支付，从用人单位所在的 A 地某银行划出，划到劳动者所在地的 B 地另一银行的工资卡上，这时以劳动者工资接受地作为用人单位支付工资的履行地更为合适，更有利于劳动者利益的保护。再则对于劳动合同的履行地先后不同的，如发生争议，对于管辖地的认定，我们认为应作出有利于劳动者的认定。裁审实践中，劳动者对劳动合同履行地的举证比较困难，故在异地用工的情况下，如劳动者不能举证证明劳动合同履行地在当地，则当地劳动仲裁委员会一般会不予受理。

部分省市的司法政策对如何认定劳动合同履行地，也作出了相应的判断标准，如北京市高级人民法院、北京市劳动争议仲裁委员会《关于劳动争议案件法律适用问题研讨会会议纪要（二）》（2014 年 5 月 7 日，京高法发〔2014〕220 号）第 10 条规定："劳动者因用人单位的指派而长期在北京市从事业务，如其在北京有固定的办公地点，可以视办公地点所在地为劳动合同履行地，如因业务原因没有固定办公地点，则可以视其在北京的居住地为劳动合同履行地。劳动者应当向仲裁委、法院提供用人单位指派其长期在北京从事业务的证据，以及其在北京有无固定办公地点和长期居住地点的证据。"

（三）何为用人单位所在地？

《劳动仲裁规则》第 8 条规定："……用人单位所在地为用人单位注册、登记地或者主要办事机构所在地……"但是对何为用人单位所在地这一问题却未作进一步规定（劳动诉讼管辖也未规定），存在劳动法规则漏洞，应当参照适用民事诉讼类似规定予以填补。我们认为用人单位所在地，即用人单位住所地。《民诉法解释》第 3 条规定："……法人或者其他组织的住所地是指法人或者其他组织的主要办事机构所在地……"从以上规定可知，所谓用人单位的住所地，是指用人单位的主要办事机构所在地。当用人单位的注册地、登记地与主要办事机构所在地不一致时，应当以用人单位的主要办事机构所在地为用人单位所在地。

如果用人单位尚未成立，如正在进行组建筹备，正在进行注册登记准备等，在尚未取得营业执照之前产生劳动争议的，此时应当将出资人、开办单位或主管部门的所在地，作为劳动仲裁意义上的用人单位所在地。存在有几个主体所在地的，每个主体所在地的劳动仲裁委员会均有管辖权。

三、管辖冲突处理规则

裁审实践中出现几个劳动仲裁委员会均有管辖权是正常现象。在管辖权冲突情况下,需要把握好以下冲突规则。

(一)适用劳动合同履行地优先规则

劳动合同履行地与用人单位所在地,在一般情况下是一致的,特殊情况下会出现不一致的情况。当两者分离并出现管辖权冲突时,要坚持适用倾斜保护劳动者利益的原则,即优先适用劳动合同履行地管辖之规定。因为在劳动合同履行地处理劳动争议,有利于劳动者再就业及节约处理劳动争议的成本。

(二)先受理的劳动合同履行地优先管辖

在适用劳动合同履行地优先规则后,发现有多个劳动合同履行地,而且每个劳动合同履行地均有管辖权,此时就只能由在先受理的劳动合同履行地管辖。此规则来源于《劳动仲裁规则》第 8 条的直接规定。

(三)劳动合同履行地不明的处理

在适用以上二个规则后发现劳动合同履行地不明,此情形下,就只能由用人单位所在地的劳动仲裁委员会管辖了。

(四)移送管辖和指定管辖

《劳动仲裁规则》第 9 条规定:"仲裁委员会发现已受理案件不属于其管辖范围的,应当移送至有管辖权的仲裁委员会,并书面通知当事人。对上述移送案件,受移送的仲裁委员会应当依法受理。受移送的仲裁委员会认为移送的案件按照规定不属于其管辖,或者仲裁委员会之间因管辖争议协商不成的,应当报请共同的上一级仲裁委员会主管部门指定管辖。"以上为我国《劳动仲裁规则》对移送管辖和指定管辖所作的规定。《上海市劳动人事争议若干问题处理指导意见》(2010 年 4 月 1 日)第 5 条也对指定管辖问题作出了类似的规定:"仲裁机构受理后对案件的管辖有异议的,应与有管辖权的区(县)仲裁机构协商,协商一致的,按规定程序移送;协商不成的,可将该案报请市局仲裁处,由市局仲裁处指定管辖。被指定的仲裁机构必须受理。"

(五)管辖异议规则

《劳动仲裁规则》第 10 条规定:"当事人提出管辖异议的,应当在答辩期满前书面提出。仲裁委员会应当审查当事人提出的管辖异议,异议成立的,将案件移送至有管辖权的仲裁委员会并书面通知当事人;异议不成立的,应当书面决定驳回。当事人逾期提出的,不影响仲裁程序的进行。"所以,用人单位与劳动者均有权提出管辖异议。管辖异议应当在答辩期内提出,按《劳动争议调解仲裁法》第 30 条规定:"……被申请人收到仲裁申请书副本后,应当在十日内向劳动争议仲裁委员会提交答辩书……”但是,对逾期提出管辖异议的法律效果未予明确,我们认为劳动仲裁委员会可以不予处理并继续审理或者决定驳回。同时,《劳动仲裁规则》对管辖异议的审查处理时间未作规定,但由于管辖异议的处理时间是计入仲裁期间的,所以,劳动仲裁委员会应当在合理的时间及时处理。如果异议成立,应当将案件移送有管辖权的劳动仲裁委员会,并书面通知当事人;如果不成立,则作出决定予以驳回,原劳动仲裁继续进行。

四、劳动诉讼管辖权的争夺

(一)争夺原因

1. 管辖法律规定原因。《劳动争议司法解释(一)》第4条规定:“……双方当事人就同一仲裁裁决分别向有管辖权的人民法院起诉的,后受理的人民法院应当将案件移送给先受理的人民法院。”从以上规定可知,先受理地的人民法院将享有案件审理管辖权,这给劳动争议诉讼管辖权争夺提供了法律基础规定。

2. 诉讼成本原因。诉讼便利对劳动者维权特别重要,如果跨省市去维权,则劳动者一般没动力,甚至可能会放弃,因为维权成本高且影响再次就业。一般异地维权至少要去外地二次(立案、开庭)以上,且地方裁审口径差异造成仲裁风险大,而获得的利益与之不成比例。而用人单位相对劳动者而言则有差别,因为用人单位在经济方面拥有优势,并且能够聘请专业劳动法律师协助,在劳动诉讼上享有更多资源和优势。

(二)管辖争夺的本质是利益之争

劳动诉讼案件管辖权的争夺异常激烈,甚至到了争分抢秒的地步。例如,一个案件中,因双方当事人分别提起诉讼的时间相差90秒,该案就从南京市被移送到了千里之外的法院。甚至当事人对劳动仲裁委员会的裁决100%满意的,也必须积极参与管辖权争夺。

当事人争夺管辖权背后隐藏的重要原因就是利益之争,即趋利避害。因为各省市地方性规定多,且实体法裁审口径差异大,客观上造成了各省市之间的同案不同判。例如,固定期限劳动合同期满终止问题,在上海市,期满后用人单位一般可以单方终止,但其他省市用人单位单方终止的,就属于违法终止,并要承担相应的法律责任,如支付违法解除赔偿金或恢复劳动关系,所以双方当事人之间的利益差别就特别大。又如,关于劳动者患病或非因工负伤请病假,有关医疗期规定,上海执行的是本地的地方规章,而其他省市执行的是原劳动部的部门规章,两个规定不一致,导致了双方之间利益差别较大。再如,省市之间在部分劳动争议受理范围(年休假、社保)、定性定量(年休假工资)、时效计算、病假待遇等方面存在差异,客观上造成处理结果差异巨大。劳动法之条块分割、各自为政现象,应当尽快通过立法方式予以统一,以维护司法之公平正义。

（三）争夺不当可能引发风险

《劳动仲裁规则》第 39 条规定:“申请人收到书面开庭通知,无正当理由拒不到庭或者未经仲裁庭同意中途退庭的,可以按撤回仲裁申请处理;申请人重新申请仲裁的,仲裁委员会不予受理……”裁审实践中,部分当事人自作聪明并主动“巧妙”地适用上述规定,来争夺劳动诉讼管辖权,即当事人申请劳动仲裁后故意不出庭或故意退庭,然后在收到劳动仲裁委员会的撤回决定后,再去申请选定的人民法院起诉。他们认为以上做法可以直接解决管辖权争夺问题,但其并不知道其中存在巨大风险。因为裁审实践证明,不同法院对此操作的结果并不稳定,至少存在三种不同做法:一是人民法院不予受理,如深圳市①;二是虽然受理,但予以驳回,如广东省②、四川省③;三是受理并进行实体处理。如果出现前面二种情形,则对当事人来说,就丧失了获得司法保护的机会。这种为了争夺管辖权而丢失维权机会的结果,实在得不偿失。

五、协议管辖的效力

（一）概述

所谓协议管辖,是指当事人在劳动争议发生之前或之后,以书面协议的方式约定管辖的劳动仲裁委员会。我国《劳动争议调解仲裁法》和《劳动仲裁规则》对劳动争议管辖作了规定,但对劳动争议的协议管辖未作规定。《民事诉讼法》第 35 条规定:“合同或者其他财产权益纠纷的当事人可以书面协议选择被告住所地、合同履行地、合同签订地、原告住所地、标的物所在地等与争议有

---

①　深圳市中级人民法院《关于审理劳动争议案件的裁判指引》(2015 年 9 月 2 日)第 30 条规定:当事人对劳动争议仲裁委员会作出准许撤回申诉或按撤回申诉处理的决定不服,向人民法院起诉的,裁定不予受理;已受理的,裁定驳回起诉。

②　广东省高级人民法院、广东省劳动人事争议仲裁委员会《关于审理劳动人事争议案件若干问题的座谈会纪要》(粤高法〔2012〕284 号,已失效)第 35 条规定:因申请人无正当理由拒不到庭或者未经仲裁庭许可中途退庭,劳动人事仲裁机构按自动撤回申请处理后,申请人又提起仲裁申请,劳动人事仲裁机构作出不予受理的决定或通知,申请人不服该决定而向人民法院起诉的,人民法院应予受理。人民法院经审查认为确属无正当理由拒不到庭或者未经仲裁庭许可中途退庭的,应裁定驳回起诉。

③　四川省高级人民法院民一庭《关于审理劳动争议案件若干疑难问题的解答》(川高法民一〔2016〕1 号)第 1 条第 2 款规定:因申请人无正当理由拒不到庭或者未经仲裁庭许可中途退庭,仲裁委依据《劳动争议调解仲裁法》第 36 条第 1 款规定作出自动撤回申请决定后,申请人不服向人民法院起诉的,人民法院应予受理,经审查认为确属无正当理由拒不到庭或者未经仲裁庭许可中途退庭的,应裁定驳回起诉。

实际联系的地点的人民法院管辖，但不得违反本法对级别管辖和专属管辖的规定。"《民诉法解释》第29～33条[①]对协议管辖作出了进一步规定。民事诉讼对协议管辖作出规定，体现的法律是对当事人处分权的尊重。但是，以上民事协议管辖规定中，均未对劳动诉讼的管辖问题作出规定，协议管辖就更不用说了。

（二）实践中对仲裁协议管辖效力存在争议

在劳动仲裁实践中，对协议管辖的效力存在争议，主要有以下二种观点。

1. 协议管辖有效

持此观点的主要理由如下：（1）双方签订劳动合同时，双方的地位是平等的，体现的是当事人的意思自治，约定协议管辖也是一样，体现了法律对双方当事人处分权的尊重。（2）劳动争议也是民事争议，按《民事诉讼法》规定，可以协议管辖。（3）《劳动争议调解仲裁法》及其配套规定，均未禁止不得约定管辖。（4）协议管辖没有损害劳动者权益，不应当受到限制。（5）部分省市也持有协议管辖有效的意见。如天津市人力社保局《关于调整劳动人事争议仲裁管辖问题的通知》（津人社局发〔2012〕60号）第5条规定："用人单位与劳动者约定劳动人事争议管辖地，不违反法律、法规及本市相关规定的，应当视为有效。"

2. 协议管辖无效

持此观点的主要理由如下：《劳动争议调解仲裁法》第21条第2款第1句规定："劳动争议由劳动合同履行地或者用人单位所在地的劳动争议仲裁委员会管辖。"所以，劳动仲裁管辖是法定的，只能由"劳动合同履行地""用人单位所在地"的劳动仲裁委员会管辖，而不能由劳动者或用人单位双方来约定，约定管辖是违法的。即使双方在这二个地方中约定其中一个地方管辖，也是违法的，因为该条接着的规定排除了这个可能性，即"双方当事人分别向劳动合同履行地和用人单位所在地的劳动争议仲裁委员会申请仲裁的，由劳动合同履行地的劳动争议仲裁委员会管辖"。此外，广州市中级人民法院《关于审理劳动

---

① 《民诉法解释》第29条规定：《民事诉讼法》第35条规定的书面协议，包括书面合同中的协议管辖条款或者诉讼前以书面形式达成的选择管辖的协议。第30条规定：根据管辖协议，起诉时能够确定管辖法院的，从其约定；不能确定的，依照《民事诉讼法》的相关规定确定管辖。管辖协议约定两个以上与争议有实际联系的地点的人民法院管辖，原告可以向其中一个人民法院起诉。第31条规定：经营者使用格式条款与消费者订立管辖协议，未采取合理方式提请消费者注意，消费者主张管辖协议无效的，人民法院应予支持。第32条规定：管辖协议约定由一方当事人住所地人民法院管辖，协议签订后当事人住所地变更的，由签订管辖协议时的住所地人民法院管辖，但当事人另有约定的除外。第33条规定：合同转让的，合同的管辖协议对合同受让人有效，但转让时受让人不知道有管辖协议，或者转让协议另有约定且原合同相对人同意的除外。

人事争议案件若干问题的研讨会纪要》(2014 年 5 月 26 日)第 4 条规定:《劳动争议调解仲裁法》第 21 条已经明确规定了劳动争议案件的管辖问题,故劳动争议仲裁管辖不应由用人单位和劳动者双方自行约定。

(三)笔者建议

笔者建议采纳第二种观点,即协议管辖约定无效。此观点目前被绝大多数劳动仲裁案件所证明。除上述理由之外,笔者补充如下几点理由:

1. 与普通的民事合同相比,劳动合同在当事人主体地位的平等性、当事人意思表达的自由性、国家关于劳动基准的强制性等方面都有很大的差别,因此笔者认为劳动合同不宜适用约定管辖。

2. 约定管辖制度是建立在“每个人都是自己利益最好的判断者”这一理论基础之上,但是从目前我国的就业环境、劳动者素质等方面来看,无法保障这种“判断”来自当事人双方的真实意志。从合理性的角度来看,约定管辖将导致劳动者和用人单位之间严重的不公平。①

3. 劳动者处于弱势地位,应当予以特殊保护。实践中受就业环境或劳动者素质等因素影响,劳动者选择的自由和意思表示的自由,往往受到其弱势地位的限制。劳动者作出对己不利之选择,完全是被逼无奈。这种形式上的自由保护,无法达到保护劳动者权益之目的。可以预测的是,如果放开协议管辖,则均会约定用人单位所在地管辖,这显然对用人单位有利而对劳动者不利。所以,只有通过管辖法定的方式,作出对劳动者维权有利的管辖规定,才能真正实现实质的公平正义。

4. 人身属性决定了劳动争议只能法定管辖。笔者认为,凡涉及合同及其他财产权益纠纷,一般是可以协议约定管辖法院的;而涉及身份关系的纠纷,一般都不能协议约定管辖法院,而应当实行法定管辖,如婚姻纠纷、劳动争议等。因为劳动关系具有人身属性,即人格从属性。所以,我国法律就规定了劳动争议只能由劳动合同履行地或者用人单位所在地管辖,并由先受理的人民法院审理。

六、对接民事协议引起的管辖问题

(一)概述

所谓对接民事协议,是指劳动法主体之间,为了实现劳动权利义务与民事

---

① 王斐民、李慈强:《劳动争议“裁审机制”的问题检讨与协调之道——兼评〈关于审理劳动争议案件适用法律若干问题的解释(四)〉》,载《政法与法律》2013 年第 4 期。

权利义务两者之间的直接转换，而签订的民事契约。[1] 所以，对接民事协议有效成立之后，双方之间的劳动争议已经解决，不再存在劳动争议。同时，由于对接民事协议生效而使得双方之间的劳动权利义务转换成了民事权利义务。所以，对接民事协议生效后产生新的履行争议的，其性质属于民事争议，且不再属于劳动争议，应当适用民事法律及民事诉讼相关规定来处理之。所以，双方之权利义务性质的变化，自然地也引起了管辖性质的变化，即由劳动争议管辖演变成了民事诉讼管辖。

（二）管辖适用规则

对接民事协议生效后产生的争议，由于其权利义务性质的变化，一般应当改由人民法院按民事诉讼管辖，并按民事法律相关规定进行处理。如《劳动争议司法解释（一）》第15条规定："劳动者以用人单位的工资欠条为证据直接提起诉讼，诉讼请求不涉及劳动关系其他争议的，视为拖欠劳动报酬争议，人民法院按照普通民事纠纷受理。"以上规定就是对接民事协议引起管辖变化的法定事例。

《劳动争议调解仲裁法》第16条规定："因支付拖欠劳动报酬、工伤医疗费、经济补偿或者赔偿金事项达成调解协议，用人单位在协议约定期限内不履行的，劳动者可以持调解协议书依法向人民法院申请支付令。人民法院应当依法发出支付令。"上述规定中之所以允许劳动者向人民法院申请支付令，也是因为上述协议的性质属于对接民事协议。目前仍由劳动仲裁委员会受理上述拒不履行争议，是因为目前还缺乏法律的明确规定。笔者认为对于拒不履行对接民事协议的，守约一方当事人可以直接向人民法院起诉，人民法院对此起诉应当受理并处理，以减少讼累。

七、劳动仲裁的级别管辖

（一）概述

所谓级别管辖，是指根据当事人性质、企业注册资本及案件影响大小等标准，划分各级劳动仲裁委员会之间受理劳动争议案件的分工和权限。我国《劳动争议调解仲裁法》第21条和《劳动仲裁规则》第8条对地域管辖作出了规定，但上述一法一规对劳动仲裁的级别管辖却未作规定，属于劳动法规则漏洞，应当参照适用民事诉讼级别管辖之类似规定予以填补。

目前虽无级别管辖规定，但在劳动仲裁工作的管理和业务指导过程中，却客观地形成了地方特色的级别管辖机制。这与劳动诉讼管辖不同，劳动诉讼中

---

① 胡燕来：《解雇：人力资源法律实务指引》，法律出版社2016年版，第19页。

无论劳动争议金额大小、劳动者或用人单位的性质如何,劳动争议均统一由基层人民法院受理并处理。所以,劳动诉讼一审案件不存在级别管辖问题(一裁终局案件例外)。

根据我国法律规定,县、市、市辖区应当设立劳动争议仲裁委员会。各级劳动仲裁委员会相互之间既不存在行政隶属关系,也不存在业务指导关系。各自独立仲裁本行政区域内发生的劳动争议案件,各自向同级政府负责并报告工作。省级劳动行政管理部门对本行政区域内的劳动仲裁委员会的工作进行指导。如《劳动人事争议仲裁组织规则》第 3 条规定:“人力资源社会保障行政部门负责指导本行政区域的争议调解仲裁工作,组织协调处理跨地区、有影响的重大争议,负责仲裁员的管理、培训等工作。”从以上规定可以看出,劳动仲裁委员会的管理和业务指导均是由同级政府及其劳动行政主管部门负责的,上一级(指行政级别)对应的劳动仲裁委员会,与下一级对应劳动仲裁委员会之间,没有管理或业务指导关系。但是,客观情况并非如此。笔者认为省级以下各级劳动仲裁委员会通过仲裁实践,形成了事实上的管理和业务指导关系。如省级劳动仲裁委员会经常以自己的名义发布文件,要求市、县两级劳动仲裁委员会服从其管理和指导,文件抬头均称呼“各设区市劳动人事争议仲裁委员会”“各市、县(市、区)劳动争议仲裁委员会”。

(二)部分省市级别管辖例举

我国劳动仲裁虽无级别管辖规定,但各省市均参照民事诉讼类似规定建立了自己的级别管辖规则。现挑选几个级别管辖规则例举如下。

1. 上海市

上海市人力资源和社会保障局《关于进一步明确本市劳动人事争议仲裁管辖的若干规定》(沪人社仲发〔2014〕38 号)第 2 条规定:“本市各级劳动人事争议仲裁委员会的管辖范围。(一)市劳动人事争议仲裁委员会管辖下列劳动人事争议:1. 根据《中华人民共和国外资企业法》规定,在本市注册设立的注册资金在壹仟万美元以上或者相当于壹仟万美元以上的外资企业和劳动者发生的劳动争议;2. 根据《中华人民共和国外资企业法实施细则》规定,参照执行的香港、澳门、台湾地区的公司、企业和其他经济组织或者个人或在国外居住的中国公民在大陆设立全部资本为其所有的,在本市注册设立的注册资金在壹仟万美元以上或者相当于壹仟万美元以上的企业和劳动者发生的劳动争议;3. 经市人民政府及其有关主管部门批准成立的事业单位和中央、外省市在本市的事业单位发生的人事及劳动争议;4. 驻沪军级以上军队聘用单位与文职人员发生的人事争议;5. 取得合法就业资格的外籍人员、台港澳人员和定居国外人员与所在单位发生的劳动人事争议;6.本市范围内有重大影响的劳动争议案件。(二)区(县)劳动人事争议仲裁委员会管辖下列劳动人事争议:1.市劳动人事争议仲裁委员会管辖范围以外的,用人单位所在地或者劳动合同履行地在本行政区域内的劳动争议;2.经区(县)人民政府及其有关主管部门批准成立的事业单位发生的人事及劳动争议;3.驻沪师级以下军队聘用单位与文职人员发生的人事争议。”

2.广东省

广东省人力资源和社会保障厅、广东省劳动人事争议仲裁委员会《关于调整广东省劳动人事争议调解仲裁院案件管辖范围的通知》(粤人社函〔2016〕47号)规定:“……现对广东省劳动人事争议调解仲裁院案件管辖范围调整如下:一、在广州地区的部分中直、省直单位(名单附后)及部队军级以上单位发生的劳动、人事争议案件。二、其他在广东省工商行政管理局登记注册且注册资本在20000万元人民币(或者相当于20000万元人民币或4000万美元)及以上的驻穗(不含增城、番禺、从化、花都、南沙、黄埔)企业发生的劳动争议案件。三、广东省劳动人事争议调解仲裁院认为应当受理的其他劳动、人事争议案件。”

3.江苏省

江苏省人力资源和社会保障厅、省劳动争议仲裁委员会《关于明确江苏省劳动人事争议仲裁委员会受理劳动人事争议案件管辖范围的通知》(苏劳人仲委〔2010〕4号)规定:“……现将省劳动人事争议仲裁委员会受理劳动人事争议案件的管辖范围明确如下,请遵照执行:一、省级实施公务员法的机关与聘任制公务员之间、省级参照公务员法管理的机关(单位)与聘任工作人员之间因履行聘任合同发生的争议;二、省政府在宁直属事业单位以及省政府各部门、直属机构在宁的事业单位发生的劳动人事争议;三、人事关系由省人力资源社会保障行政主管部门代管的中央、国家有关部门所属的驻宁事业单位发生的劳动人事争议;四、军队军级以上聘用单位与文职人员的人事争议;五、在南京地区(不含高淳县、溧水县)的部属企业及省属部分重点行业企业发生的劳动争议案件(名单附后);六、在全省有重大影响的劳动人事争议案件。”

(三)人事争议的级别管辖

1.中央一级单位人事争议的级别管辖规则

中央机关、直属机构、直属事业单位及其在京所属单位的人事争议由北京市负责处理人事争议的仲裁机构处理,也可由北京市根据情况授权所在地的区(县)负责处理人事争议的仲裁机构处理。中央机关在京外垂直管理机构以及中央机关、直属机构、直属事业单位在京外所属单位的人事争议，由所在地的省（自治区、直辖市）设立的人事争议仲裁委员会处理，也可由省（自治区、直辖市）根据情况授权所在地的人事争议仲裁委员会处理。①

2. 省级仲裁机构的管辖范围

省（自治区、直辖市）、副省级市、地（市、州、盟）、县（市、区、旗）人事争议仲裁委员会的管辖范围，由省（自治区、直辖市）确定。②

3. 军队人事争议的级别管辖

军队聘用单位与文职人员的人事争议，一般由聘用单位所在地的县（市、区、旗）人事争议仲裁委员会处理，其中师级聘用单位与文职人员的人事争议，由所在地的地（市、州、盟）、副省级市人事争议仲裁委员会处理，军级以上聘用单位与文职人员的人事争议由所在地的省（自治区、直辖市）人事争议仲裁委员会处理。③

八、劳务派遣争议的仲裁管辖和诉讼管辖

《劳动争议调解仲裁法》第 21 条和《劳动争议司法解释（一）》第 3 条规定，管辖地为“劳动合同履行地”和“用人单位所在地”的劳动仲裁委员会或人民法院。当劳务派遣纠纷中的用工单位所在地不是“劳动合同履行地”和“用人单位所在地”时，如上海的派遣公司将劳动者派往北京用工单位，然后北京用工单位又将该劳动者安排到深圳工作，此时用工单位所在地北京是否有管辖权？对此，我们的意见如下。

（一）从法律适用角度来看无管辖权

因为无论是劳动仲裁管辖，还是劳动诉讼管辖，《劳动争议调解仲裁法》第 21 条和《劳动争议司法解释（一）》第 3 条均只规定了“劳动合同履行地”和“用人单位所在地”这两地有管辖权，且没有其他兜底式规定。所以，从文义解释角度考察，适用上述两个法律规定时，用工单位所在地北京自然无权管辖。

（二）建议新增用工单位所在地享有管辖权

新增管辖地这是个立法完善问题。之所以建议赋予用工单位所在地管辖权，有如下二个理由：(1)劳动者与用工单位存在密切联系。劳务派遣中，用工单位实际管理、指挥和监督劳动者，且与劳动争议内容密切相关，如劳动报酬、加班费、解除理由（严重违纪、严重失职等）等，增加用工单位所在地之管辖权，

---

① 《人事争议处理规定》第 13 条。

② 《人事争议处理规定》第 14 条。

③ 《人事争议处理规定》第 15 条。

可以增加劳动者的选择范围,更有利于维护劳动者合法权益。(2)劳动者与用工单位之间存在半个劳动关系。因为一重劳动关系共同雇主理论把派遣机构和用工单位共同看作派遣员工的雇主,即劳动关系的雇主这一方主体形成了复数,两个雇主共同与劳动者形成一重劳动关系,两个机构与派遣员工都是半个劳动关系。[①] 雇主和劳动关系都分为两个层次。派遣单位为名义雇主、招工雇主,用工单位为实际雇主、用工雇主。一个完整的劳动关系也应分为两个不完整而又相互联系的层次,劳动者与派遣单位之间有劳动合同而无劳动,这是形式上的劳动关系,其内容中没有劳动力与生产资料的结合,为人力资源管理(非生产性)的劳动权利义务;劳动者与用工单位之间是无劳动合同而有劳动的关系,这是实质上的劳动关系,以劳动力与生产资料的结合,亦即劳动过程管理(生产性)的劳动权利义务为内容。其中,有的权利义务在内部分为两个层次,如雇主对劳动者的工资和社会保险费义务,用工单位承担承担义务,派遣单位承担支付或缴纳义务。[②]

九、仲裁管辖与诉讼管辖的衔接

(一)进入劳动诉讼程序的四种方式

劳动争议实行“先裁后审”,经过劳动仲裁的劳动争议,可以通过以下四方式进入到劳动诉讼程序中。

1. 对劳动仲裁裁决不服而起诉的方式

《劳动争议调解仲裁法》第 5 条规定:“……对仲裁裁决不服的,除本法另有规定的外,可以向人民法院提起诉讼。”另外,第 50 条规定:“当事人对本法第四十七条规定以外的其他劳动争议案件的仲裁裁决不服的,可以自收到仲裁裁决书之日起十五日内向人民法院提起诉讼;期满不起诉的,裁决书发生法律效力。”所以,对劳动仲裁裁决不服的,除第 47 条规定的“一裁终局”裁决之外,可以在 15 日之内向人民法院起诉。

2. 对不予受理不服或逾期不作出是否受理决定而起诉的方式

《劳动争议调解仲裁法》第 29 条规定:“……对劳动争议仲裁委员会不予受理或者逾期未作出决定的,申请人可以就该劳动争议事项向人民法院提起诉讼。”劳动者申请劳动仲裁的,劳动仲裁委员会应当自收到仲裁申请之日起5 日内,认为符合受理条件的,应当受理,并通知申请人;认为不符合受理条件的,应当书面通知申请人不予受理,并说明理由。对不予受理不服或逾期不作出是否

---

① 董保华:《劳动合同立法的争鸣与思考》,上海人民出版社 2011 年版,第 767 页。

② 王全兴:《劳动法》,法律出版社 2017 年版,第 234 页。

受理决定的，劳动者有权向人民法院起诉。

3. 逾期不裁决而起诉的方式

《劳动争议调解仲裁法》第 43 条第 1 款规定："……逾期未作出仲裁裁决的，当事人可以就该劳动争议事项向人民法院提起诉讼。"劳动仲裁委员会受理劳动者的劳动争议后，应当自劳动争议仲裁委员会受理仲裁申请之日起 45 日内结束。案情复杂需要延期的，经劳动争议仲裁委员会主任批准，可以延期并书面通知当事人，但是延长期限不得超过 15 日。超过以上期限不作出裁决的，劳动者有权向人民法院起诉。

4. 撤销"一裁终局"而起诉的方式

《劳动争议调解仲裁法》第 48 条规定："劳动者对本法第四十七条规定的仲裁裁决不服的，可以自收到仲裁裁决书之日起十五日内向人民法院提起诉讼。"而第 47 条是"一裁终局"之规定，即"下列劳动争议，除本法另有规定的外，仲裁裁决为终局裁决，裁决书自作出之日起发生法律效力：（一）追索劳动报酬、工伤医疗费、经济补偿或者赔偿金，不超过当地月最低工资标准十二个月金额的争议；（二）因执行国家的劳动标准在工作时间、休息休假、社会保险等方面发生的争议"。同时，第 49 条第 3 款规定："仲裁裁决被人民法院裁定撤销的，当事人可以自收到裁定书之日起十五日内就该劳动争议事项向人民法院提起诉讼。"所以，"一裁终局"被中级人民法院撤销的，用人单位可以向有管辖权的基层人民法院起诉。

（二）劳动诉讼管辖规则

我国《民事诉讼法》和《民诉法解释》对劳动诉讼管辖未作规定。但《劳动争议司法解释（一）》第 3 条对此作了规定："劳动争议案件由用人单位所在地或者劳动合同履行地的基层人民法院管辖。劳动合同履行地不明确的，由用人单位所在地的基层人民法院管辖。法律另有规定的，依照其规定。"接着第 4 条对管辖冲突作出了规定："……双方当事人就同一仲裁裁决分别向有管辖权的人民法院起诉的，后受理的人民法院应当将案件移送给先受理的人民法院。"以上是我国劳动诉讼管辖之全部规定，再没有其他的劳动诉讼管辖规定。

所以，劳动诉讼管辖为地域管辖，包括一般地域管辖和特殊地域管辖。并且，只有"两地"基层人民法院可以管辖，即劳动合同履行地、用人单位所在地。超出"两地"范围的其他基层人民法院均无权管辖。此规定是对劳动仲裁"两地"管辖的衔接，突破了民事诉讼管辖规则，这就是劳动诉讼管辖的特殊之处。

（三）人民法院对无管辖权的处理

劳动争议仲裁机构以无管辖权为由对劳动争议案件不予受理，当事人提起诉讼的，人民法院按照以下情形分别处理：（1）经审查认为该劳动争议仲裁机构对案件确无管辖权的，应当告知当事人向有管辖权的劳动争议仲裁机构申请仲裁。（2）经审查认为该劳动争议仲裁机构有管辖权的，应当告知当事人申请仲裁，并将审查意见书面通知该劳动争议仲裁机构；劳动争议仲裁机构仍不受理，当事人就该劳动争议事项提起诉讼的，人民法院应予受理。[①]

（四）劳动诉讼也不能约定管辖

劳动仲裁管辖不得约定，那劳动诉讼管辖能否约定？我国《民事诉讼法》对此没有规定，但最高人民法院对此给出了权威解答。《劳动争议调解仲裁法》第 21 条规定："劳动争议仲裁委员会负责管辖本区域内发生的劳动争议。劳动争议由劳动合同履行地或者用人单位所在地的劳动争议仲裁委员会管辖。双方当事人分别向劳动合同履行地和用人单位所在地的劳动争议仲裁委员会申请仲裁的，由劳动合同履行地的劳动争议仲裁委员会管辖。"本条确立了劳动争议由劳动合同履行地或者用人单位所在地劳动人事争议仲裁委员会管辖的原则，并确定了劳动者与用人单位均作为申请人申请仲裁发生冲突时应由劳动合同履行地劳动人事争议仲裁委员会管辖的原则。说明了劳动争议仲裁权的法定性，不允许当事人自由约定。"本案的管辖权异议中，一审法院贯彻劳动争议仲裁权的法定性，即劳动合同履行地与用人单位所在地的劳动人事争议仲裁委员会都有管辖权，但是确定具体管辖权争议时，劳动合同履行地的劳动人事争议仲裁委员会具有优先管辖权。这种法律规定的管辖权顺序不允许当事人加以约定，双方的约定违反了法律的强制性规定，不具有法律效力。"[②]

十、关于仲裁管辖的立法建议

建议制定《劳动诉讼法》，或者修改《劳动争议调解仲裁法》，将劳动诉讼的相关内容纳入其中。主要目的在于解决劳动仲裁管辖、举证责任分配、证明标准等劳动诉讼问题，因为劳动诉讼与民事诉讼存在本质区别，有必要单独立法予以规范，以解决劳动诉讼无法可依之现状。

建议设立劳动法院，或者在人民法院内部设立专门的劳动法庭，专门用于处理劳动争议，因为劳动争议数量及处理劳动诉讼的法官数据已经非常庞大，合并在民事法庭已不再合适，应当单列出来，以促进专业化的劳动争议处理渠

---

① 《劳动争议司法解释（一）》第 5 条。

② 最高人民法院民事审判第一庭编著：《最高人民法院劳动争议司法解释（四）理解与适用》，人民法院出版社 2013 年版，第 30 ~ 33 页。

道和专职队伍的形成。

建议取消劳动仲裁委员会,将其列入劳动法院系列,使其成为真正的司法机关,即作为类似于民事案件一审的审理机构,以解决劳动仲裁委员会师出无名的问题。

建议对拒不履行对接民事协议的,应当立法明确守约一方当事人可以直接向人民法院起诉,以减少讼累。因为生效后对接民事协议的性质属于民事契约。

建议建立全国统一的劳动仲裁级别管辖制度。虽然我国《劳动争议调解仲裁法》没有规定劳动仲裁级别管辖制度,但客观上已形成了省级以下的级别管辖制度。为总结和吸收这一实践成果,建议立法予以完善。

建议增加劳务派遣中的用工单位所在地享有管辖权。因为这对劳动者来说,又多了一个选择,有利于保护劳动者合法权益。

建议完善劳动诉讼管辖规则,如明确劳动诉讼不得协议管辖。

第八章　劳动仲裁的证据

《劳动仲裁规则》第 18 条规定:“争议处理中涉及证据形式、证据提交、证据交换、证据质证、证据认定等事项,本规则未规定的,可以参照民事诉讼证据规则的有关规定执行。”依据上述规定,我们在探讨劳动仲裁证据时,将参照适用《民事诉讼法》类似规定。

一、仲裁证据概述

(一)概述

1. 证据的定义

我国劳动仲裁实行的是证据裁判主义,证据对劳动争议的处理来说至关重要。所谓劳动仲裁的证据,是指在劳动仲裁过程中,能够证明案件事实的各种资料。劳动仲裁证据是劳动仲裁委员会在劳动争议处理中,认定案件事实和作出裁决的依据。首先,证据体现的是一种资料,俗称证据资料。证据资料承载着相关信息,这些信息能够作为认定案件事实的依据。其次,证据体现为一种方法,俗称证据方法。这个证据方法是利用某些物体和其他形式来证明案件事实的方法。例如,利用证人的证言证明案件事实的方法是人证,利用物体的形状、特征、质量、数量来证明案件事实的方法是物证等。由于证据资料是个载体,其本身不存在合法与否的问题,所以,我们在讲证据的合法性问题时,仅仅针对的是证据方法的合法性。

劳动仲裁证据的属性,是指作为劳动仲裁证据,所应当具有的性质和基本要求。劳动仲裁的证据具有真实性、关联性和合法性三个基本属性,其每个属性的具体内容将在本书“质证”章节进行介绍。

2. 证据的种类

《民事诉讼法》第 66 条第 1 款规定:“证据包括:(一)当事人的陈述;(二)书证;(三)物证;(四)视听资料;(五)电子数据;(六)证人证言;(七)鉴定意见;(八)勘验笔录。”参照适用民诉证据规则之规定,我们认为劳动仲裁的证据也分为 8 种,与上述种类及名称一致。以上 8 种证据,既是 8 种不同的证据资料,也是 8 种不同的证据方法。“证据必须查证属实,才能作为认定事实的根据。”所以,只有经过质证和认证的证据,才能作为认定案件事实的依据,才能作为劳动仲裁委员会作出裁决的根据。

我国2012年在修改《民事诉讼法》时，在证据种类规定方面有三个变化：一是增加了“电子数据”这一类证据；二是将“鉴定结论”名称修改为“鉴定意见”；三是将“当事人的陈述”这一证据种类，从证据种类排序第五位，调整到了第一位。

（二）证据的证据能力

所谓证据能力，是指某证据依法成为法律上的证据的资格和条件，是在法律上允许采用的能力，解决的是证据之所以成为证据的资格问题。所以，证据能力是一个法律概念，也称为证据资格或证据的适格性。[①] 证明能力的有无，是仲裁员认定证据时首先要解决的问题，故证明能力对劳动仲裁的证明来说意义重大。

证据的证据能力与证据的合法性、关联性既有联系也有区别。首先，证据的合法性与证据的证据能力之间是包容和被包容关系。证据能力是证据的合法性要求之一，即证据的资格和条件。其次，证据能力与证据的关联性不同。证据的关联性是与具体的案件相联系的，而证据能力不与具体的案件相关联，其反映的是证据的普遍的抽象性，与具体案件无关。

劳动仲裁中任何资料要想成为证据，必须符合一定的资格和条件，我国《民事诉讼法》对此有如下相关规定。

1. 证人资格的规定

《民事诉讼法》第75条第2款规定：“不能正确表达意思的人，不能作证。”《民事证据规定》第67条规定：“不能正确表达意思的人，不能作为证人。待证事实与其年龄、智力状况或者精神健康状况相适应的无民事行为能力人和限制民事行为能力人，可以作为证人。”

2. 非法证据排除的规定

《民事诉讼法》对此未作规定，但《民诉法解释》第106条对此作了规定：“对以严重侵害他人合法权益、违反法律禁止性规定或者严重违背公序良俗的方法形成或者获取的证据，不得作为认定案件事实的根据。”所以，在劳动争议案件处理过程中，应当适用《民诉法解释》的上述非法证据排除规定，当事人应当举证证明属于严重侵权、严重违法（违反禁止性规定）或严重违背公序良俗，如在住房、汽车等私密空间安装窃听器而取得的视听资料等。否则，非“严重”不排除，例如，劳资双方的谈话录音（偷录）一般不属于“严重”情形。

---

① 毛立华：《论证据与事实》，中国人民公安大学出版社2008年版，第114页。

3. 证据能力的限制性规定

《民事证据规定》第 90 条规定:“下列证据不能单独作为认定案件事实的根据:(一)当事人的陈述;(二)无民事行为能力人或者限制民事行为能力人所作的与其年龄、智力状况或者精神健康状况不相当的证言;(三)与一方当事人或者其代理人有利害关系的证人陈述的证言;(四)存有疑点的视听资料、电子数据;(五)无法与原件、原物核对的复制件、复制品。”以上是民诉法上对证据能力(资格和条件)所作的限制性规定。但需要注意的是上述证据的证明能力并未完全丧失,其只是不能单独作为认定案件事实的依据而已,在与其他证据资料能够联合形成证据链条的情况下,同样可以作为认定案件事实的依据。

4. 未经质证则不具有证据能力的规定

《民诉法解释》第 103 条规定:“证据应当在法庭上出示,由当事人互相质证。未经当事人质证的证据,不得作为认定案件事实的根据。当事人在审理前的准备阶段认可的证据,经审判人员在庭审中说明后,视为质证过的证据。涉及国家秘密、商业秘密、个人隐私或者法律规定应当保密的证据,不得公开质证。”所以,未经质证的证据,不得作为认定案件事实的依据,因为其没有获得资格和法定条件。

5. 因妥协而认可之证据能力的规定。

《民诉法解释》第 107 条规定:“在诉讼中,当事人为达成调解协议或者和解协议作出妥协而认可的事实,不得在后续的诉讼中作为对其不利的根据,但法律另有规定或者当事人均同意的除外。”以上规定说明,调解协议或和解协议一般情况下是不具有证据能力的,除非法律另有规定或者当事人均同意。

(三)证据的证明力

1. 概念

所谓证据的证明力,又称证据价值、证据力,是指证据对于案件事实的证明作用的大小(强弱)。只要某证据具有客观性并与案件待证事实之间具有关联性,其就具有一定的证明力,但不同的证据,其证明力的大小存在区别。有的证据具有很强的证明力,有的证据具有较强的证明力,有的证据则只有较弱的证明力。证据之间的证明力的差别是客观存在的,这是由证据各自的特性及其与案件待证事实之间的关系的不同所决定的。

2. 证明力与证据能力的关系

证明力与证据能力是相互联系又相互区别的两个概念。证据能力是指是否具有证明案件事实的资格,而证明力是指证据在多大程度上对案件事实起到证明作用。二者的联系主要表现在:作为认定案件事实的依据,证据必须既具有证据能力,又具有证明力。不具有证明力的事实材料,对于案件事实的证明就没有意义,因而没有必要赋予其证据能力。对案件事实具有证明作用的事实材料,如果不具有证据能力,也不能作为认定案件事实的证据。两者之间也存在实质性的区别:证据的证明力是证据的自然属性,取决于证据与待证事实之间的逻辑关系;证据能力是证据的法律属性,取决于证据是否被法律许可,用来作为证明待证事实的依据。因而证据能力由法律事先加以规定,而证据的证明力主要由法官在诉讼中判断。形象地说,证据能力是证据的“质”,是法定的门槛;而证明力是证据的“量”,是审判人员裁量的刻度表。因此,有证据能力的证据材料,在证明力大小方面存在不同。①

3. 关于证明力的规定

我国《民事诉讼法》对证据的证明力的相关规定如下:

(1)证据的证明力之自由心证规定。《民诉法解释》第 105 条规定:“人民法院应当按照法定程序,全面、客观地审核证据,依照法律规定,运用逻辑推理和日常生活经验法则,对证据有无证明力和证明力大小进行判断,并公开判断的理由和结果。”

(2)证明力有无的规则。《民事证据规定》第 92 条第 3 款规定:“私文书证上有删除、涂改、增添或者其他形式瑕疵的,人民法院应当综合案件的具体情况判断其证明力。”

(3)证明力大小的规定。目前《民事诉讼法》对此暂无具体识别规则。因为 2019 年《民事证据规定》删除了 2001 年《民事证据规定》第 77 条②关于证据力大小的判定规则。

4. 证明力与自由心证的关系

证明力与自由心证既有区别也有联系。证明力不是自由心证,但两者之间存在联系,即某个证据有无证明力或证明力大小,是由仲裁员或法官通过自由心证活动来判断的。仲裁员或法官除了可以对证明力进行自由心证之外,还可以对证据方法、证明标准、事实推定等进行自由心证。

---

① 江伟、肖建国主编:《民事诉讼法》,中国人民大学出版社 2018 年版,第 177 页。

② 2001 年《民事证据规定》(已被修改)第 77 条规定:“人民法院就数个证据对同一事实的证明力,可以依照下列原则认定:(一)国家机关、社会团体依职权制作的公文书证的证明力一般大于其他书证;(二)物证、档案、鉴定结论、勘验笔录或者经过公证、登记的书证,其证明力一般大于其他书证、视听资料和证人证言;(三)原始证据的证明力一般大于传来证据;(四)直接证据的证明力一般大于间接证据;(五)证人提供的对与其有亲属或者其他密切关系的当事人有利的证言,其证明力一般小于其他证人证言。”

(四)证据收集权

1. 劳动仲裁机构是否享有收集证据的权利?

所谓收集证据,是指劳动仲裁委员会按照《劳动仲裁规则》规定的范围和程序,依照当事人的申请或者依职权主动收集证据资料的调查活动。我国《劳动争议调解仲裁法》对劳动仲裁委员会是否享有收集证据的权利未作规定,但《劳动仲裁规则》第16条对此作了规定:"当事人因客观原因不能自行收集的证据,仲裁委员会可以根据当事人的申请,参照民事诉讼有关规定予以收集;仲裁委员会认为有必要的,也可以决定参照民事诉讼有关规定予以收集。"

虽然上述仲裁规则赋予了劳动仲裁委员会证据资料调查收集权,但由于该规范性文件效力层次较低,属于人保部的部门规章,所以,其只解决了收集到的证据资料的效力问题,自然适用范围很有限。例如,仲裁机构到银行去调取劳动者接收工资方面的信息资料,银行一般会予以拒绝,因为其调查依据为《劳动仲裁规则》,而不是"法律"。所以,我们认为劳动仲裁机构并不具有完整的调查取证权。但是,如果被调查单位、组织或个人配合并提供证据资料,我们认为该证据具有合法性,可以作为认定仲裁案件事实的依据。

2. 仲裁机构可以收集证据的二种情形

(1)依申请收集证据。此情形下启动条件和程序为:当事人因客观原因不能自行收集的证据,仲裁委员会可以根据当事人的申请,参照民事诉讼有关规定予以收集。所以,依申请收集证据只能是在当事人客观上不能收集的情形下,才能实施。并且,劳动仲裁委员会是"可以"收集,而并非像《民事诉讼法》第67条规定那样"应当调查收集"。

(2)依职权主动收集证据。此情形下启动条件和程序为:仲裁委员会认为有必要的,也可以决定参照民事诉讼有关规定予以收集。所以,依职权主动收集证据也只是"可以"收集,而并非必须或应当收集。

但是,在实务操作中要注意处理好依职权调查证据与尊重当事人处分权行使、落实当事人举证证明责任之间的关系。在证据问题上,人民法院既不能大包大揽,也不能放任不管。对于可能损害国家利益、社会公共利益的事实,有关身份关系的事实,以及当事人恶意串通损害他人合法权益的事实,即使当事人对事实无争议,人民法院也不能受当事人自认的限制,而应当充分发挥依职权调查收集证据的功能与作用。对于《民诉法解释》第 96 条第 1 款[①]之外的事实，原则上不能依职权调查收集证据。同时，在诉讼过程中，人民法院要加强释明权的行使，加强对当事人举证的指导，促使当事人能够积极、全面、正确、诚实地行使举证的权利。[②]

3. 仲裁机构收集证据时可参照民事诉讼规定

《民事诉讼法》第 67 条第 2 款规定的当事人及其诉讼代理人因客观原因不能自行收集的证据包括：(1)证据由国家有关部门保存，当事人及其诉讼代理人无权查阅调取的；(2)涉及国家秘密、商业秘密或者个人隐私的；(3)当事人及其诉讼代理人因客观原因不能自行收集的其他证据。当事人及其诉讼代理人因客观原因不能自行收集的证据，可以在举证期限届满前书面申请人民法院调查收集。当事人申请调查收集的证据，与待证事实无关联、对证明待证事实无意义或者其他无调查收集必要的，人民法院不予准许。《民事诉讼法》第 67 条第 2 款规定的人民法院认为审理案件需要的证据包括：(1)涉及可能损害国家利益、社会公共利益的；(2)涉及身份关系的；(3)涉及《民事诉讼法》第 58 条规定诉讼的；(4)当事人有恶意串通损害他人合法权益可能的；(5)涉及依职权追加当事人、中止诉讼、终结诉讼、回避等程序性事项的。除上述规定外，人民法院调查收集证据，应当依照当事人的申请进行。[③]

4. 仲裁机构调查取证程序及相关人配合义务

《劳动仲裁规则》第 17 条规定："仲裁委员会依法调查取证时，有关单位和个人应当协助配合。仲裁委员会调查取证时，不得少于两人，并应当向被调查对象出示工作证件和仲裁委员会出具的介绍信。"所以，劳动仲裁委员会在依法调查取证时，用人单位或劳动者有配合义务，且不得拒绝、要提供便利，更不得提供伪证。由于《劳动法》《劳动争议调解仲裁法》《劳动仲裁规则》对拒不配合之单位或个人的法律责任还处在空白状态，故劳动仲裁委员会被拒绝、不配合和阻碍的情况比较常见，所以，劳动仲裁机构在处理劳动争议过程中，对调查

---

① 《民诉法解释》第 96 条规定："民事诉讼法第六十七条第二款规定的人民法院认为审理案件需要的证据包括：(一)涉及可能损害国家利益、社会公共利益的；(二)涉及身份关系的；(三)涉及民事诉讼法第五十八条规定诉讼的；(四)当事人有恶意串通损害他人合法权益可能的；(五)涉及依职权追加当事人、中止诉讼、终结诉讼、回避等程序性事项的。除前款规定外，人民法院调查收集证据，应当依照当事人的申请进行。"

② 江必新：《关于理解和适用新民事证据规定的几个问题》，载《人民法院报》2020 年 1 月 9 日，第 5 版。

③ 《民诉法解释》第 94、95、96 条。

收集证据的积极性并不高。

5. 其他人一般没有取证权

《劳动仲裁规则》第18条规定:“争议处理中涉及证据形式、证据提交、证据交易、证据质证、证据认定等事项,本规则未规定的,可以参照民事诉讼证据规则的有关规定执行。”《民事诉讼法》第52条第1款规定:“当事人有权委托代理人,提出回避申请,收集、提供证据,进行辩论,请求调解,提起上诉,申请执行。”《民事诉讼法》第64条规定:“代理诉讼的律师和其他诉讼代理人有权调查收集证据,可以查阅本案有关材料。查阅本案有关材料的范围和办法由最高人民法院规定。”从以上规定可知,在劳动仲裁程序中,依法享有证据收集权的主体除劳动仲裁机构之外只有三个:一是当事人;二是代理律师;三是其他委托人。超出上述三个主体范围之外的其他人收集的证据,原则上不具有合法性。如果当事人辩解称,其他主体是受其委托收集证据的,则只有将其归入上述第三类即“其他委托人”后,才有可能被劳动仲裁机构采纳或采信。否则,该证据就因收集主体不合格而不具有合法性,而没有证据能力,也没有证明力。不过在此情形之下,当事人可以通过申请劳动仲裁机构依职权调查收集来予以弥补,或者仲裁委员会认为有必要的,也可以依据《劳动仲裁规则》第16条的规定,决定参照民事诉讼有关规定予以收集。

二、当事人的陈述

(一)概述

1. 定义

所谓当事人陈述,是指劳动仲裁当事人就本案的事实向劳动仲裁委员会所作的陈述。当事人陈述是我国民事诉讼八种证据之一。2012年修改《民事诉讼法》之前,当事人陈述这一证据在八种证据中排列在第五位,修改后,将其提升到了八种证据之首,排第一位。可见立法者对当事人陈述这一证据的重视程度。

当事人在劳动仲裁过程中向劳动仲裁委员会所作的陈述,从内容上看是多方面的,有关于劳动仲裁请求的陈述,有关于请求依据的陈述,有反驳劳动仲裁请求的陈述,有反驳对方当事人提供的证据方面的陈述,有关于劳动仲裁程序方面的陈述,等等。在我国《民事诉讼法》规定中,当事人陈述也存在不同性质的划分,即不同阶段,其称谓有别:在第67条中,将证据意义上的当事人的陈述称为“主张”;在第141条中,将庭审程序意义上的当事人的陈述称为“当事人陈述”;在第144条中,将辩论意义上的当事人的陈述称为“原告及其诉讼代理人发言”“被告及其诉讼代理人答辩”。

2. 特点

当事人陈述的最大特点就是主观性强，而客观性弱。说的直白一点，就是趋利避害，为自己辩护多，客观陈述少。裁审实践情况确实如此，当事人往往为了胜诉，在陈述中带有虚假成分，避重就轻和避实就虚之现象比较常见。所以，作为居中裁判之仲裁员，能够清晰地看到这一特色即可，不能过多指责，因为这是人性使然，符合常情，为此《民事诉讼法》还专门规定："应当保障当事人陈述意见的权利。"

3. 功能

在功能上当事人的陈述可以区分三个层次：一是当事人为了支持其诉讼请求而向法院陈述的事实根据，即关于主要事实的主张。当事人关于主要事实的主张也就是诉讼中的证明对象，具有确定法院审理的事实范围和诉讼证明对象的功能。二是当事人对于不利于自己的事实的真实性的认可，即自认。自认具有排除事实争议、限缩证明对象的功能。三是当事人作为证据方法而就其亲历所知，向法院陈述有关案件事实，以作为证据资料供法院参考。这个意义上的当事人陈述的功能，是作为证明的手段，亦即证据功能。①

（二）自认

1. 概述

自认不能简单归属或赞同于当事人陈述。所谓自认，是指当事人对不利于自己事实的承认。依据自认作出的场合，可以区分为诉讼中的自认和诉讼外的自认。诉讼中的自认是指当事人在诉讼过程中就对方当事人主张的不利于己的事实，于诉讼上陈述其为真实，或称当事人一方所主张的事实，对他方当事人不利，而他方当事人在诉讼上作出承认此项事实的陈述。② 诉讼外的自认只是影响法官心证的因素，其本身与证明责任无直接关联，故并非证据法关注的问题。在实行辩论主义的民事诉讼中，自认是对于己不利的事实予以承认的声明或表示。声明，在诉讼中通常表现为当事人对另一方当事人主张的于己不利的事实予以直接、积极、明确的承认；而作为一种表示，则既可以为明示的行为，也可以是默示的不作为，既可以由当事人自己作出，也可以由经其授权的诉讼代理人作出。③

诉讼外的自认不是当事人陈述，并且诉讼外的自认原则上不能直接作为认

---

① 翁晓斌、宋小海：《论民事诉讼当事人陈述的功能》，载《现代法学》2007 年第 6 期。

② 李学灯：《证据法比较研究》，台北，五南图书出版股份有限公司 1992 年版，第 103 页。

③ 肖建华主编：《民事证据法理论与实践》，法律出版社 2005 年版，第 110 页。

定案件事实的依据，只有经过庭审程序如举证、质证、认证等，方能判断出该证据的证据能力和证明力。

2. 自认的效力

《民事证据规定》第3条规定："在诉讼过程中，一方当事人陈述的于己不利的事实，或者对于己不利的事实明确表示承认的，另一方当事人无需举证证明。在证据交换、询问、调查过程中，或者在起诉状、答辩状、代理词等书面材料中，当事人明确承认于己不利的事实的，适用前款规定。"以上是关于自认效力的规定。

在大陆法系国家和地区，诉讼上的自认是证明责任的一种例外，其本身并非证据方法，而是在辩论主义诉讼模式下当事人行使处分权的结果。在诉讼中，自认一经作出，即产生两方面的效果：(1)对当事人产生拘束力，即当事人一方对另一方主张的于己不利的事实一经作出承认的声明或表示，另一方当事人即无须对该事实举证证明。而且，除特定情形外，作出自认的当事人也不能撤销或否认其自认。(2)对法院产生拘束力，即对方当事人自认的事实，法院原则上应当予以确认，不能作出与自认的事实相反的认定，无法定情形不能否认自认的效力。这个"法定情形"就是指自认限制的规定，即《民事证据规定》第8条规定："《最高人民法院关于适用〈中华人民共和国民事诉讼法〉的解释》第九十六条第一款[①]规定的事实，不适用有关自认的规定。自认的事实与已经查明的事实不符的，人民法院不予确认。"所谓"自认的事实与已经查明的事实不符"，是指当事人在诉讼上自认的事实，与法官依据法律、司法解释的规定以及在案证据，已经形成内心确信的事实不相符，且当事人的自认亦不能动摇法官心证的情形。[②]

同时，在对证明资料上当事人自认事实的审查上，也可以参照上述"不予确认"规定处理。例如，工资条上劳动者签字对本月工资无异议，离职后又申请劳动仲裁，要求支付该月加班费，审理查明该月确实存在加班事实且没有支付加班费的，则属于"自认的事实与已经查明的事实不符"，应当以查明的事实为准，而对自认事实不予确认，并裁决用人单位支付加班费。

---

① 《民诉法解释》第96条第1款规定："民事诉讼法第六十七条第二款规定的人民法院认为审理案件需要的证据包括：(一)涉及可能损害国家利益、社会公共利益的；(二)涉及身份关系的；(三)涉及民事诉讼法第五十八条规定诉讼的；(四)当事人有恶意串通损害他人合法权益可能的；(五)涉及依职权追加当事人、中止诉讼、终结诉讼、回避等程序性事项的。"

② 最高人民法院民事审判第一庭编著：《最高人民法院新民事诉讼证据规定理解与适用》(上)，人民法院出版社2020年版，第95、98页。

3. 拟制的自认

《民事证据规定》第4条规定:“一方当事人对于另一方当事人主张的于己不利的事实既不承认也不否认,经审判人员说明并询问后,其仍然不明确表示肯定或者否定的,视为对该事实的承认。”以上是关于拟制自认的规定。如果拟制自认成立,则产生“另一方当事人无需举证证明”的法律效果,同时仲裁员也无须就拟制自认之事实另行调查取证。

4. 代理人的自认

《民事证据规定》第5条规定:“当事人委托诉讼代理人参加诉讼的,除授权委托书明确排除的事项外,诉讼代理人的自认视为当事人的自认。当事人在场对诉讼代理人的自认明确否认的,不视为自认。”以上是关于委托诉讼代理人在诉讼中的自认之相关规定,并且不再区分特别授权和一般授权,即一般授权情形下也可以产生代理人自认之效果。

所谓代理人的自认,是指诉讼过程中,当事人的代理人对另一方当事人或其代理人主张的事实表示承认,法律规定这种承认具有当事人自认的效果,从而免除对方当事人的举证责任。诉讼中,代理人一般包括法定代理人和委托诉讼代理人。另外,对于当事人在授权委托书中明确记载排除事项,如当事人在授权委托书中记载“不得代为承认对方当事人陈述”的,诉讼代理人承认的事实对当事人不具有约束力,不产生自认的效力。①

5. 共同诉讼人的自认

《民事证据规定》第6条规定:“普通共同诉讼中,共同诉讼人中一人或者数人作出的自认,对作出自认的当事人发生效力。必要共同诉讼中,共同诉讼人中一人或者数人作出自认而其他共同诉讼人予以否认的,不发生自认的效力。其他共同诉讼人既不承认也不否认,经审判人员说明并询问后仍然不明确表示意见的,视为全体共同诉讼人的自认。”以上是共同诉讼人自认的相关规定。

在裁审实践中应当注意以下二个问题:(1)普通共同诉讼中,共同诉讼人行为之间并非完全没有影响。由于诉的种类具有同一性,故而其中一人在诉讼中对对方当事人主张事实的承认,对其他当事人的诉讼会起到一定的证明作用,只是这种证明作用并不等于产生了自认的效果。② 按照经验法则,必要共

① 最高人民法院民事审判第一庭编著:《最高人民法院新民事诉讼证据规定理解与适用》(上),人民法院出版社2020年版,第108、111页。

② 宋朝武:《论民事诉讼中的自认》,载《中国法学》2003年第2期。

同诉讼人对于同一案件事实均具有亲历性，如果各共同诉讼人对同一案件事实作出了明显自相矛盾的表述，应为某一共同诉讼人作出了虚假陈述。在此情况下，法院应当根据庭审的实际情况，通过对其他证据的查明来认定事实。(2)共同诉讼中还有另外一种自认形式，即对共同诉讼的对方当事人自认效力的认定。由于对方当事人自认的事实，在整体上有利于共同诉讼人，只要其他共同诉讼人也不予反对，则可以推定对全体共同诉讼人免除举证责任，即仍适用当事人自认的一般规则。[①]

6. 限制自认[②]

《民事证据规定》第 7 条规定："一方当事人对于另一方当事人主张的于己不利的事实有所限制或者附加条件予以承认的，由人民法院综合案件情况决定是否构成自认。"以上是关于限制或附条件的自认的相关规定。

(1)限制自认的理解

自认可分为完全自认与限制自认。完全自认是指当事人在诉讼中对另一方当事人主张的事实全部自认，又称无条件自认，产生使对方当事人免予举证并约束法院的效果。限制自认是一种附条件的、不完全的自认，是指当事人作出自认表示时，附加了限制条件，即对其所承认的事实有所附加或限制，意图冲抵自认部分的法律效果。限制自认可以分为两种情形：一是当事人一方对于对方当事人所主张的事实，承认其中一部分而否认其他部分，可称为附条件自认；二是自认时附加独立的攻击或防御方法，可称为附条件自认。

(2)限制自认的常见情形及效力

①部分自认

对于对方当事人主张的于己不利的事实，当事人承认其中部分，且不附加条件，则对于当事人承认的该部分事实，可以认定为自认，对方当事人无须承担举证证明责任。

②附条件自认

附条件自认较单纯的部分自认复杂，当事人承认事实所附加的独立或防御方法，既可能是针对全部事实，也可能是针对部分事实，既可能与所承认事实不可分割，也可能与所承认事实可以分割。

---

① 最高人民法院民事审判第一庭编著：《最高人民法院新民事诉讼证据规定理解与适用》(上)，人民法院出版社 2020 年版，第 120 页。

② 最高人民法院民事审判第一庭编著：《最高人民法院新民事诉讼证据规定理解与适用》(上)，人民法院出版社 2020 年版，第 122～127 页。

所谓与承认事实不可分割的附加条件,是指当事人虽然承认对方当事人陈述的不利于己的事实,但对此附加了独立的攻击或防御方法,从而否定对方当事人的主张,也即附加条件涉及对方主张的法律关系成立所依据的事实。承认事实与附加事实合并在一起才能反映当事人的真实意思表示,因此应当把两个事实作为一个整体加以考察。若将两个事实割裂开,截取对当事人不利的部分认定为自认,因该部分自认并不能反映当事人全部意思表示,则属于断章取义,将导致不公平的结果。关于与承认事实不可分割的附加条件的举证证明责任如何分配问题,有两种不同的观点:一种观点认为,因附加条件与承认事实不可分割,不能免除对方当事人的举证证明责任。另一种观点认为,附加条件虽然与承认事实不可分割,但附加的条件是当事人提出的独立的限制说明,对该独立的限制说明应当由自认人承担举证证明责任。

所谓与承认事实可以分割的附加条件,是指一方当事人承认对方当事人陈述的不利于己的事实,同时又以另一事实进行独立地攻击或防御,但另一事实与对方当事人主张的事实并不具有法律上的关联性,即另一事实不能直接否定对方当事人主张的事实。因此,两项事实分别表达各自独立的内容,形成两个完整的意思表示,具有可分割性,可以将两项事实作为两个独立的整体加以考察。因当事人附加攻击或防御的事实与其承认的事实并不直接相关,其承认于己不利的事实是一个完整的意思表示。

(3)适用时的注意事项

对于当事人附加条件的承认,不能简单机械地割裂承认事实和附加条件,而是要综合判断。如当事人承认的事实与附加条件属于同一法律关系,则认定是否构成自认应当将两个事实一并考虑;如当事人承认的事实与附加条件不具有法律上的关联性即分属两个法律关系,则可以分别认定,认定当事人的承认事实为自认,同时将附加条件作为当事人另行主张的独立请求。

要注意区分附条件自认与当事人抗辩。诉讼上的抗辩是针对请求权提出的一种防御方法,是指通过主张与对方权利请求的要件事实不同的事实,以达到排斥对方主张的事实,使得对方的诉讼请求被驳回。因此,当事人提出抗辩的,应当对所提抗辩事实承担举证证明责任(否认不是抗辩,通说认为否认不承担举证证明责任,而抗辩需承担)。附条件自认中,如当事人以另一事实进行独立的攻击或防御,且该事实与对方主张的事实并不具有法律上的关联性,自认当事人应就其附加条件承担举证证明责任;如当事人以另一事实进行独立的攻击或防御,而该事实与对方主张的事实具有法律上的关联性,则因附加条件本属于对方当事人举证证明的内容,故应由法官综合案件情况对举证责任进行分配。

7. 自认的撤销

《民事证据规定》第9条规定:“有下列情形之一,当事人在法庭辩论终结前撤销自认的,人民法院应当准许:(一)经对方当事人同意的;(二)自认是在受胁迫或者重大误解情况下作出的。人民法院准许当事人撤销自认的,应当作出口头或者书面裁定。”以上内容是对自认撤销所作的相关规定。上述规定与2001年《民事证据规定》第8条第4款相比,对撤销条件有所放宽,不再要求符合“有充分证据证明”“与事实不符”这二个法定条件,这体现了对当事人意思自治和自由处分私权利的尊重。但是,自认的撤销必须在法庭辩论终结前提出,法庭辩论终结后就不再允许撤销了。

另外要注意区分“自认的撤销”与“对认可证据的反悔”不同。《民事证据规定》第89条第2款规定:“当事人对认可的证据反悔的,参照《最高人民法院关于适用〈中华人民共和国民事诉讼法〉的解释》第二百二十九条①的规定处理。”对证据的认可或反悔,不代表对事实的自认或撤销,因为案件事实可以由很多证据组成证据链来进行确认,认可或不认可其中一个证据,有可能不影响该事实的认定。

(三)当事人陈述的证明力

鉴于当事人的陈述可能存在虚假成分这一特点,我国《民事诉讼法》对此证据的证明力作出特别的规定,即当事人的陈述这一证据是否有证明力,要结合其他证据进行审查才能得出结论。例如,《民事诉讼法》第78条规定:“人民法院对当事人的陈述,应当结合本案的其他证据,审查确定能否作为认定事实的根据。当事人拒绝陈述的,不影响人民法院根据证据认定案件事实。”另外,《民事证据规定》第90条规定,当事人的陈述不能单独作为认定案件事实的根据。所以,我们认为当事人的陈述这一证据的证明力本身是较弱的,在没有其他证据印证之情况下,一般不具有证明力。这实际上否定了当事人的陈述的证据属性,使法律陷于自相矛盾之中,属于立法缺陷,应当予以修正。

并且,即使当事人的陈述在对方当事人认可的情况下,也不一定具有证明力,因为仍需要结合本案的其他证据来进行审查后,再对其证明力有无或大小

① 《民诉法解释》第229条规定:“当事人在庭审中对其在审理前的准备阶段认可的事实和证据提出不同意见的,人民法院应当责令其说明理由。必要时,可以责令其提供相应证据。人民法院应当结合当事人的诉讼能力、证据和案件的具体情况进行审查。理由成立的,可以列入争议焦点进行审理。”

进行认定。因为2019年《民事证据规定》删除了2001年《民事证据规定》第76条[①]可以认定有证明力的相关规定。

（四）仲裁员应当重视当事人的陈述

作为劳动争议处理机构，我们不能因为当事人的陈述可能有虚假内容，不能因为当事人陈述这一证据的证明力较弱，就不予以重视。事实证明当事人的陈述是“证据之王”，没有当事人的陈述，劳动争议的处理可谓寸步难行。为什么缺席裁决中的法官或仲裁员处理案件特别谨慎，就是因为缺少当事人的陈述，怕认定事实错误。2012年修改《民事诉讼法》时，之所以将当事人的陈述这一证据，提升到第一位，就是立法者看到了这一证据具有的独特价值，以及其对解决争议的重大影响，所以希望仲裁员和法官们能够予以充分重视，并加以有效利用。

当事人陈述对劳动争议审理及处理的意义和作用主要有：（1）当事人的陈述是案件处理的前提和基础条件。没有当事人的陈述，则当事人的请求和争议点就不明确，争议的焦点就无法获知，不利于案件审理的进一步深入，也不利于快速高效和正确处理劳动争议。（2）可以引导当事人陈述出仲裁机构关心的事实。因为当事人申请劳动仲裁，一定会主张相关的事实，必然也会向劳动仲裁委员会作出相关陈述，仲裁员要注意借此契机进一步引导其陈述仲裁机构关心的事实。（3）可以从中获知相关案件事实或证据线索。当事人掌握有证据材料，也对案情一目了然，在争议处理过程中，仲裁员可以通过当事人的陈述，对当事人进行相关询问，从回答中得到相关事实或证据线索。（4）自认的获取是高效正确认定事实的最佳路径。当事人在陈述中的自认，会更有利于仲裁员迅速查明案件事实，仲裁庭可直接将其作为认定案件事实的依据，这对仲裁员处理劳动争议来说，不但事半功倍、快速高效，还稳妥可靠。

（五）重视当事人询问制度的有效利用

《民诉法解释》第110条规定：“人民法院认为有必要的，可以要求当事人本人到庭，就案件有关事实接受询问。在询问当事人之前，可以要求其签署保证书。保证书应当载明据实陈述、如有虚假陈述愿意接受处罚等内容。当事人应当在保证书上签名或者捺印。负有举证证明责任的当事人拒绝到庭、拒绝接受询问或者拒绝签署保证书，待证事实又欠缺其他证据证明的，人民法院对其主张的事实不予认定。”以上规定为我国民事诉讼制度首次建立了当事人询问

---

① 2001年《民事证据规定》第76条规定：“当事人对自己的主张，只有本人陈述而不能提出其他相关证据的，其主张不予支持。但对方当事人认可的除外。”

制度。同时,也为当事人设立了真实陈述义务,以及拒绝接受询问的“不利后果”①。《民事证据规定》第64条第1款规定:“人民法院认为有必要的,可以要求当事人本人到场,就案件的有关事实接受询问。”所以,接受询问的方式可以是“到庭”,也可以是“到场”,这一点需要注意。我们认为询问当事人也是证据收集方式之一,根据《劳动仲裁规则》第16条规定:“……仲裁委员会认为有必要的,也可以决定参照民事诉讼有关规定予以收集。”而当事人的陈述就是八大证据之一。所以,以上规定为仲裁员和法官查明案件事实,提供了非常重要的工具、依据和路径。我们要重视这一新的规定,并借助其优势,充分发挥其作用,进行有效利用,以提高劳动争议处理效率和正确率。

最高人民法院认为,以上当事人询问制度的内容主要包括以下三个方面。(1)人民法院询问当事人的条件。据此,“人民法院认为有必要的”情况下,可以对当事人进行询问。所谓有必要的情形,一般是指证据已经穷尽而待证事实处于真伪不明的情况。当然,在审判实践中是否询问、何时询问当事人,应当根据案件的具体情况确定,出于审理便利的需要,在法庭审理过程询问当事人本人的,也并不违反《民诉法解释》的规定。(2)询问当事人时的具结。人民法院询问当事人,应当要求当事人具结。具结是一种保证,是保证对自己的行为负责、愿意为违反保证承担责任的意思表示。由于人民法院询问当事人的结果,能够独立发生证明作用,由当事人具结对于促使当事人如实陈述是必要的,也具有十分积极的意义。当事人具结的形式为签署保证书,保证书的性质为具结书,其内容应当包含对如实陈述的保证,以及虚假陈述愿意接受处罚等。②(3)当事人拒绝接受询问的后果。《民事证据规定》第66条规定:“当事人无正当理由拒不到场、拒不签署或宣读保证书或者拒不接受询问,人民法院应当综合案件情况,判断待证事实的真伪。待证事实无其他证据证明的,人民法院应当作出不利于该当事人的认定。”同时,从上述规定可知,在后果的承担上并未区分拒不接受询问的当事人是否负有举证责任,即使不负有举证责任的当事人,如果拒不接受询问,人民法院也可以作出不利于该当事人的认定。但笔者认为这个做法值得商榷,建议结合举证证明责任制度,在审判实践中如果出现不负有举证责任的当事人拒绝接受询问的,人民法院可以案件的具体情况,将

---

① 目前在给予不真实陈述者处罚时,在适用依据方面有些勉强,因为只有《民事诉讼法》第114条规定,以伪造重要证据为由,予以罚款、拘留和追究刑事责任。不真实陈述属于伪造证据,这值得商榷。何为重要证据,也需要在法律层面进行明确。

② 最高人民法院修改后民事诉讼法贯彻实施工作领导小组编著:《最高人民法院民事诉讼法司法解释理解与适用》(上),人民法院出版社2015年版,第364~365页。

其拒绝接受询问的行为视为妨碍举证的行为，依据《民事证据规定》第 95 条[①]规定予以处理为妥。我们不能因为拒不接受询问，就废了民事诉讼法之客观证明责任制度，并且，《民诉法解释》第 90 条第 2 款的客观证明责任制度安排中，并没有例外之特殊规定。

（六）当事人的虚假陈述问题

虽然希望仲裁员理解当事人的虚假陈述行为，但对当事人的虚假陈述，也应当有边界并予以规制，不能纵容其为所欲为。

1. 虚假陈述及其表现

所谓当事人的虚假陈述，是指劳动仲裁过程中，就本案的事实向劳动仲裁委员会所作出的陈述是不真实的。司法实践中当事人的虚假陈述行为，可以区分为故意陈述虚假的案件事实、虚假否认、虚假自认和矛盾陈述这四种表现形式。

故意陈述虚假的案件事实，是指一些当事人利用证据不充分等不能证明案件事实的情形，故意陈述虚假的事实，从而达到于己有利的诉讼目的，它是虚假陈述的典型形态。虚假否认属于纯粹意义上的虚假陈述，主要表现为一方当事人对于对方所主张的事实予以否认。更为甚者，是在对方当事人提供了充分证据，或者在法院调查取证后仍百般抵赖。虚假自认是指一方对于对方主张的对自己不利的虚假的主要事实予以承认，意欲发生诉讼上自认的效果的行为。虚假自认常出现在虚假诉讼案件中，在实践中通常表现为双方当事人利用虚假自认来转移财产，躲避案外第三人的追索，逃避债务。矛盾陈述，表现为当事人出于自身利益的考虑，在民事诉讼的不同时刻采取不同的策略，对案件事实作出相互矛盾的不一致的陈述，此种矛盾陈述也属于广义上的虚假陈述。[②]

2. 民诉法规定了当事人负有真实陈述义务

当事人在劳动仲裁过程中实施的虚假陈述行为，无论其属于何种表现形式，都会损害对方当事人的合法权益，并且影响劳动仲裁程序的安定性，事实上对公平公正处理劳动争议造成了实质损害，也在一定程度上影响劳动仲裁机构的权威形象，已成为仲裁或诉讼中的一大恶疾。然而，我国 2012 年《民事诉讼法》却并未规定当事人负有真实陈述之义务，只是在第 13 条第 1 款规定了诚实

---

① 《民事证据规定》第 95 条规定："一方当事人控制证据无正当理由拒不提交，对待证事实负有举证责任的当事人主张该证据的内容不利于控制人的，人民法院可以认定该主张成立。"

② 王玲：《论当事人真实义务在我国的确立——基于规制民事诉讼当事人虚假陈述的思考》，载《甘肃社会科学》2016 年第 3 期。

信用原则，即“民事诉讼应当遵循诚实信用原则”。所以，在2020年5月1日之前，人民法院对虚假陈述当事人进行处罚时，均通过适用诚信原则引申出当事人负有真实陈述之义务。

2015年，最高人民法院根据诚实信用原则，通过2015年《民诉法解释》确立了当事人在特定情况下的真实陈述义务，即在第110条中规定，当事人在接受法院询问时负有真实陈述义务。2019年《民事证据规定》首次明确规定了当事人具有全面的真实陈述义务，即该文件第63条第1款规定：“当事人应当就案件事实作真实、完整的陈述。”当事人前后陈述不一致的，如何处理？这是证据认定问题。《民事证据规定》第63条第2款规定：“当事人的陈述与此前陈述不一致的，人民法院应当责令其说明理由，并结合当事人的诉讼能力、证据和案件具体情况进行审查认定。”

3. 虚假陈述的构成要件

(1)主体仅限当事人

这个当事人既包括申请人和被申请人，还应当包括第三人。但是，虚假陈述的主体不应包括诉讼代理人，特别是作为律师的代理人。主要理由如下：一是代理律师不是当事人，对案件事实并不知情，陈述有错误属于正常现象。二是律师与本案无直接利害关系，仲裁或诉讼的结果也由当事人承受。三是目前还无法保障律师可以通过相关措施，在事后合法获得案件的真实情况。四是为了保障律师正常行使代理权，维护当事人的合法权益，以维护劳动争议案件的公平公正处理，所以，应当给予代理律师必要之宽容，至少应当享受刑事诉讼程序中公诉人在相同情形下所享有的同等待遇，事实上公诉人陈述的案件事实也并非100%真实。当然，律师自身也应当加强职业道德教育，对故意虚假陈述造成严重影响的，可以由律师行政管理机关或相关组织给予相应的处罚。

(2)主观上存在故意

因为当事人的真实陈述义务，是主观上的真实义务，而并非客观真实义务。所以，构成当事人虚假陈述前提条件，应当为当事人在主观上存在故意。因疏忽大意等过失所造成的陈述与事实不相符合的，并不构成虚假陈述。裁审实践中，只要当事人(包括其代理人)是根据本意为真实陈述的，就属于履行了义务，即使事后发现和认定当事人的陈述与案件事实不符，也不属于违反诚信义务。

(3)虚假陈述的必须是基本事实

所谓基本事实，是指用以确定当事人主体资格、案件性质、民事权利义务等对判决、裁定的结果有实质性影响的事实。基本事实的范围主要包括以下三个方面的内容:一是关于当事人及相关主体资格的事实,包括当事人是否具备诉讼权利能力,是否属于具备诉讼主体资格的其他组织,是否是本案的适格当事人,是否存在主体混同的情形,是否遗漏了应当参加诉讼的当事人,等等。二是影响案件性质的事实,包括认定民事法律行为性质,主观过错、因果关系、损害后果等法律责任要件的事实,免责事由是否成立的事实,等等。三是关于当事人具体权利义务和民事责任的事实,包括当事人约定的具体内容,约定不明时含义的解释,约定的条件是否成就,违约行为发生的时间,违约责任的计算和调整,各方当事人的过错程度,不同行为对损害后果发生的原因力大小,等等。

对于次要事实,由于其与当事人主体资格、案件性质、民事权利义务等关联度低,且内容比较烦琐,即使有些出入,其对劳动争议的处理结果影响也有限或较小,不应构成虚假陈述之事实。

(4)客观上妨碍了劳动仲裁委员会审理案件

这是从虚假陈述行为造成的结果上来看的,即使当事人进行了不真实的陈述,由于没有产生严重之后果,尚未妨碍审理案件,故也会不构成劳动仲裁程序中的当事人虚假陈述。只有当虚假陈述行为对劳动仲裁委员会在当事人主体资格、案件性质、民事权利义务等重要问题认定或分担上,造成了实质影响且妨碍了案件审理的,才构成虚假陈述。

三、书证

(一)概述

1. 书证的定义

所谓书证,是指以文字、符号、图形等所记载的内容或表达的思想来证明案件事实的证据。[①] 此为我国传统的书证观点,也是目前在书证上占主导地位的观点。此定义受到大陆法系的影响,同时,影响我国立法的苏联法律也持类似观点,"凡是包含着对案件有意义的情况的文据、文件、业务性信件和私人性质的信件,都属于书证"[②]。在英美法系,书证又被称为文书证据,从当事人提供证据的角度出发,书证是指当事人向法院提供的供法官和陪审团获悉案件事实的文书材料。[③] 从法院认定案件事实的角度出发,书证是指法院通过查阅向法院提出的文书得悉有关事实的证据。[④] 在法理上,书证根据不同的标准,可分

---

① 常怡主编:《民事诉讼法学》(第2版),中国政法大学出版社2010年版,第198页。

② [苏]阿多勃罗沃里斯基等:《苏维埃民事诉讼》(中译本),法律出版社1958年版,第216页。

③ 张永泉:《民事证据采信制度研究》,中国人民大学出版社2003年版,第85页。

④ 沈达明编著:《英美证据法》,中信出版社1996年版,第47页。

为公书证与私书证、处分性书证与报道性书证、普通书证和特别书证、原本与副本节录本等。不同种类的书证,在诉讼中的证据效力也是不同的。[①] 劳动争议常见的文书有劳动合同书、聘书、竞业限制协议、解除协议、规章制度等。

2. 书证的特征

书证在诉讼中的证据效力与其特点密切相联。一般认为书证具备如下特点:(1)书证以其记载的思想内容来证明案件事实;(2)书证所记载的思想内容能够为人所认识和了解;(3)书证的载体可以多样化。也有学者认为书证的另一个重要特征是关联性,“假如有一定的思想内容,但却不能体现与案件的待证事实具有关联性,那就不能作为证据来加以使用,也不能适用有关的书证规则”[②]。但我国证据法规定证据应当具备客观性、关联性和合法性,书证作为法定的证据种类,当然应当具备关联性,故无须再强调书证的关联性,这不是书证区别于其他各类证据的特有属性。在大陆法系,一般认为书证是以其记载的内容或者表达的思想来证明案件事实的文书或物件。通常有二个特点:一是以书面或者其他物件形式为证据方法;二是以其记载的内容来证明案件事实。[③] 归根到底书证的最本质特征在于,其以所记载或记录的内容来证明案件的事实,而以何种方式(文字或是图表、符号甚至是密码、隐形技术)、何种载体(纸质、木质或是其他)来记录,并不能改变其本质属性。[④] 同时,书证相较其他证据,还存在形式上固定、稳定性强、证明力强的优势,通常能够直接证明案件的事实,并且不容易伪造。

3. 外文书证只须审查中文译本

《民事证据规定》第17条规定:“当事人向人民法院提供外文书证或者外文说明资料,应当附有中文译本。”在实务操作中,我们认为附有中文译本的外文书证或外文说明资料,具有同一效力,除非当事人提出相反证据予以推翻。人民法院在审查当事人提供的域外证据时,依据“使用中华人民共和国通用的语言、文字”原则只审查中文译本即可,不应当也没有必要对外文书证或外文说明资料本身进行审查。[⑤]

---

① 洪冬英:《论书证复制件的证据效力》,载《政法与法律》2011年第6期。

② 毕玉谦:《民事证据法判例实务研究》,法律出版社1997年版,第38页。

③ 毕玉谦:《民事证据法判例实务研究》,法律出版社1997年版,第52页。

④ 洪冬英:《论书证复制件的证据效力》,载《政法与法律》2011年第6期。

⑤ 最高人民法院民事审判第一庭编著:《最高人民法院新民事诉讼证据规定理解与适用》(上),人民法院出版社2020年版,第211页。

（二）文书与书证

1. 两者关系

所谓文书，是指以文字为主要方式记录信息的一种书面文件。汉语中的“文书”一词，起源甚古，早在汉代史籍中已见使用，有时也称简牍、文牍。[①] 所以，文书上记录着一定的思想内容。所谓思想，是指表述人对事物的认识和看法。例如，辞职信，其作为文书，表明劳动者单方作出了解除劳动关系的意思表示，并对辞职及其原因表达了自己的认识和看法。所以，比较文书与书证，我们认为它们之间属于种属关系，即文书是书证中的一种，且是最重要的一种书证。

2. 单位的证明材料是不是书证？

在劳动争议处理过程中，经常碰到单位出具各种各样的证明材料。这些证明材料是书证还是证人证言，这个问题在裁审实践中一直存在争议。直到2015年《民诉法解释》出台才得到统一，即将单位提供的证明材料定性为私文书证。2015年最高人民法院修改后民事诉讼法贯彻实施工作领导小组编著的图书，在对《民诉法解释》第115条进行解读时，对此问题同步进行了权威解读：“单位出具的证明材料，尽管表面上看类似于证人作证的行为，但由于是以其记载的内容发挥事实证明作用，其性质上属于书证。无论制作主体是否具有社会管理职能，这种书证与公文书证无关，类型上属于私文书证应无异议。究其内容，证明文书一般记载的是描述性的内容，故可以将其理解为报导性文书。”[②]但是，对于当事人（用人单位）给自己出具的证明材料，应当定性为当事人的陈述，而不是书证。

我国民事诉讼法对单位提出的证明材料在形式上规定了特殊要求：单位向人民法院提出的证明材料，应当由单位负责人及制作证明材料的人员签名或者盖章，并加盖单位印章。人民法院就单位出具的证明材料，可以向单位及制作证明材料的人员进行调查核实。必要时，可以要求制作证明材料的人员出庭作证。单位及制作证明材料的人员拒绝人民法院调查核实，或者制作证明材料的人员无正当理由拒绝出庭作证的，该证明材料不得作为认定案件事实的根据。[③] 所以，不符合形式要求或拒绝作证的，上述规定排除了该单位证明材料的证据资格，即一票否决且不能被采纳。

---

① 夏征农、陈至立主编：《辞海》（缩印本），上海辞书出版社2010年版，第1978页。

② 最高人民法院修改后民事诉讼法贯彻实施工作领导小组编著：《最高人民法院民事诉讼法司法解释理解与适用》（上），人民法院出版社2015年版，第378页。

③ 《民诉法解释》第115条。

（三）书证的证明力

1. 有无证明力的判断标准

书证是否具有证明力，首先必须判断是否真实，然后再判断能否证明案件事实。不具有真实性，无疑书证就没有证明力；具有真实性，也不一定有证明力，还要进一步考察其对案件事实能否起到证明作用。起到证明作用的则具有证明力（存在大小问题），反之则无证明力。对书证真实性的判断为形式判断，即形式上的证明力判断；对书证的证明作用的判断为实质上的判断，即实质上的证明力判断。

2. 形式上的证明力之相关规定

《民事诉讼法》第 73 条第 1 款规定："书证应当提交原件。物证应当提交原物。提交原件或者原物确有困难的，可以提交复制品、照片、副本、节录本。"《民事证据规定》第 61 条规定："对书证、物证、视听资料进行质证时，当事人应当出示证据的原件或者原物。但有下列情形之一的除外：（一）出示原件或者原物确有困难并经人民法院准许出示复制件或者复制品的；（二）原件或者原物已不存在，但有证据证明复制件、复制品与原件或者原物一致的。"从以上规定可知，无原件核对的书证，一般没有证明力，但在以下二种特殊情况下也具有证明力：一是提供原件或者原物有困难的并经许可出示复制件的；二是原件或者原物不存在但有证据证明与原件一致的复制件。

3. 实质上的证明力之相关规定

《民诉法解释》第 111 条规定："民事诉讼法第七十三条规定的提交书证原件确有困难，包括下列情形：（一）书证原件遗失、灭失或者毁损的；（二）原件在对方当事人控制之下，经合法通知提交而拒不提交的；（三）原件在他人控制之下，而其有权不提交的；（四）原件因篇幅或者体积过大而不便提交的；（五）承担举证证明责任的当事人通过申请人民法院调查收集或者其他方式无法获得书证原件的。前款规定情形，人民法院应当结合其他证据和案件具体情况，审查判断书证复制品等能否作为认定案件事实的根据。"《民事证据规定》第 90 条规定：无法与原件、原物核对的复制件、复制品，不能单独作为认定案件事实的根据。并且在第 85 条还规定："人民法院应当以证据能够证明的案件事实为根据依法作出裁判。审判人员应当依照法定程序，全面、客观地审核证据，依据法律的规定，遵循法官职业道德，运用逻辑推理和日常生活经验，对证据有无证明力和证明力大小独立进行判断，并公开判断的理由和结果。"所以，关于"书证实质上的证明力"并没有判断规则，完全取决于仲裁员或法官的自由心证，只是要求仲裁员或法官在裁决文书中载明判断的理由和结果即可。

4. 摘录书证之证明力的判断

《民事证据规定》第44条规定:“摘录有关单位制作的与案件事实相关的文件、材料,应当注明出处,并加盖制作单位或者保管单位的印章,摘录人和其他调查人员应当在摘录件上签名或者盖章。摘录文件、材料应当保持内容相应的完整性。”以上是关于摘录书证的形式要求和内容要求之相关规定。

在摘录本为真实的情况下,其证据效力与原件的证据效力相同。实践中,当事人向人民法院提交通过摘录的方式所形成的书证以证明待证事实时,需对摘录文件、材料的证据资格及证明力大小进行审查判断。对作为证据使用的摘录文件、材料的审查,需从两个方面加以注意:(1)注意审查摘录文件、材料在形式上是否符合规定要求,也即摘录文件、材料是否注明了出处,是否加盖有制作单位或者保管单位的公章,摘录人、其他调查人员是否在摘录文件上签名或者盖章。如果形式上不符合要求,存在瑕疵,则可以要求提交摘录文件、材料的当事人进行补正。如不进行补正,则可从形式上否定该摘录文件、材料的证据资格。(2)在形式上符合法定条件的基础上,需重点审查摘录文件、材料的完整性与否。此问题的审查,可由对方当事人对摘录文件、材料的完整性发表相应的意见。如当事人对摘录文件、材料的完整性未提出异议,则可对摘录文件、材料的完整性予以认可。如当事人不予认可摘录文件、材料的完整性,应让其说明理由,并由另一方当事人对此发表意见。当事人提出的异议能够成立,则可以重新进行摘录;如不能成立,则当事人的异议不能予以支持。①

(四)书证提出义务

1. 概述

所谓书证提出义务,是指劳动仲裁程序中,经举证人申请,持有书证的当事人在法定情形下,具有向劳动仲裁委员会提出该书证的义务。当事人所负书证提出义务与劳动仲裁委员会或人民法院所享有的书证提出命令相对应。关于书证提出义务,2007年《劳动争议调解仲裁法》第6条作了相关规定:“……与争议事项有关的证据属于用人单位掌握管理的,用人单位应当提供;用人单位不提供的,应当承担不利后果。”《劳动仲裁规则》第13条也作出了相同规定。

在《民事诉讼法》中对此未作规定,但在2015年《民诉法解释》第112条对此作了规范性填补,即“书证在对方当事人控制之下的,承担举证证明责任的当事人可以在举证期限届满前书面申请人民法院责令对方当事人提交。申请

① 最高人民法院民事审判第一庭编著:《最高人民法院新民事诉讼证据规定理解与适用》(上),人民法院出版社2020年版,第431~432页。

理由成立的,人民法院应当责令对方当事人提交,因提交书证所产生的费用,由申请人负担。对方当事人无正当理由拒不提交的,人民法院可以认定申请人所主张的书证内容为真实”。但是,以上规定仅仅是针对书证作出的规定,并未对其他证据种类作出类似的证据提出义务,这是立法缺陷。直到2019年《民事证据规定》才解决这一问题。2019年《民事证据规定》在《民诉法解释》的基础上,对书证提出命令申请条件、审查程序、书证提出义务范围以及不遵守书证提出命令的后果进行规定,完善了书证提出命令制度。同时,通过《民事证据规定》第99条规定,“……关于书证的规定适用于视听资料、电子数据……”将视听资料和电子数据纳入书证提出命令的适用范围,扩展到了当事人收集证据的途径。这对于促进案件事实查明和实现裁判结果客观公正,起到了积极推动作用。

2. 申请条件及审查程序

(1)申请条件。当事人根据《民诉法解释》第112条的规定申请人民法院责令对方当事人提交书证的,申请书应当载明所申请提交的书证名称或者内容、需要以该书证证明的事实及事实的重要性、对方当事人控制该书证的根据以及应当提交该书证的理由。对方当事人否认控制书证的,人民法院应当根据法律规定、习惯等因素,结合案件的事实、证据,对书证是否在对方当事人控制之下的事实作出综合判断。①

(2)审查程序。人民法院对当事人提交书证的申请进行审查时,应当听取对方当事人的意见,必要时可以要求双方当事人提供证据、进行辩论。当事人申请提交的书证不明确、书证对于待证事实的证明无必要、待证事实对于裁判结果无实质性影响、书证未在对方当事人控制之下或者不符合《民事证据规定》第47条情形的,人民法院不予准许。当事人申请理由成立的,人民法院应当作出裁定,责令对方当事人提交书证;理由不成立的,通知申请人。②

3. 应提交书证的范围

《民事证据规定》第47条对应当提交书证的范围作出了规定:“下列情形,控制书证的当事人应当提交书证:(一)控制书证的当事人在诉讼中曾经引用过的书证;(二)为对方当事人的利益制作的书证;(三)对方当事人依照法律规定有权查阅、获取的书证;(四)账簿、记账原始凭证;(五)人民法院认为应当提交书证的其他情形。前款所列书证,涉及国家秘密、商业秘密、当事人或第三人

① 《民事证据规定》第45条。

② 《民事证据规定》第46条。

的隐私,或者存在法律规定应当保密的情形的,提交后不得公开质证。”

4. 当事人应当提交书证的条件

根据《民诉法解释》第112条的规定,当事人承担书证承担义务是有前提条件的,即必须满足以下条件:第一,对方当事人控制或持有该证据;第二,负有证明责任的举证人必须有证据上的主张;第三,必须经举证人在举证期限届满前提出书面申请或者人民法院应当提交的;第四,书面申请的理由必须正当、合理;第五,经人民法院责令提交;第六,提交费用由负有证明责任的申请人承担。以上条件缺一不可,否则,持证人无此义务。

5. 违反的法律后果

(1)承担不利后果。《民诉法解释》第112条第2款规定:“……对方当事人无正当理由拒不提交的,人民法院可以认定申请人所主张的书证内容为真实。”所以,如果持证人拒绝提交的,会产生可以推定负有证明责任的申请人的主张成立之法律后果,该法律后果将由拒绝提交人承担。同时,《民事证据规定》第48条第1款也进一步规定:“控制书证的当事人无正当理由拒不提交书证的,人民法院可以认定对方当事人所主张的书证内容为真实。”并且该条还进一步扩大了不利法律后果之适用范围(扩大到了“使书证不能使用”的所有妨碍书证行为),接着在第2款规定,控制书证的当事人存在《民诉法解释》第113条规定情形的,人民法院可以认定对方当事人主张以该书证证明的事实为真实。但在实务中需要注意的是,这个推定书证内容为真实之法律后果,是“可以推定”,而不是“应当推定”。所以,在争议处理过程中是否推定书证内容为真实,由仲裁员结合全案进行自由裁量。

(2)以妨碍诉讼为由给予处罚。《民诉法解释》第113条规定:“持有书证的当事人以妨碍对方当事人使用为目的,毁灭有关书证或者实施其他致使书证不能使用行为的,人民法院可以依照民事诉讼法第一百一十一条[①]规定,对其处以罚款、拘留。”虽然上述规定可以以妨碍诉讼为由给予罚款、拘留处罚,但并未规定可以直接适用书证提出义务的不利法律后果。直到2019年《民事证据规定》第48条规定,才解决了这一法律后果适用难题,因为该条规定控制书证的当事人存在《民诉法解释》第113条规定情形的,人民法院可以认定对方当事人主张以该书证证明的事实为真实。

四、物证

劳动争议处理过程中,当事人出示物证的情况较为少见。所谓物证,是指

---

① 指2021年《民事诉讼法》第114条。

由证物获得的事实。(1)证物不是物证。物证与证物是证据与证据来源的关系。证物只是物证的来源。“证物”一词概括的是物与证据的关系。除去这层关系后,它就是一件物。这样的物本身不能说明任何问题。因为,物本身不是证据。(2)事实与物的关系。物的概念古来就有。《列子・黄帝》中讲:“凡有貌象声色者,皆物也。”西方学者认为:“物可分为有体物和无体物。”①从这些解释可以看出,物有貌象声色方面的区别,也有有体与无体的区别。可以说,没有物就没有事实。这就是事实与物的关系。(3)什么是事实?事实是物中的真实和物所体现的真实以及客观外界不断发生的一切情况和过程。这一定义包含两方面的内容。事实是物中的真实和物所体现的真实。事实就是真实。物中的真实和物所体现的真实,都是由事实构成的。彭漪涟教授曾讲:“任一事物都是许多事实的统一体。”②这里的“事物”就指物。这一论述就指明:物中有事实。(4)物证是事实。物证是由证物获得的事实。那么,由证物能获得什么样的事实呢?由证物能获得两方面的事实。一方面,由证物能获得物中的事实。物是事实的统一体,物中的一切真实点都是物中的事实。这些事实只要与案件或其他待证事实相关联就是物证。另一方面,由证物能获得物体现的事实。物存在或不存在都能体现出一定的事实。物的位置移动、形体改变、破碎或毁灭也能体现出一定的事实。特别是物与物的关系更能体现出一定的事实。这些事实只要与案件或其他待证事实相关联也是物证。总之,凡从物获得的事实只要与案件或其他待证事实相关联,它就是物证。可见,物证是事实而不是物。③

五、视听资料

(一)概述

1. 定义

所谓视听资料,是指以录音带、录像带、磁盘等为载体所记录的图像和声音及电脑储存的资料来证明案件事实的证据。④ 视听资料是现代社会科技技术发展后的产物,主要包括录音资料和影像资料。劳动仲裁实践中常见的视听资料主要是存储在手机、电脑、录音笔等载体中的声像数据。目前录像带、录音带等其他视听资料极少使用。当前劳动争议当事人采用视听资料作为证据资料

---

① [英]戴维・M. 沃克:《牛津法律大辞典》,北京社会与科技发展研究所译,光明日报出版社1988年版,第880页。

② 彭漪涟:《事实论》,上海社会科学院出版社1996年版,第110页。

③ 裴苍龄:《再论物证》,载《环球法律评论》2016年第1期。

④ 江伟主编:《民事诉讼法学原理》,中国人民大学出版社2000年版,第478页。

提交的情况比较普遍。

2. 视听资料的认定标准

笔者在实务中碰到这样一个问题：员工提供了离职前与人事经理面谈的录音，大家对真实性、关联性没有异议，但对合法性存在异议。用人单位代理人认为这是证人证言，未经准许而没有出庭作证，故在形式上不具有合法性，没有证据能力，也没有证明力，不得作为认定案情事实的依据。而员工代理人则认为这不是证人证言，而是视听资料，不需要出庭作证，具有合法性。该证据到底应如何定性？笔者认为是视听资料。判断一个图像、声音及其组合是不是视听资料，主要看这个载体中储存资料的内容（动态的图像、声音及其组合）是不是完全再现了历史，是否具有同步性。如果再现了历史且有同步性，则属于视听资料，如果是事后录制的，则属于证人证言。

3. 视听资料与电子数据的联系与区别

电子数据与视听资料同是以电子形式存在的证据，都是依靠计算机及其类似设备生成、传输、显现的证据内容而发挥证据作用的。两者的区别在于，电子数据是隐蔽的，需要破译、解读或鉴定。而视听资料的证据内容则是直观的、生动形象的，人们可以直接听懂或看清楚所反映的有关情况。当电子数据这些数字、编码依靠电子信息设备外化成具有思想内容的、直观的、可视可听的声音和影像时，就形成了视听资料。①

（二）证据的优势与缺点

1. 优势

劳动争议中当事人之所以偏爱提供视听资料，主要原因在于：一是证据取得方便。现阶段手机、电脑等设备的录音录像功能强大，操作方便且隐蔽性强，几乎可以做到随手拈来。二是举证方便。视听资料一般信息量大，形象逼真，保管存储方便，提交方便。三是证明力强，容易被采信。因为对方当事人对视听资料一般不轻易否认，方便举证义务人固定证据。四是方便储存、保管。由于可以长时间储存，方便当事人灵活运用和选择证据，可保证当事人利益最大化，损害最小化。

2. 缺点

当然，当事人使用视听资料证据也有其缺点，主要是因为视听资料容易被变造或者伪造。常见变造或者伪造的技术手段有消磁、剪辑等。所以，当视听

---

① 最高人民法院民事审判第一庭编著：《最高人民法院新民事诉讼证据规定理解与适用》（上），人民法院出版社2020年版，第260页。

资料出现真伪不明时，劳动仲裁委员会一般会结合其他证据资料进行认定。

3. 孤证采信问题

如果只有视听资料，没有其他证据佐证，其能否作为认定案件事实的依据？我们认为可以。因为《民事证据规定》第 90 条规定，存有疑点的视听资料、电子数据，不能单独作为认定案件事实的根据。所以，在视听资料没有疑点，即具有真实性的情况下，即便视听资料为孤证，也可以单独作为认定案件事实的根据。这是视听资料的优势所决定的。

(三)违法获取视听资料的证据力

1. 规范制度的变迁

1995 年最高人民法院《关于未经对方当事人同意私自录制其谈话取得的资料不能作为证据使用的批复》(法复〔1995〕2 号，已失效)规定："证据的取得必须合法，只有经过合法途径取得的证据才能作为定案的根据。未经过对方当事人同意私自录制其谈话，系不合法行为，以这种手续取得的录音资料，不能作为证据使用。"后来在 2001 年《民事证据规定》第 68 条①对此进行了规定，后在 2019 年《民事证据规定》中被删除。为了进一步完善，2015 年《民诉法解释》第 106 条对上述规定进行了再次完善："对以严重侵害他人合法权益、违反法律禁止性规定或者严重违背公序良俗的方法形成或者获取的证据，不得作为认定案件事实的根据。"所以，目前在劳动争议案件处理过程中，应当适用《民诉法解释》之非法证据排除规定。

2. 排除与否的问题

从以上违法获取视听资料制度的变迁中，可知违法获取视听资料的证据力，是从完全否定到小范围内认可，再到较大范围内认可，即基本认可其证明力的过程。当前根据《民诉法解释》第 106 条规定，只有在侵害他人合法权益、违反法律禁止性规定或者违背公序良俗的方法形成或者获取的视听资料，达到"严重"程度时，才予以排除。所以一般情况下，违法获得的视听资料具有证据能力，其证明力大小应当结合具体案情综合确定。至于何为"严重"？民事诉讼法律没有作出进一步规定，而是完全交由仲裁员或法官自由心证来确定。

(四)视听资料审查要点

1. 首先从形式上进行审查。主要审核证据来源及形成时间、地点，有没有提供录音文字实录材料或光盘副本。同时考察视听资料是否有正式来源，其原

---

① 2001 年《民事证据规定》第 68 条规定："以侵害他人合法权益或者违反法律禁止性规定的方法取得的证据，不能作为认定案件事实的依据。"

件载于何处,由谁操作完成,是不是凭空捏造的。

2. 审查其形成和获取的方法是否严重违法。如果属于严重侵害他人合法权益、违反法律禁止性规定或者严重违背公序良俗的方法形成或者获取的证据,则应当认定为违法证据并予以排除,且不得作为认定案件事实的根据。

3. 审查是否与本案有关联。如果视听资料反映的内容或信息与本案存在联系,如视听资料中没有当事人本人,则可以作为认定本案事实的依据,否则该视听资料不具有证据能力,不具备证据的资格和条件。

4. 审查视听资料的内容是否真实。主要审查视听资料是否存在被篡改、伪造或剪辑等技术处理的情况,查验方法是与其原始载体进行核对,查看内容是否完整,当事人在视听资料中的陈述是否属于真实意思表示。

如果对方当事人发表质证意见,称视听资料中的声音并非其本人,此时就只能通过鉴定(声纹司法鉴定)的方式进行处理。此时申请鉴定义务人不是异议人,而应当是提交(主张事实)证据之当事人,因为《民事证据规定》第 99 条规定,"……关于书证的规定适用于视听资料、电子数据……"而第 92 条第 1 款规定:"私文书证的真实性,由主张以私文书证证明案件事实的当事人承担举证责任。"所以,应当由提供视听资料的当事人申请鉴定。

六、电子数据

(一)概述

1. 定义及类型

最高人民法院对电子数据进行了定义。所谓电子数据,是指通过电子邮件、电子数据交换、网上聊天记录、博客、微博客、手机短信、电子签名、域名等形成或者存储在电子介质中的信息。存储在电子介质中的录音资料和影像资料,适用电子数据的规定。[①] 电子数据作为一个证据种类,是从 2012 年修正《民事诉讼法》时新加入的。在劳动仲裁实践中常见的作为证据使用的电子数据,可以划分为以下几个类型:手机短信、传真件、电子邮件、网页证据、电子聊天记录、录音、支付宝信息、微信信息和电子照片等。

关于电子数据的分类。《民事证据规定》第 14 条规定:"电子数据包括下列信息、电子文件:(一)网页、博客、微博客等网络平台发布的信息;(二)手机短信、电子邮件、即时通信、通讯群组等网络应用服务的通信信息;(三)用户注册信息、身份认证信息、电子交易记录、通信记录、登录日志等信息;(四)文档、图片、音频、视频、数字证书、计算机程序等电子文件;(五)其他以数字化形式

---

① 《民诉法解释》第 116 条。

存储、处理、传输的能够证明案件事实的信息。”所以，技术上通常将电子数据的内容分为以下五类：一是内容数据，指与案件有关的文档、图片、图像等电子数据；二是衍生数据，指对内容数据进行操作时，计算机自动生成的有关操作行为的数据；三是环境数据，指数据的生成、增加、删除、修改、传输所依赖的软硬件环境；四是通信数据，是指在利用网络传输数据时生成的关于通信的数据；五是其他电子数据类，这是一个兜底性类型。[①]

2. 两个特殊实务问题的处理

第一，电子数据证据与视听资料、书证、物证、鉴定意见等证据类型的交叉适用问题。2012 年《民事诉讼法》修正时，对是否将电子数据单独列为一个证据种类，存在较大分歧，最终采纳了独立证据说之观点，但其他学说也有其合理性。事实上电子数据与其他证据种类存在交叉关系。所以，在实务操作过程中，根据不同的案件情况，可以同时采用不同的多种证据方法，来综合运用证据资料认定案件事实，如将电子数据、鉴定意见、技术专家作证、勘验、书证、视听资料等证据交叉使用，以解决和处理裁审实务中纷繁复杂的疑问问题。

第二，与《民法典》《电子签名法》的协调问题。从《民事诉讼法》规定来看，电子数据是一个独立的证据种类，本身不是书证。但是，《民法典》合同编第 469 条规定其可以视为书面形式（书证），《电子签名法》第 2、3、4 条把电子数据作为书证对待。在裁审实务中碰到上述冲突时，我们建议按电子数据证据这个种类来进行质证和认证，因为《民事诉讼法》较《电子签名法》而言，属于新法，应当优先适用，但法律另有规定除外（如《民法典》第 469 条）。

（二）实务中电子数据的审核项目及审查标准

1. 一般审查事项

当前，在我国庭审证据调查中，如何对电子数据这类证据开展证据调查，主要存在二种障碍：其一，欠缺具体的程序法律规定；其二，无论是审判法官还是诉讼代理人，其中相当一部分人尚不具备必要的计算机操作技能和足够的计算机使用经验。根据电子数据的基本特性，庭审中对电子数据的庭审调查涉及的主要事项有：第一，有关电子数据存储磁盘、存储光盘等可移动存储介质是否应当与打印件一并提交；第二，电子数据形成的时间、地点、对象、制作人、制作过程及设备情况等；第三，电子数据的来源，包括发出地、目标地、路径、时间、日期、长度、持续时间或底层服务类型等；第四，电子数据在形成、存储、传递、提

---

① 郑学林、刘敏等：《关于新〈民事证据规定〉理解和适用的若干问题》，载《人民法院报》2020 年 3 月 26 日，第 5 版。

取、收集过程中是否存在伪造、篡改等情形;第五,电子数据的收集程序、使用工具是否合法;第六,电子数据与案件事实的关联性如何;等等。[①]

2. 一般审查内容及标准

2018 年最高人民法院对电子数据是否具有真实性规定了审查标准,内容如下。当事人对电子数据真实性提出异议的,互联网法院应当结合质证情况,审查判断电子数据生成、收集、存储、传输过程的真实性,并着重审查以下内容:(1)电子数据生成、收集、存储、传输所依赖的计算机系统等硬件、软件环境是否安全、可靠;(2)电子数据的生成主体和时间是否明确,表现内容是否清晰、客观、准确;(3)电子数据的存储、保管介质是否明确,保管方式和手段是否妥当;(4)电子数据提取和固定的主体、工具和方式是否可靠,提取过程是否可以重现;(5)电子数据的内容是否存在增加、删除、修改及不完整等情形;(6)电子数据是否可以通过特定形式得到验证。当事人提交的电子数据,通过电子签名、可信时间戳、哈希值校验、区块链等证据收集、固定和防篡改的技术手段或者通过电子取证存证平台认证,能够证明其真实性的,互联网法院应当确认。当事人可以申请具有专门知识的人就电子数据技术问题提出意见。互联网法院可以根据当事人申请或者依职权,委托鉴定电子数据的真实性或者调取其他相关证据进行核对。[②] 裁审实践中,我们应当按以上法定的审查标准,对电子数据进行审查和认定。

(三)提交电子数据的形式要求及建议

当事人提供电子证据的,应当采用截图、拍照或录音、录像等方式对内容进行固定,并将相应图片的纸质打印件、音频、视频的储存载体如 U 盘、光盘等编号后提交法院,其中:(1)提供微信、支付宝、QQ 通讯记录作为证据的,应当对用户个人信息界面进行截图固定;(2)证据中包含音频的,应当提交与音频内容一致的文字文本;(3)证据中包含视频的,应当提交备份视频后的储存载体;(4)证据中包含图片、文本文件的,应当提交图片、文本文件的打印件;(5)证据的内容或者固定过程已经公证机关公证的,应当提供公证书。

相关建议:第一,提供的电子数据证据属于对话记录的(包括文字、音频、视频),应当完整地反映对话过程,与案件事实有关的内容不得选择性提供,法庭会要求补充提供指定期间内的完整对话记录;如故意选择性提供对话记录内容,该电子数据证据将会不被采信。第二,关于提交电子数据的载体的选择问

---

① 毕玉谦:《电子数据庭审证据调查模式识辨》,载《国家检察官学院学报》2016 年第 1 期。

② 最高人民法院《关于互联网法院审理案件若干问题的规定》(法释〔2018〕16 号)第 11 条。

题，建议大家使用光盘提交，因为很多劳动仲裁委员会或人民法院不收 U 盘，如上海的等。

(四)庭审中对出示及核对电子数据的一般要求

当事人在参加劳动仲裁机构庭审活动中，登录软件出示电子证据时，一般应当按以下步骤进行展示，并与固定电子证据形成的图片、音频、视频进行一致性核对，由书记员记录核对结果：

1. 出示微信、QQ：(1)由账户持有人登录微信、QQ，展示登录所使用的账户名称；(2)在通讯录中查找对方用户并点击查看个人信息，展示个人信息界面显示的备注名称、昵称、微信号、QQ 号、手机号等具有身份指向性的内容；(3)在个人信息界面点击“发消息”进入通讯对话框，对对话过程中生成的信息内容逐一展示，对文本文件、图片、音频、视频、转账或者发红包内容，应当点击打开展示。

2. 出示电子邮件：(1)由电子邮箱账户持有人登录进入电子邮箱，展示电子邮箱的地址；(2)点击所要出示的电子邮件，展示对方电子邮箱地址以及电子邮件内容。

3. 出示短信：由手机持有人登录短信界面，点击相应短信展示对方手机号码及短信内容，同时应当明确本方手机号码。

4. 出示支付宝：(1)支付宝用户登录支付宝软件，点击“我的”菜单，展示本方支付宝账号、身份认证信息；(2)在支付宝通讯录中查找对方用户并点击查看个人信息，展示对方支付宝账户名称及真实姓名；(3)在个人信息界面点击“发消息”进入通讯对话框，对对话过程中生成的信息内容逐一展示，对图片、音频、视频、转账或者发红包内容，应当点击打开展示；(4)展示转账信息的，点击通讯对话框中的聊天详情查看转账记录，展示转账支付信息。

5. 出示网页信息：举证方应提供网址、时间，并将网页当庭演示，指明网页中与案件相关联的内容。同时，提供网页的纸质件，以备留档查考。经双方同意，也可只出示网页纸质件，不再演示网页。上述过程应在庭审笔录中完整体现。对网页已作公证的，可不当庭演示网页，而直接将公证文书作为证据出示。

相关建议：第一，出示其他具备通讯、支付功能的软件，参照以上方式进行展示、核对；第二，当事人应保存好电子证据的原始载体以便在法庭上出示，原始载体包括储存有电子数据的手机、计算机或者其他电子设备等；第三，电子证据未经公证机关公证，或虽经公证但法院认为有必要的，当事人应当在法庭上使用原始载体、登录相应软件展示，与提交的固定电子证据形成的图片、音频、视频进行核对。展示设备一般由提交该证据的当事人自行提供。

（五）电子数据的真实性之认定标准①

1. 对于电子数据的真实性，应当结合下列因素综合判断：

（1）电子数据的生成、存储、传输所依赖的计算机系统的硬件、软件环境是否完整、可靠；

（2）电子数据的生成、存储、传输所依赖的计算机系统的硬件、软件环境是否处于正常运行状态，或者不处于正常运行状态时对电子数据的生成、存储、传输是否有影响；

（3）电子数据的生成、存储、传输所依赖的计算机系统的硬件、软件环境是否具备有效的防止出错的监测、核查手段；

（4）电子数据是否被完整地保存、传输、提取，保存、传输、提取的方法是否可靠；

（5）电子数据是否在正常的往来活动中形成和存储；

（6）保存、传输、提取电子数据的主体是否适当；

（7）影响电子数据完整性和可靠性的其他因素。

人民法院认为有必要的，可以通过鉴定或者勘验等方法，审查判断电子数据的真实性。

2. 电子数据存在下列情形的，人民法院可以确认其真实性（属于推定性质），但有足以反驳的相反证据的除外：

（1）由当事人提交或者保管的于己不利的电子数据；

（2）由记录和保存电子数据的中立第三方平台提供或者确认的；

（3）在正常业务活动中形成的；

（4）以档案管理方式保管的；

（5）以当事人约定的方式保存、传输、提取的。

电子数据的内容经公证机关公证的，人民法院应当确认其真实性，但有相反证据足以推翻的除外。

（六）电子数据审核认定中的实务处理

1. 电子数据真实性的举证证明责任

我们认为，应当由主张以电子数据来证明案件事实的当事人承担举证责任。因为《民事证据规定》第 99 条第 2 款规定："……关于书证的规定适用于视听资料、电子数据……"而《民事证据规定》第 92 条第 1 款关于书证举证证明责任承担问题规定："私文书证的真实性，由主张以私文书证证明案件事实

① 《民事证据规定》第 93、94 条。

的当事人承担举证责任。”所以，关于电子数据的真实性，应由主张以电子数据来证明案件事实的当事人承担举证责任。如果对方当事人对其真实性提出异议，提供电子数据的当事人应当通过申请鉴定等手段来证明该证据的真实性，因为其负有举证责任。提供人不申请鉴定或无法证明其真实性的，应当认定该电子数据不具有真实性。

2. 电子数据原件的判断标准

最高人民法院认为：(1)在调查收集证据的场合，电子数据的原件应当指最初生成的电子数据及其首先固定所在的各种存储介质，如果某一电子数据首先固定于某块计算机硬盘上，则该硬盘或其上的电子数据就是原件；如果某一电子数据首先固定于优盘或光盘上，则优盘、光盘或其上的电子数据就是原件。(2)在举证、质证和审核认定证据时，应当进行适当变通。在诉讼过程中的举证、质证或认证环节，电子数据的原始载体本身对于案件事实的证明并无意义，发挥事实证明作用的是其转换形成的可识别形式，如果固定传统的原始证据或原件的概念，这种转换形式将被作为复制件对待，从而将相当数量的电子数据排除在案件事实证明之外，这势必削弱电子数据的应有功能。目前审判实践中，考虑到电子数据的特殊性，为便于电子数据的质证与审查，一般要求当事人提交原始存储介质或者提取的电子数据以封存状态提交，即原件。而在举证、质证和审核认证时，应当适当变通，由当事人向法庭提交电子数据书面展示件，如电子邮件的打印件、微信聊天的打印件等，有的还通过公证的方式固定、展示电子数据。对电子文档、图片等可以直接展示的电子数据，应当提交打印件。电子数据的输出件和打印件应能够准确反映电子数据。[①]

3. 电子数据原件的审核与处理

(1)可以视为原件的电子复本的审核

根据最高人民法院的权威解读，对于电子数据是否可视为原件的电子复本，可依据以下情形进行考察：①可准确反映原始数据内容的输出物或显示物；②具有最终完整性和可供随时调取查用的电子复本；③双方当事人均未提出原始性异议的电子复本；④经公证机关有效公证、不利方当事人提供不出反证推翻的电子复本；⑤附加了可靠电子签名或其他安全程序保障的电子复本；⑥满

① 最高人民法院民事审判第一庭编：《民事审判实务问答》，法律出版社2021年版，第310～311页。

足法律另行规定或当事人专门约定的其他标准的电子复本。[1] 凡符合以上情形之一的，仲裁庭可以将该电子复本视为原件。

（2）与原件不一致电子资料的处理

经核对，固定电子证据形成的图片、音频、视频与原件存在不一致情形的，当事人应当说明合理理由，理由成立的，劳动仲裁委员会可以要求在指定期限内重新提交固定形成的证据材料。

4. 通讯双方的身份异议的处理

对当事人主张的通讯双方的身份，对方不予认可且现有证据不足以证明的，该当事人应当提供能够证明身份的其他证据予以佐证，否则劳动仲裁委员会对主张的用户身份将会不予采信。

5. 手机号码主体的确认

如果有证据证明电子证据中用户个人信息界面显示的手机号，系当事人主张的用户使用的，劳动仲裁委员会一般应对主张的用户身份予以采信。实践中，确定手机号码主体的方法主要有如下几种：一是当庭拨打（免提）进行核实和确认。二是从仲裁资料中查找，如劳动仲裁申请书、送达地址确认书、劳动合同书、入职时提供的资料等。三是给手机号码充话费，从中国移动、中国电信等服务商提供的收据上记载的信息来确认（有时只显示姓氏未显示名，如张××）。四是通过支付宝转账确认。支付宝是实名认证的，如果该手机号码绑定了支付宝，则可查证；转账时选择“转到支付宝账户”，接着输入手机号码和转账金额，相应的姓名就会显示出来。五是去服务提供方查询。部分省市允许律师申请调查令，也可以由律师持调查令去调取机主入网登记信息。

6. 支付宝身份的认定

支付宝用户个人信息中显示已经实名认证的真实姓名，并且与当事人主张的用户信息一致的，劳动仲裁委员会一般会对主张的支付宝用户身份予以采信。

7. 认可用户身份但否认使用的处理

对当事人主张的对方用户身份，对方予以认可，但否认相关软件是用户本人使用的，否认一方当事人应当提供相应的足以反驳的证据予以证明，否则劳动仲裁委员会对其否认不予采信。

---

① 最高人民法院民事审判第一庭编著：《最高人民法院新民事诉讼证据规定理解与适用》（上），人民法院出版社 2020 年版，第 197 页。

8. 认可用户身份但否认内容真实性的处理

当事人出示了电子证据原件，对方认可用户身份，但认为所展示的内容不真实或存在删减、篡改的，应当提供本方持有的电子证据原件作为相反证据，否则可以对原电子证据予以采信。如对方提供的相反证据能够反映当事人提供的原电子证据内容存在删减、篡改，对原电子证据相应部分内容不予采信。

9. 选择性提供电子数据的处理

当事人提供的电子证据属于对话记录的（包括文字、音频、视频），应当完整地反映对话过程。有证据证明当事人选择性提供，且影响案件事实认定的，可以要求当事人补充提供指定期间内的完整对话记录。

10. 对网页或电子邮件真实性异议的处理

当事人对网页证据或电子邮件的真实性发生争议，原则上由主张以网页证据或电子邮件来证明案件事实的当事人承担举证责任，依据为《民事证据规定》第 92、99 条规定。如果该网页或电子邮件又是查明案件基本事实的主要证据，经当事人申请（申请义务人为提供方），可通过相关网站或服务提供方，从计算机系统传输、存储的环节中直接保全证据，或请有关单位或专家，从电子数据证据的生成、收集、存储、传递和输出环境的可靠性，以及是否篡改，提出专家意见或出具鉴定意见。

11. 邮件非本人所发异议的处理

对于虽是邮箱主人但未发邮件的认定问题，此情形下，一般应当推定该邮件为异议人所发，但根据《民事证据规定》第 10 条的规定，异议人能够提出相反证据足以反驳的除外。所以，提出足以反驳的反证是异议人的义务。

12. 手机短信真实性异议的处理

如果对方当事人对短信内容的真实性提出异议，此时应由提供方对其真实性承担举证责任。通常做法为提供方应申请进行鉴定或勘验，最终参照鉴定报告或勘验报告的结论进行认定。如果无法得出鉴定或勘验结论，按真伪不明处理。

13. 微信身份异议的认定

从司法实践情况来看，主要通过以下四种方法进行认定：一是从微信的详细资料中查找并获取手机号码；二是通过考察微信头像、微信相册中的照片等进行综合认定；三是通过证人证言予以证明；四是到微信软件服务提供商调取，接受调查人为财付通支付科技有限公司。事实证明微信身份认定比较困难，实务中大家可能结合以上四种方式综合进行认定。

14. 微信内容真实性的认定

庭审中，当出示微信聊天记录后，对方当事人有可能对内容的真实性提出异议，即予以否认，如没有收到过这个信息，或者没有发过这个信息等，并且，异议人也会同时出示自己的聊天记录，并强调没有这个内容。这就涉及真实性问题，即聊天记录被删除后能否通过技术手段提取、恢复或还原？由于微信聊天记录之相关信息在软件提供商处是不保存的，其信息仅留存在手机、电脑等终端设备上，所以无法通过向服务提供商调取的方式处理。经咨询相关鉴定机构，得到的回复是有困难，如果是安卓系统，且删除时间不长，有恢复之可能性，如果是苹果系统，基本上很难提取、恢复或还原。

15. 微信孤证能否采信？

如果只有微信聊天记录，没有其他证据佐证，能否作为认定案件事实的依据？我们认为可以。因为《民事证据规定》第 90 条规定：存有疑点的视听资料、电子数据，不能单独作为认定案件事实的根据。所以，在微信聊天记录没有疑点即具有真实性的情况下，即便该电子数据为孤证，也可以单独作为认定案件事实的根据。这是电子数据的优势所决定的。

七、证人证言

（一）概述

1. 定义

所谓证人，是指在劳动仲裁程序中，了解案件事实并向劳动仲裁委员会或当事人提供证词的人。所谓证言，是指在劳动仲裁程序中，了解案件事实的证人向劳动仲裁委员会所作的陈述。证人可划分为二个类型：一是自然人证人；二是单位证人。单位证人作证时，既可以由该单位的法定代表人或负责人出庭作证，也可以由该单位授权的人代表该单位出庭作证。但是，单位出具的证明材料其性质不是单位证人，而应当是书证之报导性文书。

2. 特点

证人证言具有以下几个特点：一是不可替代性。因为案件事实对于当事人或证人来说，均是历史。历史具有客观性，不可以重来。了解案件事实的证人也是一样，证人与该历史具有联系，不能事后重新指定指派他人参与，所以具有客观性、不可替代性和稀缺性。二是具有主观性。主要是指证人证言容易受到证人主观意思的影响，故证词的真实性和可靠性常因主观性而受到质疑。三是证词的易变性。由于受到证人记忆力、个人看法和外界因素的影响，实践中证人的证词经常会发生变化，证词具有不稳定特点。四是陈述的客观性。证人只能就其知道的案件事实作如实陈述，不得虚假陈述，也不得对其进行评价、推测或发表相关看法。

3. 证人范围

我国证人的范围非常广泛，既包括自然人，也包括各种单位。因为《民事诉讼法》第75条规定："凡是知道案件情况的单位和个人，都有义务出庭作证……"但是"不能正确表达意思的人，不能作证"。所以，从以上规定可知，证人虽然广泛但也有相应条件：一是必须知道案件情况；二是具有相应的作证的能力。《民事证据规定》第67条第2款规定："待证事实与其年龄、智力状况或者精神健康状况相适应的无民事行为能力人和限制民事行为能力人，可以作为证人。"但是，在生理上或精神上有缺陷或者年幼等，不能正确表达意思的人，不能作证。同时，从上述规定可知，单位可以出具证人证言并有义务出庭作证，单位出具的证明材料是书面证言，不是书证，因为单位证明材料是案件事实发生之后制作的，不是案件发生时形成的证据。同理，律师作为代理人提供的调查笔录，其性质也是书面证人证言，除法定特殊情况之外，其证人仍需要出庭作证，否则该律师笔录不能作为认定案件事实之依据。

除上述人员外，在司法实践中，另外还有二类人不能作为证人：一是诉讼代理人不能在同一个案件中既作证人，又作代理人；二是仲裁员、书记员、翻译人员、鉴定人员等其他参与人员，在同一个案件中也不得作为证人以避免丧失中立性，无法保障劳动争议的客观公正处理。

（二）证人的权利和义务

1. 证人的权利[①]

（1）各民族公民都有用本民族语言、文字作证的权利。

（2）证人有审阅证言和要求补充、补正、更正证言的权利。庭审笔录应当当庭宣读，证人认为对自己的陈述记录有遗漏或者差错的，有权申请补正。如果不予补正，有权申请记录在案。

（3）支出费用补偿权。证人因履行出庭作证义务而支出的交通、住宿、就餐等必要费用以及误工损失，由败诉一方当事人负担。当事人申请证人作证的，由该当事人先行垫付；当事人没有申请，人民法院通知证人作证的，由人民法院先行垫付。但是，证人不得要求当事人直接支付作证所需费用，当事人也不得将作证所需费用直接支付给当事人，而应当缴付给劳动仲裁机构或法院。

（4）获得保护权。以暴力、威胁、贿买方法阻止证人作证，或者指使、贿买、胁迫他人作伪证的，证人可以申请人民法院予以保护。同时对证人的相关信息

① 参照《民事诉讼法》第11、77、114、150条；《民诉法解释》第118条。

应当注意保密。

2. 证人的义务①

（1）凡是知道案件情况的单位和个人，都有义务出庭作证。当事人申请证人出庭作证的，应当在举证期限届满前提出。符合《民诉法解释》第 96 条第 1 款规定情形的，人民法院可以依职权通知证人出庭作证。未经人民法院通知，证人不得出庭作证，但双方当事人同意并经人民法院准许的除外。但是根据《民事诉讼法》第 76 条的规定，有下列情形之一的，经人民法院许可，可以通过书面证言、视听传输技术或者视听资料等方式作证：①因健康原因不能出庭的；②因路途遥远，交通不便不能出庭的；③因自然灾害等不可抗力不能出庭的；④其他有正当理由不能出庭的。

（2）证人的如实作证、不旁听、不宣读并予以保证的义务。人民法院在证人出庭作证前应当告知其如实作证的义务以及作伪证的法律后果，并责令其签署保证书，但无民事行为能力人和限制民事行为能力人除外。证人签署保证书适用《民诉法解释》关于当事人签署保证书的规定。证人拒绝签署保证书的，不得作证，并自行承担相关费用。《民事证据规定》第 72 条规定："证人应当客观陈述其亲身感知的事实，作证时不得使用猜测、推断或者评论性语言。证人作证前不得旁听法庭审理，作证时不得以宣读事先准备的书面材料的方式陈述证言。证人言辞表达有障碍的，可以通过其他表达方式作证。"如果使用猜测、推断或者评论性语言，则不能采信，但之外的其他客观事实陈述，如具有合法性、真实性和关联性，则应当采信。如果证人旁听了庭审，则要具体情况具体分析，如果旁听庭审对其证言有重大影响，则不能采信；如果影响较小或者没有影响，则可以通过降低其证明力的方式进行处理。如果当庭宣读书面材料，仲裁员应当予以制止，并要求他口头作证。如果口头陈述内容与书面材料高度重合，则结合其他证据，综合判断其真实性。

（3）遵守庭审纪律义务。《民事诉讼法》第 113 条第 1 款规定："诉讼参与人和其他人应当遵守法庭规则。"证人在出庭作证过程中，对当事人及其代理人进行辱骂、威胁、人身攻击或殴打的，应当如何处理，《劳动仲裁规则》没有规定。我们认为仲裁员应当及时予以制止，情节轻微的，要提醒其注意文明礼貌和陈述方式，冷静且不要过于激动；情节严重的，应当暂时休庭，并通过第三方如保安等介入进行处理。但当事人及其代理人不得对证人不妥当行为进行干扰，也不得打断证人的发言，即应由仲裁员处理。

---

① 参照《民事诉讼法》第 75、76、113 条；《民诉法解释》第 117、119、120 条。

(4)连续陈述义务。《民事证据规定》第73条规定:"证人应当就其作证的事项进行连续陈述。当事人及其法定代理人、诉讼代理人或者旁听人员干扰证人陈述的,人民法院应当及时制止,必要时可以依照民事诉讼法第一百一十条[①]的规定进行处罚。"连续陈述义务是为了保障证人能够连续、完整、高效、顺畅地陈述自己记忆的案件事实,以防止被当事人及其代理人打扰、误导或诱导,而作出不真实的、片面的陈述,以完成作证义务。同时,对仲裁员来说,也可以连续不间断地察言观色,结合证明资料作出综合判断。

3. 强制证人出庭作证问题

必须到庭的证人,经法院通知而拒不到庭作证的,能否强制其出庭作证?对此我国《民事诉讼法》未作规定。我们认为不能强制,理由有二:一是没有法律依据,强制出庭作证属于对妨害民事诉讼所采取的强制措施,其采取强制措施的前提是必须有明确法律规定,无法可依的不得强制。二是我国目前尚未建立免证特权制度。一般认为,诉讼法意义上的免证特权,是指知悉案件客观事实的证人在特定情形下免于作证的权利。[②] 免证特权又称为作证豁免权、拒绝作证权。之所以豁免这些证人,是为保护其合法权益,因为这些特殊证人与本案当事人有亲属关系、有财产利益关系,或者职业、职务要求不能作证等。如果强制这部分特殊人员出庭作证,则会使其陷入两难境地。所以,同步或提前建立免证特权制度,是建立强制证人出庭作证制度的前提,此前提条件未成就前不宜强制证人出庭作证。

(三)证人证言不予采信的主要理由及原因

某中级人民法院法官做了一次证人证言采信率方面的调查。本次问卷调查设置法官类、律师类与当事人类三种问卷,其中发放法官类问卷50份、律师类问卷20份、当事人类问卷40份,且110份调查问卷全部有效回收。同时,为保障本次调查结果更加客观,我们又通过网站调查访问的方式,在中国裁判文书网上,随机抽取并梳理了最高人民法院2013年12月31日至2014年4月30日所公布的全部民事裁判文书(共计831件),对于其中涉及证人证言文字表述的19份裁判文书(主要是民事裁定书)进行结论检验。从上述调研数据中可以明显看出,当前民事诉讼中证人证言的可信度堪忧,60.9%的人均认为证人证言可信度较低,甚至有约12.7%的人认为完全不可信。而相应地,在判决中也很少予以采信,约75.4%的人认为采信度较低,最高人民法院裁判文书的

---

① 指2021年《民事诉讼法》第114条。

② 王洪用:《误证与伪证:论民事诉讼中证人证言的可靠性》,载《时代法学》2017年第6期。

采信度也仅为 26.3%,在近 73.7%的案件中均不予采信,这也印证了采信度低的现状。[①]《民事证据规定》第 96 条规定:“人民法院认定证人证言,可以通过对证人的智力状况、品德、知识、经验、法律意识和专业技能等的综合分析作出判断。”我们认为裁审实务中对证人证言不予采信的主要理由如下:

1. 与举证当事人存在利害关系。劳动争议中用人单位提供的证人证言,一般不予采信,原因是与用人单位存在利害关系,即证人系用人单位的员工,双方存在劳动关系。劳动者提供的证人证言因利害关系不予采信,这种情况大多出现在多人同时或先后被解除或终止劳动关系的案件中,然后在每个案件中劳动者相互作证。

2. 证人未出庭作证。一般情况下证人应当出庭作证,并接受举证当事人、对方当事人、第三人的质询,以及仲裁员或法官的询问。然而,在裁审实践中有很多案件中的证人选择了出具书面证词的方式作证。证人未出庭,则证词是否为证人本人亲笔书写,证词是否是证人的真实意思表示,包括证人身份、行为能力及是否了解案情,这些均无法查证。并且,双方当事人无法对该证人进行交叉询问,仲裁员或法官也无法询问,所以《民事证据规定》第 68 条第 3 款对此作出了取消证据资格的规定:“无正当理由未出庭的证人以书面等方式提供的证言,不得作为认定案件事实的根据。”实务操作中要注意,这个取消资格之规定是硬性的,也就是说即使未出庭之书面证言能够与其他证据相互印证,也不得与其他证据如当事人陈述等形成证据锁链而作为认定案件事实之依据,因为法定的一票否决了。基于上述原因,未出庭作证之证词一般不会被采纳。

3. 证人证言没有其他证据印证。孤证不能定案,这一认证规则被劳动争议案件处理广泛采纳。究其原因,无非是证人证言的主观性、易变化性所决定的。实践中常见裁决理由为:该证人证言系孤证,除本案举证当事人之外,无其他证据印证,则不予采纳。

4. 证词前后矛盾。一般情况下证人证言不应该出现前后矛盾,但是在裁审实践中,前后矛盾的证词还不在少数。特别是在证人出庭作证的情况下,经过双方当事人质询,以及仲裁员或法官询问之后,矛盾点就集中爆发了。由于证人出庭紧张,对前后矛盾的解释或处置也往往不具有说服力,最终导致证言不被采信。

5. 单位证言形式要件残缺不全。依照法律规定,单位提出的证明材料,应当由单位负责人及制作证明材料的人员签名或者盖章,并加盖单位印章。然而

---

① 王洪用:《误证与伪证:论民事诉讼中证人证言的可靠性》,载《时代法学》2017 年第 6 期。

在裁审实践中,上述形式要件大多残缺不全,一般只有单位盖章,欠缺负责人或法定代表人签名和制作人签名。加之单位证言不出庭作证的情况较多,造成单位证言采信率较低。

综上,裁审实践中证人证言采信率低,我们认为主要原因在于:一是碍于情面作虚假陈述;二是裁审实践对作伪证等违法行为处罚轻,一般不会受到处罚;三是证人个体素质造成的原因,如记忆失真、表述失误等,主要是证人过度紧张造成;四是非法利益诱导,也是造成证词真假参半、虚假陈述的重要原因;五是证人受到威胁或潜在胁迫,主要表现在用人单位强制本单位员工作证。

(四)证人证言真实性之判断要点

仲裁员在实务中如何判断证人证言是否具有真实性?这是劳动仲裁处理案件的难点问题之一。我们认为主要从二个方面进行判断:一是证人因素;二是证言内容。

1. 证人因素

(1)是否直接感知

只有了解案情的人才有资格作为证人。并且,直接感知案情之人的证人证言,其证明力较大;如果是听说的,则是间接感知,是传来证据,其虽然具有证据能力或资格,但该证人证言的证明力较小,甚至不会被采信。

(2)是否以获取利益为目的而作证

证人作证时,其思想状态和出发点是不同的。仲裁员应当着重考察证人是否为了某种利益而出庭作证。例如,为保持朋友、同事感情而作证,为保护亲属利益而作证,为本人获得利益而作证,为与当事人进行利益交换而作证,为损害对方当事人利益而作证,为避免当事人打击报复而作证,等等。如果存在以上情况,则该证人证言的证明力较小,被采信的可能性不大。

(3)是否存在利害关系

《民事证据规定》第87条规定,证人或者提供证据的人与当事人有无利害关系,是审判人员进行单一证据审核认定的重要因素之一。并且,2001年《民事证据规定》第69条规定,与一方当事人或者其代理人有利害关系的证人出具的证言,不能单独作为认定案件事实的依据。所以,证人与当事人有无利害关系,是影响证人证言真实性判断标准的重要因素之一。因为日常生活经验法则告诉我们,证人一般会站在相关当事人之立场来进行作证。利害关系包括政治、经济或其他利益上的利害关系。有利害关系并不必然导致该证人证言没有证明力,而只是提醒仲裁员证人存在虚假陈述的可能性,其证明力的大小、能否采信则应当结合全案其他证据来进行综合认定。

与当事人及其代理人是否具有利害关系，一般考察如下因素：是不是亲属或者近亲属、是不是存在管理与被管理关系、是不是存在隶属关系、是不是同事、是不是朋友、是不是合作伙伴等。在这里需要注意，与代理人或律师存在利害关系的，也应当认定为“与当事人存在利害关系”，这一点在实务中容易忽略，因为代理人或律师与本案的处理结果存在利害关系。

（4）出庭作证的言行举止

自古至今，审判就是察言观色的艺术。如果证人出庭作证时比较紧张，语速较快或不流畅，或者不合逻辑，或者突然沉默思考，这些均属于不正常现象。特别是出现前后矛盾被指出后，紧张加剧、语无伦次的，要引起高度关注，基本上可以得出证人证言的真实性存疑且证明力较小。但要注意，证人出庭作证紧张是正常现象，不能“一刀切”。如果紧张的证人，在回答提问时对答如流且无矛盾，则真实性较高，因为他只需要回忆案情，而无须思考。

（5）证人的诚信表现

如果证人有不诚信的历史，特别是多次失信、品德不好的证人，其证言的真实性就会存疑。一般吸毒、嗜赌成性或有诈骗前科的人，其诚信度较差。对多次出庭作伪证的证人，其证人证言的真实性很难保证，如果没有其他证据佐证，应当不予采信。但是，仍要注意品德或诚信与如实作证没有必然联系，只是作为是否具有真实性的参考因素而已。

（6）是否具备作证的能力与条件

事实证明，证明人学历、认知能力、记忆力、年龄大小、表达能力等客观因素，也会影响证人证言的真实可靠性。如视力差或听力差，则会影响他对看到或听到的事实作出准确无误的陈述。还有案情发生时间的长短，也会对真实性产生影响，一般而言时间越短则记得越清楚，时间越久则记忆就越模糊，推测的可能性就越大。另外，感知案情时的客观情况也会对真实性产生影响，如白天与黑夜、反光与逆光、近距与远距、快与慢、声音大与声音小等。

2. 证言内容

（1）是否符合常理

只要证人是直接感知案件事实的，则不管你怎么问问题，一般不会出现前后矛盾现象，而且问得越多，回答也会滔滔不绝且前后连贯，即使讲得再详细也不会前后矛盾，并且，所陈述的证言内容均有很强的合理性和可能性，也符合逻辑。

（2）是否存在前后矛盾

如果证言内容出现了前后矛盾，又不解释或者作出的解释不合理，则可以断定不具有真实性，没有证明力。如果解释合理，也应当综合全案进行判断。在实践中，我们发现有二个现象：一是凡是瞎编的内容，反复回答几次，就会出现漏洞和矛盾，所以，仲裁员出其不意地重复提问，是发现真实的一个好办法；二是凡虚假陈述的，回答内容均比较简单，不会讲多余的话，怕言多必失，出现矛盾。

(3)是否能形成完整的证据链

所谓证据链，是指证据之间用以证明事实所形成的逻辑关联。两个证据之间所产生的关联关系构成一个最基本的证据链接单元，即单调证据链。证据是事实的理由，证据链是证据的理由，也即理由的理由，换句话说，证据链是串联证据理由、认定事实的生命主线。众所周知，孤证无法证明事实。不仅孤单(单一)的证据无法证明事实，即使若干孤立的证据，也无法证明事实，因为证据之间没有联系却能共同证明同一事实，这是不可想象的。因此，证据间的相互关系，其意义远大于证据本身。证据的本质属性之一是相关性(关联性)。与事实无关的证据无证明价值。除极少数直接证据之外[①]，绝大多数证据不可能与事实直接关联，而需要相互排列组合。两个证据之间能够组合，意味着两者达成了稳定牢固的链接关系，形成了最基本的证据链。若干证据相链接形成证据长链；若干证据长链交织，形成证据网。如果所有证据相互关联能够构成事实的完整证据链条，则证成事实；否则，证否事实。[②] 所以，如果证人证言能够与其他证据构成完整证据链条，则证成了事实，且具有了真实性。

3. 证言之证明力大小比较

根据笔者的实践经验，关于证人证言的证明力大小的判断标准，我们认为：参与型的证人证言证明力一般大于旁观型的证人证言；首次的证人证言证明力一般大于第二次及其后的证人证言；对答如流的证人证言证明力一般大于有思考的证人证言；前后一致的证人证言证明力一般大于前后矛盾证人证言；情绪稳定的证人证言证明力一般大于情绪紧张的证人证言，详细且无矛盾证人证言证明力一般大于简单的证人证言；无利害关系的证人证言证明力一般大于有利害关系的证人证言。

4. 未出庭证人证言的审核

《民事证据规定》第 68 条第 3 款规定："无正当理由未出庭的证人以书面

① 纪格非：《"直接证据"真的存在吗？——对直接证据与间接证据分类标准的再思考》，载《中外法学》2012 年第 3 期。

② 栗峥：《证据链与结构主义》，载《中国法学》2017 年第 2 期。

等方式提供的证言,不得作为认定案件事实的根据。”所以,未经准许而未出庭之证人证言,没有证据能力,也没有证明力,不得作为定案依据。如果经准许证人可以不出庭作证,其证人证言的真实性应当如何审查？我们认为应从以下几个方面进行审查。

(1)是否签署保证书

《民事证据规定》第 77 条规定:“证人经人民法院准许,以书面证言方式作证的,应当签署保证书;以视听传输技术或者视听资料方式作证的,应当签署保证书并宣读保证书的内容。”同时,第 71 条第 3 款还规定:“证人拒绝签署或者宣读保证书的,不得作证,并自行承担相关费用。”所以,没有签署保证书的,不具有合法性,也没有证据能力,不能作为认定案件事实的依据。故仲裁员需要审查证人是否已签署保证书。自然人证人签署的保证书对该自然人形成约束,而单位派出的工作人员出庭作证的,其作证是代表单位,是履行工作任务,故其所作证言在性质上属于单位证言,所以,工作人员签署的保证书的约束对象不是工作人员自己而是单位。

(2)是不是证人亲笔书写的

如果不是本人亲笔书写,或者授权他人签名或代签名的,则不具有真实性。打印好后,几个证人共同亲笔签名的,则不具有真实性,也不符合书面证言的基本形式要求,不能作为认定案件事实的依据。

(3)是否有涂改、修改或增加

书面证人证言有涂改、修改或增加的,则相关部分内容原则上没有真实性,除非证人有特别说明并签名。

(4)是否系其他人撰写打印好后找证人签名

证人证言原则上由证人亲自撰写并签名,但因证人书写困难等原因,不能亲自撰写的,也可以由证人陈述后由他人代笔,且宣读核查无误后再由证人亲笔签名。由当事人撰写好后找证人签名的,或者由他人撰写打印后的证人证言,其内容与其文化程度、职业不相适应,如出现很多法律术语,则一般不具有真实性。在上述情况下,即使证人认可其内容,也要结合全案证据来进行综合认定。

(五)向证人发问的规则

《民事证据规定》第 74 条第 1 款规定:“……当事人及其诉讼代理人经审判人员许可后可以询问证人。”所以,当事人及其代理人享有发问权,只是需要经过审判人员的许可。在行使发问权过程中应当遵守以下发问规则:

1. 关联性规则。所谓发问的关联性规则,是指当事人及其代理人发问时,其发问的内容必须与案件事实有关。无关的内容,审判人员可以制止,证人也可以不予回答。所谓关联性,是指证据必须同案件事实存在某种关联,并因此对证明案件事实具有实际意义。① 实践中往往不知道如何发问,我们建议直接围绕要件事实发问,如客观情况发生重大变化解除中,可以问:你与劳动者协商变更了几次,面谈几次,电话几次,提供了什么岗位协商变更?

2. 禁止诱导规则。所谓禁止诱导规则,就是指当事人及其代理人在发问时,不得明显地暗示证人按发问人给出的答案予以回答。例如,你是2020年8月8日到公司工作的吗?正确发问应是:你是何时到公司工作的?诱导性的发问,其答复本身隐藏在问题之中,对证人有强烈的暗示意味。

3. 简单且符合习惯的发问规则。当事人及其代理人在发问时,所询问的问题应当简洁明了,以方便证人回答。一般应当采用简洁式发问方式。常见违反简洁发问规则情形有:(1)复合式发问,即一次询问二个以上的问题。(2)否定式发问,即询问时将问题以否定的方式提出来。例如,2020年国庆节张三未在公司加班,是吗?因为证人一般比较紧张,对否定式提问一般较难理解,回答起来显得别扭,容易造成回答失实。(3)预设性问题,即将未经证明的事实作为逻辑前提进行询问。如证人认为是接受指令出差,没有旷工,于是询问,"你是从什么时候开始旷工的?"这就有强迫证人就范之意,应当禁止。

4. 口头回答规则。《民事证据规定》第72条第2款规定:"证人作证前不得旁听法庭审理,作证时不得以宣读事先准备的书面材料的方式陈述证言。"如果当事人及其代理人发问,证人应当口头回答,而不应该宣读事先准备的书面材料。

5. 不得质疑本方证人规则。《民事证据规定》第70条第1款规定:"人民法院准许证人出庭作证申请的,应当向证人送达通知书并告知双方当事人……"从以上规定可知,一般情况下,证人都是由当事人一方申请而出庭作证的,所以称其为本方证人。无论是对方还是本方询问证人,均不得质疑本方证人,因为当事人申请该证人出庭作证,是附有前提条件的,即这个证人诚实可靠,能够客观陈述其亲身感知的事实。如果事先知道其不诚实、不可靠,则不应该申请其作为证人出庭作证。所以这个事先"担保",就决定了其不得质疑本方证人。

(六)经过公证的证人证言的证据能力

此问题在实务中存在争议,以是否符合《民事诉讼法》第76条规定为标

---

① 樊崇义主编:《证据法学》,法律出版社2001年版,第47页。

准，我们认为应分以下二种情形分别处理。

1. 符合《民事诉讼法》第 76 条规定的，具有证据能力

根据《民事诉讼法》第 76 条的规定，有正当理由不能出庭的，可以通过书面证言、视听传输技术或者视听资料等方式作证，但这要事先经过人民法院许可。当事人经许可在采用上述作证方式作证时，当然可以通过公证的方式来进行。通过上述方式固定的证人证言，劳动仲裁委员会可以根据其证明力大小，来认定本案事实。

之所以公证过的证人证言方式作证，需要符合一定的法定条件，是因为证据作为一种证明方法和手段，应当尽可能以证据的原始形态来证明案件事实，只有这样才能保证对案件事实的高度还原。证据保全，尤其发生形变的证据保全是一种不得已而为之的方法。对于证人证言而言，证据保全的结果必然是证人不再出庭或出庭后不能以语言方式（无论是口头语言还是肢体语言）作证，只能以保全后的替代形式证明案件事实。一旦证人不能出庭作证必将影响当事人对证人的质证以及法官对证人的询问。因此，对于证人证言证据保全的确实必要是保全的基本条件。①

2. 不符合《民事诉讼法》第 76 条规定的，不具有证据能力

不符合《民事诉讼法》第 76 条规定，则不具备作为本案证据的资格和条件。无证据能力的证据，当然不得作为认定本案事实的依据。我们认为证人证言的保全不能作为一般替代的原因在于，证言的真实性需要通过法庭质证才能更好地予以确认，经过法庭上法官和当事人的询问，如果证人通过公证保全一律无须出庭接受质证，则审理的直接原则、言辞原则将无法得到实施，证言的真实性也无法得到充分的保证。因此不能以证人证言的公证保全作为证人出庭作证的一般替代方法，只能作为特殊情形下的特殊替代方法。在诉讼中应当提倡证人出庭作证，在法理上证人出庭作证是证人的一项义务。我国证人出庭难、出庭率低的问题需要通过制度修改、调整，强化作证意识，改变作证环境来化解，而不是将公证保全作为一种一般性替代方法，毕竟以事实为根据，追求真实是诉讼裁判的基本理念。②

（七）行政执法调查笔录的认定

行政执法调查笔录能否在劳动争议中作为证据？这涉及证据的转化问题。

---

① 张卫平：《论公证证据保全》，载《中外法学》2011 年第 4 期。

② 张卫平：《论公证证据保全》，载《中外法学》2011 年第 4 期。

所谓证据的转化,是指一个程序中收集的证据材料在另一个程序中适用。[①] 目前在劳动仲裁程序规定以及民事诉讼法中,均没有有关行政证据向民事证据转化的规定,这是立法缺失。我们认为行政证据是可以向民事证据转化的,并且这种转化是司法实践中的客观需要,急需解决。同时,建议参照刑事诉讼相关规定进行证据的转化。[②]

行政执法调查笔录能否在劳动争议中作为证据使用,这要分两种情况分别定性,因为行政管理部门的调查或询问的对象可分为二类:一是当事人;二是非当事人即证人。

1. 非当事人笔录原则上不能直接转化为民事证据

针对非当事人的调查笔录,实际上是他人对案件事实的陈述,该他人实际上处于证人的地位,故应当作为证人证言来定性。但这种调查笔录原则上不能直接转化为民事证据,而应当在劳动争议处理程序中重新依法收集,即首先由当事人申请证人出庭作证,然后证人出庭作证,并接受仲裁员和当事人的质询。否则,根据《民事证据规定》第 68 条规定不得作为认定案件事实的根据。

但在特殊情况下,也可以直接转化为民事证据,而用以处理劳动争议案件。例如,行政执法之证人失踪、逃跑、出境、死亡等。依据为《民事诉讼法》第 76 条规定:其他有正当理由不能出庭的,经人民法院许可,可以通过书面证言、视听传输技术或者视听资料等方式作证。但“证人确有困难不能出庭作证,申请以书面证言、视听传输技术或者视听资料等方式作证的,应当向人民法院提交申请书”[③]。这种直接转化作证方式应为上述二个规定中“等”外的作证方式。但是,行政机关违反法律规定或法定程序收集的证据应当予以排除。即使特殊情况下可以直接转化,但我们认为此种直接转化的证据,其证明力较小。

2. 当事人笔录不能直接转化为民事证据

对于行政执法中当事人陈述,即行政相对人在行政程序中的陈述,我们认

---

① 万毅:《证据“转化”规则批判》,载《政治与法律》2011 年第 1 期。

② 《人民检察院刑事诉讼规则》(高检发释字〔2019〕4 号)第 64 条规定:“行政机关在行政执法和查办案件过程中收集的物证、书证、视听资料、电子数据等证据材料,经人民检察院审查符合法定要求的,可以作为证据使用。行政机关在行政执法和查办案件过程中收集的鉴定意见、勘验、检查笔录,经人民检察院审查符合法定要求的,可以作为证据使用。”第 65 条规定:“监察机关依照法律规定收集的物证、书证、证人证言、被调查人供述和辩解、视听资料、电子数据等证据材料,在刑事诉讼中可以作为证据使用。”

③ 《民事证据规定》第 76 条。

为不能直接转化为民事证据，而应当依法予以重新收集。因为行政相对人往往是民事诉讼中的一方当事人。当事人作为民事诉讼的主体，其在诉讼中提出诉讼请求、法律和事实根据以及证据，都必须以言词的方式完成。[①] 并且，在民事诉讼程序中，当事人双方应当围绕争议焦点有权展开辩论，包括反驳对方的意见，阐述自己的主张。所以，当事人陈述这类证据不能直接转化，而应当重新收集更为适宜。

《民诉法解释》第 110 条第 1 款第 1 句规定："人民法院认为有必要的，可以要求当事人本人到庭，就案件有关事实接受询问。"以上规定说明，重新收集符合民事诉讼法关于证据制度的立法目的，因为重新收集可以保障当事人程序参与权、辩论权得到落实，也能保障当事人在法庭上能够展开平等对抗。

（八）开庭前能否将证人信息告诉对方当事人？

在劳动仲裁程序中，一般在开庭之前并不将证人信息告诉对方当事人，这是不是合法呢？这个问题有争议，主要有二种观点：第一种观点认为不能告诉对方当事人，如果仲裁庭将证人信息告诉对方当事人，特别是告诉用人单位，对证人出庭作证事宜将会造成重大影响，甚至证人不再同意出庭作证，所以不宜通知对方当事人。第二种观点认为应当告诉对方当事人，因为这是法定要求。《劳动争议调解仲裁法》第 28 条、《民事诉讼法》第 124 条均规定，劳动仲裁申请书及起诉状应当记明"证人姓名和住所"。《民事证据规定》第 70 条第 1 款规定："人民法院准许证人出庭作证申请的，应当向证人送达通知书并告知双方当事人。通知书中应当载明证人作证的时间、地点，作证的事项、要求以及作伪证的法律后果等内容。"我们赞成第二种观点，应当以法律为准绳。

（九）擅自出庭作证和逾期申请证人出庭问题

1. 证人擅自出庭作证的效力

根据《民事证据规定》第 70 条规定，只有收到"通知书"的证人，才能出庭作证。如果没有收到"通知书"，证人应当事人要求擅自出庭作证，其证人证言是否具有合法性？我们认为原则上不具有合法性，但特殊情况除外。关于此问题，最高人民法院给出了权威解读："人民法院向证人送达通知书，是证人获准出庭作证的标志，也是证人出庭作证的前提。原则上未经人民法院通知，证人不能出庭作证。但如果双方当事人均同意未经人民法院通知的证人出庭作证，

---

① 最高人民法院民事诉讼法修改研究小组编著：《〈中华人民共和国民事诉讼法〉修改条文理解与适用》，人民法院出版社 2012 年版，第 125 页。

经人民法院准许,可以作为例外情形。”①一般不允许未经准许的证人出庭作证,最重要的原因在于证人擅自出庭作证容易构成证据突袭。

2. 逾期申请证人出庭作证的处理

《民事证据规定》第 69 条第 1 款规定:“当事人申请证人出庭作证的,应当在举证期限届满前向人民法院提交申请书。”如果举证期限届满之后,当事人申请证人出庭作证如当庭申请等,仲裁庭应当如何处理?我们认为除符合《民事证据规定》第 51 条第 3 款规定的审理中变更仲裁请求,第 53 条第 2 款规定的补正证据和第 55 条第 2、3、4 项规定的追加当事人、第三人、增加或变更仲裁请求或者提出反诉等重新指定了新的举证期限的外,其他非法定特殊情况而逾期申请证人出庭作证的,一般应当不予准许。

八、鉴定意见

(一)概述

1. 定义

所谓鉴定意见,是指在劳动仲裁过程中,对劳动争议案件涉及的专门性问题,由鉴定人接受委托或申请,并运用科学原理和科学方法,对其进行鉴别、分析、判断而得出的推论或总结性意见。2012 年《民事诉讼法》修订时,对鉴定意见及相关制度作了较大的调整,如将“鉴定结论”之名称修改为“鉴定意见”,规定了鉴定人出庭制度、鉴定人出庭时的人身保障制度,另外还首次确立了专家辅助人制度等。以鉴定意见的形成时间为标准,可将鉴定意见划分为两类:一是劳动仲裁期间的鉴定意见;二是劳动仲裁期间之外的鉴定意见。这个之外包括劳动仲裁程序启动之前或结束之后。劳动仲裁期间的鉴定意见可以是当事人启动的,也可以是劳动仲裁委员会根据当事人申请而依职权启动的。

劳动争议案件中,最具特色的独有的鉴定意见类型有:工伤认定的决定、职业病鉴定、工伤等级鉴定和劳动能力鉴定等。由于上述劳动争议专门鉴定意见,均有其他专门规范性文件来予以规范,故在进行上述各类事项的鉴定时,不能适用《民事诉讼法》的相关规定,但上述专门的规范性文件中没有规定的除外。同时在此特别说明,凡在本书提到鉴定意见,且未作出特殊说明时,其内容均不包含以上各类劳动争议案件专有的鉴定意见。

① 最高人民法院民事审判第一庭编著:《最高人民法院新民事诉讼证据规定理解与适用》(下),人民法院出版社 2020 年版,第 632 页。

2. 基本属性和基本特征①

鉴定意见作为法定证据的一种，学界一般都通过证据的“三性”来归纳其特征，即认为鉴定意见具有客观性、关联性、合法性。在现有理论研究的基础上，鉴定意见的基本特征有以下两个：

（1）科学性与诉讼性的统一。科学性是鉴定意见区别于其他证据的实质特征。鉴定意见的科学性主要体现在以下三个方面：一是鉴定对象涉及科学范畴的内容。二是鉴定意见是依据科学的原理、科学的方法所作的推论、总结。三是鉴定意见结果上的科学性。鉴定意见的诉讼性表现为：鉴定对象的诉讼争议性、鉴定意见以证据的形式服务于诉讼、鉴定意见受制于诉讼规则。

（2）主观性与客观性的统一。鉴定意见是一种意见证据，其意见性即意味必然包含鉴定人的主观判断，因而鉴定意见具有一定的主观性。鉴定意见的主观性体现在以下两个方面：一是科学知识的主观性；二是鉴定人价值取向上的主观性。鉴定意见的客观性也体现为两个方面：一是待证事实的客观性；二是意见与事实的不可分性。

（二）鉴定人的权利义务

根据《民事诉讼法》第 80、81 条和《民事证据规定》第 32 ~ 42、99 条规定，鉴定人享有以下权利和义务。

1. 鉴定人的权利

（1）了解进行鉴定所需要的案件材料的权利；

（2）经人民法院准许，鉴定人可以调取证据、勘验物证和现场、询问当事人或者证人的权利；

（3）因出庭而获得交通、住宿、就餐等必要费用的权利；

（4）有权要求委托人在委托书中应当载明鉴定事项、鉴定范围、鉴定目的和鉴定期限。

2. 鉴定人的义务

（1）及时完成鉴定义务。鉴定人应当在人民法院确定的期限内完成鉴定，并提交鉴定书。鉴定人无正当理由未按期提交鉴定书的，当事人可以申请人民法院另行委托鉴定人进行鉴定。人民法院准许的，原鉴定人已经收取的鉴定费用应当退还。

（2）签名或者盖章义务。鉴定书应当由鉴定人签名或者盖章，并附鉴定人的相应资格证明。委托机构鉴定的，鉴定书应当由鉴定机构盖章，并由从事鉴

---

① 苏青：《鉴定意见概念之比较与界定》，载《法律科学（西北政法大学学报）》2016 年第 1 期。

定的人员签名。

（3）出庭作证义务。所谓司法鉴定人出庭作证，是指经司法行政机关审核登记，取得司法鉴定人执业证的司法鉴定人经人民法院依法通知，在法庭上对自己作出的鉴定意见，从鉴定依据、鉴定步骤、鉴定方法、可靠程度等方面进行解释和说明，并在法庭上当面回答质询和提问的行为。人民法院出庭通知已指定出庭作证鉴定人的，要由被指定的鉴定人出庭作证；未指定出庭作证的鉴定人时，由鉴定机构指定一名或多名在司法鉴定意见书上签名的鉴定人出庭作证。司法鉴定机构要为鉴定人出庭提供必要条件。人民法院通知鉴定人到庭作证后，有下列情形之一的，鉴定人可以向人民法院提出不到庭书面申请：①未按照法定时限通知到庭的；②因健康原因不能到庭的；③路途特别遥远，交通不便难以到庭的；④因自然灾害等不可抗力不能到庭的；⑤有其他正当理由不能到庭的。经人民法院同意，未到庭的鉴定人可以提交书面答复或者说明，或者使用视频传输等技术作证。[①] 当事人对鉴定意见有异议或者人民法院认为鉴定人有必要出庭的，鉴定人应当出庭作证。经人民法院通知，鉴定人拒不出庭作证的，鉴定意见不得作为认定事实的根据；支付鉴定费用的当事人可以要求返还鉴定费用。

（4）不得虚假鉴定的义务。否则将根据情节，依照《民事诉讼法》第 114 条规定给予处罚。

（5）鉴定费用退还义务。主要指未在指定期限内完成鉴定、鉴定人不具备相应资格、鉴定程序严重违法、鉴定意见明显依据不足、无正当理由撤销鉴定意见等情形。

（6）解释、说明或者补充义务。对于当事人的异议，人民法院应当要求鉴定人作出解释、说明或者补充。人民法院认为有必要的，可以要求鉴定人对当事人未提出异议的内容进行解释、说明或者补充。

（7）补正、补充鉴定的义务。主要指鉴定意见存在瑕疵且人民法院不予准许重新鉴定的情形下形成的义务。

（8）接受法庭或案件当事人询问的义务。鉴定人的询问参照适用有关询问证人的规定。

（9）签署承诺书义务。鉴定开始之前，人民法院应当要求鉴定人签署承诺书。承诺书中应当载明鉴定人保证客观、公正、诚实地进行鉴定，保证出庭作

---

① 司法部《关于进一步规范和完善司法鉴定人出庭作证活动的指导意见》（司规〔2020〕2 号）第 1～3 条。

证，如作虚假鉴定应当承担法律责任等内容。

（10）鉴定意见被采信后，鉴定人无正当理由不得擅自撤销。

（11）鉴定书之必备内容载明义务。鉴定人出具的鉴定书应当具有下列内容：委托法院的名称、委托鉴定的内容及要求、鉴定材料、鉴定所依据的原理及方法、对鉴定过程的说明、鉴定意见、承诺书。

（三）鉴定的启动权

1. 鉴定的启动

鉴定的启动权在劳动仲裁与民事诉讼中规定并不相同。民事诉讼程序中鉴定的启动有四种方式：一是当事人可以在举证期限届满前向人民法院申请而启动，依据为《民诉法解释》第121条；二是当事人未申请，但因法院对需要鉴定的事项指定其在一定期限内（不受举证期限限制）申请鉴定而启动；[①]三是当事人自行委托鉴定而启动，如人身损害鉴定等；四是人民法院依职权启动。劳动仲裁程序中鉴定的启动权与民事诉讼不同。劳动仲裁程序中，只有劳动仲裁委员会享有鉴定的启动权。当事人可以申请启动，但无鉴定启动权。当事人申请鉴定的，是否启动鉴定，仍需由劳动仲裁委员会根据需要来决定。因为《劳动争议调解仲裁法》第37条规定："仲裁庭对专门性问题认为需要鉴定的，可以交由当事人约定的鉴定机构鉴定；当事人没有约定或者无法达成约定的，由仲裁庭指定的鉴定机构鉴定。"以上劳动仲裁鉴定启动权即"决定是否鉴定"之规定，与2012年《民事诉讼法》修改前的规定相同。

2. 需要鉴定的释明

《民事证据规定》第30条第1款规定："人民法院在审理案件过程中认为待证事实需要通过鉴定意见证明的，应当向当事人释明，并指定提出鉴定申请的期间。"所以，仲裁员认为需要鉴定的，应当向当事人释明。我们认为仲裁员在向当事人进行释明时，应当注意以下几个方面的问题：（1）就该待证事实的举证责任分配应当予以明确，由此可以确定究竟应当由哪一方当事人来向人民法院提出鉴定申请。对该问题，不仅要考虑待证事实的举证责任分配，还要考虑该举证责任方当事人已经提交的证据，是否可以让法官形成待证事实成立的心证结论，如果能够得出，则应当由反对一方当事人承担相应的反证责任。

---

① 依据为《民事证据规定》第31条规定："当事人申请鉴定，应当在人民法院指定期间内提出，并预交鉴定费用。逾期不提出申请或者不预交鉴定费用的，视为放弃申请。对需要鉴定的待证事实负有举证责任的当事人，在人民法院指定期间内无正当理由不提出鉴定申请或者不预交鉴定费用，或者拒不提供相关材料，致使待证事实无法查明的，应当承担举证不能的法律后果。"

(2)就该待证事实的哪些专门性问题无法通过现有证据证明,而根据现有鉴定条件,哪些技术条件或者鉴定机构的鉴定可予证明?对此,法官在释明前应当与法院内设的鉴定管理机构进行沟通,对相关专门性问题通过鉴定方式进行查明的可能性进行讨论,释明时有条件的,可以将相关鉴定人名录一并提供给当事人参考。(3)就当事人提出鉴定申请的期间在释明时一并作出指定。(4)当事人就待证事实需要通过鉴定方式查明的释明有异议的,应当听取当事人的意见,必要时可以组织双方当事人就此问题开展辩论。[①]

3. 自行委托鉴定的处理

在劳动仲裁过程中,当事人没有鉴定启动权,如果当事人自行委托鉴定并提供了鉴定意见,此时劳动仲裁机构应当如何处理?我们认为自行委托的鉴定不是司法鉴定,而应按司法鉴定领域外的其他鉴定的性质来看待和处理,理由为当事人享有提供证据的权利。即使《民事证据规定》第41条[②]规定的自行委托鉴定,也应当定性为司法鉴定之外的其他鉴定,即不是司法鉴定。

由于此问题目前尚无通说,但由于当事人享有提交证据的权利,故我们建议按以下方式处理:一是按非司法鉴定意见的定性进行举证、质证和认证;二是如果涉及基本事实的认定,建议决定重新鉴定;三是不能单独作为认定案件事实的依据,应当结合全案证据综合认定;四是即使该证据具有证明能力,也应当认为证明力较小;五是如果另一方当事人有足以反驳的证据或理由,则应认定该证据没有证明能力。

4. 鉴定费的预交

在劳动仲裁程序中,根据当事人的请求或者仲裁庭的要求,鉴定机构应当派鉴定人参加开庭。当事人经仲裁庭许可,可以向鉴定人提问。当事人申请鉴定的,鉴定费由申请鉴定方先行垫付,案件处理终结后,由鉴定结果对其不利方负担。鉴定结果不明确的,由申请鉴定方负担。[③] 当事人申请鉴定,应当预交鉴定费用。逾期不提出申请或者不预交鉴定费用的,视为放弃申请。对需要鉴定的待证事实负有举证责任的当事人,不预交鉴定费用的,或者拒不提供相关材料,致使待证事实无法查明的,应当承担举证不能的法律后果。

---

① 最高人民法院民事审判第一庭编著:《最高人民法院新民事诉讼证据规定理解与适用》(上),人民法院出版社2020年版,第316~317页。

② 《民事证据规定》第41条规定:"对于一方当事人就专门性问题自行委托有关机构或者人员出具的意见,另一方当事人有证据或者理由足以反驳并申请鉴定的,人民法院应予准许。"

③ 《劳动争议调解仲裁法》第37条;《劳动仲裁规则》第40条。

(四)重新鉴定

1. 重新鉴定的法定情形

由于《劳动争议调解仲裁法》对重新鉴定问题未作规定,所以只能参照适用民事诉讼程序中的相关规定。《民事证据规定》第40条规定:"当事人申请重新鉴定,存在下列情形之一的,人民法院应当准许:(一)鉴定人不具备相应资格的;(二)鉴定程序严重违法的;(三)鉴定意见明显依据不足的;(四)鉴定意见不能作为证据使用的其他情形。存在前款第一项至第三项情形的,鉴定人已经收取的鉴定费用应当退还。拒不退还的,依照本规定第八十一条第二款的规定处理。对鉴定意见的瑕疵,可以通过补正、补充鉴定或者补充质证、重新质证等方法解决的,人民法院不予准许重新鉴定的申请。重新鉴定的,原鉴定意见不得作为认定案件事实的根据。"同时,第41条规定:"对于一方当事人就专门性问题自行委托有关机构或者人员出具的意见,另一方当事人有证据或者理由足以反驳并申请鉴定的,人民法院应予准许。"

2. 鉴定意见的补正

《司法鉴定程序通则》(2016年5月1日起施行)第41条规定:"司法鉴定意见书出具后,发现有下列情形之一的,司法鉴定机构可以进行补正:(一)图像、谱图、表格不清晰的;(二)签名、盖章或者编号不符合制作要求的;(三)文字表达有瑕疵或者错别字,但不影响司法鉴定意见的。补正应当在原司法鉴定意见书上进行,由至少一名司法鉴定人在补正处签名。必要时,可以出具补正书。对司法鉴定意见书进行补正,不得改变司法鉴定意见的原意。"

(五)专家辅助人

所谓专家辅助人,是指在劳动仲裁程序,由当事人聘请的,帮助当事人向仲裁庭说明案件事实中的专门性问题,并协助当事人对劳动争议案件中的专门性问题进行质证的人。我国《劳动争议调解仲裁法》没有建立专家辅助人制度,存在劳动法规则漏洞,应当填补。虽然劳动争议案件中,需要专家辅助人提供帮助的情况极少,但出于裁审衔接之必要,在处理案件需要时也可以参照适用民诉法之专家辅助人制度。民事诉讼中,专家辅助人制度首先由2001年《民事证据规定》第61条[①]确立。2012年《民事诉讼法》修改时吸收并从法律层面设

---

① 2001年《民事证据规定》第61条规定:"当事人可以向人民法院申请由一至二名具有专门知识的人员出庭就案件的专门性问题进行说明。人民法院准许其申请的,有关费用由提出申请的当事人负担。审判人员和当事人可以对出庭的具有专门知识的人员进行询问。经人民法院准许,可以由当事人各自申请的具有专门知识的人员就有案件中的问题进行对质。具有专门知识的人员可以对鉴定人进行询问。"

立了这一制度。《民事诉讼法》第 82 条规定:“当事人可以申请人民法院通知有专门知识的人出庭,就鉴定人作出的鉴定意见或者专业问题提出意见。”同时,2019 年《民事证据规定》第 83 条对此进行了修改和完善:“当事人依照民事诉讼法第七十九条和《最高人民法院关于适用〈中华人民共和国民事诉讼法〉的解释》第一百二十二条的规定,申请有专门知识的人出庭的,申请书中应当载明有专门知识的人的基本情况和申请的目的。人民法院准许当事人申请的,应当通知双方当事人。”

然而,专家辅助人的意见不是鉴定意见,也不能替代鉴定意见,其性质不是专家证人,也不是专家意见,而应当视为当事人的陈述。因为《民诉法解释》规定,当事人可以依照《民事诉讼法》第 82 条的规定,在举证期限届满前申请一至二名具有专门知识的人出庭,代表当事人对鉴定意见进行质证,或者对案件事实所涉及的专业问题提出意见。具有专门知识的人在法庭上就专业问题提出的意见,视为当事人的陈述。人民法院准许当事人申请的,相关费用由提出申请的当事人负担。人民法院可以对出庭的具有专门知识的人进行询问。经法庭准许,当事人可以对出庭的具有专门知识的人进行询问,当事人各自申请的具有专门知识的人可以就案件中的有关问题进行对质。具有专门知识的人不得参与专业问题之外的法庭审理活动。[①]

(六)鉴定意见实务问题

1. 文书形成时间能否鉴定?

我们认为可以。因为法定鉴定分类中就有文书形成时间鉴定这一类型,依据为《物证类司法鉴定执业分类规定》(司规〔2020〕5 号)第 4 条第 2 款。[②] 根据上述文件规定,文书形成时间鉴定可分为二个类型:一是文书相对形成时间鉴定,即基于痕迹特征的文件形成时间鉴定。包括依据印章印文盖印时间鉴定标准判断检材印文的盖印时间;依据打印文件印制时间鉴定标准判断检材打印文件的打印时间;依据静电复印文件印制时间鉴定标准判断检材静电复印文件的复印时间;依据检材某要素的发明、生产时间或时间标记信息判断其文件要素的形成时间等。二是文书绝对形成时间鉴定,即基于材料特性的文件形成时间鉴定。包括综合运用光谱、色谱、质谱等仪器检测分析技术,根据墨水墨迹、

---

① 《民诉法解释》第 122、123 条。

② 《物证类司法鉴定执业分类规定》(司规〔2020〕5 号)第 4 条第 2 款规定:“文书鉴定包括笔迹鉴定、印章印文鉴定、印刷文件鉴定、篡改(污损)文件鉴定、文件形成方式鉴定、特种文件鉴定、朱墨时序鉴定、文件材料鉴定、基于痕迹特征的文件形成时间鉴定、基于材料特性的文件形成时间鉴定、文本内容鉴定等。”

油墨墨迹、墨粉墨迹、印文色料、纸张等文件材料的某种(些)理化特性随时间的变化规律,依据相应的判定方法,分析判断检材的形成时间。[①] 但是,绝对文书形成时间鉴定在技术上是个世界级难题。

2. 笔迹真伪只能通过鉴定来识别认定?

裁审实践中,鉴定不是识别笔迹真伪的唯一方法。除鉴定方法之外,还可以通过以下方法进行笔迹真伪识别认定:(1)仲裁员自由心证确定。仲裁员可以根据当事人提供的各类文书进行比对、核查,然后综合全案证据进行综合认定。(2)由证人出庭作证予以证明。如亲眼看到书写人签署的证人、亲耳听到书写人讲是他亲自签署的证人、能够识别书写人笔迹的证人如画家或同事等。

3. 鉴定对象只能是事实而不包括法律

鉴定对象只限于事实问题,而不包括法律问题。例如,在商业秘密侵权纠纷中,商业秘密是不是公知技术、原被告双方的技术是否相同,这两个问题就是事实问题。而是否构成商业秘密、是否属于商业秘密侵权行为,这两个问题就是法律问题。在裁审实践中,法律问题与事实问题往往混在一起,不好识别。建议参照适用最高人民法院《关于适用〈中华人民共和国人民陪审员法〉若干问题的解释》(法释〔2019〕5 号)第 9 条规定:“七人合议庭开庭前,应当制作事实认定问题清单,根据案件具体情况,区分事实认定问题与法律适用问题,对争议事实问题逐项列举,供人民陪审员在庭审时参考。事实认定问题和法律适用问题难以区分的,视为事实认定问题。”

4. 未经质证的鉴定材料不得作为鉴定根据

《民事证据规定》第 34 条第 1 款规定:“人民法院应当组织当事人对鉴定材料进行质证。未经质证的材料,不得作为鉴定的根据。”《民诉法解释》第 103 条第 1 款规定:“证据应当在法庭上出示,由当事人互相质证。未经当事人质证的证据,不得作为认定案件事实的根据。”所以,我们认为未经质证而将鉴定材料作为鉴定依据的,剥夺了当事人的诉讼权利,属于程序违法行为,因此作出的鉴定意见也不具有合法性,并且没有证据能力,也无证明力。

如果对方当事人在持证时对检材提出了异议,为了方便劳动争议的处理,我们建议仲裁员仍可以要求鉴定机构单独对异议部分作出鉴定意见,然后再结合全案证据进行综合认定。

5. 鉴定程序中的常见问题

如果鉴定程序违法,则鉴定意见不具有合法性。裁审实践中常见鉴定程序

---

① 《物证类司法鉴定执业分类规定》(司规〔2020〕5 号)第 13、14 条。

违法行为如下：

(1)委托：委托主体不合法如非办案单位委托；无理由逾期申请仍得到批准启动鉴定程序的，但依职权启动鉴定程序的除外；鉴定人未签署承诺书；等等。但是，出具补充鉴定意见的，不需要另行签署承诺书。

(2)受理：鉴定要求超出受理范围的；鉴定人私自违规接受委托；发现检材不合规仍受理的；没有遵守回避规定的；等等。

(3)鉴定人员组成：鉴定人员构成不符合专业构成要求的；不符合法定鉴定人员组成人数的；鉴定人员不具有相应资格的；等等。

(4)检材收集：现场提取检材人员不是鉴定人员的；检材未经质证的；检材取得不合法的；检材不真实、不充分、不完整的；现场提取检材少于2人的；现场提取检材没有委托人或者其代理人签名的；等等。

(5)实施：鉴定人员应到现场而未到的；未通知委托人到场见证的；到场见证人员没有签名的；未通知监护人或近亲属到场见证的；等等。

6. 能否起诉解决鉴定争议

常见的鉴定争议有：鉴定意见错误，要求鉴定机构赔偿损失；对鉴定意见有异议，要求认定无效；对鉴定故意造假，给当事人造成了损害的。以上鉴定争议均不能通过起诉的方式解决。因为劳动仲裁或人民法院作为委托人，委托鉴定机构进行鉴定并出具鉴定意见，这个鉴定意见仅是一种证据，不是民事法律行为，不具有可诉性。因为当事人与鉴定机构之间产生的争议，不是基本人身关系或财产关系而产生的争议，所以，不属于人民法院关于民事诉讼的受理范围。但是，如果鉴定人在鉴定过程中因过错给当事人造成了损害，可以按侵权法律关系起诉解决，如丢失或毁坏重要文书、不当损坏检材、伤害了劳动者身体等。

九、勘验笔录

(一)定义

所谓勘验笔录，是指劳动争议处理程序中，勘验人员对案件有关的现场进行调查、勘验所作的笔录。勘验笔录有可能发生在劳动仲裁程序启动之前，也可能在劳动仲裁程序之中或之后。如劳动安全事故勘验笔录（包括文字、拍照、录像、绘图或模型等）就产生于仲裁程序之前，诉讼过程中的勘验笔录就产生在仲裁程序之后。勘验笔录是劳动仲裁程序中的八大证据种类之一。我国《劳动争议调解仲裁法》建立了勘验笔录制度，因为《劳动仲裁规则》第22条规定，勘验笔录应当装订在仲裁案卷正卷之中。

(二)勘验程序

关于勘验程序，《劳动争议调解仲裁法》未作规定，存在劳动法规则漏洞，建议参照适用民事诉讼相关规定来予以填补。《民事诉讼法》第 83 条规定："勘验物证或者现场，勘验人必须出示人民法院的证件，并邀请当地基层组织或者当事人所在单位派人参加。当事人或者当事人的成年家属应当到场，拒不到场的，不影响勘验的进行。有关单位和个人根据人民法院的通知，有义务保护现场，协助勘验工作。勘验人应当将勘验情况和结果制作笔录，由勘验人、当事人和被邀参加人签名或者盖章。"缺少勘验人、当事人和被邀参加人中任一主体的签名或者盖章的，该勘验笔录无法律效力，因为其因违法而不具有证据能力。

（三）未经质证的勘验笔录不得作为认定案件事实之依据

由于劳动仲裁的审限较短，故裁审实践中有部分仲裁员将未经质证的勘验笔录也作为认定案件事实的依据。我们认为此做法违法。因为《民事诉讼法》第 141、142 条规定，宣读勘验笔录是法庭调查的必经程序，并且当事人经法庭许可，还可以向勘验人发问。当事人要求重新进行调查、勘验的，是否准许，由人民法院决定。如果未经质证而将勘验笔录作为认定案件事实依据，则剥夺了当事人的诉讼权利，属于违法行为。因为《民诉法解释》第 103 条第 1 款规定："证据应当在法庭上出示，由当事人互相质证。未经当事人质证的证据，不得作为认定案件事实的根据。"

第九章　劳动仲裁的证明

关于劳动仲裁的证明规则，劳动争议调解仲裁法规定较少，存在劳动仲裁证明规则漏洞，需要参照适用民事诉讼法之类似规定。所以本章探讨之依据有两个来源，即劳动争议调解仲裁法和民事诉讼法之证明规则。

一、仲裁证明概述

（一）定义

证明中的“证”是指证据，即证据资料和证据方法；“明”是指表明、说明或明确。简单地说，证明就是用证据资料和证据方法来表明、说明或明确的行为。所以，证明活动是发现法律真实的过程。证据法学传统意义上的“真实”观立足于“符合认识论”基础：主观符合客观、认识符合现实、“真实”是被真相“反映”出来的。[①] 它包含两层含义：存在并可探知作为原始版本的真相；探知到的事实结论应为真相的复制。[②] 至于复制应为完全复制还是不完全复制，符合论内部存在分歧，当然这并不影响符合论的基本定位。[③]

所谓劳动仲裁证明，是指劳动仲裁程序中的当事人和劳动仲裁委员会，依法运用证据资料和证据方法，来表明、说明或明确案件事实的行为。劳动仲裁证明的目的是客观真实，所以其具有理想性；而劳动仲裁证明的标准是法律真实，所以其具有现实性。劳动仲裁证明的目的与所有案件（包括民事、刑事、行政诉讼案件）中证明目的是一致的，而劳动仲裁的标准在不同类型的案件中则有不同。了解这一点，有助于我们理解为什么劳动仲裁证明标准，与民事诉讼证明标准、刑事诉讼证明标准和行政诉讼证明标准存在区别。

劳动仲裁程序中证明的主体一般是当事人，负有证明责任的当事人未依法实施劳动仲裁行为、履行证明义务时，要承担相应的法律后果，常见的法律后果如事实主张不被采信、败诉等。所以在一般情况下，劳动仲裁委员会是接受证明的主体，而不是证明主体。但在特殊情形下，也有可能成为证明主体，如在虚假劳动仲裁中，为了保护国家利益、社会公共利益、他人合法权益，劳动仲裁委

---

① 黄道、陈浩铨：《刑事证据理论的认识论基础》，载《政法论坛》1994 年第 1 期。

② 陈光中、陈海光、魏晓娜：《刑事证据制度与认识论——兼与误区论、法律真实论、相对真实论商榷》，载《中国法学》2001 年第 1 期。

③ 樊崇义：《客观真实管见——兼论刑事诉讼证明标准》，载《中国法学》2000 年第 1 期。

员会可以依职权收集证据，以便对该事实的真伪形成心证。

（二）劳动仲裁证明的要素

所谓劳动仲裁证明的要素，是指构成劳动仲裁证明的基本因素。任何一个待证事实，都由特定的要素构成。一般情况下劳动仲裁证明的要素由证明主体、证明对象、证明方法、证明标准、证明责任和证明程序等构成。

在劳动仲裁过程中，劳动仲裁的证明主体必须遵守劳动仲裁证明的程序，运用劳动仲裁证明的方法，就劳动仲裁证明对象的真实性与否予以证明。如果劳动仲裁证明活动达到了证明标准，则成功地进行了劳动仲裁证明，此时劳动争议案件事实真伪分明；如果证明活动没有达到证明标准，则劳动仲裁的案件事实真伪不明，此时就需要根据劳动仲裁的举证证明责任承担规则，来确定由举证义务人承担不利的法律后果。

（三）证明与查明

我们认为证明不是查明，两者不能混淆。查明之的"查"是调查研究的意思，而"明"仍是指表明、说明或明确。所谓查明，是指通过调查研究，表明、说明或明确案件事实真伪的行为。查明与证明之间既有联系，又有区别。简单地讲，两者的联系在于查明是证明的基础，证明是查明的目的；两者的区别在于查明是为了让自己"明白"，而证明是为了让他人"明白"。如劳动仲裁委员会裁决书中的查明，是指劳动仲裁委员会通过调查研究，表明、说明或明确案件事实真伪的行为。所以，劳动仲裁委员会查明的依据是证据资料和证据方法，查明的过程是寻找证据、收集证据和使用证据，查明的目的是让自己明白，以便作出裁决和决定。

二、劳动仲裁的证明对象

（一）概述

1. 定义

所谓证明对象，是指证明活动中需要证明的事实，又称待证事实或要证事实。[①] 有的学者认为证明对象是指对诉讼请求的成立或者裁判的作出具有法律意义，从而需要应用证据加以证明的法定要件事实，又称为证明客体、待证事实、要证事实、争议事实等。[②] 对于民事诉讼的证明对象，学者们大多也认同这一解释。所谓证明对象，是指由实体法律规范所确定的、对诉辩请求产生法律

---

① 樊崇义主编：《证据法学》，法律出版社2001年版，第184页。

② 卞建林主编：《证据法学》，中国政法大学出版社2005年版，第382、387页。

意义的、应当由当事人提供证据加以证明的事实。[①] 我国学者对证明对象概念的认识是统一的。如果从三段论逻辑推理的角度来看,我们认为劳动仲裁中的证明对象就是三段论中的“小前提”这个命题,即 S = T。这个“小前提 S = T”就是要件事实[②],例如,燕子是鸟、劳动者工作是加班、劳动用工关系是事实劳动关系、用人单位单方解除是违法解除、用人单位大量解雇是经济性裁员、劳动者就业是违反竞业限制协议的违约行为等。

一般而言,成为证明对象须符合以下条件:(1)该事实对于正确处理案件具有法律意义,即该事实应当是对于正确适用民事实体法和民事诉讼法具有意义的案件事实,包括原告提出的作为其诉讼请求的根据的事实、被告提出的作为抗辩或者反诉根据的事实,以及那些具有程序法意义的事实。(2)双方当事人对该事实存在争议。不存在争议的事实一般不需要证明,除非法官认为该事实涉及国家利益、社会公共利益或第三人的合法权益且存在双方当事人恶意串通之嫌。(3)该事实不属于诉讼上免于证明的事实。法律明确规定不需要证明的事实,无须证据就可认定,因而不需要作为证明对象。[③]

2. 为什么要确定证明对象?

这是基于“三段论”之逻辑推理的需要。我国作为成文法国家,三段论推理之审判方法,在司法实践中必须遵守。三段论推理是演绎推理中的一种简单推理判断。证明对象的确定是劳动争议解决过程中非常重要的一步。因为劳动争议解决必须遵循“三段论”的逻辑推理,需要明确“大前提”和“小前提”两个要素。“大前提”即劳动法律规定,“小前提”即案件事实。要形成“小前提”,必须明确证明对象,通过对证明对象的论证,得出案件事实。

以劳动者加班费纠纷为例。根据《劳动法》,如果劳动者加班,用人单位应支付加班费,这是“大前提”。要裁定某企业应支付劳动者加班费,必须首先证明劳动者工作属于加班,这就是“小前提”。那么,劳动者实际工作时间和工作内容就是证明对象。

只有明确证明对象,通过对其进行举证和认定,才能得出案件事实,与法律规定结合,进行三段论推理,最后作出正确的裁决。如果证明对象不清,就无法准确认定案件事实,三段论推理也无法进行,自然就无法作出裁决。

综上,证明对象的确定基于三段论逻辑推理的需要,是解决劳动争议的前

---

① 江伟主编:《证据法学》,法律出版社 1999 年版,第 58 页。

② 如果完成了该要件事实的证明,则小前提就演变成了案件事实(法律事实)。

③ 江伟、肖建国主编:《民事诉讼法》,中国人民大学出版社 2018 年版,第 202 页。

提条件。它通过证明演变为案件事实,构成“小前提”。“小前提”与“大前提”共同作用,推导出正确的结论。所以,明确证明对象是劳动争议解决的基础,也是保证裁决准确性和科学性的关键。

3. 要件事实是劳动仲裁证明的主要证明对象

作为“大提前”之法律规则,其是以“如果……那么……”的模式来规定人们的事务和行为。而“小前提”的建构就显得复杂一些。在小前提建构的过程中,涉及三种“事实”:生活事实(或称自然事实、原始事实)、要件事实、法律事实。生活事实是指既存的已发生的事实,它是已经发生的历史。① 所谓要件事实,是指被法律规范中的要件裁剪后可归入法律规范要件的生活事实。这是仲裁程序中通过证明所获得的结果,是证成的事实。所谓法律事实,是指在劳动仲裁过程中,通过庭审调查、庭审辩论等法定程序被劳动仲裁委员会确认的案件事实。

从生活事实到要件事实是“评价”或“归属”的问题。事实与规范之间的“归属”关系,是“如果—那么”的关系,不同于自然现象中事实与事实之间的因果关系。这个归属或评价过程并不存在证明。从要件事实到法律事实的过程才是求真的过程,才涉及劳动仲裁证明。“求真”与“评价”相辅相成,共同完成小前提的建构。“求真”为“评价”提供可靠的基础,因为进行“评价”时,事实并未得到证明;“评价”为“求真”提供方向指引,因为并非所有的被证明为真实的事实都对法律适用有意义,有些事实在法律上并不重要,“评价”过程正是为劳动仲裁证明裁剪掉那些与法律适用无关的生活事实。在“生活事实—要件事实—法律事实”的过程中,要件事实起到重要的桥梁中介作用,它向前联系着生活事实,向后联系着法律事实。也就是说并不是直接对生活事实进行证明,而是对生活事实进行法律评价得出要件事实之后,对要件事实进行证明。可见,要件事实是诉讼证明的主要证明对象。劳动仲裁证明的对象主要是要件事实。诉讼证明对象又称为待证事实、要证事实,是诉讼证明的客体,它关涉的是哪些事实是需要证明的,本质而言是关于证明的必要性问题,或者说是证据要否的问题。②

从法律方法论上看,以三段论为逻辑的法律适用过程中,大前提和小前提的建构是十分重要的。小前提的建构是一个从生活事实到要件事实再到法律事实的过程。从生活事实到要件事实的过程形成了劳动仲裁证明的对象。仍

---

① 郑永流:《法律方法阶梯》,北京大学出版社 2008 年版,第 41 页。

② [日]中村英郎:《新民事诉讼法讲义》,陈刚等译,法律出版社 2001 年版,第 177 页。

举前例来说明:生活事实是指劳动者曾经加了班的历史;要件事实是符合《劳动法》法条规定中的“加班”要件要求的“事实”,而不是指曾经发生过的加班历史,也不是法律条文中“加班”要件本身;法律事实是指通过单位自认、举证(如录像、考勤记录等)、质证、认定、推定等手段,被证明了的劳动者的加班事实。劳动仲裁证明中的证明对象主要是要件事实,即《劳动法》规定的“加班事实”,而不是指要件事实之外的其他生活事实。只有通过证明等手段才能够确认要件事实是否存在,否则要件事实不成立。要件事实一旦证明存在则形成法律事实,此时法律效果 R 就应当实现,即用人单位就应当向劳动者支付加班工资。所以,证明对象的确定,是劳动仲裁证明的起点,只有确定了证明对象之后,劳动仲裁证明及庭审才有了目标和方向,否则劳动仲裁证明和庭审活动就无法顺利进行和启动。同时,也只有证明对象被证实存在,仲裁员才能依据此法律事实作出裁决。

(二)证明对象的范围①

证明对象的范围因对“证明”这一概念采用广义的理解还是狭义的理解而有所不同。如对“证明”采用狭义的理解,则证明对象应仅限于当事人争议的实体法律事实。如对“证明”采用广义的理解(包括狭义的“证明”和“释明”),则证明对象除了实体法律事实外,还包括“释明”的对象,例如有关的程序法律事实等。此处所说的证明对象的范围,是指广义的证明对象的范围。

1. 实体法律事实

实体法律事实,是指引起民事法律关系发生、变更或消灭的事实。当事人对有关的实体法律事实发生争议时,该事实即应当作为证明对象。实体法律事实对解决民事纠纷具有实质意义,一般也是诉讼争执的焦点,因而是证明对象的重点部分、主要部分。作为证明对象的实体法律事实,一般可分为以下三个层次。

(1)主要事实

主要事实是指关于法律要件的事实,即由民事实体法规定的,作为形成特定民事权利义务关系基本要素的事实,故又称为要件事实。主要事实大致可以分为以下几种情况:一是构成请求原因的法律要件的事实;二是请求所不可缺少的附随要件的事实;三是导致该请求不发生、变更或者消灭的抗辩事实。原则上,请求原因事实与原告利益有关,应由原告主张并证明;抗辩事实与被告利益有关,应由被告主张并证明。

---

① 江伟、肖建国主编:《民事诉讼法》,中国人民大学出版社 2018 年版,第 203 ~204 页。

(2)间接事实

间接事实是指借助经验规则、理论原理,能够推断主要事实存在与否的事实。在诉讼实践中,有时候很难获得足够的证据,来直接证明主要事实是否存在,而需要通过证据来证实,与该主要事实有关的另一些事实,并根据这些事实来推断主要事实。这些据以推断主要事实存在与否的事实,就属于间接事实。

(3)辅助事实

辅助事实是指能够明确证明的证据能力和证明力的事实,或者说对证据能力或证据的可信性有影响的事实。例如,能证明证人是否一贯撒谎的事实,证明证人是当事人的朋友、配偶的事实,鉴定结论证明的事实等。

2. 程序法律事实

程序法律事实是指能够引起诉讼法律关系发生、变更、消灭等,对解决程序问题具有法律意义的事实。虽然程序法律事实一般不直接涉及实体问题,但如不予以证明,就会影响诉讼程序的顺利进行。程序法律事实大多数属于法院应依职权调查的事项,当事人即使没有主张,法院也应当予以查明。例如,本案当事人是否适格、法院对该纠纷是否有审判的权限、当事人是否有诉讼能力、诉讼代理人是否有代理权、回避的原因、是否存在适用强制措施的法定情形、期间的计算等。

3. 法官所不知道的地方性法规、习惯、外国法律

法官应当知悉本国的法律,故本国法律一般无须作为诉讼中的证明对象,但是地方性法规和民事习惯以及外国法律,法官可能无法尽知,因而有时需要将其作为证明对象。就地方性法规而言,由于其数量多、变化快,本地的法官可能不完全了解外地制定的地方性法规。存在某一地方的民事习惯,一般只为本地人所知悉,审理案件的外地法官,可能并不清楚。外国法律一般不属于法官职务上应当知悉的范围。因此,地方性法规、习惯和外国法律,有时需要作为证明对象予以证明。

4. 经验法则

所谓经验法则,是指人类以经验归纳所获得的,有关事物因果关系或性质状态的法则或知识。众所周知的经验法则无须证明,但若运用专门性经验法则,并且该法则为一般人所不知时,则有必要对其加以证明。

我国台湾地区学者雷万来认为,"经验法则之适用,最典型者莫过于事实之推定。所谓事实之推定,即以某事实,依经验法则之适用,推定其他事实(间接事实或主要事实)之存在。易言之,认定要证事实不以直接证据,而以间接事实经过经验法则之适用,推定该要证事实之存否。就认定要证事实之过程而

言,应属间接证明之一种。但就其完全依赖经验法则以推定事实而言,在概念上似乎又较之间接证明为狭隘。间接事实推定力之大小,完全视经验法则之盖然率而定。因此,因经验法则盖然率之高低,推定事实之方法得分为三大类型,即(A)虽然各个经验法则之盖然率不高,但因综合的适用各个经验法则之结果,提高推定之可能性。(B)若有强度之盖然性之经验法则时,往往仅以单一的经验法则,即足以推定要证事实之存否。(C)若有特别高度之盖然性存在时,即可依表现证明之法理,以认定事实”①。

(三)无须举证证明的事实

1.免证事实概念及其范围

所谓免证事实,是指在劳动仲裁过程中,当事人虽然就某一事实提出主张,但依据法律规定免除其提供证据来予以证明的责任的事实。我国劳动争议调解仲裁法对当事人“无须举证证明的事实”问题未作规定,存在劳动法漏洞,应当填补,可以参照适用《民事证据规定》第10条规定:“下列事实,当事人无须举证证明:(一)自然规律以及定理、定律;(二)众所周知的事实;(三)根据法律规定推定的事实;(四)根据已知的事实和日常生活经验法则推定出的另一事实;(五)已为仲裁机构的生效裁决所确认的事实;(六)已为人民法院发生法律效力的裁判所确认的基本事实;(七)已为有效公证文书所证明的事实。前款第二项至第五项事实,当事人有相反证据足以反驳的除外;第六项、第七项事实,当事人有相反证据足以推翻的除外。”上述规定中的“确认的事实”即包括“本院审理查明”中认定的事实,也包括“本院认为”和“判决主文”中认定的事实。除以上无须举证证明的事实之外,对自认的事实,对方当事人也无须举证证明。关于自认问题,笔者将在下文中做专题梳理。

2.免证事实的类型

参照《民事证据规定》第10条的规定,我们可以将免证事实划分为三类:(1)无例外且完全免证的事实。包括自然规律以及定理、定律。(2)除反证足以反驳之外的免证事实。包括众所周知的事实、根据法律规定推定的事实、根据已知的事实和日常生活经验法则推定出的另一事实、已为仲裁机构生效裁决(属于私文书证性质)所确认的事实。但是,上述“仲裁机构”并不包括劳动仲裁机构,所以,劳动仲裁机构作出的生效裁决书所确认的事实对另一案件待证

---

① 雷万来:《民事证据法论》,台北,台湾瑞兴图书股份有限公司1997年版,第33~40页。

事实不产生预决的效力[①]。(3)除反证足以推翻之外的免证事实。包括已为人民法院发生法律效力的裁判所确认的基本事实、已为有效公证文书所证明的事实。但预决事实具有预决的效力,须具备一定条件:一是先行案件的法院裁判须是生效的(确定);二是先行案件裁判所确定的事实与后行案件存在相关性,即先行案件裁判所确定的事实构成后行案件事实(的一部分或全部);三是预决事实的证明须遵循正当程序保障原则。[②] 如果发生生效裁判认定的事实存在错误,应当如何处理? 这在司法实践中存在争议。我们认为,如果有相反的证据,足以推翻原裁判确认的基本事实的,可以作出与生效裁判认定事实不同的认定。

上述规定中,我们应当重点关注“足以反驳”与“足以推翻”的判定标准。我们认为“足以反驳”的判定标准为:当事人提交的反证的证明力,可以达到能够动摇法定免证事实对法官的心证基础的程度,即将法定免证事实的心证程度拉低到了高度盖然性(高度可能性)即75%以下,以实现足以反驳之目的。否则,当事人主张仍为免证事实。“足以推翻”的判定标准为:当事人提交的反证的证明力,必须达到能够推翻该事实的程度,或者必须达到证明相反事实成立的程度。否则,当事人的主张仍为免证事实。所以,第二类和第三类的反证证明标准是不同的,前者只要能够动摇法官的心证基础即拉低到高度盖然性以下即可,而后者的证明标准更高一些,必须达到能够推翻该事实的程度,或者反证证明相反事实成立的程度。因为第三类免证事实是经法定权威机关依法确认过的事实,为节约司法资源、避免矛盾影响权威、减轻当事人诉讼负担和提高仲裁诉讼效率,有必要确认和维持其事实认定之效力。如《民事诉讼法》第72条规定:“经过法定程序公证证明的法律事实和文书,人民法院应当作为认定事实的根据,但有相反证据足以推翻公证证明的除外。”同时,还要注意《民诉法解释》第93条与《民事证据规定》第10条,在“足以反驳”与“足以推翻”范围上的规定是不相同的。

3. 基本事实的定义

在法院判决的既判力问题上,《民事证据规定》第10条修改了《民诉法解释》第93条的相关规定,即将“事实”修改为“基本事实”。《民事证据规定》第

---

① 目前裁审实践中虽然不会在判决或裁决文书中明确其有产生预决的效力,但从效果来看其预决效力是存在的,故建议可通过司法解释等方式吸收这一实践做法,但鉴于劳动仲裁程序中事实认定缺乏严谨性,故必须规定适用条件,如必须遵循正当程序保障等。

② 最高人民法院民事审判第一庭编著:《最高人民法院新民事诉讼证据规定理解与适用》,人民法院出版社2020年版,第155页。

10 条规定,已为人民法院发生法律效力的裁判所确认的基本事实,当事人无须举证证明。上述规定中的"基本事实"就是既判力的客观范围。何为"基本事实"?《民诉法解释》第 333 条规定:"民事诉讼法第一百七十七条第一款第三项规定的基本事实,是指用以确定当事人主体资格、案件性质、民事权利义务等对原判决、裁定的结果有实质性影响的事实。"而《民事诉讼法》第 177 条第 1 款第 3 项规定:"原判决认定基本事实不清的,裁定撤销原判决,发回原审人民法院重审,或者查清事实后改判。"我们认为,民事诉讼法中,"基本事实"的含义应当一致。所谓基本事实,是指用以确定当事人主体资格、案件性质、民事权利义务等对原判决、裁定的结果有实质性影响的事实。最高人民法院曾对《民诉法解释》第 102 条第 1 款作说明时讲:"该条中的'基本事实',与'要件事实'含义相同,由于立法上并未使用要件事实的概念,其实质上是对要件事实的替代表述。"①

(四)自认的事实

1. 自认概述

1992 年最高人民法院《关于适用〈中华人民共和国民事诉讼法〉若干问题的意见》(法发〔1992〕22 号,已失效)第 75 条首次建立了自认制度。我国劳动争议调解仲裁法对当事人"自认"问题未作规定,存在劳动法漏洞,应当填补。所谓自认,是指劳动仲裁过程中一方当事人对另一方当事人所主张的于己不利案件事实的真实性予以承认。"劳动仲裁过程中"既包括庭审前的准备阶段,也包括庭审阶段。劳动仲裁过程之外的承认,不产生自认之法律效果,即自认只能针对劳动仲裁机构作出。当事人之间私下之承认,不是劳动仲裁之自认,是仲裁之外的自认。《民诉法解释》第 92 条规定:"一方当事人在法庭审理中,或者在起诉状、答辩状、代理词等书面材料中,对于己不利的事实明确表示承认的,另一方当事人无需举证证明。对于涉及身份关系、国家利益、社会公共利益等应当由人民法院依职权调查的事实,不适用前款自认的规定。自认的事实与查明的事实不符的,人民法院不予确认。"《民事证据规定》第 3 条规定:"在诉讼过程中,一方当事人陈述的于己不利的事实,或者对于己不利的事实明确表示承认的,另一方当事人无须举证证明。在证据交换、询问、调查过程中,或者在起诉状、答辩状、代理词等书面材料中,当事人明确承认于己不利的事实的,

① 最高人民法院民事审判第一庭编:《民事审判实务问答》,法律出版社 2021 年版,第 300 页。

适用前款规定。”[①]自认具有如下特点:(1)主体仅限当事人,即申请人、被申请人和第三人。其他非当事人主体不具有自认资格,但法律另有规定的除外。(2)自认的对象是案件事实,而不是对法律法规、经验法则、法律适用或解释的认可,也不是对证据的认可,《民诉法解释》第229条对这两者作了分别规定:“当事人在庭审中对其在审理前的准备阶段认可的事实和证据提出不同意见的,人民法院应当责令其说明理由……”所以,自认与认可证据不是一回事,两者是有区别的。(3)自认既包括对案件事实的陈述,又包括对案件事实的承认。(4)自认只能发生在劳动仲裁过程之中,不包括劳动仲裁或诉讼之外的自认,《民诉法解释》第92条规定,自认是“一方当事人在法庭审理中,或者在起诉状、答辩状、代理词等书面材料中”的认可。(5)并非所有案件事实均可适用自认。如可适用于财产关系的认可,而不适用对身份关系的认可。(6)自认是当事人对于对己不利事实作出的陈述或承认。所谓不利事实,是指当事人承认的可能导致其败诉的事实。

2. 自认的法律效果

在诉讼中,自认一经作出,即产生两方面的效果:(1)对当事人拘束力。即当事人一方对另一方主张的于其不利的事实,一经作出承认的声明或表示,另一方当事人即无须对该事实举证证明。除特定情形外,作出自认的当事人,也不能撤销或否认其自认。(2)对法院产生拘束力。即对于当事人自认的事实,法院在原则上应当予以确认,不能作出与自认的事实相应的认定,无法定情形,不能否定自认的效力。[②] 实务中要加强自认对劳动仲裁机构拘束力的认识:如果构成自认,则仲裁机构不能再组织辩论,也不得依职权调查,更不能将调查结果作为裁决依据,即仲裁机构必须认定自认事实为真实,并作为裁决依据。上述对自认效力产生影响的法定情形,是指《民事证据规定》第9条规定的,在法庭辩论终结前可以撤销自认的几种情形。

3. 自认的限制或适用范围

按法律规定现有部分案件并不适用自认之规定,这是对自认的限制,或者

---

① 最高人民法院认为:“当事人在起诉状、答辩状、代理词等书面材料中,明确对证据表示认可的,可属于诉讼中的认可,但此与证据法上的直接言词原则相违背。因此,对当事人在起诉状、答辩状、代理词等书面材料中认可的证据,人民法院仍应组织质证,当事人仍表示认可的,方可作为当事人认可的证据予以确认。”参见最高人民法院民事审判第一庭编:《民事审判实务问答》,法律出版社2021年版,第306~307页。

② 最高人民法院修改后民事诉讼法贯彻实施工作领导小组编著:《最高人民法院民事诉讼法司法解释理解与适用》(上),人民法院出版社2015年版,第318页。

说自认有其法定的适用范围。对自认予以限制和划定适用范围有其合理性,因为设立自认制度的法理基础为当事人的处分权。由于当事人的处分权是有限制和适用范围的,所以导致了当事人的自认也是有限制和适用范围。《民事证据规定》第 8 条规定:《民诉法解释》第 96 条第 1 款规定的事实,不适用有关自认的规定。自认的事实与已经查明的事实不符的,人民法院不予确认。《民诉法解释》第 96 条第 1 款规定的事实有:(1)涉及可能损害国家利益、社会公共利益的;(2)涉及身份关系的;(3)涉及《民事诉讼法》第 58 条[①]规定诉讼的;(4)当事人有恶意串通损害他人合法权益可能的;(5)涉及依职权追加当事人、中止诉讼、终结诉讼、回避等程序性事项的。所以,当事人在行使自认权时,受到上述法律规定的限制,在上述规定范围内,不适用有关自认的规定。违法自认的,自认无效。

4. 视为的自认

“视”是看待、对待的意思,“为”是当作、作为的意思,“视为”是个动词,是当作、看作的意思。[②] 所谓视为的自认,又称拟制的自认,是指依据法律的规定,将当事人的非自认行为,当作或看作为自认行为。我们以当事人是否作出了明确的意思表示为标准,将自认划分为两个类型:一是明示自认;二是默示自认。视为的自认就其性质而言属于默示的自认。视为的自认有以下三种类型。

(1)经说明并询问后,拒不明确的视为自认。

《民事证据规定》第 4 条规定:“一方当事人对于另一方当事人主张的于己不利的事实既不承认也不否认,经审判人员说明并询问后,其仍然不明确表示肯定或者否定的,视为对该事实的承认。”在理解以上规定时,要注意三点:一是主体是有限制的,即仅限当事人(申请人、被申请人、共同当事人和第三人)。诉讼代理人如律师等,是不是视为自认的主体,在实践中存在争议。我们认为诉讼代理人仅限在授权的范围之内,可以视为自认的主体。二是客体仅限辩论主义范围内的事项。劳动仲裁机构或法院依职权调查的事项,不视为自认的客体。三是必须存在“经审判人员说明并询问后,其仍然不明确表示肯定或者否定”之情况。但是,如果当事人缺席或中途退庭的,一般不构成视为自认,因为

---

① 2021 年《民事诉讼法》第 58 条规定:“对污染环境、侵害众多消费者合法权益等损害社会公共利益的行为,法律规定的机关和有关组织可以向人民法院提起诉讼。人民检察院在履行职责中发现破坏生态环境和资源保护、食品药品安全领域侵害众多消费者合法权益等损害社会公共利益的行为,在没有前款规定的机关和组织或者前款规定的机关和组织不提起诉讼的情况下,可以向人民法院提起诉讼。前款规定的机关或者组织提起诉讼的,人民检察院可以支持起诉。”

② 胡燕来:《工资实务研究》,法律出版社 2018 年版,第 103 页。

没有经过“向其说明并询问”之程序。以上“说明”是对不承认或不否认之法律后果的说明，不是对主张事实的说明。主张事实之说明应当由主张的一方当事人自己去说明，如果其说明不完全、不清楚的，仲裁员可以通过询问的方式来处理，由当事人自己作出补充说明。

对“三不”陈述（不知道、不清楚、不记得）能否按视为自认处理？实践中，这种情况多发，当事人一碰到对己不利之事实，就回复“三不”。我们认为“三不”是介于视为自认与自认之间的一种情况，我国法律对此没有规定。但我们认为“三不”陈述不是自认，一般也不宜按视为自认处理。如果是当事人亲身经历的事实，其作出“三不”陈述时，可以按视为自认处理，但如果存在时间长、当事人记忆力减退、失忆等特殊情况除外。

（2）代理人的自认视为当事人的自认。

《民事证据规定》第 5 条规定：“当事人委托诉讼代理人参加诉讼的，除授权委托书明确排除的事项外，诉讼代理人的自认视为当事人的自认。当事人在场对诉讼代理人的自认明确否认的，不视为自认。”代理人的自认分为两种：一种是主动自认，即主动承认于己不利之事实且被对方援引；另一种是被动自认，即对对方当事人及其代理人主张的于己不利之事实予以承认。自认的效果就是免除了对方当事人的举证证明责任。代理人的自认只能发生在诉讼之中，诉讼之外的“自认”不会构成代理人自认。

代理人的自认，当事人参加庭审活动的，可以当场撤销，即“当事人在场对诉讼代理人的自认明确否认”。但当事人没有参加庭审，在庭审结束且在当事人知道代理人自认之后，要求撤销代理人自认的，应当如何处理？法律对此没有规定。我们认为，应当在当事人知道或者应当知道的合理期间内，都可以要求撤销，但前提条件是应当在法庭辩论终结前提出。理由有三点：一是要求撤销代理人自认，这是当事人的诉讼权利；二是代理人并非事件亲历者，难免自认出现错误；三是撤销代理人自认不违反诚信原则。当事人撤销的不是自己的意思表示，而是代理人的单方意思表示，所以撤销不是对当事人自己意思表示的否认，不违反“禁止反言”原则。否则，法律就不会赋予当事人可以当庭撤销代理人自认之规定。

（3）必要共同仲裁人中的视为自认。

《民事证据规定》第 6 条第 2 款规定：“必要共同诉讼中，共同诉讼人中一人或者数人作出自认而其他共同诉讼人予以否认的，不发生自认的效力。其他共同诉讼人既不承认也不否认，经审判人员说明并询问后仍然不明确表示意见的，视为全体共同诉讼人的自认。”

5. 附条件的自认

自认可以附加条件或者有所限制。附加条件或者有所限制的自认并不当然成立，是否有效成立，还需要考察附加条件或者限制条件，并结合案件进行综合判断。《民事证据规定》第7条规定："一方当事人对于另一方当事人主张的于己不利的事实有所限制或者附加条件予以承认的，由人民法院综合案件情况决定是否构成自认。"

所谓限制自认或附条件自认，是与完全自认相对的情形，是指一方对于对方当事人所主张的于己不利事实承认其中一部分而否认其他部分，或者在自认时附加独立的攻击或防御方法。对于单纯的承认部分事实而否认其他事实的情形，即不附加条件的部分自认，应当认定承认部分事实的行为构成自认，否认的部分不构成自认。对于附加条件的自认，则应当考查所附加的条件与承认的事实是否不可分割。如果当事人承认对方当事人陈述的不利于己事实的同时，又附加了独立的攻击或防御方法以否定对方当事人的主张，则应当将承认事实与附加事实作为一个整体加以考察。若将两个事实割裂开，截取对当事人不利的部分认定为自认，因该部分自认并不能反映当事人的全部意思表示，很可能由于断章取义而导致不公平的结果。如果一方当事人承认对方当事人陈述的不利于己事实的同时，又以与对方当事人主张的事实不具有法律上关联性另一事实进行独立的攻击或防御，由于两项事实分别表达各自独立的内容，具有可分割性，当事人对于己不利事实的承认构成自认。①

6. 共同劳动仲裁人的自认

共同劳动仲裁人的自认有其特殊性，因为共同劳动仲裁人存在部分承认，而部分不承认的情况。《民事证据规定》第6条规定："普通共同诉讼中，共同诉讼人中一人或者数人作出的自认，对作出自认的当事人发生效力。必要共同诉讼中，共同诉讼人中一人或者数人作出自认而其他共同诉讼人予以否认的，不发生自认的效力。其他共同诉讼人既不承认也不否认，经审判人员说明并询问后仍然不明确表示意见的，视为全体共同诉讼人的自认。"从以上规定可知，普通共同仲裁中一人或数人自认的，仅对作出人发生自认的法律效力，对未作出自认之人不发生法律效力；而必要共同仲裁中一人或数人自认的，是否对全体人员发生法律效力，须"合一确定"，即如有一人否认的，则对全体必要共同仲裁人不发生自认效力，但经仲裁员询问而消极应对的除外。

---

① 郑学林、刘敏等：《关于新〈民事证据规定〉理解和适用的若干问题》，载《人民法院报》2020年3月26日，第5、7版。

7. 调解或和解中的自认

《民诉法解释》第 107 条规定:“在诉讼中,当事人为达成调解协议或者和解协议作出妥协而认可的事实,不得在后续的诉讼中作为对其不利的根据,但法律另有规定或者当事人均同意的除外。”诉讼调解或和解的过程是当事人双方平等协商,依自愿合法的原则处分其实体权利和诉讼权利,在互谅互让的基础上解决民事纠纷的过程。在这一过程中,当事人为达成调解或和解的目的,往往对一些有争议的事实不再争辩,或者本着息事宁人的态度予以承认。在调解不能达成最终一致的情况下,依据上述司法解释的规定,这种表面上符合自认特征的诉讼行为不能发生自认的后果。当然,如果当事人双方均同意赋予这种对事实的认可以达到自认效果,则属于对自己程序利益的处分,人民法院应当予以尊重。①

8. 自认的撤销

当事人作出自认之后,一般情况下不得撤销。任意撤销会增加当事人或司法机关的争议处理成本。但在法律规定的特殊情况下,也可以撤销。《民事证据规定》第 9 条规定:“有下列情形之一,当事人在法庭辩论终结前撤销自认的,人民法院应当准许:(一)经对方当事人同意的;(二)自认是在受胁迫或者重大误解情况下作出的。人民法院准许当事人撤销自认的,应当作出口头或者书面裁定。”同时,《民诉法解释》第 229 条规定:“当事人在庭审中对其在审理前的准备阶段认可的事实和证据提出不同意见的,人民法院应当责令其说明理由。必要时,可以责令其提供相应证据。人民法院应当结合当事人的诉讼能力、证据和案件的具体情况进行审查。理由成立的,可以列入争议焦点进行审理。”上述自认撤销条件相对于 2001 年《民事证据规定》而言放宽了撤销条件,即去除了“与事实不符”这个撤销限制条件。

当事人在劳动仲裁庭审中的自认,在仲裁庭审辩论终结前撤销自认的,适用《民诉法解释》第 229 条和《民事证据规定》第 9 条的相关规定,即非法定情形不得撤销。但在劳动仲裁庭审中自认的,在一审法庭辩论终结前能否撤销自认？此情形民事诉讼法未作规定。我们认为仍可以撤销,但人民法院应当对其进行审查,如果符合《民事证据规定》第 9 条可撤销条件规定的,应当允许撤销;不符合撤销条件的,不予准许撤销,即自认仍然有效。

另外,自认的反悔与自认的撤销不同。司法实践中,当事人经常对自认的

---

① 最高人民法院民事审判第一庭编:《民事审判实务问答》,法律出版社 2021 年版,第 301 ~ 302 页。

事实进行反悔，并且还提供相关的证据，用以证明自认是错误的，即足以推翻自认。这种情况下，是否应当允许当事人撤销自认？这个问题在司法实践中存在争议。我们认为应当不允许当事人自认后反悔。2019 年修正的《民事证据规定》，已将 2001 年的《民事证据规定》第 74 条中的"但当事人反悔并有相反证据足以推翻的除外"之规定删除，这说明不允许当事人自认后反悔，否则就不会删除。

9. 自认与认诺

《民事诉讼法》第 54 条规定：被告可以承认或者反驳诉讼请求，有权提起反诉。上述规定包含了认诺制度。所谓认诺，是指被申请人作出的承认申请人所请求的全部或部分仲裁请求是完全正确的陈述。也可以理解为认诺是当事人对法律关系定性或者适用法律的认可。认诺不会产生自认之法律效果，例如双方当事人均认为是劳务关系，应适用民法典的相关规定，这是认诺，对仲裁员没有拘束力，且仲裁员仍可依据查明之事实，认定双方之间存在劳动关系，并依据劳动法处理。需要注意的是认诺是有主体限制的，证人、鉴定人等主体的承认，不产生认诺的效力。关于自认与认诺的区别，详见表 9－1。

表 9－1　自认与认诺的区别

项目	自认	认诺
对象	事实	诉讼请求
理论基础	约束性辩论原则	处分原则
法律后果	就自认事实免去对方证明责任，仲裁庭可直接作为裁判依据，但不当然导致自认人败诉	认诺的诉讼请求得以成立，即认诺人当然败诉

10. 自认与免证的冲突处理

《民事证据规定》第 10 条规定了 7 种法定的当事人无须举证证明的事实，即免证事实。如果自认的事实与免证事实之间存在冲突时，应当如何认定呢？这在司法实践中存在争议。自认的事实与免证的事实存在矛盾，这在实践中是客观现象，如虚假诉讼中就存在这种情况。我们认为，如果两个事实相矛盾，则应当认定自认的事实为假。免证事实是通过很多年的司法实践经验总结而成的，自然具有极高的真实性和可信度，不应当轻易被自认的事实所否认，除非当事人能够提供补强证据来予以证明。

三、证明目的、证据事实、法律事实、证明对象和内容的识别

《民事证据规定》第 19 条规定："当事人应当对其提交的证据材料逐一分

类编号，对证据材料的来源、证明对象和内容作简要说明，签名盖章，注明提交日期，并依照对方当事人人数提出副本……”以上“证明对象和内容”中的“内容”如何理解，与证据事实、法律事实有什么关系？实践中存在模糊认识，有必要予以澄清。

（一）“证据事实”不是证明对象

证据事实是指证据本身所记载和反映的事实。[①] 这种事实本身属于已知的事实证据所包含的已知事实（设为 a），通常是为了去推出一个未知的事实（设为 x）。在诉讼事件中，这个已知的证据通常也需要其他证据（设为 b）来印证。那么我们可以看出，这个过程是 b－a－x；已知的证据事实 a，仍然仅是“求真”过程中的一个环节而已，并非“求真”到“评价”的转换环节。因此，证据事实并不属于证明对象的范围。[②]

（二）证据事实不是法律事实

所谓法律事实，是指在劳动仲裁过程中，通过庭审调查、庭审辩论等法定程序被劳动仲裁委员会确认的案件事实。其对应的是生活事实和要件事实。而证据事实是指证据本身所记载和反映的事实。证据事实不需要证明的过程，其事实是证据本身所记载和反映的；而法律事实是需要通过证明等程序而得到的事实。

（三）法律事实不是证明对象

劳动仲裁中证明的对象是要件事实。要件事实是为法律的事实构成所规定的事实。在“生活事实→要件事实→法律事实”的过程中，从要件事实到法律事实的过程才是求真的过程，才涉及劳动仲裁证明。所以，法律事实不是证明对象，而是证成的事实。

（四）对“证明对象和内容”的理解

《民事证据规定》第 19 条规定“证明对象和内容”中的“内容”，是指证据上记录或承担的信息，其性质属于证据事实的范畴，即证据本身所记载和反映的事实，如书面劳动合同中的劳动合同期限、工作内容、工作地点、工作时间和休息休假、劳动报酬、社会保险、劳动保护等文字记载的事实。所以，“证明对象和内容”应分两个独立部分来进行理解，即“证据对象”和“证据的内容”。而不能将其拆分为“证明对象”和“证明内容”。上述“证明对象和内容”规定的适

---

① 樊崇义主编：《证据法学》，法律出版社 2004 年版，第 266 页。

② 杨锦炎：《论诉讼证明对象——以法律方法论为启示》，载《安徽师范大学学报（人文社会科学版）》2009 年第 5 期。

用,在裁审实践中存在模糊认识,应当引起注意。

(五)证明目的不是证明对象

所谓诉讼证明目的,是诉讼证明主体在一定的诉讼中通过具体诉讼证明活动,对诉讼事实证明所期望达到的理想性目标或结果,是诉讼证明主体对其证明活动所追求的理想状态的观念形态的表达。① 证明目的不是证明对象,但有关联性。证明目的是想通过证明活动,即依法运用证据资料和证据方法,来表明、说明或明确案件事实(证明对象),并期望达到被劳动仲裁委员会或人民法院采信之结果。当事人在庭审过程中发表持质证意见时,不能说对"证明对象"不予认可,而应当是说对"证明目的"不予认可,即该证据没有证明力(或证明力小)且不能证明要件事实存在。

四、劳动仲裁之证明标准

(一)证明标准概述

1. 定义

所谓证明标准,又称证明要求、证明度,是指运用证据证明待证事实所应达到的程度或尺度。在诉讼证明中,证明主体对待证事实的证明,达到了证明标准时,法院应当对待证事实予以认定;反之,达不到证明标准时,就说明待证事实未被证明或者仍处于真伪不明的状态。② 如果说证明评价仅限于检测证明是否成功,即法官可以否认个案中某个事实已经被证明,那么证明尺度则是一把尺子,先是衡量什么时候证明成功了;证明尺度也决定对某个具体内容的法官心证,它决定法官必须凭什么才算得到了心证。与证明评价(事实问题)不同的是,证明尺度必须是由法律规定的(法律问题)。这乃是一个一般而抽象的关于哪些尺度在某个法律领域算有效的评价问题。③

2. 我国民事诉讼的法定证明标准

《民诉法解释》第 108 条规定:"对负有举证证明责任的当事人提供的证据,人民法院经审查并结合相关事实,确信待证事实的存在具有高度可能性的,应当认定该事实存在。对一方当事人为反驳负有举证证明责任的当事人所主张事实而提供的证据,人民法院经审查并结合相关事实,认为待证事实真伪不明的,应当认定该事实不存在。法律对于待证事实所应达到的证明标准另有规定的,从其规定。"同时,该解释第 109 条规定:"当事人对欺诈、胁迫、恶意串通

---

① 张立平:《诉讼证明目的之界定及其实现条件》,载《学海》2008 年第 3 期。

② 江伟、肖建国主编:《民事诉讼法》,中国人民大学出版社 2018 年版,第 218 页。

③ [德]汉斯·普维庭:《现代证明责任问题》,吴越译,法律出版社 2000 年版,第 236 页。

事实的证明,以及对口头遗嘱或者赠与事实的证明,人民法院确信该待证事实存在的可能性能够排除合理怀疑的,应当认定该事实存在。”所以,从以上规定可知,我国民事诉讼的法定证明标准共分为三个类型。

(1)高度可能性的证明标准(《民诉法解释》第108条第1、2款,又称高度盖然性标准)

一般民事案件实行“高度盖然性”的证明标准。所谓高度盖然性证明标准,是指法院基于对证明待证事实的证据的审查判断之结果,并结合其他相关事实,认为待证事实的存在具有高度可能性的,即应当依法对该事实予以认定。[①] 所以,“高度盖然性”的证明标准说明一般民事案件的证明标准不要求达到绝对确信的程度。在理解和适用上述“高度盖然性”证明标准时,需注意的是:第一,“高度盖然性”证明标准是最低限度的证明标准,是对法官内心确信上的最低限度的要求。法官不能以此为借口,放弃对其他证据的认真审查和判断,从而达到更强的内心确信,尽可能地接近客观真实。[②] 第二,“高度盖然性”的证明标准是适用于普通类型的案件事实的证明标准,而不适用于所有类型的案件。为维护人类基本伦理价值和社会公益,对于涉及人的身份关系的案件等,应当适用更高的证明标准,在这类案件中不适用自认规则,法院对当事人自认的事实仍可以要求当事人举证证明。第三,无论对方是否提出反证,均应适用“高度盖然性”的证明标准。也就是说,在对方提出了反证时,人民法院固然需要考量双方提出的证据,并依照“高度盖然性”的证明标准对负证明责任的一方当事人所主张的事实进行认定,在对方并未提出任何相反证据时,人民法院也不能直接认定负证明责任的一方当事人所主张的事实(对方自认时除外),仍然应当审核其所提出的证据并结合其他相关事实,按“高度盖然性”的证明标准对待证事实进行认定。第四,适用该证明标准认定证据和案件事实时,法官应当公开心证的理由和结果,特别是应当在裁判文书中充分阐述和说明采纳证据和认定事实的理由。[③]

(2)排除合理怀疑的证明标准(《民诉法解释》第109条,提高证明标准)

此证明标准适用于欺诈、胁迫、恶意串通、口头遗嘱或者赠与事实的证明。此标准类似于刑事诉讼的证明标准,故标准要高于高度盖然性的标准,其立法

---

① 江伟、肖建国主编:《民事诉讼法》,中国人民大学出版社2018年版,第220页。

② 李国光主编:《最高人民法院〈关于民事诉讼证据的若干规定〉的理解与适用》,中国法制出版社2002年版,第467页。

③ 江伟、肖建国主编:《民事诉讼法》,中国人民大学出版社2018年版,第220页。

目的在于维护交易的安定性。“人民法院确信该待证事实存在的可能性能够排除合理怀疑的，应当认定该事实存在。”[①]所以，排除合理怀疑的证明标准属于提高了的证明标准。《民事证据规定》第86条第1款对此作了相同的规定。

(3)其他证明标准(《民诉法解释》第108条第3款)

《民诉法解释》即法律对于待证事实所应达到的证明标准另有规定的，从其规定。例如，《劳动争议司法解释(一)》第42条规定：“劳动者主张加班费的，应当就加班事实的存在承担举证责任。但劳动者有证据证明用人单位掌握加班事实存在的证据，用人单位不提供的，由用人单位承担不利后果。”上述规定中的后半部分规定，就是降低了劳动者的证明标准。再如，最高人民法院《关于审理食品药品纠纷案件适用法律若干问题的规定》第5条第2款规定：“消费者举证证明因食用食品或者使用药品受到损害，初步证明损害与食用食品或者使用药品存在因果关系，并请求食品、药品的生产者、销售者承担侵权责任的，人民法院应予支持，但食品、药品的生产者、销售者能证明损害不是因产品不符合质量标准造成的除外。”从以上可知，消费者只须“初步证明损害与食用食品或者使用药品存在因果关系”即完成证明责任。故上述特殊规定中的证明标准为盖然性标准、大致可能性标准、较大可能性标准，这比高度盖然性标准明显要低。《民事证据规定》第86条第2款作出了降低证明标准的规定：“与诉讼保全、回避等程序事项有关的事实，人民法院结合当事人的说明及相关证据，认为有关事实存在的可能性较大的，可以认定该事实存在。”

3. 证明标准与举证证明责任的关系

我们认为证明标准与举证证明责任两者之间既有联系，也有区别。(1)两者的联系：当事人提供的证据达到了证明标准，即说明其已完成了证明责任，这意味着，该当事人不可能因为该特定的待证事实的问题，而受到诉讼中的不利益；反之，如果当事人提供的证据未能达到证明标准，则表明其证明责任未能履行完毕，此时该当事人将因之而受到诉讼中的不利益。因此，证明标准和证明责任本质上是一物二面的概念，它们是从不同的角度，就同一个诉讼现象进行考察，所得出的不同概念。(2)两者的区别：证明责任回答的问题是，就特定的待证事实，应当由谁提供证据加以证明；证明标准回答的问题是，就特定的待证事实，当事人应当提供多少证据加以证明。证明责任确定了提供证据的主体，证明标准确定了提供证据的内容。没有证明标准，证明责任便是毫无内容、毫无目标、毫无约束性的空中楼阁。证明责任因为证明标准而充实化，并富有了

---

① 《民事证据规定》第86条第1款。

实在性和可操作性。①

（二）劳动仲裁证明标准及评价尺度

1. 概述

《劳动争议调解仲裁法》第 39 条第 1 款规定："当事人提供的证据经查证属实的，仲裁庭应当将其作为认定事实的根据。"但对"查证属实"的衡量标准未作进一步的规定。所以，我们认为劳动争议调解仲裁法对证据标准没有规定，在劳动争议处理过程中，建议参照适用《民诉法解释》第 108、109 条规定的证明标准执行。

2. 证明标准之盖然性

无论大陆法系国家还是英美法系国家，均以盖然性作为民事诉讼的证明标准，只是对盖然性程度的要求不同。所谓盖然性，是指一种可能的状态，是一种可能而非必然的性质。德国学者以刻度盘为例子，对盖然性作出形象直观地描述：假定刻度盘两端为 0% 和 100%，将刻度盘两端之间分为四个等级：1% ~ 24% 为非常不可能，26% ~ 49% 为不太可能，51% ~ 74% 为大致可能，75% ~ 99% 为非常可能。其中 0% 为绝对不可能，100% 为绝对肯定，最后一个等级，即在穷尽了可以获得的所有证据之后，如果仍然达不到 75% 的证明程度，则应当认定事实不存在；超过 75% 的，应当认定事实存在。②

3. 劳动仲裁证明标准

借助以上盖然性刻度盘的例子，为方便操作和理解，我们对待证事实对应的尺度进行量化，可以得出如下结论：

（1）0% 为待证事实绝对不可能存在；

（2）1% ~24% 为待证事实非常不可能存在；

（3）26% ~49% 为待证事实不太可能存在；

（4）50% 为待证事实真伪不明；

（5）51% ~74% 为待证事实大致可能存在；

（6）75% ~99% 为待证事实非常可能存在；

（7）100% 为待证事实绝对肯定存在。

同时，结合《民诉法解释》第 108、109 条的规定，可以得出如下证明标准之尺度：心证程度 49% 以下为不符合证明标准，即未完成证明责任；心证程度 50% 为盖然性对待，即真伪不明；心证程度达到 51% ~74% 为优势证据标准

---

① 江伟、肖建国主编：《民事诉讼法》，中国人民大学出版社 2018 年版，第 219 页。

② ［德］汉斯·普维庭：《现代证明责任问题》，吴越译，法律出版社 2000 年版，第 108 ~ 109 页。

(降低证明标准),即待证事实大致可能存在;心证程度达到75% ~99%为一般证明标准,即具有高度可能性(高度盖然性);心证程度100%为提高证明标准。

结合以上分析,参照《民诉法解释》第108、109条的规定,我们认为劳动仲裁中用人单位本证之"高度可能性"标准,为心证程度达到75%以上,而反证之"真伪不明"标准为心证程度50%;劳动仲裁中用人单位本证之"排除合理怀疑"标准,为心证程度达到100%,"排除合理怀疑"是刑事诉讼的证明标准,即事实清楚,证据确实、充分。另外,劳动者提供反证之"真伪不明"标准,仍为心证程度50%。所谓本证,是指负有举证证明责任的当事人提出的证据;所谓反证,是指不负有举证证明责任的当事人提出的证据。所以,原告提出的证据就是本证、被告提出的证据就是反证的观点是错误的。

关于劳动仲裁之"其他证明标准",我们认为主要是针对劳动者的降低证明标准。由于劳动仲裁涉及的劳动关系具有特殊性,即劳动者处于被管理、被指挥和被监督的地位,用人单位行使用工管理权,其处于相对强势,所以,我们建议对劳动者提供证据的证明标准,比照用人单位的证明标准予以降低。这个降低证明标准体现在两个方面:一是一般情况下劳动者提出的本证证明标准可降低一格,为心证程度达到51%以上(达到优势证据标准即可);二是特殊情况下对劳动者提出劳动合同无效之"欺诈、胁迫、乘人之危"事实的证明标准,可以降低一格,为心证程度达到75%以上,即达到高度盖然性标准即可。

五、证明妨碍及其处理

(一)证明妨碍概述

1. 定义

所谓证明妨碍,又称举证妨碍,是指不承担举证责任的当事人,故意或过失地以作为或不作为的方式,将证据灭失、隐匿或妨碍其利用,使负举证责任的当事人因无法利用该证据而无法尽其举证责任时,法院可根据案件审理情况,在事实认定上,作出对负举证责任的当事人有利的认定。[①] 从以上定义可知,证明妨碍的违法性、非正义性和应受处罚性是不言自明的。对"证明妨碍"一词,裁审实践中经常使用其他词语来替代,如证明妨害、证据妨碍、证据妨害、举证妨害等,我们建议通过司法解释的方式对其进行明确和统一。对此现象,我们不能讲使用错误,因为法律术语并未统一。为规范用语,在进一步统一称谓之前,我们建议使用"证明妨碍"一词。

我国劳动仲裁程序中建立了一些用人单位的证明妨碍规则。《劳动争议

---

① 江伟、肖建国主编:《民事诉讼法》,中国人民大学出版社2018年版,第196页。

调解仲裁法》第 39 条第 2 款规定:“劳动者无法提供由用人单位掌握管理的与仲裁请求有关的证据,仲裁庭可以要求用人单位在指定期限内提供。用人单位在指定期限内不提供的,应当承担不利后果。”

2. 证明妨碍的构成要件

证明妨碍的构成要件包括客观构成要件和主观构成要件两个方面:(1)客观构成要件,包括有证明妨害行为、存在待证事实真伪不明的情况、妨害行为与待证事实真伪不明的状态存在因果关系这几个方面。证明妨害行为可以是积极的作为,也可以表现为消极的不作为,只要造成对方当事人对该证据使用困难,无论是作为还是不作为,均不影响妨害行为的构成。这种行为一般应在诉讼中发生,但有时在诉讼之前发生,也可能会被认定为证明妨害行为,如医院在诉讼之前损毁病历的行为。待证事实真伪不明是客观要件的重要因素,当事人虽然实施了妨害证明的行为,但待证事实并未因此陷于真伪不明的状况,则无适用证明妨害规则的必要。因果关系是构成证明妨害的关键,如果待证事实真伪不明是其他原因造成的,与妨害行为无关,也不应适用证明妨害规则。(2)主观构成要件,即实施妨害行为的当事人的主观故意或者过失。故意实施妨害证明的行为应无异议,就过失而言,一般是指对有关证据负有保管的法定、约定等义务的情形。① 过失证明妨害大致有三种类型:“a. 虽有意图使证据方法不能被使用,但对该证据方法被除去之于将来诉讼之意义却疏未认识;b. 虽明知该证据方法于将来诉讼之意义,却过失将其毁弃或损坏;c. 过失毁弃或损坏某证据方法,且其对该证据方法于将来诉讼之意义亦疏未认识。”②

(二)民事证明妨碍规范及书证提出命令

目前,在我国民事诉讼程序中有三个有效的规范性文件,即《民事诉讼法》《民诉法解释》《民事证据规定》,对证明妨碍问题作出了相关规定。具体如下几点。

---

① 最高人民法院民事审判第一庭编著:《最高人民法院新民事诉讼证据规定理解与适用》(上册),人民法院出版社 2020 年版,第 459 ~ 460 页。

② 姜世明:《民事诉讼法》(下册),台北,新学林出版股份有限公司 2013 年版,第 106 ~ 107 页。

1.法律层面无裁判规则之规定

关于证明妨碍问题,《民事诉讼法》第114条[①]只规定了公法制裁措施,如可以根据情节轻重予以罚款、拘留;构成犯罪的,依法追究刑事责任,而没有规定证明妨碍的裁判规则。

2. 2001年《民事证据规定》第75条[②]首次确立了证明妨碍裁判规则

2019年《民事证据规定》第95条对上述规定进行了修改:"一方当事人控制证据无正当理由拒不提交,对待证事实负有举证责任的当事人主张该证据的内容不利于控制人的,人民法院可以认定该主张成立。"《劳动争议调解仲裁法》第39条第2款也有类似的规定:"劳动者无法提供由用人单位掌握管理的与仲裁请求有关的证据,仲裁庭可以要求用人单位在指定期限内提供。用人单位在指定期限内不提供的,应当承担不利后果。"

3.2015年《民诉法解释》首次作出了"书证提出命令"之规定

所谓书证提出命令,又称文书提出命令,是指有关书证由对方当事人或第三人持有时,负举证责任的一方当事人可以申请法院向持有人发布命令,责令其提交该书证的制度。[③] 书证提出命令虽然是当事人提出来的,但真正产生强制的效果,却是因为法院向对方当事人发出了书证提出命令。法院发出文书提出命令的目的是查明案件事实,实现公平正义。这是书证提出命令的法理基础。

我国《民事诉讼法》对"书证提出命令"并未作出规定,但《民诉法解释》第112条对此首次作出了规定:"书证在对方当事人控制之下的,承担举证证明责任的当事人可以在举证期限届满前书面申请人民法院责令对方当事人提交。申请理由成立的,人民法院应当责令对方当事人提交,因提交书证所产生的费用,由申请人负担。对方当事人无正当理由拒不提交的,人民法院可以认定申

---

① 《民事诉讼法》第114条规定:"诉讼参与人或者其他人有下列行为之一的,人民法院可以根据情节轻重予以罚款、拘留;构成犯罪的,依法追究刑事责任:(一)伪造、毁灭重要证据,妨碍人民法院审理案件的;(二)以暴力、威胁、贿买方法阻止证人作证或者指使、贿买、胁迫他人作伪证的;(三)隐藏、转移、变卖、毁损已被查封、扣押的财产,或者已被清点并责令其保管的财产,转移已被冻结的财产的;(四)对司法工作人员、诉讼参加人、证人、翻译人员、鉴定人、勘验人、协助执行的人,进行侮辱、诽谤、诬陷、殴打或者打击报复的;(五)以暴力、威胁或者其他方法阻碍司法工作人员执行职务的;(六)拒不履行人民法院已经发生法律效力的判决、裁定的。人民法院对有前款规定的行为之一的单位,可以对其主要负责人或者直接责任人员予以罚款、拘留;构成犯罪的,依法追究刑事责任。"

② 2001年《民事证据规定》第75条规定:"有证据证明一方当事人持有证据无正当理由拒不提供,如果对方当事人主张该证据的内容不利于证据持有人,可以推定该主张成立。"

③ 江伟、肖建国主编:《民事诉讼法》,中国人民大学出版社2018年版,第193页。

请人所主张的书证内容为真实。”同时,该解释第113条规定:持有书证的当事人以妨碍对方当事人使用为目的,毁灭有关书证或者实施其他致使书证不能使用行为的,人民法院可以依照《民事诉讼法》第114条[①]规定,对其处以罚款、拘留。

4.“书证提出命令”的主体范围

根据《民事证据规定》第45条第1款的规定,只有“当事人”才有权申请“书证提出命令”,作为被申请人的“对方当事人”有义务提交书证。以上二个“当事人”是指广义的当事人还是指狭义的当事人,上述规定中并未明确。但最高人民法院给出了权威解读:“作为被申请人的当事人的范围应当理解为广义的当事人,包括诉讼中的原告、被告,包括有独立请求权第三人以及无独立请求权第三人的被告型第三人。”[②]所以,我们认为作为申请人的“当事人”的范围,应当与作为被申请人的“当事人”的范围相同。

5.“书证提出命令”的申请条件

根据《民事证据规定》第45条第1款的规定,申请“书证提出命令”之条件这必须同时具备以下四项要求:(1)申请提出的书证名称或者内容。作为提出对象的书证应当特定化,即申请人应当明确需要对方当事人提出的书证名称或标题或者主要内容。(2)要证事实或事实具有重要性。应当明确需要以对象书证证明的事实以及事实的重要性,即在对象书证对要证事实的证明有积极作用,且要证事实本身对于裁判有重要意义的情况下,人民法院才有作出“书证提出命令”的必要。(3)对方当事人控制书证的根据。即应当证明书证存在且对方当事人控制对象书证的事实。(4)对方当事人应当提交书证的理由。即控制书证的对方当事人提出书证的法定原因或者理由,[③]既包括实体法上的理由,也包括诉讼法上的理由。就实体法而言,其是指申请人根据实体法规定所享有的要求被申请人交付相应书证的请求权,或者查阅相应书证的请求权。如根据我国《公司法》的规定,股东的知情权包括查阅、复制公司章程、股东名册、董事会会议记录、监事会会议记录、股东会会议记录、公司财务报告等。因此,在涉及股东权益的诉讼中,股东有权要求公司提出相应的书证。就诉讼法上的

---

① 指2021年《民事诉讼法》第114条。

② 最高人民法院民事审判第一庭编著:《最高人民法院新民事诉讼证据规定理解与适用》(上册),人民法院出版社2020年版,第435页。

③ 郑学林、刘敏等:《关于新〈民事证据规定〉理解和适用的若干问题》,载《人民法院报》2020年3月26日,第5、7版。

理由而言,其是指控制书证的当事人在诉讼法上的书证提出义务。[①] 同时,还要注意符合法定提出时间及形式要求,即根据《民诉法解释》第 112 条的规定,应当在举证期限届满前提出,并且要书面形式提出。

关于“要证事实或事实具有重要性”,我们认为只有书证提出命令所指向的待证事实,对于裁判结果具有实质性影响时,当事人才能申请书证提出命令。因为双方当事人各自收集并提出证据以证明己方主张,是民事诉讼证明活动的基本形态;而对方当事人提交证据并证明本方主张,是民事诉讼证明活动的特殊形态。对一方当事人或第三人科以书证提出义务的最终目的在于查明案件的真实情况,实现裁判结果的公平正义。因此,只有当书证直接影响待证事实的查明以及个案正义的实现时,才能够改变民事诉讼活动的基本形态,要求一方当事人或第三人提交证据证明对方当事人的主张。否则,当事人将可能丧失自主收集证据以支持主张的积极性,而依赖于要求法院命令相对方提交证据。[②]

6. 否认控制书证是否成立的判断标准

这个判断标准非常重要。《民事证据规定》第 45 条第 2 款规定:“对方当事人否认控制书证的,人民法院应当根据法律规定、习惯等因素,结合案件的事实、证据,对于书证是否在对方当事人控制之下的事实作出综合判断。”以上是关于否认控制书证是否成立的判断标准之相关规定。我们认为,在对方当事人否认控制书证时,人民法院进行判断时所需要考量的因素,其中同样隐含了对方当事人否认书证存在时的人民法院应当考量的内容。在对方当事人否认证据存在或者否认控制书证时,人民法院应当审查该书证按照法律规定是否应当存在。对方当事人是否具有保管对象书证的法定义务,该书证按照事物发展的规律是否在逻辑上属于对方当事人控制的范畴,在交易习惯上是否通常会形成该书证是否由对方当事人所持有和支配等。控制书证不限于对书证的实际占有,能够支配转移等情形亦属于控制书证的应有之意。在审查过程中,人民法院可以结合案件有关的事实、其他证据的情况,就对象书证是否在对方当事人控制之下的事实作出综合判断。对方当事人如果主张书证灭失、毁损等情形的,应当就相应的书证灭失、毁损的事实承担举证责任。对于确有证据证明书

① 最高人民法院民事审判第一庭编著:《最高人民法院新民事诉讼证据规定理解与适用》(上册),人民法院出版社 2020 年版,第 439 页。

② 最高人民法院民事审判第一庭编著:《最高人民法院新民事诉讼证据规定理解与适用》(上册),人民法院出版社 2020 年版,第 445 页。

证原件灭失、毁损的，如果当事人持有复制件的，也属于应当提交的范畴。[①]

7."书证提出命令"的客体范围

根据《民事证据规定》第47条的规定，我们认为"书证提出命令"之客体范围如下：(1)控制书证的当事人在诉讼中曾经引用过的书证。控制书证的当事人在诉讼中引用过书证，意味着其愿意将该书证公开，负有举证责任的当事人有权要求控制人提交该书证。(2)为对方当事人的利益制作的书证。此处的利益不仅指负有举证责任的当事人的利益，也包括负有举证责任的当事人与其他人拥有共同利益的情形，即只要包括负有举证责任的当事人的利益即可。(3)对方当事人依照法律规定有权查阅、获取的书证。这种权利文书作为书证提出义务的范围，源于实体法上的理由，其既可以基于实体法的规定，如依公司法关于股东知情权的规定作出判断，也可以基于实体法上的请求权而发生，如委托人要求受托人交付其保管的文书。(4)账簿、记账原始凭证。这些财务资料在正常的经济往来中，能够比较准确地反映出交易的主要过程，或者能够从中推定交易情况，具有较强的证明作用。(5)人民法院认为应当提交书证的其他情形。这属于兜底性条款，由人民法院在案件审理中根据具体情况审酌确定。需要注意的是，虽然修改决定规定了书证提出义务范围的兜底性条款，但这种兜底性条款与大陆法系国家和地区书证提出义务一般化不能等同，其目的在于为人民法院在审判实践中逐步探索前四项之外的书证提出义务范围预留空间。在适用中，人民法院应当充分考虑当事人举证责任的贯彻，并可以结合负有举证责任的当事人是否处于事件发生或者证据形成过程之外、是否确实存在不能获得有关证据的情形，以及对方当事人是否能够较为容易获取证据等因素，根据诚实信用原则和公平原则进行综合判断。[②]

另外，需要注意的是实际适用范围并不限于上述范围。《民事证据规定》第99条第2款规定："……关于书证的规定适用于视听资料、电子数据……"所以，我们认为控制人控制下的"视听资料、电子数据"也是"书证提出命令"之客体范围。之所以作出如上规定，其法理是相通的，即书证的提出命令制度解决书证偏在的问题，而劳动争议处理中视听资料、电子数据之证据偏在的现象也非常普遍，没有"书证提出命令"的支撑，是无法有效避免由于视听资料及电

---

① 最高人民法院民事审判第一庭编著：《最高人民法院新民事诉讼证据规定理解与适用》(上册)，人民法院出版社2020年版，第438页。

② 郑学林、刘敏等：《关于新〈民事证据规定〉理解和适用的若干问题》，载《人民法院报》2020年3月26日，第5、7版。

子数据之证据偏在而导致不公正结果的出现。当然，当事人为解决证据偏在问题而申请“视听资料、电子数据”提出命令时，其申请条件也应同时符合“书证提出命令”之四个条件。

8. 对“书证提出命令”申请的审查及处理

根据《民事证据规定》的要求，人民法院对当事人提交书证的申请进行审查时，应当听取对方当事人的意见，必要时可以要求双方当事人提供证据、进行辩论。当事人申请提交的书证不明确、书证对于待证事实的证明无必要、待证事实对于裁判结果无实质性影响、书证未在对方当事人控制之下或者不符合该证据规定第 47 条情形的，人民法院不予准许。当事人申请理由成立的，人民法院应当作出裁定，责令对方当事人提交书证；理由不成立的，通知申请人。①

何种情况下属于申请理由成立？最高人民法院认为：“在有证据证明书证被对方当事人控制或者持有的当事人负有法定、约定或者依习惯保存、保管的义务的情况下，如果不提供该证据，待证事实将陷于真伪不明的状态，即事实存在与否法官均无法形成内心确信时，当事人申请的理由才能成立。原因是，待证事实真伪不明是证明妨害客观要件的重要因素，如果当事人虽然实施妨害证明的行为，但待证事实并未因此而陷入真伪不明的状况，则无适用证明妨害规则的必要。因此，若对方当事人不提供该书证的行为，使待证事实陷入真伪不明的状态，此时，人民法院应当责令对方当事人提交书证。”②

9. 不遵守“书证提出命令”之法律后果

(1)法律后果

《民事证据规定》第 48 条规定：“控制书证的当事人无正当理由拒不提交书证的，人民法院可以认定对方当事人所主张的书证内容为真实。控制书证的当事人存在《最高人民法院关于适用〈中华人民共和国民事诉讼法〉的解释》第一百一十三条规定情形的，人民法院可以认定对方当事人主张以该书证证明的事实为真实。”以上规定是针对不遵守书证提出命令，适用证明妨害法理，确定行为的法律后果。对于不遵守“书证提出命令”的一般情形，人民法院可以认定“书证提出命令”的申请人所主张的书证内容为真实，通过这种间接强制的方法，对书证控制人科以诉讼法上的后果，以促使其尽可能提出书证。对于恶意损毁书证或者实施其他使书证不能使用行为的情形，由于其行为本身已经构成妨碍民事诉讼，在处以罚款、拘留等强制措施的同时，在证据法上也应令其承

---

① 《民事证据规定》第 46 条。

② 最高人民法院民事审判第一庭编：《民事审判实务问答》，法律出版社 2021 年版，第 303 页。

担更为严重的后果，人民法院可以认定对方当事人主张以该书证证明的事实为真实。[①] 同时，当事人违反书证提出命令，拒不提供视听资料、电子数据的，其法律后果与拒不提供书证的法律效果相同，即可以认定“书证提出命令”的申请人所主张的视听资料、电子数据的内容为真实。总之，一般可以依据控制书证人的过错大小来进行处理：故意妨碍的，一般可以认定为真实；重大过失妨碍的，低度可能性为真实；轻微过失妨碍的，高度可能性为真实。

（2）谨防滥用职权

根据《民事证据规定》第 48 条规定，在“认定对方当事人所主张的书证内容为真实”时，应当注意结合全案证据，进行综合认定。对作出“书证提出命令”这一裁定，应当从严把握。特别是在被申请人否认控制书证的情形下，一定要严格依据《民事证据规定》第 45 条第 2 款、46 条、47 条的规定来予以处理，谨防办案人员或机构滥用职权，故意或过失造成适用书证提出命令制度错误。

（三）用人单位证明妨碍的应对

依据《劳动争议调解仲裁法》第 39 条第 2 款及民事诉讼法的相关规定，面对用人单位的证明妨碍行为，除可以按《民事诉讼法》第 114 条给予公法制裁之外，我们还可以采取如下应对措施。

1. 通过依职权调查取证或申请书证提出命令化解

如果一方用人单位隐藏、转移、变卖、毁损证据或者阻止证人作证，劳动者则较难取得这些证据。此情形下，我们建议仲裁员借助法院调查取证制度来予以破解。《仲裁办案规则》第 16、17 条规定：仲裁委员会认为有必要的，也可以决定参照民事诉讼有关规定予以收集。仲裁委员会依法调查取证时，有关单位和个人应当协助配合。《民事诉讼法》第 67 条第 2 款规定：“当事人及其诉讼代理人因客观原因不能自行收集的证据，或者人民法院认为审理案件需要的证据，人民法院应当调查收集。”同时，《民事诉讼法》第 70 条第 1 款规定：“人民法院有权向有关单位和个人调查取证，有关单位和个人不得拒绝。”所以，在劳动仲裁过程中，如发现一方用人单位实施证明妨碍行为的，仲裁员参照依据上述规定，依职权进行调查收集。如果依职权调查收集的证据是副本或复制件，能否单独作为认定案件事实的依据？我们认为不行。《民事证据规定》第 90 条规定，无法与原件、原物核对的复制件、复制品，不能单独作为认定案件事实的根据。当然，在质证过程中当事人提出“非原件”异议后，仲裁员也可以通知

---

① 郑学林、刘敏等：《关于新〈民事证据规定〉理解和适用的若干问题》，载《人民法院报》2020 年 3 月 26 日，第 5、7 版。

双方当事人到原物所在地进行查验，然后再由当事人发表质证意见。

但是，有个特殊情况需要注意：证据在对方当事人控制之下，不属于申请调查取证的情形。根据《民诉法解释》第 112 条的规定，书证在对方当事人控制之下的，承担举证证明责任的当事人可以在举证期限届满前书面申请人民法院责令对方当事人提交。申请理由成立的，人民法院应当责令对方当事人提交，因提交书证所产生的费用，由申请人负担。对方无正当理由拒不提交的，人民法院可以根据申请人所主张的书证内容为真实。① 以上为最高人民法院的权威解答，所以，如果证据在用人单位控制之下，则劳动者不能申请劳动仲裁机构或人民法院调查收集，而只能申请“书证提出命令”解决。

2. 可以认定主张成立来应对

劳动争议处理中有一个特点，就是很多证据掌握在用人单位手中。如果用人单位拒不提供，则劳动者就很难举证到位。《劳动争议调解仲裁法》第 39 条第 2 款规定：“劳动者无法提供由用人单位掌握管理的与仲裁请求有关的证据，仲裁庭可以要求用人单位在指定期限内提供。用人单位在指定期限内不提供的，应当承担不利后果。”用人单位的拒不提交行为，我们认为属于证明妨碍的，可以参照民事诉讼法的相关规定来予以化解。同时，《民事证据规定》第 95 条规定：“一方当事人控制证据无正当理由拒不提交，对待证事实负有举证责任的当事人主张该证据的内容不利于控制人的，人民法院可以认定该主张成立。”《民诉法解释》第 112 条规定：“书证在对方当事人控制之下的，承担举证证明责任的当事人可以在举证期限届满前书面申请人民法院责令对方当事人提交。申请理由成立的，人民法院应当责令对方当事人提交，因提交书证所产生的费用，由申请人负担。对方当事人无正当理由拒不提交的，人民法院可以认定申请人所主张的书证内容为真实。”所以，仲裁员可以参照以上规定，要求用人单位提交，其拒不提交的，可以认定劳动者所主张的事实为真实或者成立。

3. 适用举证证明责任特殊规定应对

在劳动争议处理过程中，针对用人单位的证明妨碍行为，仲裁员可以借助法律之举证证明责任的特殊规定来予以应对，以体现倾斜保护劳动者原则。《劳动争议司法解释（一）》第 44 条规定：“因用人单位作出的开除、除名、辞退、解除劳动合同、减少劳动报酬、计算劳动者工作年限等决定而发生的劳动争议，用人单位负举证责任。”原 2001 年《民事证据规定》第 6 条作出了与上述倾斜

---

① 最高人民法院民事审判第一庭编著：《最高人民法院新民事诉讼证据规定理解与适用》（上册），人民法院出版社 2020 年版，第 235 页。

保护相同的规定，但在2019年《民事证据规定》中被删除了。在裁审实践中，仲裁员应当不受上述删除之影响，仍可以适用《劳动争议司法解释(一)》第44条之举证证明责任特殊规定。另外，我们认为还可以根据案件情形，将证明责任特殊规定之适用范围适当扩大，即灵活适用以上规定中的"等"之规定，之所以提出上述建议，依据为《劳动仲裁规则》第14条由仲裁员自由心证分配举证证明责任之规定。

4. 降低证明标准予以应对

《民诉法解释》第105条规定："人民法院应当按照法定程序，全面、客观地审核证据，依照法律规定，运用逻辑推理和日常生活经验法则，对证据有无证明力和证明力大小进行判断，并公开判断的理由和结果。"以上是法官可以依据自由心证处理案件的规定。法官自由心证过程中，对证据进行评判的依据为法律精神、理性和良知。在劳动仲裁过程中，劳动者虽然尽到了最大努力收集并提出证据，但由于用人单位或用工单位故意或过失地损毁、隐匿证据等，或者故意或过失地让证据没有形成，最终导致案件事实真伪不明的，仲裁员可以根据取得的难易程度等实际情况，作出自由裁量。所以，仲裁员可以结合以上自由心证规定，以及劳动法之倾斜保护劳动者权益原则，在处理劳动争议过程中，针对用人单位的证明妨碍行为，将"高度盖然性"的证明标准，降低为"中度"，甚至"低度"，以保护劳动者合法权益。

5. 适用事实推定予以应对

《民诉法解释》第93条规定，根据已知的事实和日常生活经验法则推定出的另一事实，当事人无须举证证明，但当事人有相反证据足以反驳的除外。以上是我国民事诉讼法关于事实推定之法律规定。劳动争议过程中，针对用人单位的证明妨碍行为，如果用人单位不能提供相反证据足以反驳的，仲裁员可以借助上述事实推定之规定，即免除劳动者事实主张的证明责任，并进行事实推定，以破解用人单位的证明妨碍行为，保护劳动者的合法权益。

第十章　举证证明责任

德国、日本的一些学者为了强调证明责任对于民事诉讼的重要性，将其称为“民事诉讼的脊梁”。[①] 这一比喻也越来越为我国的理论及实务界认同，其实劳动仲裁也不例外。举证证明责任是劳动仲裁证明内容之一，鉴于其重要性，故列单章进行探讨。

一、举证证明责任概述

（一）定义、类型及作用

1. 举证证明责任的定义

证明责任作为民事诉讼的脊梁这一命题，指涉的其实是现代证明责任之于民事案件的裁判方法论意义及对于民事诉讼构造的支撑功能。证明责任是现代当事人主义诉讼模式下的基本裁判思路与方法，而不仅在案件审理的最终阶段才发挥调整作用，也绝不仅是关于事实模糊或证据短缺案件的裁判方法。证明责任作为一种诉讼框架与裁判方法对所有民事案件具有普遍的通用性，也在整个诉讼过程中发挥调整当事人诉讼行为与法官裁判行为的重要功能。仅在审判最后阶段案件事实落入真伪不明情形时利用证明责任分配来决定败诉结果的承担，实际上使证明责任沦为民事诉讼的“尾骨”，是对其功能与意义的严重贬损。[②]

目前，我国民事诉讼法对证明责任分配规定主要只有3个条文，即《民事诉讼法》第67条，《民诉法解释》第90、91条。由于民事诉讼法学的主流学说认为，《民事诉讼法》第67条规定之“谁主张，谁举证”实际上无力承担证明责任分配原则的重任[③]，故才出现了《民诉法解释》第90、91条之规定。在劳动仲裁领域，所谓举证证明责任，是指当事人对自己提出的劳动仲裁请求所依据的事

---

① ［德］罗森贝克、［德］施瓦布、［德］戈特瓦尔德：《德国民事诉讼法》，李大雪译，中国法制出版社2007年版，第858页；［日］三ケ月章：《日本民事诉讼法》，汪一凡译，五南图书出版有限公司1997年版，第440～441页。

② 胡学军：《论证明责任作为民事裁判的基本方法——兼就“人狗猫大战”案裁判与杨立新教授商榷》，载《政法论坛》2017年第5期。

③ 江伟主编：《民事诉讼法》，中国人民大学出版社2008年版，第213页；张卫平：《民事诉讼法》，法律出版社2013年版，第218页；赵钢、占善刚、刘学在：《民事诉讼法》，武汉大学出版社2010年版，第203页。

实或者抗辩对方劳动仲裁请求所依据的事实,应当提供证据加以证明,在作出裁决之前,当事人未能提供证据或者证据不足以证明其事实主张的,由负有举证证明责任的当事人承担不利的后果。显然上述概念系参照《民诉法解释》第90条的规定进行的定义。但由于该规定"由负有举证证明责任的当事人承担不利的后果",故我们将此称为"举证证明责任"。此称谓与专家学者所称"证明责任"的含义一致,下同。举证证明责任是法律对事实主张提出者设定的要求,由谁承担,一般由实体法律预先设定。所以,在劳动仲裁过程中,就不存在举证证明责任在当事人之间转移的问题。并且,举证证明责任仅限当事人的事实主张,而不包括权利主张和法律主张,这一点要注意。当事人有无权利,应由劳动仲裁委员会或法院根据事实和适用法律来进行判定。

2. 举证证明责任的类型

从上述定义可知,举证证明责任包括主观证明责任和客观证明责任双重含义。所谓主观证明责任(又称举证责任、提供证据的责任、行为证明责任等),是指当事人为了满足其提出事实主张的需要,通过提供证据的方式获得对其有利的裁判并且避免对其不利裁判后果的发生所承受的一种必要负担。① 这一向度主要从"提供证据"的"行为意义"的方面去理解证明责任的内涵,当事人对自己所提出的事实主张,有提供证据加以证明的责任,强调的是当事人在诉讼上所面临的举证必要。而客观证明责任(又称确定责任、说服责任、结果证明责任、证明责任等)是指从"结果意义"的角度来理解证明责任的内涵,案件穷尽证据或证明手段,在审理终结时要件事实真伪不明的,需要由一方当事人负担不利益的裁判风险。其"通过假定(拟制)该事实存在或不存在来作出裁判,进而使一方当事人遭受危险或不利益"②。这一向度突出了证明责任的裁判功能,引导法官在要件事实真伪不明时作出裁判。③ 从证明责任是对风险的分配这点来看,证明责任的分配就像其他实体法规范一样必须由立法者通过立法加以规定。也就是说,客观的证明责任必须规范化。④ 所以,在客观证明责任的分配上,法官或仲裁员并没有自由裁量权,只能按照实体法的规定分配,因

---

① 毕玉谦:《民事证明责任研究》,法律出版社2007年版,第143~144页。

② [日]高桥宏志:《民事诉讼法制度与理论的深层分析》,林剑锋译,法律出版社2003年版,第420页。

③ 翁晓斌、郑云波:《证明责任裁判的中国境遇:理论、规范与适用》,载《社会科学家》2019年第3期。

④ [德]汉斯·普维庭:《德国现代证明责任论》,吴越译,法律出版社2001年版,第三章第五节"客观证明责任的分配"。

为客观证明责任是由实体法规定且恒定不变的,即《民诉法解释》第91条规定的举证证明责任的一般分配规则是由实体法规定的,不涉及程序方面的事实。故实体法律没有规定时,一般不得由法官或仲裁员自由裁量进行分配。但是,劳动仲裁中存在例外情况,其存在特殊授权规定即《劳动仲裁规则》第14条。该条突破了"客观证明责任规范化、恒定化"之一般原则,原因在于我国举证证明责任一般分配规则,采用的是德国学者罗森贝克法律要件分类说之规范说理论,而该理论经实践证明也存在一定缺陷,即适用该理论会出现无法确定举证证明责任之情形,故通过该条规定来进行规范性填补。

3. 证明责任的作用

罗森贝克认为:"证明责任规范是对每一部法律和法律规范的必要补充。"[①]所以,在劳动争议处理中,证明责任规范就是劳动实体规范的必要补充。当事实处于真伪不明状态时,劳动实体法是无法适用的,也无用武之地,只能通过证明责任规范这个补充规定,来处理劳动争议,即裁决负有证明责任的一方主体败诉。所以,运用证明责任规范处理劳动争议,是劳动实体法适用的必要补充,其发挥的是证明责任在劳动实体法适用上的补充作用。

同理,证明责任规范与法律三段论的关系,也是补充关系,即证明责任规范就是三段论推理的必要补充。在事实处于真伪不明状态时,三段论推理无法进行,也无用武之地,且只能通过证明责任规范这个补充规定来处理劳动争议,即裁决负有证明责任的一方主体败诉。

总之,劳动争议的处理,除了适用劳动实体法、三段论之外,还需要补充适用证明责任规范,否则,就有部分案件(指真伪不明状态时)无法作出裁决。在审理过程中,三者的适用有先后顺序,即法律规范、证明责任、三段论。其中,法律规范主要解决的是"定要件"的问题;证明责任主要解决的是"定事实"的问题(被认定、不被认定和真伪不明);三段论解决的是逻辑推理之"定裁决"问题。所以,证明责任规范是劳动实体法、法律三段论的必要补充。

(二)主观证明责任与客观证明责任的关系

1. 两者的关系

证明责任具有行为责任和结果责任的双重含义,其中结果责任具有决定性意义,结果责任决定了证明责任的本质。[②] 如上所述,证明责任制度的建立,实际上是通过一种技术手段来解决司法实践中待证事实处于真伪不明的情况下,

---

① [德]莱奥·罗森贝克:《证明责任论》,庄敬华译,中国法制出版社2002年版,第4页。

② 肖建国、张春生:《民事证明责任的法律性质研究》,载《山东警察学院学报》2006年第3期。

法院司法裁判如何作出的问题,其核心点在于待证事实处于真伪不明的情况下,不利益的风险由谁承担。由此可见,证明责任中的结果责任是制度的核心内容,反映了证明责任的本质。但是,结果责任只在诉讼要结束的时候才有可能出现,而且,这个结果对主张事实的当事人来讲,是不利益的一种风险,其适用的前提条件又是假定的。因此,基于公平和公正的要求,立法和司法应当尽可能避免这一假定的前提条件出现。为此,立法上要尽可能地确定相关的规则,要求主张事实的当事人提供证据和对证据进行说明,而这些要求当事人进行的行为,在证明责任制度上就表现为行为责任。由此可见,行为责任是结果责任在诉讼过程中的反映,在待证事实真伪不明时,需承担结果责任者,在诉讼过程中需承担行为责任。可以说没有结果责任,也就没有行为责任。但是,行为责任的确定也是有意义的,这就是从形式上看结果责任的承担,是因为当事人没有履行行为责任而出现的结果。承担证明责任的一方当事人,提出证据并进行说明的目的是避免结果责任的出现。这就要求法官在司法实践中,应当依据法律引领当事人获得证据和对与证据相关的问题进行说明,而不是"消极"等待证明责任适用的条件出现。基于上述认识,可以进一步认识到,通常情况下,作为裁判基础的法律事实通过案件的审理是能够确定的,真伪不明的情况通常不会出现,证明责任的后果也就不会发生。这样,法院的司法裁判通常也就根据法院查明的案件事实作出,而不是适用证明责任的结果作出。[①] 主观证明责任(行为责任)与客观证明责任(结果责任)既紧密联系,也具有区别。可以说主观证明责任是客观证明责任在劳动仲裁过程中的反映,没有客观证明责任,也就没有主观证明责任;当事人如未尽主观证明责任,则劳动仲裁委员会就可以根据客观证明责任的分配,来作出对其不利之裁决。

2. 客观证明责任不能取代主观证明责任

从客观证明责任的上述定义可知,只有"穷尽证据或证明手段"之后,事实仍处于真伪不明状态时,才能适用客观证明责任。所以,主观证明责任应当优先于客观证明责任而得到适用。还要注意,客观证明责任不但不能取代主观证明责任,而且还不能取代自认制度、真实陈述、推定及书证提出命令等制度,更不能排斥仲裁员或法官询问当事人制度、调查勘验、自由心证等制度。在适用客观证明责任之前,除适用主观证明责任规范之外,还要全面适用上述其他证据制度,也就是说只有在"穷尽"之后,才能适用客观证明责任规范。所以,负

---

① 潘剑锋:《民事证明责任论纲——对民事证明责任基本问题的认识》,载《政治与法律》2016 年第 11 期。

有举证证明责任的一方未尽举证义务时，仲裁员不能立即适用客观证明责任处理案件，还应审查不负举证证明责任的一方提出的主张及证据，然后结合其他证据制度才能作出裁决。

司法实践证明，经审理后事实认定的结果有三类，即事实被认定、事实不被认定和事实真伪不明。在“事实真伪不明”这一状态下处理的劳动争议，最容易产生错案。所以，我们建议仲裁员或法官，尽量避免直接或简单适用客观证明责任规范裁决案件，只有在穷尽所有证据或证明手段后仍不能获得心证时才适用。实践中，部分仲裁员或法官偏好适用客观证明责任规范办案，原因是可以减轻审判工作负担，不想依职权进行证据调查或审查，盲目追求办案效率，对发现案件真实没有动力。当然，实践中在“事实被认定”“事实不被认定”这两种状态之下处理的案件仍占绝大多数，因为当事人一般均会积极履行主观证明责任，仲裁员也会积极作相应的引导，这是负责任的体现，值得提倡。

（三）举证证明责任恒定规则

1. 恒定不变规则

关于举证证明责任恒定不变规则问题，我们认为，不管是主观证明责任还是客观证明责任，举证证明责任均是恒定不变的。对客观证明责任恒定，大家都比较好理解，然而，对主观证明责任恒定的问题，大家存在模糊认识，有观点认为主观证明责任可以在当事人之间进行转移，我们认为这个观点是错误的。例如，申请人完成了“劳动关系存在”之事实主张的证明责任，即达到了仲裁员心证标准（已释明），接下来应当由被申请人就其主张的“劳动关系变更、消灭或者权利受到妨害”之事实提供抗辩性证据（反证）证明，否则，申请人主张的事实将会被认定为案件事实（法律事实）。上述被申请人提供抗辩性证据予以证明的责任，并不是举证证明责任从申请人处转移到了被申请人处，而是因为被申请人主张了抗辩性事实，按“谁主张，谁举证”的规则，应当由提出抗辩性事实主张的当事人提出证据予以证明，而并非举证证明责任发生了转移。“谁主张，谁举证”之规定，本身就说明举证证明责任是恒定不变的，即证明责任始终由事实主张之人承担。所以，一般情况下不是由仲裁员或法官分配举证证明责任，而是举证证明责任由实体法规定。

2. 举证证明责任始终只能分配给当事人一方

在此我们提醒读者注意，就同一事实的举证证明责任始终只能分配给当事人一方。在针对单一诉讼请求所涉及的事实时，证明责任只能由一方当事人承担，而不可能由双方当事人同时承担。证明责任制度的设立，其主要功能就是为了指引法院在案件待证事实真伪不明时如何确定当事人的风险负担，如果待证事实在真伪不明的状态下，由双方当事人同时承担不利的后果，证明责任的设立也就失去了意义。在请求返还欠款的诉讼中，关于原被告的借贷关系是否成立的问题，个别法官在告知原告需要对借贷关系成立事实承担证明责任的同时，还告知被告需要对借贷关系不成立的事实承担证明责任，之所以产生这样的错误，就是因为其没有认识到对同一事实（借贷关系成立事实）的证明责任只能由一方当事人承担。[①] 例如，《民事证据规定》第 92 条第 1 款规定："私文书证的真实性，由主张以私文书证证明案件事实的当事人承担举证责任。"上述规定就遵循了"举证证明责任始终只能分配给当事人一方"之规则。

3. 对举证证明责任一般原则的漏洞填补

2015 年《民诉法解释》第 90、91 条规定了举证证明责任的一般分配规则，但其在裁审实践中被证明存在法律规则漏洞，需要进行漏洞填补。鉴于上述情况，2017 年《劳动仲裁规则》第 14 条对此漏洞进行了规范性填补，即"法律没有具体规定、按照本规则第十三条规定无法确定举证责任承担的，仲裁庭可以根据公平原则和诚实信用原则，综合当事人举证能力等因素确定举证责任的承担"。以上规定体现出了《劳动仲裁规则》比《民诉法解释》第 90、91 条规定更具有科学性、合理性和先进性。

举例说明之。劳动者在用人单位未与其签订书面劳动合同时往往援引《劳动合同法》第 82 条第 1 款提起二倍工资差额请求，该条款规定："用人单位自用工之日起超过一个月不满一年未与劳动者订立书面劳动合同的，应当向劳动者每月支付二倍的工资。"该条款前半句规定的是构成要件（更精确的说法是"请求原因"即请求权的前提要件），后半句为法律效果（请求权）。我们可以尝试对该条的构成要件进行学理上的拆分，这也正是法解释学所常用的方法，由此可以得到以下事实要件："用人单位与劳动者存在用工事实""用工事实存在超过一个月而未满一年""用人单位未与劳动者签订书面劳动合同"。根据规范说的原理，主张法律效果的当事人应当就该效果的前提性要件承担证明责任。因此，就上述三个要件事实均应当由主张请求权的一方（劳动者）承担证明责任。前两个要件要求劳动者去证明应该不会发生质疑，但可能出现问题的是第三个要件即"用人单位未与劳动者签订书面劳动合同"。如果要求劳动者去证明该要件是非常困难的，而如果用人单位去证明该要件的反面（已签订）则更为容易。考虑到《劳动合同法》第 82 条通过惩罚性赔偿机制以强制用人

---

① 潘剑锋：《民事证明责任论纲——对民事证明责任基本问题的认识》，载《政治与法律》2016 年第 11 期。

单位签订书面劳动合同,其规范目的应当在于让劳动者在仲裁或者诉讼时得以提出书面合同,作为证明劳动关系成立或者劳动关系状态的证据使用,从而有利于保障其合法权益。① 如果要求劳动者去证明未签订劳动合同这种要件显然难以实现这种目的。而证明责任负担的公平与否在于是否能实现法条自身的规范目的,②因此如此分配只能导向不公平的结果。从上述示例可以看出,由于法条自身在立法技术上的缺陷,如果直接应用规范说(或者是《民诉法解释》第 91 条),并不能得到恰当的答案,这或许也是规范说在我国劳动争议领域缺乏足够关注的原因之一。③ 所以,适用《民诉法解释》第 90、91 条的规定,得出应由劳动者承担"用人单位未与劳动者签订书面劳动合同"的证明责任之结论,违反了公平正义原则,且不具有社会效果,故应按《劳动仲裁规则》第 14 条的规定来进行处理,即根据公平原则和诚实信用原则,综合当事人举证能力等因素确定举证责任的承担,确定由用人单位对已签订书面劳动合同之事实承担举证证明责任,因为签订书面劳动合同本身就属于用人单位的法定义务。另外,在年休假争议中,也存在同样的难题,所以,在"用人单位未安排劳动者休年休假"的举证证明责任的分配上,也应当按照上述规定,将举证证明责任分配给用人单位承担。

(四)"真伪不明"是适用客观举证证明责任规范前提

在劳动仲裁处理过程中,如果待证事实存在争议,则需要通过证明活动予以查明。司法实践中,待证事实的证明活动一般会出现三种结果:一是事实被认定;二是事实不被认定;三是事实无法查明真假,即真伪不明状态。而在以上三种状态下,只有"真伪不明"时,才能适用举证证明责任来进行裁决。所以,客观举证证明责任并不适用所有状态,而其是有适用前提条件的。

何为"真伪不明"?我们认为,所谓真伪不明,是指法官在诉讼中对待证事实的一种认识状态、判断状态,也即心证状态。具体而言,他是指法官在作出裁判前,既不能肯定该事实是真实的,是确实存在的,同时也不能肯定该事实是不真实的,不存在的。④ 依照德国法学家汉斯·普维庭的观点,构成"真伪不明"

---

① 实际上,由于工资是经常变动的,因此书面劳动合同对劳动关系成立的证明力较强而对劳动关系状态的证明力较弱。具体分析参见董保华:《劳动合同制度中的管制与自治》,上海人民出版社 2015 年版,第 199 页。

② [日]伊藤滋夫:《要件事实讲义》(节译),小林正弘译,载崔建远主编:《民法九人行》(第 7 卷),法律出版社 2014 年版,第 303 页。

③ 袁中华:《劳动争议证明责任倒置说之批判》,载《环球法律评论》2017 年第 3 期。

④ 李浩:《证明责任的概念——实务与理论的背离》,载《当代法学》2017 年第 5 期。

的环境条件是:(1)原告已经提出有说服力的主张;(2)被告也已提出实质性的对立主张;(3)对争议事实主张需要证明(自认的事实、众所周知的事实、没有争议的事实不在此限);(4)所有程序上许可的证明手续已经穷尽,法官仍不能获得心证;(5)口头辩论程序已经结束,上述第三项的证明需要和第四项的法官心证不足仍没有改变。①

二、举证证明责任的分配

所谓举证证明责任的分配,是指劳动仲裁委员会在劳动仲裁过程中,按照一定的规范或标准,将事实真伪不明时所要承担的不利后果,在当事人之间进行划分由谁承担的行为。根据一定的规范或标准,将举证证明责任在当事人之间进行分配,这说明举证证明责任的分配具有法定性,即举证证明责任的分配只能由法律预先设定,而一般不能由法官或仲裁员自由分配,这一点应当注意。举证证明责任的分配体现了公平正义原则。并且,劳动争议的特殊性,也使劳动仲裁举证证明责任的分配,与民事诉讼证明责任的分配存在较大区别。其三个分配规则及其相关问题分析如下。

(一)基本规则

《劳动争议调解仲裁法》第6条规定:“发生劳动争议,当事人对自己提出的主张,有责任提供证据。与争议事项有关的证据属于用人单位掌握管理的,用人单位应当提供;用人单位不提供的,应当承担不利后果。”同时,该法第39条第2款还规定:“劳动者无法提供由用人单位掌握管理的与仲裁请求有关的证据,仲裁庭可以要求用人单位在指定期限内提供。用人单位在指定期限内不提供的,应当承担不利后果。”从上述规定可知,劳动仲裁举证证明责任的基本分配规则为:一是“谁主张,谁举证”;二是“谁掌管,谁举证”。

1. 对“谁主张,谁举证”的正确理解

(1)关于对主张责任的理解

所谓主张责任,是指当事人为获得有利裁判,而向法院提出于己有利的事实和利益的根据的责任。根据大陆法系的通说,当事人必须就对自己有利的要件事实加以主张,否则,法院就不能适用基础规范支持他的诉讼请求。这种责任就被称为主张责任。与其说主张责任是一种“责任”,不如说是一种风险或不利益。当事人未完成主张责任,会导致败诉的后果。也就是说,当事人未主张的要件事实,法院就不得以其作为判决的基础。或者说,能够作为法院判决

① [德]汉斯·普维庭:《德国现代证明责任论》,吴越译,法律出版社2001年版,第三章第一节“真伪不明的概念”。

基础的要件事实,必须在当事人的辩论中出现。[①] 所以,主张责任不是证明责任,在发生时间的先后顺序上,主张责任发生在证明责任之前。主张责任是产生证明责任的前提条件。只有当事人提出了有利于自己的主张(如要件事实主张),才产生需要举证证明责任的问题。同时,也要注意仲裁主张不是仲裁请求。例如,在《劳动仲裁申请书》中,"事实与理由"部分中的内容,就是申请人的仲裁主张。主张是仲裁机构进行审理的基础,只有提出了主张,才使劳动仲裁成为可能。只有当事人主张了法律规范中的全部要件事实,被证明或被认定并得到劳动仲裁委员会的确认,才能赢得胜诉。另外,当事人的事实主张也圈定了其提供证据的范围。和证明责任一样,主张责任也可分为主观的主张责任和客观的主张责任。前者是指当事人在诉讼发生的初始阶段为法院确定审理对象以及形成明确的争点有提出具体事实主张的必要性,或者因未能提出或者未能适当提出事实主张造成不利益的风险承担。后者是指在诉讼终结时,法院发现因某种事实主张的欠缺或遗漏而将此所产生的不利益判归其中一方当事人承受的风险承担。[②]

关于主张的类型,有积极主张和消极主张之分。积极主张又称为肯定的主张,消极主张又称为否定的主张。《劳动争议调解仲裁法》第 6 条规定:"发生劳动争议,当事人对自己提出的主张,有责任提供证据……"但上述规定没有区别积极主张和消极主张。罗马法法谚"肯定者承担承担责任,否定者不承担举证责任"。另外,我国劳动仲裁上有一个消极确认之诉,即申请人可以要求劳动仲裁委员会确认用人单位或劳动者与自己不存在劳动关系。因为"确认劳动关系纠纷"案由中的"确认",可以是积极的确认,也可以是消极的确认。消极确认之诉中的对事实的基本主张就是消极主张。

关于主张共通的问题。需要注意的是,我们不能机械地理解主张责任。从大陆法系的理论和实践的情况来看,各国为了避免因为某些程序上的欠缺而导致判决背离实体公正,逐渐发展出来了主张共通原则,即只要有一方当事人提出了相关要件事实主张,法院就可以把这一主张视为本案中的相关事实主张。也就是说,一方当事人提出了主张责任的主张,即使未提出相关要件事实主张,但只要对方当事人提出了,也可以视为一方当事人提出来了。[③]

---

① 许可:《民事审判方法 要件事实引论》,法律出版社 2009 年版,第 115 页。

② 邹碧华:《要件审判九步法》,法律出版社 2010 年版,第 93 页。

③ 邹碧华:《要件审判九步法》,法律出版社 2010 年版,第 102 页。

(2)对举证证明责任分配的理解

“谁主张,谁举证”是举证证明责任的基本分配规则。但是,劳动争议调解仲裁法却对“谁主张,谁举证”的证明责任如何分配,没有作出进一步的规定。应该说,我国劳动争议客观证明责任分配规则并未确立。[①] 这属于劳动法规则漏洞,应当填补。我们认为应当参照适用民事诉讼法的相关规定,《民诉法解释》第91条规定:“人民法院应当依照下列原则确定举证证明责任的承担,但法律另有规定的除外:(一)主张法律关系存在的当事人,应当对产生该法律关系的基本事实承担举证证明责任;(二)主张法律关系变更、消灭或者权利受到妨害的当事人,应当对该法律关系变更、消灭或者权利受到妨害的基本事实承担举证证明责任。”妨碍,是指干扰、阻碍,使事情不能顺利进行;而妨害,指有害于或阻碍的意思。妨害较妨碍来说,妨害则语义较重、程度较深。“权利妨碍规范,即在权利发生开始时妨碍权利发生的效果,使权利不能发生的法律规范。”[②]所谓权利受到妨害,是指在权利发生开始时有害于或阻碍权利发生的效果,使权利不能发生的意思。

《民诉法解释》第91条规定的证明责任分配规则,采用的是德国学者罗森贝克法律要件分类说之规范说理论。[③] 法律规范分类说从法律规范中寻找举证责任分配规则的优点在于把举证责任形式化了。从理论上讲,凡起诉必有权利请求,有权利请求则必有法律条文,有法律条文必有构成要件,有构成要件,举证责任就可以分配了。因而,该理论从其产生开始,就获得了普遍认可。[④]

---

① 侯玲玲:《劳动争议证明责任理论思考和制度重构》,载《法学评论》2017年第3期。

② 最高人民法院修改后民事诉讼法贯彻实施工作领导小组编著:《最高人民法院民事诉讼法司法解释理解与适用》(上册),人民法院出版社2015年版,第315页。

③ 罗森贝克将民事实体法规范分为两大类:一为权利发生规范,也即基本规范,是指能够引起权利发生的法律规范。二为对立规范,包括权利妨碍规范,即在权利发生开始时妨碍权利发生的效果,使权利不能发生的法律规范;权利消灭规范,即在权利发生之后使已经存在的权利归于消灭的法律规范;权利限制规范,即在权利发生之后,权利人欲行使权利时,能够使权利的效果予以遏制或消除,从而使权利不能实现的法律规范。在上述对实体法规范分类的基础上,规范说认为,凡主张权利存在的当事人应当对权利发生的法律要件存在的事实负举证责任,否认权利存在的当事人应当就权利妨碍法律要件、权利消灭法律要件或者权利限制法律要件存在的事实负举证责任。审判实践中,在出现待证事实真伪不明时,法官根据这种举证责任分配的规则,对真伪不明的待证事实进行归类,确定对该事实负有举证责任的当事人,并据此判决由其承担不利后果。法律要件分类说中的规范说自诞生以来,尽管不断遭受批评和挑战,但迄今仍然无法撼动其作为大陆法系国家和地区举证责任分配的通说地位。参见最高人民法院修改后民事诉讼法贯彻实施工作领导小组编著:《最高人民法院民事诉讼法司法解释理解与适用》(上),人民法院出版社2015年版,第315~316页。

④ 邹碧华:《要件审判九步法》,法律出版社2010年版,第97页。

在劳动者主要提成工资的案件中，举证责任应如何分配？原则上应当由主张权利存在的当事人，对该权利发生原因的事实承担证明责任，而主张权利不存在的当事人，对权利消灭原因的事实承担证明责任。在法律没有对劳动者提成工资明确规定举证责任倒置的情况下，劳动者所主张的提成工资显然属于主张劳动报酬请求权，因此，应当由劳动者对提成工资发生的原因事实即双方约定的提成工资产生的事实承担举证责任。[①] 一言以蔽之，在劳动争议中，举证证明责任的分配原则为：凡主张劳动关系（请求权）发生、变更、解除或终止的当事人负证明责任。其中，由于“权利受到妨害”之事实隶属于“劳动关系发生”事实，故不再单列为单独的一类事实。这样概括和总结的劳动仲裁举证证明责任分配规则，则更加简明扼要，方便理解和记忆。

仍举例说明之。劳动者依据《劳动合同法》第 46 条第 5 项的规定，要求用人单位支付劳动合同期满终止之经济补偿。根据《民诉法解释》第 91 条第 1 项的规定，本案的请求权基础规范（权利产生规范或法律关系存在规范）为《劳动合同法》第 46 条第 5 项，“用人单位应当向劳动者支付经济补偿”是法定请求权（法律效果），而“劳动者同意按不低于原劳动合同约定条件续订”“用人单位不同意签订”是产生该请求权（存在该法律关系）的基本事实和前提条件，该基本事实是劳动者所主张的要件事实。根据规范说的原理，主张法律效果（请求权）的当事人应当就该效果的前提性要件承担举证证明责任。所以，支付经济补偿之请求权能否获得支持，取决于劳动者能否完成上述二个要件事实（基本事实）的举证证明责任。《民诉法解释》第 91 条第 1 项规定，“主张法律关系存在的当事人，应当对产生该法律关系的基本事实承担举证证明责任”。一般而言，举证证明责任完成了，该请求权成立，并可以裁决支持其仲裁请求即责令用人单位依法支付经济补偿；反之，则该请求权不成立，且可以驳回其仲裁请求。例如，如果用人单位抗辩“劳动者不同意续订”，则属于主张权利受到妨害（请求权未发生效果）；如果用人单位抗辩“已依法支付经济补偿”，则属于主张权利虽成立但已消灭（法律关系已消灭）；如果用人单位抗辩“已协商降低经济补偿支付标准”，则属于主张权利虽成立但已变更（法律关系已变更）；如果用人单位抗辩“已过仲裁时效”，则属于主张请求权虽已成立但受到了限制（抗辩

① 最高人民法院民事审判第一庭编：《民事审判实务问答》，法律出版社 2021 年版，第 208 页。

权发生[①])。同时,以上用人单位主张的变更、消灭或者权利受到妨害之事实,应当由用人单位承担举证证明责任,《民诉法解释》第 91 条第 2 项规定:"主张法律关系变更、消灭或者权利受到妨害的当事人,应当对该法律关系变更、消灭或者权利受到妨害的基本事实承担举证证明责任。"

(3)自认、否认、抗辩、不知与举证证明责任

所谓抗辩,是指当事人通过主张与相对方主张的事实不同的事实或法律关系来排斥相对方的主张,包括权利未发生的抗辩和权利消灭的抗辩。其中,权利未发生的抗辩,又称权利妨碍抗辩,是指被告主张原告的请求权基于特定的事由而自始不发生,法定的抗辩事由例如:法律行为当事人无行为能力,限制行为能力人订立合同未被法定代理人追认,合同内容违反公共秩序与善良风俗,无权代理未被本人追认,等等。权利消灭抗辩是指原告的权利曾经存在,但因清偿、免除、抵销等符合法律规定的方式嗣后消灭,法定的抗辩事由例如:债务已清偿及代物清偿、提存、抵销、免除、混同等。否认并非证据法领域的专门概念。一般认为,否认包括单纯否认、推论否认和积极否认。单纯否认是指对对方主张的事实直接予以否定,譬如被告对原告请求返还本金的主张辩称"我从未向你借过钱";推论否认是指以不知道或不记得为由否定对方的事实主张;而积极否认则是通过主张与对方主张的事实不能两立的事实来排斥对方的事实主张。[②]

就被告对于原告陈述的态度而言,学术上与法律规定上多用自认、否认、抗辩、不知四种。反驳在我国民事诉讼理论中,通常包括否认、抗辩与不知等。由于否认不负担证明责任,抗辩则需要负担证明责任,所以无从依据反驳这个概念确定证明责任分担。有观点认为,我国民事诉讼法上反驳诉讼请求的制度乃是在移植苏联民事诉讼法上 возражение 制度的基础上进行的本土化改造。对这个词的翻译有多种版本,如"答辩"、"异议"、"反驳"、"辩护"以及"抗辩"等,甚至同一译者也多次出现一词两译的情形。[③] 换言之,"反驳"一词的歧义源自对苏联法上"возражение"一词的多种翻译。比如,在苏联法上,被告可以通过三种手段进行答辩以对抗诉讼请求,即否认、反驳与反诉。如果被告否认向他

---

① 越来越多的观点认为,我国关于诉讼时效的效力应采抗辩权发生说。抗辩权发生说意味着,如果义务援引抗辩权,权利人的权利将转化为自然权利,法院不予保护。如果义务人不援引抗辩权,则权利人的权利仍然是一种完整的权利,法院仍予以保护。参见最高人民法院民事审判第二庭编著:《最高人民法院关于民事案件诉讼时效司法解释理解与适用》,人民法院出版社 2008 年版,第 77 ~ 78 页。

② 袁琳:《证明责任视角下的抗辩与否认界别》,载《现代法学》2016 年第 6 期。

③ 陈刚:《苏联民事诉讼法上 возражение 制度研究》,载《中外法学》2014 年第 5 期。

所提起的诉讼请求，那么作为诉讼根据的事实的举证责任，应由原告负担。但是，被告不仅有权否认，而且也有权提出自己否认诉讼请求的理由。这种不同于反诉的附理由否认就是所谓的"反驳"。"被告在反驳诉讼请求的时候，也可以举出法律上的理由，来证明自己所提出的原告没有起诉权的主张。反驳中所包含的事实情况的举证责任，由被告负担。"①笔者认为，应将这个词翻译为抗辩。《民诉法解释》第 90 条所谓反驳诉讼请求所依据的事实，实与抗辩同义。如此解释不仅契合大陆法系民事诉讼法学用语的规范性与统一性，而且可以有效避免反驳在汉语中的多义性而造成证明责任分配的混乱。② "抗辩与否认的根本差异在于对请求原因事实的攻击路径：抗辩排斥请求原因事实发生的法律效果，承认请求原因事实的客观存在；否认直接排斥请求原因事实本身。"③所以，我们认为应将《民诉法解释》第 90 条之"反驳对方诉讼请求所依据的事实"中的"反驳"理解为"抗辩"，且当事人自认则免除对方的举证证明责任，当事人否认或不知的，该当事人不承担举证证明责任，当事人抗辩的应承担举证证明责任，如仅凭反驳这个概念是无法确定证明责任分担的。

2. "谁掌管，谁举证"

用人单位掌管证据的，则免除劳动者的举证义务。但上述《劳动争议调解仲裁法》第 6 条的规定也存在缺陷，即仅仅规定了当事人的主观证明责任（谁主张，谁举证），而没有规定客观证明责任，这属于法律规则漏洞。这个客观证明责任内容应为：在作出裁决前，当事人未能提供证据或者证据不足以证明其事实主张的，由负有举证证明责任的当事人承担不利的后果。而上述《劳动争议调解仲裁法》第 39 条就规定了客观证明责任，即"用人单位在指定期限内不提供的，应当承担不利后果"。

关于违约金过高的举证责任分配问题。最高人民法院《关于当前形势下审理民商事合同纠纷案件若干问题的指导意见》（法发〔2009〕40 号）第 8 条规定："……违约方对于违约金约定过高的主张承担举证责任，非违约方主张违约金约定合理的，亦应提供相应的证据……"之所以作出如此规定，"一般而言，在违约方请求减少过高的违约金时，应当按照'谁主张、谁举证'原则，违约方负有证明违约金过高的举证责任。但是，鉴于衡量违约金是否过高的最重要标准是违约造成的损失，守约方因更了解违约造成损失的事实和相关证据而具

---

① ［苏］克列曼：《苏维埃民事诉讼》，王之相、王增润译，法律出版社 1957 年版，第 212 ~ 213 页。

② 段文波：《民事证明责任分配规范的法教义学新释》，载《政法论坛》2020 年第 3 期。

③ 袁琳：《证明责任视角下的抗辩与否认界别》，载《现代法学》2016 年第 6 期。

有较强的举证能力，因此，违约方的举证责任也不能绝对化，守约方也要提供相应的证据”。[①] 由于守约方掌管有违约造成损失方面的证据，故也有相应的举证证明责任。如果守约方拒不提供的，违约金可依据《民诉法解释》第 112 条第 1 款之规定，在举证期限届满前申请书证提出命令，请求法院责令其提交。

3. 优先适用问题

我们认为在劳动争议处理过程中，劳动仲裁举证证明责任的基本分配规则，应当得到优先适用。《民诉法解释》第 90 条第 1 款规定：“当事人对自己提出的诉讼请求所依据的事实或者反驳对方诉讼请求所依据的事实，应当提供证据加以证明，但法律另有规定的除外。”劳动仲裁举证证明责任的基本分配规则之相关规定，可以认为是属于以上规定中“法律另有规定的”范围。上述特别规定及优先适用规则，遵循了劳动关系具有从属性的特点，具有合理性，应当作为劳动仲裁中举证证明责任的基本分配规则。

4. 加重用人单位举证义务问题

从上述特别规定可以看出，该证明责任分配规则加重了用人单位的举证义务，即只要证据由用人单位掌管的，用人单位就必须提供，否则就要承担不利后果。即使劳动者没有申请劳动仲裁委员会责令用人单位提供，劳动仲裁委员会也可以主动要求用人单位提供。如果用人单位拒不提交该证据，就应当承担不利后果。这是劳动仲裁举证证明责任分配，与民事诉讼举证证明责任分配的不同之处。

虽然劳动仲裁委员会可以要求用人单位提交其掌管的证据材料，并承担不利后果，但从合理性上来看，证据的保管不能没有期限。此期限劳动争议调解仲裁法未作规定，我们建议原则上不得超过二年。建议参照的依据为《工资支付暂行规定》（劳部发〔1994〕489 号）第 6 条第 3 款的规定：“用人单位必须书面记录支付劳动者工资的数额、时间、领取者的姓名以及签字，并保存两年以上备查……”

（二）特殊规则

这里的“特殊”不是针对劳动仲裁与民事诉讼而言的，而是对劳动仲裁程序中证明责任的基本分配规则而言的。《劳动争议调解仲裁法》第 6 条的规定是劳动仲裁举证证明责任分配的基本规则，而在这个基本分配规则之外，还存在一些优先适用的特殊分配规则，现列举如下几方面。

---

① 最高人民法院民事审判第一庭编：《民事审判实务问答》，法律出版社 2021 年版，第 312 页。

1."谁决定,谁举证"

这是解决用人单位单方行使管理权时的举证证明责任的分配规则。例如,用人单位在劳动者不胜任工作、劳动者医疗期满后不能从事原工作、对负有保守用人单位商业秘密的劳动者采取保密措施等情形下依法调整劳动者工作内容和工资报酬,用人单位应对调整劳动者工作内容的合理依据承担举证责任。

另外,《劳动争议司法解释(一)》第44条规定:"因用人单位作出的开除、除名、辞退、解除劳动合同、减少劳动报酬、计算劳动者工作年限等决定而发生的劳动争议,用人单位负举证责任。"在理解上述规定时要注意两点:一是要注意上述规定中的"等"字。应当理解为用人单位单方行使管理权的情形,可以不受上述规定中列举范围的限制。我们认为这个特别规定具有合理性,类似于行政诉讼中行政机关的证明责任分配规则,即行政机关对作出的行政行为负有举证责任,应当提供作出该行政行为的证据和所依据的规范性文件①。二是要注意上述规定为什么被2019年《民事证据规定》删除了。2001年《民事证据规定》第6条②中是有上述规定内容的,后来在修改时被删除了。对于这个删除动作,我们不能理解为上述规定不再适用了,而应当理解为:2001年《民事证据规定》第6条之规定,均能够通过适用《民诉法解释》第91条关于举证责任分配规则的规定解决,没有重复规定的必要,③且《劳动争议司法解释(一)》第44条有相同之规定。

但适用《劳动争议司法解释(一)》第44条有个问题需要注意,即"开除、除名、辞退、解除劳动合同、减少劳动报酬、计算劳动者工作年限等决定"是否已经作出之证明责任,不能根据该规定理所当然地分配给用人单位承担,而应当由主张该事实的当事人承担举证证明责任。如果劳动者主张上述"决定"已经作出的,则应由劳动者就"决定"已经作出承担证明责任。劳动者完成"决定"已经作出的证明责任之后,再根据上述司法解释第44条的规定,由用人单位对作出"决定"的合法性承担证明责任。

2.解除的举证证明责任分配

根据劳动合同法关于解除劳动合同的相关规定,我们认为劳动合同解除的

---

① 《行政诉讼法》(2017年6月27日发布)第34条。

② 2001年《民事证据规定》第6条:"在劳动争议纠纷案件中,因用人单位作出开除、除名、辞退、解除劳动合同、减少劳动报酬、计算劳动者工作年限等决定而发生劳动争议的,由用人单位负举证责任。"

③ 郑学林、刘敏等:《关于新〈民事证据规定〉理解和适用的若干问题》,载《人民法院报》2020年3月26日,第5、7版。

举证证明责任分配规则体现在以下几点。

（1）解除之经济补偿争议的证明责任

因经济补偿金发生争议的，劳动者应就“劳动合同已被解除”之事实承担证明责任，用人单位应就“用人单位作出解除决定”或“劳动者存在过失或者主动辞职”之事实承担证明责任。相关法理分析：《民诉法解释》第 90 条规定，“当事人对自己提出的诉讼请求所依据的事实”“应当提供证据加以证明”。同时，根据规范说的原理，每一个在诉讼中主张某规范的法律效果的当事人，都应就该规范的前提构成要件承担举证责任。[①] 劳动者主张解除之经济补偿的请求权基础为《劳动合同法》第 46 条的规定，故劳动者应当就其构成要件事实的存在承担证明责任，即存在《劳动合同法》第 38 条推定解雇、第 36 条用人单位提出协商解除、第 40 条无过失解除和第 41 条经济性裁员之构成要件事实承担证明责任。但是，劳动者要完成上述证明责任在客观上确实存在困难，如劳动者要证明解除是因为自己不符合条件、不能胜任工作和客观情况发生重大变化等事实。但是，如果劳动者未完成，则在真伪不明时需要承担不利之法律后果，这对劳动者保护不利。为倾斜保护劳动者合法权益，《劳动争议司法解释（一）》第 44 条将用人单位单方决定解除事实的证明责任分配给了用人单位。虽然劳动者依据《劳动合同法》第 38 条解除形式上为劳动者单方解除，但由于该法第 38 条在定性上学者主流观点认为属于推定解雇，即实质上属于用人单位解雇，故在证明责任分配上也应理解为由用人单位决定解除，需由用人单位承担证明责任。例如，劳动者以《劳动合同法》第 38 条第 1 款（推定解雇）为由“口头”通知解除并要求支付经济补偿，此情形下劳动关系已经解除及通知之事实应由劳动者承担证明责任，如果用人单位否认的则不承担证明责任，在事实真伪不明时应由劳动者承担不利后果。如果用人单位自认的，则免除劳动者就解除及通知之事实所需要承担的证明责任，此情形下应由用人单位就不符合《劳动合同法》第 38 条规定的解除条件承担证明责任。另外，关于《劳动合同法》第 36 条用人单位提出协商解除之非用人单位单方决定解除事实的证明责任，仍按《民诉法解释》第 90 条的规定进行分配，即“谁主张，谁举证”。

（2）违法解除赔偿金争议的证明责任

因违法解除赔偿金发生争议的，劳动者应就“劳动合同已被用人单位解除”之事实承担证明责任，用人单位应就“解除劳动合同合法”之事实承担证明责任。例如，《劳动合同法》第 39 条第 1 项规定，劳动者在试用期间被证明不

---

① ［德］莱奥·罗森贝克：《证明责任论》，庄敬华译，中国法制出版社 2002 年版，第 122 页。

符合录用条件的,用人单位可以解除劳动合同。上述规定将“不符合录用条件”的证明责任分配给了用人单位,如果用人单位无法证明其不符合录用条件,则应当承担举证不能之不利后果即违法解除。

相关法理分析,《民诉法解释》第 90 条第 1 款规定:“当事人对自己提出的诉讼请求所依据的事实或者反驳对方诉讼请求所依据的事实,应当提供证据加以证明,但法律另有规定的除外。”故一般情况下劳动者应当就“违法解除赔偿金请求权”发生之“用人单位解除”和“属于违法解除”这二个要件事实承担证明责任,但由于《劳动争议司法解释(一)》第 44 条将“用人单位单方决定解除”事实的证明责任分配给了用人单位,故上述两个要件事实中,劳动者仅就“用人单位解除”承担证明责任,而“属于合法解除”之证明责任由用人单位承担。

(3)认可时的证明责任

劳动者或用人单位认可解除之事实的,则免除相对方的举证证明责任。

3. 是否构成工伤的举证证明责任分配

《工伤保险条例》第 19 条第 2 款规定:“职工或者其近亲属认为是工伤,用人单位不认为是工伤的,由用人单位承担举证责任。”上述规定将双方对事故伤害是否为工伤产生争议时的举证证明责任,分配给了用人单位。这个分配具有合理性和合法性,用人单位有为劳动者申请工伤认定的义务,拒不申请的,应当承担不利后果。但是,实务操作中应当注意在对“三工”因素以及与“工作时间和工作岗位突发疾病”等事实的认定中,用人单位应当承担排除一切因工受伤可能性的反证责任。

4. 劳动关系认定的举证证明责任分配

(1)凭证提供义务

《关于确立劳动关系有关事项的通知》(劳社部发〔2005〕12 号)第 2 条规定:“用人单位未与劳动者签订劳动合同,认定双方存在劳动关系时可参照下列凭证:(一)工资支付凭证或记录(职工工资发放花名册)、缴纳各项社会保险费的记录;(二)用人单位向劳动者发放的‘工作证’、‘服务证’等能够证明身份的证件;(三)劳动者填写的用人单位招工招聘‘登记表’、‘报名表’等招用记录;(四)考勤记录;(五)其他劳动者的证言等。其中,(一)、(三)、(四)项的有关凭证由用人单位负举证责任。”上述规定将能够证明劳动关系成立的相关凭证的举证证明责任,分配给了用人单位。如果用人单位拒不提供,则应当承担不利后果。当然,如果该单位与劳动者不存在用工关系,或不认识该劳动者的,则无举证证明责任。在劳动者有照片、录像等证据证明用人单位存在考勤记录、招用记录或职工花名册的情况下,用人单位更应当提供相关证据,因为上述证据材料在用人单位掌管之下，劳动者无法取得。人力资源社会保障部、住房城乡建设部、国家安全生产监督管理总局、全国总工会《关于进一步做好建筑业工伤保险工作的意见》（人社部发〔2014〕103 号）第 5 条对此也作出了类似规定。[①]

（2）举证责任分配中的特殊事项

在劳动关系认定案件中还应注意以下几项特殊的举证责任：一是请求确认劳动关系的一方应当对双方建立劳动关系的合意承担举证责任；二是主张确认劳动关系的一方应对存在实际用工承担举证责任；三是单位主张并非劳动关系的主体，个人系与第三方建立法律关系的，应对其主张承担举证责任。

5. 加班和竞业限制之举证证明责任分配

《劳动争议司法解释（一）》第 42 条规定："劳动者主张加班费的，应当就加班事实的存在承担举证责任。但劳动者有证据证明用人单位掌握加班事实存在的证据，用人单位不提供的，由用人单位承担不利后果。"以上规定中的后半部分规定，将用人单位掌管加班材料的提供责任，分配给了用人单位一方，因为劳动者有证据证明该证据在用人单位的掌管之下，且劳动者无法提供。故用人单位承担加班资料提供义务的前提条件为劳动者提供了初步证据，且能够证明用人单位掌握有加班事实存在的证据。

在竞业限制举证责任分配中，也存在由证据掌握者提供资料之情况，即用人单位有证据证明，劳动者掌握违反竞业限制事实存在的证据，劳动者不提供的，则由劳动者承担不利后果。只要用人单位提供了初步证据，能够从表面或形式上证明，劳动者到了有竞争关系的新单位就业，或者自己开业生产或经营同类产品、从事同类业务，如直接或间接投资了有竞争关系的新单位、近亲属或本人设立了有竞争关系的自营组织、参加有竞争关系之新单位活动、到有竞争关系之新单位去上班、定期收取有竞争关系之新单位资金、媒体报道任职于有竞争关系之新单位、在有竞争关系之新单位资料上出现、有竞争关系之新单位

---

① 人力资源社会保障部、住房城乡建设部、国家安全生产监督管理总局、全国总工会《关于进一步做好建筑业工伤保险工作的意见》（人社部发〔2014〕103 号）第 5 条规定："……建筑施工企业应依法与其职工签订劳动合同，加强施工现场劳务用工管理。施工总承包单位应当在工程项目施工期内督促专业承包单位、劳务分包单位建立职工花名册、考勤记录、工资发放表等台账，对项目施工期内全部施工人员实行动态实名制管理。施工人员发生工伤后，以劳动合同为基础确认劳动关系。对未签订劳动合同的，由人力资源社会保障部门参照工资支付凭证或记录、工作证、招工登记表、考勤记录及其他劳动者证言等证据，确认事实劳动关系。相关方面应积极提供有关证据；按规定应由用人单位负举证责任而用人单位不提供的，应当承担不利后果。"

代保代缴个税、有竞争关系之新单位为劳动者缴纳了社保或公积金等，以上证据可以单个或多个形成链条，来证明劳动者与有竞争关系的新单位之间存在紧密关系，则劳动者就应当提供证据，证明其在新单位未从事与原单位相竞业的行为，即劳动者需要证明就业从事业务或自营业务与原单位无竞争关系，如果劳动者不提供证据证明之，则由劳动者承担不利后果。因为竞业事实存在之证据都掌握在劳动者一方手中，客观上形成了“证据偏在”之情况，用人单位无法提供。例如，(2016)京03民终934号，即闫某某与天津奇思科技有限公司竞业限制争议案件中，就是按此思路进行举证证明责任分配的。

（三）补充规则

事实上《劳动争议调解仲裁法》第6条“谁主张，谁举证”之一般证明责任的规定，并没有很好地解决劳动仲裁的证明责任分配问题，因为这一规定比较笼统，裁审实践中难以操作。特别是对于同一个需要证明的问题，一方主张了一些肯定性的事实，另一方主张了一些否定性的事实，此时究竟应当由哪一方承担证明责任呢？依照“谁主张，谁举证”的原则，可能难以作出准确的判断。[①]裁审实践中，在上述举证证明责任基本分配规则和用人单位举证责任特殊规定之外，还客观存在其他的证明责任及其分配规则。主要有以下两个。

1. 由仲裁员确定的分配规则

虽然要件分析方法是我国现行举证责任分配的基础性方法，《民诉法解释》第91条依此理论对证明责任分配作出了明确规定，但该规定也存在缺陷。例如，用人单位多支付了工资给劳动者，如果由用人单位承担“不当得利”之“得利人没有法律根据取得不当利益”这一要件事实的证明责任，则明显不合理，也不公平。《劳动仲裁规则》根据利益衡量说理论，对此劳动法规则漏洞进行了填补。《劳动仲裁规则》第14条规定：“法律没有具体规定、按照本规则第十三条规定无法确定举证责任承担的，仲裁庭可以根据公平原则和诚实信用原则，综合当事人举证能力等因素确定举证责任的承担。”最高人民法院也认为此情形下应由劳动者承担“没有法律依据”的举证责任，理由为：“1. 不当得利中‘没有法律根据’不是一般诉讼中特定的待证事实，而是一系列不特定的民事法律行为、事实行为乃至事件的集合。对于原告而言，让其证明‘没有法律根据’是一项不可能完成的任务。2. 按照《民诉法解释》第91条第1项规定，主张法律关系存在的当事人，应当对产生该法律关系的基本事实承担举证证明责任。此亦为‘谁主张、谁举证’的例外情形。故被告如主张存在一定的法律

① 江伟、肖建国主编：《民事诉讼法》，中国人民大学出版社2018年版，第215页。

关系构成‘法律依据’的，应由被告承担举证证明责任。”①

以上证明责任分配补充规则反映的是仲裁员的自由心证过程，但仲裁员应当公开确定后的结果，并说明具体的判断理由，以表明合理性、合法性。同时，仲裁员在确定证明责任的分配过程中，应当适用减轻劳动者证明责任的原则。劳动关系是不平等主体之间的权利义务关系，具有从属性特征，劳动者始终在用人单位的管理、指挥和控制之下，相对用人单位而言处于弱势地位，且相关证明资料获取不易，一般较难成功举证。所以，根据劳动法之倾斜保护原则，仲裁员在证明责任分配时，应当减轻劳动者的证明责任。如劳动者主张口头辞退，而用人单位主张自动离职，此时仲裁员就应当确定，由用人单位就劳动者自动离职的事实承担举证证明责任，否则承担不利后果。江苏省在裁审实践中，就形成了上述证明责任分配相同的司法政策。②

2. 客观证明责任的参照适用

虽然《劳动争议调解仲裁法》第 6 条前一句仅仅规定了主观证明责任，未规定客观证明责任，但在裁审实践中客观证明责任的适用是客观存在的。《民诉法解释》第 90 条第 2 款规定：“在作出判决前，当事人未能提供证据或者证据不足以证明其事实主张的，由负有举证证明责任的当事人承担不利的后果。”以上就是民事诉讼证明责任之客观证明责任的规定。我们认为在劳动仲裁过程中必须参照适用。如果不参照适用，则所有“真伪不明”的劳动争议案件将无法处理，因为在“真伪不明”情形下，劳动争议调解仲裁法没有规定举证证明责任。

（四）证明责任分配规则间的相互关系

通过上述分析可知，我国劳动仲裁三种证明责任分配规则之间的关系如下：首先，要优先适用特殊规则；其次，在没有特殊规则的情况下，才适用基本规则；最后，当基本规则无法解决证明责任分配问题且无特殊规则存在的情况下，则可以适用补充规则来进行分配。

（五）劳动者举证困难的实务处理

中国目前的司法实践中，造成劳动者难以举证的原因可以分为两个方面：

---

① 最高人民法院民事审判第一庭编：《民事审判实务问答》，法律出版社 2021 年版，第 318 ~ 319 页。

② 江苏省高级人民法院、江苏省劳动人事争议仲裁委员会《关于审理劳动人事争议案件的指导意见（二）》（2011 年 11 月 8 日）第 14 条规定：“劳动者主张被用人单位口头辞退，而用人单位主张是劳动者自动离职，由用人单位就劳动者自动离职的事实负举证责任，用人单位不能举证证明的，由其承担不利后果。”

一是证据偏在，二是证据未形成。前者是用人单位基于其管理地位而独占证据材料，造成劳动者难以举证，此时可以通过证明责任倒置[①]或者证明妨碍制度来解决。而后者则是由于用人单位怠于履行法律规定的义务，致使应当在诉讼之前就形成的证据材料没有形成，此时证明责任倒置与证明妨碍没有适用的余地，只能通过降低证明标准来减轻劳动者的举证负担。因此，在个案的考量中，对于某个要件事实，首先应当考虑是否已经形成了证明该事实的证据材料，如果已经形成，但是却存在证据偏在的，就应当适用证明责任倒置或者证明妨碍。如果通过考察案件的具体情况发现很可能没有形成证明该事实的证据材料，且用人单位负有形成该证据材料的义务的，就应当适用证明标准减轻规则来减轻劳动者的举证负担。[②] 例如，如果劳动者已经提供了初步证据，且能够证明确实存在加班，但难以确定具体加班时间、时长，此情形下，仲裁员一般会要求劳动者对加班时间、时长当庭作出说明。如果用人单位未能提供证据抗辩，则应当认定该证据材料没有形成，此时证明责任倒置与证明妨碍就无适用之余地，而应当通过降低证明标准，来减轻劳动者的举证负担，具体做法为在综合劳动者的岗位特点、工作内容、同岗位其他员工的出勤情况等因素的基础上，综合认定其加班时长。“证据偏在”促使了用人单位证据提出义务之制度的建立，“证据未形成”导致了仲裁员自由心证，确定证明责任分配及减轻劳动者举证证明责任制度的建立。这是我国劳动仲裁举证证明责任及其分配制度形成的基础，也回应了裁审实践的现实要求。

《劳动争议司法解释(一)》第1条第5项规定“社会保险经办机构不能补办”之证明责任应由谁承担？这个问题，实务中无法回避。“社会保险经办机构不能补办”之要件事实，是用人单位承担赔偿社保待遇责任的必不可少的前提条件之一。能补办，则不赔，且劳动仲裁也不会受理，但会告知劳动者去社保行政部门申请解决；不能补办，才有可能赔，劳动仲裁才受理并依法处理。根据“证据未形成”规则，笔者认为应由用人单位对“社会保险经办机构能补办”承担证明责任。在社保待遇赔偿争议中，“不能补办”之证据很可能还没有形成，因为缴纳社保是用人单位的法定义务，只有用人单位去补缴了，才有可能形成“不能补办”之证据。没去补缴，则不可能形成此证据。故从社保补缴义务主

---

① 笔者认为应当抛弃举证证明责任倒置说，而采用罗森贝克的法律要件分类说之规范说理论，该学说已被现行法律所采纳并规定为举证证明责任的一般分配规则，即《民诉法解释》第91条。

② 杨冰：《证明责任倒置与证明标准降低的契合——论我国劳动争议诉讼证明责任制度的完善路径》，载《西部法学评论》2012年第4期。

体这个角度来考察，用人单位负有形成该证据材料的义务。由于用人单位怠于履行社保补缴之义务，致使应当在仲裁或诉讼之前就形成的证据材料并未形成，此时证明责任倒置与证明妨碍无适用之余地，故只能适用证明标准减轻规则，来减轻劳动者的举证负担，劳动者只需证明“用人单位未为其办理社会保险手续”即可。否则，劳动者的合法权益就无法实现。所以，应当确定由用人单位来对“能补办”之要件事实承担举证证明责任，如果用人单位不能证明“能补办”，则应承担不利后果，即推定“不能补办”事实存在，并赔偿劳动者的社保待遇损失。

（六）无争议事实可责令当事人提供证据

《民事证据规定》第 18 条规定：“双方当事人无争议的事实符合《最高人民法院关于适用〈中华人民共和国民事诉讼法〉的解释》第九十六条第一款规定情形的，人民法院可以责令当事人提供有关证据。”《民诉法解释》第 96 条第 1 款规定：“民事诉讼法第六十七条第二款规定的人民法院认为审理案件需要的证据包括：（一）涉及可能损害国家利益、社会公共利益的；（二）涉及身份关系的；（三）涉及民事诉讼法第五十八条规定诉讼的；（四）当事人有恶意串通损害他人合法权益可能的；（五）涉及依职权追加当事人、中止诉讼、终结诉讼、回避等程序性事项的。”以上是对于无争议事实，人民法院可以责令相关当事人提供相关证据的规定。所以，人民法院对依职权主动调查收集证据持谨慎立场，因为上述《民诉法解释》第 96 条第 1 款只限定规定的情形，并没有兜底条款，不能扩大适用。

三、劳动仲裁举证证明责任例举

（一）确认劳动关系争议

1. 举证证明责任分配

根据一般举证原则，用人单位或劳动者应当对其主张的劳动关系成立或生效事实的存在或者不存在承担举证证明责任。

2. 常见证据

请求确认或者不予确认劳动关系发生的争议，双方应提供下列证据。

（1）用人单位与劳动者订立劳动合同的，应提供书面劳动合同或者其他具有劳动权利义务内容的合同文件，如入职协议书等。

（2）用人单位与劳动者未订立书面劳动合同的，主张双方存在事实劳动关系的一方可提供如下证据：①工资支付凭证或记录（职工工资发放花名册）、缴纳各项社会保险费的记录；②用人单位向劳动者发放的“工作证”“服务证”等能够证明身份的证件；③劳动者填写的用人单位招工招聘“登记表”“报名表”

等招用记录;④考勤记录;⑤劳动者为用人单位提供正常劳动的证明;⑥其他劳动者的证言等。其中,第一、三、四项的有关凭证由用人单位负举证责任。[①]

(二)劳动合同效力、订立和变更争议

1. 举证证明责任分配

(1)用人单位、劳动者主张劳动合同有效或者无效、变更的,应当对其提出的主张,承担举证证明责任。有关的证据属于用人单位掌握管理的,用人单位应当提供;用人单位不提供的,应当承担不利后果。[②]

(2)用人单位或者劳动者要求订立无固定期限劳动合同的,应由主张订立一方就订立无固定期限劳动合同条件成就承担举证证明责任。

(3)劳动者主张用人单位因未签订劳动合同向其每月支付二倍工资的,应由用人单位举证证明已签订了劳动合同,具有劳动合同性质的其他合同文件或者因劳动者原因未能签订劳动合同。

(4)劳动者为用人单位高管或者人力资源管理人员的,应就其是否与用人单位签订劳动合同承担举证证明责任。

(5)用人单位依法具有用工自主权,在符合法律规定和劳动合同约定的情况下,用人单位对劳动者工作岗位、工作内容进行单方变更的,须对其单方变更行为的合法性、合理性承担举证证明责任。

2. 常见证据

因劳动合同效力,劳动合同订立、变更发生的争议,双方应提供下列证据。

(1)用人单位主张已与劳动者签订或者变更劳动合同的,应当提供相应的书面劳动合同或者具有劳动合同性质的合同文件。

(2)劳动者主张用人单位因未签订劳动合同向其每月支付二倍工资的,应当提供:①双方存在劳动关系的证明;②实际用工起止日期的证明;③劳动者的工资情况的证明。

(3)用人单位或劳动者主张订立无固定期限劳动合同的,须提供:①劳动者在同一用人单位连续工作时间的证明;②劳动者出生年月、法定退休年龄等证明;③连续二次订立的固定期限劳动合同。

(三)劳动合同解除、终止及经济补偿金、赔偿金争议

1. 举证证明责任分配

(1)因用人单位作出的开除、除名、辞退、解除劳动合同、减少劳动报酬、计

---

① 原劳动和社会保障部《关于确立劳动关系有关事项的通知》(劳社部发〔2005〕12 号)第 2 条。

② 《劳动争议调解仲裁法》第 6 条。

算劳动者工作年限等决定而发生的劳动争议,用人单位负举证责任。[①]

(2)有关劳动合同解除和终止的事实,劳动者对其下列主张,应当承担举证责任:①已经提前通知用人单位解除劳动关系;②用人单位存在劳动者可以单方解除劳动合同的情形;③用人单位存在强迫劳动、危及劳动者人身安全的情形;④用人单位经济性裁员时,劳动者符合优先留用的情形;⑤劳动者存在用人单位不得解除劳动合同的情形,劳动合同存在可以逾期终止的情形。

(3)有关劳动合同解除和终止的事实,用人单位对其下列主张,应当承担举证责任:①劳动者存在用人单位可以单方解除劳动合同的情形;②劳动者存在用人单位可以采取提前30日书面通知或支付代通知金(额外支付劳动者1个月工资)后解除劳动合同的情形;③用人单位符合经济性裁员的条件;④用人单位单方解除劳动合同已经工会监督,或者虽未通知工会,但是在起诉前已经补正有关程序;⑤劳动合同终止符合法定条件。

(4)用人单位对解除劳动合同的意思表示已经到达劳动者承担举证责任。

(5)用人单位单方解除劳动合同的,无论是采用口头形式还是书面形式解除的,均应当由用人单位承担举证证明责任。

(6)对于劳动合同法规定的规章制度,用人单位须举证已经经过民主议定程序。

(7)用人单位以劳动者在试用期内被证明不符合录用条件为由解除劳动合同,须承担举证证明责任。

(8)未足额发放正常工作时间工资:①由劳动者举证证明正常工作时间工资的具体数额;②由用人单位举证证明足额发放了正常工作时间工资。

(9)劳动者以社会保险费缴费计算不符合法律规定为由解除劳动合同,应当提供社会保险征缴部门或者劳动监察部门出具的限期补缴通知书或者限期整改指令书等证据予以证明。

(10)经济补偿金的计算中,劳动者应对其在本单位工龄以及经济补偿金的计算基数进行举证,对其中由用人单位掌握的材料,可要求用人单位提供。

(11)用人单位在劳动合同期内通过“末位淘汰”或“竞争上岗”等形式单方解除劳动合同,构成违法解除劳动合同,劳动者可请求用人单位继续履行劳动合同或者支付赔偿金。[②]

---

① 《劳动争议司法解释(一)》第44条。

② 《第八次全国法院民事商事审判工作会议(民事部分)纪要》(法〔2016〕399号)第29条。

2. 常见证据

（1）因用人单位开除、除名、辞退劳动者发生的争议，一般需提供如下证据：①双方所签订的劳动合同或者具有劳动合同性质的其他合同文件；②实际用工起止日期的证明；③用人单位开除、除名、辞退劳动者的决定、通知等文件；④用人单位制定的涉及处分劳动者的规章制度；⑤劳动者违规违纪的证明；⑥劳动者的工资、资金等收入情况的证明；⑦用工单位支付培训费凭证；⑧劳动者必须遵守的服务期限规定。

（2）因用人单位单方解除劳动合同发生的争议，一般需提供如下证据：①用人单位解除劳动合同决定等书面文件；②劳动者违法违纪、不符合录用条件或违反用人单位规章制度的事实依据；③劳动者的原始考勤记录；④解除劳动合同的程序证据材料（工会意见、职代会的审议记录、办理工作交接文件，解除劳动合同证明等）。

（3）因用人单位终止劳动合同发生的争议，一般需提供如下证据：①用人单位终止劳动合同决定等书面文件；②劳动合同期限届满或依法定情形终止的事实依据；③终止劳动合同的程序证据材料（工会意见、职代会的审议记录、办理工作交接文件，终止劳动合同证明）。

（4）因用人单位主张是由劳动者单方提出解除或者终止劳动合同发生的争议，一般需提供如下证据：①劳动者解除/终止劳动合同申请书；②审批手续、批准辞职的决定书；③办理工作交接文件，发放《解除或终止劳动合同证明》。

（5）因劳动者严重违反规章制度解除劳动合同发生的争议，一般需提供如下证据：①用人单位依法制定的规章制度；②用人单位制定规章制度的程序；③规章制度公示或告知劳动者的方式方法；④劳动者严重违反规章制度的事实依据；⑤用人单位依规章制度解除劳动合同决定；⑥用人单位解除劳动合同通知工会组织的证明材料；⑦用人单位解除劳动合同决定送达劳动者的证明材料；⑧其他可以证明用人单位依法行使相关权利的证明材料。

（四）劳动报酬、加班费、未休年假待遇争议

1. 举证证明责任分配

（1）劳动者主张加班费的，应当就加班事实的存在承担举证责任。但劳动者有证据证明用人单位掌握加班事实存在的证据，用人单位不提供的，由用人单位承担不利后果。[①]

（2）发生劳动争议，当事人对自己提出的主张，有责任提供证据。与争议

---

① 《劳动争议司法解释（一）》第42条。

事项有关的证据属于用人单位掌握管理的,用人单位应当提供;用人单位不提供的,应当承担不利后果。①

(3)因用人单位作出的开除、除名、辞退、解除劳动合同、减少劳动报酬、计算劳动者工作年限等决定而发生的劳动争议,用人单位负举证责任。②

(4)用人单位必须书面记录支付劳动者工资的数额、时间、领取者的姓名以及签字,并保存两年以上备查。用人单位在支付工资时应向劳动者提供一份其个人的工资清单。③

2. 常见证据

(1)劳动者主张加班费的,一般需提供如下证据:①考勤表、打卡记录;②用人单位安排劳动者加班,且未安排补休的相关证据;③工资发放的银行凭证;④同岗位同工种加班劳动者的证言;⑤证明用人单位掌握加班事实存在的证据。

(2)一是劳动者主张用人单位克扣、拖欠工资等劳动报酬的,一般需提供如下证据:①劳动合同约定的工资标准;②工资表;③工资卡银行流水。二是用人单位已足额发放劳动者工资抗辩的,应提供如下证据:①两年内支付劳动者工资等报酬工资发放表或支付工资的银行凭证,超过两年的由劳动者提供;②减发劳动者工资等报酬的原因及依据;③延期支付劳动者工资等报酬的原因,与劳动者、工会的协商事实的相关证据。

(3)劳动者主张年终奖等奖金的,一般需提供如下证据:①规定奖金发放条件的规章制度、通知、会议纪要等文件;②证明劳动者符合奖金发放条件的相关证据:如劳动者的职务、奖金发放对应项目的完成情况、用人单位出具给劳动者的奖金确认单等证据。

(4)劳动者主张未休年休假等待遇的,一般需提供如下证据:①证明本人工作年限的证据;②证明依法享有的休假时间的证据;③证明未享受休息休假权利的证据;④证明用人单位未安排补休的证据;⑤证明未休年休假待遇标准的证据;⑥其他劳动者的证言等证据。

(5)劳动者与用人单位因劳务派遣发生争议,双方一般需提供如下证据:①劳动者与用工单位签订的用工合同;②劳务派遣公司的资质;③劳务派遣单位与用工单位订立的劳务派遣协议;④"外包""借调"等其他用工形式存在的

---

① 《劳动争议调解仲裁法》第6条。

② 《劳动争议司法解释(一)》第44条。

③ 《工资支付暂行规定》第6条。

证据。

(6)因履行集体合同发生争议,一般需提供如下证据:①有效期内的集体合同文本原件;②集体合同生效的证明材料,包括集体合同经职代会或职工大会讨论通过的记录,劳动行政部门备案回执等材料;③集体合同一方未履行合同约定内容的材料。

(五)工伤保险待遇等社会保险争议

1. 举证证明责任分配

(1)劳动者主张工伤保险待遇的,应就存在工伤伤害的事实、工伤认定、伤残等级、鉴定时间、停工留薪期、住院治疗起止时间以及治疗费用、交通费、食宿费、康复器具费用等事实承担举证责任;用人单位应就已实际支付的工伤损害赔偿费用等事实承担举证证明责任。

(2)职工或者其近亲属认为是工伤,用人单位不认为是工伤的,由用人单位承担举证责任。①

2. 常见证据

(1)劳动者主张工伤保险待遇的,一般需提供如下证据:①有关部门对工伤认定、伤残等级、劳动能力等鉴定材料;②劳动者工资等收入证明;③治疗工伤的医院治疗费用、交通费、护理费、食宿费、康复器具等费用单据;④用人单位未给劳动者缴纳工伤保险费的证据。

(2)劳动者主张工伤保险费缴费计算不符合法律规定,应当提供社会保险征缴部门或者劳动监察部门出具的限期补缴通知书或者限期整改指令书等证据予以证明。

(3)用人单位应当提供交纳工伤保险金等证据。

(4)用人单位主张不构成工伤的,应当提供劳动者非因工作遭受事故伤害等证据。

3. 提醒事项

工伤保险待遇与基本养老保险待遇、失业保险待遇竞合时,不能同时享受,个人死亡同时符合领取基本养老保险丧葬补助金、工伤保险丧葬补助金和失业保险丧葬补助金条件的,其遗属只能选择领取其中的一项。②

---

① 《工伤保险条例》第19条。

② 《工伤保险条例》第35条、人力资源社会保障部《关于执行〈工伤保险条例〉若干问题的意见(二)》第1条、《社会保险法》第49条。

（六）仲裁程序及裁审衔接

1. 举证证明责任分配

（1）根据一般举证原则，用人单位或劳动者应当对其主张的劳动争议事实承担举证证明责任。

（2）劳动者无法提供由用人单位掌握管理的与仲裁请求有关的证据，仲裁庭可以要求用人单位在指定期限内提供。用人单位在指定期限内不提供的，应当承担不利后果。①

2. 常见证据

用人单位或者劳动者向人民法院提起诉讼的需提交的下列证据。

（1）劳动人事争议仲裁申请书。

（2）仲裁机构作出的仲裁裁决书、驳回申请通知书、不予受理通知等仲裁法律文书。

（3）起诉书、身份证明等用以证实自身主张的其他证据。

（4）主张争议属于法院主管的，一般需提供如下证据：①当事人不服劳动争议仲裁机构作出的裁决，提起诉讼的，应提供劳动仲裁裁决书、驳回申诉通知书或不予受理通知书。②当事人以劳动争议仲裁机构逾期未作出仲裁裁决为由提起诉讼的，应提供下列证据之一：仲裁机构出具的受理通知书；其他已接受仲裁申请的凭证、证明。

四、举证证明责任分配之立法建议

《劳动争议调解仲裁法》第6、39条和《劳动仲裁规则》第14条对我国劳动争议案件的举证证明责任应当如何进行分配作出了规定。但我们认为现行分配制度存在缺陷，应当进行修改，建议在现有规则基础之上增加如下重要内容。

1. 进一步完善证明责任分配制度

建议增加如下条款："用人单位对其作出的行为或者应当主动履行法定义务而未履行负有举证证明的责任，并应当就其合法性和合理性提供相关证据和所依据的劳动习惯、规章制度、劳动合同或集体合同等规定，但有正当理由不能提供的除外。"上述举证证明责任的建议中，其证明对象为"用人单位的行为或者应当主动履行法定义务而未履行"具有合法性或合理性的事实。如未签订书面劳动合同、未依法提供劳动保护或者劳动条件、未及时足额支付正常工作时间工资、未依法缴纳社会保险费等，均应当由用人单位承担举证证明责任。

① 《劳动争议调解仲裁法》第39条。

之所以提出上述建议，是因为劳动争议处理程序属于社会争议处理程序，既不同于民事诉讼程序，也不同于行政诉讼程序，其对举证证明责任分配的问题，应在民事诉讼规定的基础之上，适当加重用人单位的举证证明责任，以体现倾斜保护劳动者合法权益的原则，所以，应根据劳动争议具有社会性这一特点，作出区别于处理民事争议、行政争议不同的程序安排，即劳动争议举证证明责任分配制度。

2. 增加客观证明责任规定

《劳动争议调解仲裁法》《劳动仲裁规则》只对主观证明责任进行了安排，当案件事实处于真伪不明状态时，需要依据客观证明责任处理劳动争议，而现有证明责任制度安排没有此方面的规定。故建议增加如下客观证明责任之内容："在作出裁决前，当事人未能提供证据或者证据不足以证明其事实主张的，由负有举证证明责任的当事人承担不利的后果。"因为客观证明责任制度才是证明责任分配实质的核心内容，反映了证明责任的本质，有必要完善。

3. 增加证明责任分配例外规定

《劳动争议调解仲裁法》《劳动仲裁规则》仅规定：发生劳动争议，当事人对自己提出的主张，有责任提供证据。并未作出"法律另有规定的除外"之安排，而《民诉法解释》第90、91条却有这样的安排。裁审实践证明，劳动争议案件中证明责任分配的特殊规定较多，可以讲大部分案件并未严格按"谁主张，谁举证"的标准来分配证明责任。如果不规定"法律另有规定的除外"，则意味着现行处理的劳动争议案件，在证明责任分配上大部分案件的处理是没有法律依据的。因为严格执行"谁主张，谁举证"之分配标准，解决不了证明责任分配之实务问题，处理不了劳动争议，如果强行适用则会频现错案。

第十一章　举证、质证与认证

根据《劳动仲裁规则》第 18 条的规定，关于劳动仲裁之举证、质证与认证问题，凡劳动争议调解仲裁法未作规定的，可以参照适用民事诉讼法的类似规定。故本章的探讨将参照适用民事诉讼法类似规定。

一、劳动仲裁的举证时限

（一）举证时限概述

所谓举证时限，是指在劳动仲裁程序中，法律规定或者劳动仲裁委员会指定的当事人能够有效举证的期限。需要说明的是上述定义中的“举证”，是向劳动仲裁委员会提出证据的意思，而不是提出证据加以证明的意思。故所谓举证，是指当事人向劳动人事争议仲裁委员会提供证据的活动。劳动仲裁程序中建立举证时限制度的依据为诚实信用原则。诚实信用原则要求，所有当事人均应当积极配合，并依法实施劳动仲裁行为，不搞证据突袭之不当行为，无正当理由不逾期举证。设置举证时限的目的，是为了提高劳动仲裁效率，保障劳动争议处理程序顺利进行，防止不当行为对劳动仲裁的影响。同时，也是对违反者的惩处，即让其承担法定的不利后果。

1. 劳动仲裁规则的举证时限规定

我国《劳动争议调解仲裁法》对举证时限及逾期举证的法律后果未作规定。《劳动仲裁规则》第 15 条对此作了规定：“承担举证责任的当事人应当在仲裁委员会指定的期限内提供有关证据。当事人在该期限内提供证据确有困难的，可以向仲裁委员会申请延长期限，仲裁委员会根据当事人的申请适当延长。当事人逾期提供证据的，仲裁委员会应当责令其说明理由；拒不说明理由或者理由不成立的，仲裁委员会可以根据不同情形不予采纳该证据，或者采纳该证据但予以训诫。”所以，劳动仲裁程序中举证时限并未固定，由劳动仲裁委员会在审限内指定，主要原因是劳动仲裁审限本身较短，最长 60 日，加之每个仲裁类型的劳动争议复杂程度、举证难易程度差别较大，故未作统一规定，由仲裁员根据案件的难易程度酌情处理。

如果在指定期限内提供困难的，当事人应当及时提出申请延长，申请时应当说明延长之理由，然后由劳动仲裁委员会决定。实践中，由于仲裁审限不长导致指定期限较短，此时当事人也可以通过电话或系统留言方式申请，以示对仲裁员的尊重和重视。至于“提供证据确有困难”的认定标准,这在司法实践中存在争议。我们认为应当采用客观主义之标准,也就是说客观上存在不以人的意志为转移之阻碍情况,如证据在国外、保管证据之人出国了、证据提取需要较长时间、鉴定或公证无法完成等。另外,劳动仲裁规则对简易程序转一般程序的举证期限如果确定未作规定。我们建议由仲裁庭根据实际情况重新指定合理期间,如果存在“提供证据确有困难”情况的,当事人仍可以申请延期举证。

2. 可参照适用的民事诉讼举证时限规定

《民事诉讼法》第68条规定:“当事人对自己提出的主张应当及时提供证据。人民法院根据当事人的主张和案件审理情况,确定当事人应当提供的证据及其期限……”《民诉法解释》第99条对此作了进一步的规定:“人民法院应当在审理前的准备阶段确定当事人的举证期限。举证期限可以由当事人协商,并经人民法院准许。人民法院确定举证期限,第一审普通程序案件不得少于十五日,当事人提供新的证据的第二审案件不得少于十日……”《民事证据规定》第50条规定:“人民法院应当在审理前的准备阶段向当事人送达举证通知书。举证通知书应当载明举证责任的分配原则和要求、可以向人民法院申请调查收集证据的情形、人民法院根据案件情况指定的举证期限以及逾期提供证据的法律后果等内容。”以上规定,劳动仲裁委员会也可以参照适用,因为与劳动争议调解仲裁法关于举证时限的规定大多不相冲突,但有冲突或违反公平正义原则的则不得参照。

另外,民事诉讼还对特别情形下的举证期限作出了相应规定,劳动仲裁也可参照适用。《民事证据规定》第55条规定:“存在下列情形的,举证期限按照如下方式确定:(一)当事人依照民事诉讼法第一百二十七条规定提出管辖权异议的,举证期限中止,自驳回管辖权异议的裁定生效之日起恢复计算;(二)追加当事人、有独立请求权的第三人参加诉讼或者无独立请求权的第三人经人民法院通知参加诉讼的,人民法院应当依照本规定第五十一条的规定为新参加诉讼的当事人确定举证期限,该举证期限适用于其他当事人;(三)发回重审的案件,第一审人民法院可以结合案件具体情况和发回重审的原因,酌情确定举证期限;(四)当事人增加、变更诉讼请求或者提出反诉的,人民法院应当根据案件具体情况重新确定举证期限;(五)公告送达的,举证期限自公告期届满之次日起计算。”

(二)法律后果及其例外

《劳动仲裁规则》第15条首次在劳动仲裁程序中建立了证据失权制度。所谓证据失权,是指劳动仲裁程序中,当事人因故意或重大过失逾期提供证据,并没有正当理由，且其逾期提供之目的被认定为拖延或妨碍仲裁时，劳动仲裁委员会决定驳回其逾期证据，从而使该当事人丧失了有效地提出证据的权利。所以，发生证据失权必须同时符合以下三个条件：一是当事人存在逾期提供证据之事实；二是逾期提供证据没有正当理由；三是该当事人在主观上存在故意或重大过失，即主观上具有可归责性。

根据《劳动仲裁规则》第 15 条和《民诉法解释》第 101、102 条的相关规定，当在劳动仲裁程序中发生逾期提交证据情形时，其法律后果体现在以下几点。

1. 责令该当事人说明理由。当事人逾期提供证据的，劳动仲裁委员会应当责令其说明理由，必要时可以要求其提供相应的证据。

2. 视为未逾期。当事人因客观原因逾期提供证据，或者对方当事人对逾期提供证据未提出异议的，视为未逾期。并且，此情形下还不得对逾期提交证据的当事人予以训诫。

3. 可以不采纳逾期提交的证据。拒不说明理由或者理由不成立的，仲裁委员会可以根据情况不予采纳该证据。这是证据失权的直接法律后果，等于是剥夺了当事人的举证权，直接使该证据丧失证据能力，不再具有成为本案证据的资格和条件。

4. 可以采纳该证据但应予以训诫。拒不说明理由或者理由不成立的，仲裁委员会可以采纳该证据，但对当事人应当予以训诫。这是相对证据失权的法律后果。

5. 应当采纳该证据，但应予以训诫。此“应当采纳”之法律后果，在劳动争议调解仲裁法中没有规定，系参照《民诉法解释》第 102 条规定：“当事人因故意或者重大过失逾期提供的证据，人民法院不予采纳。但该证据与案件基本事实有关的，人民法院应当采纳，并依照民事诉讼法第六十八条、第一百一十八条第一款的规定予以训诫、罚款。当事人非因故意或者重大过失逾期提供的证据，人民法院应当采纳，并对当事人予以训诫……”所以，证据失权制度在民事诉讼规定中，存在逐步放宽规范之迹象，即符合二种特殊情况之一的应当采纳：一是该逾期证据与“基本事实有关”。“该条中的‘基本事实’，与‘要件事实’含义相同，由于立法上并未使用要件事实的概念，其实质上是对要件事实的替代表述。”[①]二是“非因故意或者重大过失逾期提供的证据”。此为相对证据失权的法律后果。

6. 对方当事人要求赔偿因逾期造成必要费用损失的，应当支持。因为《民

---

① 最高人民法院民事审判第一庭编：《民事审判实务问答》，法律出版社 2021 年版，第 300 页。

诉法解释》第102条第3款规定:“当事人一方要求另一方赔偿因逾期提供证据致使其增加的交通、住宿、就餐、误工、证人出庭作证等必要费用的,人民法院可予支持。”

7.反驳(系指抗辩)证据和补正证据不失权之例外。劳动争议调解仲裁法对此未作规定。我们建议参照民事诉讼的相关规定,给予不受举证时限限制之待遇。《民诉法解释》第99条第3款规定:“举证期限届满后,当事人对已经提供的证据,申请提供抗辩证据或者对证据来源、形式等方面的瑕疵进行补正的,人民法院可以酌情再次确定举证期限,该期限不受前款规定的限制。”《民事证据规定》第58条规定:“当事人收到对方的证据后有反驳证据需要提交的,人民法院应当再次组织证据交换。”在实务操作中,如果有抗辩证据或补强证据需要提交的,建议该当事人申请延长举证期限为妥。

关于举证时限中止的问题。此问题在《劳动争议调解仲裁法》《劳动仲裁规则》未作规定,我们认为可以参照《民事证据规定》第55条处理:当事人依照《民事诉讼法》第130条规定提出管辖权异议的,举证期限中止,自驳回管辖权异议的裁定生效之日起恢复计算。当事人提出管辖异议的,自当事人提出管辖异议之日起举证期限中止;管辖异议被驳回的,自被驳回后举证期限恢复计算,提出前已经过的期间需与驳回后经过的期间合并计算。需要注意的是,应自驳回决定送达当事人时才恢复计算举证期限,而不是决定作出之日起恢复计算。如果决定移送到其他有管辖权的机构处理的,则移送决定的作出并不应也不会引起举证期限的恢复计算。

（三）证据“不关门”之相对失权规则

《劳动仲裁规则》第15条规定:“……当事人逾期提供证据的,仲裁委员会应当责令其说明理由;拒不说明理由或者理由不成立的,仲裁委员会可以根据不同情形不予采纳该证据,或者采纳该证据但予以训诫。”从以上规定可知,当事人虽然逾期提供证据有可能产生证据失权之后果,但证据提交并未“关门”,当事人还可以继续提交。如果属于重要证据如要件事实证明材料等,对案件处理会产生重大影响的,则劳动仲裁委员会可以采纳该证据,但应给予该当事人训诫。所以,《劳动仲裁规则》第15条的规定,首次在我国建立了劳动仲裁证据“不关门”之相对失权规则,这体现了劳动仲裁立法,在促进提高劳动仲裁效率与发现实体真实之间进行了权衡,既提高了效率,又促进了公平。上述举证责任缓和及追求实体公平正义之规定,对裁审实践中的仲裁员也提出了注意要求,即面对当事人提交的新的证据,应当及时审查,如果属于有正当理由如非故意或重大过失等,则应当采纳;如果属于处理案件所需的重要证据,则应当作出慎重处理，甚至可以采纳，并应当训诫相关当事人。

我国2012年《民事诉讼法》也首次建立了民事诉讼证据“不关门”之相对失权规则。该法第65条规定：“……当事人逾期提供证据的，人民法院应当责令其说明理由；拒不说明理由或者理由不成立的，人民法院根据不同情形可以不予采纳该证据，或者采纳该证据但予以训诫、罚款。”上述规定在“第六章　证据”之中，这说明一审、二审程序中均应当适用。同时，在“第十二章　第一审普通程序”中的第139条规定“当事人在法庭上可以提出新的证据”并且，《民诉法解释》第231条规定：“当事人在法庭上提出新的证据的，人民法院应当依照民事诉讼法第六十八条第二款规定和本解释相关规定处理。”所以，上述2012年《民事诉讼法》第65条规定否定了2001年《民事证据规定》确立的逾期提交证据绝对失权规则。司法实践中，即使在一审期间，当事人在法律规定的举证期限届满之前，没有申请人民法院调查取证，而是在届满之后申请的，如果当事人只是一般过失或者与案件基本事实相关，人民法院一般也会采纳当事人的申请，并进行调查取证，这就是证据“不关门”之相对失权精神的体现。至于人民法院在收到调查取证申请之后，不予处理或不予回复的，当事人应当如何处理？目前民事诉讼法对此尚未规定，当事人只能与法院进行沟通并说明情况，争取人民法院调查取证。

（四）新的证据的判断标准

《民事诉讼法》第142条第1款规定：“当事人在法庭上可以提出新的证据。”故举证时限届满的，当事人仍有权提出新的证据。并且，逾期提交的证据也并非绝对没有证据效力，《劳动仲裁规则》第15条规定，逾期提交新的证据的，如果理由成立，应当认定提出有效。但何为理由成立，未作进一步规定。我们认为理由成立，应是指符合民事诉讼之新的证据的要求。

何为新的证据？《民事诉讼法》及《民诉法解释》均未对此作出进一步的规定。原2001年《民事证据规定》第41、42条①对此是有规定的，但在2019年

---

① 2001年《民事证据规定》第41条规定：“《民事诉讼法》第一百二十五条第一款规定的‘新的证据’，是指以下情形：（一）一审程序中的新的证据包括：当事人在一审举证期限届满后新发现的证据；当事人确因客观原因无法在举证期限内提供，经人民法院准许，在延长的期限内仍无法提供的证据；（二）二审程序中的新的证据包括：一审庭审结束后新发现的证据；当事人在一审举证期限届满前申请人民法院调查取证未获准许，二审法院经审查认为应当准许并依当事人申请调取的证据。”第42条规定：“当事人在一审程序中提供新的证据的，应当在一审开庭前或者开庭审理时提出。当事人在二审程序中提供新的证据的，应当在二审开庭前或者开庭审理时提出；二审不需要开庭审理的，应当在人民法院指定的期限内提出。”

《民事证据规定》中被删除了。同时结合《民诉法解释》第231条规定:"当事人在法庭上提出新的证据的,人民法院应当依照民事诉讼法第六十八条第二款规定和本解释相关规定处理。"我们可以得出一个结论:关于新的证据的认定标准,2001年《民事证据规定》第41、42条规定的标准不能再适用了。综合以上分析可知,民事诉讼一审之新的证据已不存在认定标准。在劳动仲裁程序中如何判断"新的证据",我们认为,所谓新的证据,是指在劳动仲裁程序中,劳动仲裁委员会指定的举证时限届满后当事人提交的证据。最高人民法院法官的权威解读中也持同样观点,即"民事审判实践中,除法律、司法解释有特别规定外,新的证据不再具有特别的含义,未在以前的诉讼过程中出现过的证据,原则上都属于新的证据"[①]。

但是,民事诉讼再审程序中新的证据是有认定标准的。《民事诉讼法》第207条第1项规定,有新的证据,足以推翻原判决、裁定的,人民法院应当再审。何为再审之"新的证据"?《民诉法解释》第386条规定:"再审申请人证明其提交的新的证据符合下列情形之一的,可以认定逾期提供证据的理由成立:(一)在原审庭审结束前已经存在,因客观原因于庭审结束后才发现的;(二)在原审庭审结束前已经发现,但因客观原因无法取得或者在规定的期限内不能提供的;(三)在原审庭审结束后形成,无法据此另行提起诉讼的。再审申请人提交的证据在原审中已经提供,原审人民法院未组织质证且未作为裁判根据的,视为逾期提供证据的理由成立,但原审人民法院依照民事诉讼法第六十八条规定不予采纳的除外。"

二、证据交换

(一)概述

所谓证据交换,是指在劳动仲裁答辩期届满之后,开庭审理之前,在劳动仲裁委员会的主持下,当事人之间相互明示其持有证据的行为或过程。劳动争议调解仲裁法对证据交换未作具体规定,但《劳动仲裁规则》第18条规定,证据交换可以参照民事诉讼证据规则的有关规定执行。《民事诉讼法》第136条规定:"人民法院对受理的案件,分别情形,予以处理:……(四)需要开庭审理的,通过要求当事人交换证据等方式,明确争议焦点。"所以,在劳动争议过程中,并非所有争议案件均必须进行证据交换,仲裁员可以根据案件的繁简程度自行决定。从目前的发展趋势来看,劳动争议案件越来越复杂,提交的证据也越来

① 郑学林、刘敏等:《关于新〈民事证据规定〉理解和适用的若干问题》,载《人民法院报》2020年3月26日,第5、7版。

越多，劳动仲裁委员会决定进行证据交换的案件有所增加。

2001年《民事证据规定》第37条规定："经当事人申请，人民法院可以组织当事人在开庭审理前交换证据。人民法院对于证据较多或者复杂疑难的案件，应当组织当事人在答辩期届满后、开庭审理前交换证据。"我国民事诉讼中的证据交接制度，首先由2001年《民事证据规定》建立。之后被2012年《民事诉讼法》吸收，使证据交接制度首次在法律层面设立。在2019年《民事证据规定》修改时，最高人民法院对证据交接制度进行了完善和补充。

我们认为建立证据交接制度的目的和作用体现在以下几点。

1. 繁简分流，保障办案质量。证据交接可以根据证据多少、疑难复杂程度等不同情况决定是否进行。证据多、疑难复杂的案件如果不经过证据交换，明确争点，则会使案件事实难以查清，出现仓促处理之情况，影响办案质量。

2. 集中审理，提高庭审效率。证据交接可以将案件证据集中进行处理，使仲裁员在较短的时间内，把握案件基本情况和争议焦点。证据问题集中处理的结果是，当事人双方对案件事实和法律问题有一个清晰的认识，也有助于当事人进一步提供抗辩证据或新的证据，帮助查清案件事实，为正式庭审扫清了阻碍。同时也减少了开庭次数，提高了庭审效率。

3. 公正处理，防止证据突袭。证据突袭是当事人将其持有之证据，当作"武器"进行突袭，使另一方当事人因仓促"应战"而败退，如进行缺乏真实意思的自认等。证据突袭不利于查清案情，也损害了一方当事人之利益。而证据交接正好可以预防突袭，达到接近和发现真实案情，并公正处理劳动争议的目的。

4. 可以明确争议焦点。《民诉法解释》第226条规定："人民法院应当根据当事人的诉讼请求、答辩意见以及证据交换的情况，归纳争议焦点，并就归纳的争议焦点征求当事人的意见。"

（二）证据交接的规则

1. 证据交换时间应在举证时限届满后开庭前

《民诉法解释》第224条规定："依照民事诉讼法第一百三十六条第四项规定，人民法院可以在答辩期届满后，通过组织证据交换、召集庭前会议等方式，做好审理前的准备。"

2. 证据交接可作为庭前会议内容之一，而包含在庭前会议之中

《民诉法解释》第225条规定："根据案件具体情况，庭前会议可以包括下列内容：（一）明确原告的诉讼请求和被告的答辩意见；（二）审查处理当事人增加、变更诉讼请求的申请和提出的反诉，以及第三人提出的与本案有关的诉讼请求；（三）根据当事人的申请决定调查收集证据，委托鉴定，要求当事人提供

证据,进行勘验,进行证据保全;(四)组织交换证据;(五)归纳争议焦点;(六)进行调解。”

3. 证据交接应当在仲裁员的住持下进行

《民事证据规定》第 57 条规定:“证据交换应当在审判人员的主持下进行。在证据交换的过程中,审判人员对当事人无异议的事实、证据应当记录在卷;对有异议的证据,按照需要证明的事实分类记录在卷,并记载异议的理由。通过证据交换,确定双方当事人争议的主要问题。”

4. 证据交换的时间及启动权

《民事证据规定》第 56 条第 2 款规定:“证据交换的时间可以由当事人协商一致并经人民法院认可,也可以由人民法院指定。当事人申请延期举证经人民法院准许的,证据交换日相应顺延。”所以,证据交换的时间可以由当事人协商后由劳动仲裁委员会确定,也可以由劳动仲裁委员会指定。这说明证据交换的启动权属于劳动仲裁委员会,当事人只有申请权而无启动权。

5. 证据交换的次数

《民事证据规定》第 58 条规定:“当事人收到对方的证据后有反驳证据需要提交的,人民法院应当再次组织证据交换。”所以,证据交接可以进行一次,也可以多次,具体根据具体案情及审理需要决定。

6. 证据交换的形式

证据交换一般应当公开进行,但有法定特殊情形的,也可以不公正进行。《民诉法解释》第 103 条第 3 款规定:“涉及国家秘密、商业秘密、个人隐私或者法律规定应当保密的证据,不得公开质证。”所以,在证据交接过程中,也应当遵守上述不公开证据交换之法理,以免泄密而损害国家、社会、组织和个人的利益。

7. 证据交换的法律效果

(1)举证期限届满之效果。《民事证据规定》第 56 条规定:人民法院依照民事诉讼法相关规定,通过组织证据交换进行审理前准备的,证据交换之日举证期限届满。所以证据交换完成之日,就是举证期限届满之时,可能导致证据失权。

(2)视为质证的效果。《民诉法解释》第 103 条第 2 款规定:“当事人在审理前的准备阶段认可的证据,经审判人员在庭审中说明后,视为质证过的证据。”

(3)自认的效果与庭审自认效果相同。《民诉法解释》第 229 条规定:“当事人在庭审中对其在审理前的准备阶段认可的事实和证据提出不同意见的,人民法院应当责令其说明理由。必要时,可以责令其提供相应证据。人民法院应当结合当事人的诉讼能力、证据和案件的具体情况进行审查。理由成立的,可以列入争议焦点进行审理。”

(4)产生“新的证据”之效果。如果在证据交换完成后在庭审中,当事人再提出新证据的,仲裁员不能再组织双方进行证据交换。只能按《民诉法解释》第231条规定的“新的证据”来进行处理,即“当事人在法庭上提出新的证据的,人民法院应当依照民事诉讼法第六十八条第二款规定和本解释相关规定处理”。

(三)证据能否撤回?

最高人民法院《关于适用〈中华人民共和国刑事诉讼法〉的解释》(法释〔2021〕1号)第131条第1款规定:“在庭前会议中,人民检察院可以撤回有关证据。撤回的证据,没有新的理由,不得在庭审中出示。”所以,在刑事诉讼中已提交的证据是可以撤回的。但在劳动仲裁或民事诉讼中,当事人能否享有证据撤回权?如果当事人提出撤回证据申请,劳动仲裁机构能否不准许?如果能够撤回,能否视为自始未提交之效果?此问题法律没有规定。我们认为对证据撤回申请不能听之任之,应当主动审查,并且,只有同时具体以下条件时,才能准许当事人撤回。

1. 对方当事人没有异议。仲裁员首先应当主动询问并听取对方当事人及第三人的意见,并将意见记录在卷。

2. 经审查没有关联性。

3. 不损害国家利益、社会利益和对方当事人及其他人的利益。

4. 不属于立案之前的撤回。即使在立案之后、送达对方当事人之前撤回的,也应当对该撤回申请进行审查,且可以不予准许。

之所以要对撤回证据申请进行审查,原因有四点:一是如果允许自由撤回,仲裁机构就不能依据已撤回的证据作出裁决,仲裁员发现案件真实的任务就无法实现。二是允许自由撤回违背了劳动仲裁之诚实信用原则,也与社会主义核心价值观不符。三是公平正义地处理劳动争议之目的无法实现。劳动仲裁的目的是公平正义地处理劳动争议,如果当事人发现证据均可自由撤回,则劳动仲裁机构就无法发现案件真实,公平正义就无法实现。四是对仲裁员基于该证据已产生的心证无法消除,如果允许撤回则仲裁员处理案件就丧失了证据基础。

对于不准许撤回的申请,应当及时告知撤回申请人,并通过笔录在卷。在实务操作过程中,面对没有相应规定且仲裁员作出不准许撤回决定无把握的情况，为了发现案件真实，建议仲裁员通过询问或释明的方式，引导对方当事人另行提交，如果对方当事人另行提交的，仲裁庭可以将该证据作为对方当事人提交的证据来处理。

三、劳动仲裁的质证

(一)概述

所谓劳动仲裁质证，是指在仲裁员的主持下，由劳动仲裁当事人和第三人通过听取、审阅、核对、辩论等方法，对当事人或第三人提交证据材料的真实性、合法性和关联性，以及有无证明力、证明力大小作出的判断，无异议的予以认可，有异议的当面进行口头质辩的活动或程序。从以上定义可知，质证包括四个方面的基本要素，即质证主体、质证客体、质证内容和质证方式。其中，质证的主体是用人单位、劳动者和第三人，不包括仲裁员、证人和鉴定人；质证的客体是质证主体提交的证据材料；质证内容是证据材料的关联性、合法性和真实性，以及有无证明力、证明力大小；质证方式是公开质证、直接质证或言词质证。

质证不是对质，是质疑、质问。所谓对质，是指劳动仲裁过程中，当事人及第三人各自申请的具有专门知识的人或者证人，相互之间就其对案件事实中专门问题的认识或案件事实，所进行的说明和质辩。两者的不同之处在于：一是参与主体不同。前者是用人单位、劳动者与第三人，而后者是前述人员之外的具有专门知识的人或证人。二是目的不同。前者是通过对“三性”的质疑，否定或推翻对方以证据想要证明的具体事实主张，使仲裁员正确认定证据和确认案件事实，而后者是为了使仲裁员以专门问题获得正确认识或分辨事实真伪。

《劳动争议调解仲裁法》第 38 条规定：“当事人在仲裁过程中有权进行质证和辩论……”以上为劳动争议调解仲裁法对质证所作的规定，仅仅规定了应当进行“质证”，而如何进行则未作进一步规定。《劳动仲裁规则》第 18 条规定：“争议处理中涉及证据形式、证据提交、证据交换、证据质证、证据认定等事项，本规则未规定的，可以参照民事诉讼证据规则的有关规定执行。”在劳动争议仲裁过程中，关于“证据质证”如何进行之规则，应当参照民事诉讼法的相关规定执行。

(二)质证的规则及法律效果

1. 质证的效果

质证是证据采信的前提和条件。只有经过质证之后的证据，才有可能作为认定案件事实的依据。《民诉法解释》第 103 条规定：“证据应当在法庭上出示，由当事人互相质证。未经当事人质证的证据，不得作为认定案件事实的根据。当事人在审理前的准备阶段认可的证据，经审判人员在庭审中说明后，视为质证过的证据……”同时,《民事证据规定》第 60 条第 1 款规定:“当事人在审理前的准备阶段或者人民法院调查、询问过程中发表过质证意见的证据,视为质证过的证据。”

2. 质证主体的顺序

参照《民事证据规定》第 62 条的规定,我们认为质证一般按下列顺序进行:(1)申请人出示证据,被申请人、第三人与申请人进行质证;(2)被申请人出示证据,申请人、第三人与被申请人进行质证;(3)第三人出示证据,申请人、被申请人与第三人进行质证。劳动仲裁委员会根据当事人申请调查收集的证据,仲裁员对调查收集证据的情况进行说明后,由提出申请的当事人与对方当事人、第三人进行质证。劳动仲裁委员会依职权调查收集的证据,由仲裁员对调查收集证据的情况进行说明后,听取当事人的意见。这里的听取当事人意见,实际上是将仲裁员排除在质证主体之外,由当事人对调查收集证据发表质证意见,其可以是一方当事人质疑,另一方当事人解释或说明。

3. 质证的方式

(1)应当公开进行,但涉密证据除外。《民事诉讼法》第 71 条规定:“证据应当在法庭上出示,并由当事人互相质证。对涉及国家秘密、商业秘密和个人隐私的证据应当保密,需要在法庭出示的,不得在公开开庭时出示。”同时,《民诉法解释》第 103 条对此进行了进一步完善,其规定涉及国家秘密、商业秘密、当事人或第三人的隐私,或者存在法律规定应当保密的情形的,提交后不得公开质证。

(2)应以言语方式进行,书面形式为例外。《民事证据规定》第 60 条第 2 款规定:“当事人要求以书面方式发表质证意见,人民法院在听取对方当事人意见后认为有必要的,可以准许。人民法院应当及时将书面质证意见送交对方当事人。”上述“听取意见”不是“征求同意”,不需要对方当事人同意,而是听取意见后再决定是否准许。以上规定说明,质证方式与证人作证方式一样,均适用直接言词原则。所以,即使当事人提供了书面的质证意见,仲裁庭仍应在仲裁员的主持之下,通过言词形式进行质证。“直接言词原则包括直接原则和言词原则。直接原则指法官必须亲自了解案件的所有材料,在庭上审查证据,听取当事人、证人等的口头陈述,进行辩论,最终作出裁判。其核心在于强调法官对证据的审查必须具有‘亲历性’。言词原则指法院审理案件,特别是当事人及其他诉讼参与人对诉讼材料的提出和辩论,要在法官面前以口头形式进行,这样取得的材料才可以作为法院裁判的依据。其核心在于强调举证和质证都必须以言词即口头陈述的方式进行。”[①]

(3)应当直接质证。在仲裁员的主持下,在质证过程中,如对对方当事人或第三人提出的证据无异议的予以认可,有异议的当面进行口头质辩。这种质辩是当面进行的,不是背对背的。当面质辩的目的就是辩明证据有无证明力或证明力大小,即证据提出当事人一方试图维护或增加证据的证明力,而相对一方试图瓦解或降低该证据的证明力。

4.核实原件、原物规则

所谓原件,是指文件制作人最初作成,反映其意思或思想的文件,也称为原本或底本。按照《民事诉讼法》第73条的规定,原件是和书证相对应的。任何书证都有其最初制作的原本,它既可以是手写的,也可以打印的,只要是最初表达和承载作者思想的文字、符号和图案等内容的文书,就是原件。所谓原物,是指在民事法律关系产生、变更、消灭过程中产生的,与实体争议有牵连或作为争议标的的物品。“原物”一词只用于物证。所谓复制件,从语义上理解,应指从内容、形式或性质上对原件或原物的摹写,包括在原件基础上抄录、复印、拍照、扫描等形成的。[②] “复印件”一词在《民事诉讼法》及其解释中并不存在。[③]

《民事证据规定》第61条规定:“对书证、物证、视听资料进行质证时,当事人应当出示证据的原件或者原物。但有下列情形之一的除外:(一)出示原件或者原物确有困难并经人民法院准许出示复制件或者复制品的;(二)原件或者原物已不存在,但有证据证明复制件、复制品与原件或者原物一致的。”以上是核实原件、原物规则之相关规定,但上述规则仅适用于书证、物证和视听资料这三种证据形式,其他证据形式如当事人陈述、证人证言、鉴定意见、勘验笔录、电子数据则不能适用,因为在列举时未被纳入上述规定之中,特别是电子数据(未被纳入的原因是其真实性并不依赖于载体是否为原始载体),这一点要注意。司法实践中如果识别电子数据的原件?在调查收集证据的场合,电子证据的原件应当是指最初生成的电子数据及其首先固定所在的各种存储介质,如果某一电子证据首先固定于某块计算机硬盘上,则该硬盘或其上的电子数据就是原件;如果某一电子数据首先固定于磁带、软盘或光盘上,则磁带、软盘、光盘或

① 最高人民法院民事审判第一庭编:《民事审判实务问答》,法律出版社2021年版,第306页。

② 最高人民法院民事审判第一庭编著:《最高人民法院新民事诉讼证据规定理解与适用》(上册),人民法院出版社2020年版,第168页。

③ 复制件与复印件之间是隶属关系,复印件是复制件中的一个类型。劳动仲裁实务操作中“复制品”与“复印件”通用,两者是等同关系。

其上的电子数据就是原件。[①]

5. 五项质证内容及先后顺序

庭审质证活动主要围绕证据的三性进行，即真实性、合法性以及与待证事实的关联性。任何证据均必须同时具备三性，否则欠缺任何一个，则该证据就不得作为认定案件事实的根据。《民诉法解释》第104条规定：“人民法院应当组织当事人围绕证据的真实性、合法性以及与待证事实的关联性进行质证，并针对证据有无证明力和证明力大小进行说明和辩论。能够反映案件真实情况、与待证事实相关联、来源和形式符合法律规定的证据，应当作为认定案件事实的根据。”所以，质证的内容共有五项，除了“三性”之外，还有有无证明力、证明力大小这二项内容。

“三性”质证内容有无先后顺序？这个问题存在争议。《民诉法解释》第104条安排的顺序为：真实性、合法性、关联性。2018年最高人民法院《关于加强和规范裁判文书释法说理的指导意见》第4条安排的顺序为：关联性、合法性和真实性。2001年《民事证据规定》第50条（2019年修改时被删除）安排的顺序为：真实性、关联性、合法性。最高人民法院《关于行政诉讼证据若干问题的规定》（法释〔2002〕21号）第39条安排的顺序为：关联性、合法性、真实性。我们建议将“关联性”排在首位，因为与本案无关的证据无须对其真实性和合法性再发表质证意见，可以减轻审理工作任务，提高仲裁效率，避免资源浪费。例如，最高人民法院《关于行政诉讼证据若干问题的规定》（法释〔2002〕21号）第49条第1款对此作出专门规定：“法庭在质证过程中，对与案件没有关联的证据材料，应予排除并说明理由。”

（三）关联性

所谓关联性，是指证据必须同案件事实存在某种关联，并因此对证明案件事实具有实际意义。[②] 上述案件事实是指待证的案件事实即要件事实。关联性是证据必备的自然属性，是证据被采信的首要条件，是证据材料能够成为认定案件事实根据的基础和根本。一般情况下，主要考察对要件事实的证明是否具有证明意义，没有证明意义的不具有关联性。只有具有证明价值或证明意义的证据，方可纳入庭审范围。

如果与案件事实无关，即使是客观真实，也不能作为认定事实的证据。证据与待证事实之间的关联性，是由事物之间相互联系的属性决定的。二者之间

---

① 宋春雨：《对新民诉法证据制度若干问题的理解》，载《山东审判》2013年第1期。

② 樊崇义主编：《证据法学》，法律出版社2001年版，第47页。

联系的紧密程度不同,证据的证明力就不同,也即关联性越密切,其证明力就越大;关联性越弱,其证明力就越小。理解证据的关联性时,需注意以下几个问题。(1)关联性是客观存在的,不是凭空推测的。证据与案件事实之间的关联性,虽然需要诉讼主体去认识,需要法官进行主观判断,但二者之间的关联性应当是客观的。法官的认识和判断是对证据与案件事实之间的客观联系的反映,而不能是主观臆断的"联系"。(2)关联性既可以是直接的联系,也可以是间接的联系。前者如合同文书可以直接证明合同法律关系的存在;后者如一方当事人的工作计划书中有与对方签订合同的计划。(3)关联性既可以表现为肯定的联系,也可以表现为否定的联系。肯定的联系,是指证据对案件事实的存在起肯定的证明作用;否定的联系,是指证据对案件事实的存在起否定的证明作用。①

关于关联性质证意见的含义:(1)无异议。质证主体认为该证据与案件事实存在某种关联,并对证明案件事实有意义。(2)有异议。质证主体认为该证据与案件事实不存在关联,并对证明案件事实没有实际意义。

(四)合法性

证据的合法性能否作为证据的属性,存在争议。否定的观点认为,证据本身并不存在合法性问题,存在合法性问题的是证据程序而非证据本身,如果认为证据须有合法性,则人为地增添了主观色彩。② 但是,劳动仲裁委员会或人民法院均将合法性,作为当事人质证的必备内容。

1. 合法性的判断标准

从裁审实践情况来看,是否具有合法性,应从以下几个方面进行判断。

(1)证据的证据能力必须符合法律规定

例如,鉴定人或证人作为证据主体时需要具有证据能力,否则不具有合法性。《民事证据规定》第 67 条规定:"不能正确表达意思的人,不能作为证人。待证事实与其年龄、智力状况或者精神健康状况相适应的无民事行为能力人和限制民事行为能力人,可以作为证人。"

对于逾期提交之证据,当事人应当从合法性的角度来进行持证,例如,对方当事人故意(或重大过失)逾期提供证据,并拒不说明理由(或逾期提供之理由不成立),且证据与案件基本事实有关,该证据已失权(或已丧失作为证据的资

① 江伟、肖建国主编:《民事诉讼法》,中国人民大学出版社 2018 年版,第 174 页。

② 最高人民法院修改后民事诉讼法贯彻实施工作领导小组编著:《最高人民法院民事诉讼法司法解释理解与适用》(上册),人民法院出版社 2015 年版,第 349 页。

格),故不具有合法性。另外,仲裁员也可以要求当事人对他认为“逾期”的证据发表质证意见(逾期证据并非均失权),此时当事人为避免拒绝质证带来的风险,建议应发表意见如下:“如果仲裁庭审查后认为该证据没有失权,那么我们的质证意见如下,即该证据不具有关联性(或合法性、真实性),且没有证据力(或证明很小)……”

(2)证据的收集程序或提取办法要符合法律规定

一般的非法证据不予排除,但达到“严重”程度的非法证据,则应当予以排除。《民事诉讼法》对非法证据排除未作规定,但《民诉法解释》第 106 条对此作出了规定:“对以严重侵害他人合法权益、违反法律禁止性规定或者严重违背公序良俗的方法形成或者获取的证据,不得作为认定案件事实的根据。”所以,在劳动争议案件处理过程中,应当参照适用《民诉法解释》的非法证据排除规定,当事人应当举证证明属于严重侵权、严重违法(违反禁止性规定)或严重违背公序良俗。否则,非“严重”不排除。例如,未经对方同意录音、录像取证等,一般不属于严重。裁审实践中常见严重情形有通过收买、胁迫、住宅非法偷录及刑讯逼供等手段取得证据。

(3)证据的形式要符合法律规定

不符合法定形式的证据,应当认定不具有合法性,不能被采信。例如,证人未经准许未出庭作证的,属于形式上不具有合法性。关于证据的证明手续问题,也属于形式是否合法的考察范围。《民事证据规定》第 16 条规定:“当事人提供的公文书证系在中华人民共和国领域外形成的,该证据应当经所在国公证机关证明,或者履行中华人民共和国与该所在国订立的有关条约中规定的证明手续。中华人民共和国领域外形成的涉及身份关系的证据,应当经所在国公证机关证明并经中华人民共和国驻该国使领馆认证,或者履行中华人民共和国与该所在国订立的有关条约中规定的证明手续。当事人向人民法院提供的证据是在香港、澳门、台湾地区形成的,应当履行相关的证明手续。”以上是对我国域外及港澳台地区形成的证据应履行证明手续作出的规定,如果未履行上述相应证明手续,则该证据就不具有合法性。其中,公文书证(一般指由国家机关、社会团体依职权制作的书面文件)需要公证或履行条约手续,无须认证;涉及身份关系的证据需要公证且认证;上述之外的其他证据无须公证、认证。但《民事诉讼法》第 271 条规定的“域外寄交或者托交的授权委托书”需要公证且认证(或履行条约手续)。

另外,《民事证据规定》第 17 条规定:“当事人向人民法院提供外文书证或者外文说明资料,应当附有中文译本。”中文译本不需要与域外证据一起办理公证认证之证明手续。如果对方当事人对中文译本提出质疑的,则提供中文译本的当事人,应当申请劳动仲裁机构或人民法院委托相关机构对外文书证进行翻译。

2. 港澳台地区形成证据的证明手续的履行

(1)香港特别行政区

《中国委托公证人(香港)管理办法》(自2002年4月1日起施行)第3条规定:"委托公证人的业务范围是证明发生在香港地区的法律行为、有法律意义的事实和文书。证明的使用范围在内地。"第4条规定:"委托公证人必须按照司法部规定或批准的委托业务范围、出证程序和文书格式出具公证文书。"第5条规定:"委托公证人出具的委托公证文书,须经中国法律服务(香港)有限公司(以下简称公司)审核,对符合出证程序以及文书格式要求的加章转递,对不符合上述要求的不予转递……"

(2)澳门特别行政区

司法部《关于印发中国委托公证人(澳门)名单及签名式样、印鉴的通知》(司发通〔2018〕39号)规定:中国委托公证人(澳门)出具的委托公证文书,需经中国法律服务(澳门)公司核验并加盖核验章后,方可在内地使用。

(3)台湾地区

根据1993年《两岸公证书使用查证协议》和《海峡两岸公证书使用查证协议实施办法》规定,对于当事人提交的在台湾地区形成的证据,应先由当事人在台湾地区进行公证,并取得公证书正本。公证事项如果属于两岸商定的14项应寄送公证书副本,劳动仲裁委员会或人民法院应当将当事人提交的公证书与本省市区公证员协会收到的台湾海基会寄送的副本进行比对,相互认证后即可确认其真实性;如果公证事项不属于两岸商定的14项寄送副本的范围①,劳动仲裁委员会或人民法院可请求本省市区公证员协会通过台湾海基会进行查证。对加盖有"中华民国"字样钢印的公证书因违反上述协议而不得采用。

(4)实务处理注意事项

①对于当事人提交的在香港特别行政区、澳门特别行政区形成的英文和葡萄牙文证据材料,在提供中文译本的同时,也应对其中文译本履行相关证明手续,其证明途径既可通过香港、澳门的公证机构公证,也可以通过内地公证机关

---

① 《两岸公证书使用查证协议》(1993年)第2条规定:"寄送公证书副本:(一)双方同意相互寄送涉及继承、收养、婚姻、出生、死亡、委托、学历、定居、抚养亲属及财产权利证明公证书副本。(二)双方得根据公证书使用需要,另行商定增、减寄送公证书副本种类。"

进行公证。②在实践中，对于台湾地区方面公证书正本、副本的比对工作应由谁来进行，没有明确规定。是当事人、还是用证单位即人民法院，司法部没有明确规定。从近些年的实践看，两种情况均有，但也已经发现由当事人进行容易出现弄虚作假的情况。因此，人民法院在审查证据时，应当注意公证书文本的比对。[①]

3. 证据内容违法与证据合法性无关

如果劳动合同中存在“用人单位免除自己的法定责任、排除劳动者权利的”“违反法律、行政法规强制性规定的”[②]内容，如工资每季度支付一次、不缴社保、劳动者自负工伤责任和每月延长工作时间加班至少50小时等，那么在发表持证意见时，能否因此而称这份劳动合同不具有合法性？我们认为不行，因为证据的内容违法与证据合法性无关。质证意见之合法性的判断标准为证据的主体是否符合法律规定、证据的收集程序或提取办法是否符合法律规定、证据的形式是否符合法律规定。如果符合则具有合法性；反之，则不具有合法性。也就是说上述三个判断标准中并不包含证据的内容，即证据的内容是否违法不是判断证据合法性的标准。所以，我们不能将劳动法律行为的合法性与证据的合法性进行等同。这一点很重要，因为在司法实践中存在错误认识，要注意区分。

针对证据的内容违法发表质证意见时，应当从证明力的角度进行处理，指出具体违法的内容，并提出该违法的内容没有证明力的质证意见，即证明不了其证明的日的或证明对象，因为其违反法律、行政法规的强制性规定。

（五）真实性

1. 判断标准

证据的真实性，也被称为证据的客观性，是指一切民事诉讼证据都必须是客观存在的真实情况，它是不以人的意志为转移的，任何人的想象、揣测和臆造，都不能成为民事诉讼的证据，这是民事诉讼的最本质特征。[③] 伪造的证据不具有真实性。真实性是证据的必备属性，人民法院在审查判断证据时，也必须先审查证据的真实性。证据的真实性是人民法院查明的案件事实，能够最大限度地接近客观真实的基础。在当事人质证，以及人民法院在此基础上对证据

① 最高人民法院民事审判第一庭编著：《最高人民法院新民事诉讼证据规定理解与适用》（上册），人民法院出版社2020年版，第207页。

② 《劳动合同法》第26条第1款第2、3项。

③ 韩象乾主编：《民事证据理论新探》，中国人民公安大学出版社2006年版，第35页。

审查判断的过程中,有关证据真实性的问题一般围绕以下两方面展开:(1)证据来源,即证据如何形成,如何收集取得,收集证据的程度是否合法或合理等。证据的来源对于检验证据的真实性具有较为重要的意义,证据的形成、取得过程和主体,收集证据的过程等因素,都对检验证据的真实性有帮助。(2)证据的内容。内容的真实性是证据真实性的实质内容。对证据内容真实性的检验,往往需要运用经验法则,结合证据之间的逻辑关系进行综合的论证和评价。[①]前者是形式或表面上的真实性,后者是实质或内容上的真实性。如对一份公证书发表质证意见时,可从参考以上两个方面分别发表意见:对公证书形式上的真实性予以认可,但对实质上的真实性不予认可,因为其内容并不存在或与客观事实不符、相矛盾。

2. 实践中对真实性质证的几个问题

(1)无法确认之类型

对真实性提出的质证意见有三个类型:一是无异议;二是有异议;三是无法确认。前两个类型比较好理解,“无法确认”这个类型大家有模糊认识,有必要予以说明。例如,一方当事人与第三方之间发生的劳动法律事实(包括行为和事件),由于另一方当事人对该证据是否形成、如何形成,如何收集取得并不知情,也不了解。此情形下,另一方当事人就只能发表无法进行判断、确认或无法发表质证意见的意见。

如果对方出示的证明材料在庭审后能够查明具有真实性的,且当事人自己也清楚具有真实性的,建议不要提出异议或发表无法确认的质证意见。理由有两个:一是可以节约裁审资源,方便及时查明案情,提高争议处理效率;二是容易引起仲裁员反感,对该当事人其他陈述的真实性产生怀疑,在心证或争议处理上对其不利。

(2)复印件、复写件的质证

对于复印件,当事人一般可以拒绝质证。如果仲裁员需要当事人发表质证意见时,当事人一般会发表如下意见:“如果对方当事人提供了原件或原物,那么我们的质证意见如下……”

但需要注意,复印件不是复写件。复写件与原件是同时且同步形成的,如收据的第二联、第三联等就是复写件。复写件是不是原件?这个问题存在争议。我们认为,从司法实践的角度来看,复写件是原件,或者与原件具有同等的

① 最高人民法院修改后民事诉讼法贯彻实施工作领导小组编著:《最高人民法院民事诉讼法司法解释理解与适用》(上册),人民法院出版社2015年版,第348页。

法律效力。如果对复印件上的笔迹或签章有异议的，一般可以申请鉴定，即复写件是可以作为适格的检材的，而复印件则不是适格鉴定检材。

(3)对利害关系人的质证

根据《民事证据规定》第87条的规定，"证人或者提供证据的人与当事人有无利害关系"是审判人员对单一证据进行审核认定的重要判断标准之一。然而，存在利害关系的人，是不具有真实性，还是不具有合法性？我们认为应按"真实性"定性并处理。因为与当事人之间存在利害关系时，说假话或提供伪证的可能性较大，所以有利害关系的人作证或提供证据，只涉及证据的真实性问题，而不涉及合法性，这一点应当注意。实践中将其定性为"合法性"并发表质证意见的情况经常存在。

(4)对私文书证真实性的质证

《民事证据规定》第92条第1款规定："私文书证的真实性，由主张以私文书证证明案件事实的当事人承担举证责任。"所以，私文书证的真实性由主张(提出)的当事人承担举证证明责任，这一点在实践中常出现错误理解。例如，如果劳动者出具了加班费欠条，用人单位对其真实性提出异议的，怎么办？仲裁员应当要求提交证据的劳动者，也就是主张权利的一方、提出请求的一方，你要证明你的证据是真实的，也就是说举证责任在劳动者一方，即提交证据一方你有责任证明你提交加班费欠条是真实的，签名或签章是真实的。如果劳动者提供不了这方面的证据，那就要承担举证不能，即仲裁员不支持劳动者请求，出现劳动者败诉的后果。如果需要申请鉴定解决的，应由主张事实(提交证据)的当事人(劳动者)申请鉴定，即劳动者有申请鉴定的义务。当然，在鉴定过程中，用人单位有配合提供相关鉴定检材之义务。

《民事证据规定》第92条规定："……私文书证由制作者或者其代理人签名、盖章或捺印的，推定为真实。私文书证上有删除、涂改、增添或者其他形式瑕疵的，人民法院应当综合案件的具体情况判断其证明力。"所以，如果经查证，私文书上有本人或其代理人的签名、盖章或捺印的，则推定为其制作，并具有真实性。如果私文书在物理属性、收集程序、收集手段及证据表现形式等方面存在瑕疵的，如有删除、涂改、增添等，则应当综合案件的具体情况判断其证明力。例如，劳动仲裁实践中，经常出现空白劳动合同的质证和认证问题。劳动者主张他签署的是空白劳动合同，劳动合同上填写的内容是事后用人单位自己填写的，那么仲裁员应当如何处理？笔者认为应当适用上述《民事证据规定》第92条规定中的"推定规则"，即如果劳动合同上有劳动者的亲笔签名、捺印或盖章的，则用人单位对此证据的真实性无须再承担进一步的证明责任，而应当推定劳动合同这个私文书证为真实，即该私文书证已具有了初步的证明力。但劳动者提供了高度可能性的证据且能够证明该私文书证为“空白劳动合同”的除外。

最高人民法院认为：“公文书证是国家机关或其他依法具有社会管理职能的组织在其职权范围内，依据法定的程式制作而成，是其行使公共管理职权的一种形式，故具有公信力。在形式证据力上，推定其所载内容为真实，若当事人对公文书证的真实性存疑，则有争执的当事人需要对相反的事实承担本证证明责任。相反，私文书证无法从其程式及意旨，推定文书之真伪。因而，在形式证据力上，通过援引私文书证证明案件事实的当事人，负有对私文书证形式真实性的举证责任。若对方当事人挑战私文书证的形式真实，则仅负有反证的责任，使法官对该文书形式证据力的判断陷入真伪不明即可，无须像否定公文书证形式证据力的判断那样承担提供本证的责任。在实质证据力上，则需要依靠法官自由心证，结合案件中其他证据材料、当事人陈述等因素进行判断。具体而言，当事人已经举证或通过推定，认定其所援引的私文书证具有形式真实性，但法官一般不能直接依据该私文书证的形式真实性来推定私文书证具有实质证明力，并以此作为裁判的事实依据，还应有其他证据予以补强。但若援引的私文书证中所载内容，是对援引的当事人不利的内容，则一般应当认定该部分内容具有实质证明力。”①

（六）证明力的质证

1. 证明力与证据三性的关系

质证分两个阶段，首先是对证据的三个属性（真实性、合法性和关联性）进行质辩；其次才是对证据有无证明力或证明力大小进行质辩。司法实践中如果当事人对三性无异议，只能说明该证据有一定的证明力，且是大于“0”的，但不能说明该证据一定有很大的证明力，也不代表该当事人对证明力大小也无异议，这一点值得注意。一般来讲，如果证据不具有真实性或关联性，则相对于本案待证事实而言，就没有证明力；反过来，即使证据具有真实性或关联性，则相对于本案待证事实而言，也不一定就有证明力；即使证据具有真实性和关联性，则相对于本案待证事实而言，也不一定就有证明力，如不具有合法性时就不具有证明力。所以，只有三性齐备的证据，才具有证明力。

事实上劳动争议的处理，仲裁员是通过组织上述两个阶段的证据质证活动，来对证据进行审查和判断，并由此形成心证。具体何为证明力，如何判断证

---

① 最高人民法院民事审判第一庭编：《民事审判实务问答》，法律出版社 2021 年版，第 309 页。

明力大小,详见本书"证据"相关章节的内容。

2. 证明力与证据能力的关系

一般来说,若证据不具有关联性或合法性,则该证据就没有证据能力,没有证据能力就没有证明力;即使证据具有关联性和合法性,该证据也不一定就具有证据能力或证明力,如根据《民诉法解释》第 107 条①规定,调解协议或和解协议虽有关联性、合法性,但一般不具有证据能力和证明力(双方当事人同意的除外)。不具有真实性的证据,其证据能力是有可能存在的,如作伪证的证人。总之,不具有证据能力的证据,一定不具有证明力。

3. 证明力与证明的目的、证明对象

如果当事人对证明的目的或证明对象有异议,此时要注意这与三性无关,而应当从有无证明力或证明力大小这个角度去发表质证意见。例如:"该证据没有证明力或证明力很小,不能证明其证明的目的或证明对象。"

4. 认可证据是认可其证明力还是认可其证据资格

《民事证据规定》第 89 条规定:"当事人在诉讼过程中认可的证据,人民法院应当予以确认。但法律、司法解释另有规定的除外。当事人对认可的证据反悔的,参照《最高人民法院关于适用〈中华人民共和国民事诉讼法〉的解释》第二百二十九条的规定处理。"以上是对证据认可及其法律效果的规定,不是对自认的规定,因为认可证据和自认不是一回事,自认是对事实的认可,而不是对证据的认可。

当事人在诉讼过程中认可证据的行为是认可其证明力抑或证据资格?司法实务中,对当事人认可证据的行为的相应法律后果存在争议:第一种观点认为,对方当事人认可证据的法律效果就是可以约束法官自由心证,人民法院应确认该证据有证明力,也即人民法院在运用证据认定待证事实时,必须将该证据作为认定事实的基础,而不得排除在外。对此,2001 年《民事证据规定》第 72 条也有规定,即一方当事人提出的证据,另一方当事人认可的,或者对方当事人对反驳证据认可的,可以确认证据的证明力。第二种观点则认为,对方当事人认可证据的法律效果只是确认该证据的证据能力,并不确认其证明力大小。证据能力,又称证据资格或证据的适格性。适格证据,是指特定的证据材料所具有的作为认定事实的资格。证据的证明力,则是指证据能够证明案件事

① 《民诉法解释》第 107 条规定:"在诉讼中,当事人为达成调解协议或者和解协议作出妥协而认可的事实,不得在后续的诉讼中作为对其不利的根据,但法律另有规定或者当事人均同意的除外。"

实的证明程度。[①] 证据能力是一个法律问题,属于可能性的范畴,解决的是证据能否在法庭上提出,让法官看见和听见的问题。因此,另一方当事人认可证据只是解决了证据资格问题,并不解决其证明力大小问题。如果不确认证明力大小,则所谓的确认证明力与证据资格就没有本质区别。这也是本条修改后删除"证明力"表述的原因。笔者倾向于第二种观点。[②]

四、劳动仲裁的认证

(一)概述

所谓认证,是指法官在诉讼过程中,尤其在庭审过程中,就当事人举证、质证、法庭辩论过程中涉及的与待证事实有关的证据加以审查认定,以确认其证据能力之有无和证明力强弱的活动。[③] 证据的认定主要是对证据的证据能力,以及证明力有无和证明力大小进行审查判断。审查判断的主体只能是法官,在劳动仲裁中该审查主体就是仲裁员。认定的目的是根据对证据能力、证明力的判断结果,来决定是否可以作为认定案件事实的根据。所以,证据认定是确认案件事实的前提和基础,且认定活动对案件的正确处理来说意义重大。

《劳动争议调解仲裁法》第 39 条第 1 款规定:"当事人提供的证据经查证属实的,仲裁庭应当将其作为认定事实的根据。"所以,任何证据未经审查认证,不得作为认定案件事实的根据。但劳动仲裁委员会对证据如何审查认定未作进一步规定。《劳动仲裁规则》第 18 条规定:"争议处理中涉及证据形式、证据提交、证据交换、证据质证、证据认定等事项,本规则未规定的,可以参照民事诉讼证据规则的有关规定执行。"所以,在劳动争议仲裁过程中,关于"证据认定"如何进行之规则,应当参照适用民事诉讼法的相关规定。

(二)认证的基本要求、模式及方法

1. 基本要求

《民事证据规定》第 85 条对我国民事诉讼证据认证的基本要求作出了相应的规定,即"人民法院应当以证据能够证明的案件事实为根据依法作出裁判。审判人员应当依照法定程序,全面、客观地审核证据,依据法律的规定,遵循法官职业道德,运用逻辑推理和日常生活经验,对证据有无证明力和证明力大小独立进行判断,并公开判断的理由和结果"。以上规定了证据裁判原则和

---

① 张卫平:《民事证据法》,法律出版社 2017 年版,第 17 ~ 18 页。

② 肖峰:《最高人民法院民事诉讼证据规则条文解析与实务运用》,法律出版社 2022 年版,第 467 页。

③ 陈卫东、谢佑平主编:《证据法学》,复旦大学出版社 2005 年版,第 380 页。

证据审查判断原则。所谓证据裁判原则，是指在劳动争议处理过程中，仲裁员对劳动争议案件事实的认定，应当以证据为依据，没有证据就不能认定案件事实，就不能作出裁决。所以，劳动仲裁机构处理劳动争议案件，应当以事实为根据，而事实必须以查证属实的证据来予以证明。

如果认证活动违反上述基本要求的，则属于认证活动违法、认证结果错误和无效。

2.“一步认证”和“二步认证”模式

采纳的证据，并不一定会被采信。法官审查认定证据的内容包括两个方面：一个是审查证据能力，确认是不是具有证据资格，是不是可以进入诉讼的“大门”；另一个是审查证据效力，即获准进入诉讼程序的证据是不是真实可靠，或者其证明是否有效，是否具有充分证明案件事实的证明力，是不是足以作为认定案件事实的根据。前者就是证据的采纳；后者就是证据的采信。就法官的认识过程来说，采纳是对证据的初步审查和认定，采信是对证据的深入审查和认定；采纳是采信的基础，采信是采纳的延续；没有被采纳的证据当然谈不上采信，但是采纳了的证据也不一定都被采信。[①] 根据个别学者对我国司法实践中法官对证据认证方式的实证分析，实践中存在“一步认证”和“二步认证”两种方式。所谓的“一步”和“两步”，是指法官在证据认证时，其认定过程是否分成采纳和采信两个阶段。“一步认证”指法官在认证过程中对证据能力和证明力一次性进行认定，而“两步认证”则指法官对证据的认定区分为对证据能力的认定和对证明力的认定两个独立的阶段。[②] 我们赞同“二步认证”模式，因为二步认定模式是科学的、合理的。从裁审实践的情况来看，“二步认证”模式也是普遍采用的主要实践模式。但是，《民事证据规定》第 97 条第 1 款规定：“人民法院应当在裁判文书中阐明证据是否采纳的理由。”由此可以看出，我国法律对“二步认证”模式并未采纳，故属于民事诉讼立法缺陷，应当予以完善，以纠正裁审实践中“一步”和“两步”模式并存的混合现象。

3. 认证方法

《民事证据规定》第 87 条对我国证据认证的方法作出相应的规定，即“审判人员对单一证据可以从下列方面进行审核认定：（一）证据是否为原件、原物，复制件、复制品与原件、原物是否相符；（二）证据与本案事实是否相关；

---

① 何家弘等：《科学证据的采信规则和标准——我们的声音》，载何家弘主编：《证据学论坛》（第 16 卷），法律出版社 2011 年版，第 306 页。

② 李主峰、刚继斌：《从立法到司法：刑事诉讼中电子证据之认证》，载《学术交流》2013 年第 7 期。

(三)证据的形式、来源是否符合法律规定;(四)证据的内容是否真实;(五)证人或者提供证据的人与当事人有无利害关系”。以上规定中第一项审核的是证据的真实性,以确定其证明力的有无和大小。第二项审核的是证据的关联性。如果没有关联性则没有证明力,且应当排除,不能作为认定案件事实的根据。第三项审核的是证据的合法性,主要审核证据的形式和来源是否合法。第四项审核的是证据的内容是否真实,此项审查在本质上仍是审查证据的真实性。主要审核证据记载内容是否存在矛盾,是否符合常理等。第五项审核的是证人或者提供证据的人与当事人有无利害关系,本项审查在本质上仍是审查证据的真实性,以防证据提供者受到主观因素影响而虚假陈述、伪造证据。

(三)认证规则

1. 综合判断规则

《民事证据规定》第 88 条规定:“审判人员对案件的全部证据,应当从各证据与案件事实的关联程度、各证据之间的联系等方面进行综合审查判断。”参照以上规定,我国劳动仲裁委员会在认定证据时,应当结合相关情况进行综合审查判断。事实上,在证据评判过程中,我们不能机械地认定证据证明力大小,在全面审核证据的同时,必须运用逻辑推理和日常生活经验法则,对各方当事人提供的证据进行整体性、综合性地批判,尽可能避免裁决的结果背离客观事实。综合判断规则的核心就是判断全部证据是不是已经形成了证据链条,且能够证明待证事实。例如,用人单位有提供考勤记录、工资支付记录等证据的义务,但其提供的证据上劳动者没有签字认可,此时我们就应注意,要适当放宽对证据形式的认定标准,且不能简单地否定该证据的证明力,而应当结合其他证据进行综合性审查判断。证明力大小是遵循仲裁员职业道德、运用逻辑推理和日常生活经验,并综合在案证据判断出来的,而不是根据单一证据或多个证据进行比较判断出来的。

2. 对证据认可及反悔的认定规则

参照《民事证据规定》第 89 条的规定,当事人在劳动仲裁过程中认可的证据,劳动仲裁委员会应当予以确认。但法律、司法解释另有规定的除外。当事人对认可的证据反悔的,参照以下规定处理,即“当事人在庭审中对其在审理前的准备阶段认可的事实和证据提出不同意见的,人民法院应当责令其说明理由。必要时,可以责令其提供相应证据。人民法院应当结合当事人的诉讼能力、证据和案件的具体情况进行审查。理由成立的，可以列入争议焦点进行审理”①。

3. 独证认定规则

关于独证认定规则，劳动争议调解仲裁法没有规定，我们建议参照《民事证据规定》第 90 条进行认定，该条规定：“下列证据不能单独作为认定案件事实的根据：(一)当事人的陈述；(二)无民事行为能力人或者限制民事行为能力人所作的与其年龄、智力状况或者精神健康状况不相当的证言；(三)与一方当事人或者其代理人有利害关系的证人陈述的证言；(四)存有疑点的视听资料、电子数据；(五)无法与原件、原物核对的复制件、复制品。”所以，上述所列的五种证据，在没有其他补强证据的情形下，不能单独作为认定案件事实的根据。

所谓补强证据，是指能够增加或担保主证据证明力的证据。补强证据本身必须要具有证据能力和证明力，这是其成为补强证据的前提和基础。例如，用人单位提供了两个证人证言，由于这两个证人是本单位员工，具有利害关系，所以这两个证人证言之间相互不能成为补强证据。如果有其他视听资料、书证、物证等证据作为补强证据，或者有其他无利害关系的证人证言作为补强证据的(包括无民事行为能力人或者限制民事行为能力人所作的与其年龄、智力状况或者精神健康状况不相当的证言)，则上述两名员工的证人证言就可以“共同”或者“联合”的方式来作为认定案件事实的根据。当然，补强证据和被补强证据结合起来必须达到高度盖然性的证明标准，否则就属于《民诉法解释》第 90 条第 2 款“证据不足以证明其事实主张”之情况，由负有证明责任的当事人承担不利后果。

4. 妥协认可事实的认定规则

当事人在调解或和解中所认可的事实，未必是真实的事实，法律之所以允许当事人在调解或和解中对案件事实作出妥协之认可，是基于遵守当事人的处分权，但不能将其作为对其不利的定案依据，否则就违背了调解或和解的初衷。《民诉法解释》第 107 条规定：“在诉讼中，当事人为达成调解协议或者和解协议作出妥协而认可的事实，不得在后续的诉讼中作为对其不利的根据，但法律另有规定或者当事人均同意的除外。”

5. 间接证据定案之认证规则

理论和实务中的观点均认为，对间接证据与待证事实之间关联性的审查，应当满足以下四个条件：(1)单个的间接证据必须在数量上形成足够的优势；

---

① 《民诉法解释》第 229 条。

(2)在一定数量基础上的单个间接证据必须通过逻辑推理的方式,形成有效的证据链,以显示其具有充分的证明力;(3)各个间接证据之间,以及他们与主要待证事实之间不能产生合理因素以外的矛盾性;(4)由各种间接证据所形成的证明体系,在证明优势所具有的高度盖然性上,必须足以排除现有条件下的任何其他可能,并且得出的结论应具有唯一性。满足以上条件时,间接证据就可以起到直接的作用,具有相当于直接证据的证明力。①

6. 当事人陈述前后不一致的处理

《民事证据规定》第63条第2款规定:"当事人的陈述与此前陈述不一致的,人民法院应当责令其说明理由,并结合当事人的诉讼能力、证据和案件具体情况进行审查认定。"审判实践中,经常会出现当事人陈述前后不一致的情形,这时需要当事人说明理由。对于当事人陈述的证明效力,则要由审判人员结合当事人陈述的内容、变更陈述的理由、当事人的诉讼能力、证据情况及案件相关事实进行审查认定。对当事人诉讼能力的判断,可以结合当事人年龄、智力状况、受教育程度、道德品质、法律意识等因素进行考量。② 目前,我国司法实践中对当事人虚假陈述的规制主要包括对虚假陈述不予以采信、对当事人予以罚款或拘留的强制措施以及追究刑事责任。其中,法院最为常见的处理方式即为对该陈述不予以采信,而当事人罚款的情形较少,拘留、追究刑事责任的情况更是罕见。③

五、劳动仲裁之自由心证

(一)概述

所谓自由心证原则,是指法官在认定案件事实的过程中,对于证据方法(证据资格、证据适格)、证据资料以及事实推定等事项,法律一般不作规定,而是交由法官依照经验法则予以判断的原则。自由心证原则之所以称为"自由心证",是相对于法定证据原则而言的,即按照法定证据原则,法官对证据方法(证据资格)、证据资料的证明力以及事实推定等事项只能按照法律的规定,不能在法律规定之外自由裁量。④ 法定证据原则和自由心证原则是判断案件事

① 人民法院出版社编:《司法解释理解与适用全集》(民事诉讼卷4),人民法院出版社2019年版,第2414页。

② 最高人民法院民事审判第一庭编:《民事审判实务问答》,法律出版社2021年版,第308页。

③ 熊跃敏、陈亢睿:《当事人虚假陈述的认定与规则——以司法裁决为中心的考察》,载《山东大学学报(哲学社会科学版)》2018年第6期。

④ 张卫平:《自由心证原则的再认识:制约与保障——以民事诉讼的事实认定为中心》,载《政法论丛》2017年第4期。

实的两个基本原则,是认定案件事实的基本要求和基本规范。法定证据原则的目的在于限制法官或仲裁员自由心证活动,具有防止法官或仲裁员恣意擅断的功能。二者在我国民事诉讼立法趋势是,法定证据原则呈弱化趋势,而相应地着重强调自由心证原则。出现这个趋势具有一定的历史原因,即现阶段我国的民事诉讼制度和司法环境不断完善,法官或仲裁员的素质也有了明显提升等。

2001 年《民事证据规定》(已失效)第 77 条规定:“人民法院就数个证据对同一事实的证明力,可以依照下列原则认定:(一)国家机关、社会团体依职权制作的公文书证的证明力一般大于其他书证;(二)物证、档案、鉴定结论、勘验笔录或者经过公证、登记的书证,其证明力一般大于其他书证、视听资料和证人证言;(三)原始证据的证明力一般大于传来证据;(四)直接证据的证明力一般大于间接证据;(五)证人提供的对与其有亲属或者其他密切关系的当事人有利的证言,其证明力一般小于其他证人证言。”以上是关于证据的证明力判断标准的规定,属于法定证据原则的范畴。但是,上述规定在 2019 年《民事证据规定》中被删除了,这个删除动作体现了立法趋势,即弱化法定证据原则而强调自由心证原则,取消上述证明力大小的法定标准,并将其列入了自由心证的范围。这充分体现了对审判规律的尊重,以及对一线法官的尊重和信任。

(二)主要内容

《民诉法解释》第 105 条规定:“人民法院应当按照法定程序,全面、客观地审核证据,依照法律规定,运用逻辑推理和日常生活经验法则,对证据有无证明力和证明力大小进行判断,并公开判断的理由和结果。”《民事证据规定》第 88 条规定:“审判人员对案件的全部证据,应当从各证据与案件事实的关联程度、各证据之间的联系等方面进行综合审查判断。”同时《民事证据规定》第 97 条规定:“人民法院应当在裁判文书中阐明证据是否采纳的理由。对当事人无争议的证据,是否采纳的理由可以不在裁判文书中表述。”以上是我国民事诉讼法对自由心证作出的规定。所以,我们认为劳动仲裁程序中自由心证的主要内容体现在以下几点。

1. 证据法上的自由心证

例如,事实劳动关系争议案件中,对事实劳动关系是否建立,其在选择证据方法上是自由的,既可以使用书证、证人证言和电子数据等证据方法,也可以使用视听资料、物证等证据方法来予以证明。

2. 证据有无证明力和证明力大小的自由心证

由于 2019 年《民事证据规定》删除了关于证据的证明力大小判断标准的规定,导致其再无法定标准,加之证据有无证明力的判断本身无法定标准,所以,仲裁员可以对证据有无证明力和证明力大小,予以自由裁量和独立判断。

3. 事实推定上的自由心证

案件事实可以分为直接事实、间接事实和辅助事实三类。对于间接事实是否能够推定主要事实的存在与否,这需要仲裁员根据日常生活经验法则达成心证。所以,事实推定属于自由心证的适用范围,应由仲裁员自由裁量。由于事实推定在司法实践中特别重要,故专门在以下小节中进行专题探讨。

4. 证明标准选择上的自由心证

我国民事诉讼法规定了高度可能性的证明标准、排除合理怀疑的证明标准和其他证明标准三种类型。在每个类型中,当事人主张事实的证明,其是否达到了以上事实认定的标准,法律没有具体规定,需要仲裁员根据日常生活经验法则达成心证,来予以认定。所以,是否达到了以上事实认定的证明标准,应由仲裁员自由裁量。

5. 自由心证的界限

我们认为理解自由心证原则的重点不是"自由",而是"制约"。因为自由心证原则并非完全自由,客观上存在限制和制约。内在制约才是理解自由心证原则的核心重点。内在制约或限制主要表现在必须遵守日常生活经验法则,且应当接受监督,即公开判断的理由和结果。[①] 违背日常生活经验法则的自由心证活动无效。实践证明,自由心证除受日常生活经验法则的约束之外,还会受到法定证据、证据契约(我国法律未规定也未禁止)、论理法则、程序规则等方面的限制。

(三)事实推定上的自由心证

1. 概念及其分类

所谓推定的事实,是指根据法律的规定或者经验法则,从已知事实中所推断出的另一事实。其中,作为推论前提的已知事实,一般称为"基础事实"或"前提事实";依据推定所得的结果事实,一般称为"结论事实"或"推定事实"。作为沟通基础事实与结论事实之桥梁的推论关系,既可以是法律规则也可以是经验法则。推定可以分为法律上的推定和事实上的推定。法律上的推定,是指法律明确规定,应当基于某一已知事实的存在而认定另一事实的存在。[②] 法律上的推定一般系指法律上之事实推定,但从广义上来说,法律上的推定包括法

① 依据为《民事证据规定》第97条规定:"人民法院应当在裁判文书中阐明证据是否采纳的理由……"

② 例如:《劳动合同法》第38条推定解雇即劳动者被动辞职之规定,就属于法律上的推定。

律上之事实推定和法律上之权利推定。法律上之权利推定又称为权利推定、权利状态推定，是指法律就某权利或法律关系是否存在直接加以推定。事实上的推定，是指法院根据已知的客观事实和日常生活经验法则，推定出另一事实的存在。[①] 例如，劳动者主张存在劳动关系，虽然劳动者不能证明其缔结的事实，但依据履行的事实，足以推定劳动关系的存在。法律根据已知事实推断出另一事实的真伪，主要有下列情形：其一，两事实间互有因果关系；其二，两事实间有主从关系；其三，两事实间互不相容。[②]

2. 推定的法律效果

《民事证据规定》第 10 条规定，根据法律规定推定的事实，以及根据已知的事实和日常生活经验法则推定出的另一事实，当事人无须举证证明。所以，推定具有免除主张推定事实的当事人的举证证明责任的法律效果。

然而，在理解这一效力时需注意：(1)当作为推定事实的前提事实处于真伪状态时，主张推定事实的当事人虽然不必证明推定事实，但需要对前提事实的存在进行证明。(2)在运用“已知的客观事实和日常生活经验法则”进行推定时，作为已知事实和推定事实之中介的“日常生活经验法则”，应当具有高度的盖然性。高度盖然性意味着，某种现象的发生具有极大的可能性，一般情况下是没有例外的。而且，作为人们从生活经验中归纳出来的关于事实因果关系或属性状态的具有普遍性的法则，“日常生活经验法则”应当是社会上一般人所普遍认同的，而不是法官个人的认识，如果其不具有这种高度盖然性，那么就不能作为推定中介的经验法则。(3)推定事实并非都是不可争议的事实。无论是法律上的推定还是事实上的推定，都允许当事人提出相反的证据反驳推定事实。当事人提出相反的证据足以反驳推定事实时，推定事实将重新成为证明的对象。[③] 例如，如果用人单位能够提出证据，且足以证明其没有解雇之意，此情形下，即使存在“未及时足额支付劳动报酬”之情况，劳动者也不得以此为由依据《劳动合同法》第 38 条单方解除。所以，证据规则中的推定均为相对推定，而不是绝对推定，因为该推定是可以反驳的，当足以反驳时则推定就不生效。

3. 推定与假定、推测、视为的关系

(1)推定不是假定。假定的事实在之前和现在均是不存在的，并且假定没

---

① 江伟、肖建国主编：《民事诉讼法》，中国人民大学出版社 2018 年版，第 208 页。

② 陈荣宗、林庆苗：《民事诉讼法》，台北，三民书局 1996 年版，第 495 页。

③ 江伟、肖建国主编：《民事诉讼法》，中国人民大学出版社 2018 年版，第 208～209 页。

有法律效力，仲裁庭不能适用“假定”处理劳动争议。而推定是法定的认定案件事实的特殊方法，能够用来处理劳动争议，具有法律效力，并且有适用范围和条件的限制。只有当对方当事人提出足以反驳的证据时，推定才不生效。

（2）推定与推测。推测是以已知推究或揣测未知。两者之间既有相同之处，也有区别。相同之处表现为均是基于一定的事实作为前提条件的。不同之处在于两者的盖然性不同，前者具有高度盖然性，即某种现象的发生具有极大的可能性，一般情况下是没有例外的；而后者的盖然性很低，很大程度上表现为属于主观猜想。

（3）推定与视为。“视”是看待、对待的意思，“为”是当作、作为的意思，“视为”是个动词，是当作、看作的意思。法律上“视为”是一种法律拟制，即明知是甲事实却当作乙事实来处理，如《工伤保险条例》第 15 条规定，在工作时间和工作岗位，突发疾病死亡或者在 48 小时之内经抢救无效死亡的，视为工伤。所谓视为工伤，即本不是工伤，但按工伤处理。[①] 所以，推定与视为的最大区别在于法律效果不同。推定的事实因有足以反驳的反证时会不生效；而视为的事实，即使提供了足以反驳的证据，甚至提供了足以推翻的证据，其效果也是绝对有效的。

4. 推定举例：通知是否已收到？

劳动争议处理过程中，经常碰到“通知”是否收到这样的问题。用人单位称已通过邮件将“通知”发送到了对方的邮箱，而劳动者则否认，称没有收到。到底有没有收到？这就需要运用推定进行处理。我们认为，只要主张推定事实存在的人即用人单位，能够有效举证证明其确实向劳动者的邮件发送了“通知”的，则推定所依赖的前提条件即告成立，根据日常生活经验法则，就应当认定推定的事实存在，即“通知”已送达劳动者，但劳动者能够提供反证且足以反驳推定之事实的除外，如因公司邮箱被用人单位禁用而无法查看、邮箱系统崩溃而无法使用等。

（四）裁审实践中的注意事项

仲裁员或法官在适用自由心证的过程中，应当注意不得突破自由心证的底线和规则。在裁审实践中应当着重注意如下四点：（1）自由心证不能取代举证责任。自由心证是举证和质证以后的活动，当事人举证和质证在前，法官自由心证在后。如果当事人没有举证或举证不足，依照法律规定直接承受举证不能的不利后果，不需要也不应有法官的自由心证。（2）自由心证不能曲解证据及

---

① 胡燕来：《工资实务研究》，法律出版社 2018 年版，第 103 页。

证明力。当事人对证据及证明力常有争议,但这并不改变证据及证明力的客观属性,自由心证恰恰是为了揭示证据及证明力的客观属性。如果证据及证明力本身比较模糊,难免有法官自由裁量的空间。但在证据及证明力清晰的条件下,自由心证不能不顾证据文义和作用另作解释。(3)自由心证不能滥用情理常理。情理常理不是规范的法律用语,极少出现在我国的民事裁判文书之中,规范的表述应该是日常生活经验。情理常理不是法官的个人体验,而是一个社会长期共同生活形成的多数人体验,不能由法官随意定义和选择。多数人体验的形成有赖于共同的思维,情理常理因而必须符合反映共同思维的逻辑规则。① (4)要件事实证明中的心证公开要注意时机和方式。一是公开的时机,不是到裁判文书制作的时候才予公开。有人认为,只要在判决书里面公开了认定事实的结果,就是公开心证结论。这是一种误解。在判决书中公开事实认定结果,只是一种事后公开。心证结论公开的目的是让当事人用尽证据资源,所以一定要做到事前公开。二是公开的方式。这是因为我国司法所面临的形势比较复杂,稍有不慎可能会让当事人产生不信任感,甚至使其情绪激化。有的当事人可能会认为法官未审先定或者认为法官有偏见。所以,一名优秀的法官既要善于把心证结论公开,又要善于把握公开的方法与技巧,避免当事人产生对抗心理。在这方面,宋鱼水、袁月全等优秀法官为我们提供了大量的成功经验。② 如果法官或仲裁员在要件事实证明上没有公开心证,则会使相关当事人丧失补充提交证据资料的机会,且无法达到用尽证据资源之目的。若该当事人无法预测到心证对自己不利,自然也不会主动采取措施补救。

---

① 孟勤国:《法官自由心证必须受成文法规则的约束——最高法院(2013)民申字第820号民事裁判书研读》,载《法学评论》2015年第4期。

② 邹碧华:《要件审判九步法》,法律出版社2010年版,第135页。

第十二章 劳动仲裁的期间与送达

一、仲裁期间概述

所谓劳动仲裁期间，是指劳动仲裁委员会、当事人和其他仲裁参与人单独或共同实施、完成劳动仲裁活动所应当遵守的时间。规定劳动仲裁期间的目的是提高劳动仲裁活动的效率，防止劳动争议久拖不决，也是为了保证各方当事人能够有足够时间完成劳动仲裁活动。

期间与期限、期日的区别与联系。所谓期限，是指劳动仲裁委员会、当事人和其他仲裁参与人单独实施或完成劳动仲裁活动所应当遵守的时间。如受理期限、仲裁期限、举证期限等。所谓期日，是指劳动仲裁委员会、当事人和其他仲裁参与人共同实施或完成劳动仲裁活动所应当遵守的时间。如开庭审理日、证据交换日等。期限与期日是有区别的。期间有广义和狭义之分，广义的期间包括期限和期日；狭义的期间是指期限。在劳动仲裁活动中的期间，指的是狭义的期间，即期间不包括期日，而只指期限。这里所称的期间就是期限。

二、法定期间、指定期间与约定期间

（一）法定期间

所谓法定期间，是指劳动仲裁法律规定的以特定法律事实作为起算点和期满点的时间。对于法定期间，劳动仲裁委员会、当事人和其他仲裁参与人都应当遵守，且不得改变。各方参与主体只能在法定期间之内选择时间来完成劳动仲裁活动，不能超过法定期限。否则，将承担相应的法律后果。例如，《劳动争议调解仲裁法》第 50 条规定，当事人对非一裁终局裁决不服的，可以自收到仲裁裁决书之日起 15 日内向人民法院提起诉讼；期满不起诉的，裁决书就会发生法律效力。

（二）指定期间

所谓指定期间，是指劳动仲裁委员会根据法律规定的授权，依职权指定的期间。指定期间是法律授予劳动仲裁委员会的仲裁指挥权之一，目的在于保障当事人有足够时间参加仲裁活动，提高仲裁效率。例如，关于举证期限，《劳动仲裁规则》第 15 条规定："承担举证责任的当事人应当在仲裁委员会指定的期限内提供有关证据……"《劳动争议调解仲裁法》第 39 条第 2 款规定："劳动者无法提供由用人单位掌握管理的与仲裁请求有关的证据，仲裁庭可以要求用人单位在指定期限内提供。用人单位在指定期限内不提供的,应当承担不利后果。”

（三）约定期间

所谓约定期间,是指劳动仲裁当事人根据法律规定,协商一致的期间。《劳动仲裁规则》第 19 条第 1 款规定:“仲裁期间包括法定期间和仲裁委员会指定期间。”所以,劳动仲裁期间的类型只有两个:一是法定期间;二是指定期间。这与民事诉讼期间不同,民事诉讼期间除法定期间和指定期间之外,还有约定期间。所以,劳动仲裁期间中没有约定期间,也不允许当事人之间共同约定期间,如不允许当事人约定举证期限等。

三、不变期间与可变期间

根据期间是否可以变更为标准,我们可将期间划分为二个类型:不变期间与可变期间。《民事诉讼法》第 85 条第 1 款规定:“期间包括法定期间和人民法院指定的期间。”同时在《民诉法解释》第 127 条新增规定了 8 种“不变期间”,不适用诉讼时效中止、中断、延长的规定,其他期间为可变期间。虽然劳动仲裁程序中并未规定不变期间和可变期间,但在仲裁实践中,其基本法理仍是可以参照适用的,即指定期间为可变期间,法定期间为不变期间。只是有些法定期间依法可以延长。例如,《劳动争议调解仲裁法》第 43 条第 1 款规定:“仲裁庭裁决劳动争议案件,应当自劳动争议仲裁委员会受理仲裁申请之日起四十五日内结束。案情复杂需要延期的,经劳动争议仲裁委员会主任批准,可以延期并书面通知当事人,但是延长期限不得超过十五日。逾期未作出仲裁裁决的,当事人可以就该劳动争议事项向人民法院提起诉讼。”

四、仲裁期间的计算

《劳动仲裁规则》第 19 条第 2 款规定:“仲裁期间的计算,本规则未规定的,仲裁委员会可以参照民事诉讼关于期间计算的有关规定执行。”所以,我们分有规定和无规定两个方面进行探讨。

（一）劳动仲裁法规定的计算方法

《劳动仲裁规则》第 80 条规定:“本规则规定的‘三日’、‘五日’、‘十日’指工作日,‘十五日’、‘四十五日’指自然日。”所以,除以上劳动仲裁期间的计算方法之外,其他计算方法应当参照适用民事诉讼的相关规定。

（二）参照适用民事诉讼期间的计算方法

《民事诉讼法》第 85 条规定:“……期间以时、日、月、年计算。期间开始的时和日,不计算在期间内。期间届满的最后一日是法定休假日的,以法定休假日后的第一日为期间届满的日期。期间不包括在途时间,诉讼文书在期满前交邮的,不算过期。”但应当排除民事诉讼法对当事人可以约定期间计算方法的相关规定,因为《劳动仲裁规则》第 19 条第 1 款已明确规定劳动仲裁期间不得约定。

(三)期间的剔除

所谓期间的剔除,是指劳动仲裁期间进行中,劳动仲裁委员会不将用于某些事项或活动却难以精确控制时间计入劳动仲裁期间的行为。具体内容简介如下几点。

1. 法定应当剔除的期间

《劳动仲裁规则》第 46 条规定:“有下列情形的,仲裁期限按照下列规定计算:(一)仲裁庭追加当事人或者第三人的,仲裁期限从决定追加之日起重新计算;(二)申请人需要补正材料的,仲裁委员会收到仲裁申请的时间从材料补正之日起重新计算;(三)增加、变更仲裁请求的,仲裁期限从受理增加、变更仲裁请求之日起重新计算;(四)仲裁申请和反申请合并处理的,仲裁期限从受理反申请之日起重新计算;(五)案件移送管辖的,仲裁期限从接受移送之日起重新计算;(六)中止审理期间、公告送达期间不计入仲裁期限内;(七)法律、法规规定应当另行计算的其他情形。”

2. 应剔除期间之中止审理情形

《劳动仲裁规则》第 47 条规定:“有下列情形之一的,经仲裁委员会主任或者其委托的仲裁院负责人批准,可以中止案件审理,并书面通知当事人:(一)劳动者一方当事人死亡,需要等待继承人表明是否参加仲裁的;(二)劳动者一方当事人丧失民事行为能力,尚未确定法定代理人参加仲裁的;(三)用人单位终止,尚未确定权利义务承继者的;(四)一方当事人因不可抗拒的事由,不能参加仲裁的;(五)案件审理需要以其他案件的审理结果为依据,且其他案件尚未审结的;(六)案件处理需要等待工伤认定、伤残等级鉴定以及其他鉴定结论的;(七)其他应当中止仲裁审理的情形。中止审理的情形消除后,仲裁庭应当恢复审理。”以上法定的中止审理期间,应当不计入劳动仲裁期间,即应当剔除。

3. 其他未规定的应当剔除的期间

对《劳动仲裁规则》第 46、47 条未规定的其他应当剔除的期间的确定,根据《劳动仲裁规则》第 19 条第 2 款之参照适用规则,应当参照适用民事诉讼法相关规定,如可以参照适用最高人民法院《关于严格执行案件审理期限制度的若干规定》(2008 年 12 月 16 日发布)第 9 条等[①]。

五、仲裁期间的耽误

所谓劳动仲裁期间的耽误,是指劳动争议当事人或其他仲裁参与人,本应在法定期间或指定期间内实施或完成劳动仲裁活动,但由于某种原因没有实施或完成的状态。如果没有实施或完成劳动仲裁活动是主观原因造成的,则该当事人就丧失了进行该种劳动仲裁活动的权利。例如,当事人收到非终局裁决后未在 15 日内起诉的,裁决书发生效力,当事人就丧失了起诉权。如果是客观原因造成的,则可以依法申请顺延期限或重新指定期日。例如,《民事诉讼法》第 86 条规定:"当事人因不可抗拒的事由或者其他正当理由耽误期限的,在障碍消除后的十日内,可以申请顺延期限,是否准许,由人民法院决定。"以上"不可抗拒的事由"一般是指主观上无法预见、客观上无法避免和克服的客观情况,如地震、火灾、水灾等;以上"其他正当理由"一般是指不可抗拒的事由之外,不应不归责于当事人的客观情况,如突然重病等。

但是,我国劳动仲裁法对期间的耽误能否"申请顺延期限或重新指定期日"未作规定。我们建议参照适用一般法理和民事诉讼法的相关规定处理,即主观原因耽误的丧权,客观原因耽误的应当允许其申请顺延期限或重新指定期日。

六、仲裁送达概述

所谓劳动仲裁送达,是指劳动仲裁委员会依照法定的程序和方式,将劳动仲裁文书送交给当事人或其他仲裁参与人的行为。送达的主体是劳动仲裁委员会,送达的对象是申请人、被请人、第三人或其他仲裁参与人,送达的内容是劳动仲裁文书。劳动仲裁送达必须按照法定程序和方式进行。《劳动仲裁规则》第 20 条规定:仲裁委员会送达仲裁文书必须有送达回证,由受送达人在送达回证上记明收到日期,并签名或者盖章。受送达人在送达回证上的签收日期为送达日期。仲裁文书的送达方式,本规则未规定的,仲裁委员会可以参照民事诉讼关于送达方式的有关规定执行。所以,关于劳动仲裁的送达,如果劳动仲裁法没有规定,则可以参照适用民事诉讼法的相关规定。

---

① 最高人民法院《关于严格执行案件审理期限制度的若干规定》(2008 年 12 月 16 日发布)第 9 条规定:"下列期间不计入审理、执行期限:……(五)因当事人、诉讼代理人、辩护人申请通知新的证人到庭、调取新的证据、申请重新鉴定或者勘验,法院决定延期审理一个月之内的期间;(六)民事、行政案件公告、鉴定的期间;(七)审理当事人提出的管辖权异议和处理法院之间的管辖争议的期间;(八)民事、行政、执行案件由有关专业机构进行审计、评估、资产清理的期间;(九)中止诉讼(审理)或执行至恢复诉讼(审理)或执行的期间……"

劳动仲裁送达的意义重大。只有通过送达,劳动仲裁文书才能产生相应的法律效果,否则法律文书对当事人没有约束力。由此可以看出,送达是仲裁文书生效的前提条件。同时,送达也是保障劳动仲裁活动顺利、有序和高效进行的有效手段。

七、劳动仲裁的送达方式

(一)劳动仲裁已规定的送达方式

1. 劳动仲裁机构的送达

《劳动仲裁规则》第 20 条第 2 款规定:“因企业停业等原因导致无法送达且劳动者一方在十人以上的,或者受送达人拒绝签收仲裁文书的,通过在受送达人住所留置、张贴仲裁文书,并采用拍照、录像等方式记录的,自留置、张贴之日起经过三日即视为送达,不受本条第一款的限制。”除以上 10 人以上的被送达人为劳动者的留置、张贴送达方式之外,劳动仲裁法对文书送达方式再无其他规定。我们认为,根据《劳动仲裁规则》第 20 条第 3 款的授权规定,劳动仲裁文书的送达方式,劳动仲裁法未作出规定的,可以参照适用民事诉讼的相关规定执行。

2. 当事人的送达

当事人向劳动仲裁机构送达证据材料及相关法律文书,法律对此没有规定。当事人申请立案的,一般到劳动仲裁机构的立案庭,在办事机构内现场送达。立案之后当事人需要送达证据材料、委托书或其他文件的,一般选择快递送达。快递送达最好选择邮政特快专递(EMS)方式送达,该方式的公信力高,容易被仲裁机构或人民法院采信。如果出现争议,劳动仲裁机构不承认收到了快递及相关证据资料,应如何处理? 我们认为,如果当事人能够出示邮政特快专递出具的签收回执及网络查询到的快递送达信息,应当认定劳动仲裁机构已经收到。如果认定快递邮件丢失,当事人可以重新补充,不能由当事人承担举证不能的法律后果。当事人如果寄送重要证据,特别是寄送证据原件的,建议对证据装袋进行全程公证,并保留复印件。

(二)民事诉讼规定的送达方式

根据民事诉讼法规定,在劳动仲裁活动中,可以使用的文书送达方式主要有如下几种。

1. 直接送达

所谓直接送达,是指劳动仲裁委员会指派专人,将劳动仲裁文书直接送交给受送达人本人的送达方式。根据《民事诉讼法》第 88 条的规定,“送达诉讼文书,应当直接送交受送达人。受送达人是公民的,本人不在交他的同住成年家属签收；受送达人是法人或者其他组织的，应当由法人的法定代表人、其他组织的主要负责人或者该法人、组织负责收件的人签收；受送达人有诉讼代理人的，可以送交其代理人签收；受送达人已向人民法院指定代收人的，送交代收人签收。受送达人的同住成年家属，法人或者其他组织的负责收件的人，诉讼代理人或者代收人在送达回证上签收的日期为送达日期”。所以，劳动仲裁文书的送达，也应当以上述“直接送达为原则，间接送达为例外”为其基本送达方式。目前，在劳动仲裁实践中，仍以劳动人事争议仲裁专递送达之间接送达为主，这种做法与上述规定不符。

2. 留置送达

所谓留置送达，是指受送达人拒绝签收劳动仲裁文书时，送达人依法将劳动仲裁文书放置在受送达人住所，即视为完成送达的送达方式。

（1）关于拒绝签收的留置送达。《民事诉讼法》第 89 条规定：“受送达人或者他的同住成年家属拒绝接收诉讼文书的，送达人可以邀请有关基层组织或者所在单位的代表到场，说明情况，在送达回证上记明拒收事由和日期，由送达人、见证人签名或者盖章，把诉讼文书留在受送达人的住所；也可以把诉讼文书留在受送达人的住所，并采用拍照、录像等方式记录送达过程，即视为送达。”

（2）关于法人或其他组织的留置送达。向法人或者其他组织送达诉讼文书，应当由法人的法定代表人、该组织的主要负责人或者办公室、收发室、值班室等负责收件的人签收或者盖章，拒绝签收或者盖章的，适用留置送达。①

（3）关于向代理人的留置送达。受送达人有诉讼代理人的，人民法院既可以向受送达人送达，也可以向其诉讼代理人送达。受送达人指定诉讼代理人为代收人的，向诉讼代理人送达时，适用留置送达。②

（4）关于调解书的留置送达。调解书应当直接送达当事人本人，不适用留置送达。当事人本人因故不能签收的，可由其指定的代收人签收。③

（5）关于住所地之外的留置送达。人民法院可以在当事人住所地以外向当事人直接送达诉讼文书。当事人拒绝签署送达回证的，采用拍照、录像等方式记录送达过程即视为送达。审判人员、书记员应当在送达回证上注明送达情况并签名。④

---

① 《民诉法解释》第 130 条。

② 《民诉法解释》第 132 条。

③ 《民诉法解释》第 133 条。

④ 《民诉法解释》第 131 条。

3. 委托送达

所谓委托送达，是指劳动仲裁委员会在直接送达仲裁文书有困难时，委托其他劳动仲裁委员会代为送达的送达方式。《民诉法解释》第134条规定："依照民事诉讼法第九十一条规定，委托其他人民法院代为送达的，委托法院应当出具委托函，并附需要送达的诉讼文书和送达回证，以受送达人在送达回证上签收的日期为送达日期。委托送达的，受委托人民法院应当自收到委托函及相关诉讼文书之日起十日内代为送达。"

4. 邮寄送达

所谓邮寄送达，是指劳动仲裁委员会在直接送达仲裁文书有困难时，通过将仲裁文书以邮局挂号信或中国邮政劳动人事争议仲裁专递的方式给受送达人的送达方式。仲裁实践中，采用挂号信方式送达仲裁文书的情况并不多。目前，劳动仲裁委员会主要采用劳动人事争议仲裁专递方式送达。劳动人事争议仲裁专递送达的投递要求有以下几点。

(1)收件人本人签收的，需出示有效身份证件，签名并填写证件号码。

(2)收件人是单位的，签收人签收时需出示有效身份证件，签名并填写证件号码，同时必须注明与收件人的关系。

(3)代收人签收的，需出示有效身份证件，签名并填写证件号码，同时必须注明与收件人的关系。

(4)投递成功需及时将回执返回，投递未成功需在详情单上标注原因。

劳动仲裁实践中，劳动人事争议仲裁专递送达一般都没有达到以上投递要求，这是潜在隐患，应当予以重视和整改。

5. 电子送达

所谓电子送达，是指劳动仲裁委员会经受送达人同意，采用传真、电子邮件、移动通信等即时收悉的特定系统作为送达媒介的送达方式。根据民事诉讼法的相关规定，经受送达人同意，人民法院可以采用能够确认其收悉的电子方式送达诉讼文书。通过电子方式送达的判决书、裁定书、调解书，受送达人提出需要纸质文书的，人民法院应当提供。采用前述方式送达的，以送达信息到达受送达人特定系统的日期为送达日期。电子送达可以采用传真、电子邮件、移动通信等即时收悉的特定系统作为送达媒介。《民事诉讼法》第90条第2款规定的到达受送达人特定系统的日期，为人民法院对应系统显示发送成功的日期，但受送达人证明到达其特定系统的日期与人民法院对应系统显示发送成功的日期不一致的，以受送达人证明到达其特定系统的日期为准。受送达人同意采用电子方式送达的，应当在送达地址确认书中予以确认。[①]

6. 转交送达

所谓转交送达，是指劳动仲裁委员会将劳动仲裁文书交给受送达人所在的机关、单位，让他们转交给受送达人的送达方式。《民事诉讼法》第92条规定："受送达人是军人的，通过其所在部队团以上单位的政治机关转交。"其第93条规定："受送达人被监禁的，通过其所在监所转交。受送达人被采取强制性教育措施的，通过其所在强制性教育机构转交。"其第94条规定："代为转交的机关、单位收到诉讼文书后，必须立即交受送达人签收，以在送达回证上的签收日期，为送达日期。"

7. 公告送达

所谓公告送达，是指受送达人下落不明或采用直接送达、留置送达、委托送达、邮寄送达、电子送达和转交送达无法送达时，劳动仲裁委员会发出公告，将送达的仲裁文书内容告诉社会公众，经过法定期间后即视为送达的送达方式。《民事诉讼法》第95条规定："受送达人下落不明，或者用本节规定的其他方式无法送达的，公告送达。自发出公告之日起，经过六十日，即视为送达。公告送达，应当在案卷中记明原因和经过。"

关于公告送达规则，《民诉法解释》第138条规定："公告送达可以在法院的公告栏和受送达人住所地张贴公告，也可以在报纸、信息网络等媒体上刊登公告，发出公告日期以最后张贴或者刊登的日期为准。对公告送达方式有特殊要求的，应当按要求的方式进行。公告期满，即视为送达。人民法院在受送达人住所地张贴公告的，应当采取拍照、录像等方式记录张贴过程。"该解释第139条规定："公告送达应当说明公告送达的原因；公告送达起诉状或者上诉状副本的，应当说明起诉或者上诉要点，受送达人答辩期限及逾期不答辩的法律后果；公告送达传票，应当说明出庭的时间和地点及逾期不出庭的法律后果；公告送达判决书、裁定书的，应当说明裁判主要内容，当事人有权上诉的，还应当说明上诉权利、上诉期限和上诉的人民法院。"该解释第140条规定："适用简易程序的案件，不适用公告送达。"

八、仲裁送达的效力

所谓劳动仲裁送达效力，是指劳动仲裁委员会依据法律规定的程序和方式，将劳动仲裁文书送达给当事人和其他仲裁参与人后，所产生的法律效果。

1. 以起始时间开始计算的效果。如收到举证通知书之日起，举证期限开始

---

① 《民事诉讼法》第90条；《民诉法解释》第135、136条。

计算。

2. 收到仲裁文书后，未按文书要求完成劳动仲裁、诉讼活动的，应当承担相应的法律后果。如收到非终局裁决书后，在 15 日内没有起诉的，裁决书生效，受送达人丧失了起诉权。

3. 劳动仲裁法律关系产生或消灭的法律效果。如收到劳动仲裁申请书后，申请人与被申请人就建立起了劳动仲裁法律关系。

4. 送达是劳动仲裁文书生效且对受送达人有约束力的必要条件之一。调解书、裁决书未经送达，不生效。

第三编　仲 裁 程 序

第十三章　劳动仲裁的申请

一、仲裁申请权

（一）概述

所谓劳动仲裁申请权，是指劳动者或用人单位为维护自己的合法权益，要求劳动仲裁委员会对劳动争议进行裁决的权利。劳动仲裁申请权是用人单位或劳动者的一项基本权利，没有这个权利，则劳动争议当事人就不能通过启动劳动仲裁程序获得劳动仲裁裁决，实现自己在劳动法上的权利。

所谓劳动仲裁申请，是指劳动者或用人单位向劳动仲裁委员会提出的，请求其就特定的主张或权利主张（仲裁请求）进行裁决的劳动仲裁行为。"劳动仲裁申请"与"劳动仲裁申请权"不同，前者是行为，而后者是权利。劳动仲裁申请是向劳动仲裁委员会提出的仲裁请求。申请人之所以申请劳动仲裁，其目的就是要求实现自己的权利。劳动仲裁的申请，使得劳动仲裁程序启动，也使劳动仲裁委员会行使审理裁决权启动。

（二）劳动仲裁的种类

按劳动权利的来源，可将劳动权利分为参加劳动权、劳动报酬权、休息权、劳动安全卫生权、社会保险权、职业培训权、劳动福利权、团结权和职工民主管理权等类型。根据权利的作用，将权利可划分为支配权、形成权、请求权和抗辩权。我国劳动争议调解仲裁法没有对劳动仲裁进行法定分类。参照民事诉讼理论之"给付之诉、确认之诉、形成之诉"，根据仲裁请求的性质和内容，我们认为可将劳动仲裁划分为以下三个类型。

1. 给付之诉

所谓给付之诉，是指用人单位或劳动者向被申请人主张给付请求权，并要求劳动仲裁委员会对此作出给付裁决的请求。申请人享有给付请求权，是"给付之诉"成立的前提和基础，给付之诉对应的是劳资双方依法享有的请求权。劳动争议案件中，大部分案件属于给付之诉。实践证明，给付之诉的处理对保障劳动者的合法权益起了巨大作用。

给付请求权产生的原因在于双方之间存在一定的劳动权利义务关系，在这一法律关系中，被申请人具有给付义务。当被申请人不履行给付义务时，申请人就可以依据劳动法上的给付请求权提出"给付之诉"。劳动仲裁委员会在审理时,会确认申请人是否享有给付请求权,也会确认被申请人是否具有给付义务,如果确实存在,则裁决被申请人向申请人履行给付义务。

2. 确认之诉

所谓确认之诉,是指申请人要求劳动仲裁委员会确认其主张的法律关系存在或不存在的请求。按法律关系是否存在为标准,我们将"确认之诉"分为两种类型:一是积极的"确认之诉",如请求确认双方之间存在劳动关系;二是消极的"确认之诉",消极的类型在仲裁实践中极为罕见。"确认之诉"是以确认实体法律关系是否存在为其对象的,单纯的事实问题如劳动合同文本的真假,则不能作为"确认之诉"的对象。申请人提出"确认之诉"的最终目的,在于确认实体法律关系是否存在,以达到明确争议当事人之间的实体权利义务关系之效果。所以,"确认之诉"仅仅是手段,其目的是明确权利义务关系,预防和解决争议。劳动争议中最为常见的"确认之诉"体现为请求确认双方之间存在劳动关系。

"确认之诉"与"给付之诉"的关系。参照民事诉讼的诉讼理论,从历史解释的角度来看,一般认为确认之诉出现在给付之诉之后,法院一开始并不承认确认之诉,认为有给付之诉即可,一般情况下确认之诉包含于给付之诉之中。确认之诉是给付之诉的前提和基础,给付之诉的裁决,需要首先确认给付的权利义务关系是否存在,如果没有对法律关系的"确认"就无法裁决给付之诉。

3. 形成之诉

所谓形成之诉,是指申请人要求劳动仲裁委员会发生、变动或消灭一定的劳动权利义务关系的请求。形成之诉属于形成权的一种。形成之诉是通过劳动仲裁,要求劳动仲裁委员会确定形成权存在,并因形成权之行使,而产生劳动权利义务(法律关系)变动的效果。当形成权通过劳动仲裁委员会行使时,就是形成之诉。所谓形成权,是指因权利人一方的意思表示,使法律关系直接产生、变更或消灭的权利。主要包括撤销权、选择权、抵销权、承认权、解除权和继承抛弃权等。[①] 用人单位与劳动者之间的关于形成权的争议,在法律有规定的情况下,就形成了劳动仲裁之形成之诉。因此而形成的裁决就是形成裁决,形成裁决具有形成力。形成之诉在客观上起到了申请人利用劳动仲裁委员会,来干涉自己与被申请人之间的法律关系的效果。但是,不是所有的形成权争议都是形成之诉(有的形成权争议具有确认之诉性质),只有借劳动仲裁委员会之"手"行使形成权而引起法律关系变更的请求,才是形成之诉。

---

① 史尚宽:《民法总论》,中国政法大学出版社 2003 年版,第 221 ~ 222 页。

当前,劳动争议之形成之诉,均指实体法上的形成之诉,不存在程序法意义上的形成之诉。形成之诉的特点是通过形成之裁决,使目前的劳动权利义务(法律关系)发生变动。同时,并非所有的针对形成之诉作出的裁决均是形成裁决,只能被劳动仲裁委员会认可的裁决才是形成裁决,被驳回的裁决不是形成裁决,不具有形成力。如劳动者请求撤销用人单位的解除劳动合同决定并继续履行原劳动合同的,该案经过开庭审理,最终劳动仲裁委员会认定用人单位违法解除,认为应继续履行原劳动合同,并作出裁决。该裁决就是形成裁决,具有形成力,即双方之间的法律关系发生了变动(由无劳动关系变动为有劳动关系)。

(三)形成之诉与给付之诉、确认之诉的联系

此三者之间是并列关系,且三者之间既有区别也有联系。首先,形成之诉不是确认之诉。确认之诉所请求确定的劳动权利义务关系,在客观上并不一定存在,而形成之诉所请求形成的劳动权利义务关系,在客观上是现实存在的。形成之诉的提出,必须有法律的明确规定,否则就不应当变动,如恢复劳动关系争议中,《劳动合同法》第 48 条就明确规定用人单位违法解除的,劳动者有权要求恢复劳动关系。其次,虽然形成之诉不是给付之诉,但是与确认之诉一样,形成之诉的结果也与给付之诉相关联。在劳动者提出形成之诉后,还会提起因劳动法律关系变动而带来的给付之诉,如恢复劳动关系争议中,一般会同时提出要求赔偿损失,即支付违法解除之后的劳动报酬损失。

(四)劳动仲裁标的

1. 概念

所谓劳动仲裁标的,是指劳动仲裁中予以审理和判断的对象。简单地讲,劳动仲裁标的就是劳动仲裁的对象。劳动仲裁标的是劳动仲裁中的最小的单位。所谓最小的单位,是指劳动者或用人单位向对方提出的劳动法上的利益主张,不能根据劳动法律再细分,此种不能再细分的最小的基本单位,就是劳动仲裁标的。如果根据劳动法律能够再细分的,就不能构成一个完整的劳动仲裁请求,也就不是劳动仲裁的标的。一般来讲,申请劳动仲裁时,仲裁标的表现为仲裁请求。在仲裁过程中,双方围绕仲裁请求展开进攻和防守,劳动仲裁委员会的审理范围也受此限制;在案件终结处理时,裁决处理也仅限于仲裁请求的范围。所以,一般情况下劳动仲裁标的 = 劳动仲裁请求 = 裁决书主文判断 = 既判力客观范围。

劳动仲裁标的在劳动仲裁中具有重要地位。如没有劳动仲裁标的,就不知道争议劳动者要求保护的权利的性质是不是劳动报酬,进而就不能确定仲裁时

间;如没有劳动仲裁标的,劳动仲裁委员会就失去了审理对象,因为劳动仲裁委员会的审理是围绕标的展开的;如没有劳动仲裁标的,则劳动仲裁过程中的证明和辩论就无法进行;如没有劳动仲裁标的,则劳动仲裁委员会就无法作出裁决,因为裁决是对劳动仲裁标的的判定和处理。

2. 劳动仲裁标的的识别

所谓劳动仲裁标的的识别,是指以什么为根据来区分不同的劳动仲裁标的。实践中常被用于识别的根据有二个:一是事件或行为;二是实体法律关系。具体如何识别劳动仲裁标的,我们以形成之诉、给付之诉、确认之诉三种类型分别予以说明。

(1)给付之诉中劳动仲裁标的的识别

给付之诉争议中的仲裁标的,是申请人提出的要求对方履行给付义务的仲裁请求。在给付之诉中,至于是基于何种实体法律关系提出的,这仅仅是仲裁请求的依据而已,并非识别仲裁标的的标准。给付之诉争议中仲裁标的的识别标准,应是发生给付请求的具体事件或行为。例如,劳动者要求给付病假工资,其仲裁标的应是申请人关于给付本次病假工资的仲裁请求,识别标准为此次患病且处在医疗期内之事实。该仲裁请求是基于劳动关系,劳动派遣关系,还是劳务法律关系,这只是请求的依据,并不是给付之诉的仲裁标的或仲裁请求,也不是识别给付之诉仲裁标的的标准。之所以不主张将实体法律关系作为识别给付之诉仲裁标的的标准,原因在于给付之诉存在请求权竞合的情况,如按实体法律关系来识别,可能存在一个事件或行为会产生二个以上仲裁标的的情况。如在职业伤害中,按实体法律关系来识别,就会有二个法律关系和二个请求权,也同时产生工伤待遇给付之诉和人身损害赔偿给付之诉这二个仲裁标的,这显然不准确也不科学。

在给付之诉的争议中,不同的事件或行为,将会产生不同的仲裁标的,如加班行为将会产生给付加班工资的仲裁标的、解除行为将会产生给付违法解除劳动合同赔偿金之仲裁标的。即使性质相同的事件或行为,也会产生不同的仲裁标的,如两次患病均未支付病假工资的,会产生二个不同的给付病假工资的仲裁请求和仲裁标的。这二个不同的仲裁标的,是通过性质相同(患病)的二个事实来进行识别的。这二个仲裁标的,既可以分别申请劳动仲裁,也可以一次申请将两个标的合并审理。

(2)确认之诉和形成之诉中劳动仲裁标的的识别

因为确认之诉和形成之诉不存在请求权竞合问题,所以其仲裁标的可以统一。我们认为确认之诉和形成之诉中的仲裁标的,是当事人要求劳动仲裁委员会确认或变动劳动法律关系的仲裁请求。识别确认之诉和形成之诉中仲裁标的的标准相同,即均为争议所指向的实体法律关系。在确认之诉和形成之诉中,不同的实体法律关系,将产生不同的仲裁标的和仲裁请求。在确认之诉和形成之诉中,一个实体法律关系,会产生一个实体请求权,并产生一个仲裁请求和仲裁标的;多个实体法律关系,会产生多个实体请求权,也就会产生多个仲裁请求和仲裁标的。例如,一次违法解除会产生一个恢复劳动关系请求权,多次违法解除就会产生多个恢复劳动关系请求权,同时也会产生多个恢复劳动关系仲裁请求和仲裁标的。所以,多个不同的仲裁标的,就是通过多个实体法律关系来进行识别的。

(五)劳动仲裁的案由

参照最高人民法院《民事案件案由规定》(法〔2020〕346 号修正)第六部分"劳动争议、人事争议"案由规定,我们认为劳动仲裁的案由以下几点。

1. 七个劳动合同纠纷案由。

(1)确认劳动关系纠纷;

(2)集体合同纠纷;

(3)劳务派遣合同纠纷;

(4)非全日制用工纠纷;

(5)追索劳动报酬纠纷;

(6)经济补偿金纠纷;

(7)竞业限制纠纷。

2. 五个社会保险纠纷案由。

(1)养老保险待遇纠纷;

(2)工伤保险待遇纠纷;

(3)医疗保险待遇纠纷;

(4)生育保险待遇纠纷;

(5)失业保险待遇纠纷。

3. 福利待遇纠纷。

4. 四个人事争议。

(1)辞职纠纷;

(2)辞退纠纷;

(3)聘用合同纠纷;

(4)聘任合同纠纷。

另外,参照最高人民法院《关于增加民事案件案由的通知》(法〔2018〕344

号)还增加一个劳动仲裁案由,即平等就业权纠纷。

二、仲裁申请及文书制作

在劳动仲裁申请以及法律文书制作方面,各省市均有自己的要求,所以大家要注意根据各地的具体规定,来进行劳动仲裁申请并制作劳动仲裁文书。以下是笔者结合上海的裁审实践所作的简要介绍。

(一)仲裁申请的提出

所谓劳动仲裁申请,是指申请人向劳动人事争议仲裁委员会提出的,要求进行劳动争议仲裁的意思表示。申请的内容包括申请人信息、被申请人信息、仲裁请求与所根据的事实和理由等。《劳动仲裁规则》第29条规定:申请人申请仲裁应当提交书面仲裁申请,并按照被申请人人数提交副本。书写仲裁申请确有困难的,可以口头申请,由仲裁委员会记入笔录,经申请人签名、盖章或者捺印确认。一般情况下劳动仲裁申请应当以书面形式提出,特别情况下也可以口头形式提出。

1. 劳动者申请劳动仲裁的注意事项

劳动者申请仲裁时,依法提供准确、完整的仲裁申请材料,可以更好地提高仲裁部门的办案效率。具体注意事项如下:(1)发生争议后,劳动者与用人单位可以先行协商,协商不成或者达成和解协议后不履行的,可以向调解组织申请调解;调解不成或者达成调解协议后不履行的,可以向有管辖权的劳动人事争议仲裁委员会申请仲裁;未经调解的,劳动者也可以向劳动仲裁委员会申请仲裁。(2)劳动者申请仲裁的,本人应携带有效身份证明材料原件及复印件。本人需委托他人办理相关事项的,应当提供相应证明,并出具有效的授权委托书;受委托人应携带本人和劳动者的身份证明材料原件及复印件。劳动者死亡的,由其近亲属申请仲裁时,需提交近亲属(近亲属范围包括:父母、配偶、子女等)关系证明及劳动者死亡证明,还需提交所有近亲属出具的承诺书;由近亲属委托代理人参加仲裁活动的,还需提供所有近亲属签署的授权委托书及代理人的身份证明材料原件和复印件。(3)劳动者申请仲裁时,应提供用人单位合法确立的有效证明材料,如可以提交"国家企业信用信息公示系统"上,被申请人相关信息的打印件。(4)劳动者申请仲裁时,应规范填写书面仲裁申请书。在上海申请劳动仲裁时需要特别注意,一定要使用劳动仲裁委员会指定的《劳动仲裁申请书》之统一格式文本。格式文本可到上海市人力资源和社会保障局官方网站上下载,或到劳动仲裁委员会立案大厅现场索取后填写。未使用指定格式文本的,可能会要求依照格式文本样式,重新制作《劳动仲裁申请书》。(5)劳动者申请仲裁时,应按劳动争议仲裁委员会的要求提交相关材料。(6)仲裁委员会对劳动者书面仲裁申请材料进行审查:一是申请书书写规范且书面申请材料齐备的,仲裁委员会出具"收件回执",并在5个工作日内出具受理或者不予受理通知书;二是申请书书写不规范或者材料不齐备的,仲裁委员会告知申请人补正相关材料或出具"补正材料通知"。申请人按要求补正全部材料的,仲裁委员会出具"收件回执",仲裁收件时间从材料补正之日起计算。

2. 劳动者申请劳动仲裁需提交的材料

劳动者申请劳动仲裁需提交的材料汇总如表13-1所示:

表13-1 劳动者申请劳动仲裁提交材料汇总

材料名称	是否原件	数量	备注
劳动争议仲裁申请书	原件	2份及以上	按被申请人数提交副本
申请人身份证明材料	复印件	1份	身份证双面复印,外国人提交《外国人就业许可证》或《外国专家证》,台港澳人员提交《港澳台居民居住证》《台湾居民来往大陆通行证》《港澳居民来往内地通行证》
被申请人的书面证明	复印件	1份	由工商行政管理部门、政府其他登记注册部门出具,或在"国家企业信用信息公示系统"网络上打印。单位与劳动合同履行地不一致的,需提交履行地相关证据
本人无法申请仲裁的相应证明	原件	1份	应由本人签名或盖章
授权委托书	原件	1份	授权委托书应载明委托事项和权限。代理人为律师或法律工作者的,应当提交授权委托书和律师事务所函或法律援助公函
受委托人身份证明或资格证明	复印件	1份	未委托他人的不提交
律师事务所函或法律援助公函	原件	1份	未委托律师或法律工作者的不提交
与请求事项相关的证据	复印件	2份及以上	包括与请求事项相关的证据和证据来源,证人姓名和住所(身份证明、通讯地址和联系电话等),并按照被申请人数提交副本

当事人提交以上信息或材料，主要目的在于：一是便于劳动仲裁委员会核查当事人身份，认定当事人是否具有劳动仲裁主体资格，以便确定案件当事人；二是确定当事人的文书送达地址，以保障劳动仲裁程序顺利推进；三是确定劳动仲裁管辖。

3. 单位申请劳动仲裁的注意事项

单位申请劳动仲裁时，应当注意如下事项：(1)发生劳动争议后，单位与劳动者可以先行协商，协商不成或者达成和解协议后不履行的，可以向调解组织申请调解；调解不成或者达成调解协议后不履行的，可以向有管辖权的劳动人事争议仲裁委员会申请仲裁；未经调解的，用人单位也可以向劳动仲裁委员会申请仲裁。(2)单位申请仲裁的，由法定代表人(主要负责人)或者委托代理人办理申请手续，法定代表人(主要负责人)需持本人有效身份证明原件和复印件，委托代理人的还需出具本人有效身份证明原件和复印件及有效的授权委托书。(3)单位应提供本单位注册、登记资料副本及复印件。(4)单位应提供被申请劳动者的身份证明材料或复印件。(5)单位申请仲裁时，应规范填写书面仲裁申请书。在上海申请劳动仲裁时需要特别注意，一定要使用劳动仲裁委员会指定的《劳动仲裁申请书》之统一格式文本。格式文本可到上海市人力资源和社会保障局官方网站上下载，或到劳动仲裁委员会立案大厅现场索取后填写。未使用指定格式文本的，可能会要求依照格式文本样式，重新制作《劳动仲裁申请书》。(6)单位申请仲裁时，应根据仲裁委员会的要求提交相关材料。(7)仲裁委员会对单位书面仲裁申请材料进行审查，一是申请书书写规范且书面申请材料齐备的，仲裁委员会出具"收件回执"，并在5个工作日内出具受理或者不予受理通知书；二是申请书书写不规范或者材料不齐备的，仲裁委员会告知申请人补正相关材料或出具"补正材料通知"。申请人按要求补正全部材料的，仲裁委员会出具"收件回执"，仲裁收件时间从材料补正之日起计算。

4. 用人单位申请劳动争议仲裁需提交材料汇总

用人单位申请劳动争议仲裁需要提交的材料汇总如表13－2所示：

表13－2　用人单位申请劳动争议仲裁提交材料汇总

材料名称	是否原件	数量	备注
劳动争议仲裁申请书	原件	2份及以上	法定代表人(单位负责人)签名或者单位盖章
申请人注册、登记资料	复印件	1份	需加盖单位公章，并备注册、登记资料副本以便核对

续表

材料名称	是否原件	数量	备注
申请人法定代表人或主要负责人身份证明书	原件	1 份	需加盖单位公章
被申请人身份证明材料	复印件	1 份	身份证明材料必须在有效期内
授权委托书	原件	1 份	授权委托书应载明委托事项和权限。代理人为律师的,应当提交授权委托书和律师事务所函
受委托人身份证明或资格证明	复印件	1 份	
律师事务所函	原件	1 份	
与请求事项相关的证据和证据清单	复印件	2 份	包括与请求事项相关的证据和证据来源,证人姓名和住所(身份证明、通讯地址和联系电话等),列明清单并按照被申请人数提交副本

5. 当事人参加劳动仲裁的风险提示

用人单位或参加劳动仲裁活动的,劳动仲裁委员会一般会通过书面形式向其告知和说明参加劳动仲裁的法律风险,一般告知内容包括以下几个方面。

(1)仲裁申请材料提交不当的风险。当事人在申请仲裁时,申请书中应当载明当事人的基本信息,仲裁请求事项及所根据的事实和理由,文书送达地址,证据和证据来源,证人姓名和住所等。如申请材料书写不明,提交不完整,将承担立案审查无法通过并被要求补正等后果。

(2)仲裁请求不当的风险。当事人申请仲裁时,应根据客观事实和有关劳动法律、法规提出自己的请求事项。请求不当,将承担败诉的法律后果。

(3)举证不能的风险。当事人对自己的主张有提供证据加以证明的义务。负有举证责任的当事人不按规定履行举证责任;未能在指定期限内提供证据;当事人对需要鉴定的事项,在指定期限内无正当理由不提出鉴定申请或者拒不配合鉴定的,将承担于己不利的法律后果。

(4)不按时到庭参加仲裁活动的风险。当事人收到开庭通知应按时参加开庭。无正当理由拒不到庭或者未经仲裁庭同意中途退庭的,申请人将视为撤回仲裁申请处理,被申请人将按缺席裁决。

(5)违反诚实信用行为的风险。在仲裁活动中,当事人应当遵循诚实信用的原则。当事人如提供虚假陈述或作伪证,将依法承担相应的法律责任。

(二)仲裁申请书的首部

劳动仲裁申请书,是劳动者或用人单位因自己的劳动权益受到损害,或者与他人发生劳动争议时,为维护自己的合法权益而向劳动仲裁委员会提交的,请求其依法裁决的劳动仲裁法律文书。劳动仲裁申请书由首部、仲裁请求、事实和理由、尾部几个部分构成。北京、上海和深圳等省市,劳动仲裁申请书的首部均采用表格形式。在此简要介绍劳动仲裁申请书的首部制作规范。

1. 标题

为确保与民事起诉状相区别,并体现出劳动仲裁的自身特点,一般将仲裁申请法律文书的标题确定为"劳动仲裁申请书",并将标题居中突出体现。

2. 当事人基本情况

根据《劳动仲裁规则》第29条规定,应当在劳动仲裁申请书中载明"劳动者的姓名、性别、出生日期、身份证件号码、住所、通讯地址和联系电话,用人单位的名称、住所、通讯地址、联系电话和法定代表人或者主要负责人的姓名、职务"。

如有第三人的,应当依据上述规定之项目内容一一列明。

在上海市有专用《劳动仲裁申请书》指定格式模版。按格式文本要求,除依法提供上述劳动者基本情况之外,还需要填写以下案件基本情况信息。

是否签订劳动合同(________),用人单位是否逃匿(________)

从事何种岗位(____________),是否属于退休人员(____________),月工资(________)

劳动者实际工作场所和地址:____

进单位时间:____________________________离开单位时间:______________
______________(在职员工此处填写"在职")

离开原因:______________________________

3. 仲裁申请书首部格式举例(上海)

以上海为例,仲裁申请书首部格式如表13-3、表13-4所示:

表13-3 劳动者申请劳动仲裁的申请书格式

申请人	姓　名		身份证件号	
	性　别	男(女)	户籍地址	××省(市)×××
	国籍/户籍		通讯地址	上海市××××
	出生日期		联系电话	

续表

<table>
<tr><td rowspan="4">被申请人</td><td>单位名称</td><td></td><td colspan="2">联系电话</td><td colspan="2"></td></tr>
<tr><td>单位性质</td><td>国有、外资、民营、民办非企业、事业等</td><td rowspan="3">代表人</td><td>姓名</td><td colspan="2"></td></tr>
<tr><td>单位实际办公地址</td><td></td><td>性别</td><td colspan="2"></td></tr>
<tr><td>单位注册登记地址</td><td></td><td>职务</td><td colspan="2"></td></tr>
<tr><td colspan="7">申请人确认以下为法律文书送达地址,导致法律文书无法送达的,承担相关法律责任。</td></tr>
<tr><td colspan="2">申请人文书送达地址</td><td colspan="3"></td><td>邮编</td><td></td></tr>
<tr><td colspan="2">被申请人文书送达地址</td><td colspan="3"></td><td>邮编</td><td></td></tr>
</table>

表 13-4 用人单位申请劳动仲裁的申请书格式

<table>
<tr><td rowspan="4">申请人</td><td>单位名称</td><td></td><td colspan="2">联系电话</td><td colspan="2"></td></tr>
<tr><td>单位性质</td><td>国有、外资、民营、民办非企业、事业等</td><td rowspan="3">代表人</td><td>姓名</td><td colspan="2"></td></tr>
<tr><td>单位实际办公地址</td><td></td><td>性别</td><td colspan="2"></td></tr>
<tr><td>单位注册登记地址</td><td></td><td>职务</td><td colspan="2"></td></tr>
<tr><td rowspan="4">被申请人</td><td>姓　名</td><td></td><td colspan="2">身份证件号</td><td colspan="2"></td></tr>
<tr><td>性　别</td><td>男(女)</td><td colspan="2">户籍地址</td><td colspan="2">××省(市)××××</td></tr>
<tr><td>国籍/户籍</td><td></td><td colspan="2">通讯地址</td><td colspan="2">上海市××××</td></tr>
<tr><td>出生日期</td><td></td><td colspan="2">联系电话</td><td colspan="2"></td></tr>
<tr><td colspan="7">申请人确认以下为法律文书送达地址,导致法律文书无法送达的,承担相关法律责任。</td></tr>
<tr><td colspan="2">申请人文书送达地址</td><td colspan="3"></td><td>邮编</td><td></td></tr>
<tr><td colspan="2">被申请人文书送达地址</td><td colspan="3"></td><td>邮编</td><td></td></tr>
</table>

(三)"事实、理由"部分的撰写

"事实、理由"部分是劳动仲裁申请书的核心内容,是申请人对其提出仲裁请求所主张的事实及法律依据所作的陈述。事实与理由二者互相渗透、密切联系和呼应,但又相对独立。

1. 事实部分的写作

此部分要重点介绍劳动法律关系产生、变更、终结及争议产生的基本情况。基本案件事实介绍，一般宜采取“顺叙法”，即按时间的先后顺序来叙述案件情况。这种写法与事情发生发展的实际情况相一致，便于把案件事实叙述得条理清楚，脉络分明，让仲裁员对案件事实有一个全盘的掌握。以常见的劳动合同争议为例：申请人与被申请人于×年×月×日签订劳动合同，于××年×月×日进入被申请人企业工作并建立劳动关系。合同约定：合同期限3年，申请人担任××职务或从事××工作，工作地点在上海市浦东新区，月工资为人民币×元/月……××年×月×日晋升为××职务，工资调整为×元/月。××年×月×日被申请人向申请人送达了《解除劳动合同通知书》，通知书上显示双方签订的劳动合同，将于××年×月×日起解除，解除理由为不胜任工作。××年×月×日申请人与被申请人按公司要求办理了离职交接工作。××年×月×日双方劳动合同正式解除。离职前申请人最后12个月的月平均工资为×元。双方就劳动合同解除问题产生了争议，申请人与被申请人经协商未达成一致。

申请人需要陈述的主要案件事实归纳起来大概如下：入职时间、劳动合同签订、劳动合同主要内容、劳动合同期限及期满时间、工作岗位、职务、工资标准及其构成、社保缴纳情况、工伤认定、工伤鉴定及等级、非因工负伤或生病情况、住院治疗情况、医疗费开支、遗属及被抚养人情况、加班时间、工资奖金支付、解除或终止劳动关系时间（包括离职时间）及理由、解除前12个月月平均工资、经济补偿及赔偿金支付情况、用人单位是否逃匿、晚婚晚育、生育生产情况，等等。

2. 理由部分的写作

俗话讲得好，“灯不拨不亮，理不讲不明”。劳动仲裁申请书之“理由”部分就是要解决这个问题。理由部分是针对本案之案件事实，依法进行法律分析，以显示申请劳动仲裁的必要性和正确性。理由部分的写作应当注意如下几点：（1）要明确以仲裁请求为中心论点。仲裁请求是劳动仲裁申请书的灵魂，理由部分的写作任务就是阐明和解释，申请人为什么要提出上述仲裁请求。包括要简要说明仲裁请求的具体计算公式及计算方法。（2）要围绕仲裁请求，进行有针对性的说理。主要是根据案件事实结合相关法律规定，采取正面论述之立论方式，或者立论与驳论相结合（批驳论述）的方式进行说理。（3）说理或论证要有层次感。首先要对案件事实和争议焦点进行概括和归纳，使仲裁请求、案件事实和法律规定能够呼应和联系起来。其次再依据劳动实体法律，结合案件事实，指出被申请人行为的违法性以及应当承担的法律责任。最后提出申请人的合法权益应当受到法律保护,依据程序法相关规定,特申请劳动仲裁予以解决。总之,在说理时应当遵守以“事实为依据,以法律为准绳”之原则,综合论证申请人仲裁请求的合法性、合理性和正确性。

3. 写作注意事项

(1)注意语言要准确、朴实,且一般不要使用形容词。使用形容词会造成陈述的案件事实模糊、不准确,给人留下不客观、缺乏理性之印象。这个错误在“事实与理由”部分的写作时经常犯。如在评价对方违法行为或不当行为时,称其十恶不赦、强词夺理,应当严惩不贷。

(2)不要指责谩骂对方当事人。劳动仲裁申请书的制作目的,是争取劳动仲裁委员会支持申请人的仲裁请求。指责谩骂不是仲裁的目的,对案件处理结果没有影响。同时指责谩骂还会造成申请人个人形象矮化,激化双方矛盾,不利于争议案件的处理。

(3)要注意言简意赅,点到为止。因为仲裁员都是劳动争议处理专家,均能熟练地运用法律处理案件,对点到的相关法律适用问题和争议焦点,一看即明,无须多说。有人主张干脆不写,留一手搞突袭。我们认为这也不对,因为说理就是摆事实、讲道理,并且当事人主张是否合法合理,终究会水落石出,所以突袭不但不会达到目标,还会增加诉讼成本,阻碍案件顺利处理。

(4)重要事实可以适当引证。可以在“事实”部分陈述时,简要说明所依据的证据材料,以表明申请人陈述的事实是证据确凿的。如在陈述事实之后加上“以上事实有申请人提供的《解除劳动合同通知书》可以证明”之相关内容。

(5)要注意人称的前后一致性。劳动仲裁申请书可以使用两种人称的写法:一是第一人称的写法。此写法给人印象为比较直接,如我如何如何,被申请人如何如何。二是第三人称的写法。此写法给人印象为比较客观,如申请人如何如何,被申请人如何如何。虽然两种人称写法均可以,但要注意前后使用的一致性,不能混合使用,否则会产生前后不协调之逻辑问题,如前后是第一人称写法,而后面是第三人称的写法。

(四)证据目录的制作

1. 一般格式

《劳动仲裁规则》第 29 条规定,仲裁申请书应当载明“证据和证据来源,证人姓名和住所”。申请人在申请劳动仲裁时,劳动仲裁委员会均会要求申请人提供相关证据和证据目录。关于证据目录如何制作,包括什么内容,劳动争议调解仲裁法未作规定。《民事证据规定》第 19 条第 1 款规定:“当事人应当对其提交的证据材料逐一分类编号,对证据材料的来源、证明对象和内容作简要说明,签名盖章,注明提交日期,并依照对方当事人人数提出副本。”我们制作了如下证据目录格式(见表13－5),供大家参考。

表13－5　×××与××公司劳动争议案件证据目录

编号	证据名称	证据来源	证明对象和内容	页码	备注
1					
2					
3					

提交日期:×××年×月×日,提交人(签名):×××

2. 证明对象、证明内容与证据目的的关系

关于上述表格中“证明对象和内容”的理解。我们认为不能将其理解为“证明对象”和“证明内容”,而应当理解为“证明对象”和“证据的内容”。这一点在实践中经常出错。所谓证明对象,是指对诉讼请求的成立或者裁判的作出具有法律意义,从而需要应用证据加以证明的法定要件事实,又称为证明客体、待证事实、要证事实、争议事实等。① 所谓证据的内容,是指证据上记录或承担的信息,其性质属于证据事实的范畴,即证据本身所记载和反映的事实,如书面劳动合同中的劳动合同期限、工作内容、工作地点、工作时间和休息休假、劳动报酬、社会保险、劳动保护等文字记载的事实。所谓诉讼证明目的,是诉讼证明主体在一定的诉讼中通过具体诉讼证明活动,对诉讼事实证明所期望达到的理想性目标或结果,是诉讼证明主体对其证明活动所追求的理想状态的观念形态的表达。② 证明目的不是证明对象,但有关联性。证明目的是想通过证明活动,依法运用证据资料和证据方法,来表明、说明或明确当事人所主张或反驳的要件事实(证明对象)为真,并期望被劳动仲裁委员会或人民法院采信。

3. 证据目录编排的三个规律

(1)基本情况资料在先,权利义务资料在后

基本情况资料主要是与主体资格或身份信息相关的资料,如身份证、户籍证明、护照、营业执照、许可证等。但在庭审举证时,可根据仲裁员的要求和习惯决定是否当庭出示或说明。权利义务资料一般有劳动合同、解除通知书、营销计划、工资支付等资料。

① 卞建林主编:《证据法学》,中国政法大学出版社2005年版,第382、387页。

② 张立平:《诉讼证明目的之界定及其实现条件》,载《学海》2008年第3期。

（2）按事件或行为性质归类整理

一个事实可能涉及多份资料或信息，即多个证据证明一个事实，此时在组织证据制作目录时，要将他们按内在的逻辑关系进行归类合并分组，以方便举证、质证和认证活动，提高效率。并且要注意，同一组证据或同一事实之证据，应当按证明力大小的先后顺序排列，即证明力大的应当排在前面。也可以说是主要证据在前、次要证据在中间、补强证据在后。这种排列顺序有利于提升主要证据被采信的概率。

（3）按争议焦点归类整理

首先证据目录制作人要对本案的争议焦点进行预测，一个案件可能只有一个争议焦点，也可能有几个争议焦点，如果有几个争议焦点的，要将争议大的焦点做在前面。《民诉法解释》第226条规定："人民法院应当根据当事人的诉讼请求、答辩意见以及证据交换的情况，归纳争议焦点，并就归纳的争议焦点征求当事人的意见。"仲裁员或法官一般会要求当事人围绕其整理的本案的争议焦点进行举证、质证和辩论，我们事先将每个争议焦点的证据汇编组织排列在一起，使得庭审时查找和引用比较方便，以保障当事人参加庭审时可以不慌不忙、有条不紊进行。例如，我们可以将确认劳动关系争议的焦点预测为：A. 用人单位具有用人主体资格；B. 劳动者接受用人单位的管理、指挥和监督；C. 劳动者从事用人单位安排的劳动；D. 劳动者提供的劳动是用人单位业务的组成部分；E. 用人单位依照法律规定和约定向劳动者给付劳动报酬。

三、仲裁申请的撤回与撤销

（一）仲裁申请的撤回及条件

所谓仲裁申请的撤回，是指申请人申请劳动仲裁之后仲裁处理结果作出之前，放弃劳动仲裁申请的行为。撤回应当提出申请。所谓撤回申请，是指劳动人事争议仲裁委员会受理案件后，仲裁处理结果作出之前，申请人将仲裁申请撤回的行为。劳动人事争议仲裁委员会收到并准许申请人的撤回仲裁申请从而结案。由于被申请人和第三人的参加之诉中，其提起人的地位相当于申请人，所以我们认为申请人对仲裁请求的放弃，为狭义的劳动仲裁撤回；被申请人和第三人参加之诉提起人在内的反申请人放弃仲裁请求的，为广义的劳动仲裁撤回。

《劳动仲裁规则》第35条规定："仲裁处理结果作出前，申请人可以自行撤回仲裁申请。申请人再次申请仲裁的，仲裁委员会应当受理。"所以，我们认为劳动仲裁的撤回应当具备以下条件。

1. 撤回必须以书面或口头形式向受理的劳动仲裁委员会提出，且需要明确表示其放弃劳动仲裁申请的意思表示。口头撤回一般发生在庭审过程中,劳动仲裁委员会应当将申请人的撤回申请记录到庭审笔录之中,由申请人签字确认。

2. 撤回的意思表示应当是真实的。主动申请撤回是不是当事人的真实意思表示,我们可以从撤回原因的考察上寻找答案,如果双方已自行和解或达成谅解而放弃全部仲裁请求,以及经组织或朋友调解达成调解协议等,一般可以认定为属于真实意思表示。

3. 撤回劳动仲裁申请的请求应当在仲裁处理结果作出之前提出。

(二)对撤回仲裁申请是否应进行实质审查

此问题在劳动争议调解仲裁法中未作规定,但在裁审实际中存在争议。主要有两种观点:第一种观点认为应当进行实质审查。如果撤回仲裁申请会损害国家利益、社会利益或其他人的合法权益的,或者存在恶意浪费仲裁资料等情形的,应当不准许撤回。第二种观点认为不应进行实质审查。撤回是申请人行使处分权的行为,劳动仲裁委员会不应当对其撤回劳动仲裁的申请进行实质审查,追究撤回目的的合法性是没有意义的。笔者赞同第二种观点。类似当事人行使处分权撤回的情况还有《劳动仲裁规则》第 76 条第 2 款规定:"调解书送达前,一方或者双方当事人撤回仲裁审查申请的,仲裁委员会应当准许。"

(三)仲裁申请撤回的法律效果

1. 产生劳动仲裁程序终结的效果

对申请人来讲,不能再要求劳动仲裁委员会按原仲裁程序继续审理该案;对于劳动仲裁委员会来说,已没有必要对该案进行审理并作出裁决。按照劳动争议调解仲裁法的相关规定,申请人撤回劳动仲裁,也是劳动争议案件结案的方式之一。

2. 主动撤回的视为没有申请劳动仲裁

申请人主动撤回劳动仲裁申请,是当事人对自己的程序性权利的处分,不涉及实体权利的处分,并且劳动仲裁委员会也没有对其实体权利作出处理,根据《劳动仲裁规则》第 35 条的规定,自行撤回仲裁申请后,申请人再次申请仲裁的,仲裁委员会应当受理。

3. 按撤回处理的法律效果

《劳动仲裁规则》第 39 条规定:"申请人收到书面开庭通知,无正当理由拒不到庭或者未经仲裁庭同意中途退庭的,可以按撤回仲裁申请处理;申请人重新申请仲裁的,仲裁委员会不予受理……"所以,如果按撤回仲裁申请处理的,劳动仲裁委员会将不会再受理申请人的劳动仲裁申请。这个法律效果与民事诉讼法的相关规定完全不同。而且，上述规定并未要求劳动仲裁委员会出具不予受理通知书。实践中部分律师因按撤回处理后，因不能再申请仲裁而损害了委托人权益，由此承担了赔偿责任。所以，建议仲裁员慎重作出按撤回处理的决定。

（四）劳动争议案件的撤销

《劳动仲裁规则》第 32 条规定："仲裁委员会受理案件后，发现不应当受理的，除本规则第九条规定外，应当撤销案件，并自决定撤销案件后五日内，以决定书的形式通知当事人。"以上是我国劳动争议调解仲裁法，对劳动仲裁委员会决定撤销案件的相关规定。

1. 撤销案件的条件

（1）关于撤销时间

此问题劳动争议调解仲裁法未作规定，但我们认为应当是在劳动仲裁委员会立案受理之后，劳动仲裁处理结果作出前。对决定撤销的案件，应当自决定撤销案件后 5 日内，以决定书的形式通知当事人。通知书应当载明撤销案件的具体理由。

（2）发现案件不应当受理

不应当受理是指以下几种情形：一是依据《劳动仲裁规则》第 31 条规定不予受理的情形，包括不属于劳动仲裁委员会的受案范围、没有明确的仲裁请求和事实理由、与本案没有利害关系；二是依据《劳动仲裁规则》第 34 条规定不予受理的情形；三是依据《劳动仲裁规则》第 39 条规定按撤回仲裁申请处理后，又申请仲裁而不予受理的情形。

在此提醒，对受理后发现不属于本劳动仲裁委员会管辖的案件，劳动仲裁委员会不得撤销案件，而应当书面告知申请人，因无管辖权，该案将移送到有管辖权的劳动仲裁委员会审理。

2. 撤销案件的法律效果

案件撤销后，按一事不再理的原则，申请人既不得再向劳动仲裁委员会申请劳动仲裁，也不得以对劳动仲裁委员会作出的撤销案件决定不服为由，向人民法院提起诉讼。人民法院和劳动仲裁委员会分属不同性质的机构，且人民法院无权对劳动仲裁委员会撤销案件的决定作出评价。但是，如果就劳动争议本身而言，该申请人可以基于同一被申请人和同一仲裁请求向人民法院提起诉讼。虽然案件撤销了，但经过了劳动仲裁程序处理这一事实仍然存在，只是劳动仲裁委员会没有对争议事宜作出处理结果，这不影响申请人享有的诉权。

四、反申请

(一)概述

1. 反申请定义

所谓反申请,是指在正在进行的劳动仲裁的答辩期间,被申请人以申请人为被申请人,向劳动仲裁委员会提出的劳动仲裁申请。本案第三人向申请人提出的劳动仲裁不是反申请,而应是第三人之仲裁申请。被申请人为二人(含二人)以上的,其中一个被申请人向申请人提出的劳动仲裁的,属于反申请。被申请人向二人(含二人)以上的共同申请人中的一个申请人,提出劳动仲裁申请的,也属于反申请。反申请制度的设立目的,在于通过反申请与本申请合并审理,来提高解决劳动争议的效率、降低解决争议成本和便于生效裁判的顺利执行。

《劳动仲裁规则》第36条规定:"被申请人可以在答辩期间提出反申请,仲裁委员会应当自收到被申请人反申请之日起五日内决定是否受理并通知被申请人。决定受理的,仲裁委员会可以将反申请和申请合并处理。反申请应当另行申请仲裁的,仲裁委员会应当书面告知被申请人另行申请仲裁;反申请不属于本规则规定应当受理的,仲裁委员会应当向被申请人出具不予受理通知书。被申请人答辩期满后对申请人提出反申请的,应当另行申请仲裁。"以上规定为我国劳动争议调解仲裁法中关于反申请的相关规定。

2. 反申请、反驳和抗辩的区别

抗辩与反驳既有相同之处,也有区别。抗辩的对象只能是申请人的仲裁请求、事实主张和法律主张;而反驳的对象不仅包括申请人的仲裁请求、事实主张和法律主张,还包括被申请人的事实主张和法律主张。被申请人对申请人的仲裁请求、事实主张和法律主张的否定可以是抗辩,也可以是反驳。而申请人对被申请人的事实主张和法律主张的否定只能是反驳,不能是抗辩。所以,抵销既是反驳,也是抗辩,但不是反申请。

反申请既不是反驳,也不是抗辩。反驳和抗辩均不是一个单独的仲裁请求(民诉中称为"诉"),劳动仲裁委员会不会对其作出实体上的裁决。而反申请则不同,反申请是一个单独的仲裁请求,劳动仲裁委员会必须对其作出实体上的裁决,即使本案中申请人撤回了仲裁请求,也要对被申请人提出的反申请作出裁决。

3. 再次反申请的问题

如果被申请人提出反申请后,申请人又提出再次反申请,这个再次反申请是否应当合并审理?此问题劳动争议调解仲裁法未作规定,但在裁审实践中存在争议。我们认为只要在反申请的答辩期内提出的,仍应当合并审理。理由如下:一是再次反申请仍是一个单独的仲裁请求,如果另行仲裁,则会增加解决劳动争议的成本,降低纠纷解决的效率,不利于全面、彻底和高效地解决劳动争议;二是再次反申请是针对被申请人的反申请提出的,一般具有关联性和相对性,有合并审理的基础;三是再次反申请是在反申请的答辩期内提出的,符合《劳动仲裁规则》第36条"可以在答辩期间提出反申请"的反申请规定。如果答辩期外提出,则应当依规定另行申请仲裁。

4. 劳动诉讼不适用反诉规定

《劳动争议调解仲裁法》第48条规定,对仲裁裁决不服的,可以自收到仲裁裁决书之日起15日内向人民法院提起诉讼。《劳动争议司法解释(一)》第4条规定:"劳动者与用人单位均不服劳动争议仲裁机构的同一裁决,向同一人民法院起诉的,人民法院应当并案审理,双方当事人互为原告和被告,对双方的诉讼请求,人民法院应当一并作出裁决。在诉讼过程中,一方当事人撤诉的,人民法院应当根据另一方当事人的诉讼请求继续审理……"所以,当事人不服仲裁裁决的,应当在法定时间内向法院起诉,如果同时起诉的,合并审理,且互为原告和被告。如果一方不起诉是就视为同意按仲裁裁决履行。在劳动诉讼中,双方均不服裁决的,应当分别起诉,这是法定的起诉方式,也有法定的法律后果,故不再存在反诉,也不需要反诉。

(二)反申请的条件

1. 反申请应在立案受理之后答辩期间提出

《劳动仲裁规则》第36条的规定:"被申请人可以在答辩期间提出反申请,仲裁委员会应当自收到被申请人反申请之日起五日内决定是否受理并通知被申请人。决定受理的,仲裁委员会可以将反申请和申请合并处理……被申请人答辩期满后对申请人提出反申请的,应当另行申请仲裁。"

2. 应属于立案审查之"应当受理"的范围

根据《劳动仲裁规则》第36条的规定,如果反申请不属于劳动仲裁委员会应当受理的争议范围、没有明确的仲裁请求的事实理由或与本案没有直接利害关系,则不能受理该反申请,此情形下应向被申请人出具不予受理通知书。同时要注意,反申请不涉及管辖范围问题,因为劳动仲裁委员会对本诉有管理权,所以反申请自然也具有管辖权。

3. "应当另行申请仲裁"条件的理解

我国劳动争议调解仲裁法并未强调必须符合"相同法律关系、相同事实、因果关系"之条件。我国《民诉法解释》第233条对反诉规定了法定条件,即

“反诉与本诉的诉讼请求基于相同法律关系、诉讼请求之间具有因果关系,或者反诉与本诉的诉讼请求基于相同事实的,人民法院应当合并审理”。但我国劳动争议调解仲裁法对此却没有要求,可见劳动申请反申请的提出相对宽松,只要符合《劳动仲裁规则》第36条规定的“答辩期内”和“应当受理”这二个条件即可。反过来看,如果劳动仲裁委员会以“相同法律关系、相同事实、因果关系”为由不予受理,则缺乏法律依据,也不符合依法处理之原则。

但是,《劳动仲裁规则》第36条规定:反申请应当另行申请仲裁的,仲裁委员会应当书面告知被申请人另行申请仲裁。上述规定中何为“应当另行申请仲裁”,并未作出进一步之规定。我们认为这不能简单地认为是指要符合“相同法律关系、相同事实、因果关系”之条件,而应理解为“应当另行申请仲裁”。这是一个交由仲裁员自由裁量的事项,仲裁员可以结合案件具体情况,根据有利于全面、彻底和高效地解决劳动争议的精神进行处理。一般情况下,只要不是关联性太差,无法合并审理的,均应予以合并审理,且不能认定为属于“应当另行申请仲裁”之情形。

(三)反申请的处理

1. 答辩期内提出反申请的处理

仲裁委员会应当自收到被申请人反申请之日起5日内决定是否受理并通知被申请人。决定受理的,仲裁委员会可以将反申请和申请合并处理。反申请不属于《劳动仲裁规则》规定的应当受理的情形的,仲裁委员会应当向被申请人出具不予受理通知书。

2. 答辩期满后提出反申请的处理

《劳动仲裁规则》第36条规定:“……被申请人答辩期满后对申请人提出反申请的,应当另行申请仲裁。”

五、被申请人的抗辩

(一)抗辩定义及其分类

所谓抗辩,是指被申请人通过主张与申请人主张的事实不同的事实或法律关系,来排斥申请人的主张的行为。抗辩是被申请人针对申请人仲裁请求的一种防御方法。抗辩分三种类型,即权利未发生的抗辩、权利消灭的抗辩和权利阻碍的抗辩。

1. 所谓权利未发生的抗辩,又称权利妨碍抗辩,是指被申请人否定申请人的请求权,因基于特定的事由而自始不发生的行为。裁审实践中,常见的权利未发生抗辩事由有:无行为能力抗辩、限制行为能力抗辩、劳动合同内容无效抗辩、未提供劳动(如加班)抗辩、劳务关系抗辩、严重违纪抗辩、试用期不符合录用条件抗辩、医疗期满抗辩、客观情况发生重大变化抗辩、不胜任工作抗辩、依法裁员抗辩、违反诚信原则抗辩、违反职业道德抗辩、违反公序良俗抗辩、时效抗辩等。

2. 所谓权利消灭抗辩，是指被申请人主张申请人的权利曾经存在，但因清偿、免除、抵销等符合法律规定的方式嗣后消灭的行为。常见的法定抗辩事由有：债务已清偿、提存、抵销、免除、混同等。裁审实践中常见的权利消灭抗辩事由有：给付义务履行完毕抗辩、协商一致免除抗辩、协商一致变更抗辩、提存抗辩、抵销抗辩（劳动者负赔偿义务）、破产抗辩、歇业或解散抗辩等。

3. 所谓权利阻碍的抗辩，是指被申请人能够持续性或暂时性阻碍申请人某个已经生成的权利被实现的行为。常见法定事由有：主张留置权、同时履行抗辩权和保证人催告等。

（二）抵销抗辩

1. 定义

我国劳动争议调解仲裁法对撤销抗辩未作规定。劳动仲裁程序中的抵销，既是反驳，也是抗辩，所以又将其称为抵销抗辩。所谓抵销（抵消），是指二人互负债务而其给付种类相同，得以其债务与他方债务，按对等数额使其消灭之意思表示。①《民法典》第 568 条规定："当事人互负债务，该债务的标的物种类、品质相同的，任何一方可以将自己的债务与对方的到期债务抵销；但是，根据债务性质、按照当事人约定或者依照法律规定不得抵销的除外。当事人主张抵销的，应当通知对方。通知自到达对方时生效。抵销不得附条件或者附期限。"同时该法第 569 条规定："当事人互负债务，标的物种类、品质不相同的，经协商一致，也可以抵销。"以上是我国民法对抵销的相关规定，我们认为在劳动仲裁程序中可以参照适用。

2. 抵销抗辩的优越性

抵销抗辩相比反申请而言，具有无比的优越性，因为其对实体权利可以提供更有效的保护。具体体现在以下几个方面：一是抵销抗辩可能获得更多的时效利益。抵销具有溯及力，抵销效力发生并非在主张之时，而是溯及抵销适状之时。二是抵销抗辩的效力及于介入者。当债权人的债权转让后，债务人可以针对该债权提出抵销，但却不能向该介入者提出反诉。因为抵销是实体法上的抗辩，只要符合一定的条件，无论债权转至何人之手，此项抗辩都可对后手提出。反诉则是诉讼程序的两诉合并，一诉中的请求并不当然地及于另一诉。三

① 史尚宽：《债法总论》，中国政法大学出版社 2000 年版，第 846 页。

是抵销抗辩要件比反诉要件要缓和,实现抵销权也更容易。[①]

3. 劳动仲裁抵销的条件

既然实体法上规定了债务可以抵销,自然在劳动仲裁程序中自然也可以抵销,只是抵销是有条件的,不是所有的债务均可以抵销的。参照《民法典》第568条的规定,我们认为被申请人在劳动仲裁程序中行使抵销权的,应当同时符合以下条件:一是双方必须互负债务、互享债权;二是互负债务的标的物种类、品质相同;三是债权应当已到清偿期;四是依照债务性质可以抵销;五是当事人没有约定或者法律没有规定不得抵销;六是被申请人应当通知申请人,抵销自通知到达对方当事人生效;七是抵销的通知不得附条件或者期限;八是不得违反劳动法规定。《工资支付暂行规定》(劳部发〔1994〕489号)第16条规定:每月扣除的部分不得超过劳动者当月工资的20%。若扣除后的剩余工资部分低于当地月最低工资标准,则按最低工资标准支付。但是劳动合同已经解除或终止的,用人单位可以一次性抵销,而不受以上抵销限额的限制。劳动仲裁过程中,如果被申请人要求抵销但不符合上述抵销权行使条件的,则应另行提出反申请或另行申请劳动仲裁,以保障权益顺利实现。

六、抵销抗辩与反申请

抵销抗辩和反申请是反对请求权主张的两种形式,两者之间存在密切联系,但又有区别。抵销抗辩是否定申请人仲裁请求的消极主张形式,为初级形式;而反申请是否定申请人仲裁请求的积极主张形式,为高级形式。

(一)抵销抗辩的确定

在确定抵销抗辩时,首先要确定是反申请还是抗辩。要区别反申请与抗辩,就必须建立辨识标准。我们认为两者的辨识标准有二个:(1)考察被申请人的否定方式是防御方法,还是攻击方法。防御方法就属于抗辩,如果是攻击方法则属于反申请。如果是通过否定申请人的仲裁请求(如意在驳回)、事实主张和法律主张,则属于防御方法;如果是不针对申请人的仲裁请求、事实主张和法律主张,而是为了实现自己的实体权益,主张了一个新的独立的仲裁请求(新的争议),则是攻击方法。(2)考察被申请人的主张能否通过抗辩来实现。能够实现的可能就属于抗辩,不能实现的就属于反申请。如果申请人要求给付工资,而被申请人请求申请人赔偿损失,则被申请人提出的赔偿要求就是一个新的争议,即独立的仲裁请求,就属于反申请。

完成以上抗辩和反申请的辨识后,如果排除了反申请,而被申请人的否定

---

① 邱新华:《诉讼上抵销:抗辩抑或反诉》,载《山东审判》2007年第5期。

主张就属于抗辩。然后再进行第二步，即根据抵销的条件来判断是否属于抵销。如果该抗辩属于抵销的，就是抵销抗辩，反之，就是其他形式的抗辩而不是抵销抗辩。

（二）抵销抗辩与反申请的区别

1. 否定的方式不同。抵销不需要通过申请劳动仲裁的方式提出，而反申请则需要。

2. 效果是否与仲裁请求相关。抵销抗辩的效果直接与申请人的仲裁请求相关，如果申请人的仲裁请求未获支持，则抵销抗辩的主张不会成立。而反申请则与申请人的仲裁请求是否获得支持无关。

3. 提出的时间不同。反申请只能在答辩期满前提出，而抵销抗辩则不受此时间限制，答辩期满后也可以提出。

4. 权利主张的性质不同。抵销抗辩是防御性的诉讼行为，而反申请则是进攻性的诉讼行为。

5. 撤回后的效果不同。申请人撤回仲裁请求的，原案件终结，抵销抗辩的主张也不再审理；而反申请则不同，劳动仲裁委员会仍需要对反申请进行审理，并作出处理。

七、仲裁信访处理的基本行为准则

（一）涉及仲裁信访处理的基本要求

1. 高度重视并认真做好涉及仲裁信访工作，切实保护信访人的合法权益；

2. 及时处理信访事项，努力做到来访有接待、来信有着落、申诉有回复；

3. 依法文明接待，维护劳动仲裁委员会的良好形象。

（二）对来信的处理

1. 及时审阅并按规定登记，不得私自扣押或者拖延不办；

2. 需要回复和退回有关材料的，应当及时回复、退回；

3. 需要向有关部门和下一级劳动仲裁委员会转办的，应当及时转办。

（三）对来访的接待

1. 及时接待，耐心听取来访人的意见并做好记录；

2. 能当场解答的，应当立即给予答复，不能当场解答的，收取材料并告知按约定期限等待处理结果。

（四）来访人系老弱病残孕者

1. 优先接待；

2. 来访人申请救助的，可以根据情况帮助联系社会救助站；

3. 在接待时来访人出现意外情况的，应当立即采取适当救护措施。

(五)集体来访

1. 向领导报告,及时安排接待并联系有关部门共同处理;

2. 视情况告知选派 1 ~5 名代表说明来访目的和理由;

3. 稳定来访人的情绪,并做好劝导工作。

(六)信访事项不属于劳动仲裁委员会职权范围

告知劳动仲裁委员会无权处理并解释原因,根据信访事项内容指明有权处理的单位。

(七)信访事项涉及国家秘密、商业秘密或者个人隐私

1. 妥善保管涉及国家秘密、商业秘密和个人隐私的材料;

2. 自觉遵守有关规定,不披露、不使用在信访工作中获得的国家秘密、商业秘密或者个人隐私。

(八)涉及裁决不公或仲裁员庭审作风等问题

1. 认真记录信访人所反映的情况;

2. 对劳动仲裁委员会裁决不服的,告知其可以依法向人民法院起诉;

3. 反映其他问题的,及时将材料转交劳动仲裁委员会的有关部门处理。

(九)信访人反复来信来访催促办理结果

1. 告知规定的办理期限,劝其耐心等待处理结果;

2. 情况紧急的,及时告知承办人或者承办部门;

3. 超过办理期限的,应当告知超期的理由。

(十)信访人对处理结果不满,要求重新处理

1. 处理确实不当的,及时报告领导,按规定进行纠正;

2. 处理结果正确的,应当做好相关解释工作,详细说明处理程序和依据。

(十一)来访人表示不解决问题就要滞留仲裁机构或采取其他极端方式

1. 及时进行规劝和教育,避免使用不当言行刺激来访人;

2. 立即向领导报告,积极采取适当措施,防止意外发生。

第十四章　劳动仲裁的受理

一、申请材料的审查

（一）材料的收取

《劳动仲裁规则》第 29 条规定：仲裁委员会收取当事人提交的材料应当出具收件回执。根据以上规定，劳动仲裁委员会向申请人出具收件回执是硬性规定。在实践中，并非无条件收取，而是必须符合一定的形式条件，此时的审查仅仅是形式上的审查，不是实质审查。例如，劳动仲裁申请书的制作是否符合标准，当事人信息、仲裁请求、事实和理由、证据材料等要素是否齐全，以及身份证件材料、授权委托书等材料是否齐备，等等。如果申请书制作规范、材料齐备的，则形式审查通过，应当出具收件回执。

收件回执与送达回证不同。收件回执是劳动仲裁委员会收取申请人材料，而送达回证是劳动仲裁委员会向当事人送达相关法律文件。劳动仲裁程序中建立收件回执出具制度，是基于以下几个方面的需要。

1. 证明申请人向劳动仲裁委员会申请了劳动仲裁，启动了劳动仲裁程序，如仲裁委员会超过 5 日逾期未作出决定的，申请人可以就该争议事项向人民法院提起诉讼。

2. 可以证明申请人递交申请资料的情况，避免申请材料因交接丢失而产生差异，督促劳动仲裁委员会提升工作质量。

3. 加强了对劳动仲裁委员会的监督。促使劳动仲裁委员会在 5 日内对是否受理作出处理决定，防止久拖不决。

（二）材料的补正

《劳动仲裁规则》第 29 条规定：对于仲裁申请书不规范或者材料不齐备的，仲裁委员会应当当场或者在 5 日内一次性告知申请人需要补正的全部材料。所以，劳动仲裁委员会收取材料的条件有二个（须同时具备）：（1）劳动仲裁申请书制作是否规范；（2）申请劳动仲裁的材料是否齐备。如果不符合以上条件，则需要告诉申请人予以补正，否则将无法完成材料递交和立案。要求申请人补正材料的时间节点有二个：一是在递交材料时，当面向申请人提出，要求其补正相关材料；二是在收取材料后发现不齐备的，应当在 5 日内向申请人提出补正材料的要求。劳动仲裁委员会收到补正材料的，应当出具收件回执，申请劳动仲裁的时间也相应地从收到补正材料之日起计算。

如果申请人在指定的补正时间内拒不补正相关材料的，劳动仲裁委员会可以对其申请不作处理。如果第一次收取材料时未超过仲裁时效，按期补正材料后可能导致超过仲裁时效的，这时虽然仲裁申请材料尚未送达被申请人，但也应当认定从第一次收取申请仲裁材料起，产生仲裁时效中断的效果。因为申请人确实在仲裁时效内，向劳动仲裁委员会请求了权利救济，且仲裁机构指定的补正时间是合理的。

二、受理立案的条件

即使劳动争议实行立案登记制，也不是立案完全没有条件。根据《劳动仲裁规则》第30条规定，仲裁委员会对同时符合下列条件的仲裁申请应当予以受理。

（一）属于劳动仲裁的受案范围

我国《劳动争议调解仲裁法》第2条①、《劳动仲裁规则》第2条②规定，劳动仲裁委员会可以受理六大类劳动人事争议案件。劳动人事争议是劳动争议和人事争议的统称。所谓人事争议，是指事业单位、社会团体和与其建立人事关系的工作人员之间因终止人事关系、履行聘用合同发生的争议以及军队文职人员用人单位与聘用制文职人员之间因履行聘用合同发生的争议。不属于上述六大类劳动人事争议案件的，劳动仲裁委员会无权立案受理并予以处理。在实践中，经常有申请人将不属于劳动仲裁委员会受案范围的案件申请劳动仲裁，如申请工伤认定、请求缴纳社会保险（部分省市仍受理）、要求经办机构支付社保待遇、劳务雇佣争议、劳务外包承揽争议、劳务承包争议等。劳动仲裁委

① 《劳动争议调解仲裁法》第2条规定："中华人民共和国境内的用人单位与劳动者发生的下列劳动争议，适用本法：（一）因确认劳动关系发生的争议；（二）因订立、履行、变更、解除和终止劳动合同发生的争议；（三）因除名、辞退和辞职、离职发生的争议；（四）因工作时间、休息休假、社会保险、福利、培训以及劳动保护发生的争议；（五）因劳动报酬、工伤医疗费、经济补偿或者赔偿金等发生的争议；（六）法律、法规规定的其他劳动争议。"

② 《劳动仲裁规则》第2条规定："本规则适用下列争议的仲裁：（一）企业、个体经济组织、民办非企业单位等组织与劳动者之间，以及机关、事业单位、社会团体与其建立劳动关系的劳动者之间，因确认劳动关系，订立、履行、变更、解除和终止劳动合同，工作时间、休息休假、社会保险、福利、培训以及劳动保护，劳动报酬、工伤医疗费、经济补偿或者赔偿金等发生的争议；（二）实施公务员法的机关与聘任制公务员之间、参照公务员法管理的机关（单位）与聘任工作人员之间因履行聘任合同发生的争议；（三）事业单位与其建立人事关系的工作人员之间因终止人事关系以及履行聘用合同发生的争议；（四）社会团体与其建立人事关系的工作人员之间因终止人事关系以及履行聘用合同发生的争议；（五）军队文职人员用人单位与聘用制文职人员之间因履行聘用合同发生的争议；（六）法律、法规规定由劳动人事争议仲裁委员会（以下简称仲裁委员会）处理的其他争议。"

员会面对不属于受案范围的申请，应当向申请人解释说明其无权受理，并告知相关的维权救济途径，指引申请人依法维权。

（二）申请人是与本案有直接利害关系的自然人、法人或者其他组织

本条件的理解难点在于什么是与本案有直接利害关系？我们认为“与本案有直接利害关系”，是指申请人与被申请人之间的劳动争议直接涉及自己的合法权益。上述“与本案有直接利害关系”包括两种情形：请求劳动仲裁委员会保护的合法权益，要么属于自己享有，要么依法受自己保护。相应地“与本案有直接利害关系”的申请人也有两种表现形态：（1）权利主体当事人；（2）非权利主体当事人。非权利主体当事人虽然不是劳动法律关系的主体，但依照法律的相关规定，其对劳动法律关系中所涉及的权益，依法享有管理权或支配权。在依法受自己保护的权益受到损害或与他人发生争议时，非权利主体当事人也有权以自己的名义，向劳动仲裁委员会申请劳动仲裁，如工会可以作为申请人。

（三）有明确的被申请人

这是2017年《劳动仲裁规则》新增的法定受理条件，其目的在于完成与民事诉讼法的衔接。所谓有明确的被申请人，是指申请人在申请劳动仲裁中已经使被申请人特定化、具体化。明确被申请人的目的，在于能够将劳动仲裁申请书送达给被申请人。是否符合“有明确的被申请人”之标准，劳动争议调解仲裁法没有作出规定。参照《民诉法解释》第209条①的规定，我们认为申请人提供被申请人的姓名或者名称、住所等信息具体明确，足以使被申请人与他人相区别的，可以认定为有明确的被申请人。具体来说：如果被申请人是自然人的，只要姓名与身份证号码完全相符，即可认定有明确的被申请人；如果被申请人是组织的，只要组织名称与登记信息完全一致，即可认定有明确的被申请人。例如，在确认劳动关系争议案件中，如果劳动仲裁申请书载明的被申请人是确实存在的，但审查后认为与该被申请人并无劳动关系，而是与其他企业存在劳动关系，此情形不属于被申请人不明确，也不能以此为由不予立案受理。立案审查是形式审查，不是实质审查，不能以立案意见代替审理意见。

（四）属于本仲裁委员会管辖范围

《劳动争议调解仲裁法》第21条规定：“劳动争议仲裁委员会负责管辖本区域内发生的劳动争议。劳动争议由劳动合同履行地或者用人单位所在地的劳动争议仲裁委员会管辖。双方当事人分别向劳动合同履行地和用人单位所

---

①　《民诉法解释》第209条规定：“原告提供被告的姓名或者名称、住所等信息具体明确，足以使被告与他人相区别的，可以认定为有明确的被告……”

在地的劳动争议仲裁委员会申请仲裁的，由劳动合同履行地的劳动争议仲裁委员会管辖。”每个劳动仲裁委员会在受理案件上均有自己的管辖范围，只有属于在管辖范围内的劳动争议案件，才有权立案受理并处理，否则不得立案受理。但是，在实践中，各省市往往会根据《劳动争议调解仲裁法》的相关规定，制定本省市内各劳动仲裁委员会受案范围的管辖规定，如级别管辖规定等，申请人在申请劳动仲裁时，除遵守《劳动争议调解仲裁法》规定的管辖规定之外，还需要遵守各省市作出的管辖规定。

（五）有明确的仲裁请求

所谓劳动仲裁请求，是指申请人向劳动仲裁委员会提出的，请求处理的针对被申请人的实体权利主张，即要求劳动仲裁委员会裁决被申请人履行什么样的法定义务。劳动仲裁请求是仲裁程序中的核心内容。《劳动仲裁规则》第30条规定，“有明确的仲裁请求”是劳动仲裁申请应当予以受理的必备条件之一。何为“明确”？劳动争议仲裁调解法没有规定。我们认为判断劳动仲裁请求是否“明确”，应当结合仲裁请求的三个类型，即给付之诉、确认之诉和形成之诉来分别予以确定。

1.“给付之诉”中“明确”的判断标准

通常情况下，“给付之诉”是因为被申请人违反了法律规定或规章制度、劳动合同和集体合同的约定，且双方之间不能通过协商的方式解决，申请人只能申请劳动仲裁委员会裁决被申请人承担给付责任。判断“给付之诉”是否明确具体，不是易事。我们认为应从以下三个方面来进行判断。

（1）要看仲裁请求的法律责任形式是否与其争议的法律关系相对应。

正如凯尔森所言，“法律关系乃对现有社会关系之法律表述”①。法律规范的存在是法律关系形成的前提。如果不存在相应的法律规范，就不会出现相应的法律关系。② 劳动法上当事人要承担的法律责任的形式与其争议的法律关系，一般是一一对应的。这是与民法规定不同的地方，民事法律责任的形式一般是集中规定的，如《民法典》第179条第1款规定：“承担民事责任的方式主要有：（一）停止侵害；（二）排除妨碍；（三）消除危险；（四）返还财产；（五）恢复原状；（六）修理、重作、更换；（七）继续履行；（八）赔偿损失；（九）支付违约金；（十）消除影响、恢复名誉；（十一）赔礼道歉。”如果劳动者的仲裁请求的法律责任形式，是要求用人单位支付经济补偿金，则其对应的争议法律关系就不应该

---

① ［奥］凯尔森：《纯粹法理论》，张书友译，中国法制出版社2008年版，第70页。

② 张文显主编：《法理学》，高等教育出版社2018年版，第152页。

是违法解除或终止劳动合同，而应该是合法解除或终止劳动合同。如果仲裁请求的法律责任形式与争议的法律关系不相对应，则属于仲裁请求不明确，需要修改。

(2)仲裁请求的法律责任形式必须是最小的单位，且利益主张不能再细化。

这个要求是从劳动仲裁裁决书生效后的执行角度来分析的。如果劳动仲裁请求的责任形式已是最小的单位，且不能再细化，则是明确的，能够方便强制执行。反之，则不明确，不方便强制执行，并且该仲裁请求需要进一步修改细化。如用人单位申请劳动仲裁，要求某高管返还公司的小汽车。则这个返还财物的劳动仲裁请求就是不明确的，因为该仲裁请求的法律责任形式不是最小的单位，还能够进一步细化，如细化为请求返还公司的沪 N・・226 的桑塔纳小汽车一辆。原仲裁请求仅仅是要求返还小汽车，不知道是要求返还一辆还是多辆，且不知是哪一辆，即使仲裁请求获得了劳动仲裁委员会的支持，在执行时也无法确定执行的标的物，进而无法执行。

劳动争议的给付之诉中，最常见的为要求用人单位支付金钱，如支付劳动报酬、加班费、经济补偿金、赔偿金等。我们认为判断给付金钱的仲裁请求是否明确，即其法律责任形式是否为最小的单位，需要同时具备以下两个方面的条件：一是要明确具体的种类。如《工伤保险条例》第 5 章规定了“工伤保险待遇”，如果劳动者的仲裁请求仅仅要求用人单位支付工伤保险待遇，则属于不明确，因为其责任形式不是最小的单位。依据《工伤保险条例》规定，“工伤保险待遇”的项目有很多，如一次性伤残补助金、伤残津贴、一次性医疗补助金、一次性就业补助金、丧葬补助金、供养亲属抚恤金、一次性工亡补助金、医疗费、伙食补助费、交通食宿费、停工留薪待遇、生活护理费等。此外，每个项目的享受条件、计算标准和方法也各不相同，有必要细化劳动仲裁请求。又如，请求给付年休假工资时，一般要求明确是哪一个年度的年休假工资，因为计算年休假的最小单位为一个会计年度。二是要明确具体的金额或计算方法。这个条件好理解一些，给付金钱的请求自然需要明确具体金额。是否需要同时明确金额和计算方法，我们认为不一定。这主要看复杂程度，简单的可以明确，复杂(计算复杂或陈述复杂)的应当允许在“事实与理由”中作说明。一般劳动仲裁委员会在接待立案时，会问一下计算方法，如在“事实与理由”中有相关陈述，也就一般不再作进一步的审查。如遇给付金额无法确定的，则可以写一个开放时段的请求，如请求按 20,000 元/月的标准支付从违法解除劳动合同之日起到实际恢复劳动关系(或劳动合同期满)之日止的工资。

(3)有多个被申请人时,应当将承担责任的形式具体化。

多个被申请人时,可能承担责任的形式有三种,即连带责任、分别责任和补充责任。劳动者在申请劳动仲裁时,由于没有能力区分,又怕对自己不利,所以一般会将仲裁请求写成要求多个申请人共同赔偿。这种共同赔偿的仲裁请求就是不明确的,因为其承担责任的形式没有具体化,即使请求得到了劳动仲裁委员会的支持,在执行中也存在无法执行的问题。共同赔偿不是连带责任赔偿,每个被申请人承担多少没有明确,且没有裁决承担连带责任。《劳动合同法》第92条规定:"……用工单位给被派遣劳动者造成损害的,劳务派遣单位与用工单位承担连带赔偿责任。"同时,该法第94条规定:"个人承包经营违反本法规定招用劳动者,给劳动者造成损害的,发包的组织与个人承包经营者承担连带赔偿责任。"《民法典》第1191条规定:"用人单位的工作人员因执行工作任务造成他人损害的,由用人单位承担侵权责任。用人单位承担侵权责任后,可以向有故意或者重大过失的工作人员追偿。劳务派遣期间,被派遣的工作人员因执行工作任务造成他人损害的,由接受劳务派遣的用工单位承担侵权责任;劳务派遣单位有过错的,承担相应的责任。"以上"相应的责任"按原《侵权责任法》第34条[①]之规定,就是"补充责任"。在劳动仲裁请求中,申请人一定要明确多个被申请人之间承担的责任方式,他们是承担连带责任、分别责任还是补充责任,不能写成由多个被申请人共同赔偿给付。

2."确认之诉"和"形成之诉"中是否有"明确"的判断标准

实践证明,"确认之诉"和"形成之诉"这两者均解决实体法律关系问题。前者解决的是实体法律关系是否存在的问题,而后者解决的是实体法律关系是否发生、变动或消灭的问题,所以这两者在是否"有明确的仲裁请求"的判断上,其标准是一致的。我们认为判断标准有以下两个(须同时符合)。

(1)考察仲裁请求所要求的法律效果是否明确具体

"确认之诉"的责任形式有两种:一是存在;二是不存在。凡仲裁请求提出了存在或不存在之要求的,即在法律效果上可以认定为达到明确具体的要求。"形成之诉"的责任形式有三种:一是发生;二是变动;三是消灭。凡仲裁请求提出了发生、变动或消灭要求的,即在法律效果上可以认定为达到了明确具体的要求。

---

① 《侵权责任法》(2021年1月1日废止)第34条规定:"……劳务派遣期间,被派遣的工作人员因执行工作任务造成他人损害的,由接受劳务派遣的用工单位承担侵权责任;劳务派遣单位有过错的,承担相应的补充责任。"

（2）考察仲裁请求的对象是否明确具体

这个对象就是实体法律关系，在劳动争议中就是劳动法律关系。如果仲裁请求中“对象”具体化了，则从“对象”角度来考察，该请求就是明确具体的。作为对象的法律关系，其结构分为三部分，即主体、客体和内容。法律关系主体为申请人与被申请人，内容为权利义务关系，客体可以通过时间、空间、行为、名称等来具体化。如果上述三部分均具体化了，则仲裁请求的对象也就明确具体化了。

例如，“撤销用人单位 2021 年 6 月 28 日作出的解除劳动合同的决定，继续履行原劳动合同”。这个仲裁请求在性质上属于“形成之诉”。其中，法律关系的主体是劳动者与用人单位；“撤销”和“继续履行”是仲裁请求所要求的法律效果，目的是引起权利义务关系发生变动；“撤销”的对象为 2021 年 6 月 28 日作出的解除劳动合同之行为（客体）；“撤销”和“继续履行”是劳动者想请求通过劳动仲裁委员会来行使形成权，以达到变动法律关系（权利义务）之目的。上述仲裁请求中“撤销”之“对象”和“撤销”之“法律效果”均具体化了，符合“有明确的仲裁请求”之法定要求。同时，也要注意上述“形成之诉”中，隐含了一个“确认之诉”，即“请求认定用人单位违法解除劳动合同”，这是劳动者请求劳动仲裁委员会确定其享有形成权的过程，为请求劳动仲裁委员会行使形成权做准备。这个隐含的“确认之诉”符合两者关系之逻辑，不违法，也不影响“有明确的仲裁请求”的成立。

3. 可适用于劳动者的简明判断标准

劳动者缺乏法律知识，在实践中无法通过专业的法律知识，来判断仲裁请求是否符合“有明确的仲裁请求”之要求，我们建议可以通过经验主义的办法来解决这一难题。这个办法不需要我们去区分仲裁请求的三个类型，也不需要我们考察法律关系或具备相当的法律知识，其判断方法如下：假设该仲裁请求获得了劳动仲裁委员会的支持，在申请人民法院强制执行后，“能否得到顺利执行”就是判断标准。如果被执行人同意履行，此时能够顺利执行的，一般情况下满足了仲裁请求具体化的要求；不知如何执行导致无法执行的，则不符合仲裁请求具体化的要求。当然，上述判断标准在科学性上存在缺失，仅建议可以作为普通劳动者简明判断的参考标准。

三、收件后的处理

（一）予以受理

《劳动仲裁规则》第 30 条规定：“仲裁委员会对符合下列条件的仲裁申请应当予以受理，并在收到仲裁申请之日起五日内向申请人出具受理通知书……”所以,劳动仲裁委员会应对仲裁申请进行受理审查,对符合法定条件的仲裁申请应当予以立案受理,并在 5 日内向申请人出具受理通知书。所谓受理审查,是指劳动人事争议仲裁委员会对申请人的仲裁申请是否符合立案条件进行审核的活动。所谓受理,是指劳动人事争议仲裁委员会对申请人的仲裁申请进行审查后,对符合法律规定受理条件的申请,启动仲裁程序的活动。决定受理的要出具受理通知书。所谓受理通知书,是指劳动人事争议仲裁委员会制作的告知申请人受理结果的文书。人力资源社会保障部、最高人民法院《关于加强劳动人事争议仲裁与诉讼衔接机制建设的意见》(人社部发〔2017〕70 号)第 2 条第 1 款规定:仲裁委员会要改进完善劳动人事争议受理立案制度,依法做到有案必立,有条件的可探索实行立案登记制,切实发挥仲裁前置的功能作用。所以,以后实行“立案登记制”是大势所趋,也是裁审衔接的具体体现。

(二)不予受理

所谓不予受理,是指劳动人事争议仲裁委员会对申请人的仲裁申请进行审查后,对不符合法律规定立案条件的申请,作出不受理的决定。决定不予受理的要出具不予受理通知书。所谓不予受理通知书,是指劳动人事争议仲裁委员会制作的告知申请人不予受理结果及理由的文书。《劳动仲裁规则》第 31 条第 1 款规定:“对不符合本规则第三十条第(一)、(二)、(三)项规定之一的仲裁申请,仲裁委员会不予受理,并在收到仲裁申请之日起五日内向申请人出具不予受理通知书;对不符合本规则第三十条第(四)项规定的仲裁申请,仲裁委员会应当在收到仲裁申请之日起五日内,向申请人作出书面说明并告知申请人向有管辖权的仲裁委员会申请仲裁。”劳动仲裁委员会对收取的仲裁材料进行审查后,对不属于劳动仲裁委员会受案范围、没有明确的仲裁请求和事实理由、被申请人不明确、申请人与本案没有利害关系的,应当不予受理,并以书面形式通知申请人。对仲裁请求不明确的,劳动仲裁委员会一般会要求申请人予以补正,补正后仍不明确的,则会不予受理。如果仲裁申请属于劳动仲裁委员会的受案范围,但本劳动仲裁委员会没有管辖权的,应当在 5 日内书面告知申请人向有管辖权的劳动仲裁委员会申请,但不能向申请人出具不予受理通知书。

(三)立案受理的法律效果

关于受理的法律效果,我们认为受理之后会产生以下三个方面的法律效果。

1. 劳动仲裁程序正式启动,并使劳动争议案件处于仲裁状态。

2. 引起仲裁时效中断的法律效果。《劳动仲裁规则》第 27 条规定,当事人向仲裁委员会申请仲裁请求权利救济的,仲裁时效中断,且从中断时起,仲裁时效期间重新计算。如果不予受理的，则从申请人收到不予受理通知之日起，仲裁时效连续计算。

3. 产生了程序法上的权利义务关系。立案受理后，申请人、被申请人与劳动仲裁委员会之间，形成了劳动争议调解仲裁法上的劳动仲裁法律关系，如立案的劳动仲裁委员会获得了该案件的审理权，也排除其他劳动仲裁委员会审理的可能。

（四）不予受理的处理

对不予受理的，劳动仲裁委员会应当作如下处理。

1. 对于无管辖权的劳动争议，应当书面告知申请人向有管辖权的劳动仲裁委员会申请劳动仲裁。

2. 对于属于行政诉讼受案范围的，如对工伤认定不服的，则应当告知申请人去人民法院提起行政诉讼或去有关行政机关申请行政复议。

3. 对于应当由其他机关处理的案件，应当告知申请人去有关机关申请解决。

四、逾期不受理、材料送达与答辩

（一）逾期不受理

《劳动仲裁规则》第 31 条第 2 款规定："对仲裁委员会逾期未作出决定或者决定不予受理的，申请人可以就该争议事项向人民法院提起诉讼。"所以，无论是不予受理的情形（不属于劳动仲裁委员会受案范围、没有明确的仲裁请求和事实理由、被申请人不明确、申请人与本案没有利害关系），还是无管辖权，如果仲裁委员会逾期未作出决定，申请人均可以就该争议事项向人民法院提起诉讼。如果劳动仲裁委员会决定不予受理的，申请人也可以向人民法院起诉，但申请人收到无管辖权的书面通知后，不能向人民法院起诉，应当到有管辖权的劳动仲裁委员会去申请劳动仲裁。

（二）关于申请仲裁材料的送达

《劳动仲裁规则》第 33 条第 1 款规定："仲裁委员会受理仲裁申请后，应当在五日内将仲裁申请书副本送达被申请人。"上述规定中的"五日内"期限应当从受理之日的次日起计算。如果是口头申请劳动仲裁的，劳动仲裁委员会应当在受理之后 5 日内，将口述笔录的副本及相关仲裁材料送达被申请人。

（三）被申请人的答辩

所谓答辩，是指劳动人事争议仲裁委员会立案后，被申请人针对仲裁申请进行承认或者反驳的行为。答辩是被申请人的法定义务，被申请人不答辩，则申请人就无法在举证期限之内，有针对性地去完成调查收集证据的工作，就会影响仲裁进程,对申请人不利,严重时如主观恶意等,则可能构成仲裁突袭。但是,被申请人不答辩的,法律并未规定法律后果,如失权等。《劳动仲裁规则》第 33 条第 2 款规定:“被申请人收到仲裁申请书副本后,应当在十日内向仲裁委员会提交答辩书。仲裁委员会收到答辩书后,应当在五日内将答辩书副本送达申请人。被申请人逾期未提交答辩书的,不影响仲裁程序的进行。”上述规定中的“十日内”期限应当从收到劳动仲裁申请书之日的次日起计算。提交答辩状是被申请人的权利,被申请人可以提交,也有权放弃即不提交。裁审实践证明不提交答辩状的情况比较普遍。未提交或未及时提交答辩状的,不影响案件的审理和仲裁程序的推进。如果提交答辩状的,被申请人应当按被答辩人的人数提交相应份数的副本。仲裁委员会收到答辩书后,应当在 5 日内将答辩书副本送达申请人及其他被答辩人。

如果被申请人在期满之后提交,或者在庭审时提交答辩状的,应当如何处理?这是实务难题,但法律并没有规定。我们认为,一般情况下不应当影响案件的正常审理,因为劳动仲裁案件审理期限太短,无法对此作出回应。但是,如果构成了仲裁突袭,申请人需要时间重新准备证据资料,为此提出了延期审理申请的,仲裁机构可以决定延期审理。

在实务中被申请人在进行答辩人应当注意如下几点。

1. 厘清思路。答辩主要要针对申请人的仲裁请求及其依据的事实和理由,有针对性地提出被申请人的主张、抗辩以及相应的证据。被申请人收到仲裁申请书之后,要按以下思路进行处理:首先,寻找申请人的请求权基础及其主张的法律关系,即识别申请人提出申请所论据的法律法规和主张的权利。其次,再选择适合的有针对性的抗辩。抗辩主张分两个类型:一是程序性抗辩。如对受理条件、受理范围、主体适格、重复申请等提出的抗辩。二是实体性抗辩。如果认可申请人陈述的事实,则要主张不同的请求权基础来抗辩仲裁请求不成立。如果不认可申请人陈述的事实,则要作出否认之抗辩。虽然认可申请人陈述的事实,但是可以提出驳倒申请人陈述的事实,即提出权利不发生、变更或者消灭的抗辩事实。最后,要提供相应的证据,即对自己主张的抗辩事实提供相应的证据来予以证明。

2. 明确观点。被申请人要简要且明确地阐明对仲裁请求的意见,即同意几个仲裁请求,不同意几个仲裁请求。不能一开始就讲一大堆事实和理由而观点却不明确、含混不清。

3. 焦点突出。要针对劳动仲裁申请书之“事实和理由”中的焦点内容提出自己的意见。实践中,劳动者申请书之内容往往散乱且没有条理,此时就应当根据“法律要件”对焦点问题进行归纳整理,再有针对性地提出答辩意见。以方便仲裁员快速找到劳动争议之症结,明确焦点,提高庭审效率。

4. 理性分析。申请人通过递交劳动仲裁申请书,获得了让仲裁员先入为主之优势,所以答辩人应当注意引导仲裁员居中裁判、理性思考。这就要求答辩内容要简明扼要、冷静且理性分析,提出有见地之意见,不能过度宣泄情绪,偏离理性。

5. 证据列明。在答辩状中面对重要之要件事实,在陈述事实答辩之时,也要注意简要标注相应的证明资料,如“此节事实有答辩人提供的证据 1 可以证明”,来论证自己的观点。这可引起仲裁员的注意或重视,为其采信该证据提供方便。

6. 援引案例。在答辩状中可以援引最高人民法院的公报案例或者各级法院的典型案例,以论证答辩人观点的正确性。没有公报案例或典型案例的,也可以引用最高人民法院或上级法院法官的著述观点,以作为法理依据。事实证明,援引案例或法官著述对案件审理影响较大。

五、一事不再理

《劳动仲裁规则》第 34 条规定:“符合下列情形之一,申请人基于同一事实、理由和仲裁请求又申请仲裁的,仲裁委员会不予受理:(一)仲裁委员会已经依法出具不予受理通知书的;(二)案件已在仲裁、诉讼过程中或者调解书、裁决书、判决书已经发生法律效力的。”以上是劳动争议调解仲裁法关于“一事不再理”的相关规定,其在性质上属于消极的申请劳动仲裁条件。

(一)概述

1. 定义、法理及内容

所谓一事不再理,又称一事不二理,是指一个案件不应当再次受到审理。一事不再理的概念起源于古代罗马法,表述为“ne bis in idem”。古代罗马法的一个基本特征是形式化与经验化。人们从诉讼运营的经验便可以直接感受到对于属于同一案件的情形自然应当避免再度审理,因此,通过罗马人擅长的抽象概括,一事不再理也就经验性地成为一种自然法意义上的原则。这也是罗马法特有的思考方式和方法,将各种法律命题转化为秩序,发挥规制作用。[①] 罗马人不仅将一事不再理作为规制,而且对于这一规制原则提供了理论解释,即“诉权消耗论”或“诉权损耗论”(actioconsumitur)——一种基于人们朴素的“物

---

① [德]奥科·贝伦茨:《耶林的法律演化论:在历史法学派与现代之间》,李君韬译,载[德]鲁道夫·冯·耶林:《法律是一门科学吗?》,法律出版社 2010 年版,第 108、109 页。

理性法律观”的认识。[①] 依据这一理论，一个案件的审理是基于诉权而启动诉讼程序的，一旦已经启动，则该诉权就已经被消耗掉，因此，再度进行诉讼就不再有诉权根据。也就是说一个诉讼请求只有一个诉权，即“一事一权”。[②] 所以，“一事不再理”的法理根据，具体包括：避免增加被告应诉之麻烦，预防就同一事件产生互相矛盾之判决，避免法院重复审理之不经济。[③]

无论是大陆法系国家和地区，还是普通法国家和地区，一事不再理原则都包括两个方面的内容：一是在诉讼系属中，阻止相同当事人再行提起后诉；二是在判决确定后，禁止相同当事人对相同诉讼对象的再次讼争。只是由于法律传统和思维方式的差异，普通法系国家以既决事项规则和滥用程序规则来实践一事不再理原则的内容，而大陆法系国家则通过诉讼系属效力和既判力的消极效力承担起一事不再理原则的功能。[④] 所谓诉讼系属是指因诉讼的提起，使诉讼上的请求处于法院（国内）审判中的状态。[⑤] 所谓既判力，是指生效裁判的拘束力，是对一诉之诉讼目的已经实现的确定回答。

2. 劳动仲裁与民事诉讼之“一事不再理”比较

（1）民事诉讼“一事不再理”之规定

《民事诉讼法》第 127 条第 5 项规定：“对判决、裁定、调解书已经发生法律效力的案件，当事人又起诉的，告知原告申请再审，但人民法院准许撤诉的裁定除外。”以上规定为我国民事诉讼一事不再理的法律渊源。同时《民诉法解释》第 247 条对一事不再理作出了进一步解释性规定：“当事人就已经提起诉讼的事项在诉讼过程中或者裁判生效后再次起诉，同时符合下列条件的，构成重复起诉：（一）后诉与前诉的当事人相同；（二）后诉与前诉的诉讼标的相同；（三）后诉与前诉的诉讼请求相同，或者后诉的诉讼请求实质上否定前诉裁判结果。当事人重复起诉的，裁定不予受理；已经受理的，裁定驳回起诉，但法律、司法解释另有规定的除外。”根据《民诉法解释》第 247 条之规定，“一事不再理”之认定标准可以简称为“三相同、一否定”，“三相同”是指当事人相同、诉讼标的相同和诉讼请求相同。“一否定”是指后诉否定前诉裁判结果。

---

① ［日］中村宗雄：《“一事不再理”与“一事不再议”》，载《早稻田法学》第 32 卷第 1、2 册（1956 年），收录于［日］中村宗雄：《民事诉讼法学的基础理论》，敬文堂 1957 年版，第 151、152 页。

② 张卫平：《重复诉讼规制研究：兼论“一事不再理”》，载《中国法学》2015 年第 2 期。

③ 许士宦：《重复起诉禁止原则与既判力之客观范围》，载《台大法学论丛》2002 年第 6 期。

④ 最高人民法院修改后民事诉讼法贯彻实施工作领导小组编著：《最高人民法院民事诉讼法司法解释理解与适用》（上册），人民法院出版社 2015 年版，第 632 ~ 633 页。

⑤ 张卫平：《重复诉讼规制研究：兼论“一事不再理”》，载《中国法学》2015 年第 2 期。

(2)“一事不再理”在劳动仲裁和民事诉讼上的异同

我们认为可从以下两个方面进行比较:一是在“一事”上的对比。根据《劳动仲裁规则》第 34 条规定,劳动争议调解仲裁法规定了“三方面相同”,即事实、理由和仲裁请求相同;而民事诉讼法却规定了四方面,即“三相同、一否定”。经对比:相同之处在于两者都要求仲裁(诉讼)请求相同。不同之处在于劳动争议调解仲裁法还要求事实、理由相同,而民事诉讼法无此要求。除此之外,民事诉讼法还有三方面要求,即当事人、诉讼标的和后诉否定前诉裁判结果,而这三方面劳动争议调解仲裁法都没有要求。二是在“不再理”情形上的对比。两者的相同之处在于均规定了适用“诉讼系属”和“既判力”这二种情形;不同之处在于,劳动争议调解仲裁法新增了适用于不予受理决定的既判力之情形。

3. 不符立案条件之“不予受理”与“一事不再理”之“不予受理”的区别

对于“一事不再理”的情形,《劳动仲裁规则》第 34 条规定的是不予受理,《劳动仲裁规则》第 31 条对不符合立案受理条件的劳动争议也规定的是不予受理。这两个“不予受理”有何区别？我们认为不符立案条件之“不予受理”与“一事不再理”之“不予受理”的区别主要表现在以下几个方面:(1)需要满足的条件不同。前者不予受理条件为不属于受案范围、无明确的仲裁请求和事实理由、与本案无直接利害关系和本仲裁委员会无管辖权;而后者之不予受理条件既包括上述第 31 条不符合立案受理之不予受理的情形,还包括受理后经过实质处理的情形。(2)是否应当出具不予受理通知不同。前者必须出具不予受理通知书,而后者即“一事不再理”则没有强调必须出具不予受理通知。

实践中,劳动仲裁委员会对“一事不再理”的处理,是否应当出具不予受理通知书？此问题存在争议。我们认为应当出具,因为劳动仲裁委员会对“一事不再理”认定标准的把握不一定 100% 准确,如果认定错误则人为剥夺了申请人的维权机会,这有失公平正义。由于没有不予受理通知书,而无法前往法院起诉。事实上“一事不再理”的判定是个非常困难的事情,主要是法定标准不明且现有规定有欠缺,不可能做到 100% 判定准确。从仲裁机构应当接受监督的角度来看,其也应当出具不予受理通知,以防止被仲裁机构部分人员利用,为他们滥用职权、徇私枉法留下可乘之机。

(二)何为“一事”？

“一事”不仅是适用“一事不再理”原则的前提,还是难点和重点。因为“一事”不成立或系“二事”及以上的,则不能适用“一事不再理”原则。何为“一事”？《劳动仲裁规则》第 34 条规定,“同一事实、理由和仲裁请求”为“一事”。

而《民诉法解释》第 247 条规定,“三相同、一否定”为“一事”。“三相同”是指当事人相同、诉讼标的相同和诉讼请求相同。“一否定”是指后诉的诉讼请求实质上否定前诉裁判结果。

我们认为《劳动仲裁规则》第 34 条,将“同一事实、理由和仲裁请求”规定为“一事”成立与否的认定标准存在缺失。张卫平教授认为,“以诉讼请求、案件事实、理由作为是否重复诉讼的标准并不准确。由于欠缺准确性,也就很难成为一种统一遵循、操作的规范。案件事实、理由很难作为一种标准,而仅仅是判断的材料,顶多是一项辅助性标准。诉讼请求接近甚至等值于诉讼标的,作为诉讼的客体或对象,诉讼请求或诉讼标的作为判断的标准在实务和理论上更有意义。不同的案件事实当然构成不同的案件,但案件事实相同,则并不一定是相同的案件,区别的关键还是诉讼标的”①。

举例说明之。在违法解除劳动合同争议中,如劳动者恢复劳动关系的请求,获得了支持且裁判已生效。劳动者再次申请仲裁,要求用人单位支付违法解除劳动合同的赔偿金,如果按《劳动仲裁规则》第 34 条之“同一事实、理由和仲裁请求”标准,则不能适用“一事不再理”原则,而应当受理,因为不属于“一事”,理由是仲裁请求不同。如果此情形下适用《民诉法解释》第 247 条“三相同、一否定”之标准,则属于“一事”,且应当适用“一事不再理”原则不予受理。后诉的诉讼请求实质上否定了前诉的裁判结果,因为后诉之支付违法解除的赔偿金的请求,实质上否定了前诉恢复劳动关系的裁判结果。所以,关于何为“一事”的问题,我们认为应当以《民诉法解释》第 247 条规定的“三相同、一否定”为“一事”之认定标准较为妥当,也更全面。我们之所以建议适用民事诉讼标准,主要是考虑到裁审衔接问题,因为劳动争议进入诉讼程序后,如果一方当事人提出“一事不再理”来抗辩,则自然会适用民事诉讼法“一事不再理”之认定标准。

裁审实践中“一事”的判定,即事实相同、理由相同、当事人相同、裁定标的相同、诉讼请求相同,后诉的诉讼请求实质上否定前诉裁判结果之认定标准的确定,是件难事。目前众说纷纭,对“一事”的判定尚未形成通说和权威观点,这给劳动仲裁中一事不再理原则的适用带来了困难,有待后续加强研究来予以解决。

(三)“不再理”的情形有三种

如果构成“一事”,那在什么情形下“不再理”呢?我们认为结合《劳动仲裁

---

① 张卫平:《重复诉讼规制研究:兼论“一事不再理”》,载《中国法学》2015 年第 2 期。

规则》第 34 条和《民诉法解释》第 247 条这两个规定，只有存在以下三种情形之一的，即“不再理”：(1)仲裁委员会已经依法出具不予受理通知书的；(2)案件已在仲裁、诉讼过程中的；(3)调解书、裁决书、判决书已经发生法律效力的。

以上三种情形的确定是围绕“一事不再理”的基本原理展开的，是依照“诉讼系属”和“既判力”这二个标准来确定的。其中，第一和第三是依照“既判力”要求；第二是依照“诉讼系属”要求。其中劳动争议调解仲裁法相比民事诉讼法之“一事不再理”规定，前者的规定更完善一点，因为其增加了第一点这种不予受理决定既判力的情形。

六、超过仲裁时效能否受理

我们认为超过仲裁时效的争议应当受理。超过仲裁时效，从法律效果来看，时效完成后，只是发生抗辩权产生的效果，即义务人仅取得拒绝履行的抗辩权，权利人的实体权利与诉权均不消灭。[①] 从法律规定来看，也体现了这一法理。如 2009 年 1 月 1 日施行的《劳动人事争议仲裁办案规则》第 30 条[②]规定，超过仲裁时效的仲裁申请，劳动仲裁委员会将会不予受理。后来在 2017 年 7 月 1 日起施行的新的《劳动仲裁规则》第 30 条相关规定中，却删除了“在申请仲裁的法定时效期间内”这个受理条件。立法者也发现这个受案条件，确实与法理不符，然后作出了修正，将超过仲裁时效的争议，也纳入了劳动仲裁委员会的受案范围。我们认为这个修正是正确的，保障了劳动者或用人单位的仲裁申请权。

七、立案与受理中的基本行为准则

（一）基本行为要求

1. 保障申请人依法行使劳动仲裁请求权，特别关注妇女、儿童、老年人、残疾人、工伤、职业病等群体的仲裁需求。

2. 便利人民群众申请劳动仲裁，减少申请人诉累。

3. 确保立案质量，提高立案效率。

（二）接待申请人立案要求

1. 加强仲裁引导，提供仲裁指导材料。

2. 符合劳动仲裁申请条件的，在法定时间内及时立案。

---

① 王泽鉴：《民法总则》，北京大学出版社 2009 年版，第 514 页。

② 《劳动人事争议仲裁办案规则》(2009 年 1 月 1 日施行)第 30 条规定：“仲裁委员会对符合下列条件的仲裁申请应当予以受理，并在收到仲裁之日起五日内向申请人出具受理通知书：(一)属于本规则第二条规定的争议范围；(二)有明确的仲裁请求的事实理由；(三)在申请仲裁的法定时效期间内；(四)属于仲裁委员会管辖范围。”

3. 不符合劳动仲裁申请条件的，不予受理并告知理由，当事人坚持劳动仲裁申请的，决定不予受理。

4. 已经立案的，不得强迫申请人撤回劳动仲裁申请。

5. 申请人自愿放弃劳动仲裁申请的，除法律另有规定外，应当准许。

（三）申请人口头申请的处理

1. 告知应当递交书面劳动仲裁申请书。

2. 申请人不能书写申请书且委托他人代写有困难的，要求其明确劳动仲裁请求、如实提供案件情况和联络方式，记入笔录并向其宣读，确认无误后交其签名或者捺印。

（四）申请人要求上门立案或者远程立案的

1. 申请人因肢体残疾行动不便或者身患重病卧床不起等原因，确实无法到劳动仲裁委员会申请且没有能力委托代理人的，可以根据实际情况上门接收劳动仲裁申请材料。

2. 申请人所在地离受案劳动仲裁委员会距离远且案件事实清楚、法律关系明确、争议不大的，可以通过网络或者邮寄的方式接收劳动仲裁材料。

3. 对不符合上述条件的申请人，应当告知其到劳动仲裁委员会申请劳动仲裁。

（五）案件不属于劳动仲裁委员会主管或者管辖的

1. 告知申请人不属于劳动仲裁委员会主管或者本委员会没有管辖权的理由。

2. 根据案件实际情况，指明主管机关或者有管辖权的劳动仲裁委员会。

3. 申请人坚持申请的，决定不予受理。

4. 不得违反管辖规定受理案件。

（六）申请书内容和形式不符合规定的

1. 告知按照有关规定进行更正，做到一次讲清要求。

2. 不得因法定申请要件以外的瑕疵拒绝立案。

（七）劳动仲裁申请材料中证据不足的

原则上不能以支持仲裁请求的证据不充分为由拒绝立案。

（八）遇到疑难复杂情况，不能当场决定是否立案的

1. 收下材料并出具收据，告知等待审查结果。

2. 及时审查并在法定期限内将结果通知申请人。

（九）发现涉及群体的、矛盾易激化的纠纷

要及时向领导汇报并和有关部门联系，积极做好疏导工作，防止矛盾激化。

（十）申请人在立案后询问证据是否有效、能否胜诉等实体问题

1. 不得向其提供倾向性意见。

2. 告知此类问题只有经过审理才能确定，要相信劳动仲裁委员会会公正裁决。

（十一）申请人在立案后询问案件处理流程或时间

要告知案件处理流程和法定期限，不得以与立案工作无关为由拒绝回答。

八、建议增加特殊主体身心健康受损赔偿之受案范围

根据《劳动争议调解仲裁法》第 2 条、《劳动仲裁规则》第 2 条的规定，劳动仲裁委员会可以受理六大类劳动人事争议的案件中，并不包括特殊主体身心健康造成严重损害之受案范围，如职场性骚扰、性别歧视和童工身心健康受损等，这不利于保护妇女、儿童等特殊主体之合法权益，所以我们建议增加此受理范围。

之所以建议增加特殊主体保护之受案范围，是有其法律依据的。《劳动合同法》第 88 条规定，"劳动条件恶劣、环境污染严重，给劳动者身心健康造成严重损害的"，用人单位应当承担的劳动法责任为"依法给予行政处罚；构成犯罪的，依法追究刑事责任；给劳动者造成损害的，应当承担赔偿责任"。由于《女职工劳动保护特别规定》等特殊主体保护方面的规定是劳动基准，且其性质属于劳动条件基准，所以其属于"劳动条件"之范围。如果特殊主体身心健康造成严重损害的，劳动者可以依据上述规定要求用人单位承担赔偿责任。"身心健康造成严重损害"既包括物质性损害，也包括精神性损害，故用人单位应当承担物质损害赔偿和精神损害赔偿之劳动法责任。当然承担上述劳动法责任的前提是用人单位存在过错。但是，我国《劳动争议调解仲裁法》和《劳动仲裁规则》并未将其纳入受案范围，且损害赔偿又不属于劳动监察事项①，从而使特殊主体的合法权益无法得到保障。法谚云"无救济就无权利"，如果妇女、儿童等特殊主体之合法权益无法得到救济，立法目的就无法实现，法定权利就无法正当转变为实有权利。所以，我们建议应当增加特殊主体身心健康受损赔偿之受案范围。

---

① 依据为《劳动保障监察条例》第 21 条规定："用人单位违反劳动保障法律、法规或者规章，对劳动者造成损害的，依法承担赔偿责任。劳动者与用人单位就赔偿发生争议的，依照国家有关劳动争议处理的规定处理……"

第十五章　一般程序

我国劳动争议调解仲裁法规定,劳动仲裁程序有两种:一是一般程序,二是简易程序。除适用简易程序的案件外,其他劳动争议案件一律适用一般程序审理。

一、定义及概要

(一)定义

所谓劳动仲裁一般程序,是指劳动仲裁委员会审理劳动争议案件通常适用的程序。一般程序是劳动仲裁委员会审理劳动争议所适用的基础性程序,在劳动争议调解仲裁法中占有十分重要的地位。劳动仲裁一般程序体系较为完整,集中展示了劳动仲裁程序的全貌。同时劳动仲裁程序具有广泛适用性,除适用简易程序案件之外,均必须适用一般程序审理。一般程序是劳动仲裁程序的基础,其较为全面地保障了劳动争议案件的审理和裁决。

(二)一般程序的阶段划分及工作要求

根据庭审中心主义,劳动仲裁一般程序分三个阶段,即庭前准备、开庭审理和庭后裁决。三个阶段相互联系,相互配合,且密不可分。其中,庭前准备阶段是前提和基础,庭审阶段是中心环节,庭后裁决阶段是水到渠成的结果阶段。这三个阶段所要完成的工作要求体现在以下方面。

1. 庭前准备阶段

本阶段的主要工作要求有如下三个:一是明确审理方向。仲裁人员和双方当事人要做好庭审前的相应准备,目的是固化仲裁请求,使案件事实在基本清楚的前提下进行到开庭状态。二是准确归纳争议焦点。这是庭前准备阶段中最重要的内容,因为之后庭审阶段和裁决阶段都会围绕这个内容展开。争议焦点不明的庭审和裁决,其结局只能是浪费时间或裁决错误。三是进行证据梳理。仲裁员的证据整理和相关调查要有针对性,不能盲目,应当围绕本案的请求权基础规范的构成要件和争议焦点进行。通过证据梳理,把握好证据争点,并及时固定证据,厘清案件事实及争议处理思维。

2. 开庭审理阶段

本阶段的主要工作要求有如下两个:一是仲裁员要成功地组织好一次法庭辩论。成功辩论是贯彻辩论原则的直接体现,仲裁庭通过组织双方当事人及其代理人进行针锋相对的辩论，可以达到去伪存真、显现事实争点和法律争点之目的。二是集中审理。也就是争取庭审能够不间断地、连续地一次性完成，集中解决裁决所需的全部要素，避免出现反复开庭。尽量通过一次集中审理使仲裁员形成心证。

3. 庭后裁决阶段

本阶段的主要工作任务就是及时裁决。庭审结束后，仲裁员的自由心证也自然形成，此时仲裁庭就应当在审限内及时作出裁决，公正、高效和有序地处理双方的争议。

二、开庭前的准备

（一）概述

所谓开庭前准备，是指申请人的劳动仲裁申请被劳动仲裁委员会受理后，到正式开庭审理之前，为了保障庭审的顺利进行，仲裁人员和当事人依法进行的为开庭而做的准备活动。开庭前的准备是开庭审理前的必备活动。

在开庭审理之前做准备，其目的是提高庭审效率，以保障庭审活动能够集中高效地推进。如果没有开庭前的准备，仲裁员就不了解案情和当事人主张，且难以快速总结出争议焦点，导致开庭审理达不到预期效果，也会使庭审活动形式化，并使庭审活动反复进行而没有效率。所以，庭审前的准备活动，是仲裁员、申请人和被申请人相互了解对方证据资料、事实主张和法律主张的机会。庭审准备活动是否充分，是直接影响庭审质量和劳动争议案件处理的重要因素。必须认真充分做好庭审前准备工作，已成为仲裁员和当事人的共识。

（二）一般程序事项的准备

1. 组庭并通知

劳动仲裁委员会处理劳动争议案件实行一案一庭制。所谓仲裁庭，是指劳动争议仲裁委员会处理劳动争议案件的基本组织。仲裁庭包括由三人组成的仲裁庭和独任仲裁庭。《劳动仲裁规则》第 37 条规定："仲裁委员会应当在受理仲裁申请之日起五日内组成仲裁庭并将仲裁庭的组成情况书面通知当事人。"劳动争议调解仲裁法规定，劳动争议仲裁委员会裁决劳动争议案件实行仲裁庭制。仲裁庭由 3 名仲裁员组成，设首席仲裁员。所谓首席仲裁员，是指劳动人事争议仲裁委员会在 3 人组成的仲裁庭成员中指定的一名负责组织、协调仲裁活动并根据法律规定形成主导调解或裁决意见的仲裁员。简单劳动争议案件可以由一名仲裁员独任仲裁。依法组成仲裁庭，是仲裁程序的第一项基础性准备工作。只有确定了仲裁员，所有的庭审活动及争议案件的处理才能真正落到实处。

劳动人事争议仲裁委员会还可以设立巡回仲裁庭和流动仲裁庭。所谓巡回仲裁庭，是指劳动人事争议仲裁委员会结合实际需要，定期或不定期派出仲裁员到指定地点处理案件所设立的非常设仲裁庭。所谓流动仲裁庭，是指劳动人事争议仲裁委员会根据具体案件的处理需要，到用人单位所在地、乡镇街道及社区、工业园区等现场开庭处理案件的临时性仲裁庭。

2. 送达开庭通知

《劳动仲裁规则》第 38 条规定："仲裁庭应当在开庭五日前，将开庭日期、地点书面通知双方当事人。当事人有正当理由的，可以在开庭三日前请求延期开庭。是否延期，由仲裁委员会根据实际情况决定。"所以，开庭通知应当书面告知双方当事人，且应当在开庭 5 日前通知。提前通知可以方便当事人提前安排开庭时间，确保准时出庭。提前告知还可以给予当事人必要的准备时间，防止突击审理，保障争议案件公正公平处理。当事人申请延期开庭的，应当提前 3 日提出申请，是否准许延期开庭，由劳动仲裁委员会审查后决定。有正当理由的，应当决定延期开庭。

3. 告知当事人权利义务和送达仲裁材料、仲裁文书

劳动仲裁委员会一般应在立案受理之后，及时应当告知双方当事人有关的劳动仲裁权利义务，并将申请人提交的《劳动仲裁申请书》副本或口头申请仲裁笔录抄件，以及其他证据材料，送达给被申请人。被申请人提交答辩或证据材料的，应将答辩状副本和证据材料送达给申请人。

实务中仲裁机构对庭审之前的举证释明工作不够重视，建议进一步加强举证指引。事实证明加强案件举证释明工作，有利于劳动争议的高效、公正处理。当事人特别是劳动者，对劳动仲裁规则及举证要求并不熟悉，劳动仲裁机构有必要将庭审之前的举证释明工作，作为自己的告知义务来加以落实，如可以通过举证通知、举证须知或举证指南等形式释明。从实践情况来看，举证释明都比较笼统，一句话带过，且法言法语多，不易看懂。

4. 通知其他应参加的当事人参加劳动仲裁

其他应当参加的当事人，包括必须参加的其他申请人、其他被申请人和第三人。应当及时向上述当事人送达开庭通知、仲裁庭组成人员、劳动仲裁申请书和证据材料等法律文书，以方便上述人员安排自己的时间和工作，及时参加仲裁活动。

5. 审查仲裁材料

作为仲裁人员，应当在开庭之前审查仲裁材料，初步了解案件事实和当事人主张。寻求双方当事人在事实和法律上的争议焦点，查找和熟悉相关法律规

定，包括掌握和熟悉相关的专门知识。

6. 调查取证

《劳动仲裁规则》第 16 条规定："当事人因客观原因不能自行收集的证据，仲裁委员会可以根据当事人的申请，参照民事诉讼有关规定予以收集；仲裁委员会认为有必要的，也可以决定参照民事诉讼有关规定予以收集。"所以，对需要劳动仲裁委员会调查取证的，一般应当在开庭之前进行，以便在庭审时出示，并听取双方当事人的质证意见。实践中劳动仲裁委员会主动调查取证的情况较少。但是根据辩论原则，仲裁委员会主动调查、收集证据的情形，仅限于当事人主张所涉及的证据，包括当事人提供的证据线索在内。除此之外，劳动仲裁委员会不得主动调查、收集。

7. 委托鉴定

《劳动争议调解仲裁法》第 37 条第 1 款规定："仲裁庭对专门性问题认为需要鉴定的，可以交由当事人约定的鉴定机构鉴定；当事人没有约定或者无法达成约定的，由仲裁庭指定的鉴定机构鉴定。"《劳动仲裁规则》第 40 条规定，当事人可以申请鉴定。所以，如果劳动仲裁委员会认为需要鉴定，或者当事人申请鉴定且获同意的，一般情况下，委托鉴定事项应当在开庭审理之前完成。提前完成属于庭审前的准备工作内容，目的是提高效率、保证办案质量，以及保障庭审的顺利进行。

（三）庭前会议

1. 定义

所谓庭前会议，是指劳动仲裁开庭审理之前，在仲裁庭的主持下，当事人为了开庭审理，进行相关准备而举行的会议。庭前会议是庭前准备的一种重要方式。其主要目的是明确审理方向、归纳整理争议焦点（包括法律争点和事实争点）和进行证据梳理把握证据争点。我国劳动争议调解仲裁法没有对庭前会议作出规定。为了让庭审能够有的放矢、高效集中地进行，我们建议对适用一般程序审理的案件，可以参照适用《民事诉讼法》相关规定举行庭前会议。

民事诉讼关于庭前会议的规定。《民事诉讼法》第 136 条第 4 项规定："需要开庭审理的，通过要求当事人交换证据等方式，明确争议焦点。"《民诉法解释》第 224 条规定："依照民事诉讼法第一百三十六条第四项规定，人民法院可以在答辩期届满后，通过组织证据交换、召集庭前会议等方式，作好审理前的准备。"《民诉法解释》第 225 条规定："根据案件具体情况，庭前会议可以包括下列内容：（一）明确原告的诉讼请求和被告的答辩意见；（二）审查处理当事人增加、变更诉讼请求的申请和提出的反诉，以及第三人提出的与本案有关的诉讼请求;(三)根据当事人的申请决定调查收集证据,委托鉴定,要求当事人提供证据,进行勘验,进行证据保全;(四)组织交换证据;(五)归纳争议焦点;(六)进行调解。”

2.庭前会议启动条件

我们认为重大、疑难、复杂以及仲裁员认为有必要的案件,可以启动庭前会议。证据较多的案件,可以在庭前会议中组织当事人交换证据。庭前会议应贯彻效率优先的原则,原则上只召开一次。但是,适用简易程序的案件,不应当启动庭前会议,因为简易程序处理的案件,一般都是事实清楚、权利义务关系明确、争议不大,或者标的额不大,或者双方当事人同意适用简易程序的,无须启动庭前会议。

3.明确审理方向

仲裁员应当对申请人提出的仲裁请求予以释明:对于申请人在庭前会议中提出的仲裁请求,与其劳动仲裁申请书中主张的一致的,记录在案,不一致的,应要求申请人予以明确。对于申请人提出的明显不当的仲裁请求,应当通过释明的方式予以变更和消除。对申请人的仲裁请求所依据的事实和理由进行固定,进而明确案件的审理方向(劳动仲裁标的)。

根据被申请人提出的反驳或抗辩意见,以及所依据的事实和理由,固定被申请人的答辩意见。被申请人不进行答辩的,或者答辩不全以及答辩缺乏针对性的,仲裁员应当告知被申请人相应的法律后果,引导其积极、全面以及正确的答辩。

关于被申请人的抗辩问题。我们认为抗辩是被申请人针对申请人仲裁请求的一种防御方法。抗辩分为三种类型,即权利未发生的抗辩、权利消灭的抗辩和权利阻碍的抗辩。所谓权利未发生的抗辩,又称权利妨碍抗辩,是指被申请人否定申请人的请求权,因基于特定的事由而自始不发生的行为。所谓权利消灭抗辩,是指被申请人主张申请人的权利曾经存在,但因清偿、免除、抵销等符合法律规定的方式嗣后消灭的行为。所谓权利阻碍的抗辩,是指被申请人能够持续性或暂时性阻碍申请人某一已经生成的权利被实现的行为。

4.归纳整理争议焦点

我们认为争议焦点分两个类型:法律适用上的争点(法律争点)和事实上的争点(事实争点)。在庭前会议中归纳出法律争点、事实争点后,应当告知当事人,并在征求和听取当事人的意见后进行确定。

(1)法律争议焦点的归纳

在仲裁请求和仲裁标的固化后,应当分以下三种方式进行法律争点整理:

一是当事人仅选择原因事实，未主张何种法律关系行使权利时，仲裁员可以与当事人就该事实可能对应的法律要件构成，以及法律效果进行分析、讨论，然后判断当事人可能主张的法律关系；二是当事人选择具体的法律关系主张权利时，仲裁员应将申请人主张的事实、被申请人抗辩或反驳的事实，一一对应法律关系的构成要件进行审查，以判断主张的事实是否满足实体法上的构成要件，借此与当事人进行讨论，尽可能地达成共识；三是仲裁员应适当表明其所持的法律观点（暂定性的法律见解），以便与当事人进行法律适用讨论。如果劳动争议案件的法律关系单一、明确的，庭前会议时可不进行法律争点的归纳。

（2）固定事实争点

仲裁员可按照以下三种方式固定事实争点：一是要求申请人明确提出仲裁请求所依据的主要事实。二是询问被申请人对该主要事实的意见。如认可，记录在卷；如否认，可以要求其陈述反驳事实。三是被申请人陈述的反驳事实存在的，应询问申请人是否坚持原主张事实。申请人坚持的，应当进一步说明理由。通过以上步骤，采取层层递进的方式，导出双方当事人之间关于案件事实的真正争点。如果被申请人否认且不承担举证证明责任的，则只能要求申请人就其主张的事实提供证据予以证明，否则将承担不利后果。

5. 进行证据梳理

仲裁员要根据已固定的事实争点，按照以下方式进行证据梳理和归纳证据争点。

（1）分配当事人的举证证明责任，组织证据交换。通过组织证据交换进行审理前准备的，证据交换之日举证期限届满。

（2）在询问一方当事人的所举证据后，要求另一方当事人就认可与否发表意见。

（3）根据当事人的举证和相应的意见，将其提供的证据分为无异议的证据和有异议的证据，以及与待证事实无关联性的证据。对无异议的证据，应记录在卷，并告知当事人除法律另有规定外，不再组织质证。对有异议的证据，将其归纳为证据争点，告知当事人作为庭审时候的质证、辩论以及审查的重点。对与待证事实无关联性的证据，向当事人说明理由后予以排除，不再纳入庭审审查的范围。

三、开庭审理

（一）概述

所谓开庭审理，是指劳动仲裁委员会在当事人和其他仲裁参与人的参加下，依照法定程序和形式，在仲裁庭上对当事人之间的劳动争议进行审理的活动。《劳动仲裁规则》第 41 条第 3 款规定:"开庭审理中,仲裁员应当听取申请人的陈述和被申请人的答辩,主持庭审调查、质证和辩论、征询当事人最后意见,并进行调解。"所以,劳动仲裁开庭审理的主要任务是保障当事人双方均能够充分行使主张和反驳的权利,对当事人提出的证据予以质证,确定双方当事人之间的争议问题,查清案件事实,通过辩论明确双方的权利义务,并由劳动仲裁委员会作出裁决。

(二)开庭准备

1. 查明到庭人员情况

《劳动仲裁规则》第 41 条第 1 款规定:"开庭审理前,记录人员应当查明当事人和其他仲裁参与人是否到庭,宣布仲裁庭纪律。"所以,仲裁庭记录人员要引导双方当事人及委托代理人按指示牌就座,旁听人员入席就座。记录人员要核实双方当事人,以及其他仲裁参与人的到庭情况,并向仲裁员报告。如果碰到有关人员没有到庭的,也要向仲裁员报告和说明,然后由仲裁员决定是否开庭。

2. 宣布仲裁庭纪律

为维护仲裁庭秩序,保证劳动争议仲裁活动的正常进行,仲裁参加人和旁听人员应当遵守劳动仲裁庭审纪律。《劳动仲裁规则》第 43 条规定:"仲裁参与人和其他人应当遵守仲裁庭纪律,不得有下列行为:(一)未经准许进行录音、录像、摄影;(二)未经准许以移动通信等方式现场传播庭审活动;(三)其他扰乱仲裁庭秩序、妨害审理活动进行的行为。仲裁参与人或者其他人有前款规定的情形之一的,仲裁庭可以训诫、责令退出仲裁庭,也可以暂扣进行录音、录像、摄影、传播庭审活动的器材,并责令其删除有关内容。拒不删除的,可以采取必要手段强制删除,并将上述事实记入庭审笔录。"

(三)告知当事人权利

《劳动仲裁规则》第 41 条第 2 款规定,开庭审理时应当告知当事人有关的权利。当事人有权委托代理人,有权申请回避,提供证据,进行辩论,请求调解,提起诉讼,申请执行。经本庭许可,双方当事人可以查阅、请求自费复制本案涉及不到的国家机密庭审材料和法律文书。双方当事人可以自行和解,申请人有变更、撤回仲裁申请的权利;被申请人有反驳、承认申请人仲裁请求的权利。当事人有申请回避的权利。也就是说,当事人如果认为仲裁庭组成人员或鉴定人、翻译人员与本案有利害关系,可能影响本案公正审理的,有权请求更换仲裁人员、书记员和其他人员。

（四）回避制度

所谓劳动仲裁的回避，是指因与案件存在利害关系，可能影响公正裁决，经仲裁员、记录人员或当事人提出，由劳动人事争议仲裁委员会决定，承办该案件的仲裁员或记录人员不参与该案件处理的程序。《劳动仲裁规则》第 41 条第 2 款规定："开庭审理时，由仲裁员宣布开庭、案由和仲裁员、记录人员名单，核对当事人，告知当事人有关的权利义务，询问当事人是否提出回避申请。"如果当事人申请回避的，仲裁员应当问明理由，然后宣布休庭。随即向仲裁委员会主任或者其委托的仲裁院负责人汇报，由主任或者其委托的仲裁院负责人作出决定。不同意回避申请的，仲裁员可口头或书面告知当事人后宣布继续开庭。口头告知的，应当记入笔录；同意回避申请的，仲裁员可在告知当事人后宣布延期审理。

回避事由在案件开庭审理后知晓的，也可以在庭审辩论终结前提出。当事人在庭审辩论终结后提出回避申请的，不影响仲裁程序的进行。仲裁委员会应当在回避申请提出的 3 日内，以口头或者书面形式作出决定。以口头形式作出的，应当记入笔录。仲裁员、记录人员是否回避，由仲裁委员会主任或者其委托的仲裁院负责人决定。仲裁委员会主任担任案件仲裁员是否回避，由仲裁委员会决定。在回避决定作出前，被申请回避的人员应当暂停参与该案处理，但因案件需要采取紧急措施的除外。

（五）仲裁庭调查

所谓仲裁庭调查，是指劳动仲裁委员会依照法定程序，在仲裁庭上向当事人和其他仲裁参与人调查案件，审查核实各种证据，以及当事人举证质证的活动。《劳动争议调解仲裁法》第 39 条规定："当事人提供的证据经查证属实的，仲裁庭应当将其作为认定事实的根据。劳动者无法提供由用人单位掌握管理的与仲裁请求有关的证据，仲裁庭可以要求用人单位在指定期限内提供。用人单位在指定期限内不提供的，应当承担不利后果。"

一般情况下在庭审调查时，仲裁员应事先拟出询问提纲，基本事实、争议焦点要罗列清楚。需要出庭的人出庭作证的或宣读证人证言及出示证件等，应事先做好相应准备。证人出庭作证时，应当告知证人的义务：证人有义务协助仲裁庭调查案件事实，提供与案件事实有关的证据，必须实事求是地反映案件的真实情况，所证明的事实不准扩大或缩小，对所提供的证据要承担法律责任。

参照《民事诉讼法》第 141 条规定，仲裁庭调查一般按照下列顺序进行。

1. 当事人陈述；

2. 告知证人的权利义务，证人作证，宣读未到庭的证人证言；

3. 出示书证、物证、视听资料和电子数据;

4. 宣读鉴定意见;

5. 宣读勘验笔录。

(六)质证

《民诉法解释》第103、104条规定,证据应当在法庭上出示,由当事人互相质证。未经当事人质证的证据,不得作为认定案件事实的根据。当事人在审理前的准备阶段认可的证据,经审判人员在庭审中说明后,视为质证过的证据。涉及国家秘密、商业秘密、个人隐私或者法律规定应当保密的证据,不得公开质证。人民法院应当组织当事人围绕证据的真实性、合法性以及与待证事实的关联性进行质证,并针对证据有无证明力和证明力大小进行说明和辩论。

《民事证据规定》第60、62条也对质证问题作出了进一步规定,当事人要求以书面方式发表质证意见,人民法院在听取对方当事人的意见后认为有必要的,可以准许。人民法院应当及时将书面质证意见送交对方当事人。质证一般按下列顺序进行:(1)原告出示证据,被告、第三人与原告进行质证;(2)被告出示证据,原告、第三人与被告进行质证;(3)第三人出示证据,原告、被告与第三人进行质证。人民法院根据当事人申请调查收集的证据,审判人员对调查收集证据的情况进行说明后,由提出申请的当事人与对方当事人、第三人进行质证。人民法院依职权调查收集的证据,由审判人员对调查收集证据的情况进行说明后,听取当事人的意见。

关于质证的方式。由于案情复杂程度不同,我们建议仲裁员在组织质证时,可按以下情况分别处理:(1)案情简单,争议不大,证据不多的,可采取集中统一质证。此方式下应当注意防止出现质证对象指代不明而造成混乱的现象,被质证证据的名称与质证意见要能够一一对应。另外,还要防止证据遗漏,如果证据过多而又一次性发表质证意见的,可能会出现部分或个别证据没有发表质证意见的情况。(2)证据数量不多的,也可以采取逐一质证的方式。逐一质证的优势在于条理清晰,不会遗漏证据,也不会造成混乱进而出现张冠李戴之现象。但是也有庭审效率不高,容易陷入逻辑混乱等缺陷。(3)事实争点多、证据多、案情复杂的案件,建议采取分组质证的方式。分组质证可以提高庭审效率,使庭审思路条理清晰,证明对象也容易确定。但是,在分组质证时要注意引导当事人按争点为依据进行分组,证据也要以争点为中心逐一集中展开。

关于庭审调查结束之后庭审辩论开始之前,当事人及其代理人能否相互发问?此问题在现行有效的《民事诉讼法》《民诉法解释》《民事证据规定》中未作规定。在1998年最高人民法院《关于民事经济审判方式改革问题的若干规定》第 8 条第 2 款规定："经审判长许可，当事人可以向证人发问，当事人可以互相发问。"但上述文件已于 2019 年 7 月被最高人民法院《关于废止部分司法解释（第十三批）的决定》（法释〔2019〕11 号）文件废止了。上述文件未被废止之前，司法实践中是允许当事人之间互相发问的。我们认为，应当通过司法解释等方式赋予当事人发问权，但应限于就本案的事实问题发问。因为实践证明通过当事人之间的相互发问，确实可以有效地解决部分案件事实认定问题，并且在行政诉讼案件庭审中当事人及其代理人是可以相互发问的。①

（七）庭审辩论

所谓庭审辩论，是指劳动仲裁庭审过程中，双方当事人及其仲裁代理人，在仲裁庭上就有争议的事实和法律问题，进行辩驳和论证，以维护其合法权利的活动。仲裁实践中，庭审辩论已沦为形式，存在"重法庭调查，轻庭审辩论"之现象。我国《劳动争议调解仲裁法》第 38 条规定："当事人在仲裁过程中有权进行质证和辩论。质证和辩论终结时，首席仲裁员或者独任仲裁员应当征询当事人的最后意见。"同时参照《民事诉讼法》第 144 条的规定，庭审辩论按照下列顺序进行：(1)申请人及其仲裁代理人发言；(2)被申请人及其仲裁代理人答辩；(3)第三人及其仲裁代理人发言或者答辩；(4)互相辩论。

关于律师参加庭审的几个注意点。庭审辩论中，双方当事人应当在仲裁庭的引导下，按先申请人后被申请人的次序进行辩论。作为代理律师，应当专业高效且精准地参加到辩论中去，一般注意三点：一是抓住本案中对委托人最有利的一两个"点"，进行多种方式的强调，给仲裁员留下深刻印象。二是抓住本案中对方的一两个痛点，进行猛攻和放大，引起仲裁员注意和重视。三是代理律师要给仲裁员留下真诚、自信、可靠、高效、案情熟悉、法规娴熟、敬业、专业的印象。

关于仲裁员主持庭审的几个注意点。作为"国王"之仲裁员，应当实时驾驭庭审，保证庭审顺利进行。针对实践中出现的问题，我们认为仲裁员在庭审过程中应当注意如下三点：一是在庭审方式上要尊重当事人及其代理人。尽量避免反复强调"请不要重复""请简明扼要""请挑重点的说"，因为重复、啰唆、抓不住重点，有贬低当事人或代理人能力的意思，让其觉得没面子，容易催生直

---

① 最高人民法院《关于行政诉讼证据若干问题的规定》（法释〔2002〕21 号）第 39 条第 2、3 款规定："经法庭准许，当事人及其代理人可以就证据问题相互发问，也可以向证人、鉴定人或者勘验人发问。当事人及其代理人相互发问，或者向证人、鉴定人、勘验人发问时，发问的内容应当与案件事实有关联，不得采用引诱、威胁、侮辱等语言或者方式。"

接冲突,特别是当事人出庭的情况下律师的反应会更剧烈,如当事人或律师会讲“请尊重我的发言权利”“让我把话讲完”,甚至还会提出“请求仲裁员回避”,这样的情况一旦出现,基本上就属于仲裁员庭审驾驭失败。正确做法应当为:将当事人或律师发言简要归纳出一二三点,然后发问“除上述三点之外,你还有什么要讲的?”二是要提前做好庭前准备,善于利用争点清单。裁审实践中重复开庭的主要原因是遗漏了争点,遗漏的问题是在仲裁员写裁决时才发现的。所以,建议仲裁员在开庭之前,按仲裁程序及争议处理逻辑,简要地以构成要件为基础罗列出一个争点清单,逐个进行审理,这样就能全部审全了。仲裁请求事项多的,要在争点清单上列明各项请求对应的请求权和抗辩权,然后逐一列明其各自的构成要件。三是如遇双方当事人就一个已清楚的问题争论不休的,可告知“双方对这个问题的陈述我们已经清楚,不要再对这个问题进行争辩”。四是如遇当事人或其代理人攻击仲裁庭、仲裁员或对方当事人的,应当及时制止并予以训诫。

(八)仲裁庭笔录及补正

所谓仲裁庭笔录,是指劳动仲裁委员会的记录人员制作的能够反映仲裁庭真实情况的书面记录。仲裁庭笔录记载的是当事人的主张、陈述、质证意见、仲裁员对事实的认定、当事人的辩论意见,是劳动仲裁委员会裁决案件的重要依据。仲裁庭笔录应当真实、完整、准确、全面和清楚。庭审过程中,建议书记员在记录的同时,也同步向出庭的当事人及其代理人进行展示。这种做法不仅可以让当事人充分感受到公平公正处理争议的气氛和环境,保障记录内容客观真实,防止漏记,还能体现出仲裁过程主动接受了出庭人员的及时监督。只给仲裁员展示而不同步展示给当事人及其代理人的做法,既有违公平合理原则,又易出争议,给人以暗箱操作感受,有损劳动仲裁委员会的中立形象。裁审实践中,江苏省、浙江省等省份庭审中基本做到了将记录内容同步展示给当事人及其代理人,但目前还有部分省份未做到,在显示设备齐备情形下不同步展示这不应该,也是工作缺失,应当改进。

关于庭审笔录的签名和补正,《劳动仲裁规则》规定,仲裁庭应当将开庭情况记入笔录。当事人或者其他仲裁参与人认为对自己陈述的记录有遗漏或者差错的,有权当庭申请补正。仲裁庭认为申请无理由或者无必要的,可以不予补正,但是应当记录该申请。仲裁员、记录人员、当事人和其他仲裁参与人应当在庭审笔录上签名或者盖章。当事人或者其他仲裁参与人拒绝在庭审笔录上签名或者盖章的,仲裁庭应当记明情况附卷。

（九）宣布仲裁庭决定

宣布仲裁庭决定应当在休庭评议后进行。首先由首席仲裁员宣布"继续开庭"后，需要向当事人提问时可以提问，然后宣布仲裁决定。现在仲裁庭进行裁决：×××劳动争议仲裁受理的××××××劳动争议一案，经开庭审理，仲裁庭休庭评议，现在我代表×××劳动争议仲裁委员会宣布裁决：……今天是口头宣布裁决，本委将在5日内将仲裁裁决书送达双方当事人。如不服本裁决，当事人有权在接到仲裁裁决书起15日内向×××人民法院起诉。决定宣布完成后，首席仲裁员应当询问双方当事人是否听清楚，并记入笔录。

当庭不宣布仲裁庭决定的，告知当事人等候通知。

四、审结期限

（一）一般期限与延长期限

所谓审结期限，又称审限，是指劳动仲裁程序中，法律规定劳动仲裁委员会审理案件的期限。《劳动争议调解仲裁法》第43条第1款规定："仲裁庭裁决劳动争议案件，应当自劳动争议仲裁委员会受理仲裁申请之日起四十五日内结束。案情复杂需要延期的，经劳动争议仲裁委员会主任批准，可以延期并书面通知当事人，但是延长期限不得超过十五日。逾期未作出仲裁裁决的，当事人可以就该劳动争议事项向人民法院提起诉讼。"《劳动仲裁规则》第45条在上述规定的基础上增加了延期审批主体"其委托的仲裁院负责人书面批准"。实践中存在部分政府相关部门的主管或分管领导，兼任劳动仲裁委员会主任的情况，这造成了由主任亲自审批延期操作性不强的问题，办案规则增加了这一新的签批主体，以保障延期审批手续的及时办理。

理解和计算审限时，还要注意以下四个问题：（1）审限的起算时间是劳动仲裁委员会决定受理仲裁申请之日的次日，而不是劳动仲裁委员会接受申请人仲裁材料之日的次日。（2）审理的一般期限和延长期限均包括调解的时间在内。从上述规定来看"45＋15"天为"裁决"劳动争议的时限，但从裁审实践情况来看，上述审限是包括调解的时间在内的。其立法目的是提高办案效率，防止久拖不决。（3）延长审限决定应当采取书面形式，并且还要及时通知双方当事人。实践中记入庭审笔录的简便做法是违法的，应当改正。（4）中止审理期间、公告送达期间不计入仲裁期限内。

（二）审限延期之"案情复杂"认定标准

所谓劳动仲裁审限延期，是指在劳动仲裁过程中，出现案情复杂的情形，导致不能在法律规定的一般审理期限内裁决的，经审批后可以延期结束裁决的情形。《劳动仲裁规则》第45条规定："……案情复杂需要延期的，经仲裁委员会主任或者其委托的仲裁院负责人书面批准,可以延期并书面通知当事人,但延长期限不得超过十五日。”但何为“案情复杂”,却未作进一步的规定。我们认为符合以下情形之一的,可以认定为案情复杂:一是当事人或其代理人有正当理由不能到庭的。常见情形有不可抗力或者其他特殊情况,如身体伤害、患病住院治疗或开庭时间冲突等。二是必须到庭的当事人没有到庭的。三是需要通知新的证人到庭,调取新的证据,重新鉴定、勘验,或者需要补充调查的。四是其他应当延期的情形。

(三)审限的重新计算

劳动仲裁过程中,审理期限在某些特殊情况下是需要重新计算和中止计算的问题。根据《劳动仲裁规则》第46条的规定,以下情形属于特别规定。

1. 仲裁庭追加当事人或者第三人的,仲裁期限从决定追加之日起重新计算。

2. 申请人需要补正材料的,仲裁委员会收到仲裁申请的时间从材料补正之日起重新计算。

3. 增加、变更仲裁请求的,仲裁期限从受理增加、变更仲裁请求之日起重新计算。

4. 仲裁申请和反申请合并处理的,仲裁期限从受理反申请之日起重新计算。

5. 案件移送管辖的,仲裁期限从接受移送之日起重新计算。

6. 中止审理期间、公告送达期间不计入仲裁期限内。

7. 法律、法规规定应当另行计算的其他情形。

五、中止审理

(一)定义

所谓劳动仲裁中止,是指劳动仲裁过程中,因出现法定情形,暂时停止仲裁程序的进行,法定情形消失后,仲裁庭应当恢复仲裁程序。当应当中止的法定事由出现时,用人单位或劳动者可以向劳动仲裁委员会提出劳动仲裁中止的申请,劳动仲裁委员会也可以依照职权决定仲裁中止。仲裁中止的决定,应当经仲裁委员会主任或者其委托的仲裁院负责人批准。仲裁中止决定的作出可以是口头的,也可以是书面的,但口头决定应当在庭审笔录中记录。仲裁中止的决定一旦作出,立即生效。当事人对此中止决定不服的,不得向法院起诉。

(二)中止审理的法定情形

《劳动仲裁规则》第47条规定,有下列情形之一的,经仲裁委员会主任或者其委托的仲裁院负责人批准,可以中止案件审理,并书面通知当事人。

1. 劳动者一方当事人死亡,需要等待继承人表明是否参加仲裁的。

2. 劳动者一方当事人丧失民事行为能力,尚未确定法定代理人参加仲裁的。

3. 用人单位终止,尚未确定权利义务承继者的。

4. 一方当事人因不可抗拒的事由,不能参加仲裁的。

5. 案件审理需要以其他案件的审理结果为依据,且其他案件尚未审结的。

6. 案件处理需要等待工伤认定、伤残等级鉴定以及其他鉴定结论的。

7. 其他应当中止仲裁审理的情形。

(三)仲裁中止的法律效果

1. 停止仲裁程序的进行,即仲裁程序处于停止状态。

2. 仲裁中止后,劳动仲裁委员会不得进行任何与本案相关的审理行为。包括不得主动调查取证、不得进行质证,也不得对案件作出裁决。

3. 双方当事人对在仲裁中止期间,也不得实施仲裁行为,否则该仲裁行为不发生法律效力,如向劳动仲裁委员会申请调查取证等,但仲裁中止前或中止期间,原实施的劳动仲裁行为仍然有效,如财产保全、证据保全等。

4. 仲裁中止法定情形消失后,应当恢复仲裁程序。恢复仲裁程序时,原中止决定自动失效,且无须撤销原中止决定。

(四)时效中止与仲裁中止不同

仲裁时效中止与中止审理不是一回事,仲裁时效中止并不发生在仲裁程序之中,也就是说仲裁时效中止的情形不会发生在仲裁过程中。《劳动仲裁规则》第 28 条规定:"因不可抗力,或者有无民事行为能力或者限制民事行为能力劳动者的法定代理人未确定等其他正当理由,当事人不能在规定的仲裁时效期间申请仲裁的,仲裁时效中止。从中止时效的原因消除之日起,仲裁时效期间继续计算。"

六、按撤回处理与缺席裁决

对申请人而言,无正当理由拒不到庭或者未经仲裁庭同意中途退庭的,可以按撤回仲裁申请处理;而对被申请而言,在上述情形下,仲裁庭可以继续开庭审理,并缺席裁决。

(一)按撤回处理定义

所谓按撤回处理,是指劳动仲裁委员会在当事人或法定代理人实施某些不作为行为时,依照放弃劳动仲裁处理的情形。按撤回处理不等同于撤回,原因是按撤回处理中的申请人并未实施撤回行为,只是由于其不作为之法定情形,而按照法律规定按撤回劳动仲裁处理,其法律效果与撤回也不相同。

《劳动仲裁规则》第 39 条规定："申请人收到书面开庭通知,无正当理由拒不到庭或者未经仲裁庭同意中途退庭的,可以按撤回仲裁申请处理……"以上为我国劳动争议调解仲裁法关于按撤回处理的规定。劳动仲裁按撤回处理与民事诉讼的按撤诉处理,在法律效果上是完全不同的。民事诉讼之按撤诉处理的法律效果为"视为没有起诉",原告仍可以起诉,且人民法院也应当受理。但劳动仲裁之按撤回处理则没有这个效果,依照《劳动仲裁规则》第 39 条规定,按撤回仲裁申请处理的"申请人重新申请仲裁的,仲裁委员会不予受理"。这一点特殊规定,大家应当特别注意,否则如果按民事诉讼之习惯思维,就可能丧失维权机会。如果代理律师有过错的,该代理人还可能要承担赔偿责任。所以,建议劳动仲裁机构不要轻易按撤回处理,尽量多给当事人改正的机会,否则劳动者会丧失维权机会,代理律师也可能会因此赔偿。

(二)"按撤回处理"后起诉的处理

在按撤回处理后,申请人申请劳动仲裁而劳动仲裁委员会又不受理的,人民法院是否受理并进行实体权利义务处理?这个问题在司法实践中存在争议。主要有两种观点:第一种观点认为应当受理,但查明确实属于无正当理由的,应当裁定驳回。如四川省高级人民法院①和深圳市中级人民法院②也持此意见。第二种观点认为人民法院应当受理,即使查明确实属于无正当理由的,也不应当简单裁定驳回,而应对该争议作出处理,即对其实体法上的权利义务作出裁判。

我们倾向于第二种观点,即不能简单驳回,而应作出实体处理。申请人绝大部分是劳动者,其对法律知识了解少,对法律风险和后果的预见性较差,通常情况下并非主观上故意不去参加庭审,而大多数情况下是忘记、混淆或者记忆错误,所以从倾斜保护劳动者的角度出发,建议在此情形下人民法院仍受理并作出实体裁判。实务处理中,我们一般建议原告与被告调解结案。

(三)缺席裁决

所谓缺席裁决,是指劳动仲裁委员会在被申请人在收到开庭通知后无正当

---

① 四川省高级人民法院民一庭《关于审理劳动争议案件若干疑难问题的解答》(川高法民一〔2016〕1 号)第 1 条规定:"……因申请人无正当理由拒不到庭或者未经仲裁庭许可中途退庭,仲裁委依据《劳动争议调解仲裁法》第三十六条第一款规定作出自动撤回申请决定后,申请人不服向人民法院起诉的,人民法院应予受理,经审查认为确属无正当理由拒不到庭或者未经仲裁庭许可中途退庭的,应裁定驳回起诉。"

② 深圳市中级人民法院《关于审理劳动争议案件的裁判指引》(2015 年 9 月 2 日发布)第 30 条规定:"当事人对劳动争议仲裁委员会作出准许撤回申诉或按撤回申诉处理的决定不服,向人民法院起诉的,裁定不予受理;已受理的,裁定驳回起诉。"

理由拒不到庭或者未经仲裁庭同意中途退庭的情况下，仲裁庭继续开庭之后所作出的裁决。缺席裁决不能针对申请人，而只能针对被申请人。裁审实践中，并非缺席裁决都裁决申请人胜诉，劳动仲裁委员会仍需要根据证据材料和法律规定依法判决。如果申请人提供的证据材料不能支持其仲裁请求的，劳动仲裁委员会自然不能判决申请人胜诉。客观地讲，缺席裁决加重了仲裁员的工作责任，增加了其负担，其需要在只有一方当事人陈述和提供证据，且无质证、辩驳的情况下，查清事实，适用法律，且不能裁错。

《劳动仲裁规则》第 39 条规定："……被申请人收到书面开庭通知，无正当理由拒不到庭或者未经仲裁庭同意中途退庭的，仲裁庭可以继续开庭审理，并缺席裁决。"所以，适用缺席审理并缺席裁决的法定情形只有两个：一是被申请人无正当理由拒不到庭；二是未经仲裁庭同意中途退庭。

关于"无正当理由拒不到庭"的认定标准。劳动争议调解仲裁法对此没有规定。从合理性的角度考虑，并结合过往的实践情况，我们认为凡符合以下情形之一的，可以认定为"有正当理由"：(1)延迟到庭不超过 30 分钟的；(2)被申请人及其代理人忘记携带身份证、授权委托书或律师事务所函，事后可以补交和验正的；(3)法定代表人忘记携带身份证或营业执照正本的，事后可以补交和验证的；(4)不可抗力的；(5)发生自然灾害影响交通的；(6)身体伤害或患病住院治疗的；(7)身体受到限制的；(8)地铁或轻轨突然因管制或故障停运的；(9)其他不方便及时出庭的正当理由的。对以上原因不能及时到庭的，接受仲裁庭训诫、批评教育，且能够赔礼道歉、认错态度较好的，建议不缺席审理。

七、增加或变更仲裁请求

(一)定义

所谓仲裁请求变更，是指在劳动仲裁程序中，申请人对仲裁请求予以变更的行为。仲裁请求的变更有广义和狭义之分。狭义的变更，仅仅是指已经提出的仲裁请求的变动。广义的变更既包括原有仲裁请求的变动，也包括增加新的仲裁请求。本书如未特别说明，均指狭义上的变更。

关于狭义的变更，我们根据性质不同，可以分为两个类型：一是仲裁请求数量和范围的变更，如金额大小变更和时间范围变更等；二是仲裁请求性质上的变更，如将给付违法解除赔偿金，变更为给付解除劳动合同经济补偿金。裁审实践中的仲裁请求变更主要有：仲裁请求金额变更，仲裁请求事项变更，仲裁请求期间的变更，等等。仲裁请求发生变更的，原仲裁请求不再审理，而只审查变更后的仲裁请求。

裁审实践中，所谓增加仲裁请求，是指在劳动仲裁程序中，申请人在原仲裁请求的基础上,再提出新的仲裁请求的行为。

(二)增加或变更规则

《劳动仲裁规则》第 44 条规定:“申请人在举证期限届满前可以提出增加或者变更仲裁请求;仲裁庭对申请人增加或者变更的仲裁请求审查后认为应当受理的,应当通知被申请人并给予答辩期,被申请人明确表示放弃答辩期的除外。申请人在举证期限届满后提出增加或者变更仲裁请求的,应当另行申请仲裁。”由此可以看出,我国劳动争议调解仲裁法允许申请人增加和变更仲裁请求,但是变更或增加仲裁请求的,应当在举证期限届满前提出。《劳动仲裁规则》第 15 条规定,“承担举证责任的当事人应当在仲裁委员会指定的期限内提供有关证据”。劳动仲裁程序中举证时限并未固定,而是由劳动仲裁委员会在审限内指定,故申请人变更或增加仲裁请求的,应在劳动仲裁委员会指定的举证期限届满前提出,否则申请人在举证期限届满后提出增加或者变更仲裁请求的,应当另行申请仲裁。

劳动争议调解仲裁法之所以认可仲裁请求变更,是为了提高解决劳动争议的效率,节约解决劳动争议之成本。但无节制的允许变更也不行,这会扰乱劳动仲裁的秩序,使案件的审理期限被延长,甚至遥遥无期。而民事诉讼对此问题的处理却更加宽容,允许在法庭辩论结束前增加诉讼请求。《民诉法解释》第 232 条规定:“在案件受理后,法庭辩论结束前,原告增加诉讼请求,被告提出反诉,第三人提出与本案有关的诉讼请求,可以合并审理的,人民法院应当合并审理。”该司法解释第 251、252 条甚至还规定二审发回重审及再审发回重审的案件,当事人也可以申请变更、追加诉讼请求。这均是为了实现案结事了、提升处理争议的效率之目的。

(三)其他应允许变更的特殊情况

如果出现如下两种特殊情形之一的,我们认为应当允许变更仲裁请求。

1. 被申请人认可申请人变更仲裁请求的。劳动仲裁过程中,当事人有权处分自己的权利,被申请人同意申请人变更的,属于行使处分权的表现,具有正当性,应当得到允许,即使超过了举证期限也一样。

2. 对同一事实,因申请人对仲裁请求所依据的法律关系的性质或者行为效力的认识不同,而变更仲裁请求的,其本质是法律理由的变更,应当得到允许。如《民事证据规定》第 53 条允许变更之规定就属于这个类型,“诉讼过程中,当事人主张的法律关系性质或者民事行为效力与人民法院根据案件事实作出的认定不一致的……当事人根据法庭审理情况变更诉讼请求的,人民法院应当准许并可以根据案件的具体情况重新指定举证期限”。例如,劳动仲裁庭审中,劳动者以违法解除为由，要求用人单位支付违法解除的赔偿金，但经过审理，仲裁机构认定为合法解除（如试用期解除、不能胜任工作解除和客观情况发生重大变化解除等）。此时就出现了当事人主张的解除行为效力（违法无效或可撤销），与仲裁机构根据案件事实作出的认定（合法有效）不一致，即不能支持赔偿金但可以支持经济补偿金。此时经仲裁员释明后，申请人申请变更仲裁请求为给付经济补偿金的，即使已超过举证期限，也应允许其变更。

八、庭审中的释明

（一）释明及释明权

“释明”这一词语，无疑是一个外来语，来自日本，但作为一个法学术语，其“原产地”是德国法中“Aufkärung”一词，日本学者将这一概念以“当用汉字”——“释明”来表示，具有使不明确的事项通过说明、阐明得以明确的意思。在我国台湾地区，学者通常译为“阐明”。[①] 在德国民事诉讼法理论中，其基本或主要的含义是通过法院的引导，使当事人对特定的事项予以说明、澄清，使其主张的事项更加明确。“释明”并不是一方主体单方解释和说明的行为，而是一种具有双方联系和互动的行为结构模式，因此，用“阐明”这一单方行为尚不能很恰当地表达“释明”的行为结构模式。应当注意的是，“释明”发生在法院和当事人双方之间，是由法院和当事人双方的行为构成的，而且“释明”既不是法院一方单一的行为，也不是当事人一方单一的行为。就法院一方的行为而言，其行为方式包括发问、告知等；就当事人的行为方式而言，可以是说明、澄清、选择、修正等回应性行为。在作为的方式上，当事人可以是作为，也可以是不作为。例如，在法院告知某种情形之后，当事人可以不作为以维持现状的姿态等待其法律后果的发生。所以，也可以说“释明”并不是单指一种行为，实际上是一个“行为群”的概念。[②]

我们认为释明既是权利即发问权，又是义务即发问义务。所谓劳动仲裁释明权，是指在劳动仲裁过程中，仲裁员向当事人发问，要求当事人阐释、说明、澄清某种事项的权利。释明在理论上划分为两类：积极的释明和消极的释明。所谓积极的释明，是指通过释明促使当事人积极补充、提出新的证据。所谓消极的释明，是指通过释明权促使当事人去掉自己提出的导致不明了的诉讼资料，使其提出的主张更为明了。这里的积极和消极，是相对于当事人的行为而言，

---

① 杨建华主编：《民事诉讼法论文辑》（上册），台北，五南图书出版股份有限公司1984年版，第32页。

② 张卫平：《民事诉讼“释明”概念的展开》，载《中外法学》2006年第2期。

与法院的行为无关。当事人的提出、增加、补充等行为为积极;当事人的去掉、删除等行为则为消极。[①] 裁审实践中,如果仲裁员或法官应当释明而没有释明的,则构成裁决突袭或判决突袭,因为释明既是权利也是义务。

另外,有学者认为 2019 年《民事证据规定》取消了法官的释明权利和义务,我们认为此观点值得商榷。2019 年 12 月 26 日最高人民法院副院长江必新在新《民事证据规定》发布会上讲:“在诉讼过程中,人民法院要加强释明权的行使,加强对当事人举证的指导,促使当事人能够积极、全面、正确、诚实地行使举证的权利。”“要加强对当事人的诉讼指导,积极做好释明工作,加大普法宣传力度。”所以,2019 年《民事证据规定》并未取消法官的释明权利和义务。

(二)释明的原则

1. 合法原则

释明是仲裁员的一项审裁职责,劳动仲裁庭审中的释明应遵循中立、公开、适当行使、有利于促进庭审的原则。

2. 内容法定原则

仲裁员的释明一般应限定在法律的告知、法律见解的表明的范围内,即通过告知当事人法律规定、法律后果,或通过发问的方式直接表明仲裁员的法律见解,而不是直言、肯定地告诉应当怎么做。对重要事项的释明应合议庭评议在先,释明在后,以防止对释明事项的认识或把握不一,产生释明错误或不当。在案件调解过程中,仲裁员要注意告知方式和内容,要让当事人明白这只是一种可能的结果,避免使当事人产生未审先定的怀疑。

3. 语言规范原则

仲裁员释明应使用规范、通俗易懂的语言。

(三)劳动仲裁中常见的释明事项

仲裁员行使释明权,是仲裁员管理指挥劳动仲裁活动有序进行的权利之一。释明可以在立案、证据交换、调解、开庭、庭后、裁决后等阶段行使。劳动争议处理程序中,常见的仲裁员进行释明的情形如下几点。

1. 关于当事人的释明

劳动仲裁申请书中所列当事人存在瑕疵,如诉讼主体不适格、单位名称有误等,仲裁员可以告知当事人存在瑕疵情况及要求其变更的具体要求。经释明后,当事人拒绝纠正的,可以视具体情况进行相应的处理。劳动仲裁委员会依职权追加当事人,应向被追加的当事人说明追加理由及其权利义务。对于被追

---

① [日]新堂幸司等编:《民事诉讼判例百选》,有斐阁 1998 年版,第 203 页。

加的当事人，如果申请人放弃对追加的当事人如劳务派遣单位、发包单位、承包单位等主张权利的，仲裁员应向原告说明其放弃的后果。

如果申请不同意追加被申请人，而该被申请人又是应当参加仲裁的当事人，此情形下劳动仲裁委员会应当如何处理？此问题在劳动争议调解仲裁法、民事诉讼法中均未规定，此为法律规则漏洞，应当填补。由于申请人依法享有“诉权”，其诉谁或不诉谁，劳动仲裁委员会应当予以尊重，故未经申请人同意不得追加，参照适用的依据为《民事诉讼法》第55条[①]。我们认为在充分释明的前提下，可以根据具体案情，从以下两种处理方式中选择一种进行处理。(1)决定驳回申请人的劳动仲裁申请。理由有两个：一是应追加的被申请人，应当与其他被申请人一起共同参加仲裁，以避免分割处理造成矛盾裁决。并且，由于所有被申请人共同享有仲裁实施权和仲裁管理权，如果不追加，案件事实可能无法查清，会导致案件无法处理。二是决定驳回方式给申请人留下了维权机会，还可以就此问题再次申请劳动仲裁。决定驳回不是裁决驳回，如果适用裁决驳回，按一事不再理原则，申请人就丧失了“诉权”，不能再申请劳动仲裁了。(2)参照适用行政诉讼法的相关规定，依职权将应追加的被申请人列为第三人参加劳动仲裁。如果第三人需要承担责任的，可以裁决其承担相应的法律义务。最高人民法院《关于适用中华人民共和国行政诉讼法的解释》(法释〔2018〕1号)第26条第2款规定：“应当追加被告而原告不同意追加的，人民法院应当通知其以第三人的身份参加诉讼，但行政复议机关作共同被告的除外。”

2. 仲裁请求不明确、相矛盾或不正确的释明

此释明事项民事诉讼法和劳动争议调解仲裁法均未作出规定。我们认为，由于每个人的法律知识水平不同，特别是劳动者，其了解的劳动法知识会更少。仲裁员为了查明案情和处理劳动争议，有必要在仲裁请求不明确、相矛盾或不正确时作出释明，如劳动者提出的仲裁请求的原因不清楚，或者应当提出的主张没有提出，而不应该提出的主张却提出了。这些问题可以通过仲裁员的释明，让劳动者进一步予以明确、排除矛盾或重新主张。

如果当事人提出的仲裁请求不明确、不充分、不正确时，仲裁员可以要求当事人就仲裁请求的具体内容进行说明。当事人仲裁请求不明确，即当事人的仲裁主张不明了或有歧义，仲裁员无法理解其本意时，可以直接向当事人发问，让

---

① 《民事诉讼法》第55条规定：“当事人一方或者双方为二人以上，其诉讼标的是共同的，或者诉讼标的是同一种类、人民法院认为可以合并审理并经当事人同意的，为共同诉讼……”

当事人将自己的仲裁主张陈述清楚。但释明应以了解当事人的真实意思为限，不能影响当事人对自己实体权利的处理。

如果当事人仲裁请求不充分，即当事人因对法律理解不够正确而造成不能充分提出仲裁主张的，仲裁员应分情况释明。如仲裁请求应一并提出而只提出了部分，且可能产生失权后果的，仲裁员应当进行释明；如可以提出多个仲裁请求而少提或只提一个的，仲裁员可以进行释明。仲裁员的释明，应根据案件具体情况，主动了解当事人的真实意思，告知其法律具体规定。释明后，当事人补充仲裁请求的，应予准许。如果经仲裁员释明当事人在理解法律上并无障碍，当事人仍维持原仲裁请求的，应尊重当事人对自己权利的处分，根据当事人的主张进行裁判。如果当事人仲裁请求不正确，即当事人仲裁请求与相关法律规定的要求不一致时，仲裁员可以告知不正确的原因及可能产生的后果。

3. 变更仲裁请求的释明

《民事证据规定》第 53 条第 1 款规定："诉讼过程中，当事人主张的法律关系性质或者民事行为效力与人民法院根据案件事实作出的认定不一致的，人民法院应当将法律关系性质或者民事行为效力作为焦点问题进行审理。但法律关系性质对裁判理由及结果没有影响，或者有关问题已经当事人充分辩论的除外。"上述规定中"作为焦点问题进行审理"之规定，就是要求法官在归纳争点时对此进行适当提示（释明），且不得未经提示而突袭裁判。但是上述提示（释明）发生了变化，2001 年《民事证据规定》要求法官"应当告知当事人可以变更诉讼请求"，而 2019 年《民事证据规定》却删除上述释明内容，只须以"作为焦点问题进行审理"的方式进行适当提示（释明），至于当事人知道后是否变更诉讼请求，由其自行决定。

为何 2019 年《民事证据规定》会作出上述释明内容或方式的修改？主要是由于 2001 年《民事证据规定》的规定给一审法官的压力很大，因为这类释明主要发生一审程序中，但第一审并非终审，于是便出现了如下风险：一审法官进行释明，当事人顺应释明而变更了诉讼请求，但当事人上诉后，二审法官对法律关系的性质和法律行为的效力的看法，可能与一审法官不相同，例如，在经济补偿纠纷中，劳动者认为经济性裁员有效，起诉请求用人单位支付经济补偿，而一审法官审理后认为裁员违反法定程序无效并进行了释明，劳动者变更了诉讼请求，要求用人单位支付违法解除劳动合同的赔偿金，并获得了一审法院的支持。用人单位不服上诉，而二审法官认为裁员合法有效，那此时一审法官的处境就非常尴尬。新的规定不再要求"应当告知当事人可以变更诉讼请求"，但要求法官在审理过程中告知当事人这已"作为焦点问题进行审理"。如此一来，尽管一审法官作出了同当事人主张的法律行为的效力和法律关系的性质不一致的认定,但当事人从庭审提示中能够感知到,至于知道后是否变更诉讼请求,由当事人自己决定,当事人可以自行变更诉讼请求,也可以不变更。《裁审衔接意见(一)》第5条第2款规定:"劳动者基于同一事实在仲裁辩论终结前或者人民法院一审辩论终结前将仲裁请求、诉讼请求由要求用人单位支付经济补偿变更为支付赔偿金的,劳动人事争议仲裁委员会、人民法院应予准许。"

特别是在当事人主张的法律关系性质或效力存有较大争议时,仲裁员一时难以认定的,仲裁员在提示释明时应当贯彻谨慎原则。在告知已"作为焦点问题进行审理"时,同时还应当提示当事人此问题的重要性,以引起当事人的重视与关注,让其在充分思考后作出谨慎抉择。如果仲裁员发现当事人的请求权基础规范不明确的,应告知当事人,并促请其予以明确或作出选择。这既保障了当事人能够充分行使辩论权,又实现了保障当事人合法权益、最大限度节约司法资源以及促进人民法院审判的有机结合。最高人民法院认为:"对于法律关系性质对裁判理由及结果没有影响的情形,人民法院便没有将此问题作为焦点问题审理的必要。而如果有关问题本来就是案件中双方当事人争议的焦点问题,已经由人民法院主持双方当事人进行了充分辩论,也没有再次进行审理的必要,人民法院可以根据自己理解所认为的对法律关系性质和民事行为效力问题作出认定,并以此为基础进行裁判。"[①]《裁审衔接意见(一)》第16条规定:"人民法院根据案件事实对劳动关系是否存在及相关合同效力的认定与当事人主张、劳动人事争议仲裁委员会裁决不一致的,人民法院应当将法律关系性质或者民事行为效力作为焦点问题进行审理,但法律关系性质对裁判理由及结果没有影响,或者有关问题已经当事人充分辩论的除外。当事人根据法庭审理情况变更诉讼请求的,人民法院应当准许并可以根据案件的具体情况重新指定举证期限。不存在劳动关系且当事人未变更诉讼请求的,人民法院应当判决驳回诉讼请求。"

4. 答辩或辩论意见的释明

当事人的答辩或辩论意见不明确或自相矛盾,仲裁员无法理解其真实意思的,可以直接向当事人发问,让当事人陈述清楚。一方当事人的答辩或辩论意见未涵盖对方当事人的全部仲裁主张或辩论意见的,仲裁员应当提示该方当事人,对对方当事人所提出的要点是否均予认同,必要时可以将该方当事人遗漏的要点归纳或概括后,逐条进行询问。

---

① 最高人民法院民事审判第一庭编:《民事审判实务问答》,法律出版社2021年版,第304页。

5. 举证责任的释明

《民事证据规定》第 2 条第 1 款规定:“人民法院应当向当事人说明举证的要求及法律后果,促使当事人在合理期限内积极、全面、正确、诚实地完成举证。”所以,仲裁员除了采取举证通知书的形式告知当事人外,还可以依照其他法律规定的要求,根据当事人提出的仲裁请求及其请求权基础规范所指向的法律规范中包含的要件事实,向当事人说明举证责任的分配原则。仲裁员也可以根据案件情况向当事人说明要件事实所要达到的证明要求。如果当事人所提供的证据仍不能达到证明要件事实的证明要求,或者当事人在证据上的优势还不是很明显,仲裁员可以要求当事人继续提供证据。

在证据交换阶段,仲裁员应当尽量使双方当事人更多地了解对方的仲裁主张和提交的证据,使双方当事人能充分地针对对方提交的证据来进行辩驳、质证和提供相反证据。如果当事人对要件事实的举证证明责任承担有异议的,仲裁员应明确告知当事人举证证明责任承担的理由,并告知其不遵从该种举证证明责任分配要求的后果。如果当事人法律上的认知能力较差,或者当事人由于感情因素而陷入偏激状态,不能理性地对待自己的举证证明义务,从而可能给案件公正处理带来较大影响时,仲裁员应当向当事人进行耐心的说明,告知其不能及时充分举证的后果。

6. 提供证据的释明

此释明事项民事诉讼法和劳动争议调解仲裁法均未规定。我们认为裁审实践中常有以下三种释明:一是督促及时提供新证据的释明;二是当事人提供证据存在瑕疵时的释明,促使当事人及时补正;三是当事人怠于提供证据时的释明,应当督促告知当事人及时提供相关证据。

7. 调查取证的释明

如果当事人向劳动仲裁委员会申请调查收集证据,经审查认为不符合劳动争议调解仲裁法规定的条件的,应及时向当事人说明理由,告知当事人按照规定的时间自行收集,并告知其不能及时提交证据的后果。如果当事人应当申请劳动仲裁委员会调查收集证据而未提出申请的,如该证据对案件的审理结果明显起到决定作用,仲裁员可以向双方当事人分析争议焦点,从劳动仲裁证明的角度告知相关事项的证明要求,并可询问双方当事人围绕这一争议焦点有否需要劳动仲裁委员会收集调查的证据,但是一般不要直接告知当事人某项证据是否需要劳动仲裁委员会收集调查。

8. 视为承认对方事实的释明

《民事证据规定》第 4 条规定:“一方当事人对于另一方当事人主张的于己

不利的事实既不承认也不否认，经审判人员说明并询问后，其仍然不明确表示肯定或者否定的，视为对该事实的承认。”所以，在庭审过程中，一方当事人陈述事实后，另一方当事人既未表示承认也未否认的，仲裁员应当向当事人充分说明上述规定的内容，明确告知其仍不作承认或否认意思表示的，将被视为对该项事实的承认。但涉及身份关系的事实除外。

9. 对劳动仲裁程序的释明

此释明事项包括庭审纪律、举证期限、证据交换程序、证据出示程序、质证程序、发问程序、辩论程序和调解程序等。例如，在质证过程中，仲裁员应当加强引导和释明，使质证能够顺利进行，围绕质证对象，双方当事人能够充分地表达己方的质证意见，使仲裁员对案件事实足以形成心证。

如果当事人申请劳动仲裁或者答辩时，应当向劳动仲裁委员会提供或者确认自己准确的送达地址，并填写送达地址确认书。当事人拒绝提供的，劳动仲裁委员会应当告知其拒不提供送达地址的不利后果，并记入笔录。劳动仲裁过程中出现的法律用语、法律专业术语及其他相关事项，当事人表示不能理解或表示疑惑时，或者从其态度明显能看出其未能理解相关问题时，仲裁员可以随时进行释明。

（四）释明的限制

1. 抗辩事由及辩论事由的释明限制

一方当事人提出仲裁主张和理由后，应由另一方当事人自己提出反驳主张和理由，包括权利妨碍、权利消灭、权利制约等抗辩。在劳动仲裁过程中，仲裁员不得帮助当事人组织权利抗辩事由，也不得帮助当事人组织辩论理由。

2. 释明集体意见时的限制

案件经合议庭或劳动仲裁委员会讨论做出决定的，仲裁员的释明意见应当与合议庭或劳动仲裁委员会的决定意见一致，不得发表与合议庭或劳动仲裁委员会意见不一致的释明，亦不得向当事人泄露合议庭或劳动仲裁委员会等内部讨论的不同意见。合议庭、劳动仲裁委员会尚未形成最后的结论之前，可能引起争执的重大事项的释明，仲裁员应当持慎重态度。

（五）释明中的实务疑难点

1. 仲裁员有没有适用法律的释明义务？

此问题存在争议。我们认为一般情况下法官、仲裁员没有法律适用的释明义务。法官或仲裁员享有适用法律处理劳动争议的最终决定权，当事人及其代理人的法律评价，对法官或仲裁员没有约束力，但法律另有规定的除外。之所以得出如此结论，是因为释明是通过告知当事人法律规定、法律后果，或通过发问方式直接表明仲裁员的法律见解，且不得违反辩论原则和处分原则，而不是直言、肯定地告诉当事人应当怎么做，也不是要告诉当事人本案应当如何适用法律。

2. 仲裁员有没有劳动仲裁时效的释明义务？

参照《民法典》第193条的规定，劳动仲裁委员会在处理劳动争议立案、审理和裁决的过程中，无论仲裁时效是否届满，均不得主动适用劳动仲裁时效的规定。时效届满抗辩权是权利人享有的权利，其可以主张，也可以放弃，这些均应由权利人自主决定。权利人不主张的，其他非权利人无权援引，包括劳动仲裁委员会在内。所以，我们认为仲裁员不得对劳动仲裁时效问题进行释明。

3. 释明的尺寸如何把握？

这是裁审实践中的疑难问题。我们认为仲裁员是居中裁判者，不能“拉偏架”，不能成为一方当事人的仲裁“武器”提供者，去攻击另一方当事人。所以，我们认为释明时应当注意如下几点。

(1)释明应当适度、适当，具有合理性，达到引导当事人明确问题、去除矛盾和补充完整之目的即可。

(2)在释明时要注意不得侵犯当事人处分权。劳动仲裁请求、事实主张、法律主张，以及证据材料的提出，最终均由当事人自行决定和承担，仲裁员只能在其职权范围内行使指挥权，确保仲裁程序顺利进行。

(3)释明应当在双方当事人在场的情况下进行。

(4)释明应当及时，以防止被动局面出现，影响争议处理效率。

(5)释明只能起引导作用，由当事人明白后决定。不能告诉当事人劳动争议中法律关系的性质是什么，只能释明可能是什么；不能告知劳动者或用人单位行为的效力是什么，只能释明可能是什么。

九、劳动仲裁的终结

(一)终结的定义

所谓劳动仲裁终结，是指在劳动仲裁过程中，由于出现法定情形，使劳动仲裁无法进行或没有必要进行，从而决定结束仲裁程序的裁决。我国劳动争议调解仲裁法对劳动仲裁终结未作规定，当案件应终结的情形出现时，仍只能参照适用民事诉讼的相关规定予以终结，不能以劳动争议调解仲裁法未作规定而不作处理。我们建议在劳动争议调解仲裁法中，应当尽快建立仲裁程序终结制度。劳动仲裁终结不同于劳动仲裁终止审理。所谓劳动仲裁终止审理，是指当事人因劳动人事争议仲裁委员会逾期未作出裁决而向人民法院提起诉讼并由后者立案受理的，劳动人事争议仲裁委员会决定终结仲裁程序的结案方式。

裁审实践中，当案件应当终结情形出现时，劳动仲裁委员会应当决定终结。决定的作出可以是书面形式，也可以是口头形式，但口头终结程序应当将决定记入笔录。决定一经作出立即生效，当事人不服的，不得向法院起诉。仲裁终结决定作出生效后，仲裁程序终结，案件不再处理且不再处于仲裁程序之中。

（二）应当终结劳动仲裁程序的事由

虽然劳动争议调解仲裁法对案件终结没有规定，但我们可以参照适用民事诉讼法的相关规定进行终结。我们认为，凡出现以下情形之一的，劳动仲裁程序应当终结。

1. 申请人死亡，没有继承人，或者继承人放弃仲裁权利的。

2. 被申请人死亡，没有遗产，也没有应当承担义务的人的。这种情形下，申请人的仲裁请求实际上无法满足，劳动仲裁的继续没有实际意义。

十、庭审中仲裁员的基本行为准则

（一）仲裁员在庭审中的基本行为要求

1. 仲裁员应当规范庭审言行，树立良好形象；

2. 增强庭审驾驭能力，确保办案质量；

3. 严格遵循庭审程序，倾斜保护劳动者的合法权利；

4. 维护庭审秩序，保障审理活动顺利进行。

（二）仲裁员在开庭前的准备

1. 在法定期限内及时通知仲裁各方开庭的时间和地点。

2. 公开审理的，应当在法定期限内及时公告。

3. 当事人申请不公开审理的，应当及时审查，符合法定条件的，应当准许；不符合法定条件的，应当公开审理并解释理由。

4. 需要进行庭前证据交换的，或召开庭前会议的，应当及时提醒，并主动告知举证时限。

5. 当事人申请劳动仲裁委员会调取证据的，如确属当事人无法收集的证据，应当及时调查收集，不得拖延；证据调取不到的，应当主动告知原因；如属于当事人可以自行收集的证据，应当告知其自行收集。

6. 自觉遵守关于回避的法律规定和相关制度，对当事人提出的申请回避请求不予同意的，应当向当事人说明理由。

7. 审理当事人情绪激烈、矛盾容易激化的案件，应当在庭前做好工作预案，防止发生恶性事件。

（三）更改开庭时间的操作规范

1. 不得无故更改开庭时间；

2. 因特殊情况确需延期的,应当立即通知当事人及其他仲裁参加人;

3. 无法通知的,应当安排人员在原定庭审时间和地点向当事人及其他仲裁参加人解释。

(四)仲裁员出庭时注意事项

1. 准时出庭,不迟到,不早退,不缺席。

2. 在进入仲裁庭前必须更换好仲裁员工作制服,并保持整洁和庄重,严禁着便装出庭;合议庭成员出庭的着装应当保持统一。

3. 设立有仲裁员通道的,应当走仲裁员通道。

4. 一般在当事人、代理人等入庭后进入仲裁庭,但前述人员迟到、拒不到庭的除外。

5. 不得与仲裁各方随意打招呼,不得与一方有特别亲密的言行。

6. 严禁酒后出庭。

(五)庭审中仲裁员的言行规范

1. 坐姿端正,杜绝各种不雅动作;

2. 集中精力,专注庭审,不做与庭审活动无关的事;

3. 不得在仲裁庭席位上吸烟、闲聊或者打瞌睡,不得接打电话,不得随意离开仲裁席;

4. 平等对待与庭审活动有关的人员,不与仲裁中的任何一方有亲近的表示;

5. 礼貌示意当事人及其他仲裁参加人发言;

6. 不得用带有倾向性的语言进行提问,不得与当事人及其他仲裁参加人争吵。

(六)对当事人各方陈述、辩论时间的分配与控制

1. 根据案情和审理需要,公平、合理地分配仲裁各方在庭审中的陈述及辩论时间;

2. 不得随意打断当事人、代理人等的陈述;

3. 当事人、代理人发表意见重复或与案件无关的,要适当提醒制止,不得以生硬言辞进行指责。

(七)当事人使用方言或者少数民族语言

1. 仲裁一方只能讲方言的,应当准许;他方表示不通晓的,可以由懂方言的人用普通话进行复述,复述应当准确无误。

2. 使用少数民族语言陈述,他方表示不通晓的,应当为其配备翻译。

（八）当事人情绪激动在仲裁庭上喊冤或者鸣不平

1.重申当事人必须遵守仲裁庭纪律，仲裁庭将会依法给其陈述时间；

2.当事人不听劝阻的，应当及时制止；

3.制止无效的，依照有关规定作出适当处置。

（九）各方当事人发生争执或者进行人身攻击的处理

1.及时制止，并对各方进行批评教育，不得偏袒一方；

2.告诫各方必须围绕案件依序陈述；

3.对不听劝阻的，依照有关规定作出适当处置。

（十）当事人在庭审笔录上签字

1.有设备条件的，应当同步向当事人及其代理人展示记录形成过程，以方便其及时核对记录是否准确无误，并主动接受仲裁参与人监督。

2.应当告知当事人庭审笔录的法律效力，将庭审笔录交其阅读；无阅读能力的，应当向其宣读，确认无误后再签字或捺印。

3.当事人指出记录有遗漏或者差错的，经核实后要当场补正并要求当事人在补正处签字或捺印；无遗漏或者差错不应当补正的，应当将其申请记录在案。

4.未经当事人阅读核对，不得要求其签字或捺印。

5.当事人放弃阅读核对的，应当要求其签字或捺印；当事人不阅读又不签字或捺印的，应当将情况记录在案。

（十一）宣告裁决时的注意事项

1.宣告裁决，一律公开进行；

2.宣告裁决时，合议庭成员或者独任仲裁员应当起立，宣读裁决文书声音要洪亮、清晰、准确无误；

3.当庭宣告裁决的，应当宣告裁决事项，简要说明裁决理由并告知裁决文书送达的法定期限；

4.定期宣告裁决的，应当在宣告裁决后立即送达裁决文书；

5.宣告裁决后，对仲裁各方不能赞赏或者指责，对仲裁各方提出的质疑，应当耐心做好解释工作。

（十二）案件不能在审限内结案的处理规范

1.需要延长审限的，按照规定履行审批手续；

2.应当在审限届满或者转换程序前的合理时间内，及时将不能审结的原因告知当事人及其他仲裁参加人。

十一、庭审质量参考标准

以下仲裁庭庭审质量参考标准并不全面，且具有片面性，原因在于我们主要是针对仲裁员在庭审中的欠佳表现,所做的总结和归纳,仅供参考。

(一)形式标准

1. 言行举止

此要求的目的是建立中立、公正和规范的形象。具体要求:仲裁员庭审过程中不接打电话,能够准时开庭,中途不退庭,用语文明规范,态度不要生硬,不打断当事人而要引导当事人发言,适当宽容且少责备或训诫当事人及其代理人,不能随意质问当事人。

2. 庭审合规

庭审程序规范是仲裁员胜任能力的基本要求,目的是维护当事人的程序权利,保障庭审顺利有效推进。应当依照程序法规定,逐步展开审理程序,不能背离规定创新模式开庭,也不能依仲裁员的个人喜好或习惯来推进庭审。

3. 各种申请的答复

对当事人在庭审过程中提出的申请,应当及时予以回复和说明理由,不能对其置之不理。实务中常见的申请类型有鉴定申请、调查取证申请、先予执行等。

4. 仲裁人员着装

统一服装是基本要求,仲裁人员要服装整齐、仪表端庄,佩戴胸卡。兼职仲裁员和记录人员也应如此。

(二)实质标准

1. 证据审查

庭审中对当事人认为重要的证据,应当重视并作出适当回应,让当事人体会到仲裁员已经关注。在证据采信上应当庭谨慎公开观点,并适当说明采信或不采信的理由。关于证据上的提示的分配次数,应当均衡合理,以免影响中立形象。

2. 法律释明

仲裁员的释明应当严谨、规范,对当事人权利义务有重要影响的法律规定的释明,应当记录在庭审笔录之中。如主体不适格释明、仲裁请求不当应当修正之释明、举证责任的释明和完善补充证据的释明等。

3. 庭审笔录

庭审笔录应当完整、准确、清楚。有展示条件的,庭审时应当实时同步向当事人及其代理人展示庭审笔录的形成和记录过程,庭后集中查看笔录签字确认方式容易造成投诉。仲裁笔录一经当事人签字后,仲裁员不得涂改、仿造或伪造。当事人认为记录内容有遗漏或差错,申请补正的,可以允许在笔录后面另页补正。笔录经当事人签名或盖章后，不得再作任何涂改。

4. 庭审驾驭能力

仲裁员在庭审中的驾驭能力着重体现在以下几个方面：一是案件事实查明能力；二是组织举证质证的能力；三是归纳总结争议焦点的能力；四是控制庭审节奏、引导指挥诉辨的能力；五是应变控制能力；六是评议裁判能力。庭审实践中，仲裁员是庭审中的“国王”，有序把控着整个庭审进程，但应当尊重庭审参加人员，如一般不随意打断当事人的发言等。当事人（包括代理律师）和其他参加人也应尊重“国王”，并听从“国王”的指挥，遵守庭审程序，参与和配合庭审“表演”，认真完成好各自的角色和任务。对于“国王”的指挥失当、失范行为，应当给予必要的宽容，尽量避免与“国王”较劲，以免影响庭审质量。

（三）建议建立庭审质量评价制度

没有庭审质量评价标准，是影响仲裁庭审质量大幅度提升的最大阻碍。所以，我们建议尽快建立仲裁庭庭审质量评价体系，明确有操作性的庭审质量的评价标准。具体包括以下几方面：

1. 建立证据审查能力评审标准，如证据规则运用能力、组织引导能力、论理说服能力、概括归纳能力、问题洞察能力等。

2. 确立仲裁员释明标准，内容可以包括释明清晰程度、法理深度程度、释明及时准确和释明效果等。

3. 建立庭审说明和说服能力标准。

4. 促成和解、调解的标准。评价制度建立后，重要的就是加强培训和落实。

总之，庭审质量评价制度应着重提升仲裁员的庭审驾驭能力，以加强对庭审质量的管理、监督和检查，提升办案质量和效率。

第十六章　简易程序

简易程序在《劳动争议调解仲裁法》和 2009 年《劳动仲裁规则》中没有规定，是 2017 年《劳动仲裁规则》的新增内容。简易程序是相对于一般程序而言的一种简便程序，由于简易程序规定相对简单，所以当简易程序没有规定时，一般应适用一般程序的相关规定。

一、概述

所谓劳动仲裁简易程序，是指劳动人事争议仲裁委员会针对案情简单、争议不大的，或标的额较低的，或经双方当事人同意的案件，在答辩、送达、举证期间、审理程序、文书制作等程序性事项方面所采取的快捷处理的程序。简易程序应遵循依法、简便、及时、灵活的原则。简易程序应注重全程调解与适时裁决之间的关系，切实有效化解矛盾。我国设立劳动仲裁简易程序的目的表现在两个方面：一是方便当事人进行劳动仲裁，减少解决劳动争议的仲裁成本；二是提高劳动仲裁效率。

不管劳动仲裁是一般程序，还是简易程序，其本质都是通过程序保障正义实现。简易程序虽然简便，但在设立时，并没有忽视保障正义实现这个底线，而是在不减损当事人权利、保障正义实现之前提下的程序简化。如果适用简易程序会影响案件的公正处理，则此类案件不能适用简易程序处理。所以，简易程序是在保障正义实现前提下的简化，因为缺乏效率的仲裁程序也是不合理的。

如果事实清楚、权利义务关系明确、争议不大的案件，与案情复杂、权利义务关系不明、争议大的案件，都一样平均占用劳动仲裁资源，这才是不合理的。所以，复杂的问题按一般程序处理，简单明了的案件按简易程序处理，这种繁简分流，分别适用不同程序处理的办法，不仅提高了效率，而且没有减损当事人权利，也不影响办案质量，是效率优先、兼顾公平的表现，是成功的经验。凡仓促处理，草率裁决，只追求速度，减损当事人权利，不保障公平正义实现的现象，决不是适用简易程序应该出现的效果。

二、适用范围

（一）可以适用简易程序的案件

《劳动仲裁规则》第 56 条第 1 款规定：“争议案件符合下列情形之一的，可以简易处理:(一)事实清楚、权利义务关系明确、争议不大的;(二)标的额不超过本省、自治区、直辖市上年度职工年平均工资的;(三)双方当事人同意简易处理的。”以上是我国劳动仲裁规则对简易程序适用条件所作的规定。需要注意的是在以上规定中,“事实清楚、权利义务关系明确、争议不大”这三个条件是并列关系,必须同时具备,否则不能适用简易程序。如果只符合“权利义务关系明确、争议不大”之条件,而不符合“事实清楚”之条件,则不能适用。

1. 事实清楚案件的认定

所谓事实清楚的案件,是指用人单位或劳动者对争议的案件事实陈述基本一致,并能提供可靠的证据予以证明,且对证据的异议不大,无须劳动仲裁委员会调查收集证据即可查明事实的劳动争议案件。

2. 权利义务关系明确案件的认定

所谓权利义务关系明确的案件,是指能够根据现有事实和法律,明确区分谁是义务的承担者,谁是权利的享有者的劳动争议案件。

3. 争议不大案件的认定

所谓争议不大的案件,是指用人单位或者劳动者对案件的是非过错、责任承担以及劳动仲裁标的等争议,不存在原则分歧的劳动争议案件。

4. 标的额不超过本省、自治区、直辖市上年度职工年平均工资的理解

这个规定只适用给付金钱为仲裁标的的劳动争议案件。关于“上年度”的理解,我们认为“上年度”,是指以劳动争议案件受理之日为参考时点的上一个完整的会计年度。如果案件受理时间为当年的第一个季度,则存在“上年度职工年平均工资”尚未公布之现象,此情形下,上述规定中的“上年度”应当是指已公布的“职工年平均工资”最近一个完整的会计年度,即往上再推进一年。这个理解是为了解决适用简易程序时,“上年度职工年平均工资”无数据可用于计算的问题。

关于“标的额”的理解。这个“标的额”不是指一个仲裁请求的标的金额,也不是指一个法律关系下的标的金额之和,而是指所有仲裁请求标的金额的总和。并且“上年度职工年平均工资”是指“年工资”,而不是指“月工资”。

5. 双方当事人同意简易处理的理解

这是权利处分原则在简易程序中的体现。根据权利处分原则,当事人有权处理自己的仲裁权利,劳动仲裁委员会对当事人的选择,在法律允许的情况下,应当予以尊重和认可。如果双方当事人均同意选择适用简易程序的,劳动仲裁委员会可以适用简易程序。

(二)简易程序启动及仲裁庭组成

1.简易程序的启动

简易程序的启动,原则上劳动仲裁委员会享有决定权。如果当事人申请适用简易程序的,应当书面或口头向劳动仲裁委员会提出,是否适用仍由劳动仲裁委员会决定。实践中,仲裁员在开庭时询问双方当事人,是否同意适用简易程序,我们认为此种做法虽含有强制之意,但并不违法,原因是劳动仲裁委员会享有简易程序启动决定权。

2.关于仲裁庭组成

《劳动仲裁规则》第56条第2款规定:"仲裁委员会决定简易处理的,可以指定一名仲裁员独任仲裁,并应当告知当事人。"所以简易程序都是仲裁员独任仲裁的。但是,所有独任仲裁的案件一定是适用简易程序吗?此问题在实践中存在争议。其主要有两种观点:第一种是反对观点,即一般程序也可以独任仲裁。依据为《劳动争议调解仲裁法》第31条规定:"劳动争议仲裁委员会裁决劳动争议案件实行仲裁庭制。仲裁庭由三名仲裁员组成,设首席仲裁员。简单劳动争议案件可以由一名仲裁员独任仲裁。"因为《劳动争议调解仲裁法》并未规定简易程序,所以上述规定是针对一般程序的。第二种是赞成观点,即凡独任仲裁的案件一定适用的是简易程序。因为《劳动仲裁规则》中设立简易程序的法源,就是《劳动争议调解仲裁法》第31条"简单劳动争议案件可以由一名仲裁员独任仲裁"之规定,所以"独任仲裁"与"简易程序"是一一对应关系,凡"独任仲裁"者就是适用"简易程序",凡适用"简易程序"就只能"独任仲裁"。我们倾向于第二种观点。

(三)不得适用简易程序的案件

《劳动仲裁规则》第57条规定,劳动争议案件有下列情形之一的,不得适用简易程序处理。

1.涉及国家利益、社会公共利益的

所谓国家利益,是指满足或能够满足国家以生存发展为基础的各方面需要,并且对国家在整体上具有好处的事物。所谓社会公共利益,是指为广大公民所能享受的利益,这里所指的广大公民,是指特定范围内的广大,有全国性的广大,又有地区性的广大,其外延可以限制在享有立法权的建制区域。裁审实践中涉及损害国家利益、社会公共利益的案例不多,如虚假仲裁骗取工伤保险待遇和医疗保险待遇等。

2.有重大社会影响的

所谓重大社会影响的案件,是指已经引起了社会广泛关注,对大多数公民的权利义务产生影响,或者裁决结果对社会公众具有普遍指引作用的,已产生特殊的社会影响力的劳动争议案件。对有重大社会影响的劳动争议案件,由于其涉及各方利益,社会关注度高,所以劳动仲裁委员会应当全面查清事实,准确适用法律,并谨慎作出裁决,以免引起不当社会事件。

3. 被申请人下落不明的

在下落不明的情况下,劳动仲裁委员会无法通知被申请人参加劳动仲裁,导致案件只能缺席裁决。在只听取了申请人意见而没有听取被申请人意见的情形下,容易导致认定事实不清,适用法律错误的现象,故应适用一般程序,组成合议庭进行谨慎处理。

4. 仲裁委员会认为不宜简易处理的

本条为兜底性规定。主要是劳动争议调解仲裁法对不得适用简易程序的情形,无法全部作出例举,为应对实践需要,而通过赋予劳动仲裁委员会自由裁量权的办法,由劳动仲裁委员会根据实际需要予以决定。在劳动仲裁委员会享有适用简易程序决定权的前提下,再赋予其不适用简易程序的相关自由裁量权,符合立法目的。

(四)当事人异议的处理

如果劳动仲裁委员会决定适用简易程序,当事人对此提出异议的,劳动仲裁委员会应当对当事人的异议进行审查。如果经审查后发现案件不宜适用简易程序的,应当在仲裁期限届满前决定转为按照一般程序处理,并告知当事人;如果经审查认为可以适用简易程序的,将审查结果和决定告知当事人,继续适用简易程序,但告知情况应当记入庭审笔录之中。

三、主要适用规则

(一)答辩简化

《劳动仲裁规则》第 58 条规定:“简易处理的案件,经与被申请人协商同意,仲裁庭可以缩短或者取消答辩期。”同时,被申请人也可以选择口头答辩或提交书面答辩。但是,未经被申请人同意的,仲裁庭不得自行决定缩短或取消答辩期。在答辩期缩短或者取消的情形下,被申请人提出管辖异议、反申请和举证期限的期间都可以相应的缩短或取消。

(二)通知简便

《劳动仲裁规则》第 59 条规定:“简易处理的案件,仲裁庭可以用电话、短信、传真、电子邮件等简便方式送达仲裁文书,但送达调解书、裁决书除外。以简便方式送达的开庭通知,未经当事人确认或者没有其他证据证明当事人已经收到的,仲裁庭不得按撤回仲裁申请处理或者缺席裁决。”正确理解以上规定,需要注意以下两点。

1. 送达调解书和裁决书不能采用简便方式送达。因为这两种文书是对劳动争议案件的处理结果和执行依据,必须保证文书原件送达当事人,简易送达无法送达文书原件,且容易丢失,故被法律禁止。

2. 以简便方式送达开庭通知的,禁止按撤回处理或缺席裁决。但并非所有简易程序不得适用按撤回处理或缺席裁决,以下情形可以适用:一是虽然简便通知,但当事人确认或有其他证据证明当事人已经收到的;二是书面正常(非简便)通知并有证据证明当事人已经收到的。

(三)审理简化

《劳动仲裁规则》第60条规定:"简易处理的案件,仲裁庭可以根据案件情况确定举证期限、开庭日期、审理程序、文书制作等事项,但应当保障当事人陈述意见的权利。"

1. 举证期限

劳动争议调解仲裁法并未规定举证期限。《劳动仲裁规则》第15条对此作了规定:"承担举证责任的当事人应当在仲裁委员会指定的期限内提供有关证据……"简易程序中仲裁庭可以在以上自由裁量权的基础上,作进一步简化,即根据简易程序的需要指定举证期限。双方当事人均表示不需要举证期限的,劳动仲裁委员会可以决定立即开庭。

2. 开庭日期

《劳动争议调解仲裁法》第35条规定:"仲裁庭应当在开庭五日前,将开庭日期、地点书面通知双方当事人……"由于上述规定并未指明是否适用简单案件或简易程序,故不能理解为仅适用一般程序,而不能适用简单案件或简易程序,所以"开庭五日前"通知的要求,正确理解应是适用所有的劳动争议案件,包括一般程序和简易程序。由于其是当事人重要的仲裁权利,所以在简易程序中也应当遵守"开庭五日前"通知的要求,而不能简化。但简易程序中双方当事人表示同意的除外。

3. 审理程序

简易程序中的审理程序可以更加灵活,独任仲裁员可以根据案件情况进行简化处理。例如,不遵守一般程序之庭审顺序、不区分庭审调查与辩论等,但是程序简化并不能有损当事人的仲裁程序权利,如不得限制和剥夺当事人的陈述、辩论、抗辩和反驳的权利。同时,还应当遵守《劳动争议调解仲裁法》第42条第1款规定:"仲裁庭在作出裁决前,应当先行调解。"庭审过程中,在征得双方同意后,仲裁员可以直接进行调解,并就案件争议焦点组织举证、质证和辩论，在顺序上，可以合并进行，也可以交叉进行。

4. 文书制作

关于简易程序中文书的制作，我们认为裁决书和调解书均可以简化。如裁决书可以对事实认定和裁决理由进行适当的简化，即叙事说理简明扼要。裁决书应重点关注裁决主文，我们认为主文部分应当叙述准确、清楚、无误。调解书中不记载当事人的主张和仲裁庭查明的事实，仅仅记载当事人信息、仲裁请求以及调解协议的内容即可。如《深圳市劳动人事争议仲裁委员会要素式办案规则（试行）》第 12 条规定："要素式裁决书是指对于能够概括出相关要素的案件，在撰写裁决书时不再分开陈述申请人主张、被申请人辩称、本委查明和本委认为部分，而是围绕某一项要素，陈述申请人和被申请人双方意见、证据和本委认定的理由及依据的法律文书。要素式裁决由首部、相关案情、裁决结果三部分组成。"

四、转一般程序的处理

（一）程序转换规则

《劳动仲裁规则》第 61 条规定："仲裁庭在审理过程中，发现案件不宜简易处理的，应当在仲裁期限届满前决定转为按照一般程序处理，并告知当事人。案件转为按照一般程序处理的，仲裁期限自仲裁委员会受理仲裁申请之日起计算，双方当事人已经确认的事实，可以不再进行举证、质证。"以上为简易程序向一般程序转换的相关规则，如条件、方式及程序、效果规则等。

（二）程序转换的决定主体

劳动争议调解仲裁法对简易程序向一般程序转换的决定主体未作规定。我们认为转换的主体不应该由独任的仲裁员决定，而应当由劳动仲裁委员会决定。裁审实践中，由独任仲裁员决定转换为一般程序的做法值得商榷，因为适用简易程序是由劳动仲裁委员会决定的。独任仲裁员在审理中发现不宜适用简易处理情形出现的，应当立即向劳动仲裁委员会主任或者其委托的仲裁院负责人报告，并提出启动一般程序和组建仲裁庭的申请，经劳动仲裁委员会批准并组成新的仲裁庭后，按一般程序继续进行审理。劳动仲裁委员会决定转为按一般程序处理的，应当告知当事人。告知的方式可以是书面方式，也可以是口头方式，但应当记入庭审笔录。当事人对此不服的，不得向法院起诉。

关于劳动仲裁委员会转换程序的权限问题。我们认为劳动仲裁委员会有权决定简易程序向一般程序转换，但适用一般程序审理的案件，劳动仲裁委员会不得决定转换为简易程序审理，因为劳动争议调解仲裁法对此转换未作规定。

(三)不宜简易处理情形的认定

关于不宜简易处理的情形,劳动争议调解仲裁法没有规定。我们认为凡符合以下情形之一的,均可以认定为“不宜简易处理”。

1. 出现禁止适用简易程序的情形

审理过程中如果出现《劳动仲裁规则》第57条规定的禁止适用简易程序的情形,不宜再适用简易处理,即(1)涉及国家利益、社会公共利益的;(2)有重大社会影响的;(3)被申请人下落不明的;(4)仲裁委员会认为不宜简易处理的。

2. 不再符合适用简易处理的条件

审理过程中案情发生变化,不再符合《劳动仲裁规则》第56条规定的可以适用简易程序的条件,不宜再适用简易处理,即(1)事实清楚、权利义务关系明确、争议不大的;(2)标的额不超过本省、自治区、直辖市上年度职工年平均工资的;(3)双方当事人同意简易处理的。

3. 出现了应当中止审理的情形

审理过程中如果出现《劳动仲裁规则》第47条规定的应当中止审理的情形,不宜再适用简易程序,即(1)劳动者一方当事人死亡,需要等待继承人表明是否参加仲裁的;(2)劳动者一方当事人丧失民事行为能力,尚未确定法定代理人参加仲裁的;(3)用人单位终止,尚未确定权利义务承继者的;(4)一方当事人因不可抗拒的事由,不能参加仲裁的;(5)案件审理需要以其他案件的审理结果为依据,且其他案件尚未审结的;(6)案件处理需要等待工伤认定、伤残等级鉴定以及其他鉴定结论的;(7)其他应当中止仲裁审理的情形。

4. 裁审实践证明不宜再适用简易处理的情形

根据裁审实践经验,我们认为凡出现以下情形之一的,不宜再适用简易处理:(1)当事人对案件事实和法律适用存在重大争议的;(2)当事人之间的劳动关系难以认定的;(3)增加或变更仲裁请求,导致案件复杂化的;(4)庭审过程中当事人申请增加申请人、被申请人或第三人的;(5)被申请人提出反申请的;(6)当事人申请劳动仲裁委员会调查取证的;(7)需要进行鉴定、勘验和评估的;(8)集体争议案件;(9)其他不宜再适用简易处理的情形。

(四)程序转换的法律效果

1. 程序转换完成之后,原案件继续审理,而不是重新审理。只是接下来的审理,应当按照一般程序进行。

2. 案件转为按照一般程序处理的,仲裁期限自仲裁委员会受理仲裁申请之日起计算。

3. 在简易程序审理之中双方当事人已经确认的事实,可以不再进行举证、质证。

4. 转换为一般程序后,仲裁庭的组成人员应当由3名仲裁员组成。

5. 自告知当事人转换为一般程序之后,原简易程序终结。

第十七章　劳动仲裁的裁决

一、裁决概述

(一)定义

所谓劳动仲裁裁决,是指劳动仲裁委员会在劳动争议案件审理之中或之后,根据法律法规政策和已查明的法律事实,通过法律推理和论证,对当事人之间的劳动权利义务关系,作出具有约束性的结论性断定。《劳动人事争议仲裁组织规则》第2条规定:"劳动人事争议仲裁委员会(以下简称仲裁委员会)由人民政府依法设立,专门处理争议案件。"第3条规定:"人力资源社会保障行政部门负责指导本行政区域的争议调解仲裁工作,组织协调处理跨地区、有影响的重大争议,负责仲裁员的管理、培训等工作。"所以,劳动仲裁委员会虽然不是政府部门但具有半官方性质,虽然不是司法机关但具有准司法性质的组织。其作出的生效裁决,具有权威性,对社会具有普遍约束力。

(二)裁决的分类

1. 对席裁决和缺席裁决

根据当事人是否出庭参加庭审的情况不同,我们可以将裁决划分为对席裁决和缺席裁决。所谓缺席裁决,是指劳动仲裁委员会在被申请人无正当理由拒不到庭或者未经仲裁庭同意中途退庭的情况下所作的裁决。缺席裁决只能在法律有明确规定的情况下才可以作出。所谓对席裁决,是指当事人都参加了仲裁庭审程序的前提下,劳动仲裁委员会对案件进行审理之后所作的裁决。

2. 终局裁决和非终局裁决

根据裁决书自作出之日起是否发生法律效力为标准,我们可以将裁决划分为终局裁决和非终局裁决。所谓终局裁决,是指案件审理结束时,劳动仲裁委员会制作的裁决书自作出之日起发生法律效力的裁决。应当注意,民事诉讼的终局判决的含义与劳动仲裁终局裁决的含义不相同。所谓非终局裁决,是指劳动仲裁委员会在劳动仲裁过程中制作的,裁决书自作出之日起并不发生法律效力的裁决。

《劳动争议调解仲裁法》第47条规定:"下列劳动争议,除本法另有规定的外,仲裁裁决为终局裁决,裁决书自作出之日起发生法律效力:(一)追索劳动报酬、工伤医疗费、经济补偿或者赔偿金,不超过当地月最低工资标准十二个月金额的争议;(二)因执行国家的劳动标准在工作时间、休息休假、社会保险等方面发生的争议。"劳动仲裁委员会根据以上规定作出的裁决为终局裁决,之外的其他裁决为非终局裁决。

3. 部分裁决和全部裁决

根据裁决解决劳动争议的范围不同,裁决可划分为部分裁决和全部裁决。所谓全部裁决,是指劳动仲裁委员会对当事人的全部仲裁请求所作出的仲裁裁决。所谓部分裁决,是指劳动仲裁委员会对当事人的部分仲裁请求所作出的仲裁裁决。《劳动争议调解仲裁法》第 43 条第 2 款规定:"仲裁庭裁决劳动争议案件时,其中一部分事实已经清楚,可以就该部分先行裁决。"以上先行裁决的规定就是部分裁决。

4. 先予执行裁决与最终裁决

根据裁决作出的时间先后不同,我们可以将仲裁裁决划分为先予执行裁决与最终裁决。所谓先予执行裁决,是指劳动仲裁委员会在最终裁决之前,为解决申请人医疗或生活费用之急需,依申请人的申请,裁决被申请人预先履行部分义务,并移送人民法院强制执行的裁决。《劳动仲裁规则》第 51 条规定:"仲裁庭对追索劳动报酬、工伤医疗费、经济补偿或者赔偿金的案件,根据当事人的申请,可以裁决先予执行,移送人民法院执行。仲裁庭裁决先予执行的,应当符合下列条件:(一)当事人之间权利义务关系明确;(二)不先予执行将严重影响申请人的生活……"以上就是先予执行裁决的相关规定。所谓最终裁决,是指劳动仲裁委员会对整个争议案件审理之后,在仲裁程序终结时所作的裁决。终局裁决不是最终裁决,因为最终裁决自作出之日起并不发生法律效力,而终局裁决自作出之日起发生法律效力。

5. 原裁决与补充裁决

根据裁决是否对本案先前裁决的补充为标准,我们可以将仲裁裁决划分为原裁决与补充裁决。所谓原裁决,是指劳动仲裁委员会制作的,不基于本案先前任何裁决的裁决。所谓补充裁决,是指劳动仲裁委员会为了对本案先前裁决进行补充而制作的裁决。我国劳动争议调解仲裁法对补充裁决未作规定,如果在裁审实践中发现"裁决书中遗漏的事项"的,根据《劳动仲裁规则》第 54 条作出补充决定书来予以补正。这个"补正决定书"就属于补充裁决性质。

6. 给付裁决、确认裁决和形成裁决

根据劳动仲裁裁决所断定的仲裁请求的不同类型或性质,我们将仲裁裁决划分为给付裁决、确认裁决和形成裁决。所谓劳动仲裁给付裁决,是指劳动仲裁委员会在认定申请人请求权存在的基础上,断定被申请人履行义务的裁决。

所谓劳动仲裁确认裁决，是指劳动仲裁委员会单纯认定申请人与被申请人之间的法律关系是否存在的断定。所谓劳动仲裁形成裁决，是指劳动仲裁委员会作出的变动现在法律关系的断定。形成裁决确定并生效之时，形成力确立，此时不需要通过强制执行，便自动发生法律关系变动的效果。

（三）决定与裁决

1. 两者的区别

仲裁决定与仲裁裁决规定在劳动争议调解仲裁法中，是劳动仲裁委员会仅有的两种针对当事人权利义务所作出的断定行为。所谓劳动仲裁决定，是指劳动仲裁委员会为解决劳动仲裁程序中发生的，影响仲裁正常进行的特殊事项，所作出的具有约束力的结论性断定。决定书的使用情形包括：视为撤回仲裁申请、终止审理、撤销案件、管辖异议、补正裁决书、不予制作调解书等。所以，裁决与决定两者之间具有相似性但又存在较大区别。

仲裁裁决与仲裁决定的主要区别体现在以下几个方面：（1）作用不同。裁决主要解决的是实体事项，而决定主要解决的是程序事项（弥补裁决书漏项之补正决定书除外）。（2）表现形式不同。裁决只能以书面形式作出，而决定既可以书面，也可以口头形式作出。（3）制作时间不同。裁决一般是在程序终结时制作，而决定主要是在仲裁过程中制作。（4）能否多次适用不同。裁决一般一个案件只能作出一份裁决（先行裁决与先予执行裁决除外），而决定在一个案件审理过程中可以多次作出。（5）能否救济不同。当事人对裁决不服的，可以获得救济，如向中级人民法院申请撤销或向基层人民法院起诉。而当事人对决定不服的，均不能向法院起诉来获得救济。

2. 已受理但不属于受案范围案件的处理

如果案件在受理后经过审理，发现不属于劳动仲裁的受案范围的，如何结案？是裁决驳回或不予支持，还是适用决定驳回处理？随着“立案登记制”的推行，出现此情形的概率将明显提升。然而，我国劳动争议调解仲裁法对此却没有规定。我们建议适用决定驳回来进行处理，具体理由如下。

（1）裁决是对实体权利的处理，不处理程序问题

裁决驳回或不予支持通常适用的情形有：一是当事人的仲裁请求没有足够的法律依据或者违反国家法律；二是当事人主张实体权利的法律事实在劳动仲裁委员会审理过程中经过质证或查证已被推翻或否定；三是当事人实体权利已放弃，如当事人的仲裁请求已经超过法律规定的仲裁时效，同时又不存在仲裁时效中止、中断和延长的法定事由，而对方又以此作为抗辩理由。而不属于劳动仲裁的受案范围属于程序问题，不宜适用裁决进行处理。

（2）适用裁决驳回或不予支持，当事人可能丧失维权机会

因为裁决驳回或不予支持，是对实体权益的处理，不是对程序事项的处理。如果申请人不起诉的，根据“一事不再理”之原理，则申请人就永久地丧失了维权机会。由于劳动仲裁申请人绝大多数为劳动者，欠缺必要的法律知识，如果裁决驳回或不予支持，则不利于劳动者维权。如果适用决定驳回，则劳动者还可以到其他有管辖权的法院去起诉维权。

（3）与管辖异议的性质相同，应作相同处理

《劳动仲裁规则》第 10 条第 1 款规定：“……仲裁委员会应当审查当事人提出的管辖异议，异议成立的，将案件移送至有管辖权的仲裁委员会并书面通知当事人；异议不成立的，应当书面决定驳回。”管辖异议的处理，是对程序的处理，不是对实体权利义务的处理，这一点与不属于受案范围之需要处理问题的性质是相同的。所以，可以参照管辖异议“决定驳回”之处理方式，对不属于劳动仲裁受案范围的案件作出相同的处理。

（4）不符合不予受理决定的作出条件

因为劳动争议案件已经受理，是在审理过程中发现不属于劳动仲裁受案范围的，已不符合作出不予受理决定的法定条件，丧失了决定不予受理的机会。如果作出不予受理决定，则陷入了自相矛盾之中。

二、裁决原理

（一）三段论与要件审判

我国属于大陆法系国家，裁决的作出需严格遵循三段论的论证方式。法学方法论中把这一方法称为涵摄或归入。法院审查诉讼中所确认的事实是否满足法条事实构成所有的特征，这一审查过程被称为涵摄。[1] 劳动仲裁裁决的结果与法律事实（案件事实）的涵摄或归入结果密切相关。涵摄或归入是把案件事实与分析出来的法律规范构成要件进行对应。并且，法律事实（案件事实）必须以归入为法律规范构成要件，尽管归入的结果可能是完全符合构成要件，也可能是有一个以上要件不符合。

完成归入有三个要求：其一，案件事实必须是经过法律程序认定的事实，即案件事实与构成要件的基本要素的要求相一致，亦可称为成形化；其二，与构成要件的事实要素相一致的事实，不仅单个的法律构成要件事实都能得到满足，而且必须是所有的要件都能够得到满足；其三，对方的抗辩不成立。换言之，必须只有抗辩（权）不成立，才能适用法律基础规范支持原告的请求。抗辩（权）

---

① ［德］奥特马·尧厄尼希：《民事诉讼法》，周翠译，法律出版社 2003 年版，第 122 ~ 123 页。

同样也需要进行法律归入。其归入方法与请求权完全一致,同样必须是所有要件都能够得到满足。法律归入首先要看法条的要件能否全部得到满足。只要有一个要件不能被归入,该法条就不能用来支持权利请求(或抗辩请求)。权利请求的法律基础规范得到满足,并不等于能够立即支持原告的诉讼请求,还必须看被告的抗辩要求是否得到满足。如果被告的抗辩成立,则原告的请求将无法得到支持。所以,适用基础规范支持原告的请求,一看权利基础规范构成要件能否得到满足,二看被告的抗辩能否成立。①

无论是请求权基础规范还是抗辩(权)基础规范的归入,如果法律条文中有多个要件的,则仲裁机构就必须对此进行全部审理。同时,对每一个构成要件能否满足并归入,均要作出认定。如果每一个要件都能够得到满足和归入,一般情况下劳动仲裁委员会则可适用该法律条文作出裁决。

裁决一般是针对劳动仲裁请求作出,但也有例外,即判非所请。《裁审衔接意见(一)》第5条第1款规定:"劳动者请求用人单位支付违法解除或者终止劳动合同赔偿金,劳动人事争议仲裁委员会、人民法院经审查认为用人单位系合法解除劳动合同应当支付经济补偿的,可以依法裁决或者判决用人单位支付经济补偿。"之所以作出这样的规定,目的在于提高效率、减少当事人诉累,以免劳动者重新申请劳动仲裁,浪费司法资源。实务操作中需要注意不能扩大适用范围,如不得对请求恢复劳动关系的案件,直接裁判支付经济补偿金或违法解除的赔偿金;也不得倒过来适用,即将请求支付经济补偿金的案件,直接裁判支付违法解除的赔偿金。

(二)证据裁判原则

最高人民法院《关于全面深化人民法院改革的意见——人民法院第四个五年改革纲要(2014 - 2018)》(法发〔2015〕3号)规定"全面贯彻证据裁判原则"。《民事证据规定》第85条第1款规定:"人民法院应当以证据能够证明的案件事实为根据依法作出裁判。"以上为证据裁判主义之相关规定。证据裁判原则也称为证据裁判主义或证据审判主义。② 法治社会中,依据证据进行裁判已经成为一个基本共识。一般认为,日本《刑事诉讼法》第317条规定的"认定案件事实,以证据为依据"是对证据裁判原则的经典表述。该原则的基本含义可以从以下三个层次进行理解:第一,裁判事实认定依靠证据,没有证据不得认定事实;第二,裁判所依据的证据需具有证据资格;第三,裁判所依据的证据应

---

① 邹碧华:《要件审判九步法》,法律出版社2010年版,第150页。

② 黄东熊、吴景芳:《刑事诉讼法论》,台北,三民书局股份有限公司2002年版,第341页。

当经过正当程序认定。“无证据，不事实”是现代诉讼法治的基本逻辑。虽然证据并非诉讼中认定案件事实的唯一方法，但却是最重要也是最基础的方法。其他方法分别为推定、司法认知、自认和拟制，主要作为证据裁判原则的例外存在。这些例外是为了救济证据裁判原则之不足而提供一种补充。① 证据是可以开口说话的，所以，仲裁员在裁决案件时，首先应当以证据能够证明的案件事实来作出裁决，只有在以证据认定事实有疑问时，才运用逻辑推理、经验法则、司法认知、推定等司法证明方法，且运用的过程必须透明、公开，以确保司法的合法性与正当性。

法律的生命不在于逻辑，而在于经验。所谓司法认知，是指法院在审理过程中依申请或依职权，对特定事实的真实性直接予以确认的事实认定方法。②我国法律法规中并未明确出现“司法认知”这一概念，而法院对一定事实无须当事人举证即确认其真实性，一般是依据《民事证据规定》第 10 条的七类免证事实之规定：(1) 自然规律以及定理、定律；(2) 众所周知的事实；(3) 根据法律规定推定的事实；(4) 根据已知的事实和日常生活经验法则推定出的另一事实；(5) 已为仲裁机构的生效裁决所确认的事实；(6) 已为人民法院发生法律效力的裁判所确认的基本事实；(7) 已为有效公证文书所证明的事实。

三、裁决书的作出

仲裁庭裁决案件，应当自仲裁委员会受理仲裁申请之日起 45 日内结束。案情复杂需要延期的，经批准后延长期限不得超过 15 日。所以，一般从立案受理起最长 60 日内必须作出裁决。

（一）裁决程序

1. 独任制仲裁庭的裁决

独任制仲裁庭只由独任仲裁员一人组成，所以其裁决的作出，只能由仲裁员根据审理查明的事实，依照法律规定，直接作出该劳动争议案件的仲裁裁决。

2. 合议制仲裁庭的裁决

《劳动仲裁规则》第 52 条规定：“裁决应当按照多数仲裁员的意见作出，少数仲裁员的不同意见应当记入笔录。仲裁庭不能形成多数意见时，裁决应当按照首席仲裁员的意见作出。”所以合议制仲裁庭裁决的作出与独任制不同。裁决应当根据多数意见作出的规则，与我国《仲裁法》规定一致，即裁决应当按照

---

① 夏红：《证据裁判原则之功能分析——以审判中心主义为背景》，载《辽宁师范大学学报（社会科学版）》2019 年 1 月。

② 江伟主编：《民事证据法学》，中国人民大学出版社 2011 年版，第 130 页。

多数仲裁员的意见作出,少数仲裁员的不同意见应当记入笔录。仲裁庭不能形成多数意见时,裁决应当按照首席仲裁员的意见作出。

(二)裁决事项

裁决书应当载明仲裁请求、争议事实、裁决理由、裁决结果、当事人权利和裁决日期。裁决书由仲裁员签名,加盖仲裁委员会印章。对裁决持不同意见的仲裁员,可以签名,也可以不签名。[①] 裁审实践中,仲裁员在裁决书签名的制度执行得并不规范,实践中主要存在两种不规范做法:一是仲裁员不在裁决书上签名,即只加盖劳动仲裁委员会的印章;二是以加盖仲裁员私章的方式代替签名。

(三)裁决的补正

《劳动仲裁规则》第 54 条规定:"对裁决书中的文字、计算错误或者仲裁庭已经裁决但在裁决书中遗漏的事项,仲裁庭应当及时制作决定书予以补正并送达当事人。"所以,补正决定必须以书面形式作出,不能口头作出,且必须是制作补正决定书的形式,而不是补正裁决的形式。并且,只能补正的适用范围仅限三类:一是裁决书中的文字错误;二是裁决书中的计算错误;三是仲裁庭已经裁决但在裁决书中遗漏的事项。我国劳动争议调解仲裁法对补正的时间未作规定,而只模糊要求应当"及时"补正。

关于补正的启动问题,劳动争议调解仲裁法也未作规定,我们认为可以有如下三种方式启动:一是当事人发现需要补正,而向劳动仲裁委员会提出申请的;二是劳动仲裁委员会自己发现需要补正的,主动启动补正;三是其他组织或个人发现需要补正的,如人民法院发现并向劳动仲裁委员会提出补正建议的。无论何种启动方式,劳动仲裁委员会只要发现应当补正的,均应当"及时"补正。补正决定作出后,应当向各方当事人送达。补正决定书不影响原裁决书的效力,且从送达之日起生效。

(四)错误裁决的处理

《裁审衔接意见(一)》第 18 条规定:"劳动人事争议仲裁委员会认为已经生效的仲裁处理结果确有错误,可以依法启动仲裁监督程序,但当事人提起诉讼,人民法院已经受理的除外。劳动人事争议仲裁委员会重新作出处理结果后,当事人依法提起诉讼的,人民法院应当受理。"目前,我国对劳动仲裁监督程序尚未作出规定。

---

① 《劳动仲裁规则》第 53 条。

四、先行裁决

（一）概述

所谓劳动仲裁先行裁决，是指仲裁庭裁决案件时，对整个争议中的一部分事实已经审理清楚，为及时保护当事人的合法权益和有利于专注继续审理其他问题，先行作出的对部分仲裁请求的裁决。未裁决的问题将继续进行审理，但要注意后续裁决不得与先行裁决相矛盾。建立先行裁决制度的目的是及时保护当事人权益，防止仲裁过分迟延现象发生，充分提高维权的效率。《劳动仲裁规则》第49条规定："仲裁庭裁决案件时，其中一部分事实已经清楚的，可以就该部分先行裁决。当事人对先行裁决不服的，可以按照调解仲裁法有关规定处理。"以上为我国先行裁决的法律规定。

（二）先行裁决的条件

先行裁决并非《劳动争议调解仲裁法》首次规定。原劳动部办公厅《关于在劳动争议仲裁程序中能否适用部分裁决问题的复函》（劳办发〔1994〕391号）规定："……劳动争议仲裁委员会对确属下列紧急情形之一的劳动争议案件，经过初步审理后，可以采用部分裁决的形式裁决企业支付职工工资、医疗费：1. 企业无故拖欠、扣罚或停发工资超过三个月，致使职工生活确无基本保障的；2. 职工因工负伤，企业不支付急需的医疗费的；3. 职工患病，在规定的医疗期内，企业不支付急需的医疗费的……"《劳动仲裁规则》第49条规定的先行裁决，是在上述文件规定基础上修改完善而成的。上述文件列举了三个适用条件和情形，但《劳动仲裁规则》第49条和《劳动争议调解仲裁法》第43条规定的先行裁决对此并未要求。所以，劳动争议调解仲裁法对先行裁决的适用条件是放松的，只规定了"事实已经清楚"这一个条件，其他事项及条件由仲裁庭自由裁量决定。例如，"劳动争议案件涉及的部分事实有待刑事案件中查明的，可以就已经查明部分先行作出裁判"。①

（三）先行裁决的制度评价

实务操作中适用先行裁决的情况不多，这说明该规定实用价值和现实意义有限。但是，并不能因为其适用得少就将其废除，对劳动者来说，即使适用得少，但也是一条有效且及时维护其合法权益的法定措施。总之，有先行裁决制度总比不能先行裁决的适应性、灵活性要强。

当然，如果出现特殊情况，如案件特别复杂、审限不够用而劳动者又急需生活费用等，劳动者也可以选择适用另一种维权方式，即《劳动仲裁规则》第51

---

① 最高人民法院民事审判第一庭编：《民事审判实务问答》，法律出版社2021年版，第202页。

条规定的先予执行制度。然而，先予执行制度只有劳动者能申请，而用人单位无权申请，先行裁决无论是劳动者还是用人单位作为申请人，劳动仲裁委员会均可以适用。

（四）对先行裁决不服的处理

如果当事人对先行裁决不服，按《劳动仲裁规则》第49条规定“可以按照调解仲裁法有关规定处理”。我们认为上述规定不明确。根据《劳动争议调解仲裁法》规定，有两种处理方法：

1. 属于终局裁决性质的，按照《劳动争议调解仲裁法》第49条规定，可以自收到仲裁裁决书之日起30日内向劳动争议仲裁委员会所在地的中级人民法院申请撤销裁决。

2. 属于非终局裁决性质的，按照《劳动争议调解仲裁法》第50条规定，可以自收到仲裁裁决书之日起15日内向人民法院提起诉讼；期满不起诉的，裁决书发生法律效力。裁审实践中，我们认为应当按照具体裁决书的主文内容来认定是否属于终局裁决。

五、先予执行裁决

（一）概述

所谓劳动仲裁的先予执行裁决，是指仲裁庭在裁决之前，为不严重影响申请人的生活，解决其治疗工伤或生活急需，依申请人的申请，针对权利义务关系明确的涉及劳动报酬、工伤医疗费、经济补偿及赔偿金的仲裁请求，依法要求被申请人预先履行部分义务并移送人民法院执行的裁决。所以先予执行的申请人或启动人只能是劳动者，而不能是用人单位。先予执行制度的设立，其目的在于解决劳动者的生活迫切需要，以保障仲裁程序顺利进行。对于先予执行文书名称为什么是“先予执行裁决”，而不是“先予执行决定”？我们认为先予执行文书需要人民法院强制执行，根据《民事诉讼法》第244条规定，依法设立的仲裁机构作出的，具有强制执行力的法律文书，只有一个类型即“裁决”，故而不能是“决定”。

关于我国劳动仲裁的先予执行规则。《劳动争议调解仲裁法》第44条规定：“仲裁庭对追索劳动报酬、工伤医疗费、经济补偿或者赔偿金的案件，根据当事人的申请，可以裁决先予执行，移送人民法院执行。仲裁庭裁决先予执行的，应当符合下列条件：（一）当事人之间权利义务关系明确；（二）不先予执行将严重影响申请人的生活。劳动者申请先予执行的，可以不提供担保。”《劳动仲裁规则》第51条对此作出了相同规定。所以，先予执行裁决适用范围仅限劳动报酬、工伤医疗费、经济补偿或者赔偿金的案件，除此之外的其他案件不能适用。其适用条件为劳动者提出了申请，权利义务关系明确，且不先予执行将严重影响劳动者的生活。

（二）先予执行裁决的程序

1. 劳动者提出申请

先予执行裁决的作出，应当首先由劳动者向劳动仲裁委员会提出书面申请，劳动者应当说明申请的事实和理由，并提交“不先予执行将严重影响申请人的生活”方面的证明材料，如生活严重困难、家庭成员收入较少、医疗费用较高等。无劳动者申请，劳动仲裁委员会不能主动作出先予执行裁决。关于申请时间，劳动争议调解仲裁法没有规定，我们认为可以在申请劳动仲裁时一并提出，也可以在案件受理后裁决作出之前的合理时间内提出。

2. 仲裁庭进行审理

仲裁庭收到劳动者书面申请之后，应当及时进行审查。审查内容为两方面：一是审查是否属于先予执行案件的范围；二是审查是否符合先予执行的条件。对于劳动者的仲裁请求事项较多，且超出了“追索劳动报酬、工伤医疗费、经济补偿或者赔偿金”之范围，但劳动者仅依据上述四项事由申请先予执行的，应当认定为符合先予执行条件。

3. 劳动仲裁委员会作出裁决

经仲裁庭审查，属于案件范围且符合法定条件的，仲裁庭应当向劳动仲裁委员会提出申请，由其审查复核后作出先予执行裁决。“工伤医疗费”的先予执行是否必须以工伤认定为条件？我们认为不需要。因为先予执行制度的立法目的是解决工伤职工现实之迫切需要和保护劳动者的合法权益而采取的紧急措施。如果要等到工伤鉴定结果出来，则无法解决工伤职工的燃眉之急。所以，只要初步判断存在工伤的可能性即可。

4. 担保与移送法院执行

《劳动争议调解仲裁法》第44条第3款规定：“劳动者申请先予执行的，可以不提供担保。”先予执行裁决作出后，劳动仲裁委员会应当主动及时移送有执行权的人民法院执行。《劳动争议司法解释（一）》第10条规定：“当事人不服劳动争议仲裁机构作出的预先支付劳动者劳动报酬、工伤医疗费、经济补偿或者赔偿金的裁决，依法提起诉讼的，人民法院不予受理。用人单位不履行上述裁决中的给付义务，劳动者依法申请强制执行的，人民法院应予受理。”所以，用人单位或劳动者对先予执行裁决不服的，均不可以向人民法院起诉。另外，劳动者也有权申请法院强制执行人民法院的先予执行裁定。如果申请人败诉的，应当赔偿被申请人因先予执行而遭受的财产损失。

（三）裁决后的异议处理与执行

1.能否申请复议问题

如果用人单位或用工单位对先予执行裁决不服的，能否像民事诉讼一样提出复议？此问题劳动争议调解仲裁法未作规定。我们认为不能申请复议，因为法定条件规定得很清楚，当事人之间权利义务关系不明确的，不得作出先予执行的裁决。所以，一般情况下，只要事实清楚，适用法律错误的可能性很小。但是，用人单位在收到人民法院的先予执行裁定后，对人民法院先予执行裁定不服的，可以自收到裁定书之日起5日内向作出裁定的人民法院申请复议，提出复议的同时应当提供相关证据予以证明。人民法院会在收到复议申请后10日内审查。裁定正确的，驳回当事人的申请；裁定不当的，变更或者撤销原裁定。

2.裁执衔接问题

人力资源社会保障部、最高人民法院《关于加强劳动人事争议仲裁与诉讼衔接机制建设的意见》（人社部发〔2017〕70号）第3条第3款规定："规范执行程序衔接。仲裁委员会依法裁决先予执行的，应向有执行权的人民法院移送先予执行裁决书、裁决书的送达回证或其他送达证明材料；接受移送的人民法院应按照《中华人民共和国民事诉讼法》和《中华人民共和国劳动争议调解仲裁法》相关规定执行……"

3.有执行权法院的认定

我们认为执行管辖问题，不能适用《劳动争议调解仲裁法》的管辖规定，而应当适用《民事诉讼法》关于执行管辖的规定。根据《民事诉讼法》第231条第2款规定："法律规定由人民法院执行的其他法律文书，由被执行人住所地或者被执行的财产所在地人民法院执行。"所以，执行先予执行裁决的法院，不一定是劳动仲裁委员会所在地的法院，这一点在实务操作中应当注意，以便提高工作效率。

六、劳动仲裁保全

（一）概述

1.劳动仲裁保全含义

所谓劳动仲裁保全，是指在劳动争议仲裁过程中，劳动仲裁委员会收到申请人的申请后，申请人民法院依法对被申请人的财产采取限制其处分或转移，或者要求被申请人不为一定行为或为一定行为的临时性强制措施。劳动仲裁保全在申请上与诉讼保全有所不同：一是未经当事人申请，劳动仲裁委员会不得主动向人民法院提出申请劳动仲裁保全；二是在劳动仲裁过程中，当事人不得直接向人民法院申请劳动仲裁保全。有观点认为劳动者可以依据《劳动争议司法解释(一)》第49条第1款,直接向人民法院申请保全,我们认为此观点值得商榷。因为该条并未规定劳动仲裁过程中,劳动者可以直接向法院申请保全,而只是根据该规定可以推理出在劳动仲裁过程中可以申请保全之结论。结合人力资源社会保障部、最高人民法院《关于加强劳动人事争议仲裁与诉讼衔接机制建设的意见》(人社部发〔2017〕70号)第3条第2款"转交"之新规定,应当得出不得直接向人民法院申请劳动仲裁保全之结论。并且,此结论与《劳动争议司法解释(一)》第49条第1款规定并不矛盾。

仲裁实践中,一般情况下劳动仲裁保全均是由劳动者在申请劳动仲裁时或立案后提出,因为用人单位经常实施转移、藏匿财产等行为。与劳动诉讼中的诉前保全不同,在申请劳动仲裁之前,无法申请劳动仲裁保全,因为保全申请书需要经过劳动仲裁委员会转交人民法院,不进入仲裁程序无法转交。当事人对人民法院的保全裁定不服的,可以自收到裁定书之日起5日内向作出裁定的人民法院申请复议。人民法院应当在收到复议申请后10日内审查。裁定正确的,驳回当事人的申请;裁定不当的,变更或者撤销原裁定。

2. 劳动仲裁保全类型

根据被保全对象的性质不同,劳动仲裁保全可以分为两个类型:一是劳动仲裁财产保全;二是劳动仲裁行为保全。所谓劳动仲裁财产保全,是指劳动争议仲裁过程中,劳动仲裁委员会收到劳动者的申请后,申请人民法院依法对用人单位的财产采取限制其处分或转移的临时性强制措施。所谓劳动仲裁行为保全,是指劳动争议仲裁过程中,劳动仲裁委员会收到劳动者的申请后,申请人民法院依法要求用人单位不为一定行为或为一定行为的临时性强制措施。

3. 劳动仲裁保全申请条件

(1)财产保全条件

劳动争议当事人申请财产保全,应当符合以下条件:一是申请人和被申请人都是本案当事人;二是请求保全的财产是当事人争议的财产或者是被申请人的财产;三是请求保全的财产价值金额以仲裁请求的金额为限;四是请求保全的目的是使判决或者裁决能够顺利执行或者是避免财产损失。

(2)诉前保全条件

劳动争议当事人不服劳动仲裁委员会裁决的,在起诉前申请诉前财产保全应当符合以下条件:一是申请人与被申请人之间存在法律上的权利义务关系;二是情况紧急,来不及准备相应的起诉材料的;三是请求保全的目的是避免其合法财产受到难以弥补的损害。

4. 保全申请书的内容

我们认为劳动仲裁保全申请书应当包括以下内容：

(1)申请人与被申请人的基本情况，包括双方的地址和联系方式；

(2)请求保全的具体事项、金额和措施；

(3)事实和理由；

(4)财产的证据或线索。提供的财产证据或线索应当明确、具体。申请时已经存在的财产证据或线索，应当一次提供完毕，但非申请人主观原因无法提供的除外。财产证据或线索为银行存款、存单的，应当提供具体银行名称、账号和银行的确切地址。财产证据或线索为股票的，应当提供具体的股东账号、资金账号以及证券公司的确切地址。财产证据或线索为已经登记的不动产、特定动产及其他财产权的，应当提供有关登记机关最近1周内出具的登记资料，资料除了包含所有权人、权证号码、品牌、型号等基本信息外，还应当包含有无抵押权人和司法限制等信息。

(二)劳动仲裁保全相关规定

我国《劳动法》《劳动争议调解仲裁法》《劳动仲裁规则》等劳动法律对劳动仲裁保全没有规定，存在劳动法漏洞，应当进行填补。后来，我国司法机关通过司法解释的方式对此进行了规范性填补，如人力资源社会保障部、最高人民法院《关于加强劳动人事争议仲裁与诉讼衔接机制建设的意见》(人社部发〔2017〕70号)第3条第2款规定："规范保全程序衔接。仲裁委员会对在仲裁阶段可能因用人单位转移、藏匿财产等行为致使裁决难以执行的，应告知劳动者通过仲裁机构向人民法院申请保全。劳动者申请保全的，仲裁委员会应及时向人民法院转交申请书及仲裁案件受理通知书等相关材料。人民法院裁定采取保全措施或者裁定驳回申请的，应将裁定书送达申请人，并通知仲裁委员会。"《劳动争议司法解释(一)》第49条规定："在诉讼过程中，劳动者向人民法院申请采取财产保全措施，人民法院经审查认为申请人经济确有困难，或者有证据证明用人单位存在欠薪逃匿可能的，应当减轻或者免除劳动者提供担保的义务，及时采取保全措施。人民法院作出的财产保全裁定中，应当告知当事人在劳动争议仲裁机构的裁决书或者在人民法院的裁判文书生效后三个月内申请强制执行。逾期不申请的，人民法院应当裁定解除保全措施。"以上司法解释，不但弥补了劳动法漏洞，也为劳动者申请劳动仲裁保全提供了依据和指引，有利地保护了劳动者的合法权益。

同时，我国地方人民法院作出的司法政策，也规定劳动者可以申请劳动仲裁保全。如上海市高级人民法院、广东省高级人民法院、江苏省高级人民法院、浙江省高级人民法院和湖南省高级人民法院等。[①]

(三)是否有权申请劳动仲裁行为保全?

目前有关劳动仲裁保全的规定,均是围绕保护劳动者权益,即针对用人单位转移、藏匿财产等行为作出的,只涉及了劳动者申请劳动仲裁财产保全,而没有涉及行为保全。劳动仲裁过程中,用人单位或劳动者是否有权申请劳动仲裁行为保全?我们认为有权申请。理由如下:

1. 两者申请保全的依据相同

申请劳动仲裁财产保全的依据为《民事诉讼法》第103条第1款规定:"人民法院对于可能因当事人一方的行为或者其他原因,使判决难以执行或者造成当事人其他损害的案件,根据对方当事人的申请,可以裁定对其财产进行保全、责令其作出一定行为或者禁止其作出一定行为……"而申请劳动仲裁行为保全的依据也是上述规定。在我国法律没有明确排除劳动争议双方当事人不可以申请劳动仲裁行为保全的情况下,既然劳动仲裁双方当事人可以依据上述规定申请财产保全,自然也应当允许双方当事人申请同一规定中的另一个保全措施,即行为保全。

2. 避免给双方当事人造成损害的客观需要

劳动仲裁行为保全的目的有两个方面:一个目的是防止将来判决不能执行

---

① 上海市高级人民法院《关于财产保全工作的规定》(根据2017年7月17日文修正)第23条规定:"针对劳动争议案件作出的财产保全裁定中,应当告知当事人在劳动仲裁机构的裁决书或者在人民法院的裁判文书生效后三个月内申请强制执行,逾期不申请的,裁定解除保全措施。"广东省高级人民法院、广东省劳动人事争议仲裁委员会《关于劳动人事争议仲裁与诉讼衔接若干意见》(粤高法发〔2018〕2号)第22条第1款规定:"仲裁过程中,用人单位可能出现逃匿、转移财产等情形的,劳动者应当通过仲裁机构向人民法院申请财产保全,仲裁机构在接到劳动者提交的申请后48小时内向被申请人住所地或被申请保全的财产所在地的基层人民法院移交保全申请书、财产线索清单、用人单位情况说明等相关材料。人民法院裁定采取保全措施或者裁定驳回申请的,应当将裁定书送达当事人,并通知仲裁机构。"江苏省高级人民法院、江苏省劳动人事争议仲裁委员会《关于适用〈中华人民共和国劳动争议调解仲裁法〉若干问题的意见》(苏高法审委〔2008〕19号)第11条第1、2款规定:"劳动争议仲裁过程中,用人单位可能出现逃匿、转移财产等情形的,劳动者可以申请财产保全。劳动争议仲裁委员会应当就是否同意采取财产保全措施向该仲裁委员会所在地的基层人民法院递交书面意见,并附当事人的财产保全申请、财产保全担保及需要保全财产的线索。"《浙江省劳动人事争议调解仲裁条例》(根据2020年9月24日文修正)第33条规定:"被申请人可能有逃匿、转移财产等行为,致使裁决难以执行的,申请人可以申请财产保全。申请人申请财产保全的,劳动人事争议仲裁委员会应当将申请提交被申请人所在地或者财产所在地的基层人民法院。"湖南省高级人民法院《关于审理劳动争议案件若干问题的指导意见》(2009年6月4日起施行)第6条规定:"劳动争议仲裁过程中,用人单位可能出现逃匿、转移财产等情形,劳动者向用人单位住所地人民法院提出财产保全申请,其申请符合《民事诉讼法》第九十三条规定条件的,人民法院依法作出财产保全的裁定。"

或难以执行。这个目的与财产保全的目的是一致的。另一个目的是避免对方当事人行为给申请人造成损害,以防止损害进一步扩大。如果不允许申请人申请劳动仲裁行为保全,则申请人只能眼睁睁地看着被申请人继续实施损害行为,而无法防止损害的进一步扩大,这是不公平的。例如,劳动者违反竞业限制约定就业,此时就应当允许原用人单位申请行为保全,通过人民法院责令劳动者与新的用人单位解除劳动关系,强行制止劳动者的违法就业行为,以防止商业秘密侵权之损失继续扩大。

众所周知竞业限制的时间只有2年,经劳动仲裁、一审和二审后,2年时间可能就过去了。如果加上笔迹鉴定等特殊情况,处理劳动争议的时间会更长。所以,面对劳动者"巧用一裁二审程序""花钱买自由"的行为,原用人单位的利益处于无法保障状态,这不符合竞业限制制度的立法目的。所以,劳动仲裁财产保全是保全措施,而劳动仲裁行为保全也是保全措施,并且两者在目的、功能上是有差别且互补的,不能只允许财产保全而不允许申请行为保全。

3. 能够促进劳动争议的及时解决,节约司法资源

我国劳动争议处理实行"一调一裁二审"制度,所以处理争议的程序多、耗时长。如果不及时采取劳动仲裁行为保全措施,当事人的损失就会无限扩大。如果及时采取行为保全措施,则能够促进当事人纠正违法行为,制止违法损害的进一步扩大,达到及时解决争议之目的。例如,在预告解除"三期"女职工争议中,如果通过人民法院责令用人单位不得实施解除行为,则用人单位事后纠正违法行为后,可以避免违法解除责任的承担,同时对劳动者的损害也不会发生。由于人民法院行为保全的实施,及时地促进了双方争议的解决和处理,对劳动者、用人单位各方均有益,也节约了司法资源。

(四)劳动仲裁行为保全措施例举

1. 禁止违法就业行为保全

所谓禁止违法就业行为保全,是指因劳动者违法就业产生劳动争议时,用人单位为维护自身合法权益,在申请劳动仲裁时或劳动仲裁过程中,向劳动仲裁委员会提出申请,要求其向人民法院申请,责令解除因违法就业建立的新的劳动关系的临时性强制措施。劳动者违法就业行为较为抽象,我们在此以具体的竞业限制为例予以说明。所谓竞业限制,是指知悉用人单位商业秘密的劳动者,在解除或终止劳动合同后的一定期限内,不得到与本单位生产或者经营同类产品、从事同类业务的有竞争关系的其他用人单位,或者自己开业生产或者经营同类产品、从事同类业务,用人单位给予被限制劳动者经济补偿的商业秘

密保护制度。[①] 商业秘密是用人单位的"命根子"，由于劳动者跳槽引起的泄密和侵权案例越来越多，用人单位为了保护自己的商业秘密，采取了一系列的预防泄密措施，与劳动者签订竞业限制协议就是其中一种。

如果劳动者违反竞业限制约定就业的，就极有可能泄露原用人单位的商业秘密。此时就应当赋予用人单位可以申请劳动仲裁行为保全的权利，即强制劳动者履行竞业限制协议，解除与新用人单位的劳动关系，纠正违法就业行为。这样就可以预防用人单位的商业秘密不被泄露或防止损失的进一步扩大。因为此时劳动者的泄密行为有可能还尚未发生，也可能只泄密了部分，如业务员还只"挖走"了部分涉密客户等。所以，禁止劳动者继续实施违法就业行为很有必要且有价值。并且，禁止此劳动者的违法就业行为还具有教育意义，因为其可以震慑其他准备违法就业的人员。至于错误禁止就业行为给劳动者造成损害的，可以通过保全担保和损害赔偿方式来解决，但这不是禁止双方当事人申请行为保全的理由。

2. 暂停解除效力行为保全

所谓暂停解除效力行为保全，是指在用人单位预告解除劳动合同前，劳动者为了保全继续工作请求权，在申请继续履行原劳动合同仲裁时，向劳动仲裁委员会申请，要求其向人民法院申请，在预告期满之日到本劳动争议处理完毕或劳动关系终止之日的期间，用人单位解除劳动合同的效力停止，并责令其以不低于最低工资标准支付工资的临时性强制措施。用人单位无权申请暂停解除效力之劳动仲裁行为保全，因为劳动者的劳动不能被强制。暂停解除效力行为保全措施主要适用于预告解除类型，即《劳动合同法》第 40 条预告解除规定的情形。之所以要求用人单位在暂停解除效力期间支付不低于最低标准的工资，原因在于这样既直接保障了劳动者的生存权和工作请求权，同时又保护了用人单位的利益，防止了劳动者滥用行为保全权利损害用人单位权益。当劳动者胜诉后，解除行为就被认定为违法解除，劳动者可以要求用人单位补足暂停解除效力期间的工资差额。如果劳动者败诉的，劳动者获得的工资无须退还。

在预告解除中，除额外支付劳动者 1 个月工资外，用人单位解除的意思表示，要等预告期满后才产生消灭劳动关系的形成效力。如果用人单位据以解除的事实不成立或者在预告期间消灭，或在预告期满前产生了可以阻却解除意思表示生效的事件，劳动者为了阻止解除意思表示在预告期满后生效，而在申请劳动仲裁处理违法解除争议时，申请劳动仲裁行为保全，暂停用人单位在预告

---

① 胡燕来：《解雇：人力资源法律实务指引》，法律出版社 2016 年版，第 392 页。

期满后解除劳动合同行为的效力。暂停解除效力的行为保全,是对用人单位解除劳动合同的意思表示之形成效力的限制,人民法院的行为保全裁定一经送达,用人单位的解除意思受到该保全裁定的限制而延缓生效。所以,暂停解除效力行为保全裁定既可以有效地防止解除既成事实后无法恢复而导致的执行障碍或其他损害,又可以保障劳动者的生存权,具有劳动法之现实意义。如果违法解除争议中不要求继续履行原劳动合同,而要求支付违法解除赔偿金的,人民法院对劳动者申请暂停解除效力的行为保全申请,应当予以驳回。

3. 继续履行行为保全

所谓继续履行行为保全,是指劳动者为了保全继续工作请求权,在劳动关系被用人单位违法解除或终止后,在申请劳动仲裁要求继续履行原劳动合同时,向劳动仲裁委员会申请,要求其向人民法院申请,责令用人单位在劳动争议处理期间,暂时恢复双方之间劳动关系并以不低于最低工资标准支付工资的临时性强制措施。继续履行行为保全是劳动者在劳动合同解除或终止之后申请的强制措施,包括违反《劳动合同法》第 45 条应当续延规定而实施的终止行为。继续履行行为保全的目的是保全之后生效判决或判决能够得到执行。因为解除或终止既成事实的情况下,可能出现用人单位已另行安排其他劳动者接替其工作等客观上无法恢复之情况,造成继续履行之生效裁决或判决无法执行。暂时恢复劳动关系期间,用人单位可以不按原工资标准支付工资,但不得低于最低工资标准,如果劳动者胜诉的,用人单位应当补足工资差额。如果劳动者败诉的,劳动者在暂时恢复劳动关系期间获得的工资无须退还,因为支付标准为最低工资。

七、裁决书的制作

劳动仲裁裁决书的制作一般要求为格式要规范,规定事项要齐全,案件事实叙述要详细得当且客观真实,对定案的证据要作出具体说明,要通过摆事实、讲法理的方式说明裁决理由,并且裁决的结果要合法完整,同时要使用法言法语。针对裁决书的每个部分,其具体要求如下。

(一)当事人基本情况部分

1. 基本情况

当事人为劳动者的,依次写明当事人姓名、性别、民族、出生年月日、住所地。当事人为用人单位的,依次写明用人单位名称、住所地、法定代表人(主要负责人)姓名、职务等。用人单位名称、住所地写完之后,用人单位法定代表人(主要负责人)姓名、职务另起一行写明。当事人是起有字号的个体工商户的,以其营业执照上登记的字号为当事人,同时写明该字号业主的姓名、性别、民族、出生年月日、住所地。代理人为律师、基层法律服务工作者或用人单位职工的,依次写明代理人姓名、工作单位、职务。代理人为除上述人员外的公民个人的,依次写明代理人姓名、性别、民族、出生年月日、住所地。

2. 名称

当事人是法人或其他组织的,写明法人或其他组织的全称(以工商注册的名称为准,无工商注册材料的,以其他有效身份证明材料为准),不得使用简称。当事人是不具备法人条件的组织或起字号的个人合伙的,直接写明其名称或字号和住所地。在仲裁过程中,当事人变更名称的写变更后的全称。

3. 住址与地址

当事人是法人或其他组织的,写明法人或其他组织所在地址;当事人是劳动者的,写明劳动者的住址。地址应写明当事人住所地所在的省(自治区、直辖市)、市、县(市、区)、镇(乡)、村、门牌号码等。住所地与经常居住地不一致的,写经常居住地。

4. 反申请

被申请人提出反申请的案件,可在本申请称谓后用括号注明其反申请人称谓,例如,“申请人(反申请被申请人)”“被申请人(反申请人)”。当事人、法定代表人(主要负责人)、代理人称谓后面不用冒号隔开,直接写其姓名或者名称。

(二)案由部分

案由一般应根据案件的性质和具体情况,并结合《劳动争议调解仲裁法》第2条、《劳动仲裁规则》第2条规定的受理范围来确定,要能明确反映双方当事人争议的焦点。当事人申请仲裁的法律关系与实际诉争的法律关系不符时,结案时以仲裁庭查明的当事人之间实际存在的法律关系作为确定案由的依据。当事人之间争议的法律关系涉及多个方面的,以主要或者重要争议为案由,案由不能超过三个,不能出现“等”字样。

(三)案件审理程序部分

案件审理程序部分一般写明“公开开庭进行了审理”。如果被申请人提出反申请的,写明“在案件审理中,被申请人提出反申请,经审查,符合反申请受理条件,两案合并公开开庭审理”。如果依法未公开开庭的,写明“本委因……(写明原因)对本案进行了不公开审理”。当事人经依法送达未到庭的,应写明“×××经本委依法通知无正当理由拒不到庭,本委依法缺席仲裁”。当事人未经仲裁庭许可中途退庭的,应写明“未经仲裁庭许可中途退庭,本委依法缺席仲裁”。

如果被申请人缺席,劳动仲裁委员会该如何对证据进行审查认定?我们认为在对证据的审查认定上,缺席审理和对席审理一样,仲裁员均要对证据的形式要件和实质要件一并审查判断。(1)对不完全应诉的处理。如果被申请人收到仲裁申请书副本及其他证明材料后,仅仅提交答辩状或参加证据交换并提出口头意见,但之后无正当理由未参加庭审的,被申请人的答辩状及证明材料应视为其仲裁主张,并纳入庭审调查的范围,申请人应当对其进行辩论,仲裁庭可将其作为裁决的基础。如果被申请人对申请人在仲裁申请书中陈述的事实在答辩状中没有否认,也没有提交反证材料,不能视为其对申请人主张的认可。如果被申请人仅仅单纯予以否定,申请人须对主张的事实承担举证责任。如果被申请人提出了积极的主张予以抗辩,则被申请人需要对此积极主张承担举证证明责任。庭审后,仲裁庭应当对双方提交的证据进行综合审查,并作出缺席裁决。(2)对完全不应诉的处理。如果被申请人收到仲裁申请书副本和开庭通知后,无正当理由拒绝参加庭审的,视为被申请人放弃了在仲裁庭上进行答辩、举证、质证以及辩论的程序权利,但不能视为其对申请人仲裁请求或主张事实的承认,也不能视为对其实体权利的处分,仲裁庭不能当然地据此对申请人提供的证据予以认定,进而完全按照申请人主张来裁决。仲裁员应当从职业道德出发,运用逻辑推理和经验法则对申请提交的资料进行全面、客观的审查,要重点审查证据的关联性、合法性。另外,如果不依职权主动调查收集某些证据,则导致案件处理明确不公的,建议仲裁员启动依职权主动调查程序,依法收集相关证明资料。

(四)当事人诉辩称部分

1. 诉称

申请人诉称(含反申请)部分应写明事实、理由、仲裁请求及对反申请的答辩意见;被申请人辩称(含反申请)部分应写明事实、理由及反申请请求;第三人辩称部分应写明事实、理由。

2. 辩称

辩称中均应使用第三人称,不能使用如“我”“我单位”“本公司”“本人”等第一人称,且应避免出现带有情感之类的词语。对当事人的辩称内容,应做总结、归纳性概述,既要忠实于各方当事人原意,又要注意全面,在不遗漏各方当事人主张的基础上进行概括,不能流露出仲裁员的主观意向。当事人的仲裁请求应写清具体事项,数额明确。

当事人既没有提交书面意见,也没有参加庭审的,写“×××既未做出答辩,亦未到庭参加仲裁活动”。

对疑难复杂案件，在当事人辩称部分应写明当事人提交的证据、当事人质证意见和仲裁庭认证部分。具体包括：(1)概述各方当事人无争议的证据；(2)围绕案件争议焦点，详述当事人对持有异议证据的举证、质证情况；(3)详述仲裁庭的认证理由。对经仲裁庭质证后，各方当事人对真实性、关联性、合法性均不持异议或争议的证据，分别列明证据名称，并写明"本委予以确认"。对与案件争议焦点密切相关，且当事人持有异议或争议的证据，应详细地一一写明各个证据的名称、提交证据的当事人、其他当事人的意见、仲裁庭对此予以认定或者不予认定的理由等。对仲裁委员会调取的证据，当事人有质证意见的也要写明。

（五）本委查明部分

仲裁庭要针对当事人的争议焦点、重点写明认定事实。认定的事实必须是经过审理查明属实的事实。该部分叙述应视案情区别而定。叙述的方法一般应按照时间顺序，客观、全面、真实地反映案情，详述主要情节和因果关系。要围绕当事人的仲裁请求，有针对性的叙述，重点突出、层次分明、逻辑严密、繁简适当。写事实的一般顺序为：当事人的劳动关系基本情况；围绕当事人的仲裁请求依次叙明案件基本情况；其他与本案仲裁请求有关的事实。

叙述事实时要注意保守国家机密、军事秘密、商业秘密，对当事人的声誉、隐私情节不作描述；不得出现具有侮辱、谩骂等攻击性言辞。

（六）本委认为部分

1. 裁决理由

针对当事人的仲裁请求和争议焦点，摆事实、讲法律、谈道理、分清是非责任。说理要充分、严谨、客观，详略得当，既要有针对性，又要是非分明。裁决依据的规定，引用时应当准确、全面、具体。仲裁裁决内容必须明确、具体，具有可执行性。

关于文书中是否需要具体阐述证据是否采纳的理由，我们建议参照最高人民法院《关于印发〈人民法院民事裁判文书制作规范〉〈民事诉讼文书样式〉的通知》（法〔2016〕221 号）第 3 条第 5 款第 7 项规定："……对当事人无争议的证据，写明'对当事人无异议的证据，本院予以确认并在卷佐证'。对有争议的证据，应当写明争议的证据名称及人民法院对争议证据认定的意见和理由；对有争议的事实，应当写明事实认定意见和理由。"第 8 项规定："对于人民法院调取的证据、鉴定意见，经庭审质证后，按照当事人是否有争议分别写明。对逾期提交的证据、非法证据等不予采纳的，应当说明理由。"所以，我们不能笼统表述为"证据不足、不予支持"或"证据充分、予以支持"。

2. 法律法规引用

“根据……的规定”中省略部分具体是指引用国家法律、法规、规章。人民法院的裁判文书应当依法引用相关法律、法规等规范性法律文件作为裁判依据。引用时应当准确完整写明规范性法律文件的名称、条款序号,需要引用具体条文的,应当整条引用。并列引用多个规范性法律文件的,引用顺序如下:法律及法律解释、行政法规、地方性法规、自治条例或者单行条例、司法解释。同时引用两部以上法律的,应当先引用基本法律,后引用其他法律。引用包括实体法和程序法的,先引用实体法,后引用程序法。民事裁判文书应当引用法律及法律解释或者司法解释。对于应当适用的行政法规、地方性法规或者自治条例和单行条例,可以直接引用。对于上述之外的规范性文件,根据审理案件的需要,经审查认定为合法有效的,可以作为裁判说理的依据。人民法院制作裁判文书确需引用的规范性法律文件之间存在冲突,根据立法法等有关法律规定无法选择适用的,应当依法提请有决定权的机关作出裁决,不得自行在裁判文书中认定相关规范性法律文件的效力。①

3. 裁决主文

对当事人仲裁请求支持的,应写明“自本裁决生效之日起×日内,被申请人一次性支付申请人……”对当事人仲裁请求不支持的,应写明“对申请人(或反申请人)的仲裁请求,不予支持”。

(七)不服处理程序的告知

1. 终局裁决

可以写明:根据《劳动争议调解仲裁法》第48条之规定,劳动者如不服本裁决,可以自本裁决书送达之日起15日内向人民法院提起诉讼;根据《劳动争议调解仲裁法》第49条之规定,用人单位有证据证明本裁决符合该条规定情形之一的,可以自本裁决书送达之日起30日内向×××省(市)×××中级人民法院申请撤销裁决。劳动者期满不起诉,用人单位期满未申请撤销裁决的,本裁决书自作出之日起发生法律效力。一方当事人逾期不履行生效仲裁裁决的,另一方当事人可以在本裁决规定的履行期限届满后向人民法院申请强制执行。

说明:为了体现终局裁决书的终局性,部分省市对用人单位撤销权的告知,是在送达回证、仲裁须知或其他告知性文件中告知的,而未在裁决书中告知。

---

① 最高人民法院《关于裁判文书引用法律、法规等规范性法律文件的规定》(法释〔2009〕14号)。

2. 非终局裁决

可以写明：根据《劳动争议调解仲裁法》第 50 条之规定，当事人对本裁决不服的，可以自收到仲裁裁决书之日起 15 日内向人民法院提起诉讼；期满不起诉的，裁决书发生法律效力。一方当事人拒不履行生效仲裁裁决的，另一方当事人可以向人民法院申请强制执行。

（八）裁决书编排建议

裁决书的公文用纸建议采用国际标准 A4 型（210mm × 297mm），左侧装订。“页边距、版式”使用“word”文档默认格式。“××× 劳动人事争议仲裁委员会仲裁裁决书”，使用宋体二号字，加黑，单倍行距，居中；首部“××× 劳动人事争议仲裁委员会”应与尾部仲裁委员会的印章一致。案号、正文部分，使用仿宋三号字。案号与标题之间空一行，连接正文，案号由仲裁委员会代字、年份和序号组成，年份、序号用阿拉伯数码标识，年份应标全称，用六角括号“〔〕”括入；序号不编虚位(1 不编为 001)。正文段落格式为：两端对齐、首行缩进 2 字符、行距 28 磅。一般每面排 22 行，每行排 28 个字。仲裁委员会的裁决日期用汉字将年、月、日标全；“零”写为“〇”。

八、裁决的效力

（一）概述

所谓劳动仲裁裁决的效力，是指生效的劳动仲裁裁决书所发生的实际作用。未生效的裁决书不具有法律效力，对当事人无约束力。没有生效的裁决称为效力待定的裁决，只有确定的裁决才是完全效力的裁决。完全效力的裁决同时具有三种不同类型的法律效力：一是裁决的原有效力；二是裁决的附随效力；三是裁决的事实效力。

（二）裁决的原有效力

所谓裁决的原有效力，是指劳动仲裁裁决本身所具有的法律效力。原有效力是裁决的原始效力，是裁决最基本和最直接的法律效力。原有效力也有三种类型，即既判力、执行力和形成力。一份生效的裁决，不会同时具有以上三种类型的原有效力。

1. 裁决的既判力

（1）既判力概述

所谓裁决的既判力，又称裁决实质上的确定力，是指当事人之间原争议的劳动法律关系，已经过劳动仲裁委员会裁决解决并确定生效，当事人、劳动仲裁委员会或人民法院应当受此裁决内容的拘束，即当事人不得再对此申请仲裁或提起诉讼，或在之后的仲裁或诉讼中主张与该裁决相反的内容，劳动仲裁委员会或人民法院也不得对当事人之间原争议的劳动法律关系,再次进行裁决,或在以后的仲裁或诉讼中,作出与该裁决相冲突的裁决或判决。

既判力对以后的劳动仲裁或诉讼有拘束作用,其作用表现在两个方面:一是当事人不得在后诉中提出与前诉有既判力的判断相反的主张,后诉劳动仲裁委员会或人民法院也不得作出与前诉有既判力的判断相反的裁判。二是后诉的劳动仲裁委员会或人民法院,必须以前诉之劳动仲裁裁决的内容作为前提。

(2)既判力的时间范围、客观范围和主观范围

关于既判力的时间范围。所谓既判力的时间范围,又称既判力的时间界限、既判力的基准时或既判力的标准时,是指已确定判决产生既判力作用的时间点。一般认为,既判力的时间界限为事实审言词辩论终结时,即确定判决仅对事实审言词辩论终结时,所存在或不存在的权利义务关系产生既判力,而对此基准时之后所发生的事实或权利义务关系的变动事实则无既判力。①

关于既判力的客观范围。所谓既判力的范围,是指确定判决对哪些事项产生既判力。②《民事证据规定》第10条规定,已为人民法院发生法律效力的裁判所确认的基本事实,当事人无须举证证明。上述规定中的"基本事实"就是既判力的客观范围。所谓"基本事实",《民诉法解释》第333条规定:"民事诉讼法第一百七十七条第一款第三项规定的基本事实,是指用以确定当事人主体资格、案件性质、民事权利义务等对原判决、裁定的结果有实质性影响的事实。"而《民事诉讼法》第177条第1款第3项规定:"原判决认定基本事实不清的,裁定撤销原判决,发回原审人民法院重审,或者查清事实后改判。"我们认为,其与民事诉讼法中,"基本事实"的含义应当一致。所以,所谓基本事实,是指用以确定当事人主体资格、案件性质、民事权利义务等对原判决、裁定的结果有实质性影响的事实。

关于既判力的主观范围。既判力的主观范围,是指确定判决对哪些主体产生既判力。一般来说,既判力只及于当事人,而不及于与诉讼标的无关的案外人。因为民事诉讼只解决特定当事人之间的民事纠纷,判决也必须以特定当事人在诉讼中所主张的内容为前提,所以判决也只能对当事人发生既判力;其他人既然没有参加诉讼并提出主张,为保护其合法权益则判决不能对其发生既判力。当然这也是相对的,在特定情形下,既判力的主观范围会对当事人以外的人进行扩张。既判力主观范围扩张的主要情形有:(1)言词辩论终结后当事人

---

① 江伟、肖建国主编:《民事诉讼法》,中国人民大学出版社2018年版,第327页。

② 江伟、肖建国主编:《民事诉讼法》,中国人民大学出版社2018年版,第327页。

的继承人。(2)为当事人或其继承人利益占有诉讼标的物的人。(3)形成判决的案外人。[①]

2. 裁决的执行力

所谓裁决的执行力,是指具有给付内容的劳动仲裁裁决生效后,可以作为执行根据而具有要求人民法院强制执行的作用。非给付内容的裁决,不具有执行力。但又不能反过来理解为只有给付内容的裁决才具有执行力,因为其他法律文书也具有执行力,如调解书、商事仲裁机构的裁决书和人民法院的财产保全裁定等。有给付内容的劳动仲裁裁决确定并生效后,如果裁定履行给付义务的一方当事人,拒不执行裁决确定的义务的,权利一方当事人则可以向人民法院提出强制执行的申请,使得裁决的给付内容得到强制实现。

3. 裁决的形成力

所谓裁决的形成力,又称变更力或创设力,是指劳动仲裁裁决所具有的变更原有法律关系、产生新的法律关系的作用。如撤销解除劳动合同通知就恢复了原劳动关系。一般情况下,形成力只有形成之诉的裁决才有。形成力产生于裁决生效之时。当事人行使形成权,提起形成之诉的,必须要有法律明确规定,否则无法产生形成裁决。例如,劳动者根据《劳动合同法》第 48 条规定申请劳动仲裁,要求撤销解除劳动合同通知并恢复劳动关系,这是形成之诉,劳动仲裁委员会针对此请求作出的裁决为形成裁决,该形成裁决生效之后,具有形成力,即原劳动关系恢复。但其却不具有执行力,不能得到人民法院的强制执行,因为该仲裁请求没有给付内容。

(三)裁决的附随效力

所谓裁决的附随效力,是指劳动仲裁裁决对申请人与被申请人之外的第三人产生的作用。裁决的附随效力是针对劳动仲裁的原有效力而言的,是在原有效力之外的,对第三人产生的法律效力。因为附随效力反映的是裁决的间接作用,而裁决的原有效力反映的是裁决的直接作用,一般只对当事人之间产生拘束力,对作为非当事人的第三人来说,并无拘束作用。

按是否存在法律依据为标准,我们将劳动仲裁裁决的附随效力划分为两个类型:裁决的法定附随效力和裁决的法理附随效力。所谓裁决的法定附随效力,是指依据劳动法和劳动争议调解仲裁法的相关规定,以劳动仲裁裁决生效作为构成要件,对第三人产生一定法律效果的效力。这种作用的发生,依赖于法律的明确规定,且这个规定将劳动仲裁裁决生效作为构成要件。所谓裁决的

① 江伟、肖建国主编:《民事诉讼法》,中国人民大学出版社 2018 年版,第 327 ~ 328 页。

法理附随效力，依据劳动法律原理，以劳动仲裁裁决生效作为构成要件，对第三人产生一定法律效果的效力。

（四）裁决的事实效力

所谓裁决的事实效力，是指劳动仲裁裁决的证明作用。依据法理，已经生效的劳动仲裁裁决，在后诉中具有证据的作用，且该裁决所认定的事实，在后诉中对仲裁员在认定事实上有影响心证的作用。《民事证据规定》第 10 条第 1 款规定："下列事实，当事人无须举证证明……（五）已为仲裁机构的生效裁决所确认的事实……"以上规定就是劳动仲裁裁决具有事实效力的法律依据。

裁审实践中，"生效裁决所确认的事实"是指哪些事实？如何判断？我们认为仅指"本委认为"中确认的事实。因为劳动仲裁裁决对事实的认定有四种：一是当事人自认的事实；二是劳动仲裁委员会推定的事实；三是当事人证明的事实；四是劳动仲裁委员会自己调查的事实。当事人自认的事实、劳动仲裁委员会推定的事实和劳动仲裁委员会自己调查的事实，是不需要当事人证明的。只有当事人证明的事实，才需要劳动仲裁委员会依法进行认定。所以，只有在"生效裁决所确认的事实"中"当事人证明的事实"，才具有免除当事人证明责任的效果，其他"生效裁决所确认的事实"并没有免除当事人证明责任的效果。

九、档案管理

（一）归档

仲裁委员会应派专人负责案卷的归档、保管工作。《劳动仲裁规则》第 21 条规定："案件处理终结后，仲裁委员会应当将处理过程中形成的全部材料立卷归档。"案卷按照"谁经办，谁整理"的原则，由案件承办人、书记员负责将案件处理过程中形成的全部材料立卷归档，并确保材料的完整和规范。案卷材料以案件为单位整理，并按年度立卷归档，实行"一案一卷"。

（二）案卷整理

《劳动仲裁规则》第 22 条规定："仲裁案卷分正卷和副卷装订。正卷包括：仲裁申请书、受理（不予受理）通知书、答辩书、当事人及其他仲裁参加人的身份证明材料、授权委托书、调查证据、勘验笔录、当事人提供的证据材料、委托鉴定材料、开庭通知、庭审笔录、延期通知书、撤回仲裁申请书、调解书、裁决书、决定书、案件移送函、送达回证等。副卷包括：立案审批表、延期审理审批表、中止审理审批表、调查提纲、阅卷笔录、会议笔录、评议记录、结案审批表等。"一般情况下，不予受理案件卷宗的装订顺序为：仲裁申请书［申请人为个人的附身份证明复印件，申请人为单位的附企业法人营业执照副本复印件或为事业单位法人证书复印件、法定代表人(或主要负责人)身份证明书];收件回执;申请人授权委托书及律师出庭函;申请人提供的证据清单及证据材料;不予受理通知书;仲裁文书底稿;送达回执等。

(三)案卷查阅

劳动仲裁委员会应当建立案卷查阅制度。《劳动仲裁规则》第23条规定:"仲裁委员会应当建立案卷查阅制度。对案卷正卷材料,应当允许当事人及其代理人依法查阅、复制。"一般情况下,查阅正卷需持单位介绍信,填写阅卷单,经案卷管理人员初审后,由仲裁委员会办案机构负责人批准;原则上不准查阅副卷。当事人对仲裁结果不服到法院起诉或申请执行的案件,经仲裁委员会办案机构负责人批准,法院可以凭介绍信借阅正卷。对确需借出的案卷要明确规定借阅期限,对如期归还的,归还时要严格检查,确保案卷的完整。律师担任案件诉讼阶段代理人的,可持立案证明、授权委托书、律师事务所介绍信及本人执业证查阅案卷正卷。非案件当事人和与当事人有利害关系的单位及个人,不得借阅案卷;案卷不需要保密的内容,案件当事人及其代理人可持有关证明申请查阅、复印。

(四)案卷保存期限

《劳动仲裁规则》第24条规定:"仲裁裁决结案的案卷,保存期不少于十年;仲裁调解和其他方式结案的案卷,保存期不少于五年;国家另有规定的,从其规定。保存期满后的案卷,应当按照国家有关档案管理的规定处理。"所以,案卷保管期限分为5年和10年两种。仲裁调解和其他方式结案的案件以及不予受理案件,案卷保管期限为5年;仲裁裁决结案的案件,案卷保管期限为10年。保管期限从案件结案后次年的1月1日开始计算。同一案件形成案卷的保管期限应相同。国家另有规定的从其规定。

十、仲裁文书制作的基本行为准则

(一)文书制作的基本要求

1. 严格遵守格式和规范,提高裁决文书制作能力,确保裁决文书质量,维护裁决文书的严肃性和权威性;

2. 一般程序案件的裁决文书应当内容全面、说理透彻、逻辑严密、用语规范、文字精练;

3. 简易程序案件的裁决文书应当简练、准确、规范;

4. 组成合议庭审理的案件的裁决文书要反映多数人的意见。

(二)裁决文书质量责任的承担

1. 案件承办仲裁员或者独任仲裁员对裁决文书质量负有主要责任,其他合议庭成员对裁决文书负有次要责任；

2. 对裁决文书负责审核、签发的仲裁员，应当做到严格审查、认真把关。

（三）对审理程序及审理全过程的叙述

1. 准确叙述当事人的名称、案由、立案时间、开庭审理时间、仲裁参加人到庭等情况；

2. 简易程序转为一般程序的，应当写明转换程序的时间和理由；

3. 追加、变更当事人的，应当写明追加、变更的时间、理由等情况；

4. 应当如实叙述审理管辖异议、委托司法鉴定、评估、审计、延期审理等环节的流程及一些重要事项。

（四）对仲裁各方申请书、答辩状的归纳

1. 简要、准确归纳仲裁各方的诉辩主张；

2. 应当公平、合理分配篇幅。

（五）对当事人质证过程和争议焦点的叙述

1. 简述开庭前证据交换和庭审质证阶段各方当事人质证过程；

2. 准确概括各方当事人争议的焦点；

3. 案件事实、法律关系较复杂的，应当在准确归纳争议焦点的基础上分段、分节叙述。

（六）一般程序案件的裁决文书对事实认定部分的叙述

1. 表述客观，逻辑严密，用词准确，避免使用明显的褒贬词汇；

2. 准确分析说明各方当事人提交证据采信与否的理由以及被采信的证据能够证明的事实；

3. 对举证证明责任、证据的证明力以及证明标准等问题应当进行合理解释。

（七）对一般程序案件定性及审理结果的分析论证

1. 应当进行准确、客观、简练的说理，对答辩意见、代理意见等是否采纳要阐述理由；

2. 审理案件，应当根据法律、法规、司法解释的有关规定，结合个案具体情况，理清案件法律关系，对当事人之间的权利义务关系、责任承担及责任大小等进行详细的归纳评判。

（八）法律条文的引用

1. 在裁决理由部分应当引用法律条款原文，必须引用到法律的条、款、项；

2. 说理中涉及多个争议问题的，应当一论一引；

3. 在裁决主文理由部分最终援引法律依据时，只引用法律条款序号。

（九）裁决文书宣告或者送达后发现文字差错

1. 对一般文字差错或者病句，应当及时向当事人说明情况并收回裁决文书，以校对章补正或者重新制作裁决文书；

2. 对重要文字差错或者病句，能立即收回的，当场及时收回并重新制作；无法立即收回的，应当制作决定予以补正。

十一、裁决文书定稿前的通常复核标准

裁决文书制作完成后定稿之前，建议对裁决文书进行最后一次核查。核查可以分以下两个方面的内容进行：

（一）形式意义上的常见复核标准

1. 不能出现错别字；

2. 案由应当准确；

3. 文书格式要符合要求；

4. 语句不能有语病或歧义；

5. 案号不能错误；

6. 加盖图章的位置要正确；

7. 要有仲裁员的签名；

8. 要加盖劳动仲裁委员会骑缝章；

9. 其他形式检测事项。

（二）实质意义上的常见复核标准①

1. 当事人的诉辩称与卷宗记载是否一致。这主要是核查裁决文书是否客观真实地反映了当事人的诉辩主张，要做到没有遗漏且客观全面。

2. 当事人的诉讼主张与基础规范是否一致。这主要是核查当事人是否提出了正确的诉讼主张。具体而言原告要做到以下两点：一是当事人主张的事实、理由必须与其主张的权利或请求相一致。二是当事人提出的主张必须符合基础规范的要件要求。相对于被告也要做到以下两点：一是必须对原告的权利请求构成要件主张全部作出回应。二是被告的答辩主张与其抗辩（权）主张相一致。

3. 当事人的诉讼证据与诉讼主张是否一致。这主要是核查当事人的举证、质证是否与诉辩主张相一致，防止“跑题”。要注意核查是否遗漏了证据。

4. 当事人的诉讼争点与诉讼主张是否一致。这个争点包括事实争点和法律争点。要核查是否遗漏了争点，是否遗漏了诉辩主张，不写争点、遗漏争点或

---

① 邹碧华：《要件审判九步法》，法律出版社 2010 年版，第 164 ~ 174 页。

遗漏诉辩主张均不符合要求,要做到诉讼争点与诉讼主张完全一致。

5. 认定事实与事实争点是否一致。要注意核查认定事实过程中是否遗漏了事实争点,无论争点事实能否成立,均须对其作出认定。认定事实是裁判案件的基础,不认定事实(如无争议事实等)或者遗漏争点事实认定均不符合要求,因为认定事实与事实争点必须一致。

6. 法律理由与法律争点是否一致。法官必须对法律争点作出回应并说明理由,要注意核查判决理由是否遗漏了法律争点。要做到以下两点:一是"本院认为"部分不能出现在"当事人辩称"或者"本院查明"中未曾出现过的事实。二是"本院认为"必须对所有法律争点和事实争点的认定理由作出了回应。

7. 判决主文与请求是否一致。要防止出现超判、漏判和变判,具体要做到以下三点:一是裁决主文确定的权利义务必须与诉讼请求一致,以体现不告不理和当事人意思自治原则。[①] 二是对诉讼请求作出全部、部分不予支持的结论。三是判决主文不能走出诉讼请求的范围。[②]

8. 引用的法律条文与判决主文是否一致。法官将锁定的法律规范作为大前提,将认定的案件事实作为小前提,运用逻辑推理而得出了判决主文。因此,裁判文书引用的法律条文是判决主文得以产生的依据,引用法律条文的范围也应当与判决主文一致,以保证每一条判决主文都有具体的法律条文作支撑。裁审实践中要核查是否存在漏引、滥引和错引法律条文的情况。

---

① 王松:《民事判决书主文的表述方法》,载《法律适用》2009 年第 9 期。

② 对一审未起诉裁决事项应视为认可,可以判决主文中列明,具体操作规则及理由见"裁审衔接"相关内容。

第十八章　一裁终局

一裁终局之劳动仲裁制度，是最具有中国特色的劳动争议调解仲裁制度。一裁终局制度在裁审实践中从无到有，从有到新，不断完善，与时俱进，为我国劳动争议的快速高效处理作出了突出贡献。

一、终局裁决概述

（一）定义

所谓一裁终局，是指劳动争议经仲裁裁决后即行终结的制度。[①] 故所谓终局裁决，是指一经作出即发生法律效力，且劳动者享有起诉权，用人单位只可向相应的中级人民法院申请撤销而不可起诉的裁决。相应地，所谓非终局裁决，是指当事人不服裁决时，均可依法向人民法院提起诉讼的裁决。1995 年 1 月 1 日实施的《劳动法》确立了我国劳动争议"一调一裁二审"和"仲裁前置"的处理机制。长时间的实践既彰显了该制度的优势，又显现出其存在一些弊端，如程序重复、处理周期冗长、司法资源浪费、案件处理效率低下等，并且这一弊病长期被用人单位利用，成为其滥用诉权的抓手，用来对付劳动者，造成劳动者维权成本因制度弊病而明显增加，有必要予以完善和改进。鉴于此，为克服这一弊病，提高争议处理效率，在 2008 年实施的《劳动争议调解仲裁法》中，首次创新设立了一裁终局制度。其后《劳动仲裁规则》对一裁终局制度进行了深化和完善，形成了具有中国特色的一裁终局劳动争议处理制度。

《劳动争议调解仲裁法》第 47 条规定："下列劳动争议，除本法另有规定的外，仲裁裁决为终局裁决，裁决书自作出之日起发生法律效力：（一）追索劳动报酬、工伤医疗费、经济补偿或者赔偿金，不超过当地月最低工资标准十二个月金额的争议；（二）因执行国家的劳动标准在工作时间、休息休假、社会保险等方面发生的争议。"以上是我国劳动仲裁一裁终局的法律规定。所以，我国一裁终局制度，是倾斜保护劳动者原则在劳动争议调解仲裁法中的具体体现。设立一裁终局制度的目的是防止用人单位滥用诉权拖垮劳动者，以实现实质正义。一裁终局是预防用人单位滥权的措施，是采取不平等分配诉权的方式实现

---

① 张世诚主编、全国人大常委会法制工作委员会行政法室编著：《中华人民共和国劳动争议调解仲裁法解读》，中国法制出版社 2008 年版，第 152 页。

的,即赋予劳动者起诉权,而剥夺用人单位的起诉权,仅允许其申请撤销。这种为了保护劳动者一方当事人权益的倾斜立法,从民事诉讼角度来看是不可思议的,因为《民事诉讼法》倡导的是诉讼权利平等原则。一裁终局制度无疑是我国劳动争议调解仲裁法中最耀眼的亮点。所以有学者对此持有异议:"劳动争议一裁终局制度仅是限制用人单位的诉权,违背了诉权平等对待原则,侵害了用人单位的诉权。"①

(二)适用一裁终局的法定条件

1. 只适用部分劳动争议

根据《劳动争议调解仲裁法》的规定,一裁终局并不是适用全部劳动争议案件,而是仅适用以下两种类型的劳动争议案件:一是追索劳动报酬、工伤医疗费、经济补偿或者赔偿金的争议案件;二是因执行国家的劳动标准在工作时间、休息休假、社会保险等方面发生的争议案件。除上述两种类型的案件之外,其他案件均不得适用一裁终局。

2. 只适用小金额案件

《劳动仲裁规则》第 50 条第 1 款规定:"仲裁庭裁决案件时,申请人根据调解仲裁法第四十七条第(一)项规定,追索劳动报酬、工伤医疗费、经济补偿或者赔偿金,如果仲裁裁决涉及数项,对单项裁决数额不超过当地月最低工资标准十二个月金额的事项,应当适用终局裁决。"所以,根据上述规定只有"追索劳动报酬、工伤医疗费、经济补偿或者赔偿金"这四类中的小金额案件,才能适用一裁终局。之后 2022 年《裁审衔接意见(一)》对这四种类型案件的范围进行了明确和细化,该《裁审衔接意见(一)》第 10 条规定:"仲裁裁决涉及下列事项,对单项裁决金额不超过当地月最低工资标准十二个月金额的,劳动人事争议仲裁委员会应当适用终局裁决:(一)劳动者在法定标准工作时间内提供正常劳动的工资;(二)停工留薪期工资或者病假工资;(三)用人单位未提前通知劳动者解除劳动合同的一个月工资;(四)工伤医疗费;(五)竞业限制的经济补偿;(六)解除或者终止劳动合同的经济补偿;(七)《中华人民共和国劳动合同法》第八十二条规定的第二倍工资;(八)违法约定试用期的赔偿金;(九)违法解除或者终止劳动合同的赔偿金;(十)其他劳动报酬、经济补偿或者赔偿金。"需要注意的是上述规定,并未扩大终局裁决的适用范围。

根据上述规定,终局裁决小金额的标准为"单项裁决数额不超过当地月最低工资标准十二个月金额的事项"。该小金额标准是《劳动仲裁规则》在吸收

① 侯玲玲:《劳动争议一裁终局制度的反思与改革》,载《法商研究》2017 年第 3 期。

最高人民法院《关于审理劳动争议案件适用法律若干问题的解释(三)》(已被法释〔2020〕16号文废止)第13条[①]规定基础上作出的规定。在理解上述法定小金额标准时,应当注意:(1)单项裁决数额是指对一个仲裁请求可能裁决的金额,不是指对全部仲裁请求可能裁决的金额之和;(2)月最低工资是指裁决作出时的最低工资;(3)“当地”是指立案受理的劳动仲裁委员会所在地;(4)“单项裁决数额”之金额是指可能裁决的金额,而不是指仲裁请求的金额。如违法解除的赔偿金争议中,仲裁请求为20万元,如获支持金额为12万元,获不支持则为0元,此时应以12万元作为“单项裁决数额”之金额,而不是裁决驳回的0元和仲裁请求的20万元;(5)月最低工资标准12个月金额包括本数在内,即小于或等于的应当适用终局裁决。

对“因执行国家的劳动标准在工作时间、休息休假、社会保险等方面发生的争议案件”是否有金额大小限制,劳动争议调解仲裁法未作规定。对上述劳动争议案件范围的确定在裁审实践中存在争议,具体探讨见本章相关专题。

3. 只适用劳动关系明确的案件

劳动关系明确是适用一裁终局之前提条件,但关于这一前提条件在我国劳动争议调解仲裁法中却未作规定。裁审实践中对此适用条件也存在争议,主要有两种观点:第一种观点认为适用劳动关系不明确的案件。如果用人单位与劳动者就劳动关系的存在有争议就不能终局裁决,则意味着所有这些终局裁决事项都不能发生“终局”之效果。既然法律规定这些事项为终局裁决,则意味着即使双方就其劳动关系存在争议,仲裁委的裁决依然是终局性的。[②] 第二种观点认为不适用劳动关系不明确的案件。理由为劳动关系确认是适用劳动法的前提条件,而劳动关系确认案件属于劳动争议案件中最为复杂和高难度案件,一旦劳动关系不明确、存在争议,不宜适用一裁终局。[③]

我们赞同第二种观点,即终局裁决只适用劳动关系明确的案件。除上述理由之外,我们补充以下几点理由:(1)《劳动争议调解仲裁法》第47条规定的两大类适用终局裁决的案件,均是以存在劳动关系为前提条件的,没有劳动关系,就不会产生这些争议。事实上,劳动关系是当事人诸多权利义务的前提和基

---

① 最高人民法院《关于审理劳动争议案件适用法律若干问题的解释(三)》(已被法释〔2020〕16号文废止)第13条规定:“劳动者依据调解仲裁法第四十七条第(一)项规定,追索劳动报酬、工伤医疗费、经济补偿或者赔偿金,如果仲裁裁决涉及数项,每项确定的数额均不超过当地月最低工资标准十二个月金额的,应当按照终局裁决处理。”

② 向春华:《确认劳动关系争议能否“终局裁决”》,载《中国社会保障》2019年第1期。

③ 侯玲玲:《劳动争议一裁终局制度的反思与改革》,载《法商研究》2017年第3期。

础,此类案件案情相对复杂,权利义务关系并不明确,因此不适用终局裁决。(2)劳动关系确认对当事人双方来说是一件重大事项,而一裁终局制度是剥夺了用人单位起诉权的,如果重大事项被限制了诉权,这对用人单位来说是极不公平的。(3)一裁终局一般只适用案情简单,权利义务关系明确的案件。(4)《劳动争议调解仲裁法》第 49 条可以申请撤销的六种法定情形中,没有“事实不清”这个情形。这说明如果“事实不清”,中级人民法院是不可以裁定撤销的。所以这同时也说明了一裁终局的事实,必须是事实清楚明确的案件,即对案件事实无争议或争议不大。(5)裁审实践中也有较多省市明确规定不适用劳动关系不明确的案件。如北京市人力资源和社会保障局《关于进一步做好劳动争议案件仲裁终局裁决工作的通知》(京人社仲发〔2016〕32 号)第 2 条第 8 款规定:“对劳动关系存疑的案件,不适用终局裁决。”云南省人力资源和社会保障厅《关于进一步做好劳动争议仲裁终局工作的通知》(云人社发〔2016〕328 号)第 2 条规定,对劳动关系存疑的劳动争议,不适用终局裁决。所以,2022 年《裁审衔接意见(一)》第 11 条对此问题进行了明确:“裁决事项涉及确认劳动关系的,劳动人事争议仲裁委员会就同一案件应当作出非终局裁决。”

(三)终局与非终局混合时的裁决

同一案件中,既存在终局裁决的请求,又存在非终局裁决请求的,劳动仲裁委员会是制作两份裁决书进行分别裁决,还是只制作一份裁决书进行混合裁决,此问题 2008 年的《劳动仲裁规则》没有规定。裁审实践中对此问题存在争议且做法不一。2017 年《劳动仲裁规则》第 50 条第 4 款对此进行了统一规定:“仲裁庭裁决案件时,裁决内容同时涉及终局裁决和非终局裁决的,应当分别制作裁决书,并告知当事人相应的救济权利。”所以,在终局与非终局请求混合存在时,应当分别制作两份裁决书(也可以一个案号下 2 个分案号),进行分别裁决。需要注意的是,现有部分省市的劳动仲裁委员会之前作出的只制作一份裁决书“合并”裁决的规定,因与 2017 年《劳动仲裁规则》规定相矛盾,应当不再适用。

二、“劳动报酬”范围的确定

所谓劳动报酬,是指劳动者通过劳动而获得的报酬。除工资外,劳动报酬还包括劳务费、佣金、稿酬等。[①] 原劳动部办公厅关于印发《关于〈劳动法〉若干条文的说明》的通知(劳办发〔1994〕289 号)第 3 条第 3 款规定:“本条中的‘劳动报酬’是指劳动者从用人单位得到的全部工资收入。”所以,《劳动法》上的劳

---

① 关怀、林嘉主编:《劳动法》,中国人民大学出版社 2006 年版,第 212 页。

动报酬就是指工资。同理,《劳动争议调解仲裁法》中的劳动报酬就是指劳动者的工资。

所谓工资,是指用人单位依据国家有关规定、劳动合同约定、规章制度规定或习惯做法支付的,劳动者以货币形式获得的补偿性和分配性收入,其中补偿性工资包括劳动性工资和保障性工资两种类型。劳动性工资又可划分为两种类型,即正常工作时间工资和非正常工作时间工资。正常工作时间工资包括基础工资、岗位(职务)工资、津贴、个人绩效工资(不超一个工资支付周期)和其他补偿工资。分配性收入系指分配性工资,分配性工资包括组织绩效工资、激励性分红、福利性工资、提成工资和其他分配性工资,但法律法规另有规定的除外。① 所谓保障性工资,是指根据国家法律、法规和政策规定,因病、工伤、产假、计划生育假、婚丧假、事假、探亲假、定期休假、停工学习、执行国家或社会义务等按计时工资标准或计时工资标准的一定比例支付的工资。② 另外需要说明的是,2022 年《裁审衔接意见(一)》第 10 条规定的"用人单位未提前通知劳动者解除劳动合同的一个月工资"和《劳动合同法》第 82 条规定的"未与劳动者订立书面劳动合同的,应当向劳动者每月支付二倍的工资"这两个工资的性质不是劳动报酬,而是赔偿金性质。

三、"工伤医疗费"范围的确定

关于工伤医疗费的范围劳动争议调解仲裁法没有规定,但在裁审实践中各省市的做法一致。我们认为,所谓工伤医疗费,是指劳动者发生工伤后,用于治疗劳动者所支出的各项费用。工伤医疗费一般包括治疗工伤所开支的挂号费、检查费、治疗费、化验费、手术费、住院费、药费、住院伙食补助费、跨统筹地区就医的食宿费、交通费或者与工伤职业病治疗有关的费用等。所以,凡以上费用支出产生的争议,属于一裁终局之"工伤医疗费"的范围。

四、"经济补偿""赔偿金"范围的确定

《劳动仲裁规则》第 50 条第 1、2 款规定:"仲裁庭裁决案件时,申请人根据调解仲裁法第四十七条第(一)项规定,追索劳动报酬、工伤医疗费、经济补偿或者赔偿金,如果仲裁裁决涉及数项,对单项裁决数额不超过当地月最低工资标准十二个月金额的事项,应当适用终局裁决。前款经济补偿包括《劳动合同法》规定的竞业限制期限内给予的经济补偿、解除或者终止劳动合同的经济补偿等;赔偿金包括劳动合同法规定的未签订书面劳动合同第二倍工资、违法约

① 胡燕来:《工资实务研究》,法律出版社 2018 年版,第 12 页。

② 胡燕来:《工资实务研究》,法律出版社 2018 年版,第 23 页。

定试用期的赔偿金、违法解除或者终止劳动合同的赔偿金等。”2022年《裁审衔接意见(一)》第10条对赔偿金的范围作了进一步明确,并在上述规定的范围之上,另外增加了一种赔偿金,即“用人单位未提前通知劳动者解除劳动合同的一个月工资”。所以,裁审实践中部分省市对“经济补偿”“赔偿金”范围的规定,存在与上述规定不一致的情况,我们认为应当以上述《劳动仲裁规则》明确界定的范围为准。

五、执行劳动标准争议案件范围的确定

(一)定性争议

《劳动争议调解仲裁法》第47条第2项规定,对“因执行国家的劳动标准在工作时间、休息休假、社会保险等方面发生的争议”应当适用终局裁决,但对上述规定中争议案件范围的认定标准,在裁审实践中分歧较大,主要体现在案件的定性上。如果定性清楚则争议案件的范围就自然清楚了。在定性问题上主要存在以下两种观点:

第一种观点认为执行劳动标准争议案件属于确认之诉,且不包含给付内容。从法律条文的字面理解,《劳动争议调解仲裁法》第47条第2项所规定的争议属于执行国家劳动标准而发生的纠纷,劳动者由此提出的诉讼应作为确认之诉而非给付之诉。《劳动争议调解仲裁法》第47条第2项规定的标准明确终局裁决通常情况下不应具有金钱给付内容,有给付内容的社会保险待遇争议可以纳入《劳动争议调解仲裁法》第47条第1项的规定的范畴。① 裁审实践中,江苏省持此观点,即江苏省人力资源和社会保障厅、江苏省劳动人事争议仲裁委员会《关于劳动争议案件适用终局裁决有关问题的通知》(苏人社发〔2017〕211号)第1条第2款规定:“……因执行劳动法律法规规章等规定的劳动标准,在工作时间以及法定节假日、休息日、产假、病假、探亲假、婚丧假等休息休假权利和社会保险等方面发生的争议,不涉及具体支付金额的,适用终局裁决。”北京市也持此观点,即北京市高级人民法院、北京市劳动争议仲裁委员会《关于劳动争议案件法律适用问题研讨会会议纪要》(2009年8月17日)第4条规定:“……对于第二类案件,该类案件一般不涉及具体金额,主要是指因执行国家劳动标准而产生的争议。”同时2016年北京市再次规定不涉及金

---

① 崔景诚、黄健晖:《对我国劳动争议仲裁终局裁决制度的检讨与重构》,载《法律适用》2012年第7期。

额。[1] 上海市高级人民法院民一庭也认为不涉及具体金额，即《关于审理劳动争议案件若干问题的解答》（上海市高级人民法院民一庭调研指导〔2010〕34号）第3条第6款规定：“……《调解仲裁法》第47条第2项的规定主要是针对执行劳动制度如工作时间安排、休息休假天数等不涉及具体金额的情形……”

第二种观点认为执行劳动标准争议案件属于给付之诉，并包含确认之诉在内。理由为《劳动争议调解仲裁法》第47条第2项并未排除给付争议，并且产生工作时间、休息休假、社会保险等争议的原因，是用人单位拒不给付或者给付不符合法定标准，所以上述争议在性质上属于给付请求。裁审实践中，深圳市持此观点，如《深圳市劳动人事争议仲裁委员会终局裁决案件处理指引（试行）》（2018年9月4日）第7、8条[2]对执行工作时间、休息休假、社会保险等劳动标准争议案件，定义为给付之诉，并且给付金额不受《劳动争议调解仲裁法》第47条第1项“不超过当地月最低工资标准十二个月金额”的限制。

我们赞同第一种观点，即执行劳动标准争议案件的性质属于确认之诉。除上述理由之外，另补充如下几点理由：(1)如果是给付之诉，则没有必要将工伤医疗费争议单独列入《劳动争议调解仲裁法》第47条第1项之中，并受“不超过当地月最低工资标准十二个月金额”的限制。(2)国家主管部门对此已作出了确认之诉定性的权威解答。2017年《劳动仲裁规则》颁布实施之后，国家人力资源和社会保障部成立劳动人事争议调解仲裁培训教材编写组，主编了《劳动人事争议仲裁办案规则和组织规则释义》一书，该书在对此问题解释时特别强调：“需要注意的是，因执行国家劳动标准，在工作时间、休息休假、社会保险

---

① 北京市人力资源和社会保障局《关于进一步做好劳动争议案件仲裁终局裁决工作的通知》（京人社仲发〔2016〕32号）第1条第2款：“依据《中华人民共和国劳动争议调解仲裁法》第四十七条第（二）项的规定，因执行国家的劳动标准在工作时间、休息休假、社会保险等方面发生的争议。”

② 《深圳市劳动人事争议仲裁委员会终局裁决案件处理指引（试行）》（2018年9月4日）第7条：“根据《调解仲裁法》第四十七条第（二）项规定，因执行国家的劳动标准在工作时间、休息休假方面发生的争议包括：（一）《深圳市员工工资支付条例》第四章规定的关于劳动者要求假期工资的争议；（二）劳动者依据《职工带薪年休假条例》第五条规定，要求未休带薪年休假工资报酬差额的争议；（三）其他因工作时间、休息休假产生的争议。”第8条：“根据《调解仲裁法》第四十七条第（二）项规定，因执行国家的劳动标准在社会保险方面发生的争议包括：（一）劳动者以用人单位未为其办理基本养老保险手续，且社会保险经办机构不能补办导致其达到法定退休年龄时无法享受基本养老保险待遇为由，要求用人单位赔偿损失的；（二）劳动者依据《工伤保险条例》、《广东省工伤保险条例》规定，追索除工伤医疗费以外的其他工伤保险待遇（含停工留薪期工资、一次性伤残补助金、一次性伤残就业补助金和一次性工伤医疗补助金、劳动能力鉴定费等）；（三）劳动者以用人单位降低其缴纳社会保险费的工资标准导致其损失为由，要求用人单位承担工伤待遇损失的；（四）劳动者以用人单位未为其缴纳社会保险费导致其损失为由，要求用人单位支付工伤、失业、生育、医疗待遇和赔偿金的。”

等方面发生的争议仅包括执行标准的争议，而不包括因违反标准而发生的补偿、赔偿等争议。如因违反工时、休假和社会保险规定而引发加班费、经济补偿或者赔偿金等争议，应当按照法定小额争议的标准确定是否适用终局裁决。”①

（二）三类争议案件范围的确定

基于以上确认之诉的定性，我们对三类争议应当一裁终局案件范围的认定标准建议如下。

1. 工作时间争议范围

工作时间争议的范围，是指因执行国家工时标准，在确定工作时间方面发生的争议。具体是指在标准工时、不定时工作制、综合计算工时工作制和非全日制工时制等工作时间的确定上产生的争议。其不包括用人单位因违反国家工时标准而引发的加班费争议。

2. 休息休假争议范围

休息休假争议的范围，是指在工作间隙休息、日休息、公休日休息、节日休息，以及休息、产假、哺乳假、计划生育假、带薪年休假、探亲假、婚丧假和实行综合计算工时工作制的集中休息时间等休息休假方面，因执行国家劳动标准而发生的争议。其不包括用人单位违反休息休假国家标准而引发的工资、经济补偿、赔偿争议。

3. 社会保险争议范围

社会保险争议的范围，是指在基本养老保险、基本医疗保险、工伤保险、失业保险和生育保险方面，因执行国家劳动标准而发生的争议。上述工伤保险不包括工伤医疗费，因为其涉及给付内容而被列入《劳动争议调解仲裁法》第 47 条第 1 项中，并受“不超过当地月最低工资标准十二个月金额”的限制。但是，上述社会保险争议并不包括用人单位在社会保险方面因违反国家标准，而引发的赔偿争议。

六、终局裁决的作出与程序规则

（一）终局或非终局不得合并裁决

《劳动仲裁规则》第 50 条第 4 款规定：“仲裁庭裁决案件时，裁决内容同时涉及终局裁决和非终局裁决的，应当分别制作裁决书，并告知当事人相应的救济权利。”所以上述规定对一个案件中同时存在终局或非终局裁决的情形下，不得用一份裁决书对终局或非终局请求同时作出处理。由于上述规定之原因，

---

① 劳动人事争议调解仲裁培训教材编写组编：《劳动人事争议仲裁办案规则和组织规则释义》，中国劳动社会保障出版社 2018 年版，第 116 页。

《劳动争议司法解释(一)》第20条之规定已名存实亡,即"劳动争议仲裁机构作出的同一仲裁裁决同时包含终局裁决事项和非终局裁决事项,当事人不服该仲裁裁决向人民法院提起诉讼的,应当按照非终局裁决处理"。因为不会再出现这一情况,也不可能再合并裁决。

但是,如果真出现了终局或非终局合并裁决之情况的,用人单位则不得向中级人民法院申请撤销而应当向基层人民法院提起诉讼。因为最高人民法院认为:"该条(《劳动争议司法解释(一)》第20条)规定的'当事人',既包括劳动者,又包括用人单位。'按照非终局裁决处理'的具体含义为,劳动者或用人单位对该裁决不服均应向法院起诉,而不能申请撤销该裁决。"所以,对既有终局裁决事项又有非终局裁决事项的仲裁裁决,劳动人事争议仲裁机构在作诉权指引时,应当告知当事人可就该裁决向法院提起诉讼。依据为《劳动争议司法解释(一)》第21条第1款。同时,应告知用人单位可以依据《劳动争议调解仲裁法》的规定向基层人民法院提起诉讼。[①]

(二)申请撤销裁决的程序规则

1. 可以申请撤销的法定情形

所谓撤销裁决,是指案件处理存在法定情形时,用人单位依法向劳动人事争议仲裁委员会所在地的中级人民法院申请,由中级人民法院依法裁定劳动人事争议仲裁委员会作出的终局裁决失去法律效力的行为。《劳动争议调解仲裁法》第49条规定:"用人单位有证据证明本法第四十七条规定的仲裁裁决有下列情形之一,可以自收到仲裁裁决书之日起三十日内向劳动争议仲裁委员会所在地的中级人民法院申请撤销裁决:(一)适用法律、法规确有错误的;(二)劳动争议仲裁委员会无管辖权的;(三)违反法定程序的;(四)裁决所根据的证据是伪造的;(五)对方当事人隐瞒了足以影响公正裁决的证据的;(六)仲裁员在仲裁该案时有索贿受贿、徇私舞弊、枉法裁决行为的。人民法院经组成合议庭审查核实裁决有前款规定情形之一的,应当裁定撤销。仲裁裁决被人民法院裁定撤销的,当事人可以自收到裁定书之日起十五日内就该劳动争议事项向人民法院提起诉讼。"所以,当一裁终局裁决书出现上述法定情形之一时,用人单位有权向劳动争议仲裁委员会所在地的中级人民法院申请撤销该裁决书。

2. 撤销程序冲突规则

(1)撤销、起诉与执行的冲突

劳动者依据《劳动争议调解仲裁法》第48条的规定向基层人民法院提起

---

① 最高人民法院民事审判第一庭编:《民事审判实务问答》,法律出版社2021年版,第197页。

诉讼，用人单位依据《劳动争议调解仲裁法》第 49 条的规定向劳动争议仲裁机构所在地的中级人民法院申请撤销仲裁裁决的，中级人民法院应当不予受理；已经受理的，应当裁定驳回申请。被人民法院驳回起诉或者劳动者撤诉的，用人单位可以自收到裁定书之日起 30 日内，向劳动争议仲裁机构所在地的中级人民法院申请撤销仲裁裁决。[①] 根据上述规定，同一案件的用人单位存在两次去中级人民法院申请撤销仲裁裁决之可能性。并且，如果中级人民法院不给裁定书，只加盖一个印章，然后告之用人单位去一审法院一并处理的，此时用人单位一定要据理力争并拿到裁定，否则到了一审法院，可能会视为认可劳动者没有起诉部分的裁决内容，因为一审法院只认中级人民法院的裁定之法律文书，不认印章，没有裁定就视为用人单位没有申请撤销即认可原裁决书。同时也说明，如果用人单位不服裁决的，只有且必须去中级人民法院申请撤销，否则一审法院会视为其认可原裁决文书，从而痛失维权机会。鉴于上述复杂情况，2022 年《裁审衔接意见（一）》第 12 条对此进行了修改，并规定中级人民法院应当受理。该条规定："劳动人事争议仲裁委员会按照《劳动人事争议仲裁办案规则》第五十条第四款规定对不涉及确认劳动关系的案件分别作出终局裁决和非终局裁决，劳动者对终局裁决向基层人民法院提起诉讼、用人单位向中级人民法院申请撤销终局裁决、劳动者或者用人单位对非终局裁决向基层人民法院提起诉讼的，有管辖权的人民法院应当依法受理。审理申请撤销终局裁决案件的中级人民法院认为该案件必须以非终局裁决案件的审理结果为依据，另案尚未审结的，可以中止诉讼。"为了协调上述两个规定之间的矛盾，2022 年《裁审衔接意见（一）》第 13 条接着规定："劳动者不服终局裁决向基层人民法院提起诉讼，中级人民法院对用人单位撤销终局裁决的申请不予受理或者裁定驳回申请，用人单位主张终局裁决存在《中华人民共和国劳动争议调解仲裁法》第四十九条第一款规定情形的，基层人民法院应当一并审理。"

劳动争议仲裁机构作出终局裁决，劳动者向人民法院申请执行，用人单位向劳动争议仲裁机构所在地的中级人民法院申请撤销的，人民法院应当裁定中止执行。用人单位撤回撤销终局裁决申请或者其申请被驳回的，人民法院应当裁定恢复执行。仲裁裁决被撤销的，人民法院应当裁定终结执行。用人单位向人民法院申请撤销仲裁裁决被驳回后，又在执行程序中以相同理由提出不予执行抗辩的，人民法院不予支持。[②]

---

① 《劳动争议司法解释（一）》第 21 条。

② 《劳动争议司法解释（一）》第 25 条。

（2）裁决书性质不明形成的冲突

仲裁裁决的类型以仲裁裁决书确定为准。仲裁裁决书未载明该裁决为终局裁决或者非终局裁决，用人单位不服该仲裁裁决向基层人民法院提起诉讼的，应当按照以下情形分别处理：①经审查认为该仲裁裁决为非终局裁决的，基层人民法院应予受理。②经审查认为该仲裁裁决为终局裁决的，基层人民法院不予受理，但应告知用人单位可以自收到不予受理裁定书之日起30日内向劳动争议仲裁机构所在地的中级人民法院申请撤销该仲裁裁决；已经受理的，裁定驳回起诉。[①]

3. 中级人民法院对撤销申请的处理

中级人民法院审理用人单位申请撤销终局裁决的案件时，应当组成合议庭开庭审理。经过阅卷、调查和询问当事人，对没有新的事实、证据或者理由，合议庭认为不需要开庭审理的，可以不开庭审理。[②]《劳动争议司法解释（一）》第22条规定："用人单位依据调解仲裁法第四十九条规定向中级人民法院申请撤销仲裁裁决，中级人民法院作出的驳回申请或者撤销仲裁裁决的裁定为终审裁定。"

（三）申请撤销案件能否调解

此问题劳动争议调解仲裁法没有规定，在裁审实践中也存在争议，属于劳动法规则漏洞，后在《劳动争议司法解释（一）》第23条第2款对此作出了规范性填补，第23条第2款规定："中级人民法院可以组织双方当事人调解。达成调解协议的，可以制作调解书。一方当事人逾期不履行调解协议的，另一方可以申请人民法院强制执行。"所以，对于一裁终局的劳动争议案件，在撤销程序中中级人民法院是可以组织双方调解的，如果调解成功，应当制作调解书，生效调解书具有法律效力，可以申请有管辖权的人民法院强制执行。上述规定也再次说明调解制度是贯彻劳动争议处理的全过程，一裁终局撤销程序中同样适用。

如果双方仅对部分终局裁决事项达成调解协议的，中级人民法院也可以对该部分调解事项制作调解书。依据为2022年《裁审衔接意见（一）》第14条规定："用人单位申请撤销终局裁决，当事人对部分终局裁决事项达成调解协议的，中级人民法院可以对达成调解协议的事项出具调解书；对未达成调解协议的事项进行审理，作出驳回申请或者撤销仲裁裁决的裁定。"

---

① 《劳动争议司法解释（一）》第18条。

② 《劳动争议司法解释（一）》第23条。

七、终局裁决应否撤销的判定标准

用人单位不服一裁终局的,有权向有管辖权的中级人民法院申请撤销。人民法院经组成合议庭审查核实该裁决有《劳动争议调解仲裁法》第 49 条规定的六种情形之一的,应当裁定撤销。仲裁裁决被裁定撤销的,原终局裁决失效且自始无效,当事人可以自收到裁定书之日起 15 日内就该劳动争议事项向人民法院提起诉讼。现就《劳动争议调解仲裁法》第 49 条规定的六种法定情形认定标准逐一分析如下。

(一)适用法律、法规确有错误的判断标准

对"适用法律、法规确有错误"不宜作扩大性解释。所谓"适用法律",就其在劳动仲裁程序中的一般含义而言,既包括劳动仲裁委员会进行审理的活动,也包括仲裁庭在审理过程中依照法定权限主导审理程序的过程,还包括作出裁决时对具体法律、行政法规、司法解释的辨别、解释和援引。

1. 适用法律错误的情形

根据立法机关的权威解读,适用法律、法规确有错误主要是指:(1)适用法律、行政法规、地方性法规错误的;(2)适用已失效或尚未生效的法律法规的;(3)援引法条错误的;(4)违反法律关于溯及力的规定的;①(5)适用的法律与案件性质明显不符的;(6)确定法律责任明显违背当事人约定或法律规定的;(7)违反法律适用规则的;(8)明显违背立法本意的。

2. 认定事实不清或错误导致裁决错误的问题

事实不清或认定错误,这不是我国《劳动争议调解仲裁法》第 49 条规定的六种可以申请撤销终局裁决的情形。所以,事实不清或认定错误不是可以申请撤销的法定事由。中级人民法院在组成合议庭开庭审理时,对事实不清或认定错误问题不作审查,只在终局裁决认定事实基础上,审查适用法律是否存在错误,如没有错误则不能撤销,如有错误就裁定撤销。至于终局裁决认定事实不清或错误,导致裁决结果错误的,这不在中级人民法院的审查范围,此情形下中级人民法院只能裁定驳回用人单位的撤销申请。

但是,应当注意一点,当出现新的事实和理由,如用人单位提供了新的证据证明了新的事实和理由的,此时,中级人民法院应当结合新的事实和原终局裁决认定的事实,来审查该案适用法律是否存在错误。依据为《劳动争议司法解释(一)》第 23 条第 1 款的规定:"中级人民法院审理用人单位申请撤销终局裁

---

① 张世诚主编、全国人大常委会法制工作委员会行政法室编著:《中华人民共和国劳动争议调解仲裁法解读》,中国法制出版社 2008 年版,第 158 ~ 159 页。

决的案件，应当组成合议庭开庭审理。经过阅卷、调查和询问当事人，对没有新的事实、证据或者理由，合议庭认为不需要开庭审理的，可以不开庭审理。”

3. 适用法律错误导致事实认定不清或错误的问题

我们认为此情形应当属于适用法律错误，属于可以申请撤销终局裁决的六大法定情形之一。此时，中级人民法院应当裁定撤销终局裁决。事实认定不清或错误是适用法律造成的，如劳动仲裁委员会在进行举证证明责任分配时，错误适用举证证明责任规则导致了案件事实认定不清或错误。

4. 举证不充分导致事实不清或错误的问题

我们认为此情形不属于适用法律、法规错误，即使劳动仲裁委员会在错误事实基础上作出了终局裁决，中级人民法院也不能裁定撤销。但如果用人单位提供了新的证据，并证明存在新的案件事实和理由的，中级人民法院应当根据新的事实来适用法律，以决定是否裁定撤销。

5. 非一裁终局争议应认定为适用法律、法规错误

劳动人事争议仲裁委员会认为是一裁终局案件，并在裁决书中告知当事人各自救济方式，用人单位不服，认为剥夺其诉权的，以按照裁决书中告知的期限和权限向当地中级人民法院申请撤销。中级人民法院审查后如认为案件本身不是一裁终局案件的，应当以仲裁裁决“适用法律、法规确有错误”为由裁定予以撤销。

（二）无管辖权的判断标准

1. 履行地、所在地的认定标准

《劳动争议调解仲裁法》第 21 条规定：“劳动争议仲裁委员会负责管辖本区域内发生的劳动争议。劳动争议由劳动合同履行地或者用人单位所在地的劳动争议仲裁委员会管辖。双方当事人分别向劳动合同履行地和用人单位所在地的劳动争议仲裁委员会申请仲裁的，由劳动合同履行地的劳动争议仲裁委员会管辖。”以上为我国劳动仲裁管辖的基本规则。用人单位所在地为其注册地、登记地。我们认为劳动合同是合同的一种，合同履行地是合同规定的履行义务的地点，主要指合同标的物交付地。劳动合同义务的履行地对劳动者而言是劳动实施地，对用人单位而言是工资支付地。工资支付地应当理解为工资收到地。

2. 未提管辖异议的应认定有管辖权

《劳动仲裁规则》第 10 条第 1 款规定：“当事人提出管辖异议的，应当在答辩期满前书面提出……”所以，管辖异议应当在答辩期内提出，按《劳动争议调解仲裁法》第 30 条第 2 款的规定，“被申请人收到仲裁申请书副本后，应当在

十日内向劳动争议仲裁委员会提交答辩书……”所以，用人单位对管辖有异议的，应当在收到仲裁申请书后10日内提出，逾期则视为接受仲裁管辖。根据管辖恒定原则，管辖一旦确定下来，无论发生任何变化，就不再作变动。管辖恒定的意义在于保持劳动仲裁安定，避免因管辖根据发生变化而变更管辖，从而出现仲裁不安定之因素。

如果用人单位在收到仲裁申请书后10日内，没有提出管辖异议的，又以无管辖权为由提出撤销终局裁决的，中级人民法院将会裁定驳回。但是，如果用人单位在法定期限内提出了管辖异议，被劳动仲裁委员会决定驳回的，则中级人民法院应当对其是否享有管辖权进行审查，如经审查劳动仲裁委员会无管辖权，则应当裁定撤销终局裁决。

（三）违反法定程序的判断标准

违反法定程序中的《程序》，仅指劳动仲裁程序，具体指《劳动争议调解仲裁法》《劳动仲裁规则》等规范性文件中的劳动仲裁程序规定。仲裁程序是保障劳动争议得以公正处理的前提和基础，只有保障了用人单位的仲裁程序权利，才是公正的审理，否则就会影响公正裁决。所以对终局裁决进行审查，决定是否撤销，在违反法定程序认定标准上，我们认为应当主要审查违反程序是否影响了案件的公正裁决，影响了的应当撤销，未影响的驳回申请。

我们认为有以下违反法定程序情形之一的，应当认定会影响公正裁决，应当裁定撤销终局裁决：

1. 剥夺了用人单位提出事实主张、法律主张或提供证据进行证明的机会的；

2. 剥夺了质证、陈述和辩论的机会的，包括剥夺反驳或抗辩机会；

3. 仲裁员应当回避而没有回避的；

4. 仲裁庭组成人员不合法的；

5. 违反法律文书送达、期间规定的，如没有依法将仲裁庭组成情况、开庭时间、开庭地点等书面通知用人单位的；

6. 违法不同意顺延开庭时间申请的，如导致用人单位无法出席法庭而缺席裁决等；

7. 其他违反程序影响公正裁决的情形。

需要提醒注意的是，违反法定程序中的“程序”，还包括《劳动争议调解仲裁法》《劳动仲裁规则》规定之参照适用的民事诉讼程序，如《劳动仲裁规则》第18条规定：“争议处理中涉及证据形式、证据提交、证据交换、证据质证、证据认定等事项，本规则未规定的，可以参照民事诉讼证据规则的有关规定执行。”没有明确可以参照适用的,一般不得列入“违反法定程序”之审查范围。

关于简易程序中违反法定程序的判断标准,2022 年《裁审衔接意见(一)》第 17 条规定:“对符合简易处理情形的案件,劳动人事争议仲裁委员会按照《劳动人事争议仲裁办案规则》第六十条规定,已经保障当事人陈述意见的权利,根据案件情况确定举证期限、开庭日期、审理程序、文书制作等事项,作出终局裁决,用人单位以违反法定程序为由申请撤销终局裁决的,人民法院不予支持。”

(四)裁决所根据的证据是伪造的判断标准

我们认为在裁审实践中,只有同时符合以下条件的,才构成“裁决所根据的证据是伪造的”。

1. 该证据已被终局裁决所采信。

2. 该证据是认定该争议案件基本事实的主要证据。所谓主要证据,是指对认定案件基本事实必不可少的、具有重要作用的证据。换言之,如果缺少该证据,案件基本事实就不能认定,或者如果有与该证据证明内容相反的其他证据,就会对案件基本事实作出不同认定,从而对裁判结果产生实质性的影响。

3. 该证据是伪造的。所谓证据伪造,是指出于掩盖、扭曲案件事实的目的从而故意制造虚假证据材料的行为,形式上既包括无中生有的捏造、虚构,也包括在原本真实证据材料的基础上进行变造、篡改,还包括对原本作为一个整体的证据材料采取出示部分、隐藏部分的方式从而对证明内容进行歪曲。总之,是当事人、相关仲裁参加人通过虚构或隐瞒等方式,试图改变证据的证明力强弱,从而影响劳动仲裁委员会对案件基本事实认定的行为。

但在对证据伪造审查时,应当注意两点:一是关于伪造证据的主体。我们认为劳动争议调解仲裁法对此未作规定或限制,所以实施伪造行为的主体既包括用人单位、劳动者,还包括第三人或其他案外之证据提供人。二是用人单位在劳动仲裁程序中认可该证据的真实性,未提出该证据系伪造,但其又在申请撤销程序中否认并提出伪造之意见的,人民法院一般不会支持。因为其没有及时行使抗辩权,导致劳动仲裁委员会错误采信,属于用人单位行使处分权,即放弃抗辩权,应当认定该放弃行为有效。

(五)对方当事人隐瞒了足以影响公正裁决的证据的判断标准

所谓隐瞒证据,是指在劳动仲裁程序中,当事人对自己持有证明材料之情况予以掩盖的行为。我们认为应当同时符合以下几个条件,方能构成“隐瞒了足以影响公正裁决的证据”。

1. 该证据系认定该争议案件基本事实的主要证据。

2. 劳动者无正当理由未提交该证据。客观上劳动者无法提供的,不构成隐瞒。

3. 劳动者掌握该证据,且只有劳动者一人有此证据。

4. 劳动者在以下情形之一中拒绝提交的:一是用人单位在劳动仲裁程序中要求劳动者提供的。二是经用人单位申请,劳动仲裁委员会要求劳动者提供的。三是劳动仲裁委员会主动调查,要求劳动者提供的。

(六)仲裁员在仲裁该案时有索贿受贿、徇私舞弊、枉法裁决行为的判断标准

所谓受贿,是指仲裁员利用职务上的便利,收受他人财物并为他人谋取利益的行为。所谓索贿,是指受贿人以公开或暗示的方法,主动向行贿人索取贿赂,有的是公然以要挟的方式,迫使当事人行贿。所谓徇私舞弊,是指仲裁员利用职务上的便利,为他人谋利。所谓枉法裁决,是指依法承担仲裁员职责的人员,在仲裁活动中故意违背事实和法律作枉法裁决。具体而言包括以下三种情况:(1)对有确实、充分证据证明的事实不予以认定;(2)对证据不确实、不充分的事实而予以认定;(3)伪造、毁灭证据。[①] 但是,在裁审实践中,用人单位提交证据证明仲裁员存在索贿受贿、徇私舞弊、枉法裁决行为,难度非常大。所以,该终局裁决撤销条件很难成就,除非能够提供司法机关、纪检监察机关等单位提供的书面资料或相关认定文件。

八、终局裁决书的参考格式

(一)同时涉及终局与非终局裁决的裁决书编号

终局裁决书编号:×劳人仲案字〔20××〕××-1号

非终局裁决书编号:×劳人仲案字〔20××〕××-2号

(二)同时涉及终局与非终局裁决的表述

在裁决书的说理部分和裁决结果之间,插入以下表述内容,以阐明同时涉及终局裁决和非终局裁决,实施分别裁决原则。

"对申请人×××的其他仲裁请求,本委以分别裁决的方式另行处理"。

(三)应当载明"终局裁决"还是"非终局裁决"

1. 终局裁决书应当载明"本裁决为终局裁决"

终局裁决事项的仲裁裁决书,应当载明裁决为终局裁决。具体表述为:"根据《中华人民共和国劳动争议调解仲裁法》第四十七条之规定,本裁决为终局裁决。"

---

① 张世诚主编、全国人大常委会法制工作委员会行政法室编著:《中华人民共和国劳动争议调解仲裁法解读》,中国法制出版社2008年版,第159页。

2. 非终局裁决书应当载明“本裁决为非终局裁决”

非终局裁决事项的仲裁裁决书，应当载明裁决为非终局裁决。具体表述为：“根据《中华人民共和国劳动争议调解仲裁法》第五十条之规定，本裁决为非终局裁决。”

（四）应当载明当事人权利及相应救济途径

终局裁决书和非终局裁决书，均应当告知劳动者和用人单位的权利及相应的救济途径，涉及一次性给付金额的还应当明确履行期限不超过 15 日。救济途径的表述如下：

1. 终局裁决书应当载明的当事人权利及救济途径

“根据《中华人民共和国劳动争议调解仲裁法》第四十八条之规定，劳动者如不服本裁决，可以自本裁决书送达之日起十五日内向人民法院提起诉讼；根据《中华人民共和国劳动争议调解仲裁法》第四十九条之规定，用人单位有证据证明本裁决符合该条规定情形之一的，可以自本裁决书送达之日起三十日内向×××省（市）×××中级人民法院申请撤销裁决。劳动者期满不起诉，用人单位期满未申请撤销裁决的，本裁决书自作出之日起发生法律效力。一方当事人逾期不履行生效仲裁裁决的，另一方当事人可以在本裁决规定的履行期限届满后向人民法院申请强制执行。”

2. 非终局裁决书应当载明的当事人权利及救济途径

“根据《中华人民共和国劳动争议调解仲裁法》第五十条之规定，当事人对本裁决不服的，可以自本裁决书送达之日起十五日内向人民法院提起诉讼；期满不起诉的，本裁决书发生法律效力。一方当事人逾期不履行生效仲裁裁决的，另一方当事人可以在本裁决规定的履行期限届满后向人民法院申请强制执行。”

第十九章 集体劳动争议的处理

关于集体劳动争议处理程序在《劳动争议调解仲裁法》和2009年《劳动仲裁规则》中均未规定，是2017年《劳动仲裁规则》的新增内容。

一、集体争议概述

（一）集体劳动争议定义

以人数多少为划分标准，可以将劳动争议划分为以下两种类型：单个劳动争议与集体劳动争议。所谓单个劳动争议，又称个别劳动争议，在立法中一般称为劳动争议，是指单个劳动者与用人单位之间关于劳动关系中的权利义务发生的争议。[①] 所谓集体劳动争议，是指在劳动关系履行过程中，劳动者集体与用人单位之间因劳动报酬、劳动条件等劳动权利义务或劳动利益而发生的争议。劳动者集体有多少人才属于集体劳动争议，此问题法律没有规定，但十人以上有共同请求的劳动争议，肯定属于集体劳动争议。

关于集体劳动争议是否属于劳动仲裁的适用范围，《劳动争议调解仲裁法》对此没有规定，此为劳动法漏洞。之后，该不完善之处被《劳动仲裁规则》填补。因为《劳动仲裁规则》特此专门规定了一节，即"集体劳动人事争议处理"程序。以上漏洞填补性规定告诉我们两个结论：一是《劳动仲裁规则》的相关规定，相对于《劳动争议调解仲裁法》而言是特殊规定，应当得到优先适用，只有在"集体劳动人事争议处理"程序中没有规定时，才能适用《劳动争议调解仲裁法》的相关规定；二是"集体劳动人事争议处理"程序中的"十人以上有共同请求的集体劳动争议"规定，其性质仍为权利争议，而不是签订集体合同之利益争议，因为《劳动争议调解仲裁法》第2条规定的适用范围中并不包括利益争议，《劳动仲裁规则》无权对此予以突破。

（二）集体劳动争议的分类

从集体争议的现状和现有的成文法规定来看，集体争议主要分为三类，即10人以上有共同请求的集体劳动争议、集体合同争议以及自发性的集体行动争议权利争议与利益争议。[②] 现就上述分类简要探讨如下。

---

① 王全兴：《劳动法》，法律出版社2017年版，第462页。

② 程延园、谢鹏鑫、王甫希：《我国集体争议处理制度：特点、问题与机制创新》，载《中国人民大学学报》2015年第4期。

1. 10 人以上有共同请求的集体劳动争议(裁审性集体争议)

《劳动争议调解仲裁法》第 7 条规定:“发生劳动争议的劳动者一方在十人以上,并有共同请求的,可以推举代表参加调解、仲裁或者诉讼活动。”所以,10 人以上有共同请求的集体劳动争议,是指在劳动关系履行过程中,劳动者集体 10 人以上与用人单位之间因劳动报酬、劳动条件等劳动权利义务或劳动利益,而发生的可以申请劳动仲裁或诉讼的劳动争议。为研究方便,我们将上述“十人以上有共同请求的集体劳动争议”简称为“裁审性集体争议”。裁审性集体争议是本章探讨的主要内容之一。

2. 集体合同争议

《集体合同规定》(2004 年 5 月 1 日起施行)第 3 条规定:“本规定所称集体合同,是指用人单位与本单位职工根据法律、法规、规章的规定,就劳动报酬、工作时间、休息休假、劳动安全卫生、职业培训、保险福利等事项,通过集体协商签订的书面协议……”所以,集体合同争议是指在劳动合同签订或履行过程中,劳动者集体与用人单位之间因劳动报酬、工作时间、休息休假、劳动安全卫生、职业培训、保险福利等劳动权利义务或劳动利益而发生的争议。《集体合同规定》(2004 年 5 月 1 日起施行)第 49 条规定:“集体协商过程中发生争议,双方当事人不能协商解决的,当事人一方或双方可以书面向劳动保障行政部门提出协调处理申请;未提出申请的,劳动保障行政部门认为必要时也可以进行协调处理。”所以,集体合同争议可以分为以下两种类型:一是签订集体合同争议;二是履行集体合同争议。

3. 自发性的集体行动争议权利争议与利益争议(集体行动争议)

所谓自发性的集体行动争议权利争议与利益争议,是指劳动者集体为争取劳动报酬、工作时间、休息休假、劳动安全卫生、职业培训、保险福利等劳动利益,而与用人单位发生的争议。为研究方便,我们将上述“自发性的集体行动争议权利争议与利益争议”简称为“集体行动争议”。

目前,劳动者可以采取集体行动来争取劳动利益的法律依据并不完整,存在劳动法规则漏洞,需要进行填补。从现有的成文法规定来看,仅有的依据为《工会法》第 28 条规定:“企业、事业单位发生停工、怠工事件,工会应当代表职工同企业、事业单位或者有关方面协商,反映职工的意见和要求并提出解决意见。对于职工的合理要求,企业、事业单位应当予以解决。工会协助企业、事业单位做好工作,尽快恢复生产、工作秩序。”

(三)“劳动关系群体性事件”不是劳动法概念

中共中央、国务院《关于构建和谐劳动关系的意见》(中发〔2015〕10 号)体现的思想和规定的原则是我国当前和今后一段时间内构建和谐劳动关系的指导思想、工作原则。该意见第1条规定:"……有的地方拖欠农民工工资等损害职工利益的现象仍较突出,集体停工和群体性事件时有发生,构建和谐劳动关系的任务艰巨繁重……"第15条规定:"……依托协调劳动关系三方机制完善协调处理集体协商争议的办法,有效调处因签订集体合同发生的争议和集体停工事件。"第16条规定:"完善劳动关系群体性事件预防和应急处置机制。加强对劳动关系形势的分析研判,建立劳动关系群体性纠纷的经常性排查和动态监测预警制度,及时发现和积极解决劳动关系领域的苗头性、倾向性问题,有效防范群体性事件。完善应急预案,明确分级响应、处置程序和处置措施。健全党委领导下的政府负责,有关部门和工会、企业代表组织共同参与的群体性事件应急联动处置机制,形成快速反应和处置工作合力,督促指导企业落实主体责任,及时妥善处置群体性事件。"虽然"劳动关系群体性事件"和"因签订集体合同发生的争议和集体停工事件"均是影响构建和谐劳动关系的重要内容,但是,两者具有不同的性质。后者是劳动法的调整范围,而前者不是劳动法的调整范围,也不是劳动法概念。因为后者是通过"三方机制"来处理的,而"劳动关系群体性事件"是由"党委领导下的政府"运用"预防和应急处置机制"来处理的,两者的处理机制完全不同。所以,该意见对此两种"事件",分别用了两个不同的条文来进行规范和处理。因为"劳动关系群体性事件"超出了工作场所、劳资争议及劳动关系的范围,已影响了社会秩序和社会稳定,属于政治性事件,所以,我们一定要防止"因签订集体合同发生的争议和集体停工事件"向"劳动关系群体性事件"转变,防止劳资矛盾转化为劳动者与党和政府的矛盾,及时化解集体劳动争议,保障社会安定。

(四)裁审性集体争议为何已"名存实亡"

因为裁审性集体争议并不具有"集体性"。《劳动争议调解仲裁法》第7条规定:"发生劳动争议的劳动者一方在十人以上,并有共同请求的,可以推举代表参加调解、仲裁或者诉讼活动。"以上裁审性集体争议,我们认为从本质上来看并不具有"集体性",而仅仅是有"共同请求"的十个以上个别劳动争议的简单相加或集合。同时,也要注意这与集体合同争议的"集体性"性质是完全不同的,因为集体合同争议的参与主体和请求是无法拆分的。所以,在裁审实践中,劳动仲裁委员会和人民法院出于工作业绩(受理及处理案件数)考核需要,一般将裁审性集体争议拆分成若干个个别劳动争议,进行分别受理、合并审理,并分别裁判。部分省市还对此"拆分"做法作出了明确规定,如江苏省高级人民法院《关于依法及时审理拖欠工资等劳动争议案件切实维护社会稳定的通知》(苏高法〔2008〕417 号)第 2 条第 2 款规定,“……对于群体性劳动争议案件,凡属非必要共同诉讼的,一律分别受理”。各省市之所以拆分处理,是有其法律依据的。最高人民法院《关于人民法院受理共同诉讼案件问题的通知》(法〔2005〕270 号)第 1 条第 1 款规定:“当事人一方或双方人数众多的共同诉讼,依法由基层人民法院受理。受理法院认为不宜作为共同诉讼受理的,可分别受理。”所以,裁审实践中,裁审性集体争议极为少见,可以说已经“名存实亡”了。

二、集体权利争议与集体利益争议

如果我们以权利和利益为标准,可以将集体劳动争议划分为权利争议与利益争议。所谓权利争议,又称实现既定权利的争议,还可以称为履约争议,是指因实现劳动法、集体合同和劳动合同所规定的权利义务所发生的争议。所谓利益争议,又称确定权利的争议,还可称为缔约争议,是指因主张有待确定的权利和义务所发生的争议,即争议的标的是尚未确定的权利和义务的利益。缔约双方对权利和义务的确定有不同的主张,就会发生争议。争议的目的是,要求在合同中确定当事人的某种利益,使之上升为权利。利益争议一般不是通过调解、仲裁、诉讼程序解决,而是在政府干预下由双方协商解决,且作为集体合同订阅程序的一个重要环节。①

参照上述性质和类型的划分,我们认为在裁审性集体争议、集体合同争议和集体行动争议的分类中,前一类型即裁审性集体争议为集体权利争议,后两种类型中,既包含集体权利争议,又包含集体利益争议。因为在集体合同争议中,签订集体合同的争议是利益争议,而履行集体合同的争议是权利争议;在集体行动争议中,因履行而采取集体行动引起的争议是集体权利争议,签订而采取集体行动引起的争议是集体利益争议。集体利益争议不是劳动仲裁和劳动诉讼中的劳动争议。

三、处理集体争议的基本原则

(一)合法公正

劳动仲裁机构处理企业集体争议案件应当符合《劳动争议调解仲裁法》规定的程序,依据《劳动合同法》《劳动合同法实施条例》及相关规章规定,结合集体争议案件特点进行调解或裁决,平等保护劳动者和企业的合法权益,维护社会稳定。

---

① 王全兴:《劳动法》,法律出版社 2017 年版,第 463 页。

(二)及时高效

坚持“优先立案、优先排期、优先审结”的三优先原则处理用人单位的集体争议案件。一般情况下,在《劳动争议调解仲裁法》第43条规定的审结期限内加快处理,无特殊情况一般不会批准延期。要安排业务熟练的劳动仲裁工作人员,提供必要的程序指引和基本法规政策咨询,可以组成特别仲裁庭处理该类集体争议,公开案件处理进程。确因基层仲裁机构、仲裁员力量不足,难以及时处理的,可以提请上级劳动保障部门统筹各地劳动仲裁力量,协助处理集体争议。集体争议可能引发群体性事件的,应立即向当地政府和上一级劳动保障部门上报初步情况,事件处理完毕后在合理期限(一般不应超过2天)内书面报告全面处理情况;重大事件,按照要求随时上报有关情况。

(三)简便灵活

处理企业集体争议案件可按就近、就地原则,采取现场开庭、现场取证、上门调解、短信通知、张贴布告、网上送达等灵活、便捷的方式,简化劳动仲裁程序和仲裁文书,减少当事人往返及聚集的次数。

(四)分类处理

企业暂时经营困难的,采取多种形式调解,引导劳动者与企业互谅互让,共渡难关。企业经营者逃匿或恶意欠薪的,依法作出先予执行裁决,引导劳动者及时向人民法院申请财产保全,减少劳动者损失。人民法院已受理停产、倒闭企业破产申请的,告知劳动者直接向受理破产申请的人民法院起诉。

(五)联合协作

情况紧急的,劳动仲裁机构要与当地法律援助机构紧密联系,引导劳动者寻求、接受法律援助,有条件的地方建议由政府购买法律服务提供给劳动者,减少非法代理人介入的机会。积极与当地法院、公安、工商、街道等部门沟通联动,符合条件的,及时启动欠薪保障机制,依法由相关部门采取查封、冻结、扣押等强制措施。必要时可将核算加班工资等前期工作交由会计师事务所、劳动保障中介服务机构等协助完成。

四、集体争议的申请与受理

(一)申请

劳动仲裁机构应当为集体劳动争议中的劳动者申请劳动仲裁提供指引,一般应当在劳动者首次咨询时一次性提供以下指引材料:集体劳动争议仲裁须知、集体争议仲裁申请书、集体争议推举代表人申请书、授权委托书等文件或模版。劳动仲裁机构应告知集体争议中的劳动者申请劳动仲裁的基本程序、当事人的权利义务、委托代理人及推举代表人的注意事项、法律援助联系方式等。

其应指导劳动者撰写劳动仲裁申请书,劳动者可以多人共用一份集体争议仲裁申请书,每个人的情况可在申请书附表中列明。劳动者书写仲裁申请确有困难的,可以口头申请,由劳动争议仲裁机构记入笔录。所谓劳动仲裁代表人,是指劳动者当事人一方在十人以上的集体劳动人事争议处理中,劳动者当事人推举的参加仲裁活动的代表。

《劳动仲裁规则》第63条规定:"发生劳动者一方在十人以上并有共同请求的争议的,劳动者可以推举三至五名代表参加仲裁活动。代表人参加仲裁的行为对其所代表的当事人发生效力,但代表人变更、放弃仲裁请求或者承认对方当事人的仲裁请求,进行和解,必须经被代表的当事人同意。因履行集体合同发生的劳动争议,经协商解决不成的,工会可以依法申请仲裁;尚未建立工会的,由上级工会指导劳动者推举产生的代表依法申请仲裁。"集体劳动争议仲裁中,有代理律师参加的,一般应当在征求全体劳动者意见后,要求全体委托人在授权委托书上分别签名确认,并对授权权限进行明确的约定,而不应仅由劳动者代表在授权委托书上代表全体委托人签名。

(二)立案受理

劳动仲裁机构收到劳动者的仲裁申请后,从《劳动仲裁规则》第30条规定的四个方面进行审核:(1)是否属于《劳动仲裁规则》第2条规定的争议范围;(2)是否有明确的仲裁请求和事实理由;(3)申请人是否与本案有直接利害关系的自然人、法人或者其他组织,是否有明确的被申请人;(4)是否属于本仲裁委员会管辖范围。

立案阶段的审查为初步审查。申请人应当以企业工商登记的名称或营业执照上注明的字号作为被申请人的名称。用人单位所在地与劳动合同履行地不一致,劳动者选择在劳动合同履行地处理的,由劳动合同履行地劳动争议仲裁委员会管辖。

《劳动仲裁规则》第64条规定:"仲裁委员会应当自收到当事人集体劳动人事争议仲裁申请之日起五日内作出受理或者不予受理的决定。决定受理的,应当自受理之日起五日内将仲裁庭组成人员、答辩期限、举证期限、开庭日期和地点等事项一次性通知当事人。"情况紧急的,可能影响社会秩序的,经过立案审查,符合受理条件的,应当场办理立案手续,当场立案确有困难的,由劳动仲裁机构出具"收件回执"类文件,经进一步审核后,出具受理通知书;不符合受理条件的,出具不予受理通知书,并告知当事人起诉权。

(三)能否受理劳动者个人申请集体合同争议仲裁?

《劳动仲裁规则》第63条第2款规定:"因履行集体合同发生的劳动争议,

经协商解决不成的,工会可以依法申请仲裁;尚未建立工会的,由上级工会指导劳动者推举产生的代表依法申请仲裁。”如果是劳动者个人申请集体合同争议,劳动仲裁委员会能否受理?此问题在裁审实践中有争议。我们认为应当允许。理由如下。

1. 符合“无救济则无权利”之法理

裁审实践中的情况往往比较复杂,如果企业没有工会,或者有工会而不申请劳动仲裁(如工会被企业操控),劳动者推选代表不成,此时如果不允许劳动者个人申请,则集体合同就失去了意义,因为用人单位不履行集体合同而无须承担责任。法谚云“无救济则无权利”。实体法上所规定的权利、义务,如果不经过具体的判决,就不过是一种主张或权利义务的假象,只有在经过一定程序产生出来的确定判决中,权利和义务才得以实现真正意义上的实体化或实定化。①

2. 法律并未规定只有工会或推举的代表才可以申请仲裁

目前,关于涉及集体合同争议可以申请劳动仲裁处理的法律规定有如下几个:一是《劳动法》第 84 条第 2 款,该处未具体规定申请人是谁;二是《劳动合同法》第 56 条,此处规定了工会可以依法申请仲裁、提起诉讼;三是《工会法》第 21 条第 4 款规定:因履行集体合同发生争议,经协商解决不成的,工会可以向劳动争议仲裁机构提请仲裁,仲裁机构不予受理或者对仲裁裁决不服的,可以向人民法院提起诉讼;四是《劳动仲裁规则》第 63 条第 2 款,此处规定了工会或推举的代表(无工会情况下)可以依法申请仲裁。综观上述规定,均未排除劳动者个人不可以申请集体合同争议劳动仲裁。没有排除就应当享有诉权,因为劳动者个人是用人单位不履行集体合同的受害人,在其合法权益受到损害的情况下,应当允许劳动者享有公力救济之权利。

五、财产保全与先予执行

(一)关于保全

我国劳动仲裁法律对集体劳动争议的财产保全未作规定,我们认为应当适用保全的一般规定。人力资源社会保障部、最高人民法院《关于加强劳动人事争议仲裁与诉讼衔接机制建设的意见》(人社部发〔2017〕70 号)第 3 条第 2 款规定:“规范保全程序衔接。仲裁委员会对在仲裁阶段可能因用人单位转移、藏匿财产等行为致使裁决难以执行的,应告知劳动者通过仲裁机构向人民法院

---

① [日]谷口安平:《程序的争议与诉讼》,王亚新、刘荣军译,中国政法大学出版社 2002 年版,第 6 页。

申请保全。劳动者申请保全的,仲裁委员会应及时向人民法院转交申请书及仲裁案件受理通知书等相关材料。人民法院裁定采取保全措施或者裁定驳回申请的,应将裁定书送达申请人,并通知仲裁委员会。"《劳动争议司法解释(一)》第49条第2款规定:"人民法院作出的财产保全裁定中,应当告知当事人在劳动争议仲裁机构的裁决书或者在人民法院的裁判文书生效后三个月内申请强制执行。逾期不申请的,人民法院应当裁定解除保全措施。"

(二)先予执行

我国劳动仲裁法律对集体劳动争议的先予执行未作规定,应当适用先予执行的一般规定。关于我国劳动仲裁的先予执行规则,《劳动争议调解仲裁法》第44条规定:"仲裁庭对追索劳动报酬、工伤医疗费、经济补偿或者赔偿金的案件,根据当事人的申请,可以裁决先予执行,移送人民法院执行。仲裁庭裁决先予执行的,应当符合下列条件:(一)当事人之间权利义务关系明确;(二)不先予执行将严重影响申请人的生活。劳动者申请先予执行的,可以不提供担保。"人力资源社会保障部、最高人民法院《关于加强劳动人事争议仲裁与诉讼衔接机制建设的意见》(人社部发〔2017〕70号)第3条第3款规定:"规范执行程序衔接。仲裁委员会依法裁决先予执行的,应向有执行权的人民法院移送先予执行裁决书、裁决书的送达回证或其他送达证明材料;接受移送的人民法院应按照《中华人民共和国民事诉讼法》和《中华人民共和国劳动争议调解仲裁法》相关规定执行……"

六、集体争议的调解

《劳动仲裁规则》第66条规定:"仲裁庭处理集体劳动人事争议,开庭前应当引导当事人自行协商,或者先行调解。仲裁庭处理集体劳动人事争议案件,可以邀请法律工作者、律师、专家学者等第三方共同参与调解。协商或者调解未能达成协议的,仲裁庭应当及时裁决。"根据相关法律规定,仲裁庭在作出裁决前,应当先行调解。调解达成协议的,仲裁庭应当制作调解书。调解书应当写明仲裁请求和当事人协议的结果。调解书由仲裁员签名,加盖劳动争议仲裁委员会印章,送达双方当事人。调解书经双方当事人签收后,发生法律效力。调解不成或者调解书送达前,一方当事人反悔的,仲裁庭应当及时作出裁决。[①]

七、集体争议的审理与裁决

(一)审理程序

关于集体劳动争议的审理程序,《劳动仲裁规则》第65条规定:"仲裁委员

---

① 《劳动争议调解仲裁法》第42条。

会处理集体劳动人事争议案件,应当由三名仲裁员组成仲裁庭,设首席仲裁员。仲裁委员会处理因履行集体合同发生的劳动争议,应当按照三方原则组成仲裁庭处理。"第 67 条规定:"仲裁庭开庭场所可以设在发生争议的用人单位或者其他便于及时处理争议的地点。"

处理集体劳动争议案件应当适用劳动仲裁之一般程序。但是,《劳动仲裁规则》第 62 条规定的情形除外,即第 62 条第 2 款规定:"符合本规则第五十六条第一款规定情形之一的集体劳动人事争议案件,可以简易处理,不受本节规定的限制。"《劳动仲裁规则》第 56 条规定:"争议案件符合下列情形之一的,可以简易处理:(一)事实清楚、权利义务关系明确、争议不大的;(二)标的额不超过本省、自治区、直辖市上年度职工年平均工资的;(三)双方当事人同意简易处理的。仲裁委员会决定简易处理的,可以指定一名仲裁员独任仲裁,并应当告知当事人。"

(二)先行裁决

我国劳动仲裁法律对集体劳动争议的先行裁决没有作出特殊规定,我们认为应当适用先行裁决的一般规定。《劳动仲裁规则》第 49 条规定:"仲裁庭裁决案件时,其中一部分事实已经清楚的,可以就该部分先行裁决。当事人对先行裁决不服的,可以按照调解仲裁法有关规定处理。"

(三)最终裁决

仲裁庭裁决集体争议,必要时可提请劳动争议仲裁委员会召开专门会议,由仲裁委员会三方组成人员共同讨论表决。集体争议可在一份仲裁裁决书中列明集体争议申请人的共同请求事项、合计金额、事实与理由,被申请人的答辩要点,仲裁庭查明的共同基本事实,主要裁决理由及裁决依据,合计裁决金额、履行时间等。同时,由于集体争议人数较多,可以在裁决书附表中列明每个申请人具体的请求金额及裁决结果。集体争议申请人的仲裁请求同时涉及终局裁决和非终局裁决事项的,应当分别制作裁决书,并分别告知当事人相应的救济权利。

八、对集体争议的立法建议

1. 应当立法明确赋予劳动者享有劳动争议罢工权。其目的有两个方面:一是将劳资争议与党群矛盾区分开来,防止劳资矛盾向劳动者与党和政府的矛盾转化,杜绝劳资争议社会化、政治化。二是赋予劳动者强有力的维权手段,保护劳动者权益。

2. 加强集体协商立法,促进无序的集体行动有序化。

3. 如果因工会滥用职权、营私舞弊等行为对劳动者造成损害,应当赋予劳动者可以向工会索赔的权利。

4. 加强劳动利益争议处理的立法工作,建立劳动集体利益的专门处理部门和处理程序,促进劳动利益争议处理制度的法治化。

5. 将部分可以通过仲裁裁决的劳动利益争议列入劳动仲裁的受理范围,以保护劳动者的合理利益。

第四编　调解与裁审衔接

第二十章 劳动争议的调解

“化干戈为玉帛”是中华文化的优良传统。调解制度在我国争议处理中的历史源远流长，是我国劳动争议处理制度中的特色，显示出了中华文化之底蕴。事实上调解制度的实施，为我国构建劳动关系和谐稳定发挥了独特作用，也作出了重要贡献。《劳动争议调解仲裁法》和 2009 年《劳动仲裁规则》虽规定了调解制度，但未规定调解程序，存在劳动法规则漏洞，应当填补。于是，2017 年《劳动仲裁规则》对此内容进行了弥补和完善。

一、调解概述

（一）概念

所谓劳动争议，是指用人单位与劳动者之间发生的以劳动权利义务为内容的争议。矛盾只有得到友好而切实地解决，其的存在才是根本无害的。友好而切实地解决的最好办法就是调解。所谓调解，是指在第三方主持下，通过第三方的解释、说服、劝导和教育，促使发生争议的各方当事人相互谅解，自愿达成协议，解决争议的一项活动。所以，所谓劳动争议调解，是指在第三方主持下，通过对用人单位和劳动者进行解释、说服、劝导和教育，促使发生劳动争议的各方当事人相互谅解，自愿达成协议，解决劳动争议的活动。劳动争议调解应当遵守自愿原则，要查明事实、分清是非，调解要符合法律的规定。

《劳动争议调解仲裁法》第 3 条规定：“解决劳动争议，应当根据事实，遵循合法、公正、及时、着重调解的原则，依法保护当事人的合法权益。”《劳动仲裁规则》第 3 条规定：“仲裁委员会处理争议案件，应当遵循合法、公正的原则，先行调解，及时裁决。”所以，当前劳动争议的调解处理是解决我国劳动争议的最主要方式，且要先行调解。所谓先行调解，是指仲裁庭在审理案件过程中，劳动人事争议仲裁委员会对双方当事人就达成调解协议的部分仲裁申请的内容优先进行仲裁调解。事实上我国在劳动争议的处理上，建立了“大调解”机制，并且坚持了预防为主、基层为主、调解为主的工作方针。大力推动了乡镇（街道）、村（社区）依法建立劳动争议调解组织，支持了工会、商（协）会依法建立行业性、区域性劳动争议调解组织。完善了劳动争议调解制度，大力加强了专业性劳动争议调解工作。健全人民调解、行政调解、仲裁调解、司法调解联动工作体系，充分发挥了协商、调解在处理劳动争议中的基础性作用。

(二)劳动争议为何可以调解?

1. 调解之法理基础

劳动争议之所以可以调解,既是基于劳动争议具有可处分性(区别行政争议与刑事争议的关键),又是基于权利可以放弃这一基本原理。权利可以放弃使劳动争议可以调解成为可能。权利可以放弃之结论,是权利和义务相比较的结果。通说认为:权利具有能动性和可选择性。权利的能动性和可选择性意味着法律权利给了权利主体在法定范围内为实现利益要求而表现意志、作出选择、从事一定活动的自由,包括在一定条件下转让权利或交换权利的自由,以及放弃与人身相分离的权利的自由。权利主体可以自主决定其是否实际地享有、行使或实现某种权利,而不是被迫地去享有、行使或实现该权利。义务则是被动的,在任何情况下,义务主体都不能自行放弃义务,更不能拒不履行法律义务。对于是否履行义务,义务主体是无法选择的,除非有一个更紧迫的义务发生,以致义务主体不得不先履行后者。[①]

2. 事先放弃权利或利益则无效

不管是民商事领域,还是劳动法领域,凡事先放弃权利或利益的均不成立。例如,在建立劳动关系之前,用人单位与劳动者约定,或者劳动者单方作出承诺,劳动关系建立后放弃劳动报酬权、休息休假权、劳动安全卫生权、社会保险权、职业培训权、职工民主管理权、请求保护权、任意解除权、法定解除权、时效利益、工伤待遇权、违约金酌情减少权等,上述事先放弃(处分)行为均不成立,且对劳动者无约束力。因为权利放弃是处分行为,而处分行为成立的前提条件是权利客观存在,即处分行为所变动的只能是已经存在的权利,即既得权。而未来的"权利"并非权利,不能构成处分行为的客体,且无法处分,所以,放弃未来的"权利",其处分行为并不成立,即使作出了所谓的"处分",该处分行为也是不能成立的,更不会受到法律的保护。同时,反过来看,如果劳动权利事先可以放弃,那么劳动法就失去了存在价值,因为其立法目的永远无法实现。

3. 事后放弃权利或利益不一定有效

劳动争议调解达成的调解协议,如果涉及权利或利益放弃的,则在性质上绝大部分属于事后放弃(劳动关系中的调解或者调解继续履行原劳动合同而涉及事先放弃的除外)。事先放弃权利或利益无效,这并不能说明事后放弃权利或利益就一定有效。如果事后放弃权利或利益的行为,违反法律、行政法规强制性规定的,也同样无效,如低于最低工资标准等。所以,只有不违反法律、

---

① 张文显主编:《法理学》,高等教育出版社2018年版,第132页。

行政法规强制性规定的权利或利益放弃行为才有效。因为劳动权具有特殊性，其事后放弃的范围受到了法律的限制。冯彦君认为，劳动权既是社会权，也是自由权。换言之，劳动权是一种兼容社会权属性与自由权属性的权利类型，而且社会权与自由权并非两项具体的权利，确切的说是一种时代观念的权利表征，是表达“类权利”具体权利的上位属概念，是认识具体权利之属性的思维方法或维度。[①] 所以，我们认为劳动权包含三个方面的权利：一是生存权；二是基本劳动保障权（如劳动保护、劳动条件和职业危害防护等）；三是劳动契约权。生存权、基本劳动保障权是社会权，是劳动契约权成立的前提和基础，是不能被劳动者放弃（包括事先和事后）的，但涉及生存、基本劳动保障利益之财产权在事后合法放弃的除外。

（三）劳动争议调解的类型

按照我国法律规定，以及主持调解之第三方的性质不同，我们将劳动争议调解的类型划分为如下四种。

1. 民间调解

根据《劳动争议调解仲裁法》的规定，发生劳动争议，当事人可以到企业劳动争议调解委员会，依法设立的基层人民调解组织，在乡镇、街道设立的具有劳动争议调解职能的组织申请调解。企业劳动争议调解委员会由职工代表和企业代表组成。职工代表由工会成员担任或者由全体职工推举产生，企业代表由企业负责人指定。企业劳动争议调解委员会主任由工会成员或者双方推举的人员担任。劳动争议调解组织的调解员应当由公道正派、联系群众、热心调解工作，并具有一定法律知识、政策水平和文化水平的成年公民担任。当事人申请劳动争议调解可以书面申请，也可以口头申请。口头申请的，调解组织应当当场记录申请人的基本情况，申请调解的争议事项、理由和时间。调解劳动争议，应当充分听取双方当事人对事实和理由的陈述，耐心疏导，帮助其达成协议。经调解达成协议的，应当制作调解协议书。调解协议书由双方当事人签名或者盖章，经调解员签名并加盖调解组织印章后生效，对双方当事人具有约束力，当事人应当履行。自劳动争议调解组织收到调解申请之日起 15 日内未达成调解协议的，当事人可以依法申请仲裁。[②]

所以，本书所指的民间调解，是指在《劳动争议调解仲裁法》第 10 条规定三类调解组织的主持下，通过对劳动争议各方进行解释、说服、劝导和教育，促

---

① 冯彦君：《劳动权的多重意蕴》，载《当代法学》2004 年第 2 期。

② 《劳动争议调解仲裁法》第 10～14 条。

使发生劳动争议的各方当事人相互谅解，自愿达成协议，解决劳动争议的活动。民间调解是与官方调解相对的劳动争议调解方式。官方调解是指行政调解、劳动仲裁调解和诉讼调解三个类型。《劳动争议调解仲裁法》第10条规定了三类主持民间调解的调解组织：(1)企业劳动争议调解委员会；(2)基层人民调解组织；(3)乡镇、街道劳动争议调解组织。并且，上述三类调解组织的法律地位是相同的，不存在高低之分。

2. 劳动仲裁调解

所谓劳动仲裁调解，是指在劳动仲裁委员会的主持下，劳动争议双方当事人通过自愿平等协商，达成协议，在互谅互让的基础上解决劳动争议的活动和结案方式。由于劳动仲裁调解是劳动仲裁的结案方式之一，所以，劳动仲裁委员会制作的生效调解书，具有强制执行效力，当事人一方不履行的，另一方可以申请人民法院强制执行。

3. 诉讼调解

所谓诉讼调解，是指在民事诉讼程序中，在人民法院审判人员的主持下，各方当事人通过自愿协商，达成协议，解决劳动争议的活动和结案方式。诉讼调解是在审判人员的主持下进行的，这与当事人和解不同。所谓当事人和解，是指当事人在诉讼过程中，自愿协商，达成协议，解决劳动争议，结束诉讼的活动。当事人和解没有审判人员主持，是当事人处分权自行行使的结果，这同样也符合法律规定。

4. 行政调解

所谓行政调解，是指在政府行政机关人员的主持下，各方当事人通过自愿协商，达成协议，解决劳动争议的活动。虽然《劳动争议调解仲裁法》《劳动仲裁规则》没有提及劳动争议的行政调解制度，但其在客观上是存在的，也起到了有效化解劳动争议的良好效果，特别是在集体劳动争议的处理上。目前，劳动争议行政调解较多的为政府信访部门。其处理依据为《信访工作条例》(2022年5月1日起施行)及相关规定。行政调解形成的行政调解协议书的效力较弱，主要靠当事人自觉履行，不具有强制执行力。如果当事人不履行的，该行政调解协议书只有在劳动仲裁或诉讼中当作证据使用。

关于劳动争议行政调解制度的建立和完善。2009年《关于加强劳动人事争议调解工作的意见》(人社部发〔2009〕124号)第1条规定："……贯彻'预防为主、基层为主、调解为主'的工作方针，把调解作为促进和谐社会建设的重要基础性工作，摆在争议处理工作更加突出的位置，逐步建立和完善企事业单位调解、乡镇街道调解、行业调解、人民调解、行政调解等多渠道的争议调解体系……”以上规定是我国第一次提出建立劳动争议行政调解制度。2015年中国共产党中央委员会、国务院《关于构建和谐劳动关系的意见》(中发〔2015〕10号)第15条对完善劳动争议行政调解制度作出了明确规定:“……完善劳动争议调解制度,大力加强专业性劳动争议调解工作。健全人民调解、行政调解、仲裁调解、司法调解联动工作体系,充分发挥协商、调解在处理劳动争议中的基础性作用……”但是,除上述原则性规定和要求外并未进一步细化,所以我国劳动争议行政调解制度在实践中并未得到全面落实。

二、劳动仲裁调解的程序

(一)受理前的调解

《劳动仲裁规则》第68、69条规定,仲裁委员会处理争议案件,应当先行调解。仲裁委员会处理争议案件,应当坚持调解优先,引导当事人通过协商、调解方式解决争议,给予必要的法律释明以及风险提示。对未经调解、当事人直接申请仲裁的争议,仲裁委员会可以向当事人发出调解建议书,引导其到调解组织进行调解。当事人同意先行调解的,应当暂缓受理;当事人不同意先行调解的,应当依法受理。所谓调解建议书,是指劳动人事争议仲裁委员会收到仲裁申请后,向未经调解直接申请仲裁的申请人提出的、引导其到乡镇街道等基层调解组织进行调解的书面建议。故劳动仲裁申请在受理前,一般先行进行调解。先行调解可以电话之“背对背”方式进行,实践中一般采取调解会议之“面对面”形式进行。调解会议一般程序与开庭程序类似,只是相对简化。具体如下:

1. 调解主持人宣布调解会议开始,由书记员核实当事人情况。

2. 调解主持人宣布调解会议纪律,告知当事人依法享有的权利与义务。

3. 由申请人宣读劳动仲裁请求事项,并固定请求事项。同时说明具体的事实和理由。

4. 由被申请人进行答辩,并说明答辩的事实和理由。

5. 由双方当事人出示证据,并听取对方质证意见。

6. 调解主持人询问当事人与本案调解处理相关的核心问题。

7. 调解主持人提炼概括本案事实,宣读法律相关规定,并提出调解建议。

8. 征求当事人的调解意见,听取当事人对调解建议的修改方法。

9. 调解达成一致的,及时制作调解协议书,并送达当事人。

10. 不能达成调解方案的,应当制作调解笔录,将调解情况如实记录,将由当事人阅读确认后签字。

（二）受理后的调解

劳动仲裁调解是贯穿于劳动仲裁全过程的。即使在先行调解过程中没有达成调解，在劳动仲裁审理过程中，仍可以随时对双方当事人进行调解。根据《劳动仲裁规则》相关规定，开庭之前，经双方当事人同意，仲裁庭可以委托调解组织或者其他具有调解能力的组织、个人进行调解。自当事人同意之日起10日内未达成调解协议的，应当开庭审理。仲裁庭审理争议案件时，应当进行调解，必要时可以邀请有关单位、组织或者个人参与调解。仲裁调解达成协议的，仲裁庭应当制作调解书。调解书应当写明仲裁请求和当事人协议的结果。调解书由仲裁员签名，加盖仲裁委员会印章，送达双方当事人。调解书经双方当事人签收后，发生法律效力。调解不成或者调解书送达前，一方当事人反悔的，仲裁庭应当及时作出裁决。当事人就部分仲裁请求达成调解协议的，仲裁庭可以就该部分先行出具调解书。

（三）调解书的制作

1. 格式要求

所谓调解书，是指劳动人事争议仲裁委员会在仲裁调解中制作的载明仲裁申请的内容、调解结果及日期的文书。调解书应当写明当事人的基本情况、仲裁请求、当事人自愿协商达成一致的事项等内容。调解书的内容与裁决书相比要简单，实践中调解书一般不再阐述劳动争议案件的事实和事由。调解书由以下三部分构成：

（1）首部。主要写明劳动仲裁委员会的名称、调解书之标题、案件编号、当事人及其代理人的基本情况、本案的案由等内容。

（2）正文。正文是调解书的核心内容。正文部分应当列明当事人的全部仲裁请求，以及双方当事人在自愿、合法的前提下达成互谅互让协议的相关内容。

（3）尾部。调解书上应当由仲裁员签名、加盖劳动仲裁委员会的印章，并写明制作的时间。实践中经常出现调解书上没有仲裁员签名之情况。

2. 内容要求

调解书的主文是劳动争议调解的落脚点，也是调解书最重要的部分，因为一般要求简要、明确、完整和可执行。

（1）简要。调解主文要尽可能简短，通俗易懂。不需要计算方法和项目说明。

（2）明确。要严谨准确，让当事人和执行法官一看就能立即领会和准确执行，特别是支付时间、金额、计量单位等要明确具体。

(3)完整。就是对当事人提出的所有劳动仲裁请求均应当体现,且没有遗漏。对当事人不再主张的部分,可表述为“申请人放弃其余仲裁请求”或“双方当事人就本案所涉事项无其他争议”。

(4)可执行。就是要求调解主文要写明所要执行的具体内容,避免调解内容无法执行,即要避免出现还需要双方再协商的事项、要避免表述过于笼统、要避免文字表述容易发生歧义或多义、要避免对案外人的权利义务作出处理等。

三、民间调解协议中的给付内容要求

劳动争议当事人在民间调解组织主持下达成调解协议的,应当制作书面民间调解协议。拟订具有强制执行内容的民间调解协议内容时,应当注意以下事项。

(一)关于表述方式

民间调解协议条款应当参照劳动仲裁裁决书或人民法院判决书主文的表述方式,载明给付主体、给付时间、给付地点、给付方式、给付内容等事项,主要是方便强制执行。裁决书主文的参照格式为:“自本裁决生效之日起×日内,被申请人一次性支付申请人……”

(二)交付方式清楚

给付时间、给付地点、物品种类、计量单位、接收人及账号等交付方式应当清楚、明白,不能含糊不清或者存在歧义。

(三)给付内容应当明确、具体

给付金钱的,应当载明给付的款项性质、金额等事项。给付利息的,应当载明利息的金额或者计算基数、利率、计算期间等事项。给付违约金的,应当载明违约金的金额或者计算基数、标准、计算期间等事项。给付金钱以外的财物的,应当核实标的物的占有、使用状况,并载明给付标的物的特征或种类、数量、质量、标准等事项。给付标的为行为的,应当载明行为的内容、不履行行为义务时的替代履行方式等事项,并应注意对行为履行的可行性进行审查。

(四)建议不要附给付条件

履行给付义务原则上不能附条件。确需附条件的,应当载明条件成就的具体判断标准。判断标准应当明确、具体,且不会在履行中引起争议。

四、民间调解协议的效力

所谓民间调解协议,是指企业劳动争议调解委员会,依法设立的基层人民调解组织以及在乡镇、街道设立的具有劳动争议调解职能的组织,对所辖范围内发生的劳动争议,经当事人书面或口头申请劳动争议调解,在调解达成协议后,由双方当事人签字、盖章,经调解员签名并加盖调解组织印章后生效的书面文书。

(一)民间调解协议效力的相关规定

1. 2006 年规定:具有劳动合同的约束力且劳动报酬协议可直接起诉

最高人民法院《关于审理劳动争议案件适用法律若干问题的解释(二)》(已被法释〔2020〕16 号文废止)第 17 条规定:“当事人在劳动争议调解委员会主持下达成的具有劳动权利义务内容的调解协议,具有劳动合同的约束力,可以作为人民法院裁判的根据。当事人在劳动争议调解委员会主持下仅就劳动报酬争议达成调解协议,用人单位不履行调解协议确定的给付义务,劳动者直接向人民法院起诉的,人民法院可以按照普通民事纠纷受理。”

2. 2008 年规定:协议具有约束力,且有申请劳动仲裁及支付令的效力

《劳动争议调解仲裁法》第 14 条第 2 款规定:“调解协议书由双方当事人签名或者盖章,经调解员签名并加盖调解组织印章后生效,对双方当事人具有约束力,当事人应当履行。”第 15 条规定:“达成调解协议后,一方当事人在协议约定期限内不履行调解协议的,另一方当事人可以依法申请仲裁。”第 16 条规定:“因支付拖欠劳动报酬、工伤医疗费、经济补偿或者赔偿金事项达成调解协议,用人单位在协议约定期限内不履行的,劳动者可以持调解协议书依法向人民法院申请支付令。人民法院应当依法发出支付令。”

3. 2010 年规定:应当认定协议有效但可请求撤销

最高人民法院《关于审理劳动争议案件适用法律若干问题的解释(三)》(已被法释〔2020〕16 号文废止)第 10 条规定:“劳动者与用人单位就解除或者终止劳动合同办理相关手续、支付工资报酬、加班费、经济补偿或者赔偿金等达成的协议,不违反法律、行政法规的强制性规定,且不存在欺诈、胁迫或者乘人之危情形的,应当认定有效。前款协议存在重大误解或者显失公平情形,当事人请求撤销的,人民法院应予支持。”

4. 2011 年规定:协议有效并可申请劳动仲裁且可作为裁决依据

《企业劳动争议协商调解规定》(自 2012 年 1 月 1 日起施行)第 28 条规定:“双方当事人未按前条规定提出仲裁审查申请,一方当事人在约定的期限内不履行调解协议的,另一方当事人可以依法申请仲裁。仲裁委员会受理仲裁申请后,应当对调解协议进行审查,调解协议合法有效且不损害公共利益或者第三人合法利益的,在没有新证据出现的情况下,仲裁委员会可以依据调解协议作出仲裁裁决。”

5. 2020 年规定:协议有效,可直接起诉,也可请求撤销

《劳动争议司法解释(一)》第 35 条规定:“劳动者与用人单位就解除或者

终止劳动合同办理相关手续、支付工资报酬、加班费、经济补偿或者赔偿金等达成的协议,不违反法律、行政法规的强制性规定,且不存在欺诈、胁迫或者乘人之危情形的,应当认定有效。前款协议存在重大误解或者显失公平情形,当事人请求撤销的,人民法院应予支持。"同时,第 51 条规定:"当事人在调解仲裁法第十条规定的调解组织主持下达成的具有劳动权利义务内容的调解协议,具有劳动合同的约束力,可以作为人民法院裁判的根据。当事人在调解仲裁法第十条规定的调解组织主持下仅就劳动报酬争议达成调解协议,用人单位不履行调解协议确定的给付义务,劳动者直接提起诉讼的,人民法院可以按照普通民事纠纷受理。"

(二)民间调解协议属于对接民事协议性质

我们认为上述效力规定,均与《劳动合同法》中的劳动合同效力规定不一致,原因在于民间调解协议属于对接民事协议性质。所谓对接民事协议,是指劳动法主体之间为了实现劳动权利义务与民事权利义务两者之间的直接转换而签订的民事契约。对接民事协议有如下基本特征:一是协议性质为民事契约;二是签约主体为劳动法主体及其团体;三是签约目的是实现"劳动"与"民事"之间权利义务的相互转换;四是"劳动"与"民事"之间的转换方式为直接转换。[①] 之所以如此认为,具体理由如下。

(1)可直接起诉证明民间调解协议属于对接民事协议性质

根据《劳动法》第 79、80 条的规定,在劳动争议调解委员会主持下达成的调解协议,属于民间调解协议。另根据《劳动争议司法解释(一)》第 51 条的规定"就劳动报酬争议达成调解协议",劳动者可直接起诉,而无须经过劳动仲裁程序处理。这说明劳动争议性质因民间调解协议的签订而改变,即改变成了民事协议,而不再是劳动合同。用人单位不履行民事协议的,劳动者可按民事争议直接提起民事诉讼解决。至于"具有劳动合同的约束力"不能理解为民间调解协议属于劳动合同性质,而应当理解为其具有约束力,且与劳动合同的约束力相同。例如,在 2009 年最高人民法院《关于建立健全诉讼与非诉讼相衔接的矛盾纠纷解决机制的若干意见》(法发〔2009〕45 号)第 11、20 条规定中,就将劳动争议民间调解协议定性为"具有民事合同性质的协议"。

(2)可申请支付令证明属于对接民事协议性质

《民事诉讼法》第 221 条第 1 款规定:"债权人请求债务人给付金钱、有价证券,符合下列条件的,可以向有管辖权的基层人民法院申请支付令……"所

---

① 胡燕来:《解雇:人力资源法律实务指引》,法律出版社 2016 年版,第 19 页。

以,能够申请支付令的是债权债务关系,是民事关系。因劳动争议达成的民间调解协议,劳动者之所以能够直接向人民法院申请支付令,其原因就是民间调解协议确定的是民事债权债务关系,即民间调解协议的性质为对接民事协议。民间调解协议一旦生效则民事债权债务关系形成。

(3)可撤销证明属于对接民事协议性质

从《劳动合同法》第 26 条规定可知,劳动合同要么有效,要么无效,不存在可撤销之问题。只有民事合同才存在可撤销的现象。而《劳动争议司法解释(一)》第 35 条第 2 款规定,"前款协议存在重大误解或者显失公平情形,当事人请求撤销的,人民法院应予支持"。这个规定说明"民间调解协议"的性质不是劳动合同,而是民事合同,是劳动争议双方当事人将劳动权利义务转换成了民事权利义务的对接民事协议。

(4)不构成"显失公平"生效要件证明属于对接民事协议性质

《民法典》第 153 条第 1 款规定:"违反法律、行政法规的强制性规定的民事法律行为无效。但是,该强制性规定不导致该民事法律行为无效的除外。"第 132 条规定:"民事主体不得滥用民事权利损害国家利益、社会公共利益或者他人合法权益。"

依《劳动争议司法解释(一)》第 35 条规定,民间调解协议仅以"不违反法律、行政法规的强制性规定,且不存在欺诈、胁迫或者乘人之危情形"为生效要件,即使有"用人单位免除自己的法定责任、排除劳动者权利的"内容,只要不构成"显失公平",也不影响其效力。而依《劳动合同法》第 26 条第 1 款第 3 项的规定"用人单位免除自己的法定责任、排除劳动者权利的"劳动合同则为无效。所以,司法机关判断民间调解协议效力的依据并非《劳动合同法》第 26 条,而是依据民事法律行为无效、可撤销之相关规定。

(5)"不损害公共利益或者第三人合法利益"生效要件证明属于对接民事协议性质

《企业劳动争议协商调解规定》第 28 条第 2 款规定"不损害公共利益或者第三人合法利益"的民间调解协议有效,并可作为裁决依据。这说明劳动仲裁机构认定民间调解协议效力的依据并非《劳动合同法》第 26 条,而是依据民事法律行为无效、可撤销之相关规定。因为《民法典》第 132 条规定:"民事主体不得滥用民事权利损害国家利益、社会公共利益或者他人合法权益。"并且,民间调解协议只要"不损害公共利益或者第三人合法利益",即使存在"用人单位免除自己的法定责任、排除劳动者权利的",也不能认定无效,而应当认定有效并作为裁决的依据。

(6)劳动关系解除或终止后,不可能为解决劳动争议而再次签订劳动合同

《劳动法》第 16 条第 1 款规定:“劳动合同是劳动者与用人单位确立劳动关系、明确双方权利和义务的协议。”以上是我国法律对劳动合同所作的定义。所以,劳动合同的任务之一是确立劳动关系。但是,用人单位与劳动者发生劳动争议,绝大多数是在解除或终止劳动关系之后。而劳动关系解除或终止之后,双方之间不再存在劳动关系,也不可能为了解决劳动争议而再次确立劳动关系。所以,双方之间不可能再签订劳动合同,而只能签订对接民事协议,将劳动权利义务转换成民事权利义务,以解决劳动争议。

(三)民间调解协议即对接民事协议的法律效力

既然民间调解协议的性质是对接民事协议,则民间调解协议就具有民事合同的效力。根据《民法典》第 502 条第 1 款的规定:“依法成立的合同,自成立时生效,但是法律另有规定或者当事人另有约定的除外。”第 509 条第 1 款规定:“当事人应当按照约定全面履行自己的义务。”第 577 条规定:“当事人一方不履行合同义务或者履行合同义务不符合约定的,应当承担继续履行、采取补救措施或者赔偿损失等违约责任。”由于我国法律将不履行民间调解协议的争议定性为劳动争议,所以一方当事人不履行民间调解协议的,一般情况下先申请劳动仲裁处理,不服仲裁裁决的才能向法院起诉。但在特殊情况下,有法律明确规定的,也可以直接起诉到法院,如《劳动争议司法解释(一)》第 51 条第 2 款规定:“当事人在调解仲裁法第十条规定的调解组织主持下仅就劳动报酬争议达成调解协议,用人单位不履行调解协议确定的给付义务,劳动者直接提起诉讼的,人民法院可以按照普通民事纠纷受理。”

总之,民间调解协议在性质上属于对接民事协议,民间调解协议一经签订立即生效,则该协议对各签订主体均具有约束力,各方主体均应全面履行。一方不履行的,另一方可以要求其承担继续履行、采取补救措施或者赔偿损失等违约责任。并可以通过申请劳动仲裁、提起劳动诉讼的方式,维护自己的合法权益。如果当事人认为达成的民间调解协议无效、可撤销、可变更的,劳动者申请劳动仲裁处理的,劳动仲裁委员会应当受理并予以处理。

五、民间调解协议的仲裁确认

(一)劳动仲裁确认概述

所谓劳动仲裁确认,又称劳动仲裁置换,是指在劳动争议处理过程中,争议当事人在民间调解组织主持下签订了民间调解协议,经争议当事人共同申请,劳动仲裁委员会审查并确认调解协议的形式和内容合法有效后,制作与民间调解协议内容一致的调解书,从而使民间调解协议取得强制执行效力的活动。

《劳动争议调解仲裁法》第51条规定："当事人对发生法律效力的调解书、裁决书，应当依照规定的期限履行。一方当事人逾期不履行的，另一方当事人可以依照民事诉讼法的有关规定向人民法院申请执行。受理申请的人民法院应当依法执行。"所以，经劳动仲裁委员会确认过的民间调解协议具有强制执行的法律效力。民间调解协议置换劳动争议仲裁调解书，是行使劳动争议仲裁权的过程。具有约束力的民间调解协议置换为具有强制执行效力的劳动争议仲裁调解书，有利于劳动仲裁与基层调解的对接，有利于构建科学、合理的多元化解决劳动争议机制。劳动仲裁确认制度的建立，有力保障了劳动争议民间调解的工作成果，落实了化解劳动争议坚持预防为主、基层为主、调解为主的总的工作方针，是劳动争议仲裁制度的一大亮点。

（二）劳动仲裁确认的申请与受理

《劳动仲裁规则》第74条规定："经调解组织调解达成调解协议的，双方当事人可以自调解协议生效之日起十五日内，共同向有管辖权的仲裁委员会提出仲裁审查申请。当事人申请审查调解协议，应当向仲裁委员会提交仲裁审查申请书、调解协议和身份证明、资格证明以及其他与调解协议相关的证明材料，并提供双方当事人的送达地址、电话号码等联系方式。"仲裁委员会收到当事人仲裁审查申请，应当及时决定是否受理；决定受理的，应当出具受理通知书。有下列情形之一的，仲裁委员会不予受理：(1)不属于仲裁委员会受理争议范围的；(2)不属于本仲裁委员会管辖的；(3)超出规定的仲裁审查申请期间的；(4)确认劳动关系的；(5)调解协议已经人民法院司法确认的。[①] 在不予受理的情况下，《裁审衔接意见（一）》第1条的规定："……当事人可依法就协议内容中属于劳动人事争议仲裁受理范围的事项申请仲裁……"

（三）劳动仲裁确认的审查和确认

1. 审查确认程序

所谓调解协议仲裁审查，是指劳动人事争议仲裁委员会受理双方当事人申请后，依法对调解协议的内容和形式进行合法性审查，从而决定是否根据该调解协议制作调解书的过程。仲裁委员会审查调解协议，应当自受理仲裁审查申请之日起5日内结束。因特殊情况需要延期的，经仲裁委员会主任或者其委托的仲裁院负责人批准，可以延长5日。调解书送达前，一方或者双方当事人撤回仲裁审查申请的，仲裁委员会应当准许。仲裁委员会受理仲裁审查申请后，应当指定仲裁员对调解协议进行审查。仲裁委员会经审查认为调解协议的形

---

① 《劳动仲裁规则》第75条。

式和内容合法有效的，应当制作调解书。调解书的内容应当与调解协议的内容相一致。调解书经双方当事人签收后，发生法律效力。[①]

实务操作中，劳动争议仲裁委员会对以下具体事项和内容进行审查。

（1）当事人是否具有民事行为能力。代理人参加调解的，代理人是否具有代理权。

（2）调解协议是否是双方当事人真实意思的表示。

（3）调解协议是否违反劳动保障法律法规的强制性规定，是否损害国家和集体利益及第三人的合法权益，是否违反公序良俗。

（4）调解协议中有关当事人权利处分的内容是否属于有权处分。

（5）调解协议内容是否明确、具体，文字表述是否规范，能否执行。

2. 不予制作调解书的情形

所谓劳动仲裁确认调解书，是指双方当事人就劳动争议事项平等协商后，经书面确认和当事人共同申请，由劳动争议仲裁委员会依法制作的法律文书。调解书在双方当事人签收后，产生法律效力。调解书生效后，一方当事人在规定的期限内不履行的，另一方当事人可以向当地人民法院申请强制执行。

调解协议具有下列情形之一的，仲裁委员会不予制作调解书：（1）违反法律、行政法规强制性规定的；（2）损害国家利益、社会公共利益或者公民、法人、其他组织合法权益的；（3）当事人提供证据材料有弄虚作假嫌疑的；（4）违反自愿原则的；（5）内容不明确的；（6）其他不能制作调解书的情形。仲裁委员会决定不予制作调解书的，应当书面通知当事人。当事人撤回仲裁审查申请或者仲裁委员会决定不予制作调解书的，应当终止仲裁审查。[②] 在不予制作调解书的情况下，根据《裁审衔接意见（一）》第 1 条的规定，"……当事人可依法就协议内容中属于劳动人事争议仲裁受理范围的事项申请仲裁……"

六、民间调解协议的司法确认

（一）司法确认概述

所谓劳动争议调解司法确认，是指在劳动争议处理过程中，争议当事人在民间调解组织主持下签订了民间调解协议，经当事人共同申请，人民法院审查并确认调解协议的形式和内容合法有效后，作出确认调解协议效力的决定，从而使民间调解协议取得强制执行效力的活动。

最高人民法院《关于建立健全诉讼与非诉讼相衔接的矛盾纠纷解决机制

① 《劳动仲裁规则》第 76、77 条。

② 《劳动仲裁规则》第 78、79 条。

的若干意见》(法发〔2009〕45 号)第 11 条规定:“经《中华人民共和国劳动争议调解仲裁法》规定的调解组织调解达成的劳动争议调解协议,由双方当事人签名或者盖章,经调解员签名并加盖调解组织印章后生效,对双方当事人具有合同约束力,当事人应当履行。双方当事人可以不经仲裁程序,根据本意见关于司法确认的规定直接向人民法院申请确认调解协议效力。”《裁审衔接意见(一)》第 2 条规定:“经依法设立的调解组织调解达成的调解协议生效后,当事人可以共同向有管辖权的人民法院申请确认调解协议效力。人民法院不予确认的,当事人可以向劳动争议仲裁委员会申请仲裁。”所以,签订了劳动争议民间调解协议的当事人,可以共同向人民法院申请司法确认民间调解协议的效力,赋予民间调解协议具有强制执行力。

但是,三个调解组织主持达成的民间调解协议的司法确认程序存在欠缺。目前,只有人民调解协议有完整的司法确认程序规则,即最高人民法院《关于人民调解协议司法确认程序的若干规定》(法释〔2011〕5 号)。而其他两个调解组织主持达成的民间调解协议的司法确认,欠缺相应的司法确认程序规则,属于劳动法规则漏洞,应当予以填补。司法实践的个案处理中,其他两个调解组织的调解协议的司法确认规则,我们建议类推适用人民调解协议的确认规则,即法释〔2011〕5 号相关规定。上述法释〔2011〕5 号与法发〔2009〕45 号相冲突的,应当适用法发〔2009〕45 号相关规定。

(二)劳动争议调解司法确认的申请

劳动争议调解达成民间调解协议后,双方当事人可自调解协议生效后及时(人民调解协议为生效之日起 30 日内)共同向人民法院申请司法确认。最高人民法院《关于建立健全诉讼与非诉讼相衔接的矛盾纠纷解决机制的若干意见》(法发〔2009〕45 号)第 21 条规定:“当事人可以在书面调解协议中选择当事人住所地、调解协议履行地、调解协议签订地、标的物所在地基层人民法院管辖,但不得违反法律对专属管辖的规定。当事人没有约定的,除《中华人民共和国民事诉讼法》第三十四条规定的情形外,由当事人住所地或者调解协议履行地的基层人民法院管辖。经人民法院委派或委托有关机关或者组织调解达成的调解协议的申请确认案件,由委派或委托人民法院管辖。”

一方当事人提出申请,另一方当事人表示同意的,视为共同提出申请。当事人提出申请时,应当向人民法院提交调解协议书、承诺书。承诺书应载明以下内容:(1)双方当事人出于解决纠纷的目的自愿达成协议;(2)没有恶意串通、规避法律;(3)没有损害国家利益、社会公共利益及集体和他人的合法权益;(4)若因调解协议内容给他人造成损害的,愿意承担相应的法律责任。

（三）劳动争议调解司法确认的审查和确认

1. 审查适用程序

人民法院审理申请确认调解协议案件，参照适用《民事诉讼法》有关简易程序的规定。案件由审判员一人独任审理，双方当事人应当同时到庭。人民法院应当面询问双方当事人是否理解所达成协议的内容，是否接受因此而产生的后果，是否愿意由人民法院通过司法确认程序赋予该协议强制执行的效力。①

2. 不予确认的情形

有下列情形之一的，人民法院不予确认调解协议效力：(1)违反法律、行政法规强制性规定的；(2)侵害国家利益、社会公共利益的；(3)侵害案外人合法权益的；(4)涉及是否追究当事人刑事责任的；(5)内容不明确，无法确认和执行的；(6)调解组织、调解员强迫调解或者有其他严重违反职业道德准则的行为的；(7)其他情形不应当确认的。当事人在违背真实意思的情况下签订调解协议，或者调解组织、调解员与案件有利害关系，调解显失公正的，人民法院对调解协议效力不予确认，但当事人明知存在上述情形，仍坚持申请确认的除外。②

3. 审查处理

人民法院依法审查后，决定是否确认调解协议的效力。确认调解协议效力的决定送达双方当事人后发生法律效力，一方当事人拒绝履行的，另一方当事人可以依法申请人民法院强制执行。人民法院不予确认的，当事人可以向劳动争议仲裁委员会申请仲裁。③

劳动人事争议仲裁委员会对调解协议仲裁审查申请不予受理或者经仲裁审查决定不予制作调解书的，当事人直接向人民法院提起诉讼的，人民法院不予受理，但下列情形除外：(1)依据《劳动争议调解仲裁法》第16条的规定申请支付令被人民法院裁定终结督促程序后，劳动者依据调解协议直接提起诉讼的；(2)当事人在《劳动争议调解仲裁法》第10条规定的调解组织主持下仅就劳动报酬争议达成调解协议，用人单位不履行调解协议约定的给付义务，劳动者直接提起诉讼的；(3)当事人在经依法设立的调解组织主持下就支付拖欠劳

---

① 最高人民法院《关于建立健全诉讼与非诉讼相衔接的矛盾纠纷解决机制的若干意见》（法发〔2009〕45号）第23条。

② 最高人民法院《关于建立健全诉讼与非诉讼相衔接的矛盾纠纷解决机制的若干意见》（法发〔2009〕45号）第24条。

③ 最高人民法院《关于建立健全诉讼与非诉讼相衔接的矛盾纠纷解决机制的若干意见》（法发〔2009〕45号）第11、25条。

动报酬、工伤医疗费、经济补偿或者赔偿金事项达成调解协议,双方当事人依据《民事诉讼法》第201条的规定,共同向人民法院申请司法确认,人民法院不予确认,劳动者依据调解协议直接提起诉讼的。[①]

(四)司法确认与劳动仲裁确认的相同之处

劳动争议调解达成的民间调解协议,当事人可以选择申请劳动仲裁确认,也可以选择向人民法院申请司法确认。但是当事人只能选择其中一个"确认"方式,选择司法确认的,将丧失申请劳动仲裁确认的受理条件。司法确认与劳动仲裁确认具有如下相同之处:(1)都由调解协议双方当事人自愿共同申请;(2)都需遵循简易程序且对调解协议进行合法性审查;(3)调解协议经确认或置换的,具有强制执行力;(4)决定不予确认或置换的,当事人仍可以就劳动争议向劳动争议仲裁委员会申请仲裁。[②]

七、调解实务的策略与技巧

(一)调解的过程及达成原理

1. 博弈论与调解

我们认为劳动争议的调解是以博弈论为理论基础的。博弈论,又称为对策论、赛局理论等,是指运用数学理论研究有利害冲突的各方在竞争性的活动中是否存在自己取胜的最优策略,以及如何找出这些策略等问题。[③] 博弈论的前提条件是决策主体是理性的,是希望最大化自己利益的。一般认为博弈主要分为合作博弈(非零和博弈)和非合作博弈(零和博弈)。非合作博弈是指参与博弈的各方,在严格竞争下,一方的收益必然意味着另一方的损失,博弈各方的收益和损失相加总和永远为"零",双方不存在合作的可能。合作博弈是一种合作下的博弈,博弈中各方的收益或损失的总和不是零值,其区别于非合作博弈。在这种状况时,自己的所得并不与他人损失的大小相等,自己的幸福也未必建立在他人的痛苦之上,即使伤害他人也可能"损人不利己",所以,博弈双方存在"双赢"的可能,进而可以达成合作。

调解的过程,就是寻找纳什均衡的过程。纳什平衡是博弈论中的一个基本概念。纳什平衡又称为非合作博弈均衡,在一个博弈过程中,无论对方的策略选择如何,当事人一方都会选择某个确定的策略,则该策略被称作支配性策略。如果任意一位参与者在其他所有参与者的策略确定的情况下,其选择的策略是

---

① 《裁审衔接意见(一)》第1条。

② 王全兴:《劳动法》,法律出版社2017年版,第482页。

③ 夏征农、陈至立主编:《辞海》(第6版缩印本),上海辞书出版社2010年版,第423页。

最优的,那么这个组合就被定义为纳什平衡。纳什平衡是一个策略组合,这个策略组合由所有参与人的最优战略组成,所以,没有人有积极性来打破这种均衡。劳动争议调解过程中,主持人之所以能够调解成功,就是因为当事人之间形成了纳什平衡,即每个当事人的利益都得到了尊重和满足,且对每个当事人来说均是最优策略。

2. 调解不是"和稀泥"

有人认为调解就是"和稀泥",我们认为此观点是错误的。从博弈论可知,调解组织在调解劳动争议过程中,各方当事人的谈判策略在不断发生变化,并且各方所持的谈判策略也在不断变化,这是正常现象,不是不诚信之表现。因为根据博弈论,这是各方在进行动态博弈。这种动态博弈从形式上表现为"合作→不合作→合作→不合作"之反复状态。当动态博弈达到一个战略均衡点时,会出现各方当事人的利益都能得到尊重和满足,且对每个当事人来说均是最优策略,此时就达到了纳什平衡状态,调解就会成功。所以,调解是有其内在机理的,调解之所以成功,这是动态博弈之纳什平衡的体现,不是"和稀泥"的结果。

3. 集体争议比较适合调解处理

我们认为集体争议比较适合调解处理,主要是因为集体争议大多发生在劳动关系存续期间,双方当事人之间仍存在合作关系或合作的可能性。并且,集体争议之博弈属于合作博弈性质。从博弈论可知,合作博弈是能够通过谈判来达到纳什平衡状态的,所以存在调解成功的机会和可能性。而非合作博弈却相反,劳动者存在"打一枪换一个地方"之观念,合作之可能性较低,故非合作博弈中调解成功的可能性明显大大低于合作博弈。所以,集体争议中双方当事人存在利益交叉重叠之特殊背景,为集体争议调解成功奠定了坚实基础。我们在处理集体劳动争议时,应当首选调解的方案进行处理。

(二)当事人博弈类型与调解策略

从博弈论可知,博弈分为合作博弈(非零和博弈)和非合作博弈(零和博弈)。所以,我们将劳动争议中各方当事人之间的动态博弈划分为合作博弈和非合作博弈两种类型。针对不同的博弈类型,我们应当采取不同的调解策略。

1. 合作博弈型的调解策略

合作博弈型的调解策略是主持人在熟悉案情和法律规定后,尽快找到符合各方当事人要求的纳什均衡条件,并促成调解。因为劳动争议合作博弈中的各方当事人,他们的调解目标是一致的,即一方获益并不以另一方的损失为代价,且可以同时达到目标,所以,调解实践中,调解主持人要吃透案情,通过谈话及阅读案卷材料，尽快找到争议各方的真实意图和实际需要，在求同存异、互谅互让基础上及时促成调解。所以，找出真实的争议焦点，发现共同利益，提出使争议各方利益都能得到一定程度的尊重和满足的调解建议，是合作博弈型调解的主要策略。

2. 非合作博弈型的调解策略

博弈论也告诉我们，调解失败大多是动态博弈没有达到纳什平衡状态的结果。在非合作博弈型的劳动争议中，双方当事人之间处于对抗状态，一方获益必须以另一方损失为代价，故双方不会达到纳什平衡状态，一般情况下调解不能成功。非合作博弈型的劳动争议，调解主持人应当分析并找出对方的底线，并影响其底线，造成双方向合作博弈型劳动争议转化，以促成调解的可能性条件形成，并展开调解。所以，在非合作博弈型的劳动争议中，调解的策略主要是将非合作博弈型转变为合作博弈型争议，并促成调解。例如，在违法解除劳动合同纠纷中，劳动者已离职，并要求用人单位支付违法解除的赔偿金。此情形一般属于非合作博弈型劳动争议，双方之间几乎没有再合作之可能性，劳动者也不会轻易让步，调解难度大。此时，劳动者可能关心：用人单位应承认错误或不妥当、判决书上网对日后职业生涯发展不利、背景调查可能被前单位“陷害”、影响原单位同事之间私人关系的维持、行业内会造成不当影响，如果是外国人还可能关心赔偿金得不到支持、证据上存在一些瑕疵、证据采纳上自由裁量幅度大、劳动者在解除事件上也有不当行为、可能要经过一裁二审时间较长、适用法律上存在争议、希望能及时顺利办理工作交接、希望能解除竞业限制约定、较好的付款条件（如立即支付）、个税优惠政策享受或其他劳动者关心的利益和需求等。主持人就可以根据案件具体情况，将各方利益和需求表面化，找出利益和需求的共同点，通过暗示或提示等方式，尽可能地影响其底线，促使争议向合作博弈型转变。转型成功后，再根据本案具体的纳什平衡的可能条件，适时提出调解建议，如在经济补偿金额之上赔偿金金额之下确定一个金额，促成双方调解。

（三）调解建议提出的最佳时机

调解建议提出过早或过晚，均不利于达成调解。如何把握调解建议的最佳时机？我们认为主持人要根据案件情况和当事人的态度，按以下几种情形确定调解建议的提出时间：

1. 对事实清楚、争议不大且对抗性小的劳动争议之调解时机的把握。在了解情况和听取当事人的意见，以及主持人评判之后，可以立即进行调解。这种调解进入方案要连贯快捷，顺势而为，一气呵成。

2. 矛盾激烈、情绪对立严重的劳动争议之调解时机的把握。主持人在了解情况和听取当事人的意见后，不能立即进行调解，应当采取措施，让各方当事人先冷静下来，在当事人恢复理性后再择机着手调解。事实证明，当事人在不理性的状态下，不但不会达成调解，还有可能激化矛盾，造成更大的社会事件和增加新的矛盾。

3. 对矛盾集中、对立情绪中等的劳动争议之调解时机的把握。如果当事人态度出现转机，如暗示或委婉地表示其行为有错误等，则主持人应当趁热打铁，介入调解并提出适当的调解建议，促成调解。

4. 对积怨已久、当事人伤害较大的劳动争议之调解时机的把握。因这类争议形成时间较长，矛盾较深，不容易化解，故需要时间做工作，主要是坚持多倾听当事人陈述，劝导当事人走出积怨，等有了一些的基础之后，再择时进行调解。

5. 对金额或要求相对悬殊的劳动争议之调解时机的把握。对此类争议要有打持久战的准备。只有经过较长时间及多次沟通的方式，才能降低当事人的预期，此时方可着手调解。如果调解无望的，应提示通过申请劳动仲裁解决。如在仲裁或诉讼阶段的，应当及时裁决，以防久拖不决。

（四）影响底线的突破口为改变当事人的认知

我们认为及时改变当事人的认知是调解获得成功的突破口，也是影响当事人底线和促成调解成功的关键措施。实践证明，调解过程中没有当事人态度的转变，就不可能调解成功。而影响当事人态度转变的主要因素，就是当事人对案件处理、法律规定、社会影响及对自己产生的利益关系的认知。主持人不帮助当事人改变该认知，很难取得调解的成功，因为错误的认知，必然导致错误的预期和错误的信念。

调解实践中，帮助当事人改变错误认识的办法，通俗地讲就是摆事实、讲道理，帮助当事人理解法律，辨清利害关系。在方式上可以是明示的或暗示的。对顽固的当事人，还可以通过案例教育的方式进行，如向当事人出示相关类似的案例，提示法律风险，以权威案例来改变当事人的错误认知、不合理的观点和不合理之诉求，以转变当事人的态度，影响当事人的底线，促使当事人之间达成合作，促成调解。

（五）实践中容易促成调解的外部因素

调解实践证明，劳动争议处理中确实存在一些外部因素，其在客观上能够促成调解的达成，虽然有些具体原因不是很明朗。结合笔者参与调解的实务经验，现将这些影响调解的外部客观因素汇总如下：

1. 用人单位为国有企业、政府机关和事业单位如学校等的，更容易达成调解。

2. 劳动者请求金额越大，调解成功率越低，即金额大小与调解成功率成反比。

3. 有委托律师参加争议处理的，一般调解成功率较低，即委托律师代理与调解成功率成反比。

4. 主持人为男性的，其主持调解的成功率比女性主持调解的成功率高出很多，即男性调解主持人更容易达成调解。

5. 案件复杂与否，对案件调解成功的影响不大。所以认为案情复杂则不易达成调解的观点在实践中并不正确。

6. 劳动者的性别和年龄，对案件调解成功率没有影响。

7. 劳动争议案由类型如工资支付、工伤待遇或违法解除赔偿金等的不同，对调解成功率没有影响。

8. 集体劳动争议较个人劳动争议更容易调解成功，即前者的调解成功率明显高于后者。

9. 主持人掌握或熟悉相关的劳动法律知识的，熟悉案情，能够快速感知当事人的真实意图，且可以迅速形成个案调解建议方案的，容易达成调解。

八、调解的基本行为准则

（一）调解的基本要求

1. 树立调解理念，增强调解意识，坚持调解优先、调裁结合，充分发挥调解在解决劳动争议中的作用；

2. 切实遵循合法、自愿原则，防止不当调解、片面追求调解率；

3. 讲究方式方法，提高调解能力，努力实现案结事了。

（二）在调解过程中与当事人接触

1. 应当征询各方当事人的调解意愿；

2. 根据案件的具体情况，可以分别与各方当事人做调解工作；

3. 在与一方当事人接触时，应当保持公平，避免他方当事人对中立性产生合理怀疑。

（三）只有当事人的代理人参加的调解

1. 认真审查代理人是否有特别授权，有特别授权的，可以由其直接参加调解；

2. 未经特别授权的，可以参与调解，达成调解协议的，应当由当事人签字或者盖章，也可以由当事人补办特别授权追认手续，必要时，可以要求当事人亲自参加调解。

（四）一方当事人表示不愿意调解

1. 有调解可能的，应当采用多种方式，积极引导调解；

2. 当事人坚持不愿调解的，不得强迫调解。

（五）调解协议损害他人利益

1. 告知参与调解的当事人应当对涉及他人权利、义务的约定进行修正；

2. 发现调解协议有损害他人利益的，不得确认该调解协议内容的效力。

（六）调解过程中当事人要求对责任问题表态

应当根据案件事实、法律规定以及调解的实际需要进行表态，注意方式方法，努力促成当事人达成调解协议。

（七）当事人对调解方案有分歧

1. 继续做好协调工作，尽量缩小当事人之间的分歧，以便当事人重新选择，争取调解结案；

2. 分歧较大且确实难以调解的，在劳动仲裁程序中应当及时依法裁决。

九、劳动争议调解中存在的主要问题及对策

1. 集体劳动争议欠缺调解规则，也未发挥出集体调解的应有作用，存在劳动法规则漏洞，建议通过立法方式予以填补。

2. 调解组织的中立性较差，如企业劳动争议调解委员会由职工代表和企业代表组织，违背了中立第三方原则，阻碍了调解作用的发挥。建议加大基层调解工作的宣传力度，在加强职能部门引导的同时，也要注意保持调解组织的中立性，使其树立正确的权威形象。

3. 调解人员的整体专业素质水平不高，缺乏劳动争议调解经验，难以担任和完成调解义务。应当建立专职调解员制度，并进行对调解人员的专业培训。同时建议建立劳动争议调解员的优胜劣汰调整之新陈代谢制度，完善激励机制和退出机制。

4. 行政调解有其名无其实，没有落地实施细则，难以实施和发挥出行政调解的优势。建议以政府为主导的行政调解组织放弃发挥行政调解优势，大力弥补民间调解组织的不足，形成互补关系。

5. 民间调解组织缺乏权威性，劳动争议在整体上出现了萎缩现象，调解走过场现象较为普遍。建议加大宣传力度，促进用人单位或劳动者了解、重视这一化解劳动争议的有效渠道。

6. 民间调解协议的效力不高，仲裁确认和司法确认比例不高，建议进一步简化确认程序和降低确认标准。

7. 民间调解协议之支付令制度名存实亡,没有发挥作用,建议予以废除。

8. 除人民调解组织的调解协议外,其他民间组织的调解协议没有规定司法确认规则,不方便司法确认的落地实施,存在劳动法规则漏洞,应当通过规范性填补方式,即立法方式予以填补。

第二十一章　劳动仲裁与诉讼的衔接

由于劳动仲裁与司法诉讼之间存在相互衔接（联系）、相互独立、司法保障和司法监督之关系，所以，只有劳动争议处理之"一调一裁两审"这三种程序实现无缝衔接才是最佳状态。本章集中探讨劳动争议处理中的劳动仲裁与劳动诉讼的衔接问题。

一、裁审衔接概述

（一）裁审衔接定义

所谓裁审衔接，是指将劳动争议调解仲裁法中的受理范围、法律适用标准和程序安排等规定，与民事诉讼法中的受理范围、法律适用标准和程序安排等规定进行协调、配合和统一的制度。裁审衔接制度在我劳动争议调解仲裁法和民事诉讼法中规定不完善、不完整，几乎没有可操作性，所以，存在劳动法规则漏洞。为填补漏洞，我国主要采取制定司法解释的方法来予以弥补，如《劳动争议司法解释（一）》和《裁审衔接机制意见》等。由于《立法法》第 8 条规定，诉讼和仲裁制度只能制定法律，所以，裁审衔接之劳动法规则漏洞的填补方式受到了一定限制，需要通过制订或修改法律来最终解决，这给裁审衔接的顺畅带来了阻碍。

裁审衔接是劳动争议处理机制的必然要求，没有裁审衔接机制，劳动争议的处理就会半途而废，得不到解决。关于裁审衔接的基本要求和工作原则，中国共产党中央委员会、国务院《关于构建和谐劳动关系的意见》（中发〔2015〕10号）第 15 条规定："……加强裁审衔接与工作协调，积极探索建立诉讼与仲裁程序有效衔接、裁审标准统一的新规则、新制度……""加强仲裁与诉讼的衔接。建立仲裁与诉讼有效衔接的新规则、新制度，实现裁审衔接机制长效化、受理范围一致化、审理标准统一化。各级仲裁机构和同级人民法院要加强沟通联系，建立定期联席会议、案件信息交流、联合业务培训等制度……"[①]要积极探究和把握裁审衔接工作规律，逐步建立健全裁审受理范围一致、裁审标准统一、裁审程序有效衔接的新规则、新制度，实现裁审衔接工作机制完善、运转顺畅，

---

① 最高人民法院、人力资源和社会保障部等制定的《关于进一步加强劳动人事争议调解仲裁完善多元处理机制的意见》（人社部发〔2017〕26 号）第 14 条。

充分发挥劳动人事争议处理中仲裁的独特优势和司法的引领、推动、保障作用，合力化解矛盾纠纷，切实维护当事人合法权益，促进劳动人事关系和谐与社会稳定。①

（二）裁审为何需要衔接？

因为劳动仲裁与劳动诉讼在受理范围、法律适用和处理程序等较多方面存在差异，所以，关于裁审衔接，形象地讲就是“铁管与铜管的对接”。我国劳动处理实行“一调一裁两审”制度，劳动者与用人单位发生争议，双方可以协商和解，也可以申请第三方进行调解。不愿和解或调解，和解调解不成的，可以申请劳动仲裁处理，对劳动仲裁委员会的裁决书不服的，还可以到人民法院起诉，要求撤销或判决处理。事实证明，调解、仲裁或诉讼这三种程序由三个不同的法律来规定，相互之间既有相似之处，也有明显不同，如有三套不同的实体法和三套不同的程序法，三者之间的任务、责任各不相同等。但是，制定三种处理程序的目的只有一个即解决劳动争议。所以，在解决争议上，三套程序之间就必须密切联系、协调配合、统一并对接起来，否则劳动争议解决工作就不可能完成。

裁审关系是劳动仲裁与劳动诉讼之间的关系，劳动仲裁是劳动诉讼的前置程序，在裁审实践中，我们既要发挥劳动仲裁的简单、方便、快捷和易操作之优势，又要发挥劳动诉讼的专业和严谨，以确保劳动争议得到合法、公正和及时地处理。所以，裁审之间必须协商、统一，形成“无缝衔接”，以保障劳动争议的解决。如果裁审衔接不畅，则会导致劳动争议处理工作半途而废，或前功尽弃，这个结局不是调解、仲裁和诉讼制度所追求的。所以，裁审之间必须衔接，以保障立法目的的实现，最终解决劳动争议。

（三）裁审制度应如何衔接？

我们认为根据《裁审衔接机制意见》之相关规定，裁审衔接应当实现“两个统一”，即裁审受理范围和裁审法律适用标准的统一；“三个程序衔接”，即受理、保全和执行程序衔接；“建立四项制度”，即联席会议、信息共享、疑难复杂案件办案指导和联合培训制度。

二、处理裁审关系的基本原则

（一）尊重劳动仲裁原则

劳动仲裁委员会是具有准司法性质的解决劳动争议的专门机构，既不是行政机关、民间仲裁机构，也不是司法机关和审判机关，可以讲是“四不象”。而人民法院是我国的审判机关，其与行政机关、民间仲裁机构存在监督和被监督

---

① 《关于加强劳动人事争议仲裁与诉讼衔接机制建设的意见》（人社部发〔2017〕70号）第1条。

的关系。但劳动仲裁制度和程序具有很强的独立性，劳动仲裁委员会由国家、工会和用人单位团体三方代表组成，不受人民法院领导，不存在上下级关系。所以，裁审关系与民间仲裁和法院，以及行政机关和法院的关系均不相同，其是一种特殊的劳动争议前置与后续处理的关系，即劳动仲裁专门机构与人民法院的关系。

人民法院在劳动诉讼过程中，之所以不审查劳动仲裁的裁决，就是基于这种特殊关系。《最高人民法院对劳动部〈关于人民法院审理劳动争议案件几个问题的函〉的答复》（法[经]函〔1989〕53号，已失效）第2条规定："……在判决书、裁定书、调解书中也不应含有撤销或者维持仲裁决定的内容。"虽然上述文件已失效，但该文件的上述"不得维持"规定之尊重劳动仲裁机构的精神，即对裁决不得评价（法律有特殊规定除外）的处理原则却沿用至今，并形成了司法习惯。所以，当事人在起诉时，除终局裁决外，不得提出"撤销劳动仲裁裁决"的诉讼请求。现今人民法院对于劳动争议当事人的起诉，均要"从头再来"，重新审理，也就是这个原理。

（二）劳动争议调解仲裁法优先适用原则

在劳动诉讼过程中，在适用法律上发生冲突如管辖、受理范围或时效等，应当如何处理？我们认为应当优先适用劳动仲裁法，如受案范围、管辖及时效规定等，但劳动争议调解仲裁法中有专门针对劳动仲裁所作的相关规定除外，如仲裁一般程序、简易程序等。我们认为，虽然劳动仲裁法和民事诉讼法均是程序法，但其分属于不同的法律部门，前者属于社会法之劳动法的范围，而后者属于诉讼法的范围。按照部门程序法优先适用之一般原理，在处理劳动争议过程中，应当优先适用劳动争议调解仲裁法，如同办理刑事案件应当优先适用刑事诉讼法，处理行政争议应当优先适用行政诉讼法一样。只有在劳动法内部没有规定或规定不完善时，才可以适用民事诉讼法相关规定。

在此需要强调的是，民事诉讼法与劳动争议调解仲裁法之间，不是一般法与特别法的关系，也不是一般程序法与特殊程序法之间的关系，也不能适用特别法优先适用规则来解释两者之间的关系。在劳动诉讼过程中，民事诉讼法应当后于劳动争议调解仲裁法适用。并且，此法律适用规则是有先例的，如《裁审衔接机制意见》第2条第1款规定，人民法院要按照《劳动争议调解仲裁法》规定来统一案件受理范围。还有，在行政诉讼、刑事诉讼中也存在可能参照（类推）适用民事诉讼法问题，但在劳动诉讼中却不存在，因为劳动争议本身就被安排在民事诉讼程序中进行处理，可以直接适用而无须参照适用，只是必须后于劳动争议调解仲裁法适用。

三、裁审受理的衔接

(一)受理范围的统一

客观地看,劳动争议调解仲裁法与民事诉讼法规定的受理范围并不一样,此问题如何衔接?《裁审衔接机制意见》第2条第1款对此作出了规定:“逐步统一裁审受理范围。各地劳动人事争议仲裁委员会(以下简称仲裁委员会)和人民法院要按照《中华人民共和国劳动争议调解仲裁法》等法律规定,逐步统一社会保险争议、人事争议等争议的受理范围。仲裁委员会要改进完善劳动人事争议受理立案制度,依法做到有案必立,有条件的可探索实行立案登记制,切实发挥仲裁前置的功能作用。”以上规定说明,劳动诉讼立案范围应当以劳动仲裁立案范围为基准。目前暂不一致的,劳动诉讼应以劳动仲裁为标准进行修改,之后要做到逐步统一。并且,劳动仲裁不要顾虑民事诉讼立案范围对其的限制,要做到有案必立,充分发挥前置作用。

(二)裁审管辖的衔接

1.起诉管辖的冲突及处理

关于起诉阶段劳动争议案件的管辖衔接问题,劳动争议调解仲裁法和民事诉讼法均规定不完整,但司法解释对此进行了填补,弥补了此劳动法规则漏洞。《劳动争议司法解释(一)》第3条规定:“劳动争议案件由用人单位所在地或者劳动合同履行地的基层人民法院管辖。劳动合同履行地不明确的,由用人单位所在地的基层人民法院管辖……”第4条规定:“……双方当事人就同一仲裁裁决分别向有管辖权的人民法院起诉的,后受理的人民法院应当将案件移送给先受理的人民法院。”依据以上规定可知,劳动争议案件由用人单位所在地或者劳动合同履行地的基层人民法院管辖。劳动合同履行地不明确的,由用人单位所在地的基层人民法院管辖。若双方当事人分别在用人单位所在地和劳动合同履行地向有管辖权的法院提起诉讼的,当事人可以根据民事诉讼管辖的规定向后受理的法院提出移送管辖申请。所以,基于劳动争议案件裁判标准存在地方法规、政策差异性的特点和实际,当事人应根据案件情况选择合适的管辖地,以实现利益最大化。

但是,人民法院在接收起诉资料后的诉前调解期间,案件是否属于“先受理”状态,在实践中存在争议。因为部分法院会直接受理,而部分法院虽然“先收案”但需要经过诉前调解后才受理,此时会影响“先受理”的判断。如果先收案而进入诉前调解的,自然要比不经过诉前调解的直接受理的要晚。所以,此漏洞还希望通过立法之规范性方式予以填补。我们赞成先收案的享有管辖权,这样更加公平合理。

2. 法院对无管辖权起诉的处理

劳动争议仲裁机构以无管辖权为由对劳动争议案件不予受理,当事人提起诉讼的,人民法院按照以下情形分别处理:(1)经审查认为该劳动争议仲裁机构对案件确无管辖权的,应当告知当事人向有管辖权的劳动争议仲裁机构申请仲裁。(2)经审查认为该劳动争议仲裁机构有管辖权的,应当告知当事人申请仲裁,并将审查意见书面通知该劳动争议仲裁机构;劳动争议仲裁机构仍不受理,当事人就该劳动争议事项提起诉讼的,人民法院应予受理。[①] 关于劳动仲裁的管辖问题,《劳动争议调解仲裁法》第21条规定:"劳动争议仲裁委员会负责管辖本区域内发生的劳动争议。劳动争议由劳动合同履行地或者用人单位所在地的劳动争议仲裁委员会管辖。双方当事人分别向劳动合同履行地和用人单位所在地的劳动争议仲裁委员会申请仲裁的,由劳动合同履行地的劳动争议仲裁委员会管辖。"所以,合同履行地享有优先管辖权。

起诉阶段,劳动争议当事人能否约定管辖?此问题有争议。主要原因是劳动争议调解仲裁法与民事诉讼法对约定管辖的规定不同引起的,属于法律冲突。劳动争议调解仲裁法规定为法定管辖且不可约定,而民事诉讼法规定为一般可以约定管辖。我们认为根据劳动争议调解仲裁法优先适用原则,在劳动诉讼的管辖问题上,应当优先适用《劳动争议调解仲裁法》相关规定,即不得约定管辖。

(三)逾期未裁决起诉的衔接

《劳动争议司法解释(一)》第12条第2款规定:"当事人以劳动争议仲裁机构逾期未作出仲裁裁决为由提起诉讼的,应当提交该仲裁机构出具的受理通知书或者其他已接受仲裁申请的凭证、证明。"如果当事人提供了劳动仲裁委员会的受理通知书或者其他已接受仲裁申请的凭证或证明的,人民法院应当予以受理。

(四)当事人主体的衔接

1. 同时起诉时的主体身份

《劳动争议司法解释(一)》第4条规定:"劳动者与用人单位均不服劳动争议仲裁机构的同一裁决,向同一人民法院起诉的,人民法院应当并案审理,双方当事人互为原告和被告,对双方的诉讼请求,人民法院应当一并作出裁决。在诉讼过程中,一方当事人撤诉的,人民法院应当根据另一方当事人的诉讼请求继续审理……"司法实践中,一般将先起诉的列为原告,后起诉的列为被告,然

---

① 《劳动争议司法解释(一)》第5条。

后合并审理。合并审理有助于案件审理效率的提高,不但对化解争议有利,也节约了司法资源。同时,我们认为上述"互为原告和被告"的规定,既符合《民事诉讼法》规定,又不违反《劳动争议调解仲裁法》规定,也符合法理。主体身份明确了,当事人的诉讼权利义务也就明确了,也就为劳动争议的及时有序处理扫平了阻碍。

2. 遗漏当事人的处理

《劳动争议司法解释(一)》第 31 条规定:"当事人不服劳动争议仲裁机构作出的仲裁裁决,依法提起诉讼,人民法院审查认为仲裁裁决遗漏了必须共同参加仲裁的当事人的,应当依法追加遗漏的人为诉讼当事人。被追加的当事人应当承担责任的,人民法院应当一并处理。"之所以作出上述法院有权追加的规定,主要是基于以下几点理由:一是劳动仲裁具有简便、及时和快速处理劳动争议的特点,不可避免有时会出现遗漏当事人的情况;二是已经仲裁程序的案件,由于不能发回重审,为保护当事人权益,及时化解劳动争议,只能追加当事人参与进来,否则案件无法处理;三是直接追加是民事诉讼法赋予法院的司法权利,其直接追加不违法;四是已经过了前置程序,已经符合了法律规定;五是直接追加不损害当事人的权益,且有利于劳动争议及时、高效和公正处理。

3. 能否反诉?

劳动争议案件不适用《民事诉讼法》关于反诉的规定。因为《劳动争议调解仲裁法》第 48 条规定,对仲裁裁决不服的,可以自收到仲裁裁决书之日起 15 日内向人民法院提起诉讼。《劳动争议司法解释(一)》第 4 条规定:"劳动者与用人单位均不服劳动争议仲裁机构的同一裁决,向同一人民法院起诉的,人民法院应当并案审理,双方当事人互为原告和被告,对双方的诉讼请求,人民法院应当一并作出裁决……"当事人不服劳动仲裁裁决的,应当在法定时间内如 15 日向法院起诉,如果同时起诉的,合并审理,且互为原告和被告。如果一方不起诉就视为同意按仲裁裁决履行。所以,在劳动诉讼中,双方均不服裁决的,应当分别起诉,这是法定的起诉方式,也有法定的法律后果,故不再存在反诉,也不需要反诉。

(五)可直接起诉案件的范围

根据司法实践,下列劳动争议案件,无须通过劳动仲裁程序处理,劳动者可以直接向有管辖权的人民法院起诉。

1. 人民法院受理破产申请后,劳动者对管理人列出的工资、医疗、伤残补助、抚恤费用、基本养老保险、基本医疗费用以及法律、行政法规规定应当支付给职工的补偿金等劳动债权清单提出异议,管理人不予更正的,劳动者有权直接向受理破产申请的人民法院提起诉讼。

2. 劳动者以用人单位的工资欠条为证据，诉讼请求不涉及劳动关系其他争议的。因为《劳动争议司法解释（一）》第 15 条规定："劳动者以用人单位的工资欠条为证据直接提起诉讼，诉讼请求不涉及劳动关系其他争议的，视为拖欠劳动报酬争议，人民法院按照普通民事纠纷受理。"

3. 当事人在劳动争议调解委员会主持下仅就劳动报酬争议达成调解协议，用人单位不履行调解协议确定的给付义务，劳动者直接向人民法院起诉的，人民法院按照普通民事纠纷受理。依据为《劳动争议司法解释（一）》第 51 条。

4. 船员劳务合同纠纷，可以直接向海事人民法院起诉。此项在上海地区适用。

（六）法院不予受理的范围

1. 不缴或少缴社会保险争议

2010 年最高人民法院《关于审理劳动争议案件适用法律若干问题的解释（三）》（已被法释〔2020〕16 号文废止）发布时，最高人民法院民一庭庭长杜万华就该解释（三）的有关问题接受了记者的采访时讲："对于那些已经由用人单位办理了社保手续，但因用人单位欠缴、拒缴社会保险费或者因缴费年限、缴费基数等发生的争议，应由社保管理部门解决处理，不应纳入人民法院受案范围。对于因用人单位没有为劳动者办理社会保险手续，且社会保险经办机构不能补办导致劳动者不能享受社会保险待遇，要求用人单位赔偿损失的，则属于典型的社保争议纠纷，人民法院应依法受理。"①

2. 未经仲裁前置程序处理的不受理

《裁审衔接机制意见》第 3 条第 1 款规定："规范受理程序衔接。对未经仲裁程序直接起诉到人民法院的劳动人事争议案件，人民法院应裁定不予受理；对已受理的，应驳回起诉，并告知当事人向有管辖权的仲裁委员会申请仲裁。当事人因仲裁委员会逾期未作出仲裁裁决而向人民法院提起诉讼且人民法院立案受理的，人民法院应及时将该案的受理情况告知仲裁委员会，仲裁委员会应及时决定该案件终止审理。"

3.《劳动争议司法解释（一）》规定的七种不予受理的情形

《劳动争议司法解释（一）》第 2 条规定："下列纠纷不属于劳动争议：（一）劳动者请求社会保险经办机构发放社会保险金的纠纷；（二）劳动者与用人单位

---

① 罗书臻：《依法维护劳动者权益构建和发展和谐稳定的劳动关系》，载《人民法院报》2010 年 9 月 15 日，第 2 版。

因住房制度改革产生的公有住房转让纠纷;(三)劳动者对劳动能力鉴定委员会的伤残等级鉴定结论或者对职业病诊断鉴定委员会的职业病诊断鉴定结论的异议纠纷;(四)家庭或者个人与家政服务人员之间的纠纷;(五)个体工匠与帮工、学徒之间的纠纷;(六)农村承包经营户与受雇人之间的纠纷。"同时,第10条第1款规定:"当事人不服劳动争议仲裁机构作出的预先支付劳动者劳动报酬、工伤医疗费、经济补偿或者赔偿金的裁决,依法提起诉讼的,人民法院不予受理。"

4. 调解书已生效的不予受理

《劳动争议司法解释(一)》第11条规定:"劳动争议仲裁机构作出的调解书已经发生法律效力,一方当事人反悔提起诉讼的,人民法院不予受理;已经受理的,裁定驳回起诉。"因为我国法律规定,当事人对发生法律效力的调解书、裁决书,应当依照规定的期限履行。一方当事人逾期不履行的,另一方当事人可以依照民事诉讼法的有关规定向人民法院申请执行。受理申请的人民法院应当依法执行。①

5. 仲裁逾期未处理但法院仍不予受理的情形

劳动争议仲裁机构逾期未作出受理决定或仲裁裁决,当事人直接提起诉讼的,人民法院应予受理,但申请仲裁的案件存在下列事由的除外:(1)移送管辖的;(2)正在送达或者送达延误的;(3)等待另案诉讼结果、评残结论的;(4)正在等待劳动争议仲裁机构开庭的;(5)启动鉴定程序或者委托其他部门调查取证的;(6)其他正当事由。② 如果申请人对劳动仲裁委员会作出不予受理的决定不服的,当事人向人民法院提起行政诉讼的,人民法院不予受理。

6. 撤回劳动仲裁申请起诉的不予受理

《裁审衔接意见(一)》第4条规定:"申请人撤回仲裁申请后向人民法院起诉的,人民法院应当裁定不予受理;已经受理的,应当裁定驳回起诉。申请人再次申请仲裁的,劳动人事争议仲裁委员会应当受理。"

(七)仲裁不受理的起诉时间衔接

《劳动争议调解仲裁法》第29条和《劳动仲裁规则》第31条均规定,对劳动争议仲裁委员会不予受理的,申请人可以就该劳动争议事项向人民法院提起诉讼。但是,申请人应当在收到不予受理通知后多长时间内起诉?此问题劳动争议调解仲裁法和民事诉讼法并未作出规定,属于不完整之劳动法规则漏洞,

---

① 《劳动争议调解仲裁法》第51条。

② 《劳动争议司法解释(一)》第12条。

应当填补。

司法实践中存在不同意见。主要有以下三种观点:一是应当在 15 日内起诉,因为不服裁决向法院起诉的时间为 15 日;二是应当在 1 年内起诉,理由为应按 1 年为仲裁时效处理;三是应当在 3 年内起诉,理由为应按 3 年民事诉讼时效处理。

笔者认为,尽管立法和司法解释没有规定当事人对劳动争议仲裁委员会不予受理或者逾期未作出决定而向法院起诉的期间,但 15 天和 2 年的期限均不符合立法本意,笔者认为确定 1 年的起诉期限比较合理。理由如下:第一,在《劳动争议调解仲裁法》的立法过程中,该法草案三次审议稿修改意见的报告记载:"草案三次审议稿第二十九条规定,申请人可以自收到不予受理通知书之日起十五日内就该劳动争议事项向人民法院提起诉讼。有的常委委员提出,申请人收到劳动争议仲裁委员会作出的不予受理通知书后,应当给予申请人充分的时间去为诉讼做准备,而不应将申请人就劳动争议事项提起诉讼的时效限定为十五日——法律委员会经同财政经济委员会和国务院法制办、劳动保障部、全国总工会研究,赞同这一意见"①,最终定稿时虽删除了 15 天的规定,但从立法本意看,就是要给予当事人更多的时间准备起诉,但也没规定要适用 2 年民事诉讼时效的规定。第二,因劳动争议仲裁时效为 1 年,如果将该起诉期限设立为 3 年,则与仲裁时效不一致,会出现错位现象。如当事人在申请仲裁时,时效开始中断,如果在 1 年后至 2 年期间起诉,则已经实际超过了法律规定的仲裁时效期间,如再允许其起诉,根本没有任何实际意义,人民法院审查后将驳回其诉讼请求。第三,将该起诉期间设定为 1 年,既能与仲裁时效期间一致起来,又能避免 15 日期间过短带来的弊端;既符合立法本意,又能够充分保护当事人的诉权。因为当事人申请仲裁导致时效中断后,仲裁时效将重新起算,自当事人接到仲裁机构不予受理通知或决定之日起重新计算仲裁时效,1 年内可向法院起诉。②

(八)15 日起诉期间能否中止、中断?

《劳动争议调解仲裁法》第 50 条规定,对非终局仲裁裁决不服的,可以自收到仲裁裁决书之日起 15 日内向人民法院提起诉讼;期满不起诉的,裁决书发生法律效力。当事人在 15 日的起诉期间,能否中止或中断?此问题法律没有

---

① 信春鹰主编:《中华人民共和国劳动争议调解仲裁法释义》,法律出版社 2008 年版,第 214 ~ 215 页。

② 孙付、崔兆军:《劳动争议仲裁时效的法律适用》,载《人民司法》2014 年第 11 期。

规定。我们认为不可以中止或中断。主要原因是15日的起诉期间,其性质不是时效性质,而属于“期间”,即法定期间的性质,应当适用《民事诉讼法》关于期间的相关规定处理。

《民事诉讼法》第85条第1款规定:“期间包括法定期间和人民法院指定的期间。”第86条规定:“当事人因不可抗拒的事由或者其他正当理由耽误期限的,在障碍消除后的十日内,可以申请顺延期限,是否准许,由人民法院决定。”所以,如果当事人收到劳动仲裁裁决书之后,因不可抗拒的事由或者其他正当理由耽误期限的,不需要适用时效中止或中断的相关规定,而应当适用期间顺延的相关规定,来维护自己的权益,即向人民法院申请顺延期限。例如,最高人民法院《关于依法妥善审理涉新冠肺炎疫情民事案件若干问题的指导意见(一)》(法发〔2020〕12号)第7条规定:“依法顺延诉讼期间。因疫情或者疫情防控措施耽误法律规定或者人民法院指定的诉讼期限,当事人根据《中华人民共和国民事诉讼法》第八十三条规定申请顺延期限的,人民法院应当根据疫情形势以及当事人提供的证据情况综合考虑是否准许,依法保护当事人诉讼权利。当事人系新冠肺炎确诊患者、疑似新冠肺炎患者、无症状感染者以及相关密切接触者,在被依法隔离期间诉讼期限届满,根据该条规定申请顺延期限的,人民法院应予准许。”

四、裁决效力的衔接

(一)关于起诉不生效的理解

《劳动争议司法解释(一)》第16条规定:“劳动争议仲裁机构作出仲裁裁决后,当事人对裁决中的部分事项不服,依法提起诉讼的,劳动争议仲裁裁决不发生法律效力。”这里要注意是“裁决不发生法律效力”,而不是裁决失效。同时,第17条接着规定:“劳动争议仲裁机构对多个劳动者的劳动争议作出仲裁裁决后,部分劳动者对仲裁裁决不服,依法提起诉讼的,仲裁裁决对提起诉讼的劳动者不发生法律效力;对未提起诉讼的部分劳动者,发生法律效力,如其申请执行的,人民法院应当受理。”此时,裁决已经生效,只是对起诉的劳动者没有法律约束力而已。

(二)撤诉、驳回的衔接

当事人不服劳动争议仲裁裁决向人民法院起诉后又申请撤诉,经人民法院审查准予撤诉的,原仲裁裁决自人民法院裁定送达当事人之日起发生法律效力。当事人因超过起诉期间而被人民法院裁定驳回起诉的,原仲裁裁决自起诉期间届满之次日起恢复法律效力。因仲裁裁决确定的主体资格错误或仲裁裁决事项不属于劳动争议，被人民法院驳回起诉的，原仲裁裁决不发生法律效力。[①]

（三）法院对未起诉裁决事项的处理

如果当事人只对部分裁决事项不服，向人民法院起诉的，人民法院受理后，对未起诉的裁决事项如何处理，我国劳动争议调解仲裁法和民事诉讼法对此问题规定不完整，没有可操作性，即存在劳动法规则漏洞，应当予以填补。在司法实践中，具体做法也不相同，存在争议，有观点认为应当全面审查，而相反观点认为应当遵守不诉不理原则，不作全面审查。笔者倾向于有限审理为原则，故人民法院应当按以下规则进行处理。

1. 对部分裁决事项没有起诉的，原裁决不发生法律效力，同时，人民法院应当尊重当事人的处分权，按不诉不理原则，一般只审查起诉事项。所以，《裁审衔接意见（一）》第 15 条规定："当事人就部分裁决事项向人民法院提起诉讼的，仲裁裁决不发生法律效力。当事人提起诉讼的裁决事项属于人民法院受理的案件范围的，人民法院应当进行审理……"

2. 对当事人不起诉的裁决事项，应当视为当事人认可原裁决结果。如果经法官释明后当事人"认可"的，应将认可之事实记录在庭审笔录中。对当事人不认可也未起诉的事项，人民法院可以作出视为当事人认可原裁决结果的认定。

3. 对当事人不起诉的裁决事项，应当在判决主文部分中，按照原仲裁裁决对此事项的裁决结果，予以确认。我们认为这种确认，不违反不诉不理之原则，因为法庭对此没有审理，只是为了实现有利于解决劳动争议之立法目的，节约司法资源，提高争议处理效率，而予以列明而已。所以，《裁审衔接意见（一）》第 15 条规定："……当事人未提起诉讼的裁决事项属于人民法院受理的案件范围的，人民法院应当在判决主文中予以确认。"

五、仲裁请求与诉讼请求的衔接

劳动仲裁请求与诉讼请求客观上存在牵连和制约，因为劳动仲裁是劳动诉讼的必经前置程序。一般情况下，诉讼请求不得超过劳动仲裁请求的范围，但不可分性诉讼请求除外，即具有不可分性的诉讼请求应当合并审理。其依据为《劳动争议司法解释（一）》第 14 条规定："人民法院受理劳动争议案件后，当事人增加诉讼请求的，如该诉讼请求与讼争的劳动争议具有不可分性，应当合并

---

① 最高人民法院《关于人民法院对经劳动争议仲裁裁决的纠纷准予撤诉或驳回起诉后劳动争议仲裁裁决从何时起生效的解释》（法释〔2000〕18 号）。

审理;如属独立的劳动争议,应当告知当事人向劳动争议仲裁机构申请仲裁。”之所以作出“不可分性”之特别规定,理由为如果不受理,则本诉“新增加”之请求就永远没有机会得到审理和裁判,这就剥夺了当事人的诉权,也将损害当事人之合法权益,且有失公平正义。

所谓不可分性,是指增加的诉讼请求与仲裁的事项是基于同一事实而产生的,相互之间具有依附性。[①] 劳动争议仲裁前置程序可以作两个方面的理解:一是程序上的前置;二是内容上的前置。程序上的前置是指一般情况下,劳动争议必须先进行仲裁,对仲裁不服或有法定情形之时才进入诉讼。内容上的前置是指劳动仲裁的裁决内容,对诉讼案件审理范围有制约。裁决内容对审判范围的制约,表现在仲裁裁决、不予受理的决定或通知是法院审理劳动争议案件的依据,其内容属于审判范围。因此,对不可分性的判定应当以原仲裁裁决作为标准,将诉讼请求与之进行比较。首先,增加的诉讼请求与诉争的劳动争议必须是同类的,不同类的应作另案处理。其次,增加的诉讼请求必须是在仲裁程序中不能增加或者仲裁裁决后新发生的,否则在原仲裁中已经认定的事项,就不存在“增加”一说。最后,增加的诉讼请求与当事人申请仲裁的事项,是否具有逻辑上的因果关系。[②]

实践中,应从原仲裁事项与新增加的诉讼请求,是否基于同一法律关系或同一事实而产生,来把握不可分性。例如,劳动者因工负伤,经鉴定为工伤十级,劳动者因与用人单位就治疗期间费用、伤残补助金等发生争议,对仲裁裁决不服提起诉讼后,经复查鉴定为工伤八级,劳动者提出增加诉讼请求,要求补齐被鉴定为工伤八级后的伤残补助金差额,后增加的诉讼请求与原仲裁请求是基于同一个工伤事故产生,是原仲裁请求的延续和扩大,两请求具有不可分性,应当合并审理。又如,劳动者基于支付劳动报酬的法律关系,请求用人单位给付拖欠的工资,劳动报酬的范围很广,包括工资、加班费、奖金等报酬,劳动者提出支付加班费与工资是基于同一法律关系而提出,因此,对两个请求的审理具有不可分性,这两个请求就可以合并审理。但如果劳动者申请仲裁时请求给付拖欠工资,诉讼中增加请求用人单位办理养老保险。增加的请求与原诉讼请求是基于不同的法律关系提出,亦是基于不同的事实提出,二者属于不同的劳动争议,各自独立。这种情形就不应当合并审理,告知当事人就增加的诉讼请求向

① 北京市高级人民法院、北京市劳动争议仲裁委员会《关于劳动争议案件法律适用问题研讨会会议纪要》(2009年8月17日)第8条。

② 《劳动争议司法解释实例释解》,人民法院出版社2007年版,第108~118页。

劳动争议仲裁机构申请仲裁。再如,原请求是解除劳动合同的,新请求是要求单位办理解除劳动合同手续、转移档案、返还押金的,则视为新请求与原请求之间存在不可分性,可以一并审理。

关于劳动者在诉讼过程中,将原仲裁申请的经济补偿金变更为赔偿金的问题。《民事证据规定》第 53 条规定:“诉讼过程中,当事人主张的法律关系性质或者民事行为效力与人民法院根据案件事实作出的认定不一致的……当事人根据法庭审理情况变更诉讼请求的,人民法院应当准许并可以根据案件的具体情况重新指定举证期限。”《劳动争议司法解释(一)》第 14 条规定对具有“不可分性”的诉讼请求应当合并审理。从以上两个规定可知,法院审理范围并不当然局限于劳动仲裁裁什么法院就审什么。劳动者无论主张经济补偿金还是主张赔偿金,其诉请均基于用人单位解除劳动合同这一相同的民事行为产生的不同法律后果,经法院释明后应允许当事人变更诉讼请求。同时,如不允许当事人变更诉请,一方面可能导致当事人的诉请无法获得司法救济,另一方面也可能浪费有限的司法资源。所以我们认为,劳动者在劳动仲裁中主张支付经济补偿金,但在诉讼阶段又要求变更为支付赔偿金的,一审法院在向劳动者充分释明经济补偿金和赔偿金的法律性质、法律规定适用的情形及其法律后果后,劳动者仍要求将诉请变更为支付赔偿金的,应予准许。在此问题的处理上,深圳市中级人民法院[①]出台了司法政策。

六、裁审证据的衔接

(一)仲裁机构调查获得证据在诉讼中的处理

《劳动仲裁规则》第 16 条规定:“当事人因客观原因不能自行收集的证据,仲裁委员会可以根据当事人的申请,参照民事诉讼有关规定予以收集;仲裁委员会认为有必要的,也可以决定参照民事诉讼有关规定予以收集。”但《民事诉讼法》第 67 条只赋予了人民法院有调查取证权,而没有规定劳动仲裁机构具有调查取证权。所以,严格来讲劳动仲裁机构是没有调查取证权的。如果劳动仲裁机构收到调查取证申请后,将该申请转交人民法院调查取证的,此方式获得的证明材料具有合法性,可以作为人民法院认定案件事实的依据。

我们认为,虽然《劳动仲裁规则》只是一个规章,且劳动仲裁机构在调查取

---

① 深圳市中级人民法院《关于审理劳动争议案件的裁判指引》(2015 年 9 月 2 日)第 36 条规定:“当事人在诉讼过程中增加关于工资的 25% 经济补偿金及解除劳动合同经济补偿的 50% 额外经济补偿金请求的,可认定为该诉讼请求与讼争劳动争议具有不可分性。但当事人就同一请求增加数额的,不予支持。”

证权上存在一定的瑕疵，但是，《劳动仲裁规则》已赋予了仲裁机构具有调查取证权，并且，《劳动仲裁规则》是当前处理劳动争议的主要依据和规范。所以，为了保障劳动争议案件得到公正、及时处理，我们建议人民法院对仲裁机构调查收集的证明材料，只要不违反法律强制性规定，可以作为人民法院认定案件事实的依据。同时，我们也建议通过司法解释等方式，来对此漏洞进行填补，即使对方当事人不认可，也应认定仲裁机构调查取证所取得证据的效力，并可作为人民法院认定案件事实的依据。

（二）证据提交应以不衔接为原则

举证规则不衔接确实造成了司法资源的巨大浪费，但是，从目前裁审关系的实践来看，只能是以不衔接为原则，即仲裁阶段提供的证据，如未在诉讼期间再次提供，则不得作为一审二审认定案件事实的依据。这种做法虽不经济，但是受制度所限，迫不得已。具体理由如下。

1. 裁审之间不存在案卷或证据移送制度

因为劳动仲裁和劳动诉讼属于两个不同的劳动争议处理系统，并且法律也没有对案卷或证据移交作出安排。所以，即使法院收到了仲裁案卷，也要必须当庭出示，并经当事人质证、认证，否则不得作为认定本案事实之依据。

2. 新证据提交不当然构成证据突袭

诉讼阶段各方当事人重新提交证据，与证据突袭无关。诉讼阶段提交新证据，不一定构成突袭，如立案时提交的“新”证据，就不会构成证据突袭。所以，诉讼证据突袭有自己的判断标准，不能以仲裁是否提交过为标准。但是，《裁审衔接意见（一）》第 7 条规定：“依法负有举证责任的当事人，在诉讼期间提交仲裁中未提交的证据的，人民法院应当要求其说明理由。”然而，上述规定并未对一审期间提交的“新”证据的法律效力作出规定。

3. 提交新证据既是权利也是义务

诉讼阶段当事人提交证据，包括提交新的证据，这是法律所允许的，并且不禁止。《民事诉讼法》第 67 条第 1 款规定：“当事人对自己提出的主张，有责任提供证据。”所以，当事人在诉讼期间提交证据既是权利也是义务。《民事诉讼法》第 66 条第 2 款规定：“证据必须查证属实，才能作为认定事实的根据。”所以，证据查证属实后，就可以作为认定事实的根据。诉讼中的证据，能否作为认定事实的依据，与劳动仲裁是否提交过无关。没有提交的，只要查证属实，也可以作为认定事实之依据。

4. 举证期限规定印证了当事人享有举证权

当事人在诉讼期间享有举证期，这也说明劳动争议当事人有提交新的证据的权利。即使当事人在劳动仲裁阶段故意隐瞒了证据，也不影响当事人在诉讼期间享有举证权，因为法律对此没有规定。

5. 未生效裁决不能免除当事人的举证责任

起诉后原劳动仲裁裁决书所认定的事实，不得作为人民法院认定案件事实的依据，也不能以裁决书认定的事实来直接认定案件事实。因为《民诉法解释》第 93 条规定："下列事实，当事人无须举证证明：……已为仲裁机构生效裁决所确认的事实……"而起诉后，原仲裁裁决不发生效力，即没有生效。所以，原裁决不是生效裁决，其所确认的事实，不能作为法院认定事实的依据。如此安排，也可以防止诉讼法官受仲裁员审查思路的影响，防止法官先入为主，避免产生不公正之判决。

6. 仲裁认可证据的处理

《裁审衔接意见(一)》第 6 条规定："当事人在仲裁程序中认可的证据，经审判人员在庭审中说明后，视为质证过的证据。"

(三)仲裁出庭证人诉讼期间能否不再出庭?

关于此情形下证人证言的效力，在司法实践中存在争议。我们的意见如下。

1. 以再次出庭作证为原则

出庭作证是法定的形式要求。《民事诉讼法》第 76 条规定："经人民法院通知，证人应当出庭作证……"《民诉法解释》第 110 条第 1 款规定："人民法院认为有必要的，可以要求当事人本人到庭，就案件有关事实接受询问。在询问当事人之前，可以要求其签署保证书。"《民事证据规定》第 68 条规定："人民法院应当要求证人出庭作证，接受审判人员和当事人的询问……"所以，一般情况下，证人提供证言的，应当出庭作证，并提交询问。因为一般情况下的证人证言，从形式上来讲只能是口头证言，不能是书面证词。书面证词只能作为特殊的证人证言形式。所以，不出庭作证之证言，不具有合法作证形式，一般不能单独作为认定案件事实之论据。

诉讼期间证人证言的证明力更强。因为诉讼期间强制加重了证人的法律责任。《民诉法解释》第 119 条第 1 款规定："人民法院在证人出庭作证前应当告知其如实作证的义务以及作伪证的法律后果，并责令其签署保证书，但无民事行为能力人和限制民事行为能力人除外。"而劳动仲裁中，并不强制证人签署保证书或其他不作伪证的书面承诺，只在笔录上签字即可。所以，这与诉讼程序中强制证人签署保证书，告知其有如实作证的义务以及作伪证的法律后果，在外部保障措施是完全不一样的，证人的感受也完全不同，故强制承诺和保证,提升了诉讼期间证人证言的证明力,使之强于仲裁之证人证言的证明力。

2. 以不再出庭作证为例外

这个例外就是,当对方当事人对仲裁之证人证言明确予以认可时,可以不再出庭作证。如果对方当事人有异议,或者人民法院认为有必要的,仍不能免除证人出庭作证之义务。所以,除对方当事人明确认可之外,仲裁期间出庭作证的证人,在诉讼期间仍需要再次出庭作证,否则不得作为认定案件事实的依据。

3. 部分地区不同的司法政策或裁审口径应当遵守

由于此问题在司法实践中存在争议,司法实践中的处理并不一致。而且,还有部分省市对此问题作出了不同的司法政策,我们认为在意见尚未统一之前,应当注意遵守部分省市的司法政策或裁审口径。如北京市人力资源和社会保障局、北京市高级人民法院《关于加强劳动人事争议仲裁与诉讼衔接机制建设的实施意见》(京人社仲发〔2018〕118 号)第 3 条第 3 款规定:"……证人在仲裁阶段出庭作证并接受质询的,在诉讼阶段可以不再出庭,但仍有需要质询的事实或当事人又提供反证的除外。"

(四)仲裁笔录能否作为法院认定事实之依据?

我们认为仲裁笔录不能当然作为法院认定案件事实的依据,应当分两种情况进行处理:

1. 双方当事人均无异议的,可以作为证据材料来使用。法院庭审中,应当出示仲裁庭审笔录,当事人可以对此进行质证、认证,赋予当事人以抗辩权,在居中听取当事人意见后,如双方当事人无异议的,可以记录在案,并可作为本案认定事实的依据。

2. 一方当事人有异议且不认可的,该仲裁笔录(或部分内容)不能单独作为认定案件事实的依据,但人民法院结合其他证据能够证明的除外。因为从裁审关系来看,仲裁和诉讼分属不同的两个系统,两者在功能、目的上仍存在较大差别,如果当事人对仲裁笔录部分或全部有异议的,人民法院应当进行全面审查,重新审理,结合其他证据材料来进行综合认定,而不应仅仅局限于仲裁笔录。反之,如果仲裁笔录能够直接作为处理劳动争议之依据,则人民法院的庭审程序就无须再从头再来,只需补充一下,这显然违反民事诉讼法规定。

(五)仲裁自认就是诉讼自认?

此问题在司法实践中存在争议。第一种观点认为,当事人在仲裁阶段认可、在诉讼阶段又予以否认的事实,除经对方当事人同意,或者有充分证据证明其与事实不符的，人民法院对当事人否认在仲裁阶段所认可事实的主张不予采信；[①]第二种观点认为，当事人无异议的，才可以认定为诉讼自认。如有异议又无其他证据印证仲裁自认的，应当不认定为诉讼自认。

我国司法解释采纳了第一种观点，即《裁审衔接意见（一）》第 9 条规定："当事人在诉讼程序中否认在仲裁程序中自认事实的，人民法院不予支持，但下列情形除外：（一）经对方当事人同意的；（二）自认是在受胁迫或者重大误解情况下作出的。"但笔者倾向于第二种观点。我们认为仲裁自认不是诉讼自认，不能将仲裁自认认定为当事人在诉讼期间的自认。因为《民诉法解释》第 92 条第 1 款规定："一方当事人在法庭审理中，或者在起诉状、答辩状、代理词等书面材料中，对于己不利的事实明确表示承认的，另一方当事人无需举证证明。"以上规定说明，"诉讼自认"只能发生在诉讼期间，因为上述规定中的"承认"发生在法庭审理中或显示在诉讼材料中。所以，"仲裁自认"是劳动仲裁期间的自认，不是"诉讼自认"，也不具有"诉讼自认"的法律效力。

当仲裁自认材料被当作诉讼材料时，对方当事人对该仲裁自认材料无异议的，"仲裁自认"才会因诉讼认可行为而转变成为"诉讼自认"。如果对方当事人对该仲裁自认材料有异议，则不构成"诉讼自认"，不能免除对方当事人的举证责任，也不得将"仲裁自认"单独作为认定案件事实的依据。但是，如果人民法院结合其他证据材料，能够印证仲裁自认材料反映的案件事实真实的除外。所以，《裁审衔接意见（一）》第 8 条规定："在仲裁或者诉讼程序中，一方当事人陈述的于己不利的事实，或者对于己不利的事实明确表示承认的，另一方当事人无需举证证明，但下列情形不适用有关自认的规定：（一）涉及可能损害国家利益、社会公共利益的；（二）涉及身份关系的；（三）当事人有恶意串通损害他人合法权益可能的；（四）涉及依职权追加当事人、中止仲裁或者诉讼、终结仲裁或者诉讼、回避等程序性事项的。当事人自认的事实与已经查明的事实不符的，劳动人事争议仲裁委员会、人民法院不予确认。"

七、裁审法律适用的衔接

（一）指导思想

关于法律适用衔接的指导思想和总的原则，《裁审衔接机制意见》第 2 条第 2 款规定："逐步统一裁审法律适用标准。各地仲裁委员会和人民法院要严格按照法律规定处理劳动人事争议。对于法律规定不明确等原因造成裁审法

① 北京市人力资源和社会保障局、北京市高级人民法院《关于加强劳动人事争议仲裁与诉讼衔接机制建设的实施意见》（人社仲发〔2018〕118 号）第 3 条第 3 款。

律适用标准不一致的突出问题，由人力资源社会保障部与最高人民法院按照《中华人民共和国立法法》有关规定，通过制定司法解释或指导意见等形式明确统一的法律适用标准。省、自治区、直辖市人力资源社会保障部门与高级人民法院要结合裁审工作实际，加强对法律适用问题的调查研究，及时提出意见建议。"

（二）裁审依据的统一

1. 关于实体法依据的统一

根据裁审实践，我们认为在实体法律适用上应按如下先后顺序进行统一：首先，应当以国家有关法律、行政法规、司法解释为依据；其次，对法律、行政法规、司法解释没有规定或者规定不明确的，可以参照部门规章、地方性法规处理；再次，对法律规定不明确造成裁审法律适用标准不一致的，按地方司法裁审政策执行；最后，地方司法裁审政策没有涉及的，可参照人力资源社会保障部门的有关规定执行。

2. 关于程序法依据的统一

首先，需要明确的是《劳动争议调解仲裁法》在法院诉讼程序中是可以适用的，因为该法第 2 条规定："中华人民共和国境内的用人单位与劳动者发生的下列劳动争议，适用本法……"所以，凡我国境内的劳动争议，均可以适用劳动仲裁程序法律，如证据规则、时效制度、一裁终审等，但仅仅适用于劳动仲裁程序的规定除外。在诉讼程序中适用劳动仲裁程序法的目的，在于保障争议处理效果的稳定性，方便劳资双方遵守和适用法律。

其次，《民事诉讼法》在劳动诉讼程序中的适用问题。我们认为不能全部适用，因为《民事诉讼法》第 3 条规定："人民法院受理公民之间、法人之间、其他组织之间以及他们相互之间因财产关系和人身关系提起的民事诉讼，适用本法的规定。"上述规定与《民法典》第 2 条适用范围的规定是一致的。所以，民事诉讼是平等诉讼，是基于处理平等主体之间的纠纷作出的程序性规定。然而，劳动诉讼是不平等诉讼，其程序法处理的是不平等主体之间产生的劳动争议。虽然目前劳动争议在程序上仍定性为民事案件，但两者之性质并不相同是显而易见的。所以，在没有独立出来前，劳动争议的处理暂时还应受民事诉讼程序法律的约束。有鉴于此，我们认为凡与劳动仲裁程序法相冲突的民事诉讼规定，一般不得适用，因为劳动仲裁程序法的规定适用在先。同时，凡与劳动仲裁程序法不冲突，且有利于处理劳动争议的相关规定则应当适用。

（三）裁审时效的衔接

1. 法律适用

劳动诉讼中，法官在适用法律时，会找到两个可用的时效法律规定，即仲裁时效规定和诉讼时效规定。然而，这两个时效规定不可能在劳动争议案件中同时适用，因为他们之间存在内容不同且存在冲突之情况。此时应当如何选用？我们认为，这就需要运用法律解释或法律适用规则来进行处理。

诉讼时效规定源于民法法律，而仲裁时效规定源于劳动争议调解仲裁法，两者分属于不同的法律部门，仲裁时效规定为社会法之劳动法范围，而诉讼时效规定为民商法范围。按部门法内部规则优先适用之一般原理，我们认为应当优先适用劳动法，即在劳动诉讼中，在时效问题上，应当优先适用劳动争议调解仲裁法规定中的仲裁时效制度。所以，法院在处理劳动争议案件时，在仲裁时效制度有规定的情况下，应优先适用仲裁时效制度。只有在仲裁时效没有规定时，才能参照（类推）适用民事时效的相关规定。只有这样适用法律，才能保证劳动争议处理的结果前后一致，符合公平正义原则。否则，裁审结果差异之结局，不但没有解决劳动争议，反而会增加新的争议。

2. 时效抗辩的效力限制

在时效制度裁审衔接过程中，我们应当注意一个特殊问题，即时效抗辩的效力限制问题。根据法律规定，当事人在仲裁阶段未提出超过仲裁申请期间的抗辩，劳动人事仲裁机构作出实体裁决后，当事人在诉讼阶段又以超过仲裁时效期间为由进行抗辩的，人民法院不予支持。当事人未按照规定提出仲裁时效抗辩，又以仲裁时效期间届满为由申请再审或者提出再审抗辩的，人民法院不予支持。[①] 所以，当事人的时效抗辩只能在劳动仲裁程序中提出，否则，当事人会丧失时效抗辩权。

（四）一审终审之特殊制度

《民诉法解释》第 271 条规定："人民法院审理小额诉讼案件，适用民事诉讼法第一百六十五条的规定，实行一审终审。"《民事诉讼法》第 165 条规定："基层人民法院和它派出的法庭审理事实清楚、权利义务关系明确、争议不大的简单金钱给付民事案件，标的额为各省、自治区、直辖市上年度就业人员年平均工资百分之五十以下的，适用小额诉讼的程序审理，实行一审终审。基层人民法院和它派出的法庭审理前款规定的民事案件，标的额超过各省、自治区、直

---

① 最高人民法院《关于印发〈第八次全国法院民事商事审判工作会议（民事部分）纪要〉的通知》（法〔2016〕399 号）第 27 条。

辖市上年度就业人员年平均工资百分之五十但在二倍以下的，当事人双方也可以约定适用小额诉讼的程序。”

同时，最高人民法院《民事诉讼程序繁简分流改革试点实施办法》（法〔2020〕11号）第5条规定：“基层人民法院审理的事实清楚、权利义务关系明确、争议不大的简单金钱给付类案件，标的额为人民币五万元以下的，适用小额诉讼程序，实行一审终审。标的额超出前款规定，但在人民币五万元以上、十万元以下的简单金钱给付类案件，当事人双方约定适用小额诉讼程序的，可以适用小额诉讼程序审理。适用小额诉讼程序审理的案件，人民法院应当向当事人告知审判组织、审理期限、审理方式、一审终审等相关事项。”不过上述规定仅仅适用于试点地区的人民法院。①

所以，基于以上几条关于一审终审之规定，我们认为，对于劳动关系清楚，仅在劳动报酬、工伤医疗费、经济补偿金或者赔偿金给付数额、时间、方式上存在争议的劳动合同纠纷，且标的额为本市上年度就业人员年平均工资30%（试点地区5万元）以下的，人民法院实行一审终审制。在试点地区，如果标的额超出5万元，但在人民币5万元以上、10万元以下的简单劳动合同金钱给付类案件，当事人双方约定适用小额诉讼程序的，可以适用小额诉讼程序审理。

八、保全和执行的衔接

（一）规范保全程序衔接

仲裁委员会对在仲裁阶段可能因用人单位转移、藏匿财产等行为致使裁决难以执行的，应告知劳动者通过仲裁机构向人民法院申请保全。劳动者申请保全的，仲裁委员会应及时向人民法院转交申请书及仲裁案件受理通知书等相关材料。人民法院裁定采取保全措施或者裁定驳回申请的，应将裁定书送达申请人，并通知仲裁委员会。②

（二）规范执行程序衔接

《裁审衔接机制意见》第3条第3款规定：“规范执行程序衔接。仲裁委员会依法裁决先予执行的，应向有执行权的人民法院移送先予执行裁决书、裁决书的送达回证或其他送达证明材料；接受移送的人民法院应按照《中华人民共和国民事诉讼法》和《中华人民共和国劳动争议调解仲裁法》相关规定执行。

---

① 最高人民法院《民事诉讼程序繁简分流改革试点实施办法》（法〔2020〕11号）第27条第1款规定：“本办法仅适用于北京、上海市辖区内中级人民法院、基层人民法院，南京、苏州、杭州、宁波、合肥、福州、厦门、济南、郑州、洛阳、武汉、广州、深圳、成都、贵阳、昆明、西安、银川市中级人民法院及其辖区内基层人民法院，北京、上海、广州知识产权法院，上海金融法院，北京、杭州、广州互联网法院。”

② 《裁审衔接机制意见》第3条第2款。

人民法院要加强对仲裁委员会裁决书、调解书的执行工作，加大对涉及劳动报酬、工伤保险待遇争议，特别是集体劳动人事争议等案件的执行力度。”另外，从裁审实践情况来看，法院还需要进一步加大对涉及劳动报酬、工伤保险待遇争议，特别是集体劳动争议等案件的执行力度。

（三）先予执行错误的申请人所得应如何处理？

我国劳动争议调解仲裁法对此没有规定，应当适用民事诉讼法的相关规定处理。对先予执行错误，申请人因先予执行而取得了一定的财物的，在仲裁或诉讼文书生效后，申请人应当立即返还。民事诉讼中对此返还制度被称为执行回转。所谓执行回转，是指在执行中或执行完毕后，据以执行的法律文书被法院或其他有关机关撤销或变更的，执行机关对已被执行的财产重新采取执行措施，恢复到执行开始时的状况的一种救济制度。[①]

执行回转是执行（包括先予执行）中的纠错制度。如果先予执行申请人拒绝返还的，被申请人可以要求人民法律强制执行。如果因申请人申请先予执行给被申请人造成损害的，被申请人还可以要求申请人予以赔偿，申请人也应当赔偿。如果申请人拒绝赔偿或就赔偿事项产生争议的，被申请人不能直接要求法院强制执行，而应当另行向人民法院起诉解决。

九、裁审衔接工作机制的完善

关于完善裁审衔接工作机制问题，《裁审衔接机制意见》第 4 条规定："（一）建立联席会议制度。各地人力资源社会保障部门和人民法院要定期或不定期召开联席会议，共同研究分析劳动人事争议处理形势，互相通报工作情况，沟通协调争议仲裁与诉讼中的受理范围、程序衔接、法律适用标准等问题，推进裁审工作有效衔接。（二）建立信息共享制度。各地人力资源社会保障部门和人民法院要加强劳动人事争议处理工作信息和统计数据的交流，实现信息互通和数据共享。人力资源社会保障部门要加强争议案件处理情况追踪，做好裁审对比情况统计分析，不断改进争议仲裁工作，人民法院要积极支持和配合。要建立健全案卷借阅制度，做好案卷借阅管理工作。有条件的地区，可以实行电子案卷借阅或通过信息平台共享电子案卷，并做好信息安全和保密工作。（三）建立疑难复杂案件办案指导制度。各地仲裁委员会和人民法院要加强对疑难复杂、重大劳动人事争议案件的研讨和交流，开展类案分析，联合筛选并发布典型案例，充分发挥典型案例在统一裁审法律适用标准、规范裁审自由裁量尺度、服务争议当事人等方面的指导作用。（四）建立联合培训制度。各地人

① 江伟、肖建国主编：《民事诉讼法》，中国人民大学出版社 2018 年版，第 473 页。

力资源社会保障部门和人民法院要通过举办师资培训、远程在线培训、庭审观摩等方式,联合开展业务培训,增强办案人员的素质和能力,促进提高裁审衔接水平。"

根据裁审衔接的实际情况,我们认为在裁审衔接工作机制中还应当做好如下几个方面的衔接工作。

(一)要进一步加强通报工作

人力资源社会保障部门应当向同级人民法院通报重要的劳动争议仲裁工作部署;劳动争议仲裁工作中的重要事项和举措;受理劳动争议仲裁案件情况统计和分析;重大、复杂或影响面广的劳动争议仲裁案件审理情况;对人民法院审理劳动争议案件工作的意见和建议。人民法院也应当向同级人力资源社会保障部门通报涉及劳动争议案件的重要审判工作部署;人民法院劳动争议案件司法统计情况;重大敏感的劳动争议案件的审理情况;在审理劳动争议案件中发现的劳动争议仲裁机构存在的普遍或突出问题。

(二)建立裁审衔接联络人制度

人民法院、人力资源社会保障部门、仲裁委员会要指定专人负责裁审衔接工作的协调沟通、学习交流、法制宣传等日常工作。联络人应每季度通报一次裁审衔接工作情况,协商解决工作难点问题,共同推进裁审衔接工作正常有序开展。

(三)要加强法官指导制度的建设

主要是要具体落实到人,一般由人民法院指定一名或几名熟悉劳动争议纠纷案件审判业务的法官对仲裁机构进行业务指导。

(四)要建立裁审交流平台

从人力资源社会保障部门、仲裁委员会和法院系统中选派业务骨干,通过举办联合沙龙等形式,定期探讨交流办案经验,共同研讨、调研疑难、复杂、新型、争议较大的案件和裁审衔接中出现的问题,为促进裁审尺度统一、进一步加强裁审衔接机制建设等提供意见和建议。

十、对裁审衔接的几点立法建议

1. 要界定劳动仲裁与劳动诉讼的关系,明确在劳动诉讼中处理劳动争议时,应当优先适用劳动争议调解仲裁法相关规定,只有在该法没有规定时,才能适用民事诉讼法相关规定。如劳动仲裁时效、受理范围和管辖等规定优先于民事诉讼法相关规定适用。

2. 要确立防止司法资源浪费机制。一审法院重复审理,确实严重浪费了司法资源,建议通过制度建设来予以杜绝,以提高效率,降低争议处理成本。如证据无须重新提交、证人无须再次出庭作证、仲裁笔录具有诉讼笔录的性质、仲裁自认无证据证明不得推翻、建立案卷移交制度等。

3. 建议设立专门的劳动法庭或劳动法院。做到劳动争议处理专业化、职业化和系统化。

4. 要减少劳动争议处理环节,提高争议处理效率,重构"一裁二审"体制。现有"一调一裁二审"制度,处理争议周期太长,不利于劳动争议的快速解决。

5. 应适当赋予法官举证证明责任分配权。根据《民诉法解释》第 91 条可知"举证责任的分配具有法定性,即举证责任是由法律分配而在原则上并不能由法官来分配"①。但并未作出特殊情况下法官有权分配举证证明责任之例外规定,而《劳动仲裁规则》第 14 条对此却有特殊规定,从裁审衔接角度来看有失妥当。例如,按《民诉法解释》第 91 条规定,《劳动合同法》第 82 条第 1 款"未签书面劳动合同"、第 48 条"违法解除"和《劳动法》第 44、50 条"未支付加班工资"之要件事实的举证证明责任应由劳动者承担,但劳动者很难证明,如果审判程序中不赋予法官在特殊情况下的举证证明责任分配权(依诚信原则、公平原则进行),则上述案件无法处理,或处理结果会有失公平或有违立法目的。裁审实践中,上述举证证明责任均由用人单位承担,但在审判程序中缺乏依据。

6. 在《劳动争议调解仲裁法》中新增并赋予劳动仲裁委员会的调查取证权。《劳动仲裁规则》效力层次低,无法保证劳动仲裁委员会调查取证权的实现。当然,如果认为赋权过大可能会损害个人利益或社会利益的,可以考虑在赋权的同时,缩小调查取证权的适用范围。

---

① 最高人民法院修改后民事诉讼法贯彻实施工作领导小组编著:《最高人民法院民事诉讼法司法解释理解与适用》,人民法院出版社 2015 年版,第 317 页。

参考文献

1. 王全兴:《劳动法》(第4版),法律出版社2017年版。

2. 江伟、肖建国主编:《民事诉讼法》(第8版),中国人民大学出版社2018年版。

3. 张卫平:《民事诉讼法》(第4版),法律出版社2016年版。

4. 毕玉谦:《民事证明责任研究》,法律出版社2007年版。

5. 邹碧华:《要件审判九步法》,法律出版社2010年版。

6. 肖建华主编:《民事证据法理论与实践》,法律出版社2005年版。

7. 樊崇义主编:《证据法学》,法律出版社2001年版。

8. 卞建林主编:《证据法学》,中国政法大学出版社2005年版。

9. 李学灯:《证据法比较研究》,台北,五南图书出版公司1992年版。

10. 雷万来:《民事证据法论》,台北,台湾瑞兴图书股份有限公司1997年版。

11. [德]莱奥·罗森贝克:《证明责任论》,庄敬华译,中国法制出版社2002年版。

12. [德]汉斯·普维庭:《德国现代证明责任论》,吴越译,法律出版社2001年版。